中国民政统计年鉴

(中国社会服务统计资料)

CHINA CIVIL AFFAIRS' STATISTICAL YEARBOOK

(Statistics of China Social Services)

2011

中华人民共和国民政部　编

Compiled By

Ministry of Civil Affairs of the People's Republic of China

中国统计出版社

China Statistics Press

(京)新登字041号

图书在版编目（CIP）数据

中国民政统计年鉴. 2011/中华人民共和国民政部编. --北京：中国统计出版社，2011.8
ISBN 978-7-5037-6306-9

I.①中… II.①中… III.①民政事务－统计资料－中国－2011－年鉴 IV.①D632-66

中国版本图书馆CIP数据核字（2011）第157173号

中国民政统计年鉴－2011（中国社会服务统计资料）

作　　者／中华人民共和国民政部
责任编辑／尹　伊
E-mail: yearbook@gj.stats.cn
Address: No.57 Yuetan Nanjie,Sanlihe,Beijing 100826
封面设计／杰　夫
出版发行／中国统计出版社
通信地址／北京市西城区月坛南街57号　　邮政编码／100826
办公地址／北京市丰台区西三环南路甲6号
电　　话／(010)63376907(邮购)　(010)(68783172)(书店)
印　　刷／河北天普润印刷厂
经　　销／新华书店
开　　本／880×1230mm　1/16
字　　数／1424千字
印　　张／44.5
版　　别／2011年8月第1版
版　　次／2011年8月第1次印刷
书　　号／ISBN　978-7-5037-6306-9/D·273
定　　价／240.00元

本书附同版本CD-ROM一张，光盘内容以书面文字为准。
中国统计版图书，如有印装错误，本社发行部负责调换。

《中国民政统计年鉴－2011》

（中国社会服务统计资料）

编委会和编辑出版人员

编者说明

《中国民政统计年鉴－2011》(中国社会服务统计资料)是一部全面反映2010年中国社会服务发展的资料性年刊。2010年度民政统计资料是根据各省、自治区、直辖市以及计划单列市民政厅（局）报送的民政统计年报编制而成。本书内容由五个部分组成：第一部分是主要指标数据图；第二部分是专文，主要包括民政事业统计报告和有关的政策法规文件；第三部分是历年统计资料；第四部分是综合统计资料；第五部分是分地区民政业务统计资料。本书对民政系统的干部职工，各级政府的有关部门，从事社会工作研究和教学的人员，以及社会各界了解和研究民政事业的发展状况，提高政府管理和决策水平，具有重要的参考价值。

本书中涉及到的全国性统计数据均不包括香港特别行政区、澳门特别行政区和台湾省；表格中“--”符号表示数据不足本表最小计量单位；“空格”符号表示该项统计数据为零；“#”表示其中主要项。

本书凝聚了全国民政系统广大计财工作者的辛勤汗水和工作成果，在本书的编辑出版过程中，得到了各级领导和统计战线同仁们的热情支持和帮助。在此，向所有关心和支持该书出版发行的领导和同志表示衷心的谢意。

目 录

第一部分：主要指标数据图

一、综合

图-1-1　市和市辖区……（ 3 ）

图-1-2　县和县级市……（ 4 ）

图-1-3　乡镇与街道……（ 5 ）

图-1-4　60岁及以上老年人口占全国总人口比重……（ 6 ）

图-1-5　人口年龄结构……（ 7 ）

图-1-6　主要社会服务对象占全国总人口比重……（ 8 ）

图-1-7　社会服务机构增加值占服务业增加值比重……（ 9 ）

图-1-8　社会服务领域基本建设投资……（ 10 ）

图-1-9　社会服务事业费支出……（ 11 ）

图-1-10　社会服务事业费支出占国家财政支出的比重……（ 12 ）

图-1-11　社会服务事业费按用项支出比重……（ 13 ）

图-1-12　中央转移支付社会服务事业费……（ 14 ）

二、社会工作

图-2-1　社会服务机构床位数……（ 15 ）

图-2-2　农村养老服务机构……（ 16 ）

图-2-3　家庭儿童收养……（ 17 ）

图-2-4　社会福利企业中的残疾职工……（ 18 ）

图-2-5　城市最低生活保障……（ 19 ）

图-2-6　城市最低生活保障平均标准与平均支出水平……（ 20 ）

图-2-7　各省城市最低生活保障平均标准与支出水平……（ 21 ）

图-2-8　农村最低生活保障……（ 22 ）

图-2-9　各省农村最低生活保障平均标准与支出水平……（ 23 ）

图-2-10　农村五保供养……（ 24 ）

图-2-11　各省农村五保集中供养平均标准与支出水平……（ 25 ）

图-2-12　各省农村五保分散供养平均标准与支出水平……（ 26 ）

图-2-13　社会捐赠……（ 27 ）

图-2-14　福利彩票……（ 28 ）

图-2-15　国家抚恤、补助优抚对象……（ 29 ）

图-2-16　优抚对象分类…………………………………………………………………………………………………(30)
图-2-17　接收安置军休干部、军休职工……………………………………………………………………………(31)
图-2-18　烈士褒扬和零散烈士纪念设施……………………………………………………………………………(32)
图-2-19　因灾死亡(含失踪)人口……………………………………………………………………………………(33)
图-2-20　受灾人口…………………………………………………………………………………………………(34)
图-2-21　社区服务设施……………………………………………………………………………………………(35)
图-2-22　社区服务设施覆盖率……………………………………………………………………………………(36)

三、成员组织和其他社会服务

图-3-1　社会组织…………………………………………………………………………………………………(37)
图-3-2　自治组织…………………………………………………………………………………………………(38)
图-3-3　结婚登记服务……………………………………………………………………………………………(39)
图-3-4　分年龄组结婚登记情况…………………………………………………………………………………(40)
图-3-5　结婚率和离婚率…………………………………………………………………………………………(41)
图-3-6　民政部门和法院办理离婚情况…………………………………………………………………………(42)
图-3-7　殡葬服务…………………………………………………………………………………………………(43)

第二部分：专文

民政部关于印发《2010年社会服务发展统计报告》的通知……………………………………………………(47)
民政部关于表彰2010年度全国民政统计工作先进单位的通报…………………………………………………(66)

第三部分：历年统计资料

一、综合

A-1-1　县及以上行政区划……………………………………………………………………………………(69)
A-1-2　乡镇级行政区划………………………………………………………………………………………(70)
A-1-3　全国人口情况…………………………………………………………………………………………(71)
A-1-4　城乡居民生活水平、职工工资和住房………………………………………………………………(72)
A-1-5　城乡居民家庭人均收入和消费支出…………………………………………………………………(73)
A-1-6　社会服务机构(按登记类型分类)……………………………………………………………………(74)
A-1-7　社会服务机构(按行业分类分)………………………………………………………………………(75)
A-1-8　社会服务机构职工……………………………………………………………………………………(76)
A-1-9　社会工作师……………………………………………………………………………………………(77)
A-1-10　助理社会工作师………………………………………………………………………………………(77)
A-1-11　社会服务业增加值……………………………………………………………………………………(77)
A-1-12　社会服务机构固定资产原值…………………………………………………………………………(78)
A-1-13　社会服务业基本建设投资(按投资来源分)…………………………………………………………(79)
A-1-14　国家对社会服务业基本建设投资(按民政项目分)…………………………………………………(80)

A-1-15　社会服务费及财政支出…………（81）
A-1-16　中央级事业费及中央转移支付社会服务费…………（82）
A-1-17　中央彩票公益金使用情况…………（83）

二、社会工作

A-2-1　按收养人员分类的可提供住宿的社会服务机构…………（84）
A-2-2　按收养人员分类的社会服务床位…………（85）
A-2-3　收养人员分类…………（86）
A-2-4　按城乡分类的可提供住宿的社会服务机构情况…………（87）
A-2-5　登记孤儿和收养…………（88）
A-2-6　社会福利企业…………（89）
A-2-7　城市社会救济和城市居民最低生活保障…………（90）
A-2-8　农村社会救济和农村居民最低生活保障…………（91）
A-2-9　最低生活保障和社会救济平均标准…………（92）
A-2-10　最低生活保障和社会救济平均支出水平…………（92）
A-2-11　医疗救助…………（92）
A-2-12　城市生活无着人员救助…………（93）
A-2-13　社会捐赠…………（94）
A-2-14　中国福利彩票销售…………（95）
A-2-15　定期抚恤优抚对象…………（96）
A-2-16　定期补助优抚对象…………（97）
A-2-17　接收军队离退休、退职人员…………（98）
A-2-18　烈士褒扬和优待…………（99）
A-2-19　人口受灾和救灾…………（100）
A-2-20　因灾造成物资损失…………（101）
A-2-21　社区服务设施…………（102）

三、成员组织和其他社会服务

A-3-1　社会组织…………（103）
A-3-2　自治组织…………（104）
A-3-3　结婚登记…………（105）
A-3-4　离婚办理…………（106）
A-3-5　殡葬管理…………（107）

第四部分：综合统计资料

一、综合

B-1-1　“七五”－“十一五”时期社会服务业发展速度…………（111）
B-1-2　社会服务发展主要指标预期值…………（112）

B-1-3　2006年-2010年社会服务发展主要数据……………………………………………………………（113）
B-1-4　社会服务发展主要数据与上年比较……………………………………………………………（116）
B-1-5　行政区划与上年比较……………………………………………………………………………（118）
B-1-6　社会服务机构与上年比较………………………………………………………………………（119）
B-1-7　社会服务机构职工与上年比较…………………………………………………………………（121）
B-1-8　社会服务机构中社会工作师人员情况…………………………………………………………（123）
B-1-9　性别统计情况……………………………………………………………………………………（125）
B-1-10　社会服务机构固定资产与上年比较……………………………………………………………（127）
B-1-11　社会服务机构增加值(按国民经济行业分类)…………………………………………………（128）
B-1-12　社会服务机构增加值(按登记类型分类)………………………………………………………（130）
B-1-13　基本建设投资与上年比较………………………………………………………………………（132）
B-1-14　社会服务经费与上年比较………………………………………………………………………（133）
B-1-15　中央级社会服务费和转移支付的社会服务费与上年比较……………………………………（134）

二、社会工作

B-2-1　社会工作类机构财务状况………………………………………………………………………（135）
B-2-2　社会服务床位数和收养人员与上年比较………………………………………………………（137）
B-2-3　儿童收养与上年比较……………………………………………………………………………（138）
B-2-4　社会救助与上年比较……………………………………………………………………………（139）
B-2-5　各省城市最低生活保障平均标准与上年比较…………………………………………………（141）
B-2-6　各省城市最低生活保障支出水平与上年比较…………………………………………………（142）
B-2-7　社会捐赠与上年比较……………………………………………………………………………（143）
B-2-8　自然灾害与上年比较……………………………………………………………………………（144）
B-2-9　国家优抚、安置对象与上年比较………………………………………………………………（145）
B-2-10　社区服务与上年比较……………………………………………………………………………（146）

三、成员组织和其他社会服务

B-3-1　社会组织类财务状况……………………………………………………………………………（147）
B-3-2　社会组织与上年比较……………………………………………………………………………（149）
B-3-3　自治组织财务状况………………………………………………………………………………（150）
B-3-4　自治组织与上年比较……………………………………………………………………………（152）
B-3-5　其他社会服务类机构财务状况…………………………………………………………………（153）
B-3-6　其他社会服务与上年比较………………………………………………………………………（155）

第五部分：分地区民政业务统计资料

第一章　业务统计资料

一、综合

1．行政区划

C-1-1　省级行政区划…………（161）
C-1-2　地级与县级行政区划…………（162）
C-1-3　乡镇级行政区划…………（163）

2．国家行政机构

C-1-4　民政部门行政机构…………（164）

二、社会工作

（一）提供住宿的社会工作活动

C-2　社会工作总表…………（168）

1.收养性社会服务机构

C-2-1　提供住宿的社会服务单位总表…………（172）
C-2-2　在工商部门登记的收养性社会服务机构…………（178）
C-2-3　在编制部门登记的收养性社会服务机构…………（184）
C-2-4　在民政部门登记的收养性社会服务机构…………（190）
C-2-5　未登记的收养性社会服务单位…………（196）

(1)为老年人与残疾人提供收养服务的机构

C-2-6　老年人与残疾人服务机构总表…………（202）
C-2-7　城市养老服务机构…………（208）
C-2-8　农村养老服务机构…………（214）
C-2-9　社会福利院…………（220）
C-2-10　光荣院…………（226）
C-2-11　荣誉军人康复医院…………（230）
C-2-12　复员军人疗养院…………（234）

(2)为智障与精神疾病人提供收养服务的机构

C-2-13　智障与精神疾病服务机构总表…………（238）
C-2-14　福利类精神病院和医院…………（242）
C-2-15　复退军人精神病院…………（246）

(3)为儿童提供收养服务的机构

C-2-16　儿童收养机构…………（250）

(4)其他收养服务机构

C-2-17　其他收养性机构…………（254）

2.为生活无着人员提供临时庇护的服务机构

C-2-18 生活无着人员救助类单位总表……(260)
C-2-19 在编制部门登记的救助机构……(264)
C-2-20 未登记的救助机构……(268)
C-2-21 救助管理站……(272)
C-2-22 流浪儿童救助保护中心……(276)

3.为军队提供服务的机构

C-2-23 军休所……(280)
C-2-24 军供站……(284)

(二)不提供住宿的社会工作活动

1.为儿童提供的收养服务

C-2-25 收养登记……(288)
C-2-26 被收养人情况……(289)

2.为残疾人提供的服务

C-2-27 社会福利企业总表……(290)
C-2-28 在工商部门登记的社会福利企业……(296)
C-2-29 在编制部门登记的社会福利企业……(302)
C-2-30 福利工厂……(308)
C-2-31 假肢厂……(314)
C-2-32 安置农场……(320)
C-2-33 其他社会福利企业……(326)
C-2-34 残疾人教育就业情况……(332)

3. 为生活困难群众提供的救助服务

C-2-35 城市居民最低生活保障及其他社会救济……(334)
C-2-36 农村居民最低生活保障及其他社会救济……(336)

4.为灾民提供的救灾服务

C-2-37 救灾储备单位总表……(340)
C-2-38 在编制部门登记的救灾储备机构……(344)
C-2-39 未登记的救灾储备机构……(348)

5.为弱势群体筹集资金的活动

C-2-40 民政部门接收的社会捐赠……(352)
C-2-41 福利彩票……(354)

6.为军队提供的优待抚恤服务

C-2-42 优抚对象享受定期抚恤、补助情况……(358)
C-2-43 伤残人员享受抚恤情况……(362)
C-2-44 优待、烈士褒扬和义务兵、士官安置……(368)
C-2-45 离退休、退职人员……(370)

C-2-46 烈士陵园及烈士纪念馆……（372）

7.为全体居民提供服务的社区服务

C-2-47 社区服务中心总表……（376）
C-2-48 在工商部门登记的社区服务中心……（384）
C-2-49 在编制部门登记的社区服务中心……（392）
C-2-50 在民政部门登记的社区服务中心……（400）
C-2-51 未登记的社区服务中心……（408）
C-2-52 提供床位的社区服务中心……（416）
C-2-53 不提供床位的社区服务中心……（424）

8.其他事业单位

C-2-54 其他事业单位……（432）
C-2-55 老龄事业单位……（436）

9.自然灾害情况

C-2-56 自然灾害损失情况总表……（440）
C-2-57 旱灾损失情况……（441）
C-2-58 风雹灾害损失情况……（442）
C-2-59 台风灾害损失情况……（444）
C-2-60 地震灾害损失情况……（445）
C-2-61 低温冷冻和雪灾损失情况……（446）
C-2-62 洪涝、滑坡和泥石流灾害损失情况……（447）

三、成员组织和其他社会服务

1.成员组织

C-3 成员组织总表……（448）
C-3-1 社会组织总表……（452）
C-3-2 社会团体……（458）
C-3-3 基金会……（468）
C-3-4 民办非企业……（476）
C-3-5 自治组织总表……（486）
C-3-6 村民委员会……（492）
C-3-7 社区居委会……（500）

2.其他社会服务

C-3-8 其他社会服务总表……（506）
C-3-9 结婚登记服务……（510）
C-3-10 离婚办理服务……（514）
C-3-11 婚姻登记服务单位总表……（516）
C-3-12 在编制部门登记的婚姻登记服务机构……（520）
C-3-13 在民政部门登记的婚姻登记服务机构……（524）

C-3-14　未登记的婚姻登记服务机构……(528)
C-3-15　殡葬服务单位总表……(532)
C-3-16　在工商部门登记的殡葬服务机构……(538)
C-3-17　在编制部门登记的殡葬服务机构……(544)
C-3-18　在民政部门登记的殡葬服务机构……(550)
C-3-19　未登记的殡葬类机构……(556)
C-3-20　殡仪馆……(562)
C-3-21　公墓……(568)
C-3-22　殡葬服务管理机构……(574)

第二章　基建财务统计资料

（一）基本建设统计资料

D-1　历年中央预算内基本建设投资情况……(580)
D-2　中央专项基本建设投资对账单……(582)
D-3　历年中央彩票公益金用于基本建设投资情况……(584)
D-4　中央彩票公益金投资基本建设项目对账单……(586)
D-5　民政事业基本建设投资情况总表……(588)
D-6　收养性单位基本建设投资情况……(590)
D-7　社区服务单位基本建设投资情况……(592)
D-8　优抚安置单位基本建设投资情况……(594)
D-9　救助类基本建设投资情况……(596)
D-10　殡仪服务单位基本建设投资情况……(598)
D-11　其他基本建设投资情况……(600)

（二）预算单位财务统计资料

E-1　历年民政事业费支出情况……(602)
E-2　历年各省、自治区、直辖市民政事业费支出情况……(603)
E-3　民政事业费按用向性质分类情况……(611)
E-4　民政事业费预算指标地方安排情况……(613)
E-5　中央专项拨款对账单……(614)
E-6　民政事业费预算执行情况……(622)
E-7　民政事业费当年预算安排情况……(638)
E-8　民政事业资金支出情况……(648)
E-9　民政事业费支出明细……(660)
E-10　民政部门其他资金收支情况……(676)
E-11　彩票公益金资助项目情况……(680)
预算单位财务统计资料简要说明及主要指标解释……(688)

CONTENTS

Part One: Key Index Data Tables

I. Synthesis

Figure-1-1 Cities and their districts (3)

Figure-1-2 Counties and county-level cities (4)

Figure-1-3 Townships, towns and street communities (5)

Figure-1-4 Percentage of the aged population 60 years old or above in the total national population (6)

Figure-1-5 Age structure of population (7)

Figure-1-6 Percentage of the main beneficiaries of social services in the total national population (8)

Figure-1-7 Proportion of the added value of social services in the services sector (9)

Figure-1-8 Investment in capital construction of social services (10)

Figure-1-9 Expenditure on social services undertaking (11)

Figure-1-10 Proportion of expenditure on social services undertaking in the share of national financial expenditure (12)

Figure-1-11 Proportion of items in social services expenditure (13)

Figure-1-12 Transfer payment to social services undertaking from the central government (14)

II. Social Work

Figure -2-1 Beds of the social services institutions (15)

Figure -2-2 Welfare institutions for the aged in rural areas (16)

Figure -2-3 Children adopted by families (17)

Figure -2-4 Disabled employees in social welfare enterprises (18)

Figure -2-5 Urban minimum life guarantee (19)

Figure -2-6 Urban minimum life guarantee standards and expenditure level (20)

Figure -2-7 Urban minimum life guarantee standard and expenditure level of each province (21)

Figure -2-8 Rural minimum life guarantee (22)

Figure -2-9 Rural minimum life guarantee standard and expenditure level of each province (23)

Figure -2-10 Five guarantees in rural areas (24)

Figure -2-11 Rural five guarantees standard and expenditure level for those cared collectively of each province (25)

Figure -2-12 Rural five guarantees standard and expenditure level for those cared separately of each province (26)

Figure -2-13 Social donations……(27)
Figure -2-14 Welfare lottery……(28)
Figure -2-15 Beneficiaries of state pension and preferential treatment……(29)
Figure -2-16 Types of beneficiaries of preferential treatment……(30)
Figure -2-17 Accept and settle ex-soldiers and officers……(31)
Figure -2-18 Memorials and scattered monuments……(32)
Figure -2-19 Deaths (abscondences) caused by disasters……(33)
Figure -2-20 Population affected by natural disasters……(34)
Figure -2-21 Community service facilities……(35)
Figure -2-22 Coverage of community service facilities……(36)

III. Member Organization and Other Social Services

Figure -3-1 NGOs……(37)
Figure -3-2 Self-governing organizations……(38)
Figure -3-3 Marriage registration service……(39)
Figure -3-4 Marriage registration of different age groups……(40)
Figure -3-5 Nuptiality and divorce rate……(41)
Figure -3-6 Divorces handled by civil affairs departments and courts……(42)
Figure -3-7 Funeral services……(43)

Part Two: Feature Articles

Circular on Printing and Issuing the Statistical Report on the Social Services Development in 2010……(47)
Circular on Commending the Nationwide Model Units of Statistical Work of Civil Affairs in 2010 by the Ministry of Civil Affairs……(66)

Part Three: Historical Statistics

I. Synthesis

A-1-1 Administrative divisions above county level (including county level) ……(69)
A-1-2 Administrative divisions at town and township level……(70)
A-1-3 The situation of national population……(71)
A-1-4 The living level of urban and rural residents, salaries and housing of employees……(72)
A-1-5 Family per capita income and expenditure of urban and rural residents……(73)
A-1-6 Social services agencies (classified according to types of registration)……(74)
A-1-7 Social services agencies (classified according to industry classification) ……(75)
A-1-8 Staff of social services agencies……(76)
A-1-9 Social workers……(77)
A-1-10 Assistant social workers……(77)
A-1-11 Added value of social services industry……(77)

A-1-12 Original value of fixed assets of social services agencies……(78)
A-1-13 Capital construction investment of social services industry (classified according to investment resources) ……(79)
A-1-14 Capital construction investment of social services industry from the state (classified according to items)…(80)
A-1-15 Expenditures on social services undertaking and fiscal expenditure ……(81)
A-1-16 Expenditures on social services undertaking on the state level and transfer payment to social services undertaking at the state level……(82)
A-1-17 Use of welfare lottery fund at the state level……(83)

II. Social Work

A-2-1 Social services institutions with accommodation classified by adoptee……(84)
A-2-2 Social services beds classified by adoptee……(85)
A-2-3 Classification of adoptee ……(86)
A-2-4 Social services institutions with accommodation classified by urban and rural……(87)
A-2-5 Registered orphan and adoption ……(88)
A-2-6 Social welfare enterprises ……(89)
A-2-7 Urban social relief and minimum life guarantee……(90)
A-2-8 Rural social relief and minimum life guarantee……(91)
A-2-9 Average standards of minimum life guarantee and social relief……(92)
A-2-10 Average expenditure levels of minimum life guarantee and social relief……(92)
A-2-11 Medical aid……(92)
A-2-12 Aid of those no means of support in urban areas……(93)
A-2-13 Social donations……(94)
A-2-14 Sales of welfare lottery……(95)
A-2-15 Beneficiaries of state pension……(96)
A-2-16 Beneficiaries of state relief subsidies……(97)
A-2-17 Accept retired officers and employees of the military forces……(98)
A-2-18 Martyrs' honoring and preferential treatment ……(99)
A-2-19 Population influenced by disasters and relief……(100)
A-2-20 Loss of material caused by disasters……(101)
A-2-21 Community service facilities……(102)

III. Member Organization and Other Social Services

A-3-1 NGOs……(103)
A-3-2 Self-governing organizations ……(104)
A-3-3 Marriage registration……(105)
A-3-4 Divorce……(106)
A-3-5 Funeral and interment management……(107)

Part Four: Comprehensive Statistics

I. Synthesis

B-1-1 Development speed of social services industry from the 7th-Five-Year Plan to the 11th-Five-Year Plan …(111)

B-1-2 Expected main indexes of the development of social services……(112)

B-1-3 Key statistics of the development of social services from 2006 to 2010……(113)

B-1-4 Key statistics of the development of social services in comparison with last year……(116)

B-1-5 Administrative divisions in comparison with last year……(118)

B-1-6 Social services institutions in comparison with last year……(119)

B-1-7 The staff of social services institutions in comparison with last year……(121)

B-1-8 Social workers in social services institutions……(123)

B-1-9 Sex statistics……(125)

B-1-10 Fixed assets of social services institutions in comparison with last year……(127)

B-1-11 Added value of social services institutions (classified according to industrial classification for national economic activities)……(128)

B-1-12 Added value of social services institutions (classified according to types of registration) ……(130)

B-1-13 Capital construction investment in comparison with last year……(132)

B-1-14 Expenditure on social services in comparison with last year ……(133)

B-1-15 Expenditure on social services undertaking at the state level and transfer payment to social services in comparison with last year……(134)

II. Social Work

B-2-1 Financial conditions of social services institutions……(135)

B-2-2 The number of social services beds and adoptee in comparison with last year……(137)

B-2-3 Adopted children in comparison with last year……(138)

B-2-4 Social aid in comparison with last year……(139)

B-2-5 Average standards of urban minimum life guarantee of each province in comparison with last year……(141)

B-2-6 Average expenditure level of urban minimum life guarantee of each province in comparison with last year……(142)

B-2-7 Social donations in comparison with last year ……(143)

B-2-8 Natural disasters in comparison with last year……(144)

B-2-9 Beneficiaries of state pension and preferential treatment in comparison with last year……(145)

B-2-10 Community service in comparison with last year……(146)

III. Member Organization and Other Social Services

B-3-1 Financial condition of NGOs……(147)

B-3-2 NGOs in comparison with last year……(149)

B-3-3 Financial condition of self-governing organizations……(150)

B-3-4 Self-governing organizations in comparison with last year……(152)

B-3-5 Financial condition of other social services agencies ……(153)

B-3-6 Other social services in comparison with last year……(155)

Part Five: Region Based Civil Affairs Statistics

Chapter One: Civil Affairs Items Statistics

I. Synthesis

1. Administrative Division

C-1-1 Administrative divisions at provincial level……(161)

C-1-2 Administrative divisions at prefecture and county level……(162)

C-1-3 Administrative divisions at town and township level……(163)

2. State Administration

C-1-4 Administrative agencies of the civil affairs departments ……(164)

II. Social Work

(I) Social Work Activities with Accommodation

C-2 General table of Social Work……(168)

1. Social Services Institutions with Accommodation

C-2-1 General table of social services institutions with accommodation……(172)

C-2-2 Residential social services institutions registered with the industrial and commercial authorities……(178)

C-2-3 Residential social services institutions registered with the authorities of public sector reform……(184)

C-2-4 Residential social services institutions registered with the civil affairs departments……(190)

C-2-5 Unregistered residential social services institutions……(196)

(1) Residential service institutions for the aged and disabled

C-2-6 General table of residential service institutions for the aged and disabled……(202)

C-2-7 Urban residential service institutions for the aged……(208)

C-2-8 Rural residential service institutions for the aged……(214)

C-2-9 Social welfare homes……(220)

C-2-10 Homes for disabled veterans……(226)

C-2-11 Convalescent hospitals for honorable serviceman……(230)

C-2-12 Sanatoriums for ex-serviceman……(234)

(2)Service institutions for mental retardation and psychopath

C-2-13 General table of residential service institutions for mental retardation and psychopath……(238)

C-2-14 Social welfare mental homes and hospitals……(242)

C-2-15 Mental hospitals for ex-serviceman……(246)

(3) Residential service institutions for children

C-2-16 Residential institutions for children……(250)

(4)Other residential service institutions

C-2-17 Other residential institutions……(254)

2. Service institutions providing temporary asylum for those no means of support

C-2-18 General table of aid agencies for those no means of support……(260)

C-2-19 Aid agencies registered with the authorities of public sector reform……(264)

C-2-20 Unregistered aid agencies……(268)

C-2-21 Relief and management shelters…………(272)

C-2-22 Centers for rescuing street children…………(276)

3. Institutions served for the army

C-2-23 Homes for retired military officers…………(280)

C-2-24 Military depots for military supplies…………(284)

(II)Social work activities without accommodation

1. Children adoption service

C-2-25 Adoption registration…………(288)

C-2-26 Adoptee…………(289)

2. Social services for the disabled

C-2-27 General table of the social welfare enterprises…………(290)

C-2-28 Social welfare enterprises registered with the industrial and commercial authorities…………(296)

C-2-29 Social welfare enterprises registered with the authorities of public sector reform…………(302)

C-2-30 Welfare factories…………(308)

C-2-31 Factories of prosthetic limbs…………(314)

C-2-32 Farms for placement…………(320)

C-2-33 Other social welfare enterprises…………(326)

C-2-34 Education and employment of the disabled…………(332)

3. Aid service for the needy

C-2-35 Urban minimum life guarantee and other social relief…………(334)

C-2-36 Rural minimum life guarantee and other social relief…………(336)

4. Disaster relief service for the refugees

C-2-37 General table of reserve units of materials and funds for disaster relief…………(340)

C-2-38 Reserve agencies of materials and funds for disaster relief registered with the authorities of public sector reform…………(344)

C-2-39 Unregistered reserve agencies of materials and funds for disaster relief…………(348)

5. Raising funds activities for the disadvantaged groups

C-2-40 Social donations accepted by civil affairs departments…………(352)

C-2-41 Welfare lottery…………(354)

6. State pension and preferential treatment for the army

C-2-42 Regular state pension, subsidies entitled to beneficiaries of preferential treatment…………(358)

C-2-43 State pension entitled to wounded servicemen…………(362)

C-2-44 Preferential treatment, martyrs' honoring and placement of volunteer servicemen and non-commissioned offices…………(368)

C-2-45 Retired officers and employees…………(370)

C-2-46 Cemetery of martyrs, memorial hall…………(372)

7. Community service for all residents

C-2-47 General table of community service centers…………(376)

C-2-48 Community service centers registered with the industrial and commercial authorities…………(384)

C-2-49 Community service centers registered with the authorities of public sector reform……(392)
C-2-50 Community service centers registered with the civil affairs departments……(400)
C-2-51 Unregistered community service centers……(408)
C-2-52 Community service centers with accommodation……(416)
C-2-53 Community service centers without accommodation……(424)
8. Other institutions
C-2-54 Other institutions……(432)
C-2-55 Institutions on ageing……(436)
9. Natural disasters
C-2-56 General table of the losses caused by natural disasters……(440)
C-2-57 Losses caused by droughts……(441)
C-2-58 Losses caused by gale and hale……(442)
C-2-59 Losses caused by typhoons……(444)
C-2-60 Losses caused by earthquakes……(445)
C-2-61 Losses caused by low temperature and snow……(446)
C-2-62 Losses caused by flooding, landslip, mud-rock flow……(447)
III. Member Organization and Other Social Services
1. Member organization
C-3 General table of member organization……(448)
C-3-1 General table of NGOs……(452)
C-3-2 Social organizations……(458)
C-3-3 Foundations……(468)
C-3-4 Nongovernmental and noncommercial enterprises……(476)
C-3-5 General table of self-governing organizations……(486)
C-3-6 villagers' committees……(492)
C-3-7 Community neighborhood committees……(500)
2. Other social services
C-3-8 General table of other social services……(506)
C-3-9 Marriage registration service……(510)
C-3-10 Divorces service……(514)
C-3-11 General table of marriage service units……(516)
C-3-12 Marriage registration service agencies registered with the authorities of public sector reform……(520)
C-3-13 Marriage registration service agencies registered with the civil affairs departments……(524)
C-3-14 Unregistered marriage registration service agencies……(528)
C-3-15 General table of funeral and interment service units……(532)
C-3-16 Funeral and interment service agencies registered with the industrial and commercial authorities……(538)
C-3-17 Funeral and interment service agencies registered with the authorities of public sector reform……(544)
C-3-18 Funeral and interment service agencies registered with the civil affairs departments……(550)
C-3-19 Unregistered marriage registration service agencies……(556)

C-3-20 Funeral parlors……(562)
C-3-21 Public cemeteries……(568)
C-3-22 Funeral and interment service administration agencies……(574)

Chapter Two: Capital Construction and Financial Statistics

I. Capital Construction

D-1 Historical record of capital construction investment of the financial budget of the central government …(580)
D-2 Confirmation of balance on the special capital construction investment of the central government……(582)
D-3 Historical record of capital construction investment from the welfare lottery fund……(584)
D-4 Confirmation of balance on the capital construction investment from the welfare lottery fund……(586)
D-5 General table of the capital construction investment of civil affairs……(588)
D-6 Capital construction investment of residential units……(590)
D-7 Capital construction investment of community services units……(592)
D-8 Capital construction investment of preferential treatment and resettlement units……(594)
D-9 Capital construction investment of aid service units……(596)
D-10 Capital construction investment of funeral services units……(598)
D-11 Other capital construction investment……(600)

II. Financial statistics of budget units

E-1 Historical record of expenditure on civil affairs undertaking ……(602)
E-2 Historical record of expenditure on civil affairs undertaking of each province, municipality and autonomous region……(603)
E-3 Purpose-based classification of expenditure on civil affairs undertaking……(611)
E-4 Local arrangement of expenditure on civil affairs undertaking……(613)
E-5 Confirmation of balance on the thematic allocations of the central government……(614)
E-6 Implementation of expenditure budget on civil affairs undertaking……(622)
E-7 Arrangement of expenditure on civil affairs undertaking of the current year……(638)
E-8 Expenditure of funds of civil affairs……(648)
E-9 Detailed list of expenditure on civil affairs undertaking…… (660)
E-10 Other revenues and expenditures of civil affairs departments……(676)
E-11 Programs supported by welfare lottery funds……(680)
Concise introduction on financial statistics of budget units and explanation on main indicators……(688)

01

主要指标数据图

图-1-1 市和市辖区

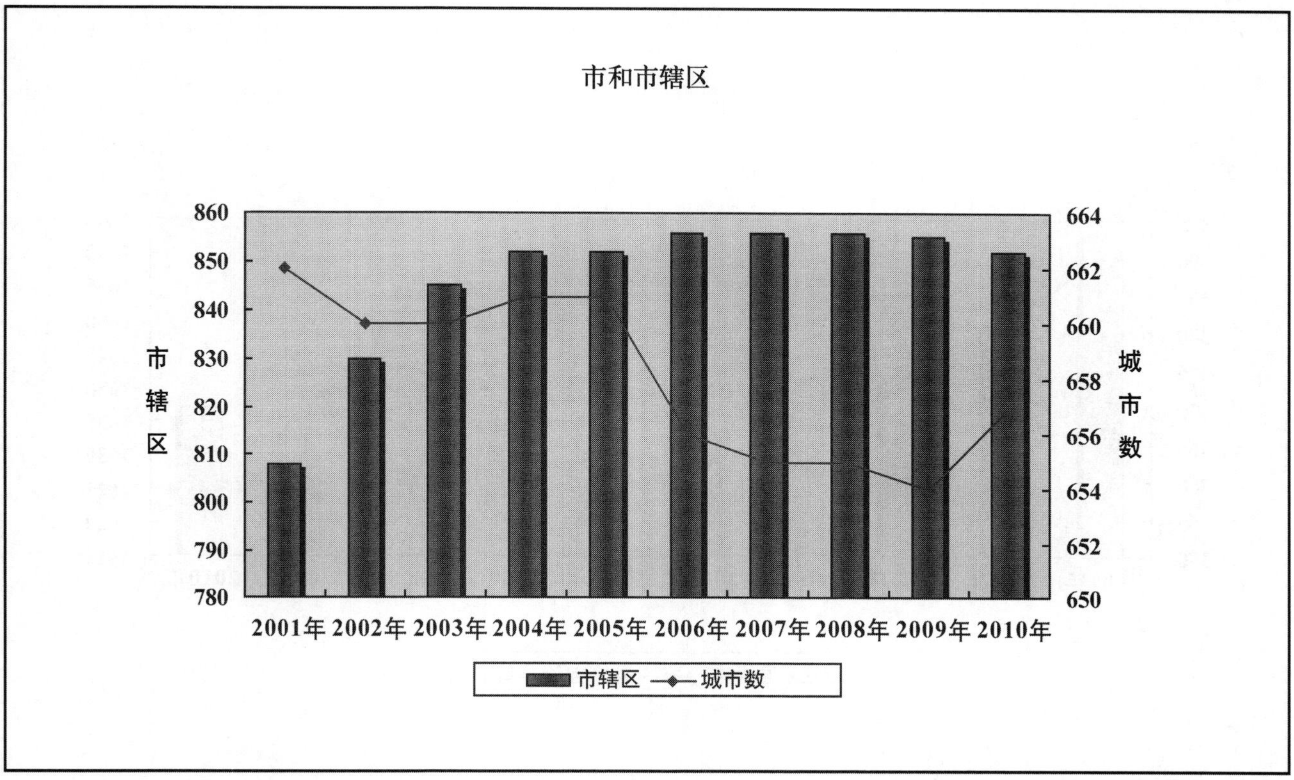

单位：个

指　标	2001年	2002年	2003年	2004年	2005年	2006年	2007年	2008年	2009年	2010年
市辖区	808	830	845	852	852	856	856	856	855	853
城市数	662	660	660	661	661	656	655	655	654	657

图-1-2　县和县级市

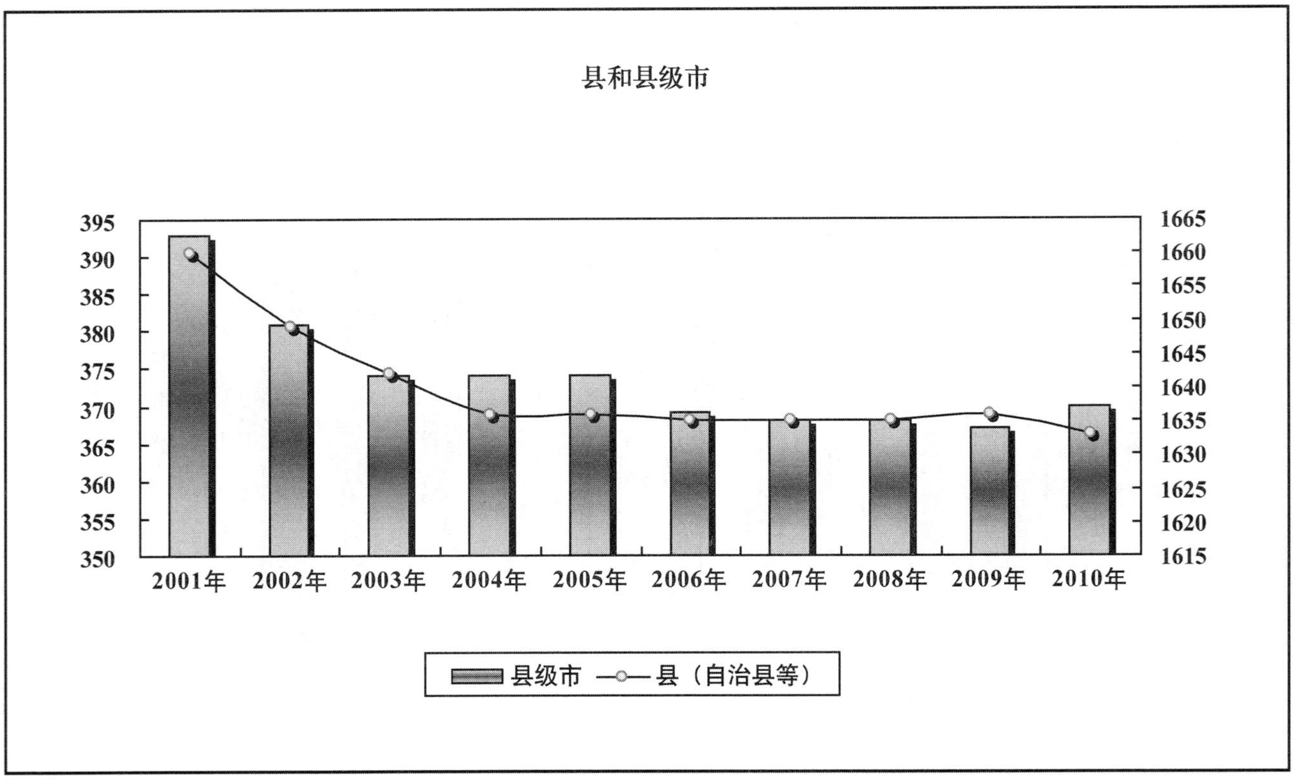

单位：个

指　标	2001年	2002年	2003年	2004年	2005年	2006年	2007年	2008年	2009年	2010年
县级市	393	381	374	374	374	369	368	368	367	370
县（自治县等）	1660	1649	1642	1636	1636	1635	1635	1635	1636	1633

图－1-3　乡镇与街道

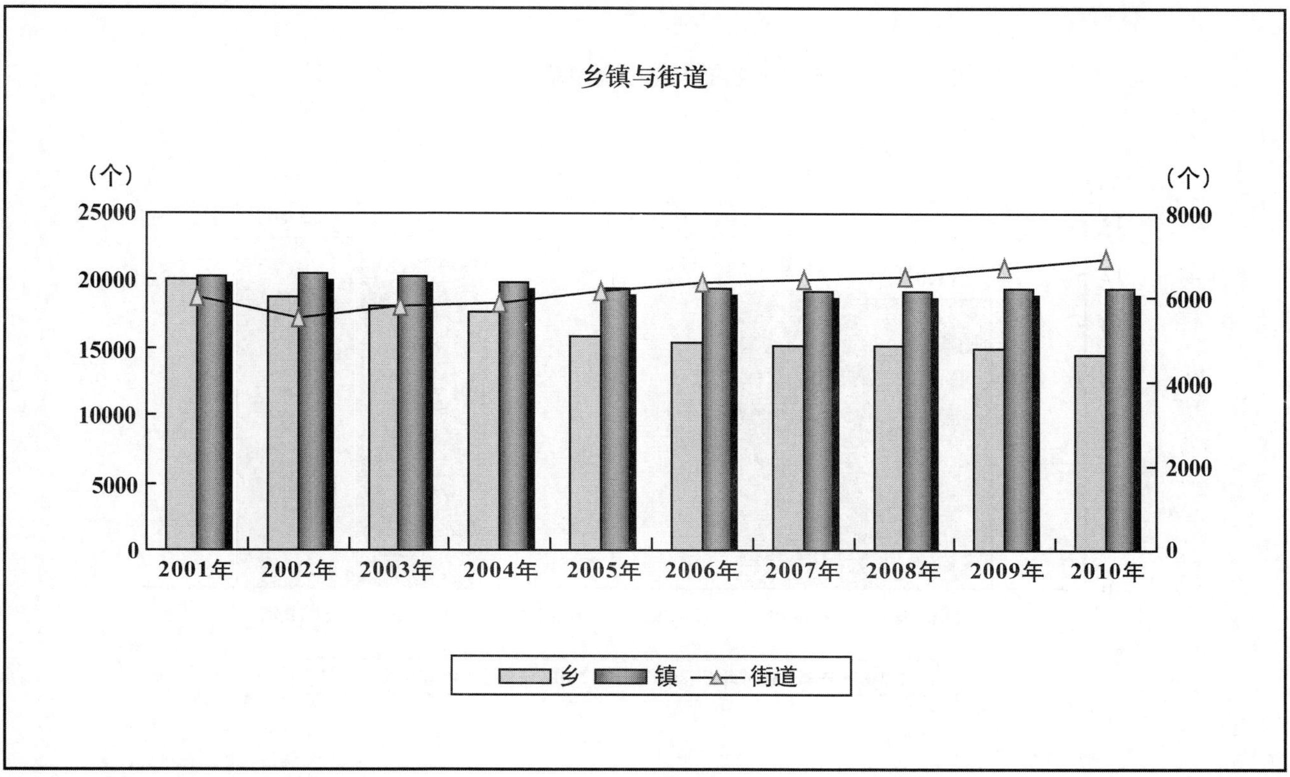

单位：个

指　标	2001年	2002年	2003年	2004年	2005年	2006年	2007年	2008年	2009年	2010年
乡	20012	18640	18064	17534	15951	15306	15120	15067	14848	14571
镇	20358	20600	20226	19892	19522	19369	19249	19234	19322	19410
街道	5972	5516	5751	5829	6152	6355	6434	6524	6686	6923

图-1-4 60岁以上老年人口占全国总人口比重

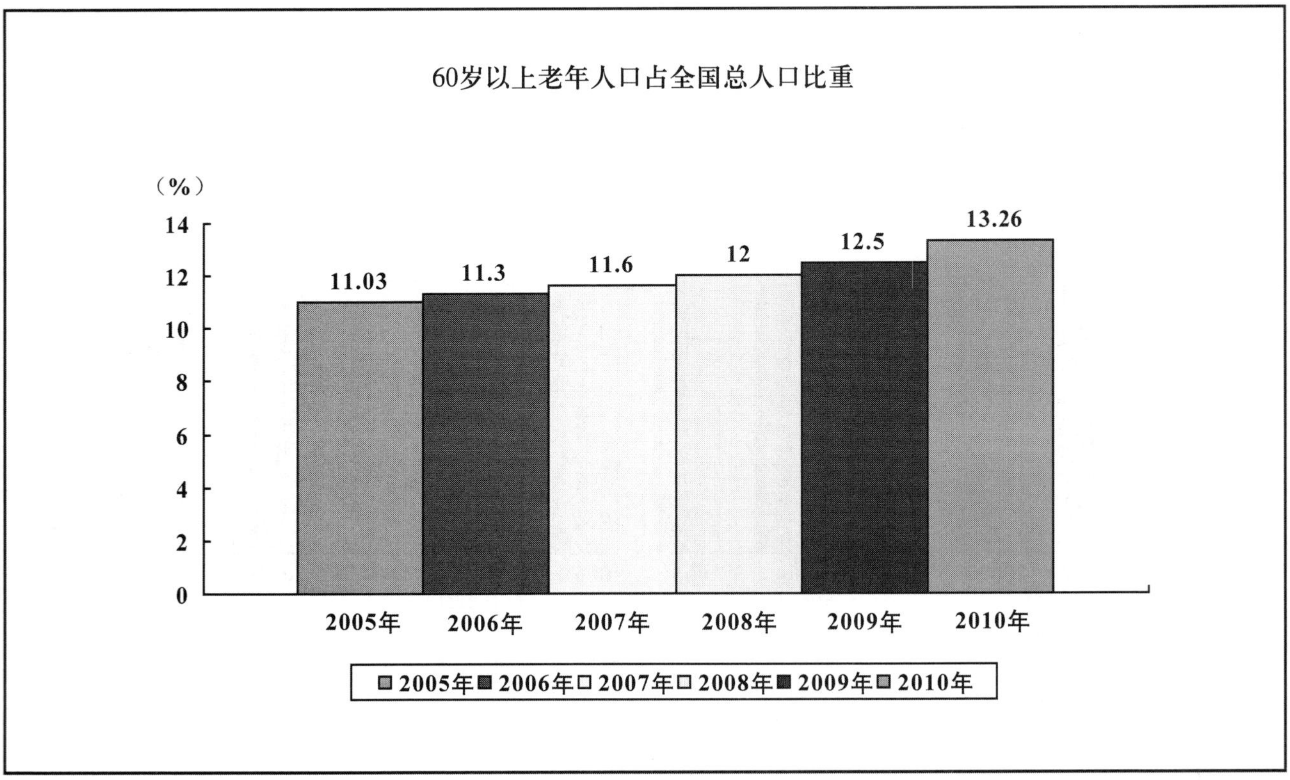

单位：%

指 标	2005年	2006年	2007年	2008年	2009年	2010年
60岁以上人口比重	11.03	11.3	11.6	12	12.5	13.26

注：本表数据来源于国家统计局。

图-1-5 人口年龄结构

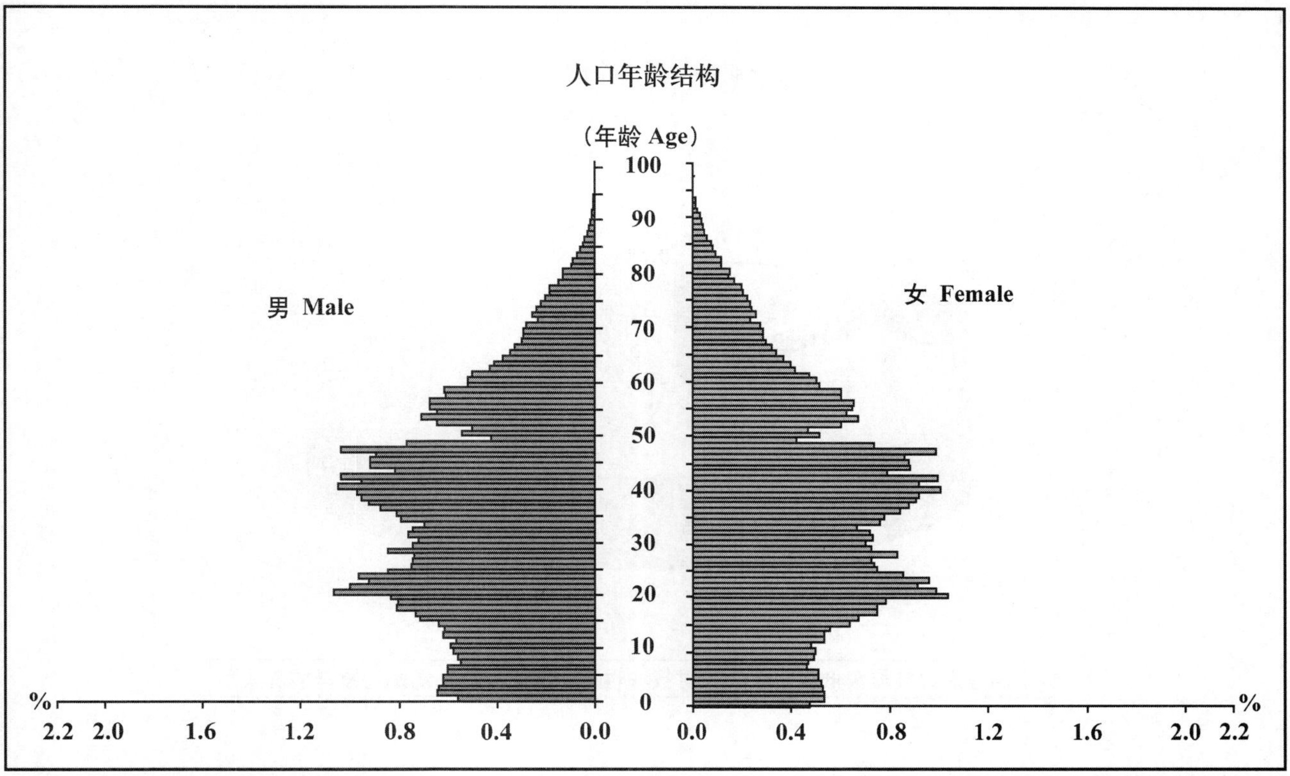

单位：万人

年　龄	0−14岁	15−59岁	60岁以上	65岁以上
2010年人口	22246	93962	17765	11883
比重	16.6	70.14	13.26	8.87
比2000年增减百分点	-6.29	3.36	2.93	1.91

图-1-6 主要社会服务对象占全国总人口比重

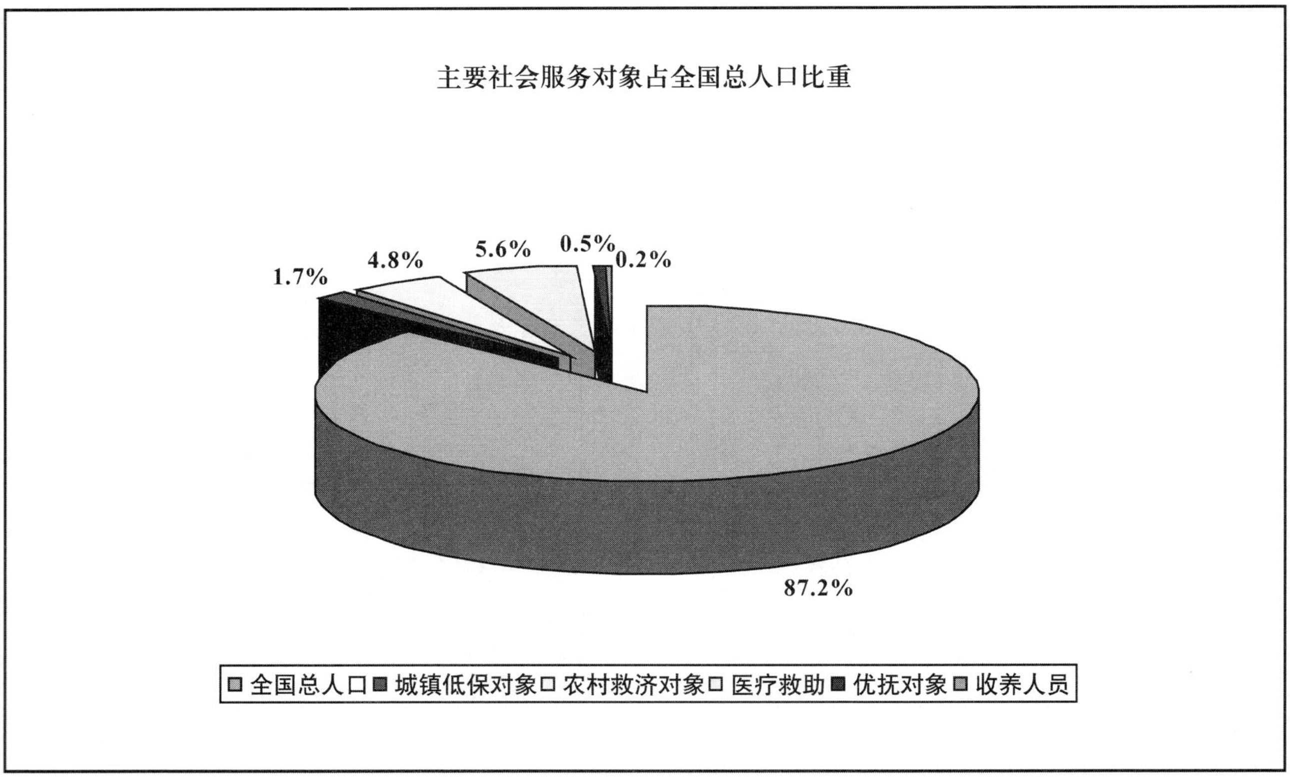

单位：万人、%

指　标	2010年	比　重
全国总人口	133972.5	100.0
社会服务对象合计	17209.6	12.8
# 城市最低生活保障对象	2310.5	1.7
# 农村低保、五保等定期救助对象	6443.5	4.8
# 医疗救助对象	7555.9	5.6
# 优抚对象	625	0.5
收养各类人员	274.7	0.2

图－1－7 社会服务机构增加值占服务业增加值比重

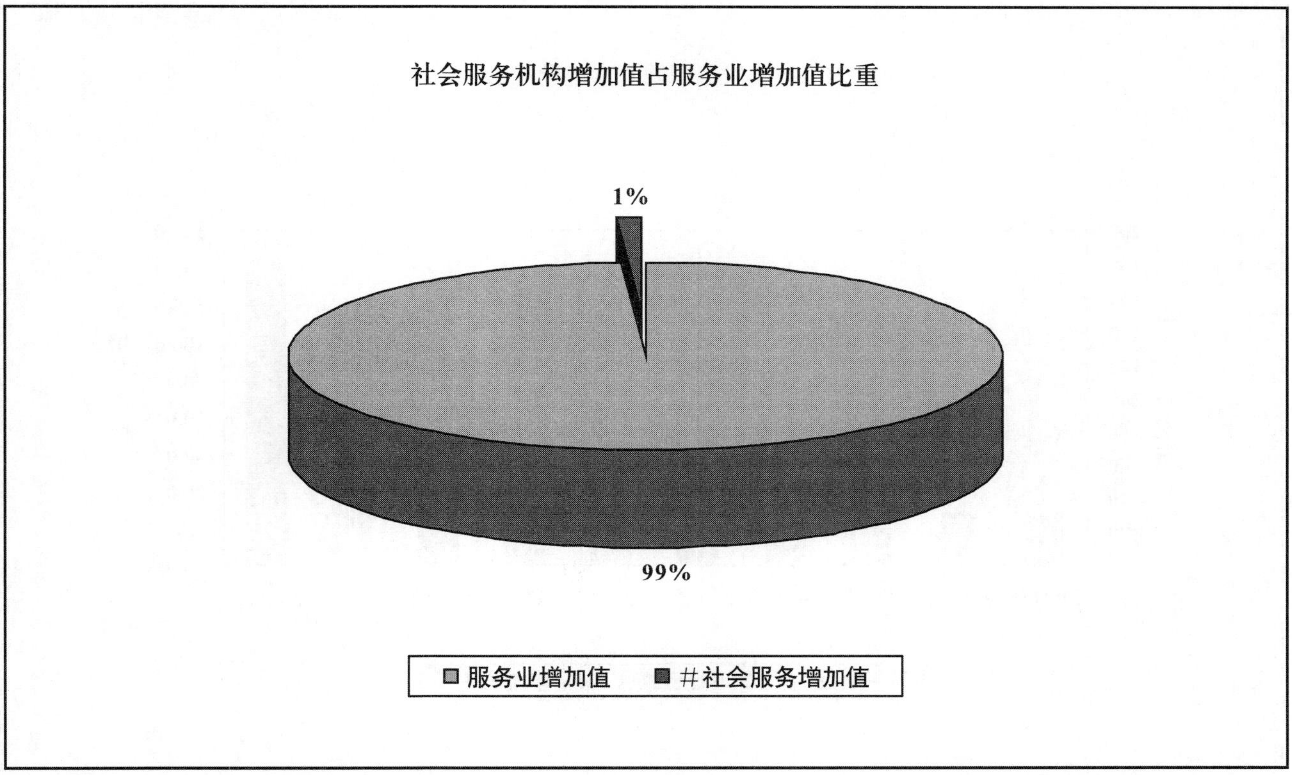

单位：亿元、%

指　标	产　值	比　重
服务业增加值	171005.0	100.0
＃社会服务增加值	2014.5	1.2

图-1-8　社会服务领域基本建设投资

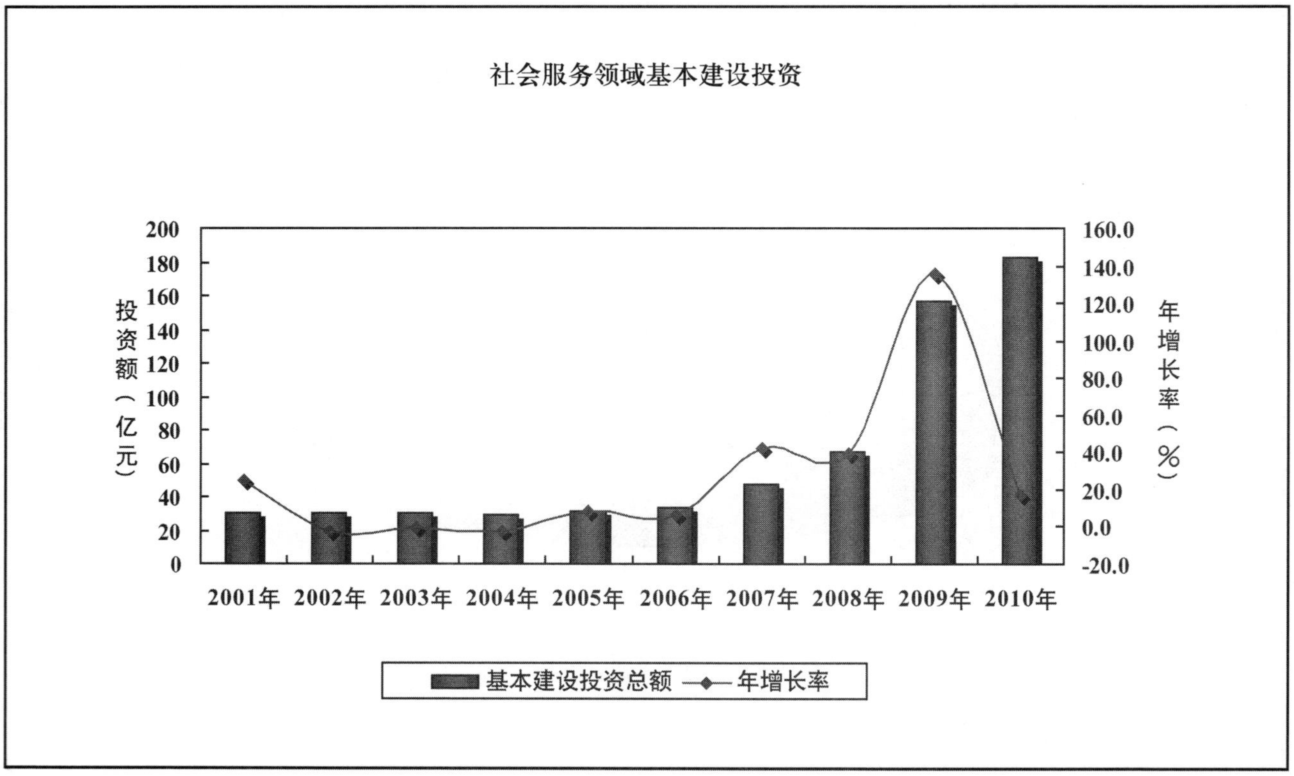

单位：亿元、%

指　标	2001年	2002年	2003年	2004年	2005年	2006年	2007年	2008年	2009年	2010年
基本建设投资总额	30.8	30.1	30	29.2	31.6	33.5	47.7	66.6	157	183
年增长率	24.7	-2.3	-0.3	-2.7	8.2	6.0	42.4	39.6	135.7	16.6

图-1-9　社会服务事业费支出

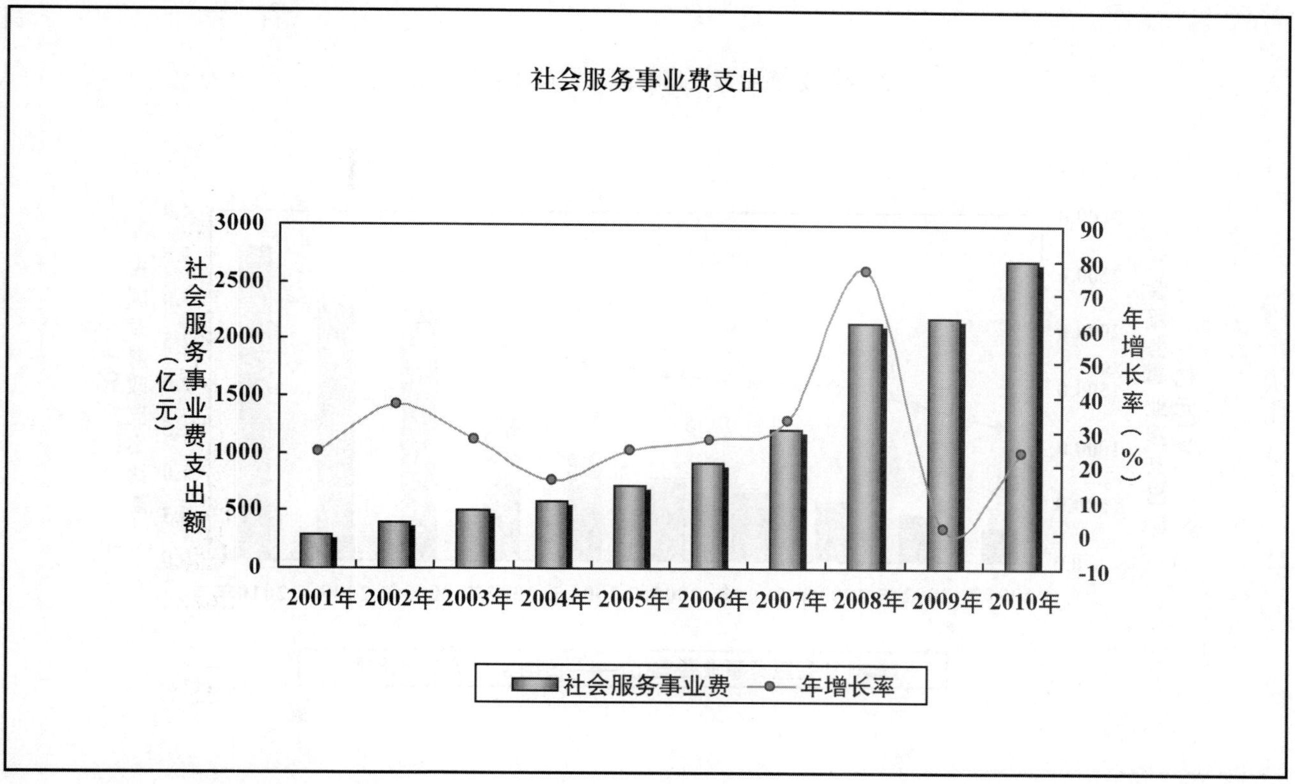

单位：亿元、%

指　标	2001年	2002年	2003年	2004年	2005年	2006年	2007年	2008年	2009年	2010年
社会服务事业费	284.8	392.2	498.9	577.4	718.4	915.4	1215.5	2146.5	2181.9	2697.5
年增长率	23.7	37.6	27.2	15.7	24.4	27.4	32.8	76.6	1.6	23.6

图-1-10　社会服务事业费支出占国家财政支出的比重

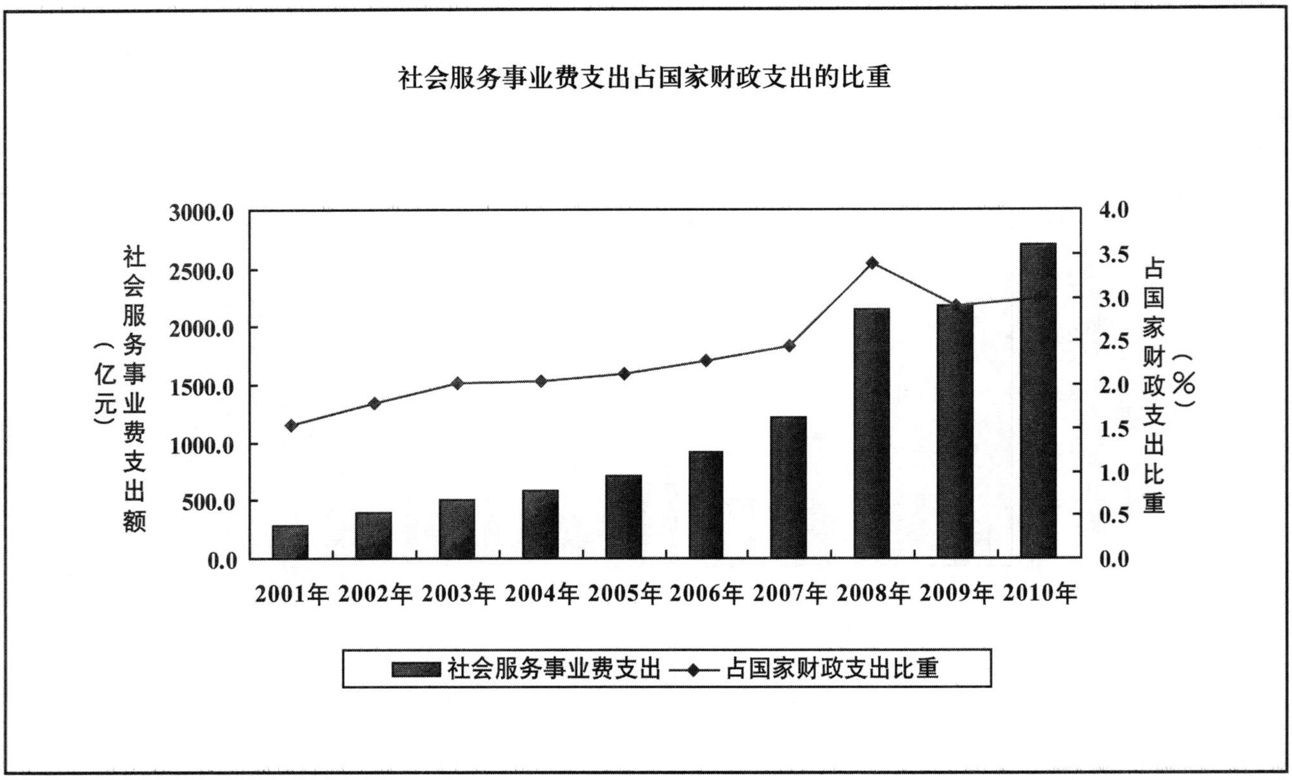

单位：亿元、%

指　标	2001年	2002年	2003年	2004年	2005年	2006年	2007年	2008年	2009年	2010年
社会服务事业费支出	284.8	392.2	498.9	577.4	718.4	915.4	1215.5	2146.5	2181.9	2697.5
占国家财政支出比重	1.5	1.8	2.0	2.0	2.1	2.3	2.5	3.4	2.9	3.0

图-1-11　社会服务事业费按用项支出比重

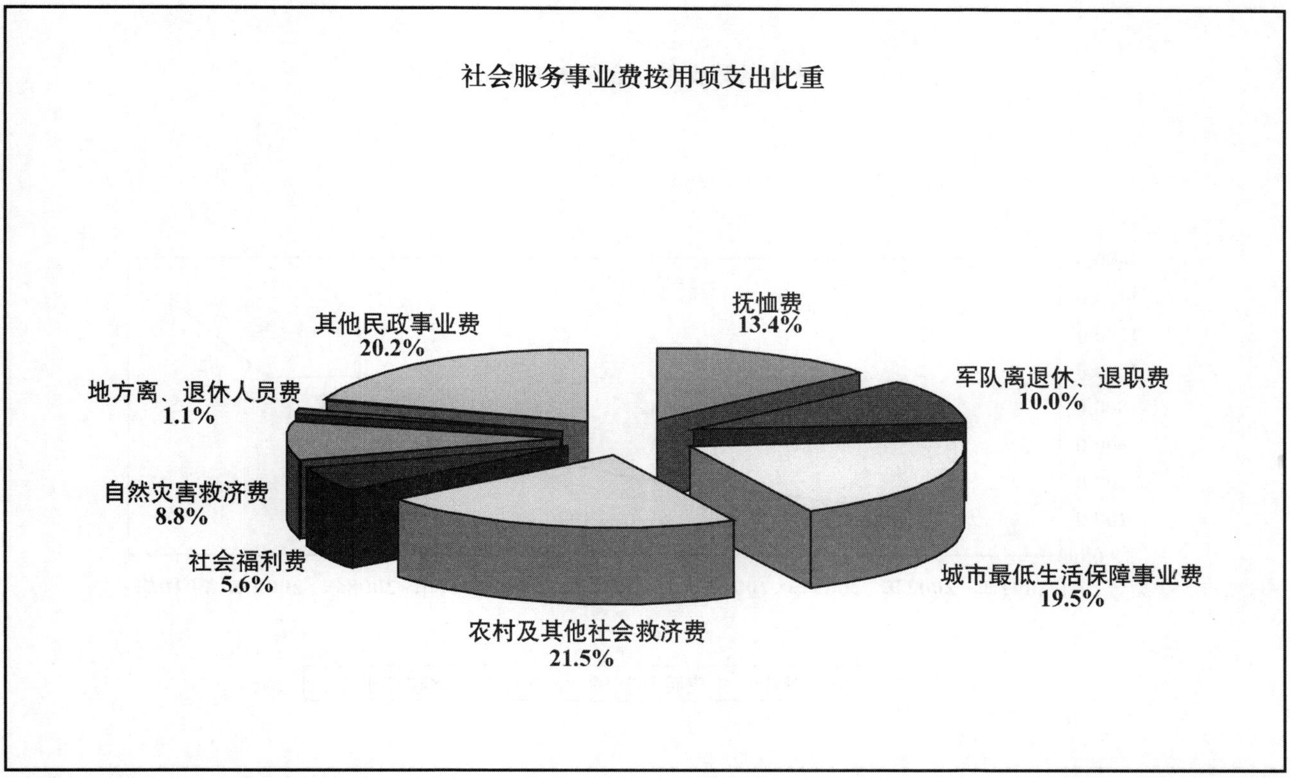

单位：亿元、%

指　标	社会服务事业费总支出	抚恤费	军队离退休、退职费	城市最低生活保障事业费	农村及其他社会救济费	社会福利费	自然灾害救济费	地方离、退休人员费	其他民政事业费
金　额	2697.5	362.7	269	524.7	579.6	149.8	237.2	30.4	544.1
比　重	100.0	13.4	10.0	19.5	21.5	5.6	8.8	1.1	20.2

图-1-12　中央转移支付社会服务事业费

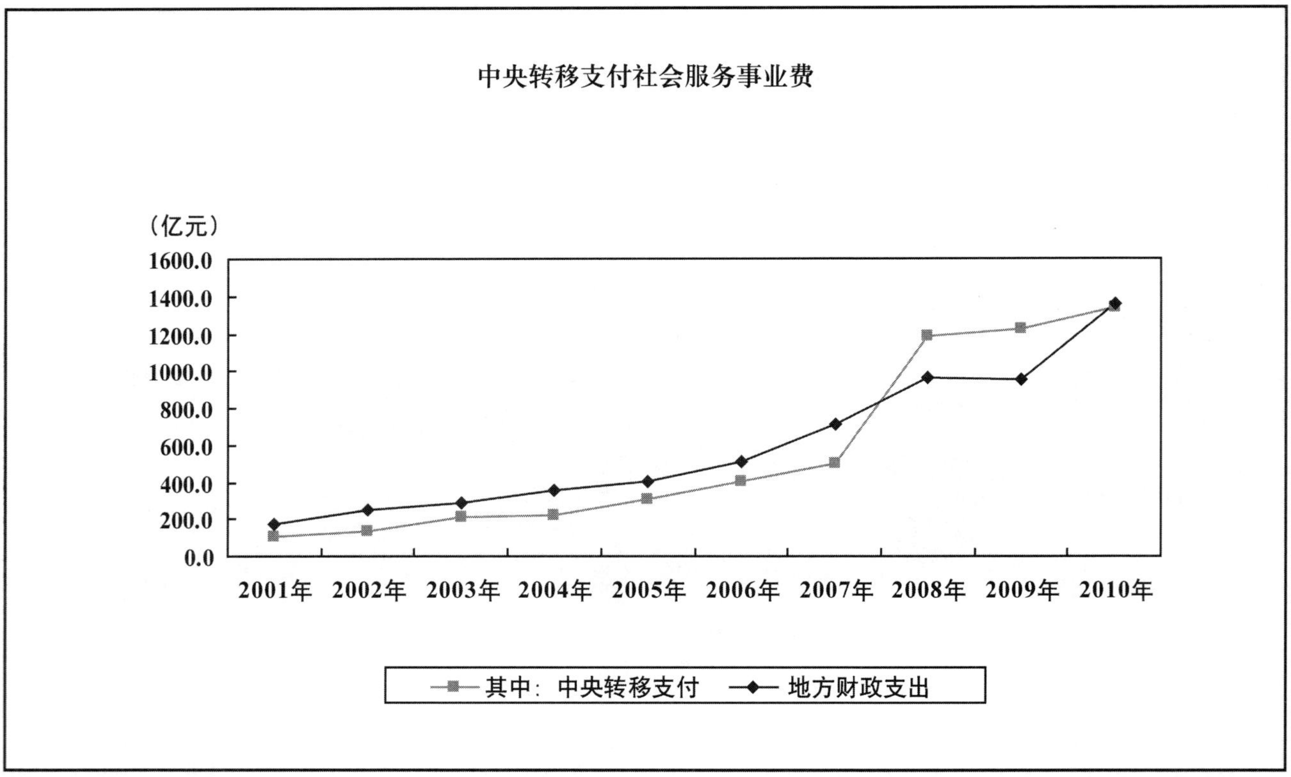

单位：亿元、%

指　标	2001年	2002年	2003年	2004年	2005年	2006年	2007年	2008年	2009年	2010年
社会服务事业费支出	284.8	392.2	498.9	577.4	718.4	915.4	1215.5	2146.5	2181.9	2697.5
其中：中央转移支付	108.2	138.4	211.8	223.8	310.3	404.0	504.4	1181.1	1227.0	1342.4
地方财政支出	176.6	253.8	287.1	353.6	408.1	511.4	711.1	965.4	954.9	1355.1
中央支付占社会服务事业费支出比重	38.0	35.3	42.5	38.8	43.2	44.1	42.6	55.0	56.2	49.8

图 -2-1 社会服务机构床位数

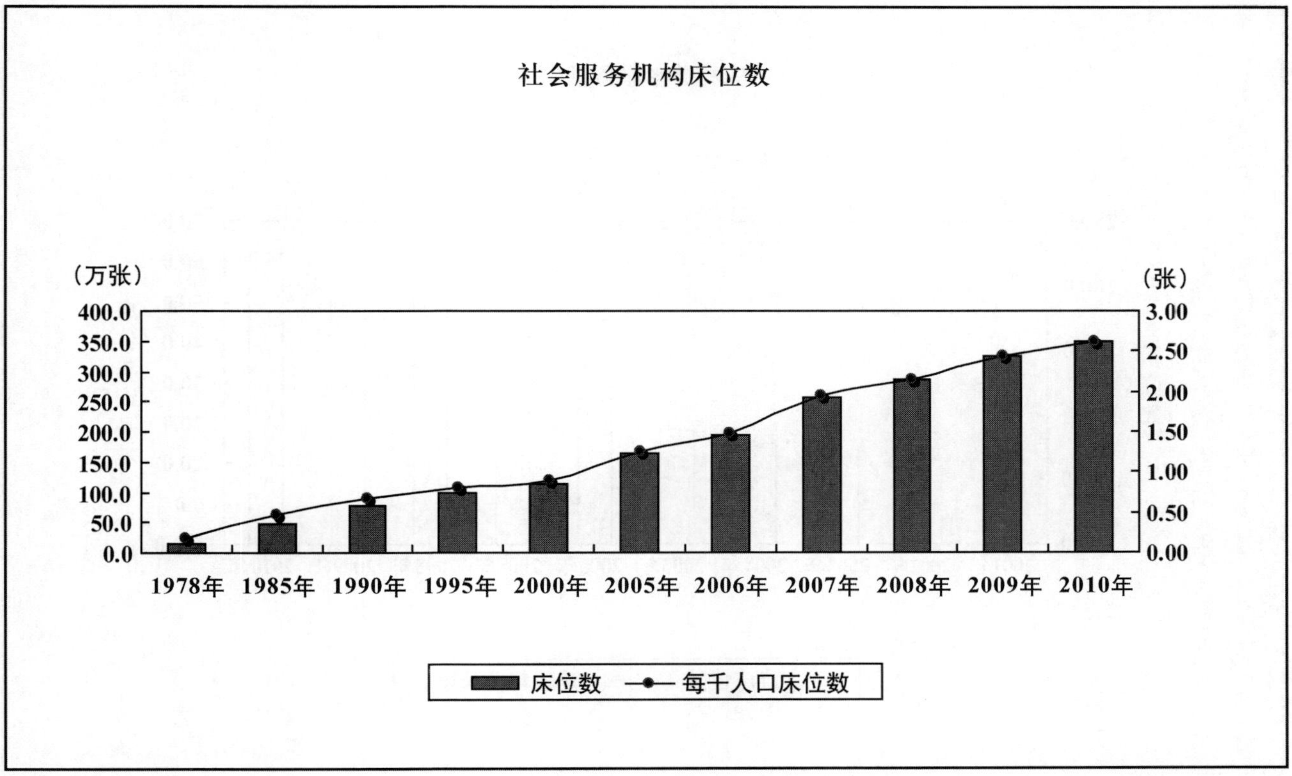

单位：万张、万个、%

指　标	1978年	1985年	1990年	1995年	2000年	2005年	2006年	2007年	2008年	2009年	2010年
床位数	16.3	49.1	78.0	97.6	113.0	163.9	193.3	257.3	286.1	326.5	349.6
每千人口床位数	0.17	0.46	0.68	0.81	0.89	1.25	1.47	1.95	2.15	2.45	2.61

图-2-2　农村养老服务机构

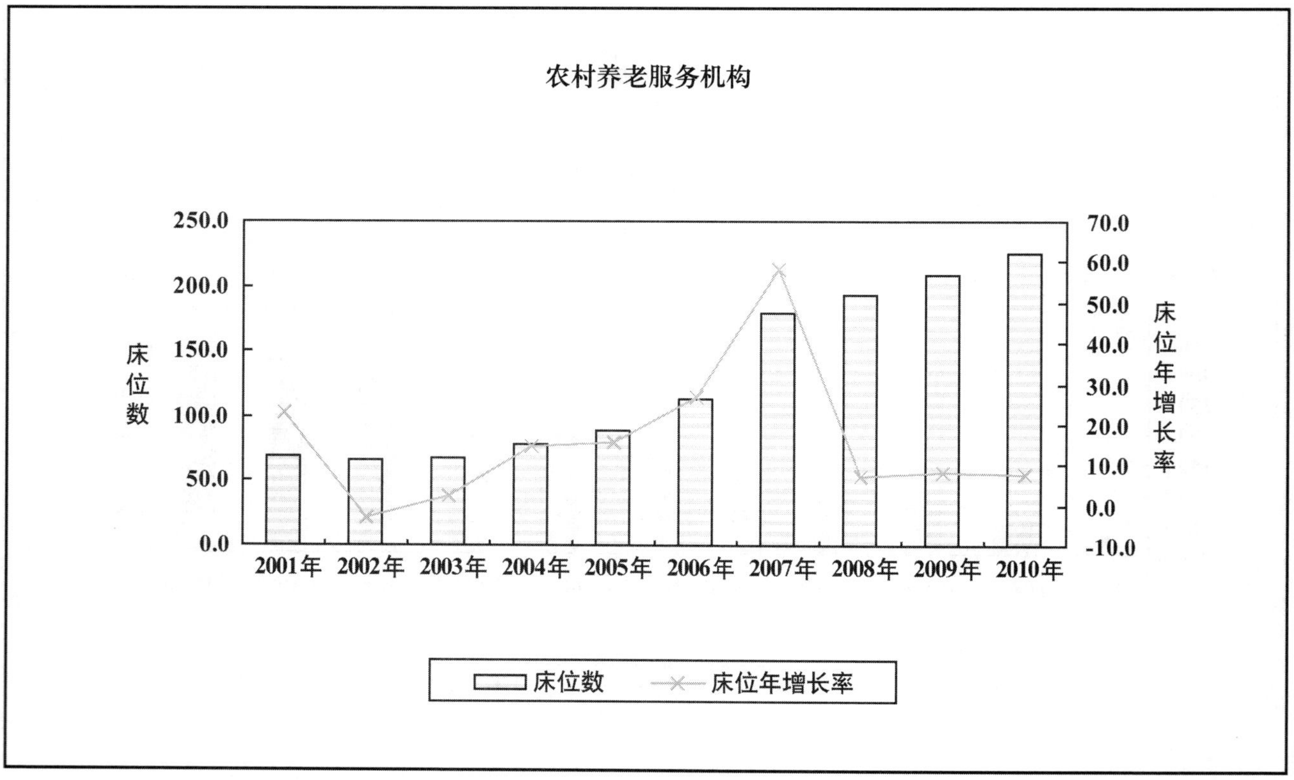

单位：万个、万张、%

指　标	2001年	2002年	2003年	2004年	2005年	2006年	2007年	2008年	2009年	2010年
单位数	2.7	2.6	2.4	2.6	3.0	3.1	3.5	3.0	3.1	3.1
床位数	68.4	66.2	67.6	77.5	89.5	113.6	179.8	193.1	208.8	224.9
床位年增长率	23.0	-3.2	2.1	14.6	15.5	26.9	58.3	7.4	8.2	7.7

图 -2-3 家庭儿童收养

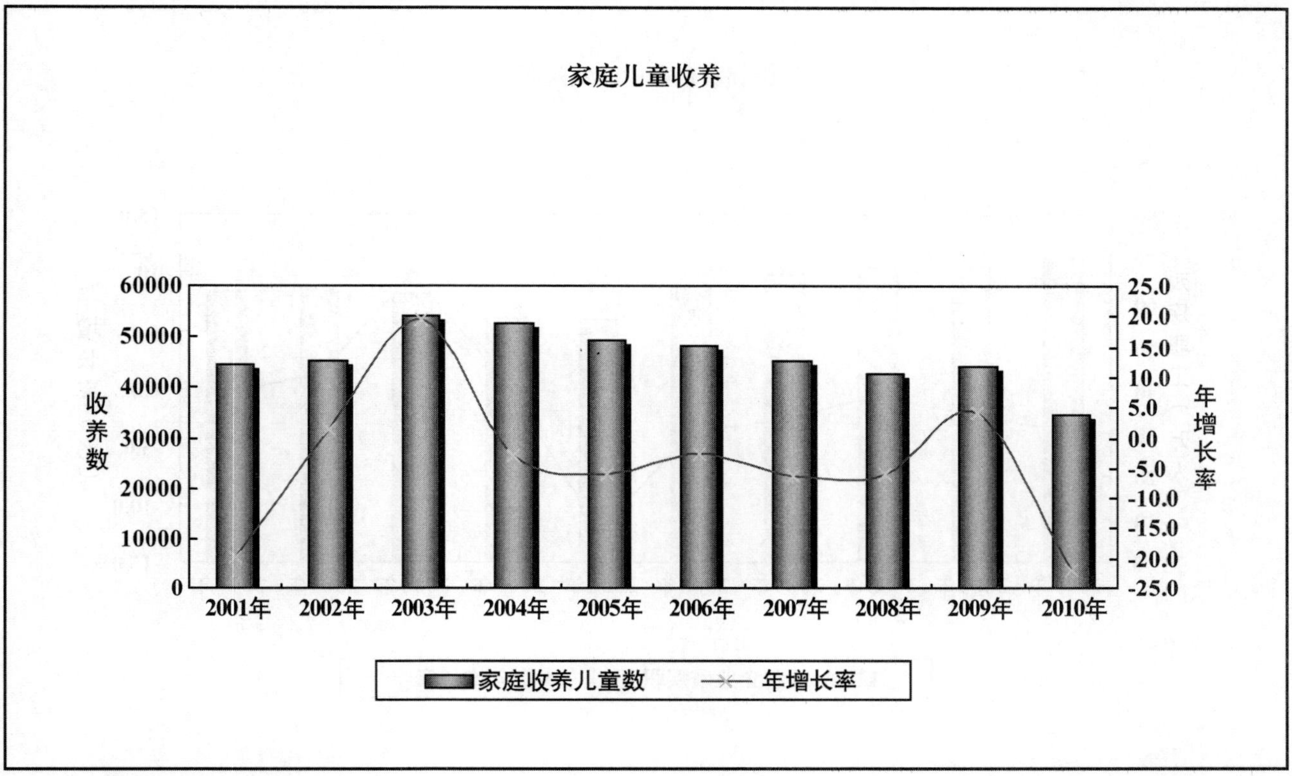

单位：万个、万张、%

指　标	2001 年	2002 年	2003 年	2004 年	2005 年	2006 年	2007 年	2008 年	2009 年	2010 年
家庭收养儿童数	44706	45336	54159	52603	49506	48178	45192	42550	44260	34529
年增长率	-19.9	1.4	19.5	-2.9	-5.9	-2.7	-6.2	-5.8	4.0	-22.0

图-2-4 社会福利企业中的残疾职工

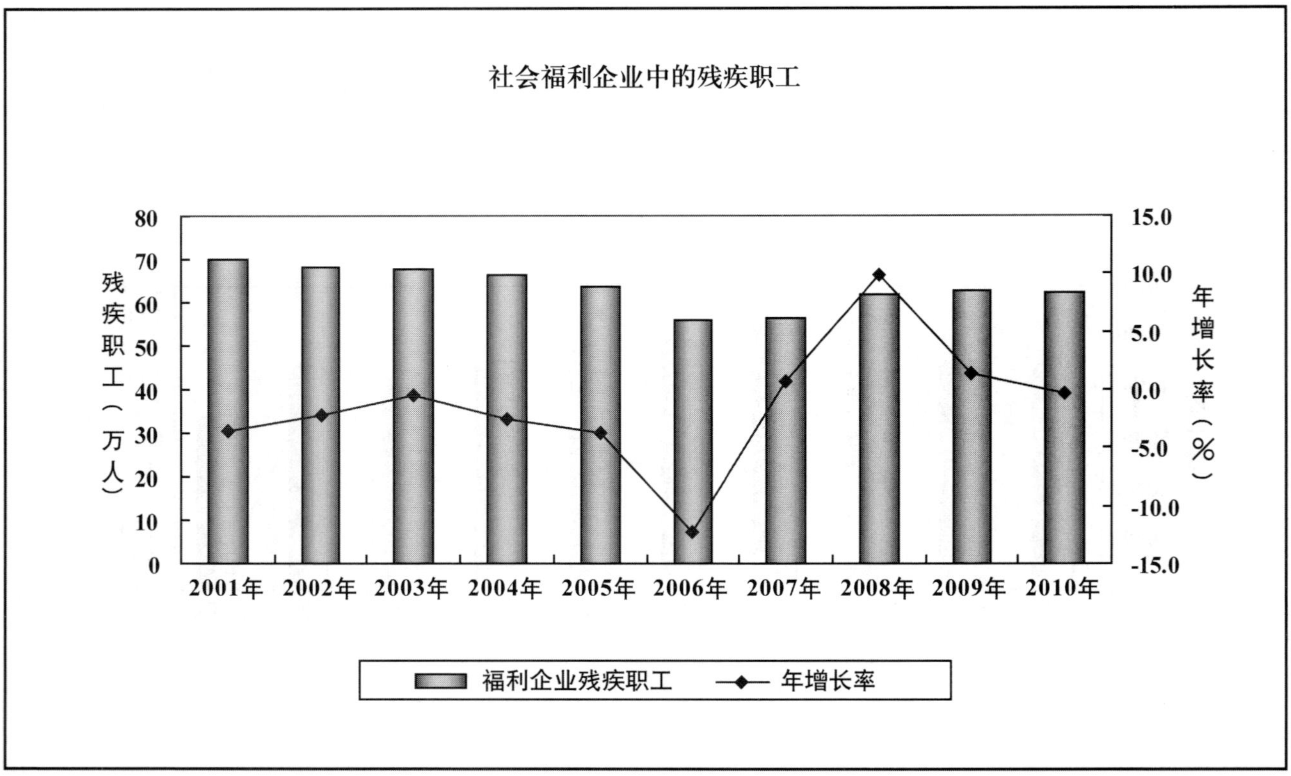

单位：万人、%

指 标	2001年	2002年	2003年	2004年	2005年	2006年	2007年	2008年	2009年	2010年
福利企业残疾职工	69.9	68.3	67.9	66.2	63.7	55.9	56.3	61.9	62.7	62.5
年增长率	-3.6	-2.3	-0.6	-2.5	-3.8	-12.2	0.7	9.9	1.3	-0.3

图−2−5 城市最低生活保障

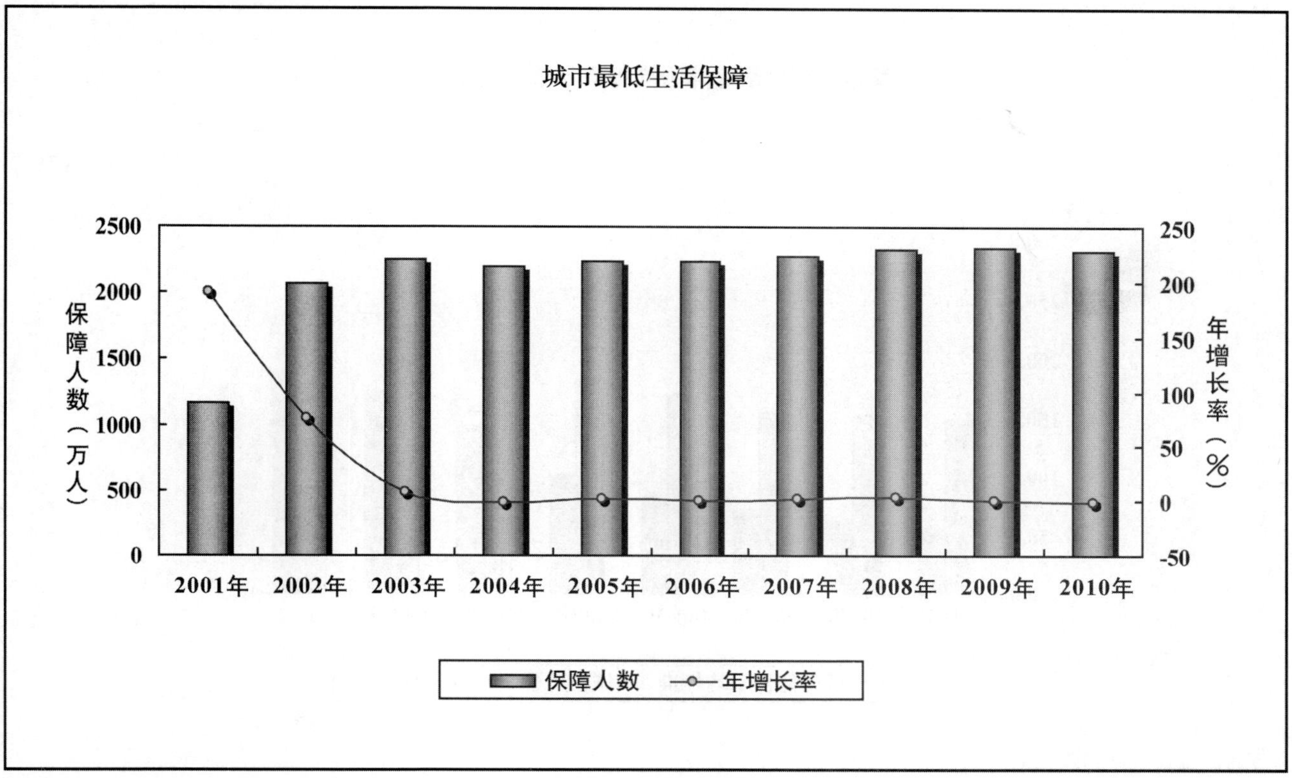

单位：万人、%

指　标	2001年	2002年	2003年	2004年	2005年	2006年	2007年	2008年	2009年	2010年
保障人数	1170.7	2064.7	2246.8	2205	2234.2	2240.1	2272.1	2334.8	2345.6	2310.5
年增长率	190.8	76.4	8.8	-1.9	1.3	0.3	1.4	2.8	0.5	-1.5

图-2-6 城市最低生活保障平均标准与平均支出水平

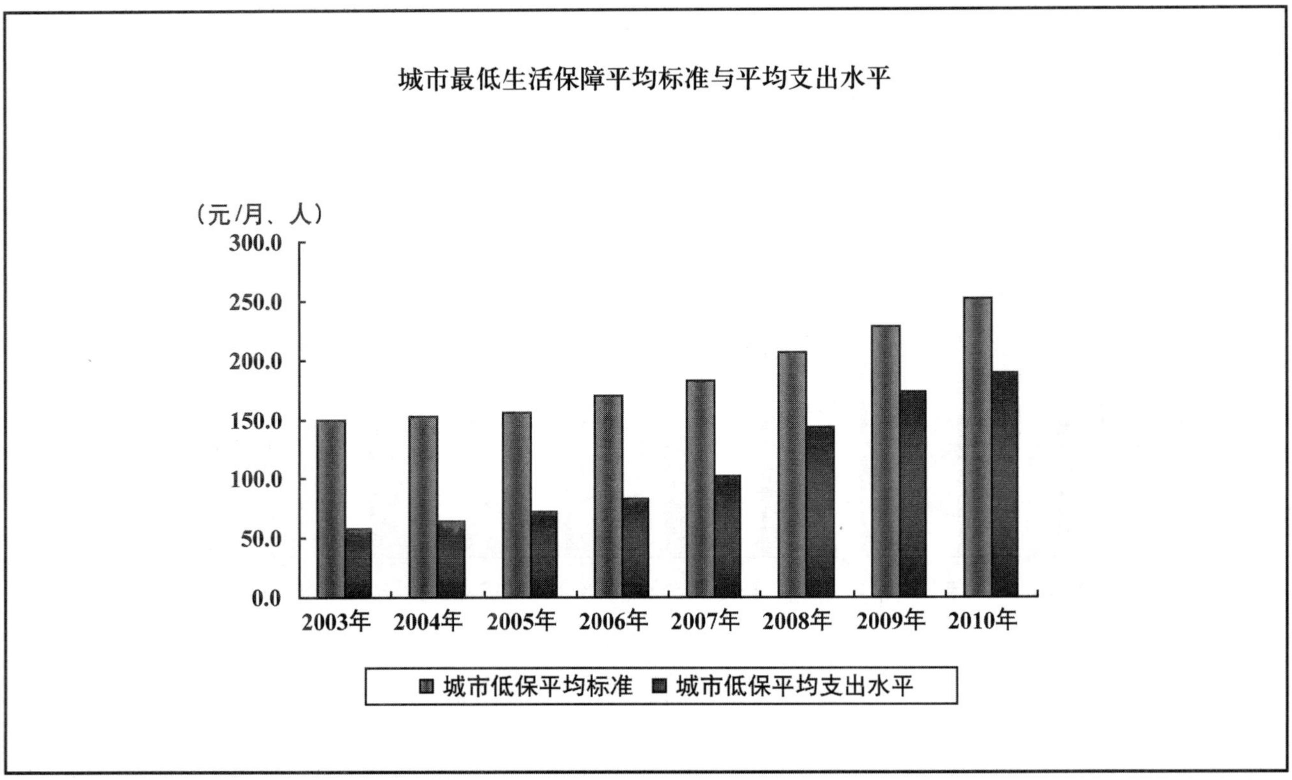

单位：元／人、月

指　标	2003年	2004年	2005年	2006年	2007年	2008年	2009年	2010年
城市低保平均标准	149.0	152.0	156.0	169.6	182.4	205.3	227.8	251.2
城市低保平均支出水平	58.0	65.0	72.3	83.6	102.7	143.7	172.0	189.0

图-2-7　各省城市最低生活保障平均标准与支出水平

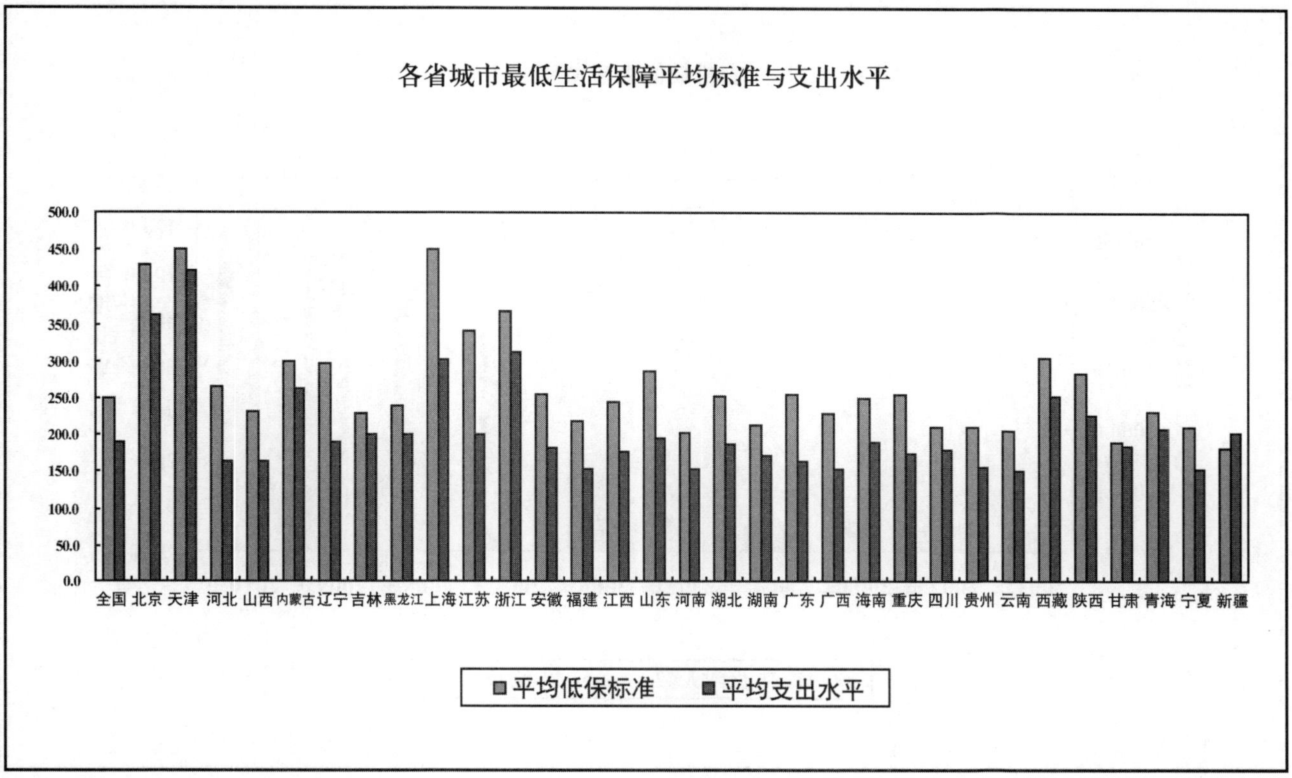

单位：元／人、月

地　区	平均低保标准	平均支出水平	地　区	平均低保标准	平均支出水平	地　区	平均低保标准	平均支出水平	地　区	平均低保标准	平均支出水平
全　国	**251.2**	**189.0**	黑龙江	240.1	200.4	河　南	202.5	152.6	贵　州	211.6	155.4
北　京	430.0	361.0	上　海	450.0	303.4	湖　北	252.2	188.2	云　南	206.4	150.0
天　津	450.0	422.7	江　苏	342.3	200.8	湖　南	213.9	170.9	西　藏	305.8	253.5
河　北	265.3	164.1	浙　江	367.0	312.8	广　东	254.4	163.9	陕　西	283.6	226.2
山　西	231.3	164.0	安　徽	254.1	181.5	广　西	228.0	152.4	甘　肃	189.2	185.4
内蒙古	299.0	263.8	福　建	218.3	154.9	海　南	250.2	190.0	青　海	232.0	207.3
辽　宁	296.1	189.7	江　西	243.9	178.4	重　庆	255.9	173.9	宁　夏	211.9	153.7
吉　林	227.9	201.0	山　东	285.7	195.1	四　川	210.0	179.2	新　疆	183.2	204.2

图-2-8 农村最低生活保障

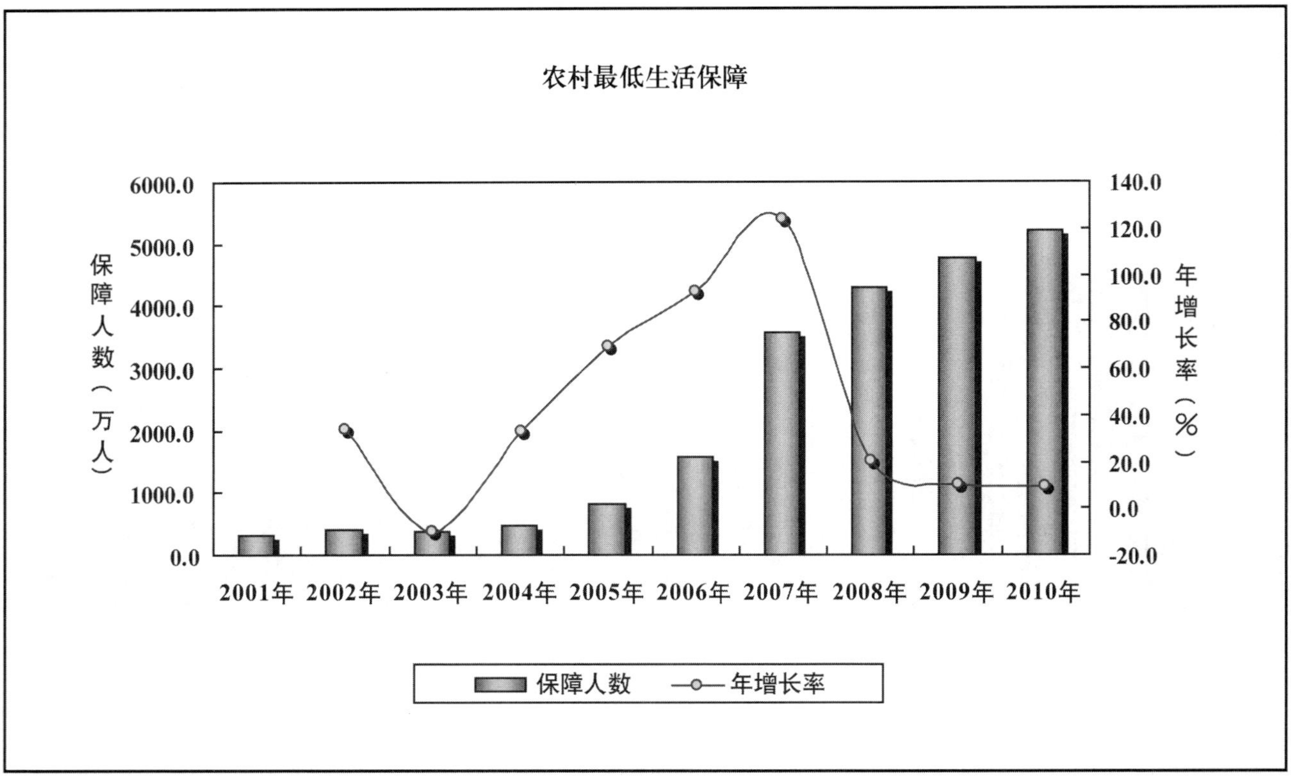

单位：万人、%

指　标	2001年	2002年	2003年	2004年	2005年	2006年	2007年	2008年	2009年	2010年
保障人数	304.6	407.8	367.1	488.0	825.0	1593.1	3566.3	4305.5	4760.0	5214.0
年增长率		33.9	-10.0	32.9	69.1	93.1	123.9	20.7	10.6	9.5

图-2-9　各省农村最低生活保障平均标准与支出水平

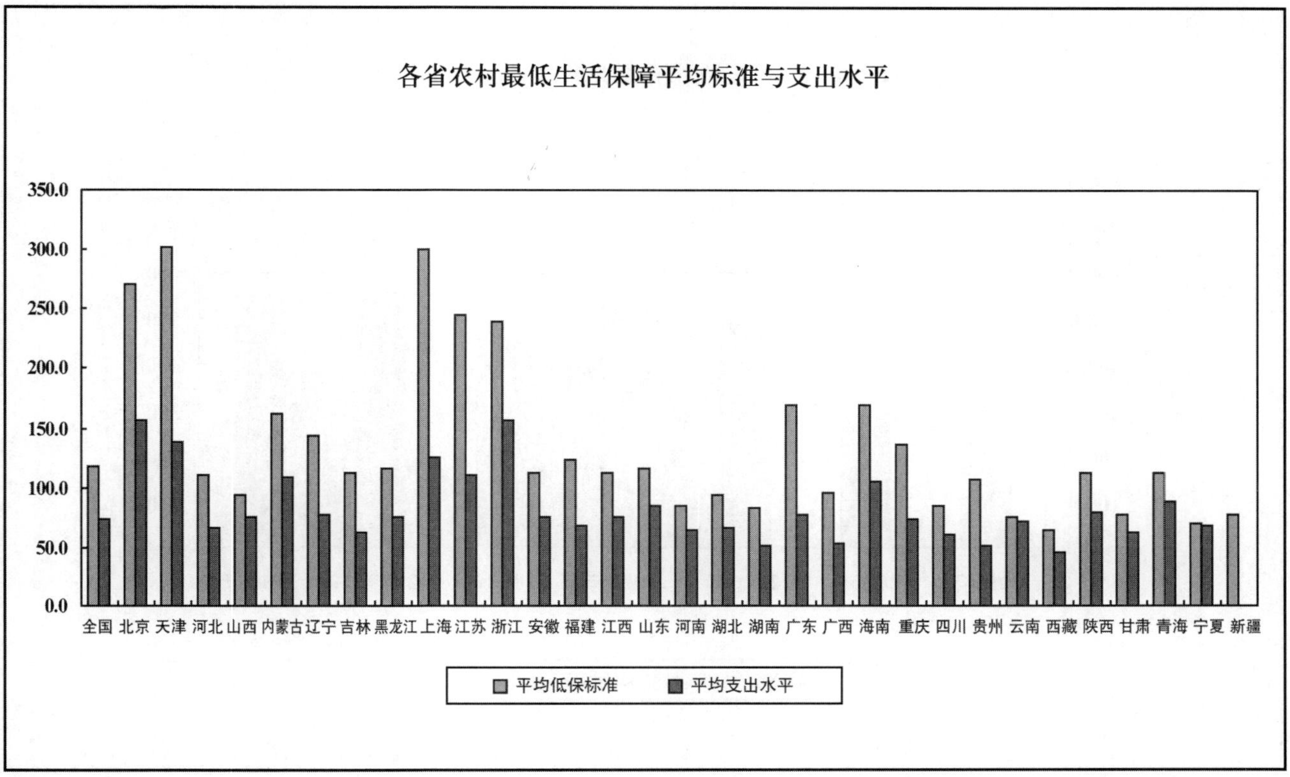

单位：元／人、月

地　区	平均低保标准	平均支出水平	地　区	平均低保标准	平均支出水平	地　区	平均低保标准	平均支出水平	地　区	平均低保标准	平均支出水平
全　国	**117.0**	**74.0**	黑龙江	115.4	75.0	河　南	84.9	64.0	贵　州	106.9	52.0
北　京	273.1	156.0	上　海	300.0	125.0	湖　北	93.6	66.0	云　南	76.1	71.0
天　津	302.8	138.0	江　苏	244.8	111.0	湖　南	82.3	51.0	西　藏	64.2	46.0
河　北	110.0	67.0	浙　江	240.1	156.0	广　东	168.9	78.0	陕　西	112.6	80.0
山　西	93.5	75.0	安　徽	111.6	75.0	广　西	96.6	54.0	甘　肃	76.9	63.0
内蒙古	161.4	108.0	福　建	122.6	68.0	海　南	169.5	105.0	青　海	113.0	88.0
辽　宁	144.2	78.0	江　西	111.7	76.0	重　庆	135.8	73.0	宁　夏	70.7	69.0
吉　林	112.2	63.0	山　东	116.8	84.0	四　川	85.5	61.0	新　疆	77.9	77.0

图–2–10 农村五保供养

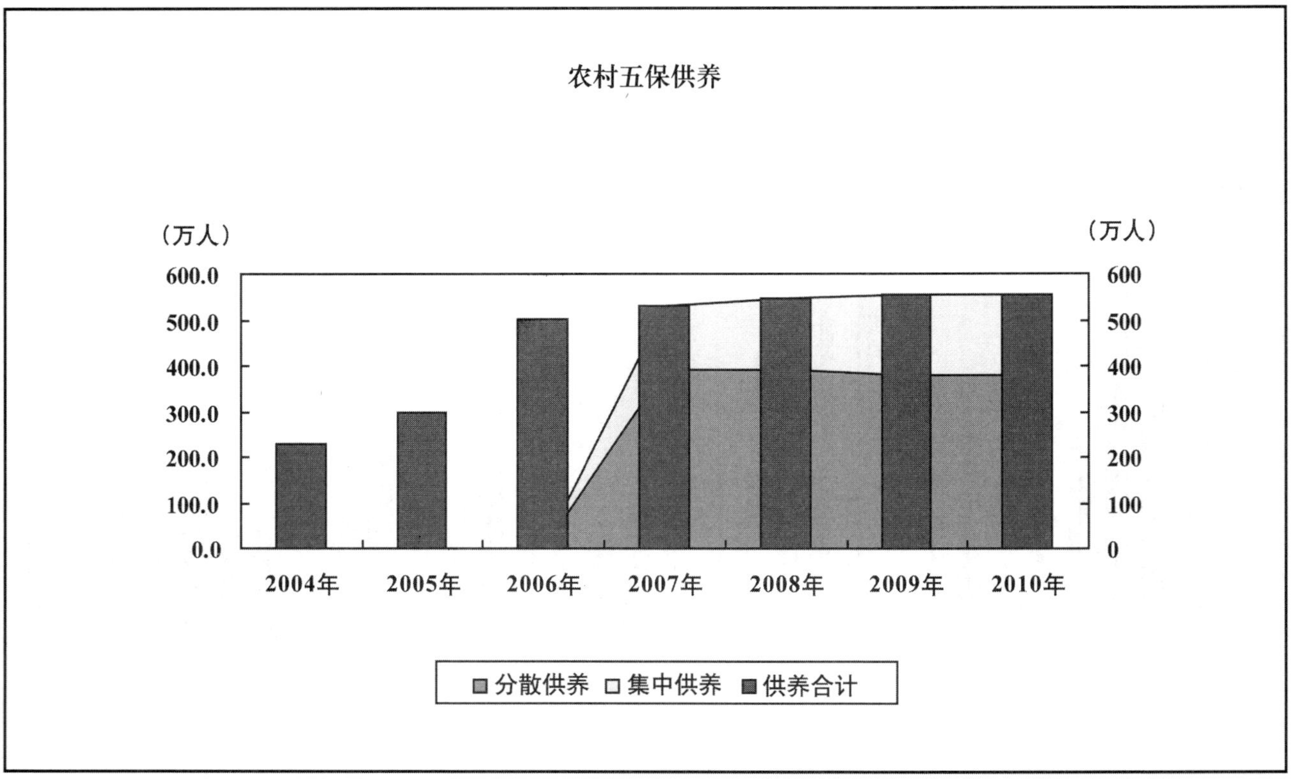

单位：万人、%

指　标	2004年	2005年	2006年	2007年	2008年	2009年	2010年
供养合计	228.7	300	503.3	531.3	548.6	553.4	556.3
分散供养				393.3	393.0	381.6	378.9
集中供养				138.0	155.6	171.8	177.4

图-2-11　各省农村五保集中供养平均标准与支出水平

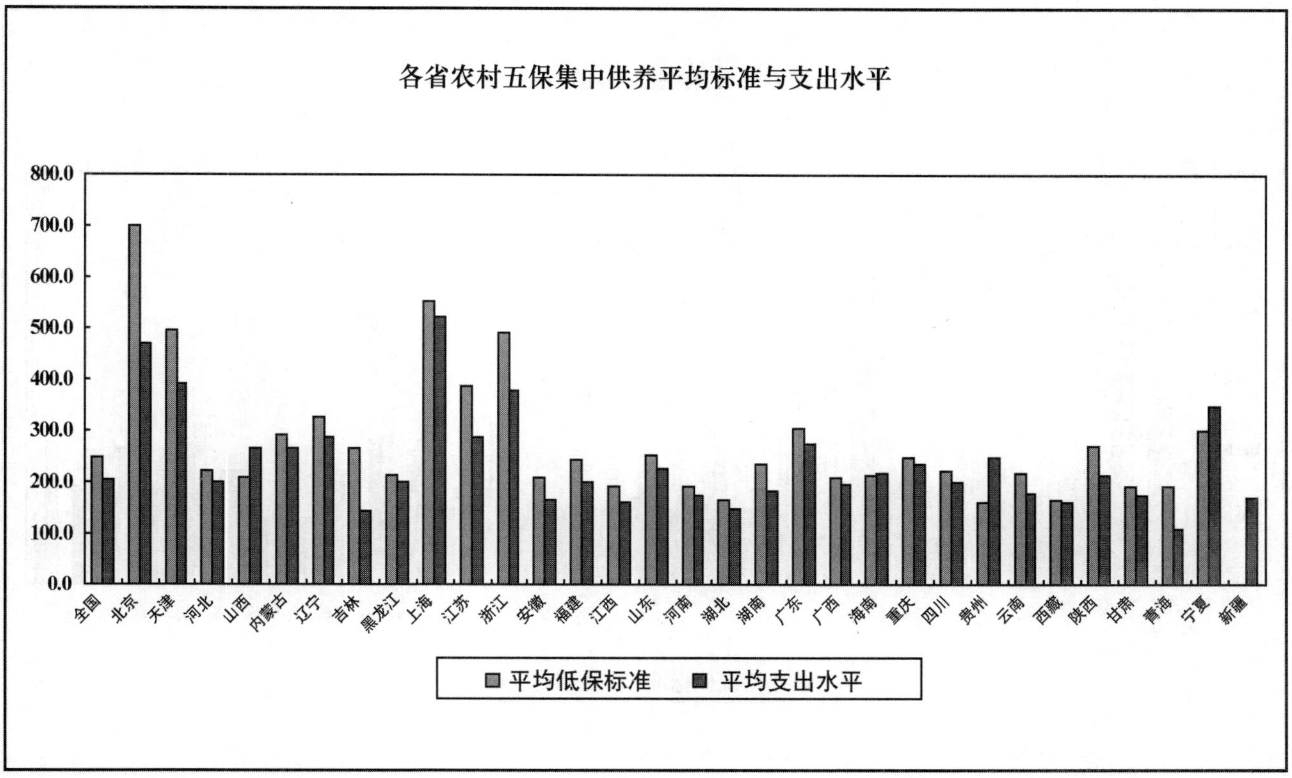

单位：元／人、月

地　区	平均低保标准	平均支出水平	地　区	平均低保标准	平均支出水平	地　区	平均低保标准	平均支出水平	地　区	平均低保标准	平均支出水平
全　国	**246.0**	**205.0**	黑龙江	211.3	201.0	河　南	191.5	174.0	贵　州	159.2	248.0
北　京	701.0	471.0	上　海	551.3	522.0	湖　北	167.0	149.0	云　南	216.9	179.0
天　津	494.2	390.0	江　苏	384.8	286.0	湖　南	234.2	181.0	西　藏	166.7	162.0
河　北	223.9	201.0	浙　江	489.7	379.0	广　东	304.4	276.0	陕　西	269.7	213.0
山　西	206.6	264.0	安　徽	209.4	164.0	广　西	209.6	195.0	甘　肃	189.8	175.0
内蒙古	292.6	264.0	福　建	241.9	198.0	海　南	215.0	218.0	青　海	191.4	107.0
辽　宁	326.8	286.0	江　西	191.1	161.0	重　庆	246.5	235.0	宁　夏	301.2	350.0
吉　林	263.9	142.0	山　东	251.3	224.0	四　川	222.0	201.0	新　疆	265.5	171.0

图-2-12　各省农村五保分散供养平均标准与支出水平

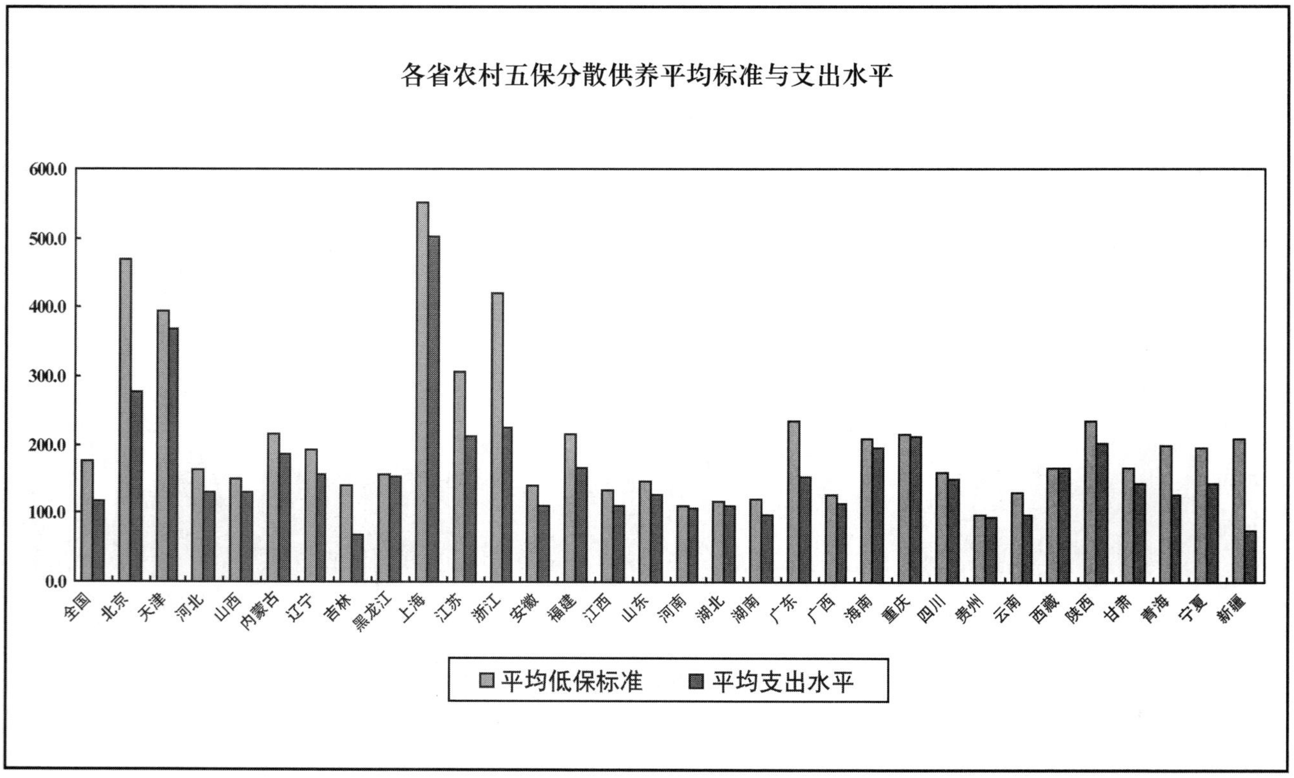

单位：元／人、月

地　区	平均低保标准	平均支出水平	地　区	平均低保标准	平均支出水平	地　区	平均低保标准	平均支出水平	地　区	平均低保标准	平均支出水平
全　国	**175.2**	**118.0**	黑龙江	156.6	154.0	河　南	109.4	109.0	贵　州	98.4	93.0
北　京	470.8	276.0	上　海	551.3	502.0	湖　北	116.6	111.0	云　南	130.0	98.0
天　津	393.3	368.0	江　苏	307.4	213.0	湖　南	119.7	98.0	西　藏	166.7	165.0
河　北	162.1	131.0	浙　江	422.0	226.0	广　东	234.9	154.0	陕　西	233.7	201.0
山　西	149.2	129.0	安　徽	140.6	111.0	广　西	128.0	115.0	甘　肃	167,0	143.0
内蒙古	214.9	187.0	福　建	216.6	166.0	海　南	208.3	196.0	青　海	197.5	127.0
辽　宁	193.4	157.0	江　西	132.4	112.0	重　庆	214.4	213.0	宁　夏	196.7	143.0
吉　林	140.5	69.0	山　东	146.7	128.0	四　川	159.7	149.0	新　疆	210.2	74.0

图-2-13　社会捐赠

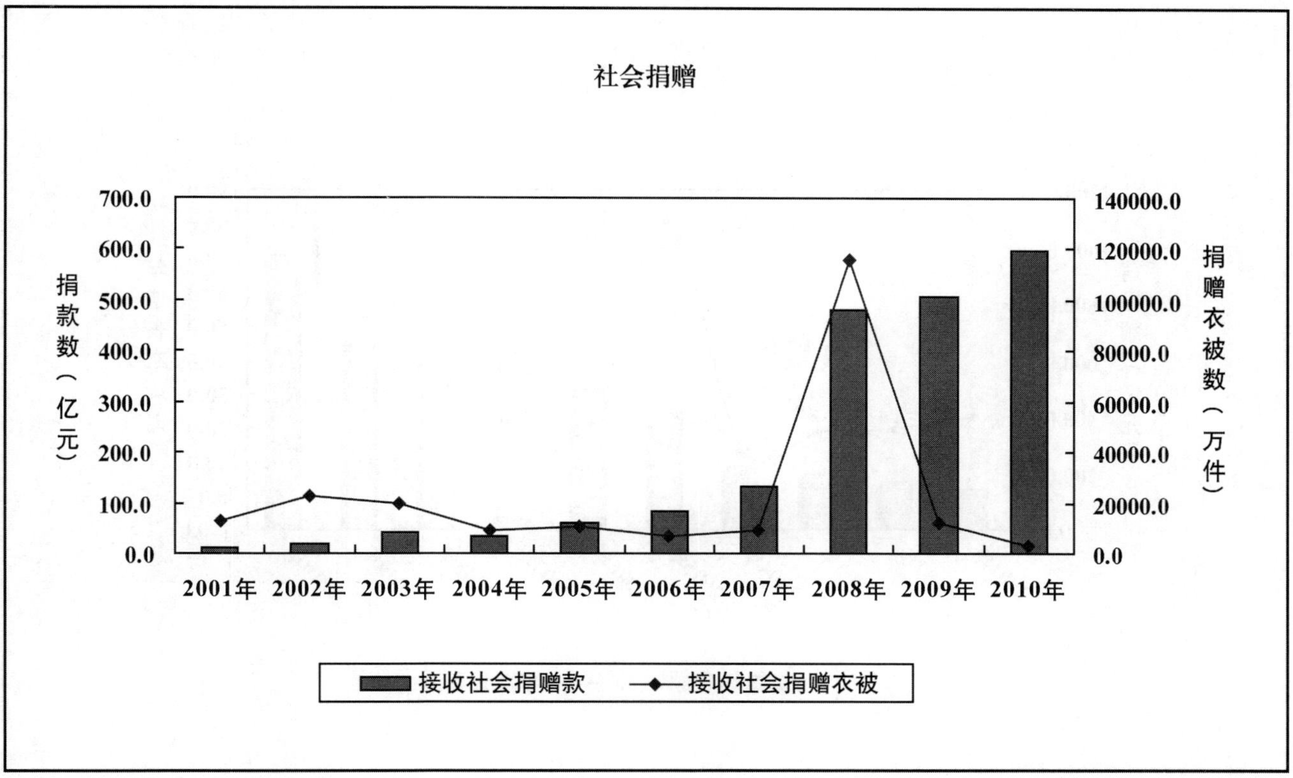

单位：亿元、万件

指　标	2001年	2002年	2003年	2004年	2005年	2006年	2007年	2008年	2009年	2010年
接收社会捐赠款	11.7	19.0	41.0	34.0	60.3	83.1	132.8	479.3	507.2	596.8
接收社会捐赠衣被	12635.4	22961.1	19648.8	8957.2	10355.0	7123.6	8756.8	115816.3	12476.6	2750.4

图-2-14　福利彩票

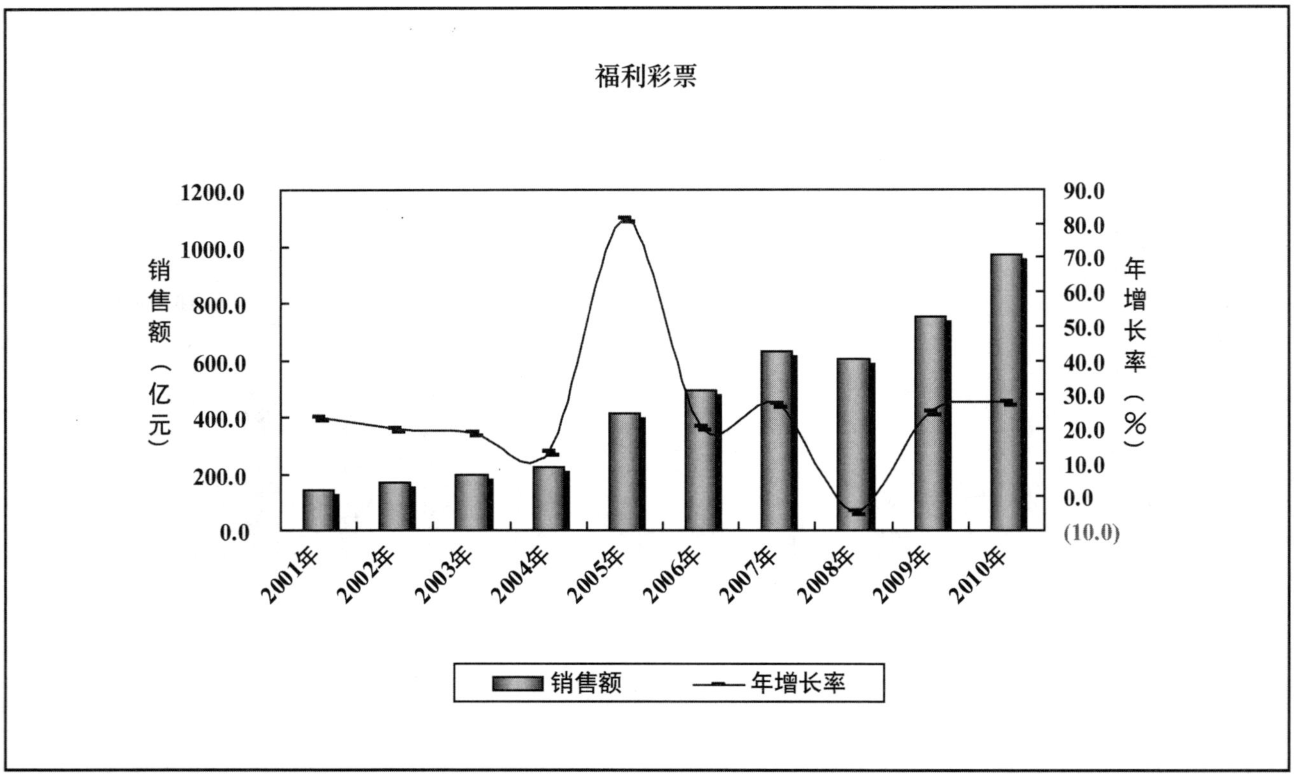

单位：亿元、%

指　标	2001年	2002年	2003年	2004年	2005年	2006年	2007年	2008年	2009年	2010年
销售额	140.0	168.0	200.0	226.4	411.2	495.7	631.6	604.0	755.8	968.0
年增长率	23.5	20.0	19.0	13.2	81.6	20.5	27.4	-4.4	25.1	28.1

图 -2-15　国家抚恤、补助优抚对象

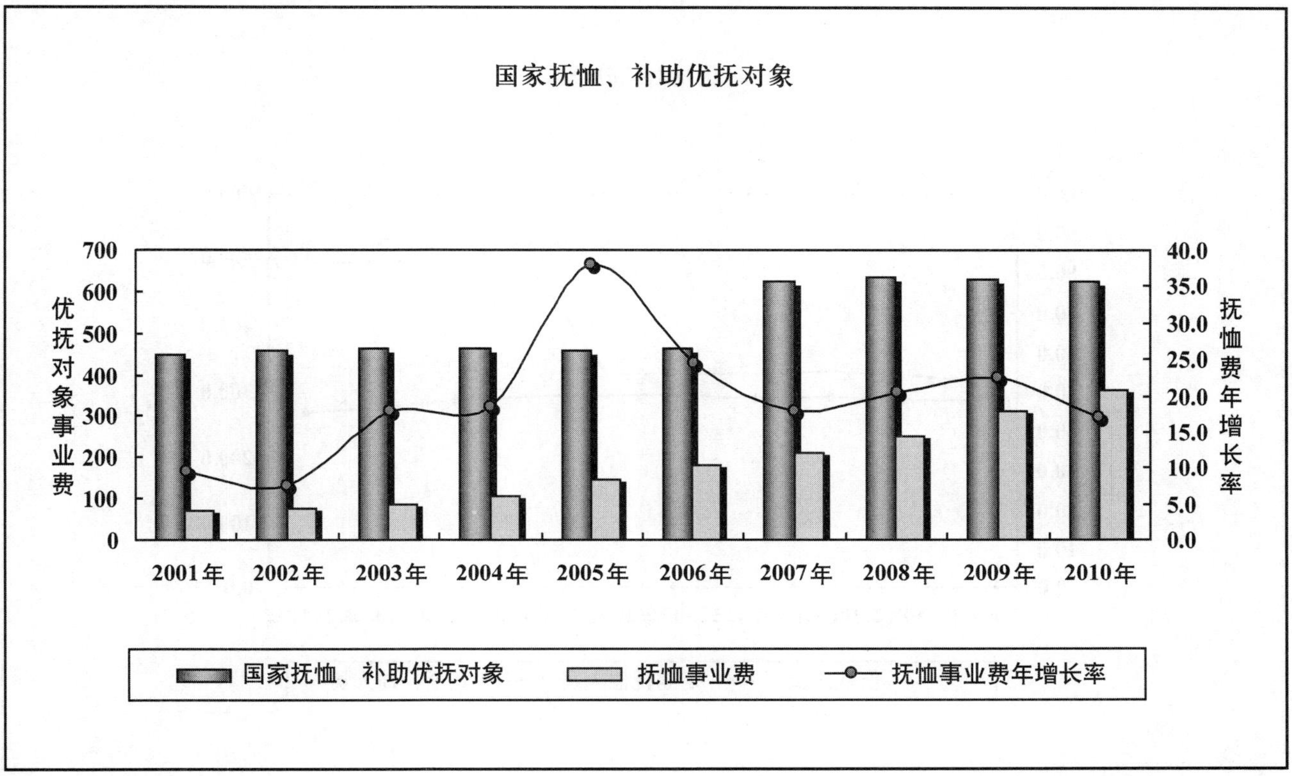

单位：万人、亿元、%

指　标	2001年	2002年	2003年	2004年	2005年	2006年	2007年	2008年	2009年	2010年
国家抚恤、补助优抚对象	450.7	459.0	464.9	462.0	460.3	462.6	622.4	633.2	630.7	625
抚恤事业费	69.5	74.7	87.9	104.1	143.6	178.8	210.8	253.6	310.3	362.7
抚恤事业费年增长率	9.5	7.5	17.7	18.4	37.9	24.5	17.9	20.3	22.4	16.9

图-2-16 优抚对象分类

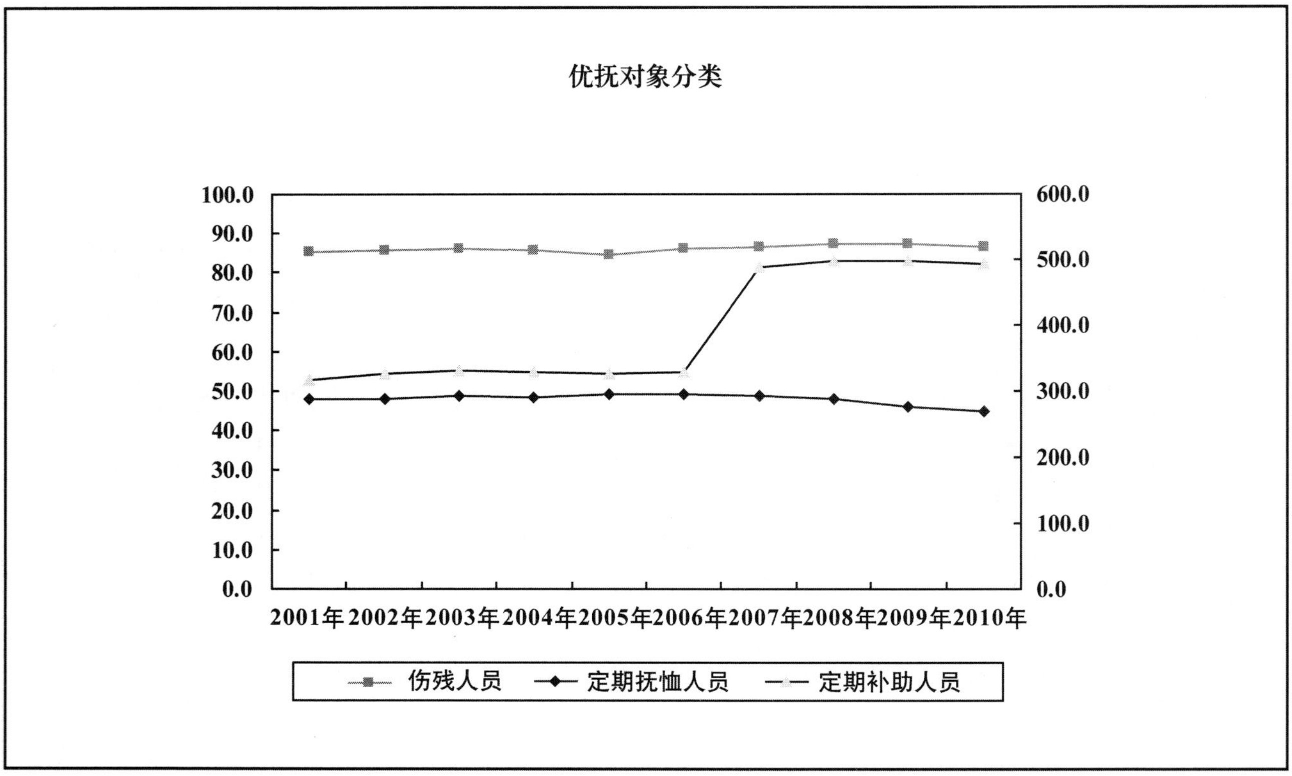

单位：万人

指　标	2001年	2002年	2003年	2004年	2005年	2006年	2007年	2008年	2009年	2010年
伤残人员	85.5	85.8	86.0	85.6	84.5	86.0	86.5	87.2	87.2	86.7
定期抚恤人员	48.1	48.0	48.9	48.6	49.3	49.1	48.9	47.9	45.9	44.8
定期补助人员	317.1	325.2	330.0	327.8	326.6	327.4	487.1	498.2	497.7	493.5

图 -2-17　接收安置军休干部、军休职工

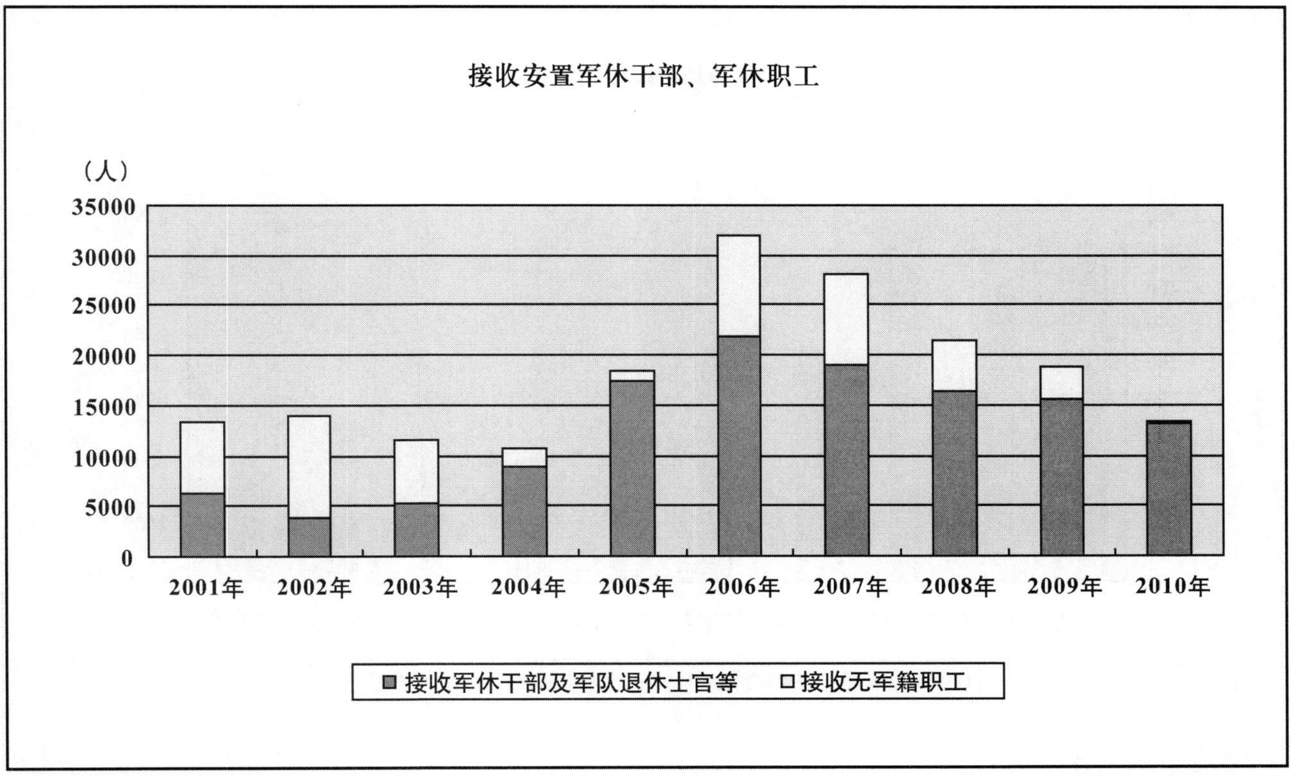

单位：人

指　标	2001年	2002年	2003年	2004年	2005年	2006年	2007年	2008年	2009年	2010年
接收军休干部及军队退休士官等	6236	3792	5195	8974	17416	21832	18997	16331	15492	13070
接收无军籍职工	7129	10175	6312	1820	904	10136	9061	5047	3412	381

图-2-18　烈士褒扬和零散烈士纪念设施

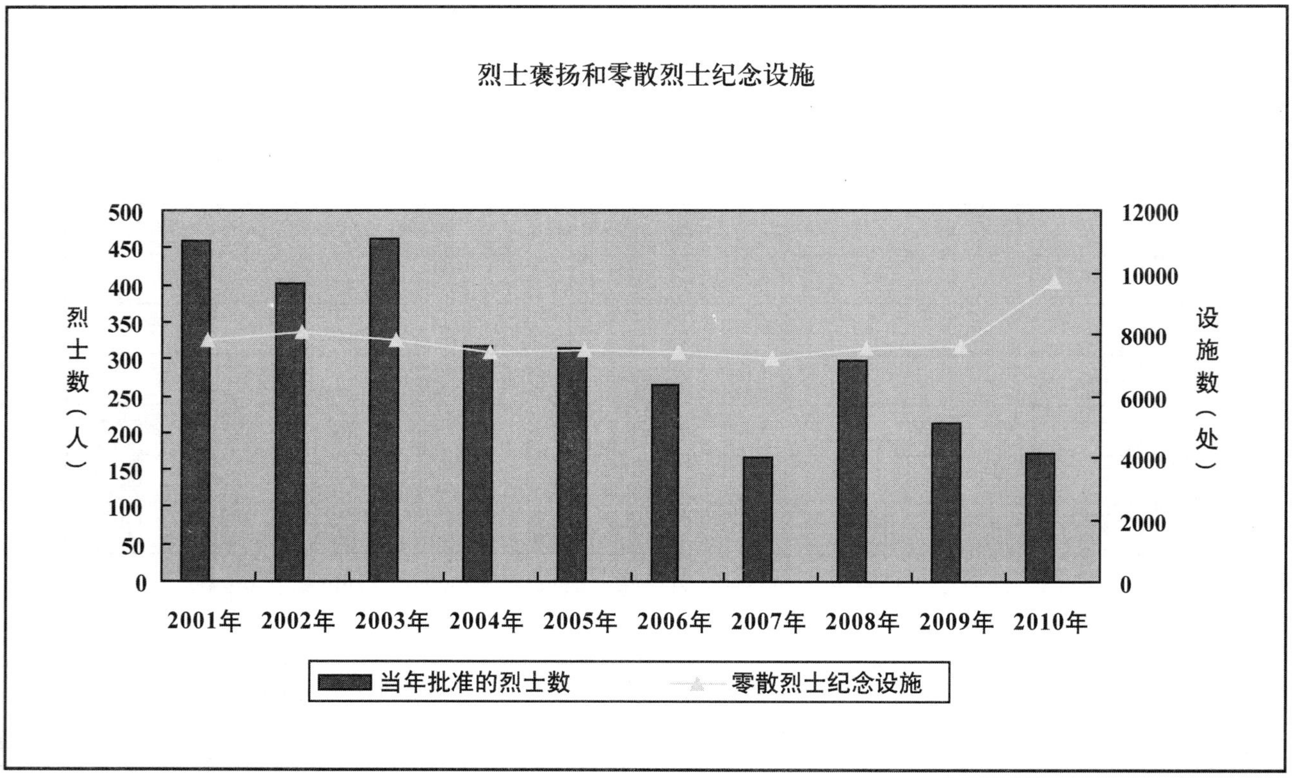

单位：人、个

指　标	2001年	2002年	2003年	2004年	2005年	2006年	2007年	2008年	2009年	2010年
当年批准的烈士数	460	403	461	316	314	265	168	297	213	173
零散烈士纪念设施	7802	8051	7781	7425	7483	7414	7186	7569	7622	9729

图-2-19　因灾死亡(含失踪)人口

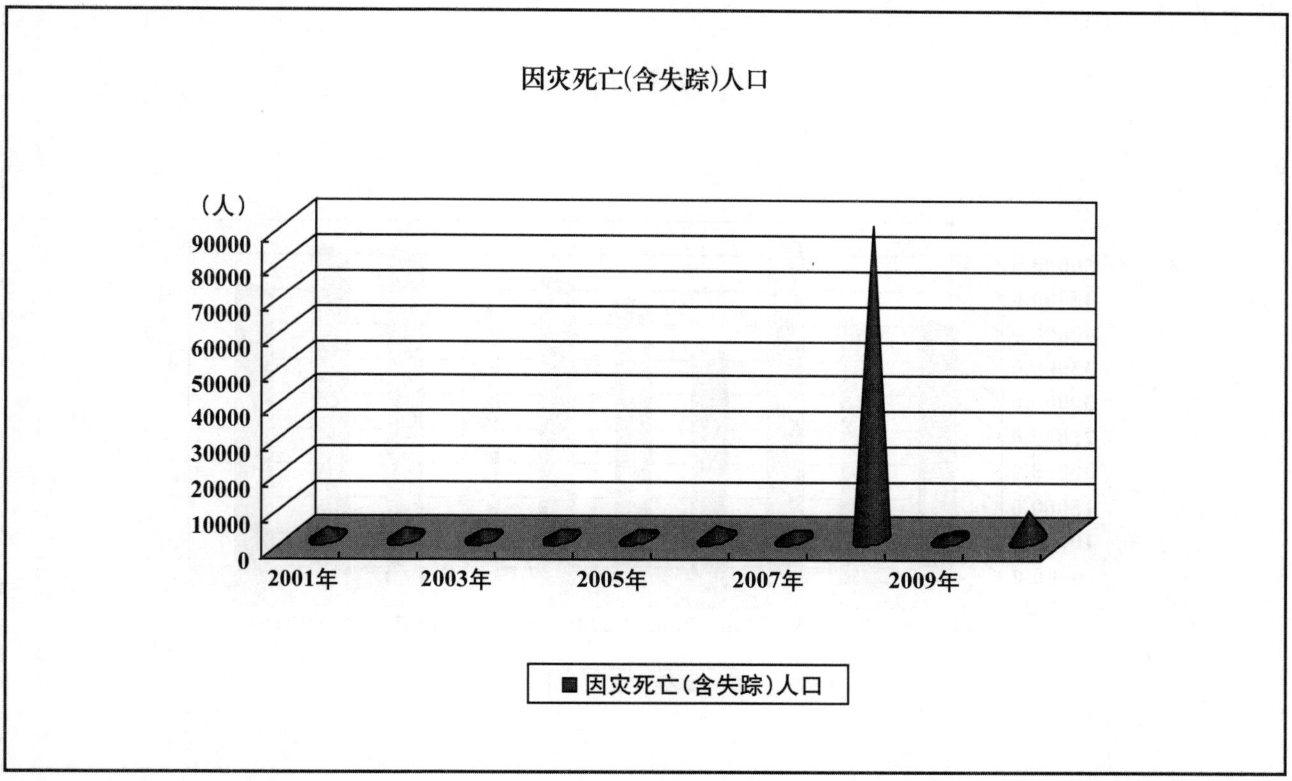

单位：人

指　标	2001年	2002年	2003年	2004年	2005年	2006年	2007年	2008年	2009年	2010年
因灾死亡(含失踪)人口	2583	2840	2259	2250	2475	3186	2325	88928	1299	7844

图-2-20　受灾人口

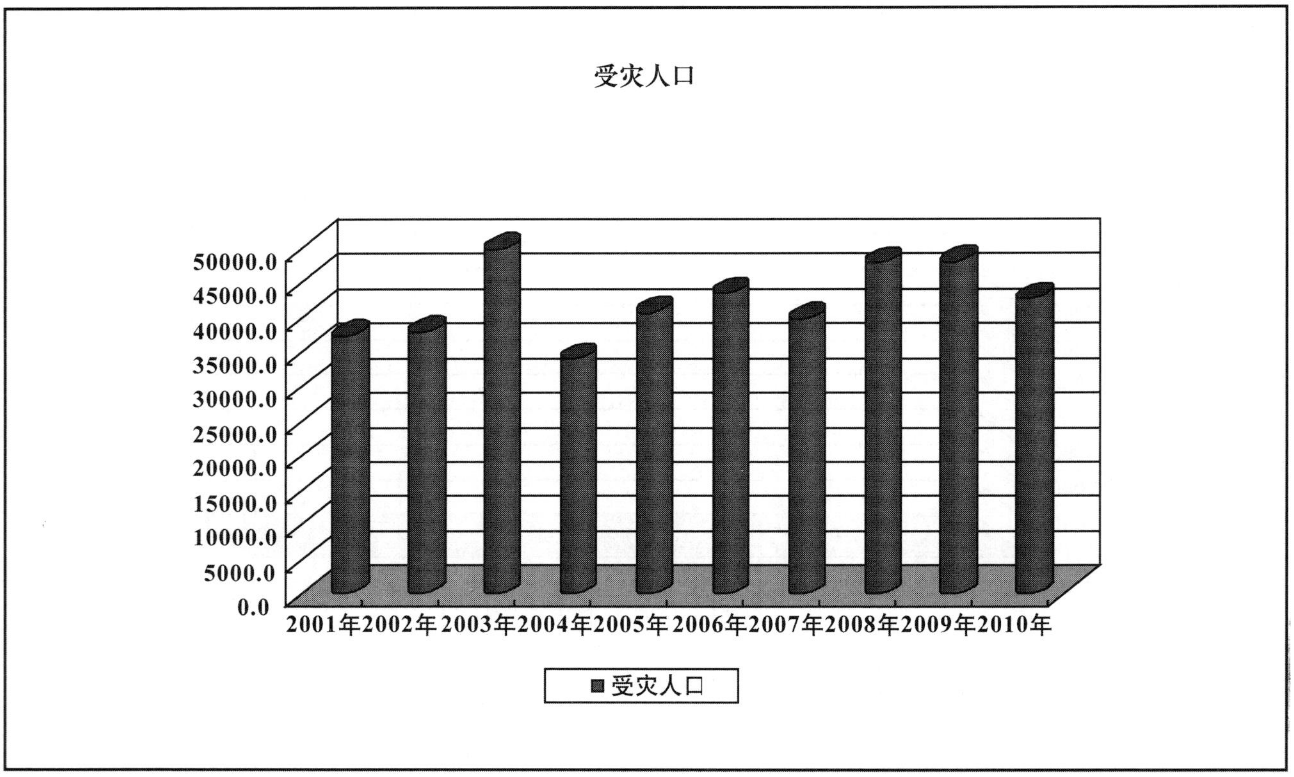

单位：万人次

指　标	2001年	2002年	2003年	2004年	2005年	2006年	2007年	2008年	2009年	2010年
受灾人口	37256.0	37842.0	49745.9	33920.6	40653.7	43453.3	39777.9	47795.0	47933.5	42610.2

图-2-21　社区服务设施

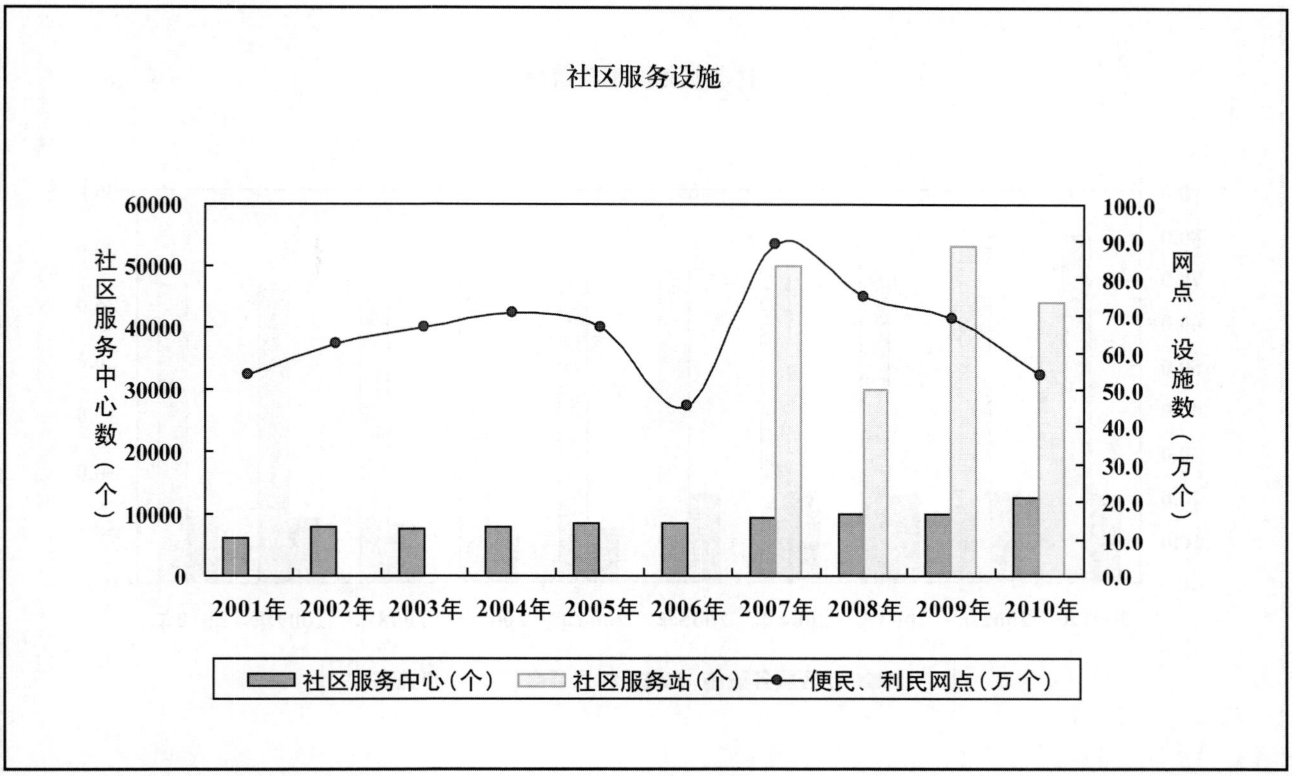

单位：万个、个

指　标	2001年	2002年	2003年	2004年	2005年	2006年	2007年	2008年	2009年	2010年
社区服务设施(万个)	19.6	19.9	19.6	19.8	19.5	16.0	17.2	16.2	17.5	15.3
社区服务中心(个)	6179	7898	7520	7804	8479	8565	9319	9873	10003	12720
社区服务站(个)							50116	30021	53170	44237
便民、利民网点(万个)	54.0	62.3	66.8	70.4	66.5	45.8	89.3	74.9	69.3	53.9

图-2-22　社区服务设施覆盖率

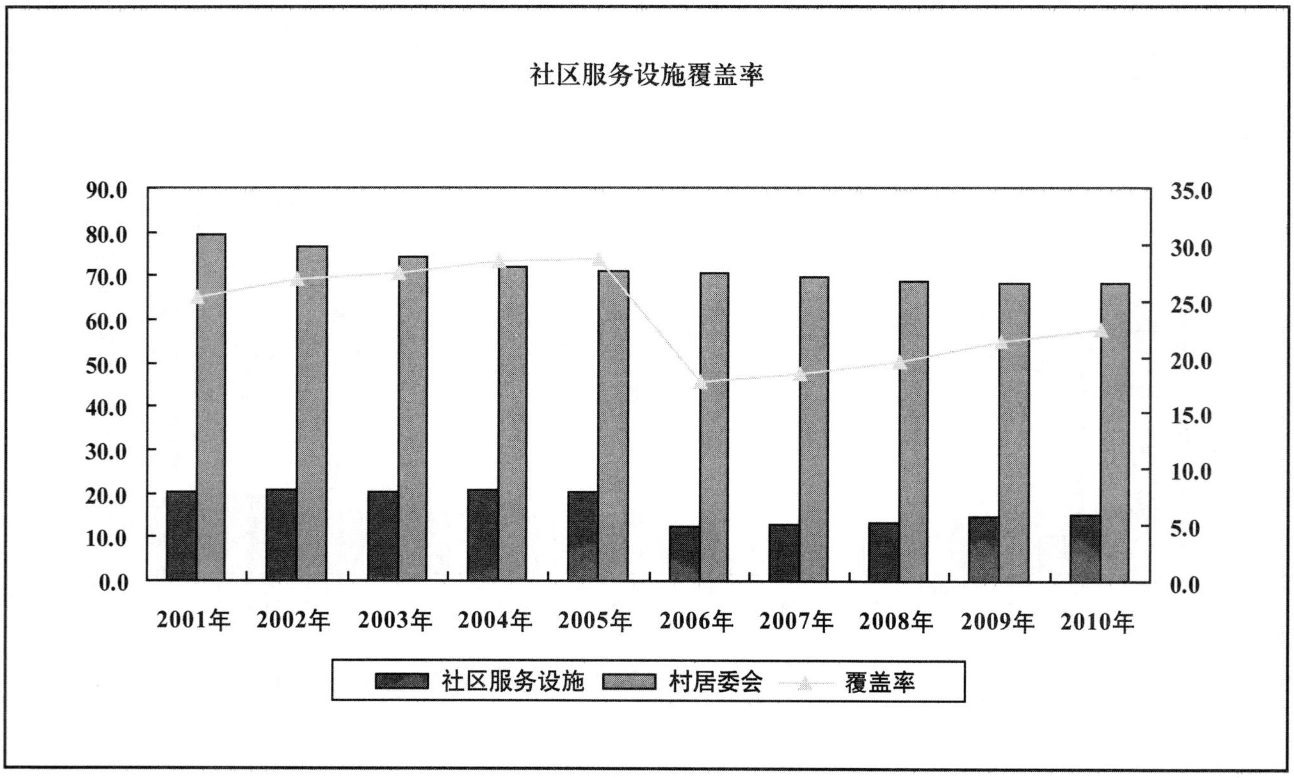

单位：万个

指　标	2001年	2002年	2003年	2004年	2005年	2006年	2007年	2008年	2009年	2010年
社区服务设施	20.1	20.6	20.4	20.6	20.3	12.5	12.9	13.5	14.7	15.3
村居委会	79.2	76.7	74.1	72.2	70.9	70.4	69.5	68.8	68.4	68.2
覆盖率	25.4	26.9	27.5	28.5	28.6	17.7	18.6	19.6	21.4	22.4

图−3−1 社会组织

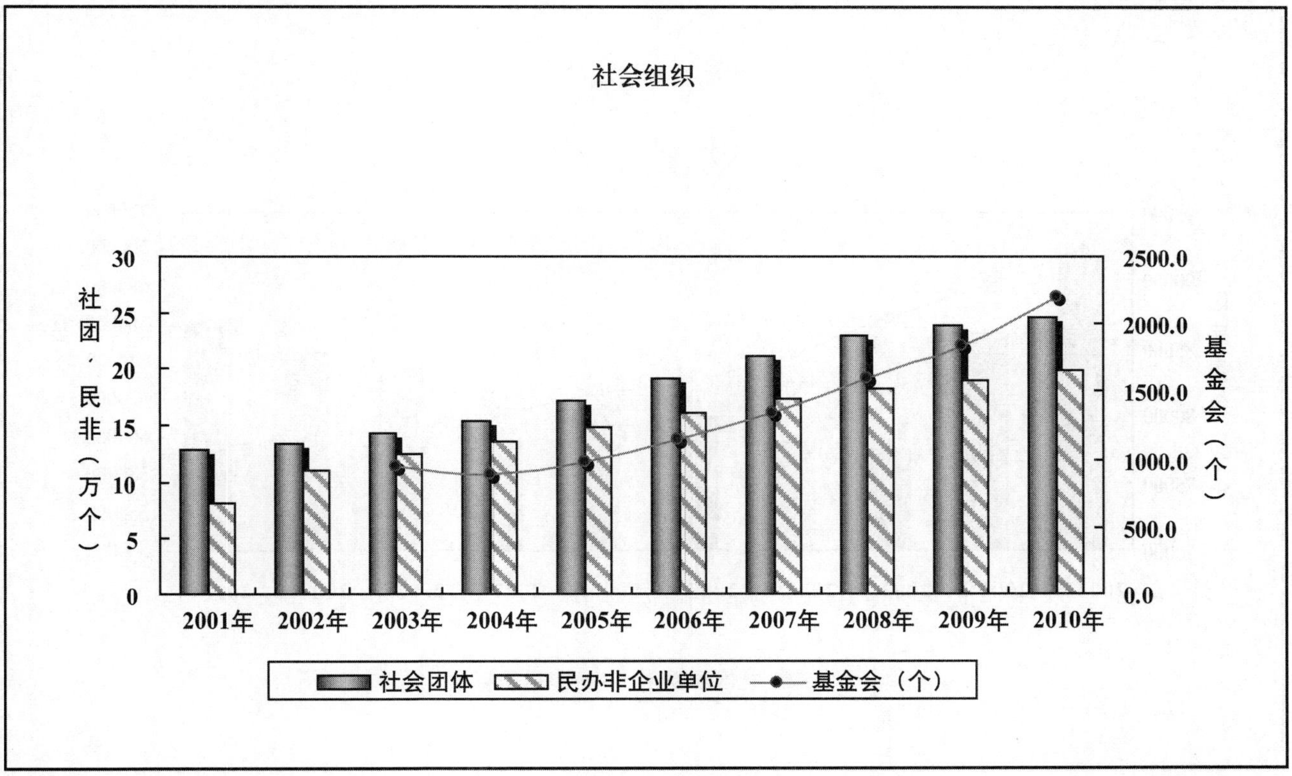

单位：万个

指　标	2001年	2002年	2003年	2004年	2005年	2006年	2007年	2008年	2009年	2010年
社会团体	12.9	13.3	14.2	15.3	17.1	19.2	21.2	23	23.9	24.5
民办非企业单位	8.2	11.1	12.4	13.5	14.8	16.1	17.4	18.2	19	19.8
基金会（个）			954	892	975	1144	1340	1597	1843	2200

图-3-2　自治组织

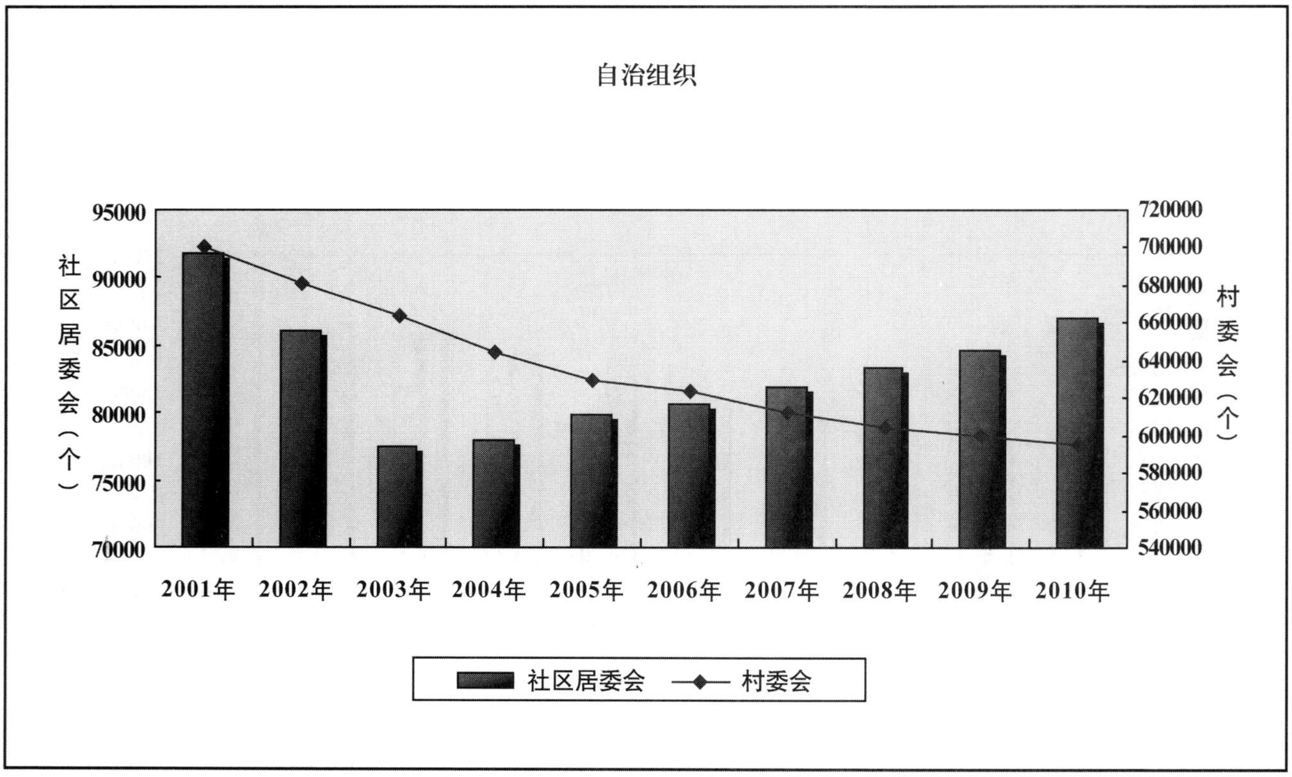

单位：个

指　标	2001年	2002年	2003年	2004年	2005年	2006年	2007年	2008年	2009年	2010年
社区居委会	91893	86087	77431	77884	79947	80717	82006	83413	84689	87057
村委会	699974	681277	663486	644166	629079	623669	612709	604285	599078	594658

图−3−3 结婚登记情况

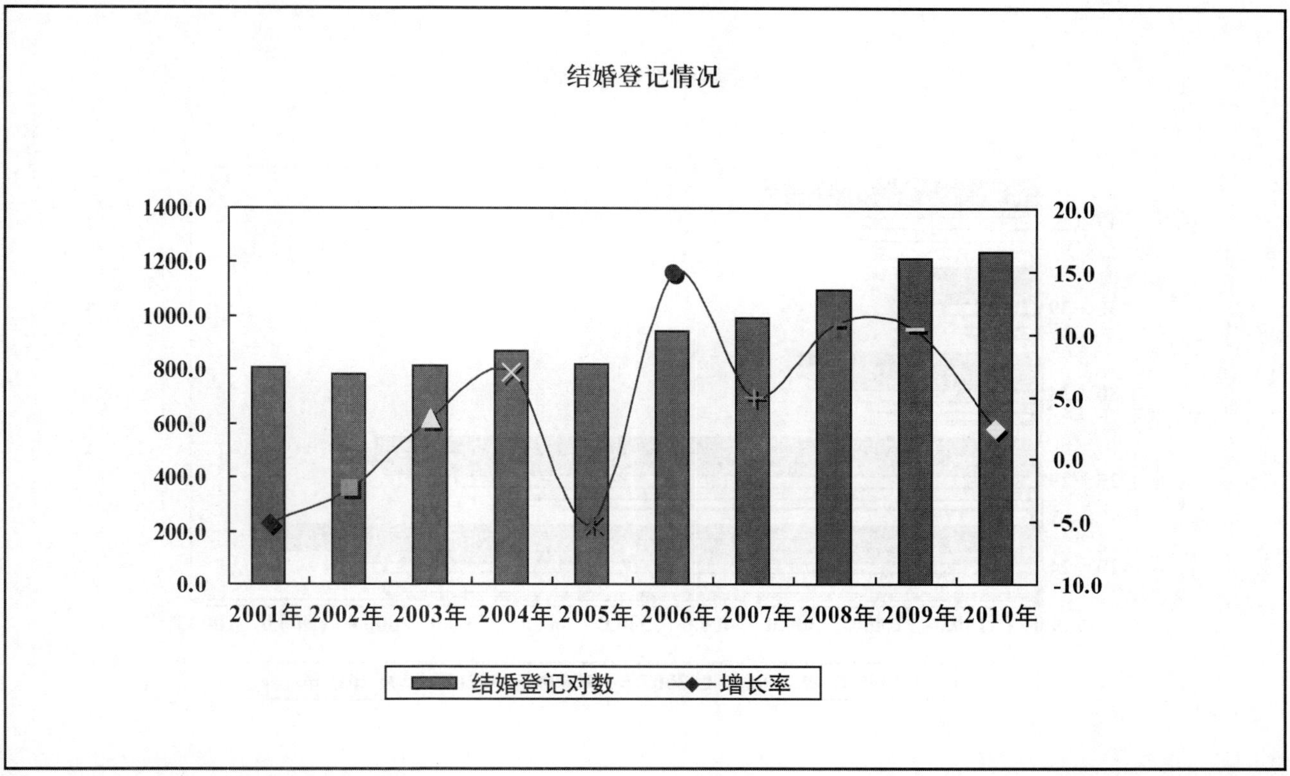

单位：万对、%

指　标	2001年	2002年	2003年	2004年	2005年	2006年	2007年	2008年	2009年	2010年
结婚登记对数	805.0	786.0	811.4	867.2	823.1	945.0	991.4	1098.3	1212.2	1241.0
增长率	-5.1	-2.4	3.2	6.9	-5.1	14.8	4.9	10.8	10.4	2.4

图－3－4　分年龄组结婚登记情况

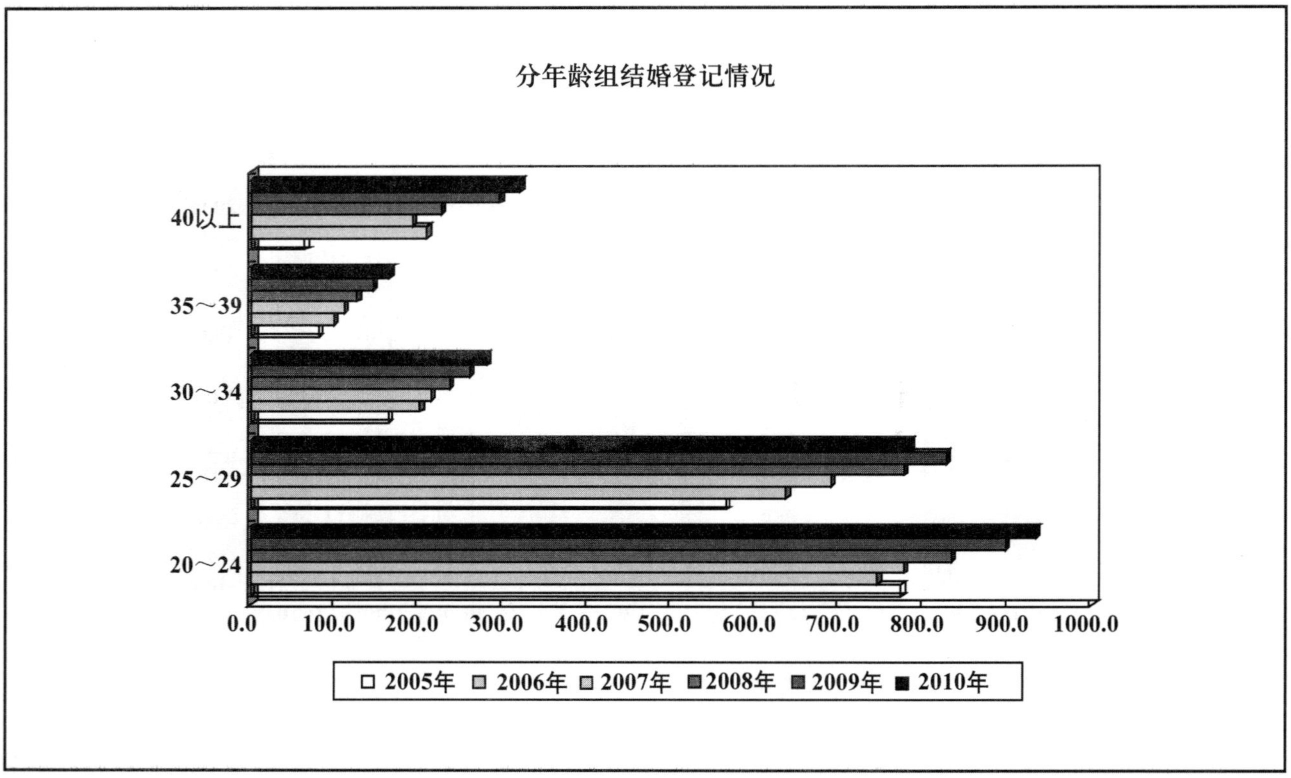

单位：万人

指　标	20～24	25～29	30～34	35～39	40以上
2005年	773.2	565.0	163.4	80.6	63.8
2006年	744.8	636.3	200.8	99.0	209.1
2007年	776.7	689.5	214.0	110.9	191.6
2008年	832.3	775.7	236.1	126.5	226.2
2009年	896.7	826.4	260.3	145.4	295.5
2010年	933.4	784.6	279.9	164.5	319.6

图—3—5　结婚率和离婚率

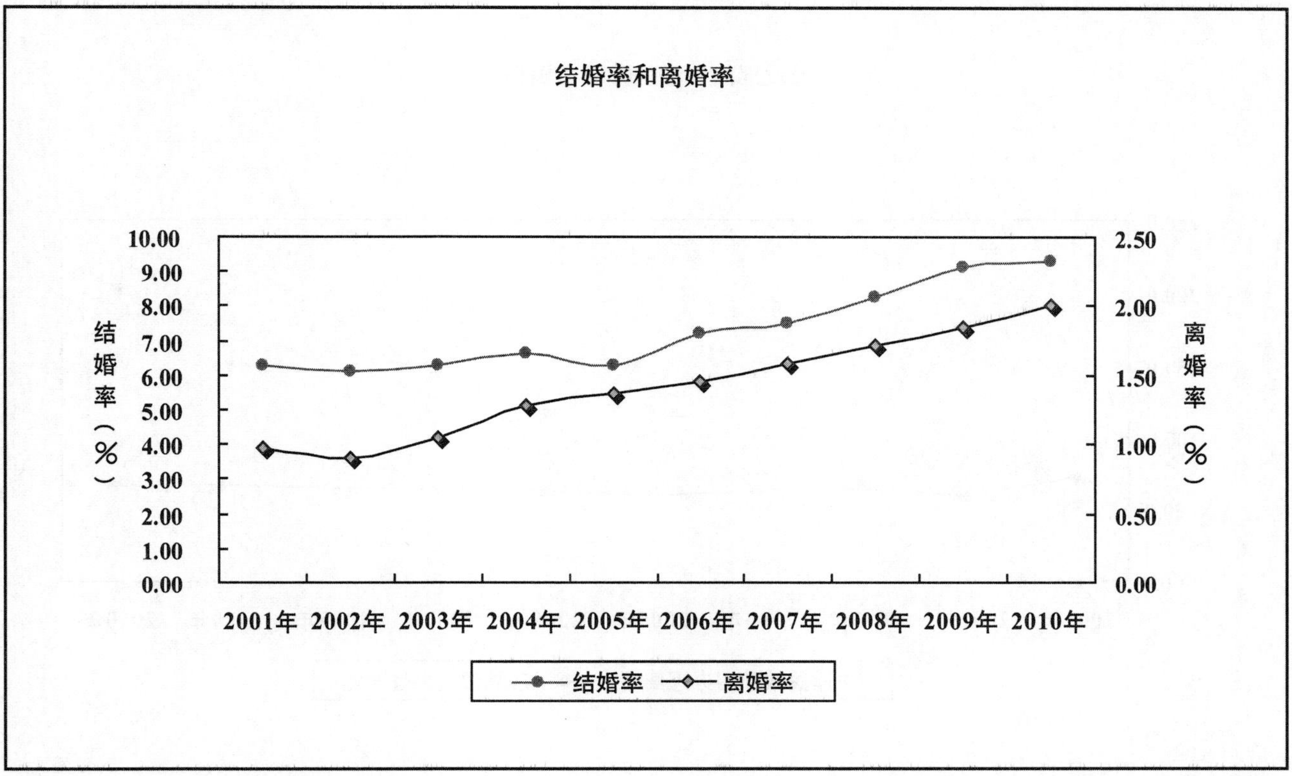

单位：‰

指　标	2001年	2002年	2003年	2004年	2005年	2006年	2007年	2008年	2009年	2010年
结婚率	6.30	6.10	6.30	6.65	6.30	7.19	7.50	8.27	9.10	9.30
离婚率	0.98	0.90	1.05	1.28	1.37	1.46	1.59	1.71	1.85	2.00

注：粗结（离）婚率计算方法：结婚对数除以当期人口平均数。

图 -3-6　民政部门和法院办理离婚情况

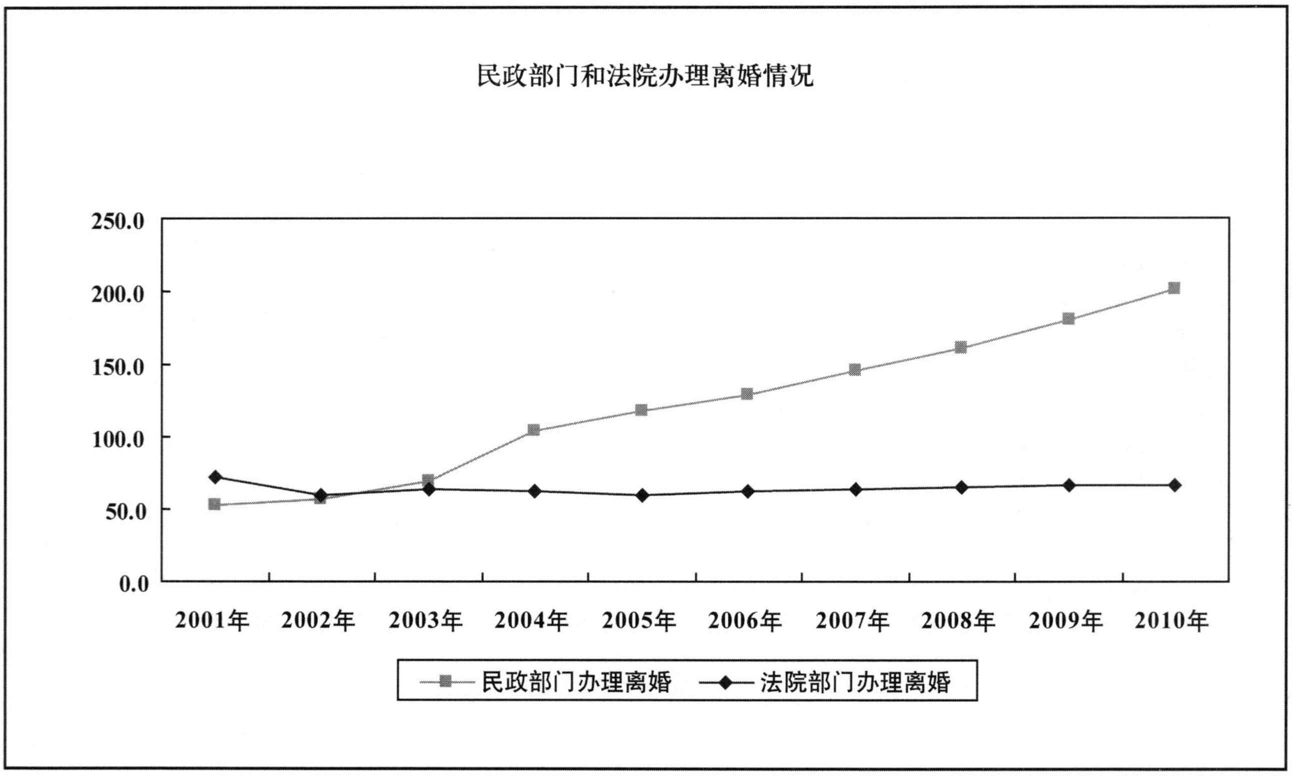

单位：万对

指　标	2001 年	2002 年	2003 年	2004 年	2005 年	2006 年	2007 年	2008 年	2009 年	2010 年
民政部门办理离婚	52.5	57.3	69.1	104.6	118.4	129.1	145.7	161.0	180.2	201.0
法院部门办理离婚	72.2	60.4	64.0	61.9	60.1	62.2	64.1	65.9	66.6	66.8

图－3－7　殡葬服务

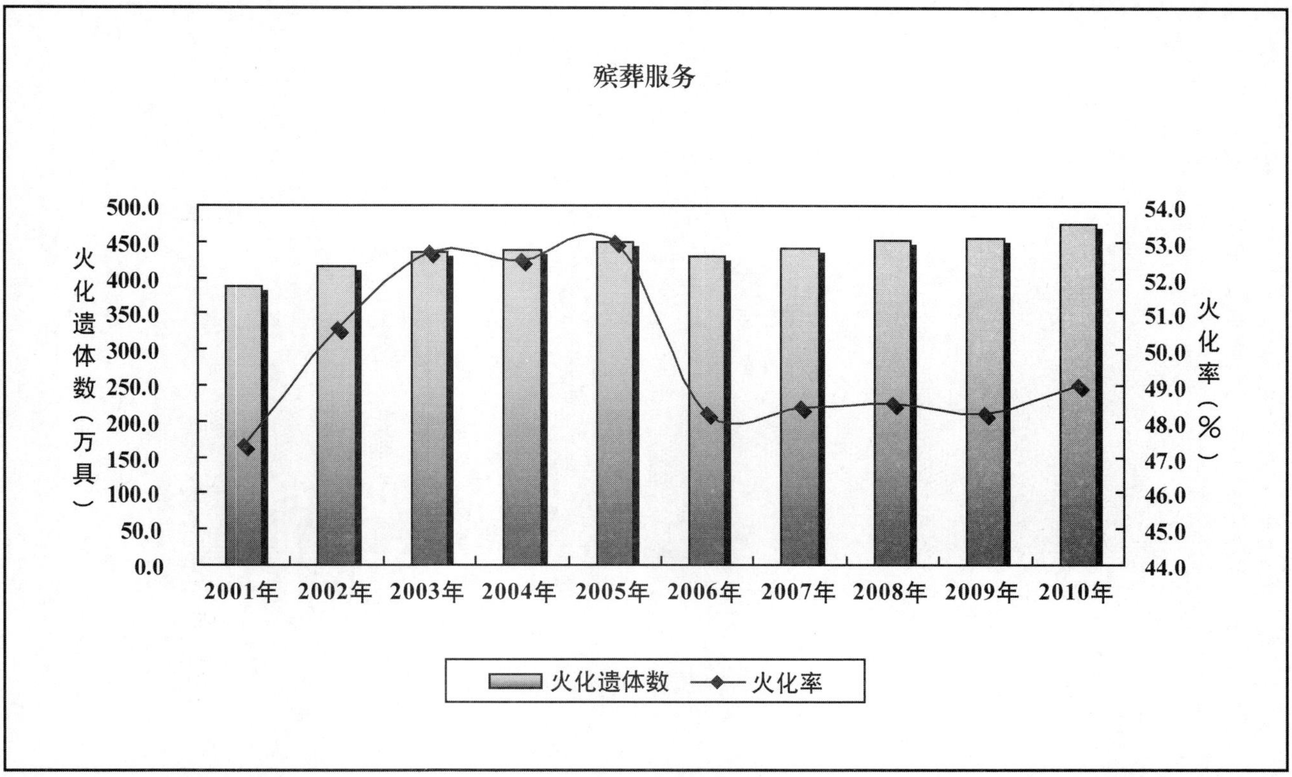

单位：万具、%

指　标	2001年	2002年	2003年	2004年	2005年	2006年	2007年	2008年	2009年	2010年
火化遗体数	386.7	415.2	435.0	436.9	450.2	430.2	442.1	453.4	454.2	474.1
火化率	47.3	50.6	52.7	52.5	53.0	48.2	48.4	48.5	48.2	49.0

02

专 文

民政部关于印发《2010年社会服务发展统计报告》的通知

民发〔2011〕89号

各省、自治区、直辖市民政厅（局），计划单列市民政局，新疆生产建设兵团民政局：

现将《2010年社会服务发展统计报告》印发给你们。

二〇一一年六月十三日

2010年社会服务发展统计报告

2010年，各级民政部门紧紧围绕党和国家的中心任务，按照讲大局、惠民生、促改革、重管理、强服务的基本思路，深化改革，创新体制机制，加强社会服务能力建设，社会服务水平继续提高，社会服务事业呈现出科学发展的良好态势，为"十二五"时期社会服务事业的进一步发展奠定了坚实基础，为保持经济平稳较快发展、促进社会和谐稳定做出了应有贡献。

一、各项社会服务工作全面推进

（一）社会福利服务加快发展

截至2010年底，全国各类收养性社会服务机构10.1万个；床位349.6万张，比上年增长7.1%；每千人口平均拥有社会服务机构床位2.61张，比上年增长6.5%；收养274.7万人，比上年增长7.3%。

图1　社会服务机构床位数

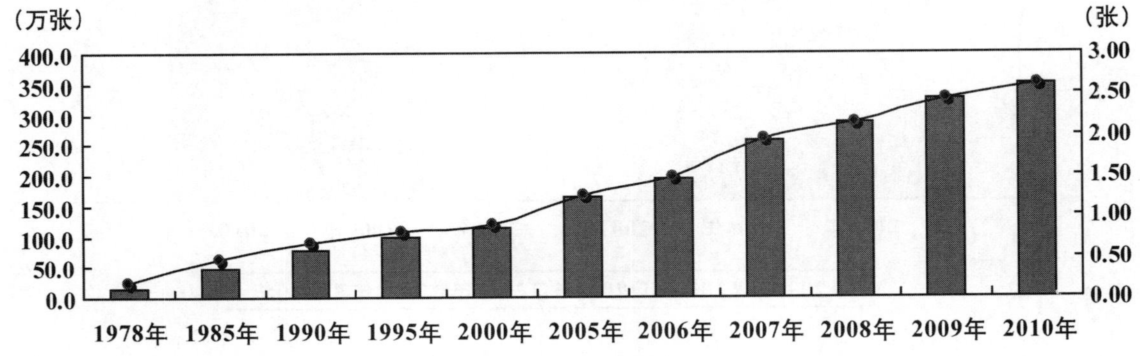

单位：万张、万个、%

指　标	1978年	1985年	1990年	1995年	2000年	2005年	2006年	2007年	2008年	2009年	2010年
床位数	16.3	49.1	78.0	97.6	113.0	163.9	193.3	257.3	286.1	326.5	349.6
每千人口床位数	0.17	0.46	0.68	0.81	0.89	1.25	1.47	1.95	2.15	2.45	2.61

1.社会养老服务持续发展。落实中央关于优先发展社会养老服务的要求，召开了全国社会养老服务体系建设推进会，研究部署了今后一个时期加快社会养老服务体系建设的目标、任务和保障措施。继续推进基本养老服务体系建设试点工作，试点范围从5个省份扩大到12个省份，中央下达试点资金3亿元，支持建设126个试点项目。继续推动建立高龄老人补贴制度，高龄补贴制度在7个省份全面建立。

截至2010年底，全国各类老年福利机构39904个，比上年增加233个，床位314.9万张，比上年增长9.0%，年末收养老年人242.6万人，比上年增长6.6%。

从单位类型上来看，城市养老服务机构5413个，床位56.7万张，年末收养老年人36.3万人；农村养老服务机构31472个，床位224.9万张，年末收养老年人182.5万人；社会福利院1572个，床位24.5万张，年末收养人数17.9万人；光荣院1371个，床位7.3万张，年末收养老年人5.0万人；荣誉军人康复医院40个，床位0.9万张，年末收养老年人0.5万人；复员军人疗养院36个，床位0.6万张，年末收养老年人0.4万人。

从年末在院人员的性质来看，优抚对象12.0万人，“三无”对象187.2万人，自费人员43.4万人；按年龄分，老年人229.1万人，青壮年7.5万人，少年儿童6.0万人；按类型分，自理（完全自理）190.8万人，介助（半自理）35.0万人，介护（不能自理）16.8万人。根据第六次全国人口普查数据，全国60岁及以上老年人口17765万人，占总人口的13.3%，其中65岁及以上人口11883万人，占总人口的8.9%。截至2010年底，全国共有老年法律援助中心18295个，比上年减少1614个，降低了8.1%；老年维权协调组织8.3万个，比上年减少5.3万个，降低了39.0%；老年学校49289个，比上年减少10254个，降低了17.2%；在校学习人员586.9万人，比上年增长了8.4%；建立各类老年活动室36.8万个，全年接待来信来访41.8万次，有力地保障了老年人的合法权益。

图2　60岁以上老年人口占全国总人口比重

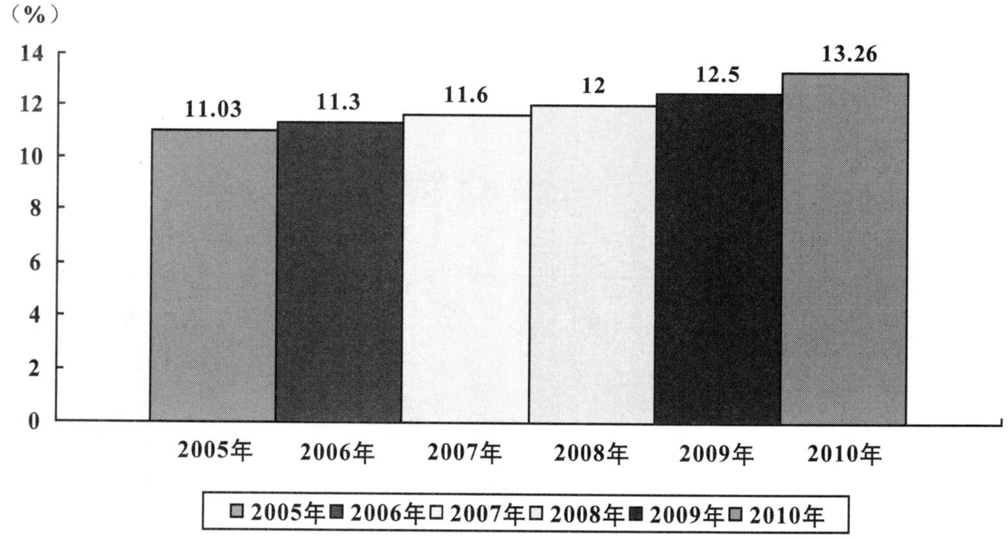

单位：%

指　标	2005年	2006年	2007年	2008年	2009年	2010年
60岁以上人口比重	11.03	11.3	11.6	12	12.5	13.26

2.民政系统精神卫生机构设施建设继续加强。与国家发展改革委、卫生部联合印发了《精神卫生防治体系建设与发展规划》（发改社会〔2010〕2267号），下达了4.37亿元中央预算内投资补助资金，支持20个省

（市、区）26个民政部门精神卫生专业机构建设；下达3.24亿元专项补助资金支持27个省（市、区）112个民政系统精神卫生机构的医疗设备购置。截至2010年底，全国民政部门管理的智障和精神疾病服务机构共有251个。其中社会福利医院（精神病院）157个，床位数3.8万张，年末收养各类人员3.4万人；复退军人精神病院94个，比上年增加5个，床位数2.3万张，比上年增长15.0%，年末收养各类人员1.9万人，比上年增长11.8%。

3.孤儿保障制度全面建立。国务院办公厅下发了《关于加强孤儿保障工作的意见》(国办发〔2010〕54号)，对孤儿安置、基本生活、教育、医疗康复、成年后就业、住房等政策措施作了全面安排。民政部、财政部联合下发了《关于发放孤儿基本生活费的通知》（民发〔2010〕161号），中央财政安排25亿元专项资金补助各地发放孤儿基本生活费。全国孤儿最低养育标准逐步落实。继续做好“明天计划”、“重生行动”、“疝气手术康复”等专项工作。

截至2010年底，全国有25.2万孤儿领取了儿童福利证，各类社会福利机构共收养儿童10.0万人。儿童福利院335个，比上年增加32个，床位5.0万张，比上年增长13.6%。

2010年全国办理家庭收养登记34529件，其中：中国公民收养登记29618件，外国人收养登记4911件。被收养人合计34473人，其中残疾儿童2692人，女性25203人。

截至2010年底，全国有流浪儿童救助保护中心145个，床位0.5万张。全年救助生活无着流浪乞讨未成年人14.6万人次。

4.社会福利企业继续发挥作用。继续做好社会福利企业资格认定工作，推动新的残疾人就业优惠政策有效贯彻。2010年社会福利业增加值为592.0亿元，比上年增长14.3%，占服务业的比重0.35%[①]。截至2010年底，全国共有社会福利企业22226个，比上年减少557个；吸纳残疾职工62.5万人就业；实现利润150.8亿元，比上年增长20.3%；年末固定资产1646.6亿元，比上年增长13.2%。

图–3 社会福利企业中的残疾职工

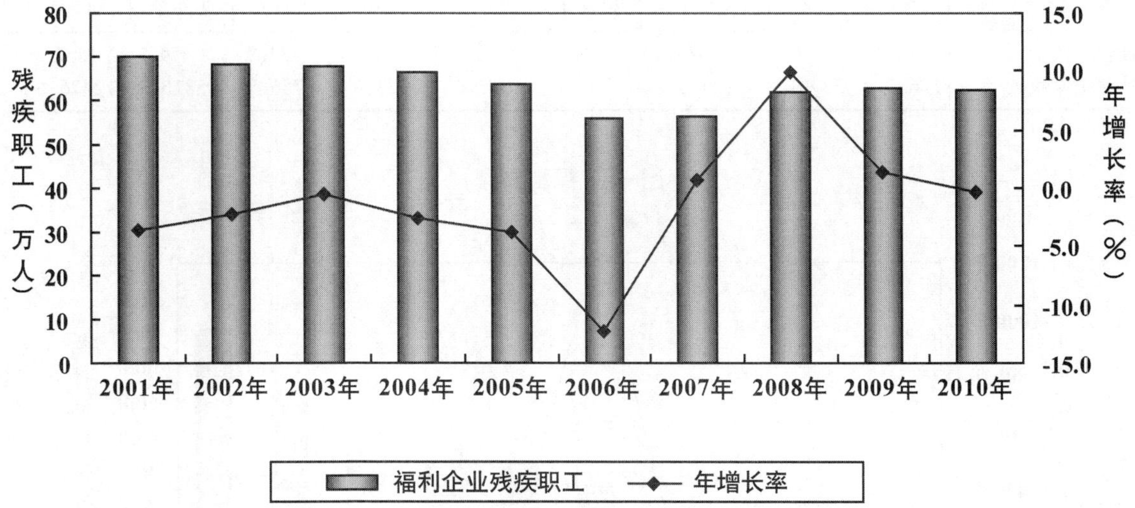

单位：万人、%

指　标	2001年	2002年	2003年	2004年	2005年	2006年	2007年	2008年	2009年	2010年
福利企业残疾职工	69.9	68.3	67.9	66.2	63.7	55.9	56.3	61.9	62.7	62.5
年增长率	−3.6	−2.3	−0.6	−2.5	−3.8	−12.2	0.7	9.9	1.3	−0.3

①《2010年国民经济和社会发展公报》第三产业增加值为171005亿元。

5.社会慈善事业健康发展。

《慈善事业法》立法相关工作继续推进。促进慈善捐助信息公示制度不断完善。组织开展了2009年度“中华慈善奖”的评选表彰活动，开展了慈善超市创新建设试点。

截至2010年底，全国共建立经常性社会捐助工作站、点和慈善超市3.2万个（其中：慈善超市8640个）。全年各地直接接收社会捐赠款物601.7亿元，其中：民政部门直接接收社会各界捐款179.8亿元，捐赠物资折款4.9亿元，各类社会组织接收捐款417.0亿元。全年各地接收捐赠衣被2750.4万件，其中：棉衣被956.8万件。间接接收其他部门转入的社会捐款10.5亿元，衣被538.8万件，其中：棉衣被33.8万件，捐赠物资折款2464.7万元。全年有2514.7万人（次）困难群众受益。

图4　民政部门接收的社会捐赠

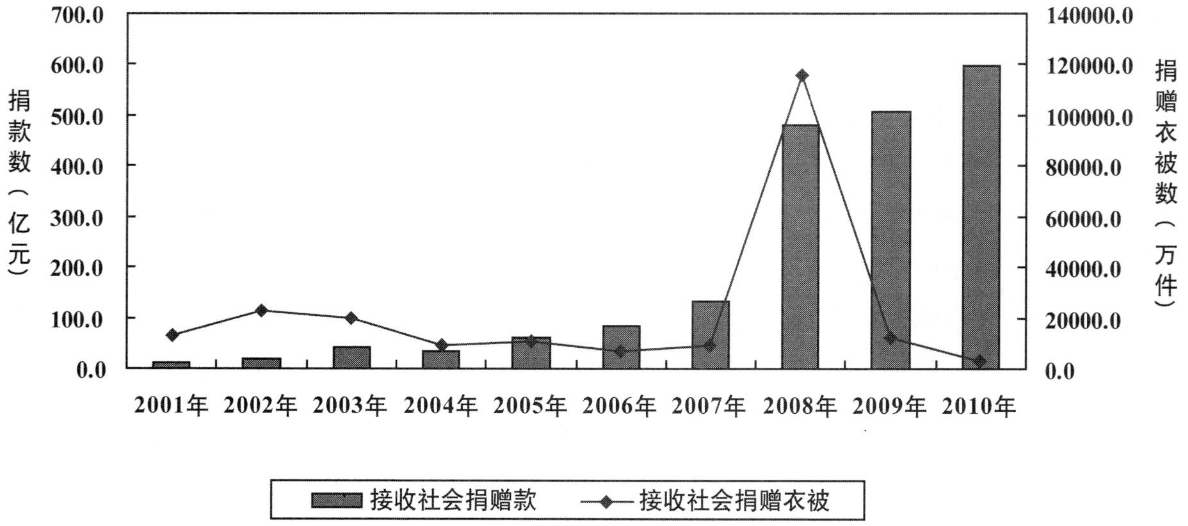

单位：亿元、万件

指　标	2001年	2002年	2003年	2004年	2005年	2006年	2007年	2008年	2009年	2010年
接收社会捐赠款	11.7	19.0	41.0	34.0	60.3	83.1	132.8	479.3	507.2	596.8
接收社会捐赠衣被	12635.4	22961.1	19648.8	8957.2	10355.0	7123.6	8756.8	115816.3	12476.6	2750.4

图–5　福利彩票

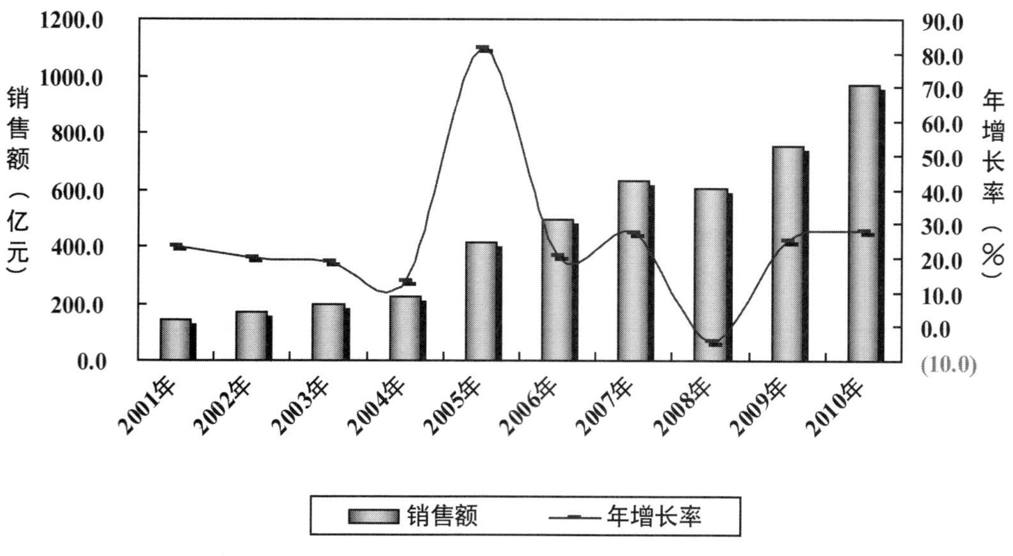

单位：亿元、%

指　标	2001年	2002年	2003年	2004年	2005年	2006年	2007年	2008年	2009年	2010年
销售额	140.0	168.0	200.0	226.4	411.2	495.7	631.6	604.0	755.8	968.0
年增长率	23.5	20.0	19.0	13.2	81.6	20.5	27.4	−4.4	25.1	28.1

2010年中国福利彩票年销售968.0亿元，比上年增加211.96亿元，同比增长28.0%。全年筹集福彩公益金297.08亿元，比上年增长19.8%，其中上交中央财政 149.8亿元。全年民政系统共支出彩票公益金121.2亿元，比上年增加7.8亿元。其中资助用于福利收养性单位51.1亿元，优抚收养性单位4.9亿元，优抚安置单位1.6亿元，救助类单位5.5亿元，社区服务单位8.4亿元，殡葬类单位4.0亿元，专项资助6.6亿元，城市医疗救助7.1亿元，农村医疗救助8.6亿元，其他23.3亿元。

（二）社会救助服务水平进一步提升

民政部出台了《关于进一步加强城市低保对象认定工作的通知》（民函〔2010〕140号）、《关于进一步规范农村低保生活保障工作的指导意见》（民函〔2010〕153号）。修订颁布了《农村五保供养服务机构管理办法》，开展了“全国模范敬老院”、“全国农村五保供养先进单位和先进个人”命名表彰工作。探索建立特重大病医疗救助制度，开展了提高农村儿童重大疾病医疗保障水平试点。临时救助制度进一步推广。低收入家庭认定工作稳步推进。积极做好上海世博会、广州亚运会、亚残会期间及严寒酷暑和自然灾害的流浪乞讨人员救助管理工作。

1.困难群众生活救助更加规范。

城市低保方面。2010年底，全国共有1145.0万户、2310.5万城市低保对象。全年各级财政共支出城市低保资金524.7亿元，比上年增长8.8%，其中中央财政补助资金为365.6亿元，占全部支出资金的69.7%。城市低保对象中：在职人员68.2万人，占总人数的3.0%；灵活就业人员432.4万人，占总人数的18.7%；老年人338.6万人，占总人数的14.7%；登记失业人员492.8万人，占总人数的21.3%；未登记失业人员419.9万人，占总人数的18.2%；在校生357.3万人，占总人数的15.5%；其他201.2万人，占总人数的8.7%。

图–6 城市最低生活保障

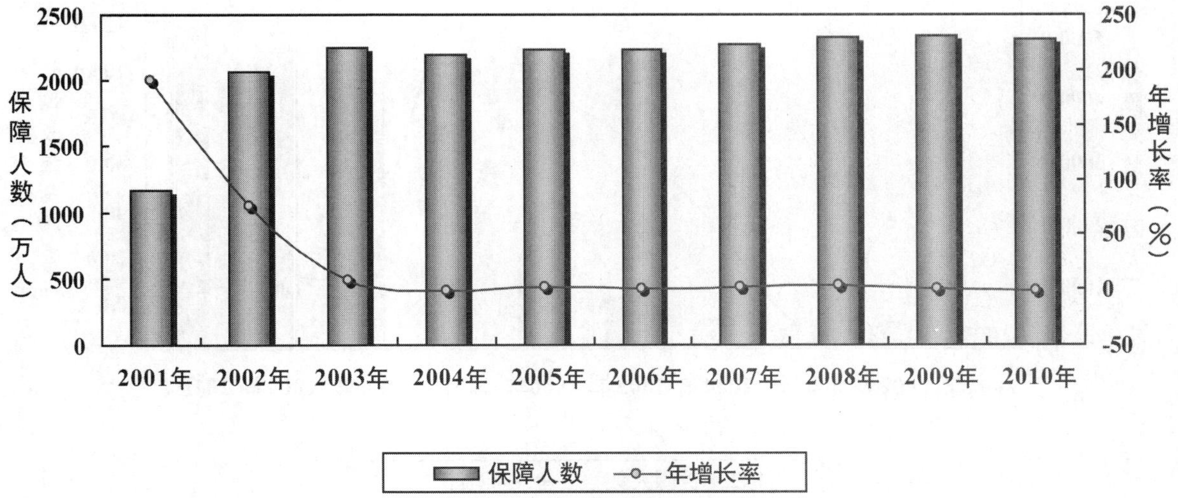

单位：万人、%

指　标	2001年	2002年	2003年	2004年	2005年	2006年	2007年	2008年	2009年	2010年
保障人数	1170.7	2064.7	2246.8	2205	2234.2	2240.1	2272.1	2334.8	2345.6	2310.5
年增长率	190.8	76.4	8.8	−1.9	1.3	0.3	1.4	2.8	0.5	−1.5

2010年全国城市低保平均标准251.2元，比上年增长10.3%；全国城市低保月人均补助水平189.0元，比上年提高9.9%。

图—7　城市最低生活保障平均标准与平均支出水平

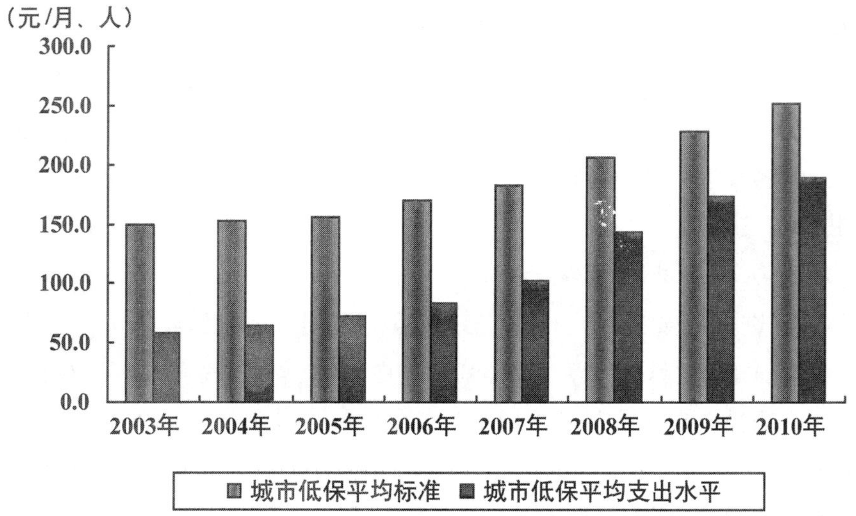

单位：元／人、月

指　标	2003年	2004年	2005年	2006年	2007年	2008年	2009年	2010年
城市低保平均标准	149.0	152.0	156.0	169.6	182.4	205.3	227.8	251.2
城市低保平均支出水平	58.0	65.0	72.3	83.6	102.7	143.7	172.0	189.0

农村低保方面。2010年底，全国有2528.7万户、5214.0万人得到了农村低保，比上年同期增加454.0万人，增长了9.5%。全年共发放农村低保资金445.0亿元，比上年增长22.6%，其中中央补助资金269.0亿元，占总支出的60.4%。

图—8 农村最低生活保障

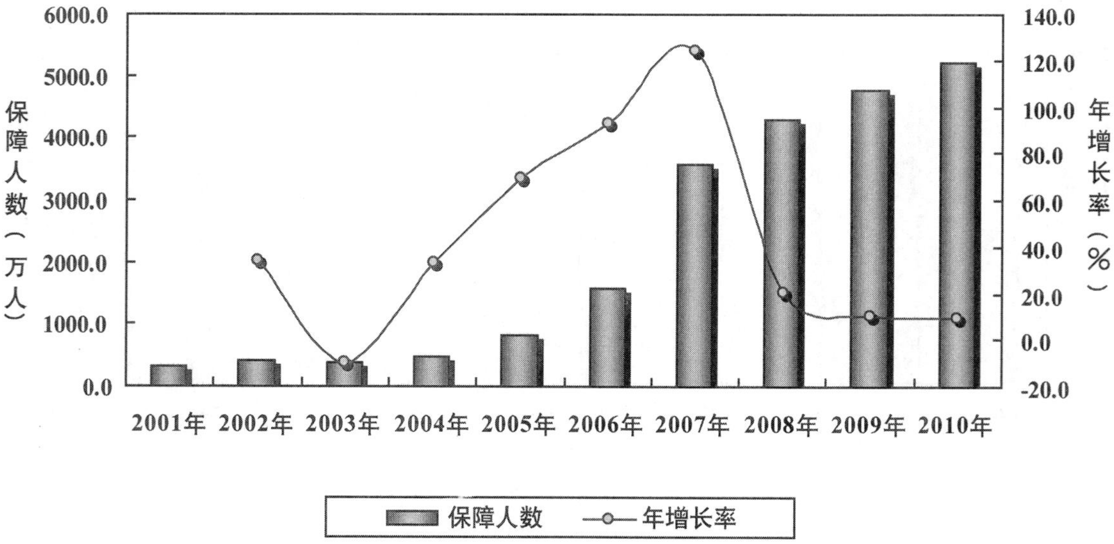

单位：万人、%

指　标	2001年	2002年	2003年	2004年	2005年	2006年	2007年	2008年	2009年	2010年
保障人数	304.6	407.8	367.1	488.0	825.0	1593.1	3566.3	4305.5	4760.0	5214.0
年增长率		33.9	−10.0	32.9	69.1	93.1	123.9	20.7	10.6	9.5

2010年全国农村低保平均标准117.0元／人、月，比上年同期提高了16.2元，增长了16.1%。全国农村低保月人均补助水平74元，比上年提高8.8%。

农村五保方面。截至2010年底，全国农村得到五保供养的人数为534.1万户，556.3万人，分别比上年同期增长0.9%和0.5%。全年各级财政共发放农村五保供养资金98.1亿元，比上年增长11.4%，其中中央财政首次安排五保对象临时物价补贴3.5亿元。农村五保集中供养177.4万人，集中供养年平均标准为2951.5元／人，比上年增长14.1%；农村五保分散供养378.9万人，分散供养年平均标准为2102.1元／人，比上年增长14.1%。还有59.5万居民享受了传统救济。

图–9 农村五保供养

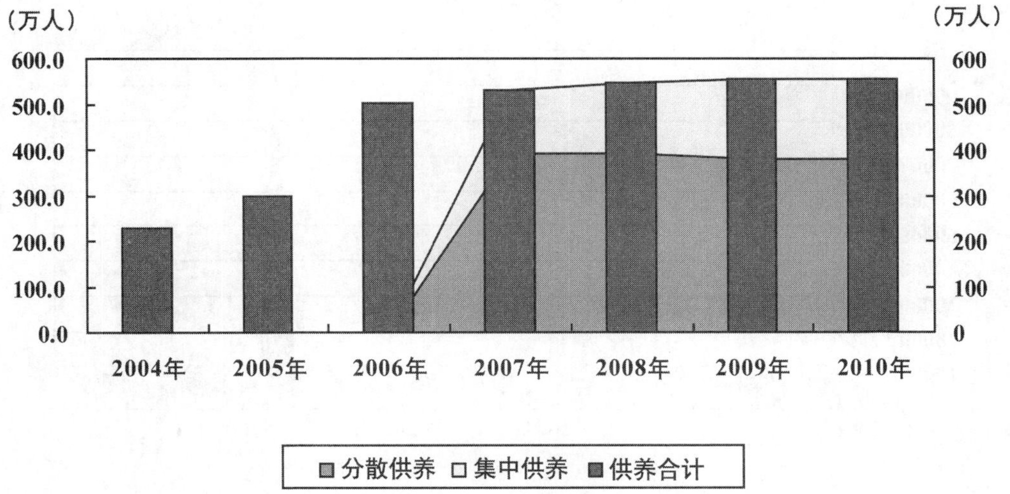

单位：万人、%

指　标	2004年	2005年	2006年	2007年	2008年	2009年	2010年
供养合计	228.7	300.0	503.3	531.3	548.6	553.4	556.3
分散供养				393.3	393.0	381.6	378.9
集中供养				138.0	155.6	171.8	177.4

2.专项救助进一步强化。

医疗救助方面。2010年全年累计救助城市居民1921.3万人次，其中：民政部门资助参加城镇居民基本医疗保险1461.2万人次，人均救助水平52.0元；民政部门直接救助城市居民460.1万人次，人均医疗救助水平809.9元。全年用于城市医疗救助的各级财政性资金49.5亿元，比上年增长20.1%，其中：民政部门资助城镇居民参加基本医疗保险资金7.6亿元，比上年增长31.0%，直接救助37.3亿元，比上年增长18.8%。

2010年全年累计救助贫困农村居民5634.6万人次，其中：民政部门资助参加新型农村合作医疗4615.4万人次，人均资助参合水平30.3元；民政部门直接救助农村居民1019.2万人次，人均救助水平657.1元。全年用于农村医疗救助的各级财政性资金支出83.5亿元，比上年增长29.2%，其中：资助参加新型农村合作医疗资金14.0亿元，比上年增长33.3%，直接救助资金67.0亿元，比上年增长35.6%。

生活无着人员救助方面。截至2010年底，全国共有生活无着人员救助管理单位1593个，床位5.6万张，其中救助管理站1448个，床位5万张。全年救助城市生活无着的流浪乞讨人员171.9万人次。

3.临时救助进一步推广。2010年全年民政部门还对153.0万人次城市居民和613.7万人次农村居民进行了临时救助。

（三）防灾减灾服务应急工作高效有序。

完成了新疆等地寒潮冰雪、西南地区连续旱灾、青海玉树强烈地震、南方和东北严重暴雨洪涝、甘肃舟曲特大山洪泥石流、沿海台风等各类重特大自然灾害的救灾任务。国家减灾委、民政部启动救灾应急响应51次，下拨救灾资金113.44亿元，调拨救灾帐篷22万顶。全国共救助受灾群众9000多万人次，帮助重建倒塌民房58.5万户，维修损坏民房174万户。《自然灾害救助条例》颁布实施，填补了自然灾害救助的行政法规空白。增设7个中央级救灾物资代储单位。

2010年全国各类自然灾害共造成约4.3亿人（次）不同程度受灾，因灾死亡失踪7844人，紧急转移安置1858.4万人次；农作物受灾面积3742.6万公顷，其中绝收面积486.3万公顷；倒塌房屋273.3万间，损坏房屋670.1万间；因灾直接经济损失5339.9亿元。

图—10　因灾死亡(含失踪)人口

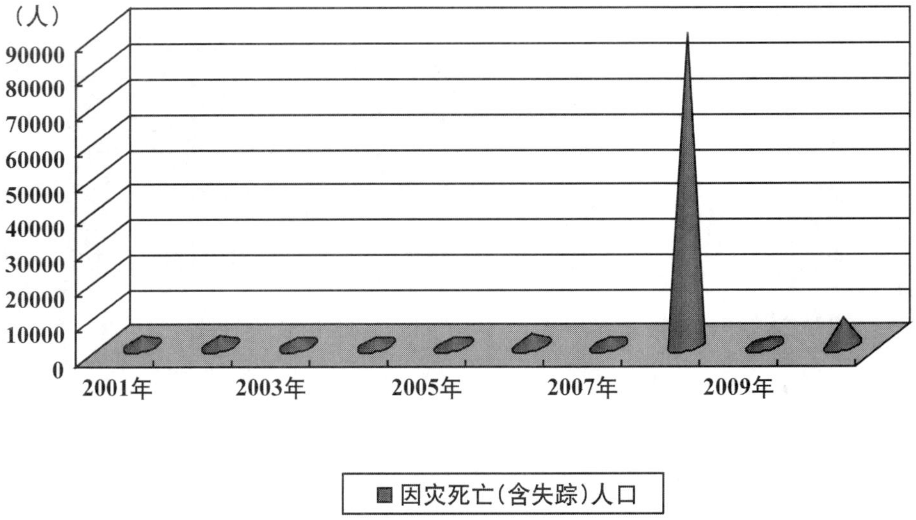

单位：人

指　标	2001年	2002年	2003年	2004年	2005年	2006年	2007年	2008年	2009年	2010年
因灾死亡(含失踪)人口	2583	2840	2259	2250	2475	3186	2325	88928	1299	7844

注：2010年因灾死亡（含失踪）人口包含森林火灾死亡人口。

（四）优抚安置服务迈出新步伐

基本完成了年度退役士兵和伤病残军人接收安置任务。国务院、中央军委下发了《关于加强退役士兵职业教育和技能培训工作的通知》（国发〔2010〕42号），退役士兵职业教育和技能培训逐步推开。启动了零散烈士纪念设施保护管理工作。重点优抚对象抚恤补助水平进一步提高，残疾军人、“三红”、“三属”年补助水平在连续12年提标的基础上又增长10%。

截至2010年底，国家抚恤、补助各类重点优抚对象625.0万人，比上年减少5.7万人，比上年降低0.9%。其中伤残人员86.7万人，比上年减少0.5万人；带病回乡退伍军人126.6万人，比上年增加4.6万人，在乡复员军人170.3万人，比上年减少10.6万人，在乡退伍红军老战士1226人，比上年减少125人，在乡西路军红军老战士273人，比上年减少49人，红军失散人员37131人，比上年减少4141人；烈士遗属30.8万人，比上年减少1万人，因公牺牲、病故军人遗属14.0万人，比上年减少0.1万人。

2010年各级政府共批准烈士173人，均为省级人民政府批准。

2010年底，全国共有烈士纪念设施管理单位1195个；烈士纪念设施17096处，其中纪念馆（陈列馆）1090个，零散烈士纪念设施9729处。

图－11 国家抚恤、补助优抚对象

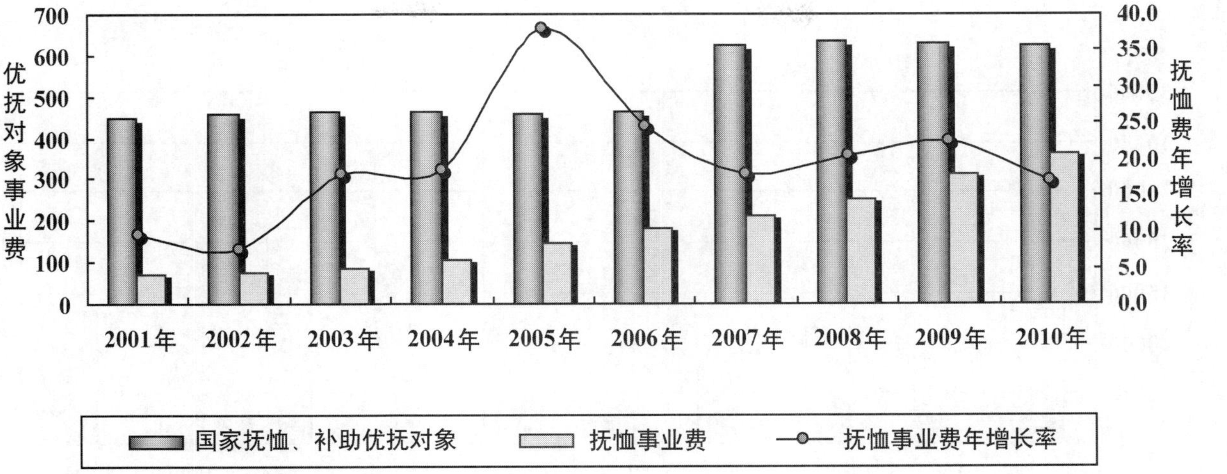

单位：万人、亿元、%

指　标	2001年	2002年	2003年	2004年	2005年	2006年	2007年	2008年	2009年	2010年
国家抚恤、补助优抚对象	450.7	459.0	464.9	462.0	460.3	462.6	622.4	633.2	630.7	625.0
抚恤事业费	69.5	74.7	87.9	104.1	143.6	178.8	210.8	253.6	310.3	362.7
抚恤事业费年增长率	9.5	7.5	17.7	18.4	37.9	24.5	17.9	20.3	22.4	16.9

图12 烈士褒扬和零散烈士纪念设施

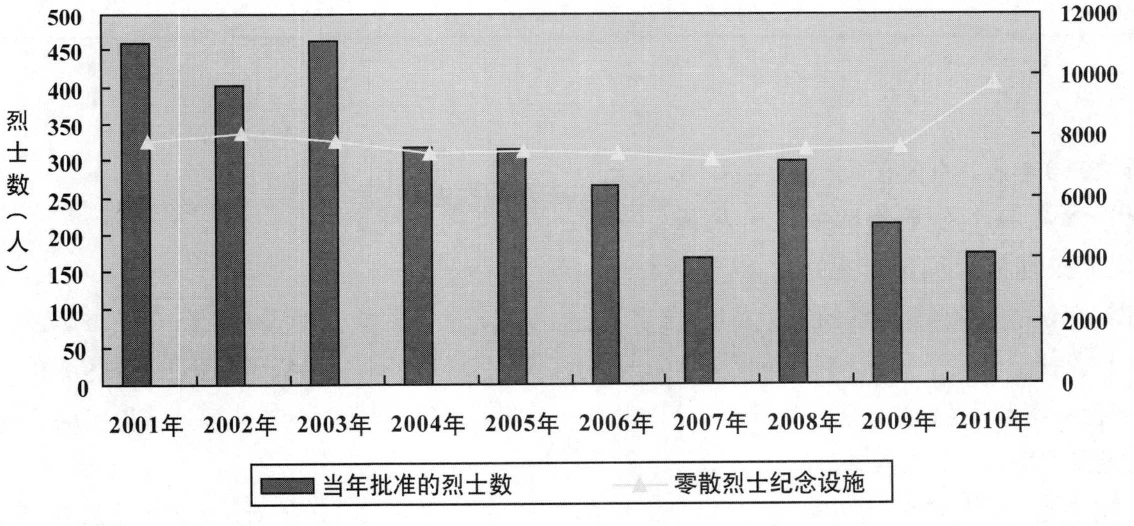

单位：人、个

指　标	2001年	2002年	2003年	2004年	2005年	2006年	2007年	2008年	2009年	2010年
当年批准的烈士数	460	403	461	316	314	265	168	297	213	173
零散烈士纪念设施	7802	8051	7781	7425	7483	7414	7186	7569	7622	9729

2010年全年共接收安置退役士兵、复员干部38.7万人，比上年减少1.0%。其中退伍义务兵32.2万人（其中：城镇义务兵 17.5万人）；转业、复员士官6.3万人，复员干部1375人。

2010年全年共接收军队离退休干部（含退休士官）、无军籍退休退职职工13451人，比上年降低30.0%。全国有军休所（含管理中心）1957个，比上年增加了81个，年末职工1.9万人。

图－13 接收安置军休干部、军休职工

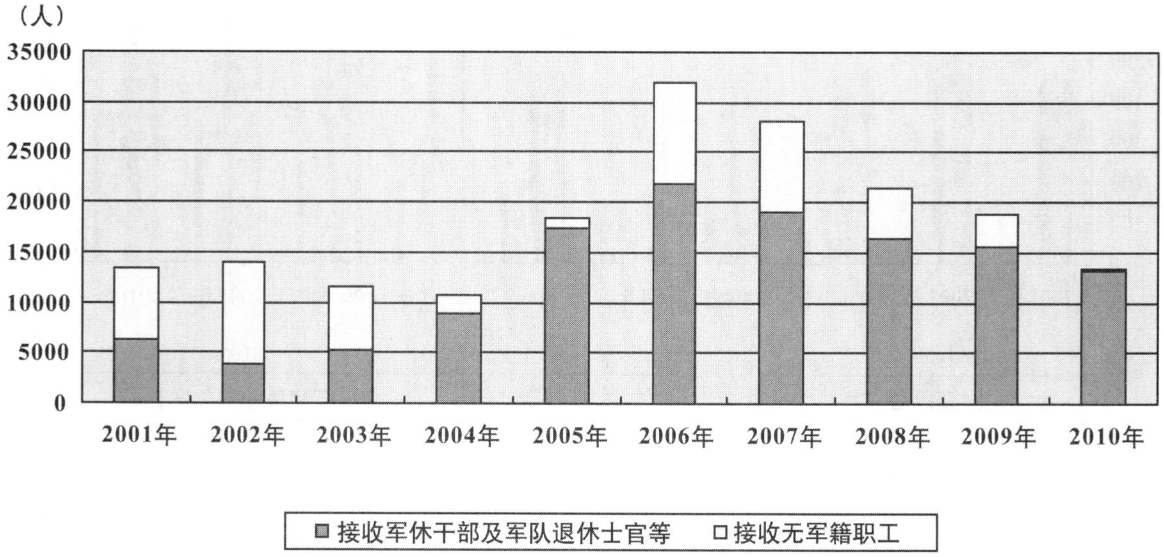

单位：人

指　标	2001年	2002年	2003年	2004年	2005年	2006年	2007年	2008年	2009年	2010年
接收军休干部及军队退休士官等	6236	3792	5195	8974	17416	21832	18997	16331	15492	13070
接收无军籍职工	7129	10175	6312	1820	904	10136	9061	5047	3412	381

截至2010年底，全国有军供站（含军转站）330个，与上年持平，年末职工0.6万人。

（五）家庭和个人事务服务继续加强

1.婚姻登记服务水平进一步提升

隆重纪念新中国首部婚姻法颁布60周年。推广了结婚登记颁证词版本。全面总结“十一五”婚姻登记规范化建设工作。截至年底，全国达到规范化要求的婚姻登记机关2177个，占县级婚姻登记机关总数的71%。有23个省份实现省内婚姻登记信息联网。初步建成“民政部婚姻登记数据中心”，与试点省份实现了部省两级婚姻登记信息实时交换与共享。

2010年全国共有婚姻登记服务单位2314个，共依法办理结婚登记1241.0万对，比上年增加28.6万对，增长2.0%。其中：内地居民登记结婚1236.1万对，比上年增加28.6万对；涉外及华侨、港澳台居民登记结婚4.9万对；粗结婚率为9.3‰，比上年上升0.2个千分点。2010年20−24岁办理结婚登记的公民占结婚总人口比重最多，占37.6%，25−29岁占31.9%，30−34岁占11.3%，35−39岁占6.6%，40岁以上占12.9%。与上年年龄结构情况大致相当。从结婚人口区域分布来看，结婚登记超过50万对的省份有河北省、江苏省、安徽省、山东省、河南省、湖北省、湖南省、广东省、广西自治区和四川省，最近三年完全一致。

2010年共依法办理离婚手续的有267.8万对，比上年增加21.0万对，增长8.5%，粗离婚率为2.0‰，比上年增加0.15个千分点。其中：民政部门登记离婚201.0万对，比上年增长11.5%，法院办理离婚66.8万对，比上年增长0.3%。从近五年情况看，离婚人数逐年上升，年平均增幅为7.0%。

图-14 结婚率和离婚率

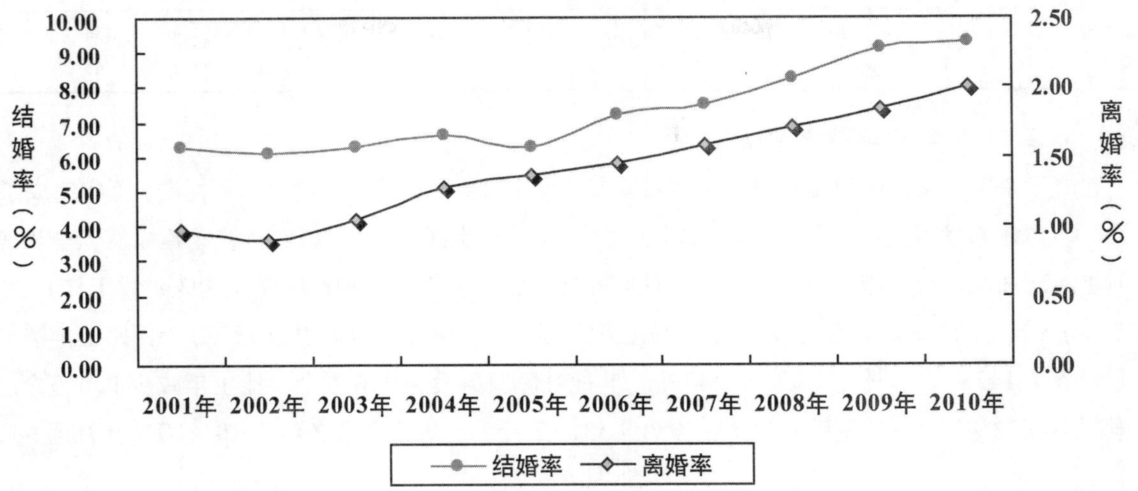

单位：‰

指　标	2001 年	2002 年	2003 年	2004 年	2005 年	2006 年	2007 年	2008 年	2009 年	2010 年
结婚率	6.30	6.10	6.30	6.65	6.30	7.19	7.50	8.27	9.10	9.30
离婚率	0.98	0.90	1.05	1.28	1.37	1.46	1.59	1.71	1.85	2.00

2.殡葬改革深入推进

惠民殡葬政策继续推行。进一步提高殡仪服务的质量和水平。制定了骨灰撒海、遗体保存、遗体火化等7项殡葬服务基础标准。维护好清明节祭扫的安全和秩序。积极稳妥推进殡葬改革。积极做好青海玉树地震、甘肃舟曲泥石流灾害遇难人员遗体处理工作。推进殡葬改革进程，表彰127个全殡葬工作先进单位和235个全国殡葬工作先进个人。

截至2010年底，全国共有殡仪服务单位3951个，比上年增加55个，其中殡仪馆1724个，比上年减少5个；殡葬管理单位919个，比上年增加18个；民政部门管理的公墓1308个，比上年增加42个。殡仪服务单位职工共有7.5万人，其中殡仪馆职工4.5万人。火化炉5229台，比上年增加106台；火化遗体474.1万具，比上年增加19.9万具，火化率49%，比上年提高0.8个百分点。

图-15　殡葬服务

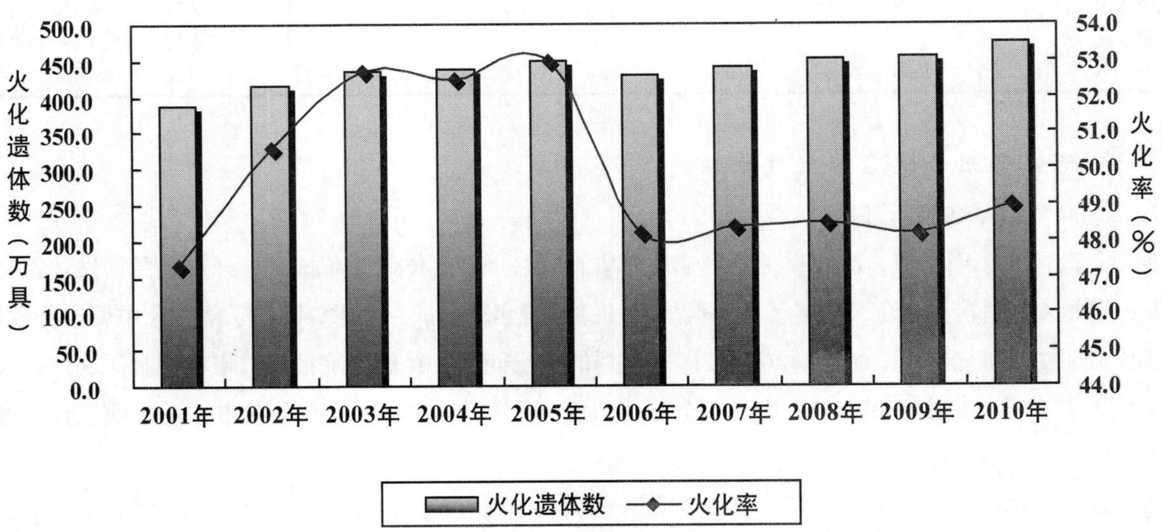

单位：万具、%

指　标	2001 年	2002 年	2003 年	2004 年	2005 年	2006 年	2007 年	2008 年	2009 年	2010 年
火化遗体数	386.7	415.2	435.0	436.9	450.2	430.2	442.1	453.4	454.2	474.1
火化率	47.3	50.6	52.7	52.5	53.0	48.2	48.4	48.5	48.2	49.0

（六）社区服务体系建设统筹推进

推动建立了全国和谐社区建设示范单位联系制度，修订完善了和谐社区建设示范标准，落实完成了《“十一五”社区服务体系发展规划》。农村社区建设实验工作进一步深化，“全国农村社区建设实验全覆盖示范单位”创建活动加快进行。指导全国城市街道社区开展了创先争优活动和社区党风廉政建设工作。

截至2010年底，全国共有各类社区服务设施15.3万个，其中社区服务中心12720个，比上年增加2717个，社区服务站44237个，比上年减少8933个，其他社区服务设施9.6万个，比上年减少1.6万个。社区服务设施覆盖率22.4%。城镇便民、利民服务网点53.9万个。社区志愿服务组织10.6万个。社区共吸纳从业人员105.9万人。

图—16　社区服务设施

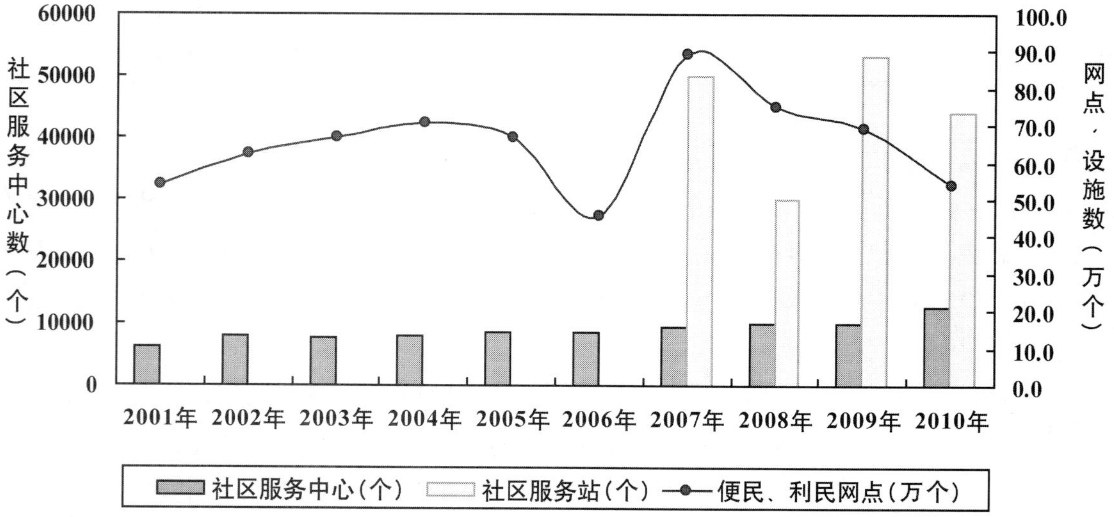

单位：万个、个

指　标	2001 年	2002 年	2003 年	2004 年	2005 年	2006 年	2007 年	2008 年	2009 年	2010 年
社区服务设施(万个)	19.6	19.9	19.6	19.8	19.5	16.0	17.2	16.2	17.5	15.3
社区服务中心(个)	6179	7898	7520	7804	8479	8565	9319	9873	10003	12720
社区服务站(个)							50116	30021	53170	44237
便民、利民网点(万个)	54.0	62.3	66.8	70.4	66.5	45.8	89.3	74.9	69.3	53.9

（七）行政区划和地名管理稳步推进

1.行政区划调整取得新进展。

加强行政区划创新研究，配合有关部门启动了省直管县（市）体制改革试点，开展了经济发达镇行政管理体制改革试点。适应城镇化、国家区域发展战略和综合配套改革试点要求，调整了部分大中城市行政区划，进一步优化了中小城市格局，解决地方行政区划格局的突出问题。经国务院批准，审核报批了9件县级以上行政区划调整事项，减少了3个市辖区和3个县，新设立了1个市辖区、3个县级市，设市城市数量增加到657个。

截至2010年底，全国共有省级行政区划单位34个（其中直辖市4个，省23个，自治区5个，特别行政区2个），地级行政区划单位333个（其中地级市283个，地区17个，自治州30个，盟3个），县级行政区划单位2856个（其中市辖区853个，县级市370个，县1461个，自治县117个，旗49个，自治旗3个，特区2个，林区1个），乡级行政区划单位40906个（其中区公所2个，镇19410个，乡13475，民族乡1096个，街道6923个）。

图－17　乡镇与街道

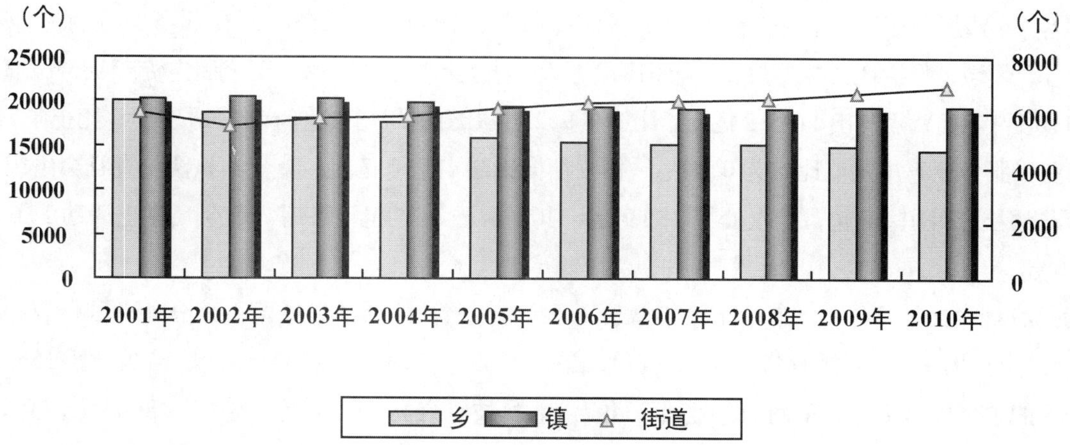

单位：个

指　标	2001年	2002年	2003年	2004年	2005年	2006年	2007年	2008年	2009年	2010年
乡	20012	18640	18064	17534	15951	15306	15120	15067	14848	14571
镇	20358	20600	20226	19892	19522	19369	19249	19234	19322	19410
街道	5972	5516	5751	5829	6152	6355	6434	6524	6686	6923

2.界线管理进一步加强。

推进平安边界建设工作，逐步健全界线管理机制。建立了全国平安边界建设工作联席会议制度，继续将平安边界创建工作纳入社会治安综合治理考核评比范围。完成14条省界共14468公里界线、423颗界桩的联检任务。妥善处置有关边界纠纷。完成京津线等10条省界详图集编制工作，启动了津冀线等18条省界详图集编制工作。

3.地名公共服务工程进一步拓展。

全国80%设市城市启动完成了地名规划编制工作，部分县城也开展了地名规划的编制工作。我国西部地区县城、中部地区县城和建制镇，东部地区县乡镇基本完成了地名标志设置工作，一些省份探索开展了村庄地名标志和农村居民门牌设置工作，在全国基本形成了覆盖城乡的地名标志体系。省、市、县三级普遍建立了地名数据库并开始进行国家地名数据库数据汇总，已建成省级地名数据库30个、地级数据库260个、县级数据库1985个。全国各地地名信息化服务蓬勃开展，共开通地名网站630多个，地名问路电话服务热线260多条，设置地名触摸屏2500多台。首次公布了第一批月球地名标准译名。确定了我国在南极地区中国科考区域第一批359个地名。启动实施了第二次全国地名普查试点工作。

二、社会组织和自治组织健康发展

2010年，作为社会服务提供平台和提供者的各类社会组织、自治组织，在各级政府的大力支持下，在社会各界的广泛参与下，发展迅速，成效显著。

（一）社会组织建设取得新成效

全面完成社会组织学习实践科学发展观活动，启动实施社会组织创先争优活动。联合有关部门出台了支持股票捐赠的优惠政策，规范了国有企业捐资设立非公募基金会的审批程序。探索实施了涉外社会组织登记管理规定，开展了民办非企业单位直接登记试点。研究提出了促进行业协会改革发展的思路与措施，加快推进城乡基层社会组织培育发展。加大社会组织年检和评估工作力度，加强社会组织行政执法工作，认真做好专项治理工作，积极探索促进社会组织改革发展的新途径。

截至2010年底，全国共有社会组织44.6万个，比上年增长3.5%；这些社会组织业务范围涉及科技、教育、文化、卫生、劳动、民政、体育、环境保护、法律服务、社会中介服务、工伤服务、农村专业经济等社会生活的各个领域，吸纳社会各类人员就业618.2万人，比上年增长13.5%；形成固定资产1864.1亿元，比上年增长81.0%；各类费用支出1195.2亿元，比上年9.2%；社会组织增加值为531.1亿元[②]，比上年增长7.7%，占第三产业（服务业）增加值比重为0.31%。接收社会捐赠417.0亿元。全年共执法检查社会组织2370起，其中取缔非法社会组织51起，行政处罚2319起，其中警告143起，限期（责令）停止活动116起，撤销登记2060起。

全国共有社会团体24.5万个，比上年增长2.5%。按照社团活动地域范围划分，全国性及跨省（自治区、直辖市）的1810个，省级及省内跨地（市）域的24149个，地级社团64169个，县级社团155128个。按照社团服务的主要领域划分，工商服务业类23467个，科技研究类19494个，教育类12603个，卫生类11303个，社会服务类32752个，文化类20926个，体育类12842个，生态环境类6961个，法律类3121个，宗教类4384个，农业及农村发展类47719个，职业及从业组织类16893个，国际及其他涉外组织类427个，其他32364个。全年共执法检查社会团体950起，其中取缔非法社会团体12起，行政处罚938起，其中警告102起，限期（责令）停止活动96起，撤销登记740起。

全国共有民办非企业单位19.8万个，比上年增长4.2%。其中：工商服务业类2013个，科技研究类10196

图18 社会组织

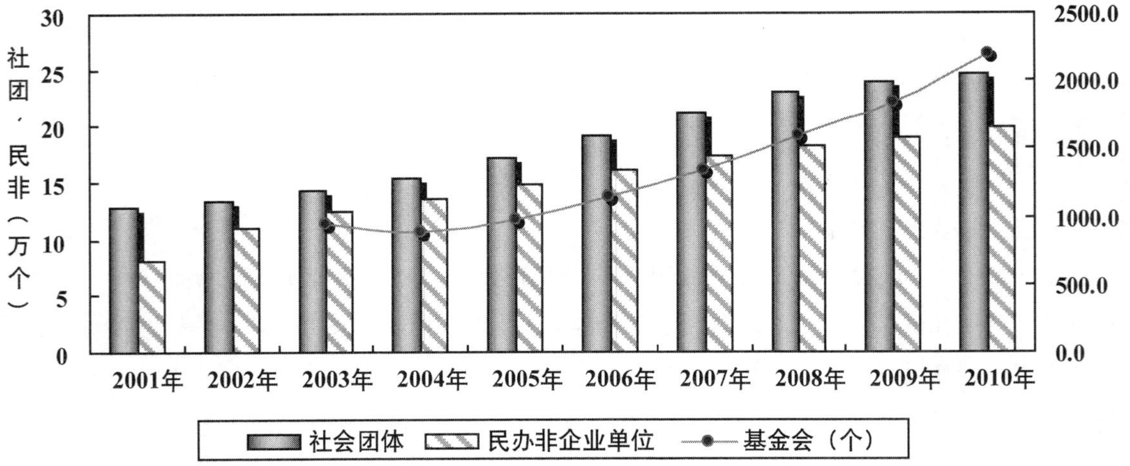

单位：万个

指　标	2001年	2002年	2003年	2004年	2005年	2006年	2007年	2008年	2009年	2010年
社会团体	12.9	13.3	14.2	15.3	17.1	19.2	21.2	23.0	23.9	24.5
民办非企业单位	8.2	11.1	12.4	13.5	14.8	16.1	17.4	18.2	19.0	19.8
基金会（个）			954	892	975	1144	1340	1597	1843	2200

②注：由于社会组织年检工作在每年的六月底完成，社会组织接收捐赠款数和增加值均为2009年数据。

个，教育类98043个，卫生类25191个，社会服务类29465个，文化类8114个，体育类7062个，生态环境类1070个，法律类776个，宗教类156个，农业及农村发展类1730个，职业及从业组织类2218个，国际及其他涉外组织类37个，其他12104个。从地域分布来看，民办非企业单位登记数量超过最高的省份为山东省，为29155个，其他超过1万个的省份有辽宁省、江苏省、浙江省、湖北省、广东省和四川省，比去年多1个辽宁省。全年共执法检查民办非企业1412起，其中取缔非法民办非企业38起，行政处罚1374起，其中警告40起，限期（责令）停止活动15起，撤销登记1319起。

全国共有基金会2200个，比上年增加357个，增长19.4%，其中：公募基金会1101个，非公募基金会1088个，境外基金代表机构11个。民政部登记的基金会154个。公募基金会和非公募基金会共接收社会各界捐赠203.9亿元。全年共执法检查基金会8起，其中取缔非法基金会1起，行政处罚7起，其中警告1起，限期（责令）停止活动5起，撤销登记1起。

（二）自治组织建设不断加强

新修订的《村民委员会组织法》颁布实施，民政部门及时开展学习宣传和贯彻实施活动。以落实《中共中央办公厅国务院办公厅关于加强和改进城市社区居民委员会建设工作的意见》为契机，推动了城市社区居民委员会建设工作深入开展。13个省区市村民委员会换届选举工作依法有序进行，一批农村致富能手、退伍军人、外出务工返乡农民、回乡大中专毕业生等农村优秀人才当选为村“两委”成员。村务公开内容进一步拓展，“难点村”治理转化任务基本完成，深化村务公开民主管理示范单位创建活动。建立了中国村民自治展示中心。

全年共有10.2万个村（居）委会完成选举，参与选举的村（居）民登记数为1.7亿人，参与投票人数为1.3亿人。

2010年底，基层群众自治组织共计68.2万个，其中：村委会59.5万个，比上年减少0.4万个，降低0.7%，村民小组479.1万个，比上年减少1.4万个，村委会成员233.4万人，比上年减少0.6万人；社区居委会87057个，比上年增加2368个，增长了2.8%，居民小组130.7万个，比上年增加1.2万个，居委会成员43.9万人，比上年增长1.9%。

图–19 自治组织

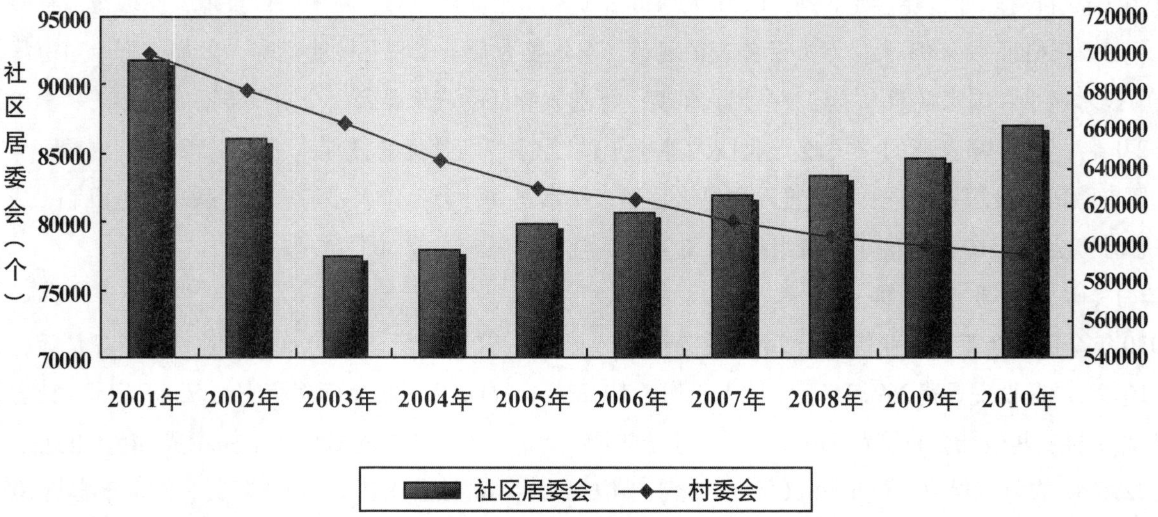

单位：个

指　标	2001年	2002年	2003年	2004年	2005年	2006年	2007年	2008年	2009年	2010年
社区居委会	91893	86087	77431	77884	79947	80717	82006	83413	84689	87057
村委会	699974	681277	663486	644166	629079	623669	612709	604285	599078	594658

三、社会服务能力建设不断提升

（一）社会服务机构逐步壮大

截至2010年底，全国共有各类社会服务登记管理单位126.9万个，其中：各类社会工作机构13.8万个，社会组织44.6万个，基层群众自治组织68.2万个，各级民政行政机关3482个。

（二）社会服务人才队伍建设继续推进

2010年各类社会服务登记管理单位职工总数有1138.4万人，比上年增加100.3万人，增长9.7%。其中各类社会工作机构234万人，社会组织618.2万人，基层群众自治组织277.3万人，民政行政机关88942人。

民政行政机关人数中，从行政层级情况看，中央级318人，省级3725人，地级13494人，县级71405人；从年龄结构情况看，职工以中青年为主要力量，35岁及以下21863人，占24.6%，比上年增长了0.4个百分点；36岁至45岁34237人，占38.5%，与上年降低了0.7个百分点；46岁至55岁26610人，占29.9，比上年降低了0.1个百分点；56岁及以上6232人，占7.0%，比上年降低了0.4个百分点。从学历结构情况看，具有大学本科及以上学历的职工有33202人，占47.3%，比上年增长了11.2个百分点；具有专科及以下学历的职工有36990人，占52.7%，比上年降低了11.2个百分点。

社会工作人才队伍被纳入《国家中长期人才发展规划纲要2010—2020年》并确定为第六支主体人才队伍。举办了2010年度社会工作者职业水平考试，共有7.03万名考生报名参加考试，有2620人取得社会工作师职业水平证书，5324人取得助理社会工作师职业水平证书。加强社会工作岗位开发和民办社会工作服务机构培育，全国已开发4.5万个社会工作岗位、成立500多家民办社会工作服务机构。加强社会工作专业人才培养，社会工作人才队伍建设试点工作继续深化。目前，全国累计产生社会工作师11039人，助理社会工作师32583人。各类社会服务机构共有社会工作师9901人，比上年增加2861人，增长了38.9%。其中社会工作机构5176人，基层群众自治组织1416人，社会组织2057人，民政行政机关922人，其他社会服务机构330人；共有助理社会工作师24700人，比上年增加1095人，比上年增长4.5%。其中社会工作机构6724人，基层群众自治组织7703人，社会组织8814人，民政行政机关969人，其他社会服务机构490人。

民政技能人才的培养、评价、选拔、激励机制逐步建立健全，职业能力建设工作进一步加强。2010年组织了民政特有职业技能鉴定考试，全国民政系统有近30000人参加了殡葬、假肢矫形、灾害信息、孤残儿童护理等10个民政特有职业技能鉴定，有21431人取得了国家职业资格证书，其中获得技师、高级技师资格证书248人，高级资格证书3601人。举办了养老护理员、遗体整容师全国职业技能竞赛。参加“第十届中华技能大奖全国技术能手和国家技能人才培育突出贡献奖”评选表彰活动成果显著。全国获得国家表彰的“全国技术能手”20名，获得部表彰的“民政行业技术能手”24名，“民政优秀技能人才”322名。

志愿者队伍建设深入推进。积极推动志愿者注册，探索建立社会工作人才与志愿者联动服务机制，成立了中华志愿者协会。2010年社区志愿者组织10.6万个，社区志愿者人数507.6万人。

（三）社会服务资产稳步增长

2010年全国社会服务事业费支出2697.5亿元，比上年增长23.6%。其中：抚恤事业费362.7亿元，比上年增长16.9%；退役安置费269.0亿元，比上年增长19.2%；城市居民最低生活保障支出524.7亿元，比上年增长8.8%；农村及其他社会救济费579.6亿元，比上年增长18.8%，其中农村最低生活保障费445.0亿元，比上年增长22.6%，农村五保供养支出98.1亿元，比上年增长11.4%；社会福利费149.8亿元，比上年增长20.7%；自然灾害救济费237.2亿元，比上年增长19.1%；地方离、退休人员费用30.4亿元，比上年增长1.3%；其他用于城乡医疗救助、民政事务管理等社会服务事业费544.1亿元，比上年增长68.6%。

2010年中央财政共向各地转移支付社会服务事业费1342.4亿元，比上年增长9.4%，占社会服务事业费比重49.8%，比上年降低了6.4个百分点。

图-20　社会服务事业费支出

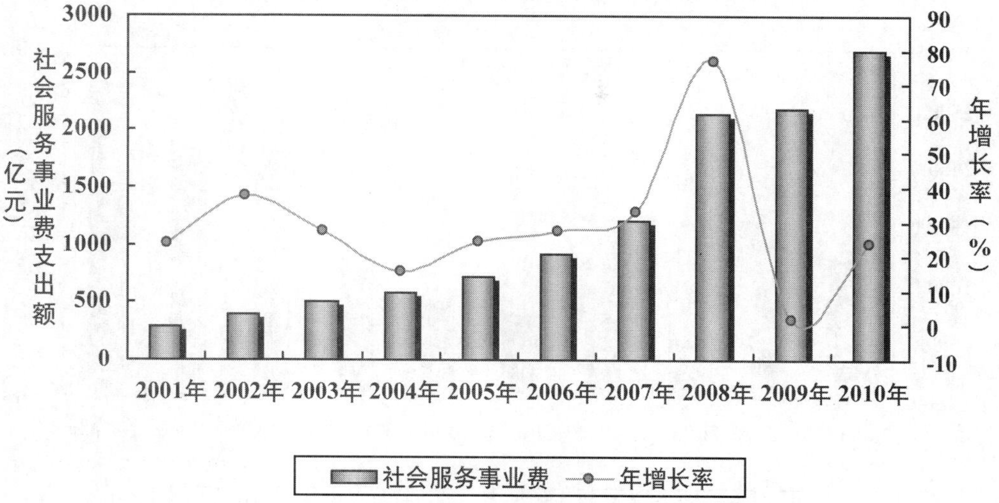

单位：亿元、%

指　标	2001 年	2002 年	2003 年	2004 年	2005 年	2006 年	2007 年	2008 年	2009 年	2010 年
社会服务事业费	284.8	392.2	498.9	577.4	718.4	915.4	1215.5	2146.5	2181.9	2697.5
年增长率	23.7	37.6	27.2	15.7	24.4	27.4	32.8	76.6	1.6	23.6

图-21　中央转移支付社会服务事业费

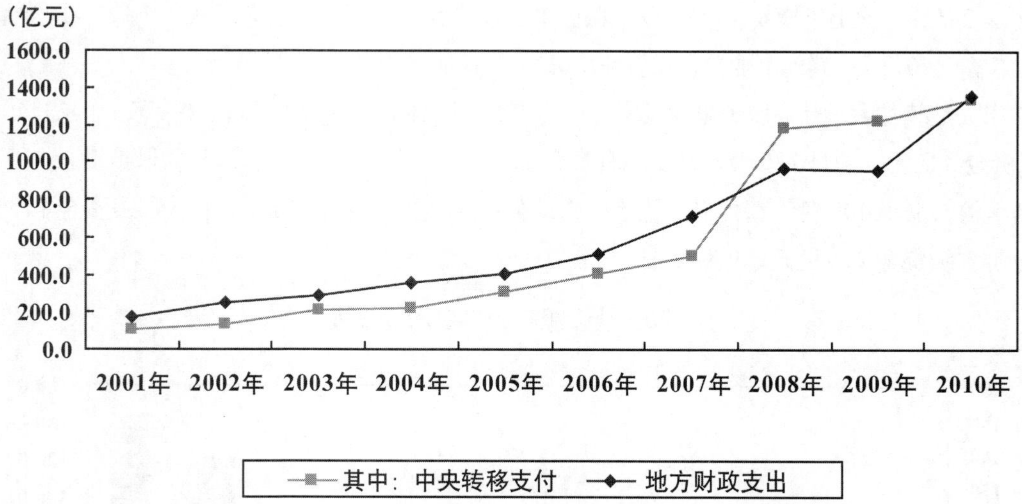

单位：亿元、%

指　标	2001 年	2002 年	2003 年	2004 年	2005 年	2006 年	2007 年	2008 年	2009 年	2010 年
社会服务事业费支出	284.8	392.2	498.9	577.4	718.4	915.4	1215.5	2146.5	2181.9	2697.5
其中：中央转移支付	108.2	138.4	211.8	223.8	310.3	404.0	504.4	1181.1	1227.0	1342.4
地方财政支出	176.6	253.8	287.1	353.6	408.1	511.4	711.1	965.4	954.9	1355.1
中央支付占社会服务事业费支出比重	38.0	35.3	42.5	38.8	43.2	44.1	42.6	55.0	56.2	49.8

2010年社会服务事业费占国家财政支出比重由2009年的2.9%上升到3.0%，比上年增长了0.1个百分点。

图—22 社会服务事业费支出占国家财政支出的比重

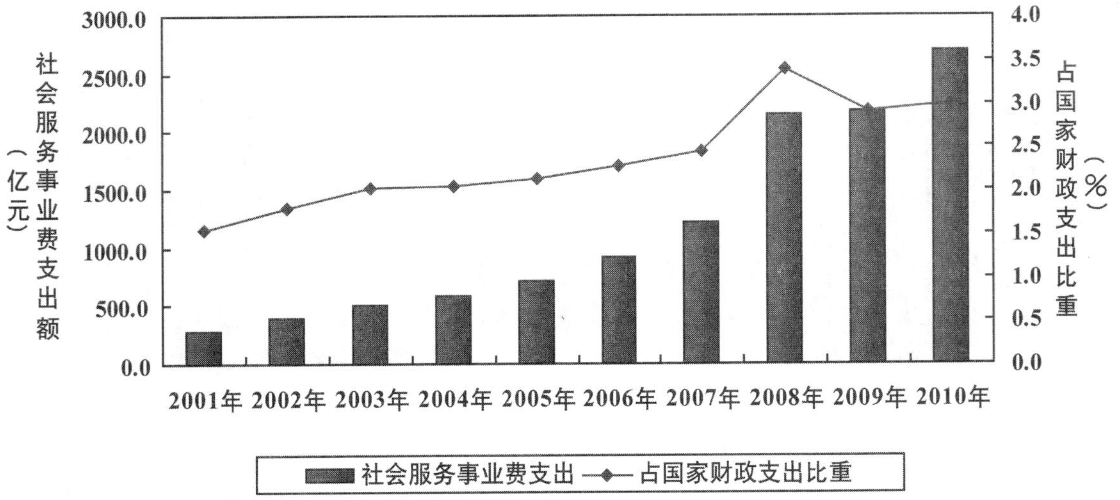

单位：亿元、%

指 标	2001年	2002年	2003年	2004年	2005年	2006年	2007年	2008年	2009年	2010年
社会服务事业费支出	284.8	392.2	498.9	577.4	718.4	915.4	1215.5	2146.5	2181.9	2697.5
占国家财政支出比重	1.5	1.8	2.0	2.0	2.1	2.3	2.5	3.4	2.9	3.0

社会服务事业基本建设2010年施工项目4.6万个，是上年的9.9倍，社会服务事业基础设施得到了明显改善。2010年全年完成投资总额183.0亿元，比上年增长16.6%，其中：国家投资89.1亿元，比上年增长26.3%；其中：用于优抚安置事业单位投资12.4亿元，比上年下降6.1%；社区服务单位投资25.4亿元，比上年下降8.0%；收养性单位投资82.2亿元，比上年增长8.7%；殡仪服务单位投资14.3亿元，比上年增长5.1%；救助类单位投资7.9亿元，比上年增长46.3%；其他事业单位投资40.8亿元，比上年增长88.9%。

2010年中央继续加大对社会服务事业投资补助力度，共下拨13.1亿元投资，支持519个项目建设，其中养老服务试点资金3亿元，项目126个，儿童福利资金1.9亿元，项目54个，流浪救助保护资金1.4亿元，项目83个，配备流浪救助车409辆，精神卫生防治机构资金4.37亿元，项目26个，社区服务资金1.3亿元，项目226个，民政部本级资金1.1亿元，项目4个。

图—23 社会服务领域基本建设投资

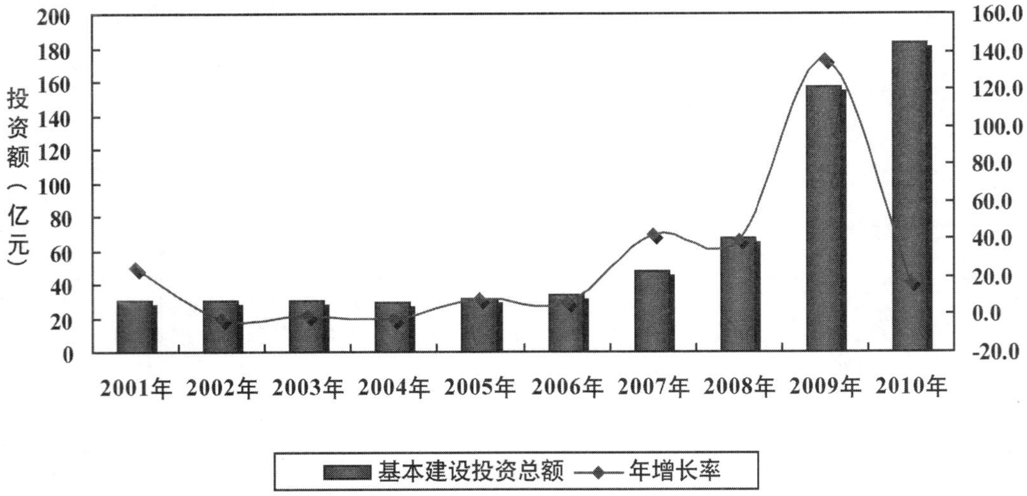

单位：亿元、%

指　标	2001年	2002年	2003年	2004年	2005年	2006年	2007年	2008年	2009年	2010年
基本建设投资总额	30.8	30.1	30	29.2	31.6	33.5	47.7	66.6	157	183
年增长率	24.7	−2.3	−0.3	−2.7	8.2	6.0	42.4	39.6	135.7	16.6

2010年各类社会服务登记管理单位固定资产总值为6589.3亿元，比上年增加27.0%，其中：民政行政机关121.8亿元，比上年增长了2.2%；民政事业单位1025.3亿元，比上年增长26.1%；社会组织1864.1亿元，比上年增长81.0%；基层群众自治组织1931.5亿元，比上年增长12.1%；社会福利企业1646.6亿元，比上年增长13.2%。

2010年底，社会服务行业增加值2014.5亿元，比上年增长8.9%，占服务业的比重1.2%。其中：社会工作类增加值912.4亿元，比上年增长17.3%，社会组织增加值531.2亿元，比上年增长7.7%，基层群众自治组织增加值309.9亿元，其他社会服务类增加值70.2亿元，比上年增加5.6%。

图－24　社会服务机构增加值占服务业增加值比重

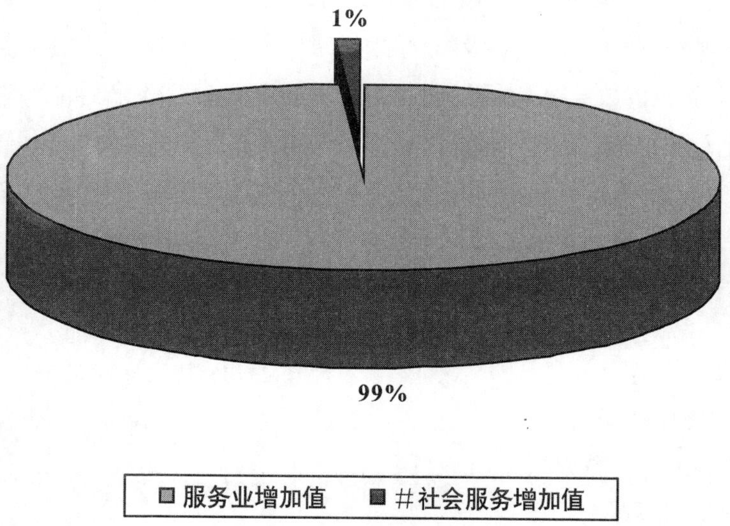

单位：亿元、%

指　标	产　值	比　重
服务业增加值	171005.0	100.0
#社会服务增加值	2014.5	1.2

民政部关于表彰2010年度全国民政统计工作先进单位的通报

民函〔2011〕58号

各省、自治区、直辖市民政厅（局），计划单列市民政局，新疆生产建设兵团民政局：

2010年是“十一五”规划的收官之年，是各项民政工作取得显著成绩的一年。全国民政规划财务部门深入贯彻落实科学发展观，争当创先争优先锋模范，紧紧围绕民政中心工作和各项重点工作部署，充分发挥统计信息、咨询、监督职能，切实加强基层统计基础工作，不断增强统计创新意识，进一步提高统计数据质量，为各级领导提供了大量翔实可靠的决策依据，为推动民政事业健康持续发展做出了积极的贡献。

为进一步鼓励各级民政统计工作再上新台阶、再创新佳绩，根据民政事业统计、财务、基建报表和统计台账报送情况，民政部决定对2010年度民政统计工作先进单位进行通报表扬。

2011年是“十二五”规划的开局之年，各级民政部门在加强社会服务创新、推进社会服务建设等方面工作任务将更加艰巨，对民政统计数据的数量和质量要求也将进一步提升。希望各级民政部门切实重视和加强民政统计工作，为推动全国民政统计工作不断进步、积极促进社会服务建设发挥更加坚实的基础保障作用。

二〇一一年二月二十三日

2010年全国民政统计工作先进单位名单

特等奖（6名）：

北京市民政局规财处
黑龙江省民政厅规财处
江苏省民政厅规财处
浙江省民政厅规财处
山东省民政厅规财处
湖北省民政厅规财处

一等奖（12名）：

湖南省民政厅规财处
天津市民政局规财处
吉林省民政厅规财处
河南省民政厅规财处
安徽省民政厅规财处
甘肃省民政厅规财处
上海市民政局规财处
江西省民政厅规财处
贵州省民政厅规财处
宁夏回族自治区民政厅规财处
四川省民政厅规财处
新疆维吾尔自治区民政厅规财处

二等奖（14名）：

河北省民政厅规财处
陕西省民政厅规财处
内蒙古自治区民政厅规财处
重庆市民政局规财处
福建省民政厅规财处
海南省民政厅规财处
青海省民政厅规财处
广东省民政厅规财处
广西壮族自治区民政厅规财处
云南省民政厅规财处
西藏自治区民政厅规财处
山西省民政厅规财处
辽宁省民政厅规财处
新疆生产建设兵团民政局办公室

03

历年统计资料

A-1-1 县及以上行政区划

单位：个

年 份	省 级	地 级（不含地级市）	县级（不含县级市、市辖区）	市			市辖区	县级合计
					地 级	县 级		
1978	30	212	2153	193	98	92	408	2653
1979	30	211	2153	216	104	109	428	2690
1980	30	211	2151	223	107	113	511	2775
1981	30	208	2144	233	108	122	514	2780
1982	30	210	2140	245	112	130	527	2797
1983	30	178	2091	289	144	142	552	2785
1984	30	175	2069	300	147	150	595	2814
1985	30	165	2046	324	162	159	621	2826
1986	30	159	2017	353	166	184	629	2830
1987	30	156	1986	381	170	208	632	2826
1988	31	151	1936	434	183	248	647	2831
1989	31	151	1919	450	185	262	648	2829
1990	31	151	1903	467	185	279	651	2833
1991	31	151	1894	479	187	289	650	2833
1992	31	148	1848	517	191	323	662	2833
1993	31	139	1795	570	196	371	669	2835
1994	31	127	1735	622	206	413	697	2845
1995	31	124	1716	640	210	427	706	2849
1996	31	117	1696	666	218	445	717	2858
1997	33	110	1693	668	222	442	727	2862
1998	33	104	1689	668	227	437	737	2863
1999	34	95	1682	667	236	427	749	2858
2000	34	74	1674	663	259	400	787	2861
2001	34	67	1660	662	265	393	808	2861
2002	34	57	1649	660	275	381	830	2860
2003	34	51	1642	660	282	374	845	2861
2004	34	50	1636	661	283	374	852	2862
2005	34	50	1636	661	283	374	852	2862
2006	34	50	1635	656	283	369	856	2860
2007	34	50	1635	655	283	368	856	2859
2008	34	50	1635	655	283	368	856	2859
2009	34	50	1636	654	283	367	855	2858
2010	34	50	1633	657	283	370	853	2856

A-1-2 乡镇级行政区划

单位：个

年 份	乡镇级合计	镇	乡	#民族乡	街道办事处	区公所
1978	6195	2173				4022
1979	10424	2361			4444	3619
1980						
1981	11434	2678			4965	3791
1982						
1983	49695	2968	35514		5304	5909
1984	106439	7186	85290		5844	8119
1985	104900	9140	82450	3144	5402	7908
1986	83954	10718	61353	2936	5718	6165
1987	81025	11103	58739	3020	5680	5503
1988	65345	11481	45195	1571	5099	3570
1989	65419	11873	44624	1755	5420	3502
1990	65188	12084	44397	1980	5269	3438
1991	63391	12455	42654	1403	5186	3096
1992	54830	14539	33827	1348	5233	1231
1993	54863	15805	32445	1351	5470	1143
1994	54605	16702	31463	1322	5372	1068
1995	53360	17532	29502	1330	5596	730
1996	51336	18171	27056	1383	5565	544
1997	50967	18925	25966	1545	5678	398
1998	50999	19216	25712	1517	5732	339
1999	50750	19756	24745	1222	5904	345
2000	51024	20312	24555	1356	5902	255
2001	46369	20358	20012	1165	5972	27
2002	44822	20600	18640	1162	5516	66
2003	44067	20226	18064	1149	5751	26
2004	43275	19892	17534	1127	5829	20
2005	41636	19522	15951	1093	6152	11
2006	41040	19369	15306	1089	6355	10
2007	40813	19249	15120	1094	6434	10
2008	40828	19234	15067	1097	6524	3
2009	40858	19322	14848	1098	6686	2
2010	40906	19410	14571	1096	6923	2

A-1-3 全国人口情况

单位：万人、%

年 份	总人口			农村贫困人口	65岁及以上老年人口	65岁及以上人口比重	60岁及以上老年人口	60岁及以上人口比重	出生人口	死亡人口	当年净增人口
		城 镇	乡 村								
1978	96259	17245	79014	25000							
1979	97542	18495	79047								1283
1980	98705	19140	79565								1163
1981	100072	20171	79901								1367
1982	101654	21480	80174		4991	4.9					1469
1983	103008	22274	80734								954
1984	104357	24017	80340	12800							
1985	105851	25094	80757	12500							1164
1986	107507	26366	81141	13100							1476
1987	109300	27674	81626	12200	5968	5.4					1500
1988	111026	28661	82365	9600							1541
1989	112704	29540	83164	10200							1577
1990	114333	30195	84138	8500	6368	5.6			2391	762	1629
1991	115823	31203	84260						2258	768	1490
1992	117171	32175	84996	8000					2119	771	1348
1993	118517	33173	85344						2126	780	1346
1994	119850	34169	85681	7000					2104	771	1333
1995	121121	35174	85947	6540	7510	6.2			2063	792	1271
1996	122389	37304	85085		7833	6.4			2067	799	1268
1997	123626	39449	84177	4962	8085	6.5			2038	801	1237
1998	124761	41608	83153	4210	8359	6.7			1942	807	1135
1999	125786	43748	82038	3412	8679	6.9			1834	809	1025
2000	126743	45906	80837	3209	8821	7.0			1771	814	957
2001	127627	48064	79563	2927	9062	7.1			1702	818	884
2002	128453	50212	78241	2820	9377	7.3			1647	821	826
2003	129227	52376	76851	2900	9692	7.5			1599	825	774
2004	129988	54283	75705	2610	9857	7.6			1593	832	761
2005	130756	56212	74544	2365	10055	7.7	14408	11.03	1617	849	768
2006	131448	57706	73742	2148	10419	7.9	14901	11.3	1584	892	692
2007	132129	59379	72750	4320	10636	8.1	15340	11.6	1594	913	681
2008	132802	60667	72135	4007	10956	8.3	15989	12	1608	935	673
2009	133450	62186	71288	3597	11309	8.5	16714	12.5	1615	943	672
2010	134091	66558	67415	2688	11883	8.9	17765	13.3			

注：本表资料来源于国家统计局。

A-1-4 城乡居民生活水平、职工工资和住房

单位：元、平方米／人

年份	平均消费水平			职工平均工资	城市人均住宅建筑面积
	全国	农村	城镇		
1978	184	138	405	615	6.7
1979	207	158	434	668	6.9
1980	236	178	496	762	7.2
1981	236	199	562	772	7.7
1982	262	221	576	798	8.2
1983	284	246	603	826	8.7
1984	311	283	664	974	9.1
1985	437	347	802	1148	10.0
1986	485	376	920	1329	12.4
1987	550	417	1089	1459	12.7
1988	693	508	1431	1747	13.0
1989	762	553	1568	1935	13.5
1990	803	571	1686	2140	13.7
1991	896	621	1925	2340	14.2
1992	1070	718	2356	2711	14.8
1993	1331	855	3027	3371	15.2
1994	1746	1118	3891	4538	15.7
1995	2236	1434	4874	5348	16.3
1996	2641	1768	5430	5980	17.0
1997	2834	1876	5796	6444	17.8
1998	2972	1895	6217	7446	18.7
1999	3138	1927	6796	8319	19.4
2000	3397	2037	7402	9333	20.3
2001	3609	2156	7761	10834	20.8
2002	3791	2259	7972	12373	22.8
2003	4089	2361	8473	13969	23.7
2004	4925	2301	8679	15920	25.0
2005	5463	2560	9410	18200	26.1
2006	6138	2847	10423	20856	27.1
2007	7103	3265	11904	24721	31.6
2008	8349	3795	13845	28898	32.4
2009	9098	4021	15025	32244	32.5
2010	9963				32.9

注：本表资料来源于国家统计局。

A-1-5 城乡居民家庭人均收入和消费支出

单位：元、%

年份	城镇居民可支配收入	城镇居民家庭		农民纯收入	农村居民家庭	
		人均生活消费支出	恩格尔系数		人均生活消费支出	恩格尔系数
1978	343	311	57.5	134	116	67.7
1979				161	135	64.0
1980	478	412	56.9	191	162	61.8
1981	500	457	56.7	223	191	59.8
1982	535	471	58.6	270	220	60.6
1983	565	506	59.2	310	248	59.4
1984	652	559	58.0	355	274	59.3
1985	739	673	52.2	398	317	57.8
1986	900	799	52.4	424	357	56.5
1987	1002	884	53.5	463	398	55.8
1988	1181	1104	51.4	545	477	54.0
1989	1376	1211	54.5	602	535	54.8
1990	1510	1279	54.2	686	585	58.8
1991	1701	1454	53.8	709	620	57.6
1992	2027	1672	53.0	784	659	57.6
1993	2577	2111	50.3	922	770	58.1
1994	3496	2851	50.0	1221	1017	58.9
1995	4283	3538	51.0	1578	1310	58.6
1996	4839	3919	48.8	1926	1572	56.3
1997	5160	4186	46.6	2090	1617	55.1
1998	5425	4332	44.7	2162	1590	53.4
1999	5854	4616	42.1	2210	1577	52.6
2000	6280	4998	39.4	2253	1670	49.1
2001	6860	5309	38.2	2366	1741	47.7
2002	7703	6030	37.7	2476	1834	46.2
2003	8472	6511	37.1	2622	1943	45.6
2004	9422	7182	37.7	2936	2185	47.2
2005	10493	7943	36.7	3255	2555	45.5
2006	11759	8697	35.8	3587	2829	43.0
2007	13786	9997	36.3	4140	3224	43.1
2008	15781	11243	37.9	4761	3661	43.7
2009	17175	11265	36.5	5153	3993	41.0
2010	19109	13471	35.7	5919	4382	41.1

注：1.本表资料来源于国家统计局。

2.斜体下划线为生活费支出，与其他年份不可比。

A-1-6 社会服务机构（按登记类型分类）

单位：万个

年 份	合 计	事业单位	福利企业	社会组织	自治组织	行政机关
1978	1.1	1.1	0.1			
1979	1.3	1.2	0.1			
1980	1.4	1.3	0.1			
1981	1.5	1.3	0.2			
1982	1.7	1.6	0.2			
1983	40.2	1.9	0.6		37.7	
1984	103.6	2.6	0.7		100.3	
1985	107.7	3.3	1.5		103.0	
1986	101.2	3.9	2.0		95.3	
1987	100.1	4.2	2.8		93.2	
1988	106.7	4.3	4.0	0.4	97.8	
1989	111.8	4.4	4.2	0.5	102.8	
1990	119.8	4.5	4.2	1.1	110.0	
1991	129.2	4.7	4.4	8.3	111.9	
1992	136.1	4.8	5.0	15.5	110.8	
1993	139.7	5.3	5.7	16.8	112.0	
1994	140.3	5.2	6.0	17.4	111.7	
1995	133.7	5.2	6.0	18.1	104.4	
1996	133.9	5.3	5.9	18.5	104.2	
1997	131.4	5.3	5.6	18.1	102.4	
1998	122.2	5.4	5.1	16.6	95.2	
1999	115.7	5.4	4.5	14.3	91.6	
2000	109.5	6.1	4.1	15.3	84.0	
2001	110.4	5.7	3.8	21.1	79.2	0.6
2002	111.0	5.8	3.6	24.5	76.7	0.5
2003	110.3	5.8	3.4	26.7	74.0	0.4
2004	111.5	6.7	3.2	28.9	72.2	0.4
2005	113.0	6.6	3.1	32.0	70.9	0.4
2006	116.0	6.7	3.0	35.4	70.5	0.4
2007	118.0	7.0	2.5	38.7	69.5	0.3
2008	119.6	6.6	2.4	41.4	68.8	0.4
2009	126.2	12.1	2.3	43.1	68.4	0.3
2010	126.9	11.6	2.2	44.6	68.2	0.3

A－1－7 社会服务机构（按行业分类分）

单位：万个

年份	合计	社会工作	成员组织			其他社会服务	民政系统行政机关
				社会组织	自治组织		
1978	1.1	0.8				0.3	
1979	1.3	1.0				0.3	
1980	1.4	1.1				0.3	
1981	1.5	1.2				0.3	
1982	1.7	1.4				0.3	
1983	40.2	2.2	37.7		37.7	0.3	
1984	103.6	3.0	100.3		100.3	0.3	
1985	107.7	4.5	103.0		103.0	0.3	
1986	101.2	5.6	95.3		95.3	0.3	
1987	100.1	6.6	93.2		93.2	0.3	
1988	106.7	8.1	98.3	0.4	97.8	0.3	
1989	111.8	8.3	103.3	0.5	102.8	0.3	
1990	119.8	8.4	111.1	1.1	110.0	0.3	
1991	129.2	8.7	120.2	8.3	111.9	0.3	
1992	136.1	9.5	126.3	15.5	110.8	0.3	
1993	139.7	10.7	128.7	16.8	112.0	0.3	
1994	140.3	10.9	129.1	17.4	111.7	0.3	
1995	133.6	10.9	122.4	18.1	104.4	0.3	
1996	133.9	10.9	122.7	18.5	104.2	0.3	
1997	131.4	10.6	120.5	18.1	102.4	0.3	
1998	122.2	10.2	111.8	16.6	95.2	0.3	
1999	115.7	9.5	105.9	14.3	91.6	0.3	
2000	109.5	9.8	99.3	15.3	84.0	0.3	
2001	110.4	9.2	100.3	21.1	79.2	0.3	0.6
2002	111.0	9.1	101.2	24.5	76.7	0.3	0.5
2003	110.3	8.9	100.7	26.7	74.0	0.3	0.4
2004	111.5	9.6	101.1	28.9	72.2	0.3	0.4
2005	113.0	9.5	102.9	32.0	70.9	0.3	0.4
2006	116.0	9.2	105.9	35.4	70.5	0.5	0.4
2007	118.0	9.0	108.2	38.7	69.5	0.5	0.3
2008	119.6	8.4	110.2	41.4	68.8	0.6	0.4
2009	126.2	13.8	111.5	43.1	68.4	0.6	0.3
2010	126.9	13.2	112.8	44.6	68.2	0.6	0.3

A-1-8 社会服务机构职工

单位：万人

年 份	合 计	事业单位	社会组织	群众性自治组织	社会福利企业	行政机关	乡、镇民政助理员
1978	19.7	5.2			14.5		
1979	21.9	7.4			14.5		
1980	25.3	8.4			16.9		
1981	27.8	9.1			18.7		
1982	29.1	9.8			19.3		
1983	41.5	10.8			30.7		
1984	48.0	13.0			35.1		
1985	497.9	15.4		414.5	68.0		
1986	506.2	17.5		402.1	86.6		
1987	529.1	18.3		396.9	113.9		
1988	569.6	19.3		402.7	147.6		
1989	587.5	20.0		416.0	151.5		
1990	631.8	21.0		452.5	158.3		
1991	661.2	22.0		468.5	170.7		
1992	691.3	23.0		477.4	190.9		
1993	733.9	23.8		503.9	206.3		
1994	749.6	24.0		506.5	219.0		
1995	694.2	24.3		448.5	221.4		
1996	676.0	25.1		446.8	204.2		
1997	681.1	28.3		428.6	209.8	14.3	
1998	649.2	29.7		409.4	195.3	14.8	
1999	629.9	33.4		401.4	180.2	14.8	5.9
2000	580.3	37.5		363.4	165.8	13.5	5.7
2001	577.3	42.7		362.8	159.8	12.1	4.6
2002	537.4	40.1		333.8	152.3	11.2	4.1
2003	562.6	42.5		358.8	150.5	10.8	3.7
2004	543.7	45.3		334.6	152.5	11.3	3.9
2005	509.0	45.2		311.1	144.3	8.4	5.5
2006	903.8	46.2	425.2	287.3	136.8	8.3	4.6
2007	938.4	49.7	456.9	282.7	140.7	8.4	4.7
2008	967.4	52.6	475.8	276.0	154.3	8.7	4.5
2009	1038.1	53.1	544.7	277.1	154.4	8.8	4.7
2010	1138.4	76.5	618.2	277.3	157.5	8.9	5.0

注：合计数不含乡镇助理员

A-1-9 社会工作师

单位：人

年　份	报考人数	考试通过人数	社会服务行业现在人数	行政机关	社会工作	成员组织	其他社会服务
2008	77306	4192	3144	286	1496	1191	171
2009	40519	3696	7360	758	3809	2544	249
2010	25547	2620	9901	922	5176	3473	330

A-1-10 助理社会工作师

单位：人

年　份	报考人数	考试通过人数	社会服务行业现在人数	行政机关	社会工作	成员组织	其他社会服务
2008	60217	20648	17574	609	4727	11840	398
2009	32036	7586	24095	798	5530	17388	379
2010	46047	5324	24700	969	6724	16517	490

A-1-11 社会服务业增加值

单位：亿元

年　份	合计	民政系统行政机关	社会工作	成员组织			其他社会服务
					社会组织	自治组织	
2006	1344.8	72.2	833.6	385.3	112.2	273.1	53.7
2007	1501.2	83.7	776.7	588.6	307.6	281.0	52.2
2008	1650.1	108.7	780.8	701.0	372.4	328.6	59.6
2009	1849.4	141.1	777.7	864.1	493.1	371.0	66.5
2010	2014.5	190.8	912.4	841.1	531.2	309.9	70.2

A-1-12 社会服务机构固定资产原值

单位：亿元

年 份	合计	行政机关	事业单位	社会组织	群众性自治组织	社会福利企业
1978						
1979						
1980						
1981						
1982						
1983	13.0		6.6			6.4
1984	14.9		7.8			7.1
1985	20.1		11.3			8.8
1986	24.2		13.9			10.3
1987	28.7		16.2			12.4
1988	40.8		24.1			16.7
1989	44.1		24.5			19.6
1990	51.7		28.4			23.3
1991	63.6		34.1			29.5
1992	75.6		39.4			36.3
1993	100.3		49.5			50.8
1994	119.0		56.9			62.1
1995	142.6		65.7			77.0
1996	168.1		80.1			88.0
1997	211.5		105.2			106.3
1998	962.4		127.8			834.5
1999	1017.3		127.8			889.5
2000	1199.3		277.6			921.7
2001	1317.0		323.0			994.0
2002	1394.9		353.9			1041.0
2003	1644.3		401.2			1243.1
2004	1818.4	62.8	512.5			1243.1
2005	3097.8	64.9	528.6		1174.9	1329.4
2006	4066.7	94.3	575.1	423.0	1446.4	1527.9
2007	3973.0	132.8	656.7	682.0	1223.9	1277.6
2008	4592.8	132.9	774.1	805.8	1467.3	1412.7
2009	5198.0	119.2	829.0	1030	1722.4	1497.4
2010	6589.3	121.8	1025.3	1864.1	1931.5	1646.6

A-1-13 社会服务业基本建设投资（按投资来源分）

单位：亿元、个

年 份	本年计划投资	本年完成投资						本年施工项目个数
			国家投资	国内贷款	自 筹	#福利彩票公益金	其 他	
1988								
1989	5.8	2.0	0.8	0.1	0.8		0.2	
1990	6.9	2.4	1.0	0.1	1.0		0.3	
“八五”时期	**63.4**	**27.6**	**10.1**	**1.2**	**13.4**		**2.8**	
1991	7.0	3.0	1.1	0.1	1.5		0.3	
1992	7.3	3.2	0.8	0.1	1.9		0.4	
1993	12.8	5.6	1.3	0.2	3.4		0.7	
1994	15.5	6.2	2.3	0.5	2.9		0.6	
1995	20.9	9.6	4.6	0.3	3.8		0.9	
“九五”时期	**237.9**	**89.8**	**21.3**	**5.9**	**54.3**	**6.8**	**8.3**	**2793**
1996	29.8	10.1	2.1	0.4	6.4	0.0	1.1	
1997	35.7	13.8	2.7	0.8	8.6	0.0	1.6	
1998	41.0	16.6	2.8	0.8	11.1	0.0	1.9	
1999	63.2	24.7	6.0	2.3	14.6	3.5	1.8	1456
2000	68.2	24.7	7.7	1.6	13.6	3.3	1.9	1337
“十五”时期	**376.9**	**151.7**	**47.9**	**8.8**	**78.4**	**21.0**	**16.6**	**22117**
2001	77.5	30.8	10.4	2.2	15.1	3.6	3.1	1360
2002	88.7	30.1	9.5	1.4	15.9	3.3	3.3	3659
2003	87.3	30.0	9.9	1.7	15.1	3.5	3.3	3867
2004	89.7	29.2	8.9	2.4	14.4	4.7	3.5	8982
2005	33.8	31.6	9.1	1.0	17.9	5.8	3.5	4249
“十一五”时期	**485.6**	**487.8**	**210.7**	**12.4**	**149.0**	**96.8**	**82.3**	**62453**
2006	34.8	33.5	9.9	0.9	19.9	8.4	2.5	3626
2007	47.6	47.7	14.5	3.0	26.9	13.0	2.9	2446
2008	63.5	66.6	26.6	1.9	34.6	16.5	3.2	3906
2009	166.5	157	70.6	3.7	67.4	26.6	15.3	6457

年 份	本年计划投资	本年完成投资						本年施工项目个数
			国家投资	国内贷款	利用外资	福利彩票公益金	其 他	
2010	173.2	183.0	89.1	2.9	0.2	32.3	58.5	46018

A-1-14 国家对社会服务业基本建设投资(按民政项目分)

单位：亿元

年　份	国家基本建设投资	# 优抚安置单位	# 社区服务设施	# 收养性福利机构	# 殡仪	# 救助	# 其他
1989	0.7						
1990	0.8			0.2	0.1		
“八五”时期	**10.3**	**4.2**		**1.4**	**1.1**	**0.2**	
1991	1.0	0.1		0.2	0.1		
1992	1.0			0.2			
1993	1.4			0.2	0.4		
1994	2.3	1.2		0.3	0.3		
1995	4.6	2.9		0.5	0.3	0.2	
“九五”时期	**21.3**	**2.0**	**1.6**	**6.6**	**6.5**		**2.6**
1996	2.1	0.1		0.5	0.5		
1997	2.7			0.7	1.1		
1998	2.8	0.2		1.8	0.8		
1999	6.0	0.9	0.6	1.5	1.7		1.2
2000	7.7	0.8	1.0	2.1	2.4		1.4
“十五”时期	**47.9**	**5.0**	**9.4**	**14.3**	**9.2**		**9.8**
2001	10.4	0.7	1.5	3.1	2.1		3.0
2002	9.5	0.7	2.1	2.8	1.9		1.9
2003	9.9	1.2	2.4	3.3	1.5		1.5
2004	9.0	1.1	2.3	2.5	1.1		1.9
2005	9.1	1.3	1.1	2.6	2.6		1.5
“十一五”时期	**121.6**	**19.9**	**17.6**	**49.0**	**13.2**	**4.3**	**17.6**
2006	9.9	1.8	0.8	3.9	1.4	0.3	1.6
2007	14.5	2.5	0.9	6.5	2.4	0.4	1.8
2008	26.6	8.2	1.9	8.5	3.7	1.1	3.2
2009	70.6	7.4	14.0	30.1	5.7	2.5	11.0
2010	89.2	7.9	13.9	36.2	6.0	3.8	21.4

A-1-15 社会服务费及财政支出

单位：亿元

年　份	国家财政支出	社会服务经费支出	抚恤费	离休费	社会福利及其他社会救济费	#最低生活保障事业费	自然灾害救济费	退休费	其他民政事业费
1978	1122.09	13.7	2.8		4.4		4.2	2.3	
1979	1281.79	18.4	3.5		5.2		6.8	2.9	
1980	1228.83	17.5	4.4		5.2		4.5	3.4	
“六五”时期	**7483.18**	**114.2**	**27.3**	**0.9**	**32.1**		**35.2**	**16.8**	**1.7**
1981	1138.41	19.2	4.4		5.1		6.3	3.4	
1982	1229.98	19.6	4.8		5.1		6.0	3.5	
1983	1409.52	21.6	5.3		6.5		6.4	3.4	
1984	1701.02	24.2	6.1	0.2	8.0		6.9	3.0	
1985	2004.25	29.6	6.7	0.7	7.4		9.6	3.5	1.7
“七五”时期	**12865.67**	**208.4**	**59.2**	**11.4**	**46.7**		**56.4**	**22.0**	**12.8**
1986	2204.91	34.4	8.4	1.2	8.3		10.7	3.8	1.9
1987	2262.18	35.9	9.6	1.8	8.6		9.9	4.1	2.0
1988	2491.21	39.6	11.0	2.3	9.0		10.4	4.3	2.5
1989	2823.78	46.6	14.0	2.9	10.0		12.3	4.6	2.9
1990	3083.59	51.9	16.2	3.2	10.8		13.1	5.2	3.5
“八五”时期	**24387.46**	**386.6**	**107.8**	**23.2**	**75.6**		**94.1**	**45.5**	**40.5**
1991	3386.62	62.5	16.8	3.6	11.7		20.9	5.4	4.2
1992	3742.20	63.7	18.0	4.2	12.4		17.1	6.6	5.4
1993	4642.30	69.9	20.1	3.6	14.5		14.9	8.3	8.4
1994	5792.62	87.0	24.4	5.5	17.3		17.7	12.1	10.1
1995	6823.72	103.5	28.5	6.3	19.7		23.5	13.1	12.4
“九五”时期	**57043.46**	**840.9**	**220.6**	**76.9**	**201.8**	**48.7**	**171.5**	**58.0**	**112.2**
1996	7937.55	121.2	31.9	6.2	22.8	3.0	30.8	13.9	15.5

年　份	国家财政支出	社会服务经费支出	抚恤费	军队离退休、退职费	社会福利及其他社会救济费	#最低生活保障事业费	农村及其他社会救济费	自然灾害救济费	地方离、退休人员费	其他民政事业费
1997	9233.56	133.5	36.1	12.4	27.1	2.9		28.7	10.3	19.0
1998	10798.18	161.8	39.4	15.2	34.0	7.1		41.2	10.9	21.3
1999	13187.67	194.7	49.7	18.4	52.5	13.8		35.6	11.2	27.2
2000	15886.50	229.7	63.5	24.7	65.4	21.9		35.2	11.7	29.2
“十五”时期	**127800.69**	**2471.8**	**479.8**	**302.7**	**444.7**	**668.0**	**127.6**	**247.6**	**66.9**	**284.7**
2001	18902.58	284.8	69.5	31.2	90.6	41.6		41.0	13.0	39.5
2002	22053.15	392.3	74.7	49.5	167.5	108.7		40.0	13.2	47.3

年　份	国家财政支出	社会服务经费支出	抚恤费	军队离退休、退职费	社会福利费	城市居民最低生活保障事业费	农村低保及其他社会救济费	自然灾害救济费	地方离、退休人员费	其他民政事业费
2003	24649.95	498.9	87.9	59.0	78.9	153.1		52.9	13.1	54.0
2004	28486.89	577.4	104.1	74.1	52.1	172.7	47.7	51.1	13.9	61.7
2005	33708.12	718.4	143.6	88.9	55.6	191.9	79.9	62.6	13.7	82.2
“十一五”时期	**317654.99**	**9156.8**	**1316.2**	**956.0**	**529.9**	**1901.8**	**1731.9**	**1205.0**	**125.7**	**1390.4**
2006	40213.16	915.4	178.8	115.7	65.3	224.2	147.8	79.0	14.0	90.6
2007	49565.40	1215.5	210.8	165.0	87.6	277.4	189.8	79.8	24.8	180.3
2008	62427.03	2146.5	253.6	180.6	103.1	393.4	326.8	609.8	26.5	252.7
2009	75874.00	2181.9	310.3	225.7	124.1	482.1	487.9	199.2	30.0	322.7
2010	89575.40	2697.5	362.7	269.0	149.8	524.7	579.6	237.2	30.4	544.1

A-1-16 中央级事业费及中央转移支付社会服务费

单位：万元

年 份	合 计	中央级民政事业费	中央专项转移支付				
				抚恤、退休、救济费	救 灾	社会福利救济事业费	其 他
1978	11	11					
1979	44	44					
1980	103	103					
“六五”时期	**335594**	**1108**	**334486**	**63306**	**270745**	**220**	**215**
1981	138	138					
1982	74120	78	74042	14247	59795		
1983	74368	163	74205	14205	60000		
1984	78872	286	78586	18586	60000		

年 份	合 计	中央级民政事业费	中央专项转移支付					
				抚 恤	安 置	救 灾	社会福利救济事业费	其 他
1985	108096	443	107653	9698	6570	90950	220	215
“七五”时期	**778310**	**9267**	**769043**	**148718**	**105230**	**512500**		
1986	132802	2526	130276	16396	9285	102000		
1987	133877	2742	131135	21726	19409	90000		
1988	158355	1297	157058	24110	21948	111000		
1989	174374	1185	173189	43206	26483	103500		
1990	178902	1517	177385	43280	28105	106000		
“八五”时期	**1488090**	**15897**	**1472193**	**328272**	**315101**	**828820**		
1991	309432	1792	307640	49010	34210	224420		
1992	209360	3217	206143	52156	40587	113400		
1993	238083	3108	234975	60494	53481	121000		
1994	353831	4077	349754	79084	90670	180000		
1995	377384	3703	373681	87528	96153	190000		
“九五”时期	**2943934**	**104302**	**2839632**	**749824**	**773058**	**1122750**	**190000**	**4000**
1996	426354	6371	419983	102394	102589	215000		
1997	455309	5954	449355	110430	114925	220000		4000
1998	568049	50783	517266	120000	149516	247750		

年 份	合 计（亿元）	中央级民政事业费（亿元）	中央专项转移支付（亿元）						
				抚恤（亿元）	安置（亿元）	救灾（亿元）	低保（亿元）	医疗救助（亿元）	其他（亿元）
1999	62.8	1.2	61.6	18.0	17.6	22.0	4.0		
2000	86.6	2.9	83.7	23.7	23.0	22.0	15.0		
“十五”时期	**1004.3**	**11.9**	**992.4**	**212.1**	**217.3**	**170.1**	**373.1**	**12.0**	**7.9**
2001	109.6	1.4	108.2	26.3	28.7	30.2	23.0		
2002	140.2	1.8	138.4	31.6	37.0	24.3	45.5		
2003	213.6	1.8	211.8	37.1	39.2	40.5	92.0	3.0	0.1
2004	227.7	3.9	223.8	40.7	47.4	32.0	100.6	3.0	0.1
2005	313.2	2.9	310.3	76.4	65.0	43.1	112.0	6.0	7.7
“十一五”时期	**4761.3**	**89.3**	**4658.9**	**767.6**	**699.9**	**856.1**	**1941.6**	**319.6**	**74.2**
2006	406.8	2.8	404.0	111.7	73.9	49.4	136.0	14.3	18.7
2007	523.1	5.6	504.4	110.9	117.4	49.9	189.9	36.3	0.1
2008	1207.7	26.6	1181.1	142.1	142.9	478.4	363.1	54.5	0.1
2009	1232.5	5.5	1227.0	187.3	160.2	174.7	620.0	84.5	0.3
2010	1391.2	48.8	1342.4	215.6	205.5	103.7	632.6	130.0	55.0

A-1-17 中央彩票公益金使用情况

单位：万元

年份	合计	中央级	转移支付				
				养老	儿童	社会公益	医疗救助
1980							
“六五”时期							
1981							
1982							
1983							
1984							
1985							
“七五”时期							
1986							
1987							
1988							
1989							
1990							
“八五”时期							
1991							
1992							
1993							
1994							
1995							
“九五”时期							
1996							
1997							
1998							
1999							
2000							
“十五”时期	**14.91**		**14.91**	**0.70**	**2.06**	**0.15**	**12.00**
2001							
2002							
2003	3.00		3.00				3.00
2004	5.91		5.91	0.70	2.06	0.15	3.00
2005	6.00		6.00				6.00
“十一五”时期	**112.29**	**2.47**	**109.82**	**21.64**	**16.37**	**1.81**	**70.00**
2006	14.03	0.10	13.93	1.59	3.24	0.10	9.00
2007	16.98	0.88	16.10	1.53	1.24	0.33	13.00
2008	28.14	0.10	28.04	4.79	6.67	0.58	16.00
2009	26.61	0.09	26.52	7.79	2.05	0.68	16.00
2010	26.53	1.30	25.23	5.94	3.17	0.12	16.00

A-2-1 按收养人员分类的可提供住宿的社会服务机构

单位：个

年 份	单位数	老年及残疾人	智障和精神疾病	儿童	社区居民	其他
1978	8571	8365	139	67		
1979	8988	8801	135	52		
1980	9669	9460	150	59		
1981	10031	9813	155	63		
1982	12275	12046	165	64		
1983	15807	15582	165	60		
1984	22796	22566	167	63		
1985	29100	28852	161	59		28
1986	35008	34750	166	58		34
1987	37372	37109	170	60		33
1988	39030	38767	173	62		28
1989	39743	39472	180	64		27
1990	40583	40340	181	62		
1991	42264	42013	188	63		
1992	43319	43063	189	67		
1993	43681	43375	190	67		49
1994	43240	42911	188	73		68
1995	43074	42735	190	77		72
1996	42829	42518	155	84		72
1997	42385	42027	192	91		75
1998	42131	41755	195	105		76
1999	40430	40030	191	110		99
2000	40491	39321	201	126		843
2001	38785	38106	200	160		319
2002	38200	37591	200	178		231
2003	37294	36224	205	192	533	1587
2004	38593	37880	211	208	522	1320
2005	43109	40641	226	224	622	1396
2006	43687	40964	219	249	500	1755
2007	45360	42713	234	269	402	1742
2008	41719	38674	244	290	620	1891
2009	107117	39671	266	419	63173	3588
2010	101439	39904	251	480	56957	3847

A-2-2 按收养人员分类的社会服务床位

单位：万张

年 份	床位数	老年及残疾人床位	智障和精神疾病床位	儿童床位	社区服务床位	其他床位	每千人口拥有社会服务床位数
1978	16.3	15.7	0.6				0.17
1979	22.6	20.1	2.1	0.4			0.23
1980	24.2	21.3	2.4	0.5			0.25
1981	25.3	22.2	2.5	0.6			0.25
1982	28.2	24.8	2.8	0.6			0.28
1983	32.4	29.0	2.8	0.6			0.31
1984	42.5	39.0	2.9	0.6			0.41
1985	49.1	45.5	2.9	0.5		0.2	0.46
1986	58.7	54.7	3.1	0.6		0.3	0.55
1987	64.9	60.7	3.3	0.6		0.3	0.59
1988	69.5	65.3	3.4	0.6		0.2	0.63
1989	73.8	69.3	3.6	0.7		0.2	0.65
1990	78.0	73.5	3.7	0.8			0.68
1991	82.8	78.3	3.8	0.7			0.71
1992	89.8	85.2	3.8	0.8			0.77
1993	92.7	87.4	4.0	0.9		0.4	0.78
1994	95.5	90.1	4.0	0.9		0.5	0.80
1995	97.6	91.9	4.0	1.1		0.6	0.81
1996	100.8	95.0	4.0	1.2		0.6	0.82
1997	103.1	97.2	4.0	1.3		0.6	0.83
1998	105.8	99.6	4.1	1.5		0.6	0.85
1999	108.9	102.4	4.1	1.6		0.8	0.87
2000	113.0	104.5	4.1	1.8		2.6	0.89
2001	140.7	114.6	4.2	2.3		19.6	1.10
2002	141.5	114.9	4.3	2.5		19.8	1.10
2003	142.9	120.6	4.5	2.7		15.1	1.11
2004	157.2	137.7	4.5	3.0	1.8	10.2	1.21
2005	180.7	156.3	4.4	3.2	1.8	15.0	1.38
2006	204.5	178.1	4.4	3.2	1.5	17.3	1.56
2007	269.6	241.3	4.7	3.4	1.6	18.6	2.04
2008	300.3	265.8	5.4	4.3	1.6	23.2	2.26
2009	326.5	289.0	5.9	4.8	4.5	22.3	2.45
2010	349.6	314.9	6.1	5.5	1.2	21.9	2.61

A-2-3 收养人员分类

单位：万人

年 份	总人数	老年及残疾人	智障和精神疾病人	儿童	其他
1978	16.3	14.0	1.9	0.4	
1979	18.6	16.3	1.9	0.4	
1980	19.1	16.7	2.0	0.4	
1981	19.7	17.0	2.2	0.5	
1982	22.5	19.7	2.3	0.5	
1983	25.9	23.0	2.4	0.5	
1984	34.1	31.0	2.6	0.5	
1985	40.8	37.5	2.6	0.5	0.2
1986	47.4	43.9	2.8	0.5	0.2
1987	51.8	48.2	2.9	0.5	0.2
1988	54.8	51.1	3.0	0.6	0.1
1989	56.9	53.0	3.1	0.6	0.2
1990	59.9	56.1	3.2	0.6	
1991	64.6	60.8	3.2	0.6	
1992	69.6	65.6	3.3	0.7	
1993	72.4	68.0	3.4	0.7	0.3
1994	73.6	69.2	3.3	0.8	0.3
1995	74.7	70.1	3.2	1.0	0.4
1996	76.9	72.3	3.1	1.1	0.4
1997	78.5	73.7	3.2	1.2	0.4
1998	80.0	74.9	3.2	1.4	0.5
1999	82.7	77.6	3.2	1.4	0.5
2000	85.4	78.6	3.2	1.8	1.8
2001	88.5	82.0	3.3	2.1	1.1
2002	91.6	85.0	3.4	2.2	1.0
2003	96.5	89.1	3.5	2.5	1.4
2004	110.9	103.9	3.6	2.8	0.6
2005	123.6	116.2	3.7	2.9	0.8
2006	147.0	138.5	3.8	3.2	1.5
2007	200.0	191.3	4.1	3.0	1.6
2008	221.9	211.5	4.5	3.4	2.5
2009	256.0	227.5	5.0	3.7	19.8
2010	274.7	242.6	5.3	4.2	22.6

A-2-4 按城乡分类的可提供住宿的社会服务机构情况

年份	单位数（个）	城市	农村	床位数（万张）	城市	农村	收养人数（万人）	城市	农村
1978	8571	728	7843	16.3	0.1	16.2	16.3	5.7	10.6
1979	8988	1518	7470	22.6	6.4	16.2	18.6	8.0	10.6
1980	9669	1407	8262	24.2	7.1	17.1	19.1	7.9	11.2
1981	10031	1487	8544	25.3	7.4	17.9	19.7	8.2	11.5
1982	12275	1689	10586	28.2	7.6	20.6	22.5	8.7	13.8
1983	15807	1760	14047	32.4	7.7	24.7	25.9	9.0	16.9
1984	22796	1925	20871	42.5	8.5	34.0	34.1	10.0	24.1
1985	29100	5478	23622	49.1	18.2	30.9	40.8	14.6	26.2
1986	35008	8330	26678	58.7	23.6	35.1	47.4	18.9	28.5
1987	37372	9358	28014	64.9	25.8	39.1	51.8	20.5	31.3
1988	39030	10498	28532	69.5	28.4	41.1	54.8	22.3	32.5
1989	39743	10118	29625	73.8	28.7	45.1	56.9	22.3	34.6
1990	40583	12697	27886	78.0	34.5	43.5	59.9	26.8	33.1
1991	42264	13197	29067	82.8	36.7	46.1	64.6	28.5	36.1
1992	43319	16847	26472	89.8	44.6	45.2	69.6	34.5	35.1
1993	43681	17400	26281	92.7	47.0	45.7	72.4	37.2	35.2
1994	43240	18035	25205	95.5	50.0	45.5	73.6	39.1	34.5

年份	单位数（个）	国有社会福利院	社会办敬老院	床位数（万张）	国有社会福利院	社会办敬老院	收养人数（万人）	国有社会福利院	社会办敬老院
1995	43074	11184	31890	97.6	18.6	79.0	74.7	14.4	60.3
1996	42829	11216	31613	100.8	19.2	81.6	76.9	14.8	62.1
1997	42385	10417	31968	103.1	19.9	83.2	78.5	15.4	63.1
1998	42131	9895	32236	105.8	21.0	84.8	80.0	16.1	63.9
1999	40430	3086	37344	108.9	23.6	85.3	82.7	17.9	64.8

年份	单位数（个）	城　市	农　村	床位数（万张）	城　市	农　村	收养人数（万人）	城　市	农　村
2000	40491	14915	25576	113	57.4	55.6	85.4	42.6	42.8
2001	38785	12135	26650	140.7	72.3	68.4	88.5	39.6	48.9
2002	38200	12503	25697	141.5	75.3	66.2	91.6	42.2	49.4
2003	37294	12951	24343	142.9	75.3	67.6	96.5	46.1	50.4
2004	38593	12151	26442	157.2	79.7	77.5	110.9	51.5	59.4
2005	43109	13428	29681	180.7	91.2	89.5	123.6	55.7	67.9
2006	43687	9083	31373	204.5	90.9	113.6	147.0	55.0	92.0
2007	45360	7373	34684	269.6	89.8	179.8	200.0	50.7	149.3
2008	41719	11351	30368	300.3	107.2	193.1	221.9	61.4	160.5
2009	107117	75831	31286	326.5	117.7	208.8	256.0	83.0	173.0
2010	101439	69967	31472	349.6	124.7	224.9	274.7	92.2	182.5

A-2-5 登记孤儿和收养

单位：件、人

年　份	登记孤儿数	收养登记总数	中国公民收养登记	外国公民收养登记	被收养人合计	福利机构抚养的孤儿	被中国公民收养	被外国人收养
1996		18896	14804	4092	20389	2201		
1997		21548	17193	4355	21548	975		
1998		26498	20611	5887	26498	677		
1999		38074	31584	6158	38019	1670	31882	6137
2000		55802	49037	6765	56191	1847	49500	6691
2001		44706	36089	8617	45844	1908	37200	8644
2002		45336	35372	9964	47860	2404	37642	10218
2003		54159	44884	9275	54159	3427	44884	9275
2004		52603	40084	12519	55572	3189	44708	10864
2005		49506	35470	14036	50921	3564	38057	12864
2006		48178	38393	9785	49148	2867	39424	9724
2007		45192	36893	8299	46047	1146	37790	8257
2008	67921	42550	37009	5541	44115	1846	38617	5498
2009	127599	44260	39801	4459	44359	1605	39964	4395
2010	252110	34529	29618	4911	34473	1878	29978	4495

A-2-6 社会福利企业

年 份	单位数 （个）	残疾职工人数 （万人）	利润额 （亿元）
1978	920	3.5	0.8
1979	1106	4.8	0.8
1980	1309	5.5	0.9
1981	1574	6.1	0.7
1982	1704	6.4	0.8
1983	5930	9.6	0.9
1984	6710	11.6	1.3
1985	14872	23.2	5.1
1986	19865	31.4	4.2
1987	27793	43.3	8.8
1988	40496	55.9	16.5
1989	41565	60.5	16.1
1990	41827	63.8	17.8
1991	43805	70.1	21.3
1992	49836	77.8	32.6
1993	56881	84.5	44.7
1994	60233	90.9	44.1
1995	60237	93.9	49.1
1996	59397	93.6	45.1
1997	55509	91.0	66.3
1998	50514	85.6	63.9
1999	44628	79.0	76.7
2000	40670	72.5	99.0
2001	37980	69.9	119.5
2002	35758	68.3	148.3
2003	33976	67.9	189.9
2004	32410	66.2	219
2005	31211	63.7	225.2
2006	30199	55.9	237.8
2007	24974	56.3	169.3
2008	23780	61.9	119.2
2009	22783	62.7	125.4
2010	22226	62.5	150.8

A-2-7 城市社会救济和城市居民最低生活保障

单位：万人

年 份	城市居民传统救济总人数	城市居民传统定救人数	城市精简退职老职工人数		
				享受40%人数	定量救济人数
1978					
1979	33.6	23.7	9.9		
1980	32.9	22.9	10.0		
1981	31.5	21.5	10.0		
1982	34.7	21.4	13.3		
1983	47.1	22.6	24.5		
1984	207.4	160.6	46.8	25.3	
1985	30.0	18.2	11.8	6.4	5.4
1986	49.0	35.6	13.4	7.1	6.3
1987	29.8	16.2	13.6	7.2	6.4
1988	32.9	17.6	15.3	7.7	7.6
1989	30.5	16.2	14.3	7.1	7.2
1990	41.8	16.4	25.4	16.4	9.0
1991	33.7	16.1	17.6	8.5	9.0
1992	39.5	19.2	20.3	9.7	10.6
1993	24.6	13.8	10.8	5.0	5.8
1994	23.0	12.4	10.6	4.9	5.7
1995	109.0	55.2	53.8	23.9	29.9
1996	120.1	66.5	53.6	23.6	30.0

年 份	城市最低生活保障人数						
		在职人员	下岗人员	退休人员	失业人员	"三无"人员	其他人员
1996	84.9						
1997	87.9						
1998	184.1						
1999	256.9						
2000	402.6						
2001	1170.7						
2002	2064.7	186.8	554.5	90.8	358.3	91.9	783.1
2003	2246.8	179.3	518.4	90.7	409.0	99.9	949.3
2004	2205.0	141.0	468.9	73.1	423.1	95.4	1003.5
2005	2234.2	114.1	430.7	61.3	410.1	95.8	1122.1
2006	2240.1	97.6	350.0	53.2	420.8	93.1	1225.3

年 份	城市最低生活保障人数	残疾人	三无人员	老年人	成年人				未成年人	
					在职人员	灵活就业	登记失业	未登记失业	在校生	其他
2007	2272.1	161.0	125.8	298.4	93.9	343.8	627.2	364.3	321.6	223.0
2008	2334.8	169.1	106.9	316.7	82.2	381.7	564.3	402.2	358.1	229.6
2009	2345.6	181.0	94.1	333.5	79.0	432.2	510.2	410.9	369.1	210.7
2010	2310.5	180.7	89.3	338.6	68.2	432.4	492.8	420.0	357.3	201.2

注：1984年的精简退职老职工人数含农村的数据。

A-2-8 农村社会救济和农村居民最低生活保障

单位：万人、万户

年份	农村社会救济总人数	农村定期定量救济人数	农村精简退职老职工人数	享受40%人数	定量救济人数
1978					
1979	6847.6	6837.7	9.9		
1980	4651.8	4641.8	10.0		
1981	4265.1	4255.1	10.0		
1982	4270.7	4257.4	13.3		
1983	3526.7	3502.2	24.5		
1984	3842.7	3795.9	46.8	25.3	
1985	116.7	75.1	41.6	18.1	23.5
1986	103.0	63.1	39.9	18.1	21.7
1987	92.2	53.2	39.0	17.7	21.3
1988	93.0	54.1	38.9	17.6	21.4
1989	75.7	35.0	40.7	18.3	22.3
1990	100.2	46.7	53.5	23.6	29.9
1991	97.0	43.8	53.2	23.5	29.8
1992	97.5	45.6	51.9	23.3	28.6
1993	80.1	36.3	43.8	19.5	24.3
1994	82.1	38.5	43.6	19.2	24.3
1995	98.3	55.2	43.1	19.0	24.1
1996	109.2	66.5	42.7	18.6	24.1
1997	104.5	51.4	53.1	23.2	29.8
1998	120.5	65.6	54.9	24.9	30.0
1999	107.1	55.6	51.5	22.5	28.7
2000	112.2	62.5	49.7	22.1	27.6
2001	130.5	80.7	49.8	21.3	27.8
2002	138.7	90.0	48.7	20.9	27.8

年份	农村困难群众救助总人数	农村居民最低生活保障人数	农村特困户救助人数	农村困难群众救助总户数	农村居民最低生活保障户数	困难户	其他	农村特困户救助户数	困难户	其他	五保户供养户数	农村传统救济人数
2001	385.3	304.6	80.7									
2002	497.8	407.8	90.0	156.7	156.7							
2003	1160.5	367.1	793.4	632.8	146.5	114.5	32.0	282.1	192.7	89.3	204.2	
2004	1402.1	488.0	914.1	780.8	197.9	165.2	33.6	317.1	260.4	56.6	265.8	
2005	1891.8	825.0	1066.8	1061.0	356.5	298.8	57.7	354.8	290.4	64.4	349.7	
2006	2987.8	1593.1	775.8	1606.3	777.2			325.8			503.3	115.6

年份	农村救助总人数	农村居民最低生活保障人数	农村集中供养五保人数	农村分散供养五保人数	其他农村传统救济人数	农村临时救济人数
2007	4818.6	3566.3	138.0	393.3	75.0	646.0
2008	5757.3	4305.5	155.6	393.0	72.2	831.0
2009	5922.0	4760.0	171.8	381.6	62.2	546.4
2010	6443.5	5214.0	177.4	378.9	59.5	613.7

注：1984年以前含应保未保的农村救济人数。

A-2-9 最低生活保障和社会救济平均标准

年　份	城市最低生活保障平均标准（元／人、月）	农村最低生活保障平均标准（元／人、月）	集中供养农村五保户救济平均标准（元／人、年）	分散供养农村五保户救济平均标准（元／人、年）
1999	149.0			
2000	157.0			
2001	147.0			
2002	148.0			
2003	149.0			
2004	152.0			
2005	156.0			
2006	169.6	70.9	1608.2	1224.5
2007	182.4	70.0	1953.0	1432.0
2008	205.3	82.3	2176.1	1624.4
2009	227.8	100.8	2587.5	1842.7
2010	251.2	117.0	2951.4	2102.1

A-2-10 最低生活保障和社会救济平均支出水平

年　份	城市最低生活保障平均支出水平（元／人、月）	农村最低生活保障平均支出水平（元／人、月）	农村集中供养五保平均支出水平（元／人、年）	农村分散供养五保平均支出水平（元／人、年）
1999	44.8			
2000	45.3			
2001	29.6			
2002	43.9			
2003	58.0			
2004	65.0			
2005	72.3			
2006	83.6	34.5		
2007	102.7	38.8		
2008	143.7	50.4	2055.7	1121.0
2009	172.0	68.0	2316.0	1284.0
2010	189.0	74.0	2460.0	1416.0

A-2-11　医疗救助

单位：万人次、万人

年　份	农村民政部门医疗救助总数	农村民政部门救助	民政部门资助参加合作医疗	城市医疗救助总数	城市民政部门医疗救助	资助参加医疗保险人数
2004	673.7	121.1	552.6			
2005	854.5	199.6	654.9	114.9		
2006	1518.4	201.3	1317.1	187.2		
2007	2894.4	377.1	2517.3	442.0		
2008	4191.9	759.5	3432.4	1086.2	443.6	642.6
2009	4789.1	730.0	4059.1	1506.3	410.4	1095.9
2010	5634.6	1019.2	4615.4	1921.3	460.1	1461.2

A-2-12 城市生活无着人员救助

年 份	救助站	流浪儿童救助保护中心	生活无着人员救助（人次）		救助类单位床位数（张）	儿童救助床位
				流浪儿童救助		
1978	783					
1979	845					
1980	665					
1981	598					
1982	610					
1983	615					
1984	628					
1985	636					
1986	647					
1987	639					
1988	644					
1989	669					
1990	666					
1991	691					
1992	692					
1993	719					
1994	712					
1995	722					
1996	720					
1997	728					
1998	742					
1999	800					
2000	857					
2001	838					
2002	861					
2003	864		634528	60257		
2004	977		820254	104455	47086	
2005	1079	40	1196305	120487	45603	1849
2006	1189	50	1295506	129337	45661	1133
2007	1261	90	1544492	159989	46800	3621
2008	1334	88	1573484	155794	50642	3543
2009	1372	116	1680532	145167	51049	3670
2010	1448	145	1719008	146329	55562	5221

A-2-13 社会捐赠

单位：亿元、亿件

年 份	社会捐赠款物合计	社会捐赠款	民政部门	各类社会组织	社会捐赠其他物资折款	接收社会捐赠衣被数量
1997	14.0	4.2			9.9	0.9
1998	113.2	50.2	50.2		63.0	2.9
1999	17.8	6.9	5.0	2.0	10.8	0.6
2000	16.3	9.3	5.4	3.9	7.0	0.8
2001	20.0	11.7	7.6	4.1	8.3	1.3
2002	20.8	19.0	11.1	7.9	1.8	2.3
2003	43.4	41.0	29.2	11.9	2.4	2.0
2004	35.1	34.0	17.1	16.9	1.2	0.9
2005	61.9	60.3	31.3	29.0	1.6	1.0
2006	89.5	83.1	43.0	40.1	6.4	0.7
2007	148.3	132.8	50.9	81.9	15.6	0.9
2008	764.1	744.5	479.3	265.2	19.6	11.6
2009	485.9	483.7	66.5	417.2	2.2	1.2
2010	601.7	596.8	179.8	417	4.9	0.2

A-2-14 中国福利彩票销售

年　份	福利彩票发行单位（个）	福利彩票销售额（亿元）	提取公益金（亿元）	公益金支出（亿元）
1978				
1979				
1980				
“六五”时期				
1981				
1982				
1983				
1984				
1985				
“七五”时期		**14.2**	**4.6**	
1986				
1987		0.2	0.1	
1988		3.8	1.2	
1989		3.8	1.3	
1990		6.5	2.0	
“八五”时期		**115.2**	**34.3**	
1991		7.7	2.5	
1992		13.8	4.1	
1993		18.4	5.5	
1994		18.0	5.3	
1995		57.3	16.9	
“九五”时期		**358.7**	**103.5**	**72.7**
1996		64.8	19.1	
1997		36.4	10.1	
1998		63.2	19.6	14.1
1999	1169	104.4	30.5	19.9
2000	1253	89.9	24.2	38.7
“十五”时期		**1145.2**	**393.6**	**161.9**
2001	1185	139.6	41.9	19.7
2002	1121	168.0	58.8	25.5
2003	1145	200.1	70.0	30.6
2004	1128	226.4	79.2	33.8
2005	1113	411.2	143.7	52.3
“十一五”时期		**3455.3**	**1145.1**	**484.0**
2006	989	495.7	171.6	52.6
2007	985	631.6	217.0	77.6
2008	999	604.0	211.4	119.2
2009	988	756.0	248.0	113.4
2010	993	968.0	297.1	121.2

A-2-15 定期抚恤优抚对象

单位：人

年　份	抚恤补助总人数（万人）	定期抚恤人数	烈属	牺牲、病故军人家属	伤残人员（万人）
1978	205.9				73.4
1979	173.6				75.6
1980	222.4				78.6
1981	233.6				79.6
1982	240.8	590104	541516	48588	81.6
1983	251.2	577791	526826	50965	83.0
1984	267.3	585403	536523	48880	84.4
1985	283.3	518566	440000	78566	85.3
1986	339.8	533245	446209	87036	86.5
1987	366.3	548063	453480	94583	88.0
1988	378.5	537472	429271	108201	88.7
1989	411.7	525134	422656	102478	89.1
1990	425.7	516638	407276	109362	87.4
1991	434.8	614945	504462	110483	87.5
1992	433.7	602163	492457	109706	87.6
1993	441.2	495994	383924	112070	88.3
1994	442.0	487256	372850	114406	88.5
1995	448.8	486250	370685	115565	88.8
1996	447.0	484270	366216	118054	89.3
1997	448.3	480464	362086	118378	89.5
1998	447.0	473901	357492	116409	89.2
1999	445.1	458079	336587	121492	88.7
2000	442.4	448276	325116	123160	88.1

年　份	抚恤补助总人数（万人）	定期抚恤人数	烈　属	牺牲军人家属	病故军人家属	伤残人员（万人）
2001	450.7	480852	348521	60081	72250	85.5
2002	459.0	480466	341109	63953	75404	85.8
2003	464.9	488820	345141	65303	78376	86.0
2004	462.0	485733	339817	65695	80221	85.6
2005	460.3	492517	349253	63603	79661	84.5
2006	462.6	491320	346089	64248	80983	86.0
2007	622.4	488675	342101	64478	82096	86.5
2008	633.2	478880	332390	65001	81489	87.2
2009	630.7	458578	317675	62304	78599	87.2
2010	625.0	447824	307587	62338	77899	86.7

A-2-16 定期补助优抚对象

单位：人

年份	定期补助总人数	红军老战士合计	在乡红军老战士	西路军	红军失散人员	在乡复员军人	带病回乡退伍军人	其他
1978	9251	9251	9251					
1979	7872	7872	7872					
1980	6922	6922	6922					
1981	6567	6567	6567					
1982	1002181	6383	6383			859055	136743	
1983	1104586	6142	6142			952993	145451	
1984	1243633	6159	6159			1081350	156124	
1985	1461180	6329	6329			1185502	183129	86220
1986	1999872	6315	6315			1673990	210445	109122
1987	2230873	7466	7466			1833402	241290	148715
1988	2360462	7415	7415			1950641	247009	155397
1989	2715258	6628	6628			2272639	283075	152916
1990	2866579	7514	7514			2373873	305045	180147
1991	2939074	7015	7015			2419453	346021	166585
1992	2975175	6599	6599			2402869	373989	191718
1993	2947209	113728	5531	2997	105200	2424984	408497	
1994	2963965	112054	5058	2430	104566	2424435	427476	
1995	2987751	108484	4659	2318	101507	2423191	456076	
1996	3018047	115317	4480	2303	108534	2421517	481213	
1997	3037367	122115	4195	2214	115706	2396017	519235	
1998	3033826	118245	3996	2157	112092	2367266	548315	
1999	3056727	111096	3687	2106	105303	2363466	582165	
2000	3057257	105632	3326	1997	100309	2320739	630886	
2001	3170877	98345	3325	1889	93131	2246954	782802	42776
2002	3251971	94848	3136	1691	90021	2274657	882090	376
2003	3300232	90767	2893	1610	86264	2262264	919349	27852
2004	3277914	87521	2701	1454	83366	2214467	950428	25498
2005	3265797	79639	2681	1370	75588	2145421	977424	63313
2006	3274059	71707	2417	1220	68070	2064713	1072684	64955
2007	4870800	66220	2049	966	63205	1988977	1134414	1681189
2008	4981893	49198	1622	440	47136	1920235	1193622	1818838
2009	4976839	42945	1351	322	41272	1809019	1219752	1511744
2010	4935399	38630	1226	273	37131	1703396	1265664	1927709

A-2-17 接收军队离退休、退职人员

单位：人

年 份	合 计	军队离退休干部	地方(含军队职工)人员
1978			
1979			
1980			
1981			
1982	21993	801	21192
1983	20038	1507	18531

年 份	合 计	军队离退休干部	#离 休	地方人员	军队职工
1984	9916	1873	117	6228	1815
1985	12429	6137	3327	4472	1820
1986	29260	21564	15598	4236	3460
1987	14146	10035	6224	1719	2392
1988	6050	4242	2329	1287	521
1989	4858	3441	1530	994	423
1990	6214	4988	2573	1008	218
1991	6558	5568	2703	806	184
1992	4420	3551	1516	693	176
1993	5578	916	283	543	4318
1994	5773	1016	447	566	4190
1995	3531	1056	323	476	1999
1996	9346	3210	371	282	5854
1997	6311	3246	401	230	2835
1998	8156	5868	785	691	1597

年 份	合 计	军队离退休干部	地方离退休干部	军队无军籍职工
1999	12380	9464	305	2611
2000	15238	10197	219	4822
2001	13738	6236	373	7129

年 份	合 计	军队离退休干部(含地方)	#离 休	军队退休士官	军队无军籍职工
2002	14428	3640		161	10627
2003	11057	5055	143	140	6312
2004	10794	8884	200	90	1820

年 份	合 计	军队离退休干部	#离 休	地方离退休干部	#离 休	军队退休士官	军队无军籍职工
2005	18512	17280	223	136	14	192	904
2006	31968	20794	259	673	85	365	10136
2007	28058	18534	258	303	23	160	9061
2008	21378	15829	78	205	15	297	5047
2009	18904	13836	143	348	5	1308	3412
2010	13451	11775	148	183	4	1112	381

A-2-18 烈士褒扬和优待

年　份	本年批准烈士人数（人）	零散烈士纪念建筑物（个）	优待优抚对象户数（户）	#优待军属户数	优待总金额（万元）	#固定优待军属总额
1978		5347				
1979		3779			20393	
1980		2825			31459	
1981		2915			47255	
1982	8601	3592	4730756		58750	
1983	11024	3826	4387292		59588	
1984	8478	3953	4102419		62263	
1985	5887	3716	3567165	2884906	71655	577018
1986	11758	3871	3355694	2710272	75243	62205
1987	10644	4121	3223550	2562036	80915	66321
1988	9035	4236	3225253	2477699	87160	71735
1989	3960	4466	3086285	2423418	92169	77764
1990	3067	6065	2941486	2522476	99535	86739
1991	1556	6474	2967881	2540714	106354	93069
1992	1338	6957	2967002	2535037	116573	102008
1993	1467	6956	3009163	2470099	131555	113330
1994	1215	7279	3027420	2462671	155627	133070
1995	1277	7067	3051322	2476261	194379	166414
1996	1187	7020	3040439	2449077	251798	217527
1997	888	7048	3334000	2427586	321741	261865
1998	749	7322	3250395	2415838	356413	292305
1999	616	7252	3818210	2380675	402998	305386
2000	468	7427	3855797	2282584	469054	363675
2001	460	7802	3973085	2086464	385859	275456
2002	403	8051	4130817	1929011	374819	251854
2003	461	7781	3962425	1672205	391581	239410
2004	316	7425	3632630	1430630	418499	267458
2005	314	7483	3393218	1224036	379631	213968
2006	265	7414	3220933	1183674	421010	224354
2007	168	7186	3277318	1145223	454090	233479
2008	297	7569	3301682	1108878	666011	267750
2009	213	7622	3280522	1190816	751065	297448
2010	173	9729	3308766	1169833	671536	340382

A-2-19 人口受灾和救灾

年 份	受灾人口（万人次）	因灾死亡人口（含失踪）（人）	紧急转移安置人数（万人）	因灾发救济费累计人数（万人）
1978		4965		
1979		6962		
1980		6821		
1981	26710.0	7422		
1982	22900.7	7935		
1983	22439.0	10952		
1984	20894.0	6927		
1985	26446.0	4394	290.5	6061.0
1986	29928.0	5410	345.8	6738.0
1987	23512.0	5495	348.0	6710.0
1988	36169.0	7306	582.9	6029.0
1989	34569.0	5952	365.3	6499.0
1990	29348.0	7338	579.2	5804.0
1991	41941.0	7315	1308.5	6725.0
1992	37174.0	5741	303.6	5259.0
1993	37541.0	6125	307.7	5258.0
1994	43799.0	8549	1054.0	5990.0
1995	24215.0	5561	1064.0	6710.0
1996	32305.0	7273	1216.0	6447.0
1997	47886.0	3212	511.3	5487.0
1998	35216.0	5511	2082.4	5781.0
1999	35319.0	2966	664.8	5058.0
2000	45652.3	3014	467.1	5127.0
2001	37255.9	2583	211.1	5727.0
2002	37841.8	2840	471.8	6013.0
2003	49745.9	2259	707.3	6242.0
2004	33920.6	2250	563.2	4854.9
2005	40653.7	2475	1570.3	5097.1
2006	43453.3	3186	1384.5	4981.7
2007	39777.9	2325	1499.1	4382.7
2008	47795.0	88928	2682.2	5996.8
2009	47933.5	1528	709.9	4793.7
2010	42610.2	7844	1858.4	8137.0

A-2-20 因灾造成物资损失

年份	直接经济损失（亿元）	倒塌房屋（万间）	农作物受灾面积（万公倾）	死亡大牲畜（万头）
1978		73.1	4844	226.3
1979		152.1	3937	
1980		137.3	5003	72.6
1981		261.5	3979	170.9
1982		320.3	3313	198.6
1983	260.9	345.4	3471	114.8
1984		274.7	3189	36.9
1985	410.4	224.9	4437	322.7
1986		209.7	4714	79.0
1987	326.3	180.0	4207	100.0
1988		258.0	5087	249.2
1989	525.0	194.1	4699	450.0
1990	616.0	247.4	3847	166.0
1991	1215.1	581.5	5547	97.9
1992	853.9	196.6	5133	171.4
1993	933.2	271.6	4867	150.8
1994	1876.0	512.1	5504	238.2
1995	1863.0	439.3	4587	245.2
1996	2882.0	809.0	5975	619.3
1997	1975.0	288.0	5343	33.5
1998	3007.4	821.4	2229	689.3
1999	1962.4	174.5	4998	82.2
2000	2045.3	147.3	5469	162.0
2001	1942.0	92.2	5215	62.8
2002	1717.4	175.7	4711.9	74.8
2003	1884.2	343.0	5438.6	81.1
2004	1602.3	155.0	3710.6	169.5
2005	2042.1	226.4	3881.8	112.9
2006	2528.1	193.3	4109.1	126.3
2007	2363.0	146.7	4899.3	
2008	13547.5	1097.7	3999.0	
2009	2523.7	83.8	4721.4	1099.4
2010	5339.9	273.3	3742.6	

A-2-21 社区服务设施

单位：个

年份	城乡各类服务设施合计	社区服务中心	其他社区服务设施	城镇便民、利民网点	社区服务设施覆盖率（%）
1987					
1988	69699		69699		7.1
1989	71357		71357		6.9
1990	84757		84757		7.7
1991	89918		89918		8.0
1992	112171		112171		10.1
1993	92946	3711	89235	169503	8.3
1994	98679	4034	94645	204229	8.8
1995	115175	4380	110795	234024	11.0
1996	132309	5055	127254	259201	12.7
1997	138366	5113	133253	307226	13.5
1998	154196	6154	148042	345075	16.2
1999	164962	7623	157339	405740	18.0
2000	187888	6444	181444	451567	22.4
2001	201758	6179	195579	539544	25.5
2002	206743	7898	198845	622986	27.0
2003	203945	7520	196425	668418	27.5
2004	205926	7804	198122	703760	28.5
2005	203275	8479	194796	664764	28.7
2006	124835	8565	116270	457896	17.7

年份	城乡各类服务设施合计	社区服务中心	社区服务站	其他社区服务设施	城镇便民、利民网点	社区服务设施覆盖率（%）
2007	129435	9319	40116	80000	892656	18.6
2008	134894	9873	30021	95000	748684	19.6
2009	146673	10003	53170	83500	692625	21.4
2010	152941	12720	44237	95984	539136	22.4

注：社区服务设施覆盖率=(社区服务中心+社区服务站+其他社区服务设施)/村居委会

A-3-1 社会组织

单位：个

年　份	社会组织合计	社会团体	民办非企业	基金会
1978				
1979				
1980				
1981				
1982				
1983				
1984				
1985				
1986				
1987				
1988	4446	4446		
1989	4544	4544		
1990	10855	10855		
1991	82814	82814		
1992	154502	154502		
1993	167506	167506		
1994	174060	174060		
1995	180583	180583		
1996	184821	184821		
1997	181318	181318		
1998	165600	165600		
1999	142665	136764	5901	
2000	153322	130668	22654	
2001	210939	128805	82134	
2002	244509	133297	111212	
2003	266612	141167	124491	954
2004	289432	153359	135181	892
2005	319762	171150	147637	975
2006	354393	191946	161303	1144
2007	386916	211661	173915	1340
2008	413660	229681	182382	1597
2009	431069	238747	190479	1843
2010	445631	245256	198175	2200

注：2001 年以前的基金会含在社会团体内。

A-3-2 自治组织

年　份	基层群众性自治组织合计（万个）	居民委员会（个）	居民小组（万个）	居民委员会成员（万人）	村民委员会（万个）	村民小组（万个）	村民委员会成员（万人）
1978							
1979		46810					
1980							
1981		57169					
1982							
1983	37.7	65519			31.2		
1984	100.3	75609			92.7		
1985	103.0	80943		34.9	94.9		379.6
1986	95.3	86824		36.2	86.6		365.9
1987	93.2	86799		37.0	84.5		359.9
1988	97.8	95684		36.1	88.3		366.6
1989	102.8	93691		36.6	93.4		379.4
1990	110.0	98814		43.1	100.1		409.4
1991	111.9	100347		44.1	101.9		424.4
1992	110.8	104136		46.5	100.4		430.9
1993	112.0	107173		47.9	101.3		456.0
1994	111.7	110112		48.0	100.7		458.5
1995	104.4	111860		48.0	93.2		400.5
1996	104.2	113690		49.3	92.8		397.5
1997	102.4	117915	108.3	49.8	90.6	535.8	378.8
1998	95.2	119042	117.2	50.8	83.3	537.1	358.6
1999	91.6	114815	124.7	50.1	80.1	555.7	351.3
2000	84.0	108424	127.2	48.4	73.2	553.4	315.0
2001	79.2	91893	125.9	46.4	70.0	541.9	316.4
2002	76.7	86087	124.4	39.6	68.1	528.6	294.2
2003	74.1	77431	122.2	39.7	66.3	519.2	319.1
2004	72.2	77884	129.6	42.5	64.4	507.9	292.1
2005	70.9	79947	123.3	45.4	62.9	490.5	265.7
2006	70.4	80717	123.5	44.3	62.4	453.3	243.0
2007	69.5	82006	122.3	41.6	61.3	466.9	241.1
2008	68.8	83413	128.7	42.2	60.4	480.9	233.9
2009	68.4	84689	129.5	43.1	59.9	480.5	234.0
2010	68.2	87057	130.7	43.9	59.5	479.1	233.4

A-3-3 结婚登记

年　份	结婚登记总数（万对）	内地居民登记结婚数（万对）	涉外华侨港澳台登记结婚数（万对）	每千居民之结婚宗数（粗结婚率）（‰）
1978	597.8	597.8		6.2
1979	637.1	636.3	0.8	6.7
1980	720.9	719.8	1.1	7.3
1981	1041.7	1040.3	1.4	10.4
1982	836.9	835.5	1.4	8.3
1983	765.4	764.2	1.3	7.5
1984	784.8	783.4	1.4	7.5
1985	831.3	829.1	2.2	7.9
1986	884.0	882.3	1.7	8.2
1987	926.7	924.7	2.0	8.6
1988	899.2	897.2	2.0	8.3
1989	937.2	935.2	2.0	8.4
1990	951.1	948.7	2.4	8.2
1991	953.6	951.0	2.6	8.3
1992	957.5	954.5	3.0	8.3
1993	915.4	912.2	3.3	7.8
1994	932.4	929.0	3.4	7.8
1995	934.1	929.7	4.4	7.7
1996	938.7	934.0	4.7	7.7
1997	914.1	909.1	5.1	7.4
1998	891.7	886.7	5.0	7.2
1999	885.3	879.9	5.4	7.1
2000	848.5	842.0	6.5	6.7
2001	805.0	797.1	7.9	6.3
2002	786	778.8	7.3	6.1
2003	811.4	803.5	7.8	6.3
2004	867.2	860.8	6.4	6.7
2005	823.1	816.6	6.4	6.3
2006	945	938.2	6.8	7.2
2007	991.4	986.3	5.1	7.5
2008	1098.3	1093.2	5.1	8.3
2009	1212.4	1207.5	4.9	9.1
2010	1241	1236.1	4.9	9.3

每千居民之结婚宗数（粗结婚率）计算方法：

$$每千居民之结婚宗数=\frac{结婚宗数}{（当年期初人口数+当年期末人口数）/2}\times 1000‰$$

A-3-4 离婚办理

年 份	离婚总数（万对）	民政部门登记离婚数（万对）	内地居民登记离婚数（万对）	涉外华侨港澳台登记离婚数（对）	法院部门办理离婚数（万对）	每千居民之离婚宗数（粗离婚率）（‰）
1978	28.5	17.0	17		11.5	0.18
1979	31.9	19.3	19.3	82	12.6	0.33
1980	34.1	18.0	18	330	16.1	0.35
1981	38.9	18.7	18.7	46	20.2	0.39
1982	42.8	21.1	21.1	116	21.7	0.42
1983	41.8	19.7	19.7	126	22.1	0.42
1984	45.4	19.9	19.9	110	25.5	0.40
1985	45.8	19.6	19.6	108	26.2	0.44
1986	50.6	21.4	21.4	205	29.2	0.47
1987	58.1	23.6	23.6	220	34.5	0.55
1988	65.5	26.4	26.4	310	39.1	0.60
1989	75.3	28.8	28.7	518	46.5	0.68
1990	80.0	30.1	30	602	49.9	0.69
1991	83.1	30.1	30	588	53	0.72
1992	85.0	31.6	31.5	833	53.4	0.74
1993	91.0	33.6	33.5	968	57.4	0.77
1994	98.2	35.5	35.4	737	62.7	0.82
1995	105.6	36.8	36.7	813	68.8	0.88
1996	113.4	39.4	39.3	1175	74	0.93
1997	119.9	44.0	43.9	1385	75.9	0.97
1998	119.2	46.6	46.5	948	72.6	0.96
1999	120.2	47.8	47.7	975	72.4	0.96
2000	121.3	48.9	48.8	1075	72.4	0.96
2001	125.0	52.8	52.5	2856	72.2	0.98
2002	117.7	57.3	56.8	5221	60.4	0.90
2003	133.0	69	68.7	3333	64	1.05
2004	166.5	104.6	104.0	5830	61.9	1.28
2005	178.5	118.4	117.5	8267	60.1	1.37
2006	191.3	129.1	128.3	8414	62.2	1.46
2007	209.8	145.7	144.8	8852	64.1	1.59
2008	226.9	161.0	160.0	9470	65.9	1.71
2009	246.8	180.2	179.6	5608	66.6	1.85
2010	267.8	201.0	200.4	5783	66.8	2.00

每千居民之离婚宗数（粗离婚率）计算方法：

$$每千居民之离婚宗数=\frac{离婚宗数}{（当年期初人口数+当年期末人口数）/2}\times 1000‰$$

A-3-5 殡葬管理

年　份	殡仪馆	公墓	殡葬管理单位	火化炉数（台）	处理遗体数（万具）	火化率（%）
1978				1712	117.5	
1979				2300	102.1	
1980				2510	98.7	
1981				2586	85.4	
1982				2622	96.2	
1983				2622	108.0	
1984				2686	128.2	
1985	9	24	122	2729	155.2	
1986	5	25	143	2745	155.5	26.2
1987	6	29	195	2752	162.0	27.0
1988	14	37	219	2729	180.9	29.5
1989	17	50	217	2768	182.3	30.1
1990	1260	73	211	2795	201.3	31.5
1991	1283	84	234	2714	215.6	34.0
1992	1288	88	228	2852	242.6	31.2
1993	1264	136	296	2891	247.6	31.6
1994	1272	163	284	2882	257.1	33.4
1995	1281	209	302	2927	262.7	33.2
1996	1283	256	313	3005	282.7	35.2
1997	1289	359	340	2959	295.0	36.8
1998	1310	425	374	3157	319.7	39.6
1999	1318	624	402	3340	336.4	41.5
2000	1363	692	466	3565	373.7	46.0
2001	1415	757	540	4299	386.7	47.3
2002	1486	854	542	3945	415.2	50.6
2003	1515	855	599	4159	434.9	52.7
2004	1549	937	633	4792	436.9	52.5
2005	1594	1009	681	5037	450.2	53
2006	1635	1109	805	5649	430.2	48.2
2007	1708	1162	799	4838	442.1	48.4
2008	1692	1209	853	4789	453.4	48.5
2009	1729	1266	901	5123	454.2	48.2
2010	1724	1308	919	5229	474.1	49

注：斜体下划线数据经过修正。1989 年以前部分数据统计不完全。

04

综合统计资料

B-1-1“七五”－“十一五”时期社会服务业发展速度

单位：%

指　标	“七五”时期平均每年增长速度	“八五”时期平均每年增长速度	“九五”时期平均每年增长速度	“十五”时期平均每年增长速度	“十一五”时期平均增长速度
一、综合					
1.行政区划					
乡	-11.6	-7.8	-4.7	-7.2	-1.8
镇	5.7	7.7	3.0	-0.8	-0.1
2.60岁以上老年人口					4.3
3.事业费支出	11.9	14.8	17.3	25.6	30.3
4.固定资产	20.8	22.5	53.1	9.9	16.3
二、社会工作					
1.社会服务床位	9.7	4.6	3.0	7.7	13.8
养老和残疾人床位				5.0	15.3
智障和精神疾病床位				10.0	8.8
儿童床位				11.7	11.5
2.儿童收养				-2.0	-7.5
3.安置残疾人的福利企业	23.0	7.6	-7.6	-5.2	-6.6
4.为弱势群体筹集资金的福利彩票		54.5	14.6	29.4	18.7
5.享受最低生活保障城市居民				40.9	0.7
6.抚恤补助优抚对象	8.5	1.1	-0.3	0.8	6.3
伤残人员抚恤金			27.1	18.2	18.5
烈属和牺牲病故军人家属抚恤金			6.7	13.5	14.9
7.社区服务中心			8.0	5.6	8.2
三、成员组织					
1.社会组织		75.5	-3.2	15.8	6.9
社会团体				5.6	7.5
基金会					17.7
民办非企业单位				45.5	6.1
2.自治组织					
村民委员会	1.1	-6.9	-4.7	-3.0	-1.1
社区居委会	4.1	2.5	-0.6	-5.9	1.7
四、其他社会服务					
1.婚姻					
办理结婚登记	2.7	-0.4	-0.2	-0.6	8.6
办理离婚登记	11.7	5.7	2.8	8.0	8.5
2.殡葬					
处理遗体数	5.3	5.5	7.3	3.8	1

B-1-2 社会服务发展主要指标预期值

指　标	单　位	2011年预期值	2015年预期值	2020年预期值	2030年预期值
一、综合					
1.行政区划					
乡	万个	1.4	1.3	1.2	1
镇	万个	1.9	1.9	1.9	1.9
2.人口	万人	134642	137355	140823	148025
60岁以上老年人口	万人	18529	21927.4	27065	41233.6
3.事业费支出	亿元	3514.8	10131.7	38054.5	536846.1
4.固定资产	亿元	7663.4	14019.7	29828.8	135031.0
二、社会工作					
1.收养床位数	万张	396.1	664.4	1268.0	4619
其中：养老残疾人床位	万张	363.1	641.7	1307.6	5429.5
精神病床位	万张	6.6	9.3	14.2	33
儿童福利院	万张	6.1	9.5	16.3	48.5
2.家庭儿童收养	万件	3.2	2.3	1.6	0.7
3.福利企业	万个	2.1	1.6	1.1	0.6
4.福利彩票	亿元	1149.0	2281.0	5375.1	29846.2
5.城市居民最低生活保障	万人	2326.7	2392.5	2477.4	2656.4
6.抚恤补助优抚对象	万人	664.4	948.3	1151.4	2121
伤残人员抚恤金	元/人、年	10100.5	19916.6	46537.9	254091.5
烈属和牺牲病故军人家属抚恤金	元/人、年	6540.1	11399.0	22827.0	91551.5
7.社区服务中心	万个	1.4	1.9	2.8	6.2
三、成员组织					
1.社会组织	万个	47.6	62.2	86.8	169.3
社会团体	万个	26.4	35.2	50.5	104.2
基金会	万个	0.3	0.5	1.1	5.7
民办非企业单位	万个	21.0	26.6	35.8	64.8
2.自治组织					
村民委员会	万个	58.8	56.2	53.3	47.7
社区居委会	万个	8.9	9.5	10.3	12.2
四、其他社会服务					
1.婚姻					
结婚登记	万对	1347.7	1874.0	2831.8	6462
离婚办理	万对	290.6	402.7	605.5	1369
2.殡葬					
处理遗体数	万具	478.8	498.3	523.7	578.5

注：发展速度为“十一五”的平均速度。

B-1-3 2006年-2010年社会服务发展主要数据

指　标	单　位	2006年	2007年	2008年	2009年	2010年
一、综合						
1.乡镇级行政区划						
镇	个	19369	19249	19234	19322	19410
乡	个	15306	15120	15067	14848	14571
#民族乡	个	1089	1093	1097	1099	1096
街道办事处	个	6355	6434	6524	6686	6923
区公所	个	10	10	3	2	2
2.老龄人口						
60岁以上老年人口	万人	14901.0	15340.0	15989.0	16714	17765
占全国总人口	%	11.3	11.6	12.0	12.5	13.3
3.民政事业费						
民政事业费支出	亿元	915.4	1215.5	2146.5	2181.9	2697.5
#抚恤事业	亿元	178.8	210.8	253.6	310.3	362.7
安置事业	亿元	115.7	165.0	180.6	225.7	269
城市最低生活保障	亿元	224.2	277.4	393.4	482.1	524.7
农村及其他社会救济	亿元	147.8	189.8	326.8	487.9	579.6
社会福利事业	亿元	65.3	87.6	103.1	124.1	149.8
自然灾害救济	亿元	79.0	79.8	609.8	199.2	237.2
地方离退休人员	亿元	14.0	24.8	26.5	30	30.4
其　他	亿元	90.6	180.3	252.7	322.7	544.1
基本建设支出	亿元	33.5	47.7	66.6	157	183.1
二、社会工作						
(一)提供住宿的社会服务机构						
收养性单位数	万个	4.4	4.5	4.2	10.7	10.1
床位数	万张	193.3	257.3	286.1	326.4	349.6
收养人数	万人	147.0	200.0	221.9	256.0	274.4
每千人口社会服务床位数	张	1.5	2.0	2.2	2.5	2.6
(二)不提供住宿的社会服务机构						
1.儿童						
登记孤儿数	万人			6.8	12.8	25.5
家庭收养儿童	万人	4.9	4.6	4.4	4.4	3.5
流浪儿童救助	万人次					
2.残疾人						
社会福利企业数	万个	3.0	2.5	2.4	2.3	2.2
其中残疾职工数	万人	55.9	56.3	61.9	62.7	62.5

B-1-3续表1

指　标	单　位	2006年	2007年	2008年	2009年	2010年
3.社会救助						
最低生活保障						
城市居民最低生活保障人数	万人	2240.1	2272.1	2334.8	2345.6	2310.5
城市居民最低生活保障户数	万户	1029.7	1064.3	1110.5	1141.1	1145
城市最低生活保障平均标准	元／人、月	169.6	182.4	205.3	227.75	251.2
城市最低生活保障平均补差水平	元／人、月	83.6	102.7	143.7	172	189
农村居民最低生活保障人数	万人	1593.1	3566.3	4305.5	4760	5214
农村居民最低生活保障户数	万户	777.2	1608.5	1982.2	2291.8	2528.7
农村最低生活保障平均标准	元／人、月	70.9	70	82.3	100.84	117
农村最低生活保障平均补差水平	元／人、月	34.5	38.8	50.4	68	74
五保供养						
农村集中供养五保户救济人数	万人		138	155.6	171.8	177.4
农村集中供养五保救济家庭数	万户		131.3	150	166.6	172.9
农村集中供养五保救济平均标准	元／人、年	1608.2	1953	2176.1	2587.49	2951.4
农村集中供养五保救济平均支出水平	元／人、年			2055.7	2316	2460
农村分散供养五保救济人数	万人		393.3	393	381.6	378.9
农村分散供养五保救济家庭数	万户		367.6	371.9	362.8	361.1
农村分散供养五保救济平均标准	元／人、年	1224.5	1432	1624.4	1842.71	2102.1
农村分散供养五保救济平均支出水平	元／人、年			1121	1284	1416
医疗救助						
城市医疗救助	万人次	187.2	442.0	443.6	410.4	460.1
民政部门资助参加医疗保险人数	万人次			642.6	1095.9	1461.2
农村医疗救助	万人次	241.3	377.1	759.5	730	1019.2
民政部门资助参加合作医疗人数	万人次	1317.1	2517.3	3432.4	4059.1	4615.4
生活无着人员救助						
生活无着人员救助	万人次	129.6	154.4	157.3	168.1	171.9
4.为弱势群体筹集资金的活动						
民政部门接收社会捐赠						
社会捐赠款数	亿元	43.0	50.9	479.3	66.5	179.8
捐赠衣被总数	亿件	0.7	0.9	11.6	1.2	0.3
捐赠其他物资价值	亿元	6.4	15.6	19.6	2.2	4.9
受益人次数	万人次	3259.1	3069.7	5202.9	1522.3	2514.7
社会捐赠接收站、点数	万个	3.3	3.6	3.8	3.3	3.2

B-1-3续表2

指标	单位	2006年	2007年	2008年	2009年	2010年
福利彩票						
销售福利彩票	亿元	495.7	631.6	604.0	756.1	968.0
筹集社会福利基金	亿元	171.6	217.0	211.4	248	297.1
5.优抚安置						
国家抚恤、补助各类优抚对象	万人	462.6	622.4	633.2	630.7	625
安置义务兵、士官人数	万人	42.5	37.3	39.7	39.1	38.7
接收军队离退休人员人数	万人	3.2	2.8	2.1	1.9	1.3
6.社区服务						
社区服务设施	万个	12.5	12.9	13.5	14.7	15.3
其中：社区服务中心	个	8565	9319	9873	10003	12720
社区服务站	个		40116	30021	53170	44237
社区服务设施覆盖率	%	17.7	18.6	19.6	21.4	22.4
便民、利民网点	万个	45.8	89.3	74.9	69.3	53.9
三、其他社会服务						
1.婚姻服务						
结婚登记（万对）	万对	945.0	991.4	1098.3	1212.2	1241.0
#涉外及港台	万对	6.8	5.1	5.1	4.7	4.9
每千居民之结婚宗数	‰	7.2	7.5	8.3	9.1	9.3
离婚办理	万对	191.3	209.8	226.9	246.8	267.8
每千居民之离婚宗数	‰	1.5	1.6	1.7	1.85	2.0
2.殡葬服务						
火化遗体数	万具	430.2	442.1	453.4	454.2	474.1
火化率	%	48.2	48.4	48.5	48.2	49
四、成员组织						
1.社会组织	万个	35.4	38.7	41.4	43.1	44.6
社会团体	万个	19.2	21.2	23	23.9	24.5
民办非企业单位	万个	16.1	17.4	18.2	19	19.8
基金会	个	1144	1340	1597	1843	2200
2.自治组织						
村委会	万个	62.4	61.3	60.4	59.9	59.5
社区居委会	万个	8.1	8.2	8.3	8.5	8.7

B-1-4 社会服务发展主要数据与上年比较

指　标	单　位	2010年	2009年	比上年增减(%)
一、综合				
1.行政区划				
镇	个	19410	19322	0.5
乡	个	14571	14848	-1.9
＃民族乡	个	1096	1099	-0.3
街道办事处	个	6923	6686	3.5
区公所	个	2	2	0.0
2.老龄人口				
60岁以上老年人口	万人	17765	16714	6.3
占全国总人口	%	13.3	12.5	0.8(百分点)
65岁以上老年人口	万人	11883	11309	5.1
占全国总人口	%	8.9	8.5	0.4(百分点)
3.资产				
民政事业费总支出	亿元	2697.5	2181.9	23.6
＃抚恤事业	亿元	362.7	310.3	16.9
安置事业	亿元	269.0	225.7	19.2
城市最低生活保障	亿元	524.7	482.1	8.8
农村及其他社会救济	亿元	579.6	487.9	18.8
社会福利事业	亿元	149.8	124.1	20.7
自然灾害救济	亿元	237.2	199.2	19.1
地方离退休人员	亿元	30.4	30	1.3
其　他	亿元	544.1	322.7	68.6
基本建设支出	亿元	183.1	157	16.6
固定资产	亿元	6589.3	5223.2	26.2
二、社会工作				
1.收养机构				
收养性单位数	万个	10.1	10.7	-5.6
床位数	万张	349.6	326.4	7.1
收养人数	万人	274.7	256	7.3
每千人口社会服务床位数	张	2.6	2.5	6.1
2.社会救助				
城　市				
城市居民最低生活保障人数	万人	2310.5	2345.6	-1.5
城市居民最低生活保障户数	万户	1145	1141.1	0.3
城市最低生活保障平均标准	元/人、月	251.2	227.75	10.3
城市最低生活保障平均补差水平	元/人、月	189	172	9.9
农　村				
农村居民最低生活保障人数	万人	5214	4760	9.5
农村居民最低生活保障户数	万户	2528.7	2291.8	10.3
农村最低生活保障平均标准	元/人、月	117	100.84	16.0
农村最低生活保障平均补差水平	元/人、月	74	68	8.8
农村集中供养五保户救济人数	万人	177.4	171.8	3.3
农村集中供养五保户救济户数	万户	172.9	166.6	3.8
农村集中供养五保户平均标准	元/人、年	2951.4	2587.49	14.1
农村集中供养五保户平均补差水平	元/人、年	2460	2316	6.2
农村分散供养五保户救济人数	万人	378.9	381.6	-0.7
农村分散供养五保户救济户数	万户	361.1	362.8	-0.5
农村分散供养五保户平均标准	元/人、年	2102.1	1842.71	14.1
农村分散供养五保户平均补差水平	元/人、年	1416	1284	10.3

B-1-4续表

指　标	单　位	2010年	2009年	比上年增减(%)
医疗救助				
城市医疗救助	万人	460.1	410.4	12.1
民政部门资助参加医疗保险人数	万人	1461.2	1095.9	33.3
农村大病医疗救助	万人次	1019.2	730	39.6
农村资助参加合作医疗人数	万人	4615.4	4059.1	13.7
3.儿童收养				
家庭收养儿童	万人	3.5	4.4	-20.5
4.福利企业				
福利企业	万个	2.2	2.3	-4.3
残疾人	万人	62.5	62.7	-0.3
5.福利彩票				
销售福利彩票	亿元	968	756.1	28.0
筹集社会福利基金	亿元	297.08	248	19.8
6.优抚安置				
国家抚恤、补助各类优抚对象	万人	625	630.7	-0.9
安置义务兵、士官人数	万人	38.7	39.1	-1.0
接收军队离退休人员人数	万人	1.3	1.9	-31.6
7.社会捐赠				
社会捐赠款数	亿元	179.8	66.5	170.4
捐赠衣被总数	亿件	0.3	1.2	-75.0
捐赠其他物资价值	亿元	4.9	2.2	122.7
受益人次数	万人次	2514.7	1522.3	65.2
社会捐赠接收站、点数	万个	3.2	3.3	-3.0
8.社区服务设施				
社区服务中心	个	12720	10003	27.2
社区服务站	个	44237	53170	-16.8
其他社区服务设施	个	95984	83500	15.0
社区服务设施覆盖率	%	22.4	21.4	1.0(百分点)
城市便民、利民网点	个	539136	692625	-22.2
三、成员组织				
1.社会组织				
社会组织总数	万个	44.6	43.1	3.5
社会团体	万个	24.5	23.9	2.5
基金会	个	2200	1843	19.4
民办非企业单位	万个	19.8	19	4.2
2.自治组织				
村委会	万个	59.5	59.9	-0.7
社区居委会	万个	8.7	8.5	2.4
四、其他社会服务				
1.婚姻				
结婚登记（万对）	万对	1241	1212.4	2.4
#涉外及港台	万对	4.9	4.9	0.0
每千居民之结婚宗数	‰	9.3	9.1	0.2（千分点）
离婚办理	万对	267.8	246.8	-7.8
每千居民之离婚宗数	‰	2	1.85	0.15(千分点)
2.殡葬				
处理遗体数	万具	474.1	454.2	4.4
火化率	%	49	48.2	0.8(百分点)

B-1-5 行政区划与上年比较

单位：个

指　标	2010年	2009年	比上年增减(%)
一、地级行政区划合计	**333**	**333**	**0.0**
其中：地级市	283	283	0.0
地区	17	17	0.0
自治州	30	30	0.0
盟	3	3	0.0
二、县级行政区划合计	**2856**	**2858**	**-0.1**
其中：市辖区	853	855	-0.2
县级市	370	367	0.8
县	1461	1464	-0.2
自治县	117	117	0.0
旗	49	49	0.0
自治旗	3	3	0.0
特区	2	2	0.0
林区	1	1	0.0
三、乡镇、街道级行政区划合计	**40906**	**40858**	**0.1**
其中：镇	19410	19322	0.5
乡	13379	13653	-2.0
苏木	96	96	0.0
民族乡	1095	1098	-0.3
民族苏木	1	1	0.0
街道办事处	6923	6686	3.5
区公所	2	2	0.0

B-1-6 社会服务机构与上年比较

单位：个

指　标	2010年	2009年	比上年增减(%)
总计	**1268926**	**1262066**	**0.5**
一、社会工作	**131833**	**137637**	**-4.2**
(一)提供住宿的社会服务机构	101439	107117	-5.3
1.老年人与残疾人服务机构	39904	39671	0.6
(1)城市养老服务机构	5413	5291	2.3
(2)农村养老服务机构	31472	31286	0.6
(3)社会福利院	1572	1611	-2.4
(4)光荣院	1371	1401	-2.1
(5)荣誉军人康复医院	40	47	-14.9
(6)复员军人疗养院	36	35	2.9
2.智障与精神疾病服务机构	251	266	-5.6
(7)复退军人精神病院	94	89	5.6
(8)社会福利医院	157	177	-11.3
3.儿童收养救助服务机构	480	419	14.6
(9)儿童福利院	335	303	10.6
(10)流浪儿童救助保护中心	145	116	25.0
4.社区服务机构	56957	63173	-9.8
(11)社区服务中心	12720	10003	27.2
(12)社区服务站	44237	53170	-16.8
5.其他提供住宿的服务机构	3847	3588	7.2
(13)生活无着人员救助管理站	1448	1372	5.5
(14)其他收养机构	112	10	1020.0
(15)军休所	1957	1876	4.3
(16)军供站	330	330	0.0

B-1-6续表

单位：个

指　标	2010年	2009年	比上年增减(%)
(二)不提供住宿的社会服务机构	30394	30520	-0.4
(17)救灾储备仓库	455	326	39.6
(18)福利企业	22226	22783	-2.4
(19)福利彩票发行单位	993	988	0.5
(20)烈士纪念建筑物管理单位	1195	1137	5.1
(21)捐赠、救助等其他事业单位	3060	2977	2.8
(22)老龄机构	2465	2309	6.8
二、其他社会服务机构	**6265**	**6095**	**2.8**
(一)婚姻	2314	2199	5.2
(23)婚姻登记服务类单位	2314	2199	5.2
(二)殡葬	3951	3896	1.4
(24)殡仪馆	1724	1729	-0.3
(25)公墓	1308	1266	3.3
(26)殡葬管理单位	919	901	2.0
三、成员组织	**1127346**	**1114836**	**1.1**
(一)社会组织	445631	431069	3.4
(27)社会团体	245256	238747	2.7
(28)基金会	2200	1843	19.4
(29)民办非企业单位	198175	190479	4.0
(二)自治组织	681715	683767	-0.3
(30)社区居委会	87057	84689	2.8
(31)村委会	594658	599078	-0.7
四、行政机关	**3482**	**3498**	**-0.5**
(32)民政行政机关	3482	3498	-0.5

B-1-7 社会服务机构职工与上年比较

单位：万人

指 标	2010年	2009年	比上年增减(%)
总计	**1138.4**	**1037.9**	**9.7**
一、社会工作	**225.6**	**199.1**	**13.3**
(一)提供住宿的社会服务机构	62.7	39.73	57.8
1.老年人与残疾人服务机构	27.4	25.8	6.2
(1)城市养老服务机构	7.3	6.4	14.1
(2)农村养老服务机构	14.2	13.6	4.4
(3)社会福利院	3.9	3.7	5.4
(4)光荣院	1.2	1.3	-7.7
(5)荣誉军人康复医院	0.5	0.5	0.0
(6)复员军人疗养院	0.3	0.3	0.0
2.智障与精神疾病服务机构	2.3	2.2	4.5
(7)复退军人精神病院	1	0.9	11.1
(8)社会福利医院	1.3	1.3	0.0
3.儿童收养救助服务机构	1	0.9	11.1
(9)儿童福利院	0.9	0.8	12.5
(10)流浪儿童救助保护中心	0.1	0.1	0.0
4.社区服务机构	27.9	6.8	310.3
(11)社区服务中心	8.3	6.8	22.1
(12)社区服务站	19.6		
5.其他提供住宿的服务机构	4.1	4.03	1.7
(13)生活无着人员救助管理站	1.5	1.5	0.0
(14)其他收养机构	0.1	0.03	233.3
(15)军休所	1.9	1.9	0.0
(16)军供站	0.6	0.6	0.0

B-1-7续表

单位：万人

指　标	2010年	2009年	比上年增减(%)
(二)不提供住宿的社会服务机构	162.9	159.4	2.2
(17)救灾储备仓库	0.1	0.1	0.0
(18)福利企业	157.5	154.4	2.0
(19)福利彩票发行单位	0.8	0.7	14.3
(20)烈士纪念建筑物管理单位	0.9	0.9	0.0
(21)捐赠、救助等其他事业单位	2.7	2.4	12.5
(22)老龄机构	0.9	0.9	0.0
二、其他社会服务机构	**8.4**	**8.2**	**2.4**
(一)婚姻	0.9	0.8	12.5
(23)婚姻登记服务类单位	0.9	0.8	12.5
(二)殡葬	7.5	7.4	1.4
(24)殡仪馆	4.5	4.5	0.0
(25)公墓	2.2	2.1	4.8
(26)殡葬管理单位	0.8	0.8	0.0
三、成员组织	**895.5**	**821.8**	**9.0**
(一)社会组织	618.2	544.7	13.5
(27)社会团体	396.1	335.7	18.0
(28)基金会	1.3	1.2	8.3
(29)民办非企业单位	220.8	207.8	6.3
(二)自治组织	277.3	277.1	0.1
(30)社区居委会	43.9	43.1	1.9
(31)村委会	233.4	234	-0.3
四、行政机关	**8.9**	**8.8**	**1.1**
(32)民政行政机关	8.9	8.8	1.1

B-1-8 社会服务机构中社会工作师人员情况

单位：人

指　标	社会工作师			助理社会工作师		
	2010年	2009年	比上年增减(%)	2010年	2009年	比上年增减(%)
总计	**9901**	**7360**	**34.5**	**24700**	**24849**	**-0.6**
一、社会工作	**5176**	**3809**	**35.9**	**6724**	**6284**	**7.0**
(一)提供住宿的社会服务机构	3695	2238	65.1	4987	3833	30.1
1.老年人与残疾人服务机构	1673	1146	46.0	1649	1461	12.9
(1)城市养老服务机构	460	334	37.7	472	471	0.2
(2)农村养老服务机构	695	392	77.3	518	417	24.2
(3)社会福利院	388	300	29.3	499	410	21.7
(4)光荣院	59	48	22.9	111	113	-1.8
(5)荣誉军人康复医院	53	50	6.0	28	23	21.7
(6)复员军人疗养院	18	22	-18.2	21	27	-22.2
2.智障与精神疾病服务机构	120	110	9.1	198	163	21.5
(7)复退军人精神病院	37	45	-17.8	94	82	14.6
(8)社会福利医院	83	65	27.7	104	81	28.4
3.儿童收养救助服务机构	190	130	46.2	208	158	31.6
(9)儿童福利院	165	119	38.7	185	145	27.6
(10)流浪儿童救助保护中心	25	11	127.3	23	13	76.9
4.社区服务机构	1204	452	166.4	2362	1529	54.5
(11)社区服务中心	446	452	-1.3	597	775	-23.0
(12)社区服务站	758			1765		
5.其他提供住宿的服务机构	508	400	27.0	570	522	9.2
(13)生活无着人员救助管理站	246	173	42.2	252	232	8.6
(14)其他收养机构	7	2	250.0	23	1	-91.4
(15)军休所	232	205	13.2	272	266	1082.6
(16)军供站	23	20	15.0	23	23	2200.0

B-1-8续表

单位:人

指　标	社会工作师			助理社会工作师		
	2010年	2009年	比上年增减(%)	2010年	2009年	比上年增减(%)
(二)不提供住宿的社会服务机构	1481	1571	-5.7	1737	2451	-29.1
(17)救灾储备仓库	13	5	160.0	13	9	44.4
(18)福利企业	846	1057	-20.0	1235	2036	-39.3
(19)福利彩票发行单位	64	63	1.6	63	53	18.9
(20)烈士纪念建筑物管理单位	142	120	18.3	87	89	-2.2
(21)捐赠、救助等其他事业单位	348	277	25.6	281	211	33.2
(22)老龄机构	68	49	38.8	58	53	9.4
二、其他社会服务机构	**330**	**249**	**32.5**	**490**	**379**	**29.3**
(一)婚姻	67	57	17.5	85	78	9.0
(23)婚姻登记服务类单位	67	57	17.5	85	78	9.0
(二)殡葬	263	192	37.0	405	301	34.6
(24)殡仪馆	147	97	51.5	228	187	21.9
(25)公墓	69	49	40.8	121	64	89.1
(26)殡葬管理单位	47	46	2.2	56	50	12.0
三、成员组织	**3473**	**2544**	**36.5**	**16517**	**17388**	**-5.0**
(一)社会组织	2057	1213	69.6	8814	8315	6.0
(27)社会团体	958	448	113.8	3860	3502	10.2
(28)基金会	44	33	33.3	289	70	312.9
(29)民办非企业单位	1055	732	44.1	4665	4743	-1.6
(二)自治组织	1416	1331	6.4	7703	9073	-15.1
(30)社区居委会	1090	1074	1.5	5627	6880	-18.2
(31)村委会	326	257	26.8	2076	2193	-5.3
四、行政机关	**922**	**758**	**21.6**	**969**	**798**	**21.4**
(32)民政行政机关	922	758	21.6	969	798	21.4

B-1-9 性别统计情况

单位:人

指　标	人员总数	#女性	占总人数的比重(%)	比上年增减(百分点)
总计	**11384349**	**3247767**	**28.5**	**-1.1**
一、社会工作	**2256560**	**857518**	**38.0**	**1.9**
(一)提供住宿的社会服务机构	628431	320312	51.0	-0.1
1.老年人与残疾人服务机构	274019	146554	53.5	1.2
(1)城市养老服务机构	73403	48546	66.1	3.4
(2)农村养老服务机构	141636	63803	45.0	-0.2
(3)社会福利院	38836	23834	61.4	0.3
(4)光荣院	11760	5908	50.2	1.6
(5)荣誉军人康复医院	5025	2545	50.6	0.1
(6)复员军人疗养院	3359	1918	57.1	1.2
2.智障与精神疾病服务机构	22915	12461	54.4	0.7
(7)复退军人精神病院	9927	5475	55.2	0.0
(8)社会福利医院	12988	6986	53.8	1.1
3.儿童收养救助服务机构	10243	6449	63.0	-1.3
(9)儿童福利院	8908	5956	66.9	-0.1
(10)流浪儿童救助保护中心	1335	493	36.9	-0.6
4.社区服务机构	279357	138189	49.5	-1.5
(11)社区服务中心	83215	40625	48.8	-2.2
(12)社区服务站	196142	97564	49.7	
5.其他提供住宿的服务机构	41897	16659	39.8	0.6
(13)生活无着人员救助管理站	15118	5053	33.4	0.0
(14)其他收养机构	1415	756	53.4	-4.5
(15)军休所	19092	8169	42.8	0.8
(16)军供站	6272	2681	42.7	-1.0

B–1–9续表

单位:人

指 标	人员总数	#女性	占总人数的比重(%)	比上年增减(百分点)
(二)不提供住宿的社会服务机构	1628129	537206	33.0	0.6
(17)救灾储备仓库	1366	409	29.9	-1.8
(18)福利企业	1574140	514229	32.7	0.6
(19)福利彩票发行单位	8175	3297	40.3	0.5
(20)烈士纪念建筑物管理单位	9245	3791	41.0	-1.0
(21)捐赠、救助等其他事业单位	26034	11636	44.7	-0.4
(22)老龄机构	9169	3844	41.9	0.7
二、其他社会服务机构	**83941**	**26876**	**32.0**	**0.2**
(一)婚姻	8711	5404	62.0	0.0
(23)婚姻登记服务类单位	8711	5404	62.0	0.0
(二)殡葬	75230	21472	28.5	0.0
(24)殡仪馆	44904	11694	26.0	-0.1
(25)公墓	22039	7714	35.0	0.5
(26)殡葬管理单位	8287	2064	24.9	-0.9
三、成员组织	**8954906**	**2335886**	**26.1**	**-1.9**
(一)社会组织	6181918	1619712	26.2	-2.8
(27)社会团体	3960704	809224	20.4	-3.1
(28)基金会	13164	3929	29.8	1.4
(29)民办非企业单位	2208050	806559	36.5	-1.4
(二)自治组织	2772988	716174	25.8	-0.1
(30)社区居委会	439084	217553	49.5	-0.3
(31)村委会	2333904	498621	21.4	-0.2
四、行政机关	**88942**	**27487**	**30.9**	**0.3**
(32)民政行政机关	88942	27487	30.9	0.3

B-1-10 社会服务机构固定资产与上年比较

单位：亿元

指　标	2010年	2009年	比上年增减(%)
合计	**6589.3**	**5223.2**	**26.2**
一、行政管理	**121.8**	**119.2**	**2.2**
1.民政行政机关	121.8	119.2	2.2
二、社会工作	**2463.2**	**2173.1**	**13.3**
2.收养类单位	464.3	456.9	1.6
老年人与残疾人服务机构	419.9	417.8	0.5
智障与精神疾病服务机构	26.8	23.4	14.5
儿童收养救助服务机构	17.6	15.7	12.1
3.社区服务机构	124.2	35.4	250.8
4.优抚安置单位	111.2	79.6	39.7
军休所	67.3	36.6	83.9
军供站	12.2	14.4	-15.3
烈士纪念建筑物管理单位	31.7	28.6	10.8
5.救灾储备仓库	4.8	3.5	37.1
6.救助类单位	20.9	18.2	14.8
生活无着人员救助管理站	19.2	17.0	12.9
流浪儿童救助保护中心	1.7	1.2	41.7
7.福利彩票发行单位	44.5	43.0	3.5
8.福利企业	1646.6	1497.4	10.0
9.老龄机构	6.8	3.8	78.9
10.其他事业单位	39.9	35.3	13.0
三、成员组织	**3795.6**	**2752.3**	**37.9**
（一）社会组织	1864.1	1030.0	81.0
11.社会团体	260.5	225.4	15.6
12.基金会	17.8	14.7	21.1
13.民办非企业单位	1585.8	789.9	100.8
（二）自治组织	1931.5	1722.3	12.1
14.社区居委会	400.2	329.5	21.5
15.村委会	1531.3	1392.8	9.9
四、其他社会服务	**208.7**	**178.6**	**16.9**
16.婚姻登记服务类单位	2.8	2.0	40.0
17.殡仪类单位	205.9	176.6	16.6

B-1-11 社会服务机构增加值（按国民经济行业分类）

单位：亿元

指　标	2010年	2009年	比上年增减(%)
总计	**2014.5**	**1849.5**	**8.9**
一、社会工作	**912.4**	**777.8**	**17.3**
(一)提供住宿的社会服务机构	272.8	215.4	26.6
1.老年人与残疾人服务机构	70.8	70.8	0.0
(1)城市养老服务机构	14.2	18.5	-23.2
(2)农村养老服务机构	24.2	22.5	7.6
(3)社会福利院	21.5	20.1	7.0
(4)光荣院	4.1	3.8	7.9
(5)荣誉军人康复医院	4.0	3.7	8.1
(6)复员军人疗养院	2.8	2.2	27.3
2.智障与精神疾病服务机构	18.9	15.8	19.6
(7)复退军人精神病院	6.5	5.3	22.6
(8)社会福利医院	12.4	10.5	18.1
3.儿童收养救助服务机构	7.8	6.4	21.9
(9)儿童福利院	6.9	5.8	19.0
(10)流浪儿童救助保护中心	0.9	0.6	50.0
4.社区服务机构	39.1	10.8	262.0
(11)社区服务中心	12.9	10.8	19.4
(12)社区服务站	26.2		
5.其他提供住宿的服务机构	136.2	111.6	22.0
(13)生活无着人员救助管理站	10.6	9.5	11.6
(14)其他收养机构	0.6	0.2	200.0
(15)军休所	121.3	98.5	23.1
(16)军供站	3.7	3.4	8.8

B-1-11续表

单位：亿元

指　标	2010年	2009年	比上年增减(%)
(二)不提供住宿的社会服务机构	639.6	562.4	13.7
(17)救灾储备仓库	0.7	0.5	40.0
(18)福利企业	592.0	517.8	14.3
(19)福利彩票发行单位	20.7	19.3	7.3
(20)烈士纪念建筑物管理单位	5.8	4.8	20.8
(21)其他事业单位	16.4	16.7	-1.8
(22)老龄机构	4.0	3.3	21.2
二、成员组织	**841.1**	**864.1**	**-2.7**
(一)社会组织	531.2	493.1	7.7
(23)社会团体	139.6	93.5	49.3
(24)基金会	68.2	121.5	-43.9
(25)民办非企业单位	323.4	278.1	16.3
(二)自治组织	309.9	371	-16.5
(26)社区居委会	61.8	55.7	11.0
(27)村委会	248.1	315.3	-21.3
三、其他社会服务	**70.2**	**66.5**	**5.6**
(一)婚姻	1.8	1.3	38.5
(28)婚姻登记服务类单位	1.8	1.3	38.5
(二)殡葬	68.4	65.2	4.9
(29)殡仪馆	45.1	43.2	4.4
(30)公墓	18.5	17.4	6.3
(31)殡葬管理单位	4.8	4.6	4.3
四、行政机关	**190.8**	**141.1**	**35.2**
(32)民政行政机关	190.8	141.1	35.2

B-1-12 社会服务机构增加值（按登记类型分类）

单位：亿元

指　标	2010年	2009年	比上年增减(%)
民政管理单位增加值合计	**2014.5**	**1849.5**	**8.9**
一、行政机关	**190.8**	**141.1**	**35.2**
1.民政行政机关	190.8	141.1	35.2
二、事业单位	**390.6**	**326.5**	**19.6**
(一)收养类	97.2	92.5	5.1
2.城市老年福利机构	14.2	18.5	-23.2
3.农村老年福利机构	24.2	22.5	7.6
4.社会福利院	21.5	20.1	7.0
5.光荣院	4.1	3.8	7.9
6.荣誉军人康复医院	4	3.7	8.1
7.复员军人疗养院	2.8	2.2	27.3
8.复退军人精神病院	6.5	5.3	22.6
9.社会福利医院	12.4	10.5	18.1
10.儿童福利院	6.9	5.8	19.0
11.其他收养机构	0.6	0.2	200.0
(二)救助类	11.5	10.2	12.7
12.救助管理站	10.6	9.5	11.6
13.流浪儿童救助保护中心	0.9	0.6	50.0
(三)仓库类	0.7	0.5	40.0
14.救灾储备仓库	0.7	0.5	40.0
(四)筹集资金类	20.7	19.3	7.3
15.福利彩票发行单位	20.7	19.3	7.3

B-1-12续表

单位：亿元

指　标	2010年	2009年	比上年增减(%)
(五)优抚安置类	130.8	106.8	22.5
16.军休所	121.3	98.5	23.1
17.军供站	3.7	3.4	8.8
18.烈士纪念建筑物管理单位	5.8	4.8	20.8
(六)社区服务类	39.1	10.8	262.0
19.社区服务中心	12.9	10.8	19.4
20.社区服务站	26.2		
(七)婚姻登记服务类	1.8	1.3	38.5
21.婚姻登记服务类单位	1.8	1.3	38.5
(八)殡仪类	68.4	65.2	4.9
22.殡仪馆	45.1	43.2	4.4
23.公墓	18.5	17.4	6.3
24.殡葬管理单位	4.8	4.6	4.3
(九)其他事业单位	20.4	19.9	2.5
25.老龄行政机构	4	3.3	21.2
26.其他事业单位	16.4	16.6	-1.2
三、成员组织			
(一)社会组织	531.2	493.1	7.7
27.社会团体	139.6	93.5	49.3
28.基金会	68.2	121.5	-43.9
29.民办非企业单位	323.4	278.1	16.3
(二)自治组织	309.9	371	-16.5
30.社区居委会	61.8	55.7	11.0
31.村委会	248.1	315.3	-21.3
四、企业	**592**	**517.8**	**14.3**
32.福利企业	592	517.8	14.3

B-1-13 基本建设投资与上年比较

项　目	2010年	2009年	比上年增减(%)
一、计划总投资(亿元)	**460.2**	**406.6**	**13.2**
二、本年计划投资(亿元)	**173.2**	**166.5**	**4.0**
其中：用于优抚安置单位	11.4	19.2	-40.6
社区服务单位	25.3	29.7	-14.8
收养性单位	79.2	76.1	4.1
殡葬类单位	15.3	14.6	4.8
救助类单位	7.8	5.7	36.8
其他	34.2	21.1	62.1
三、自开始建设至本年底累计完成投资(亿元)	**263.3**	**216**	**21.9**
四、本年完成投资（亿元）	**183**	**157**	**16.6**
其中：用于优抚安置单位	12.4	13.2	-6.1
社区服务单位	25.4	27.6	-8.0
收养性单位	82.2	75.6	8.7
殡葬类单位	14.3	13.6	5.1
救助类单位	7.9	5.4	46.3
其他	40.8	21.6	88.9
(一)国家投资	89.1	70.6	26.2
(二)国内贷款	2.9	3.7	-21.6
(三)福利彩票公益金	32.3	26.6	21.4
(四）其他	58.5	14.4	306.3
五、本年施工项目个数（个）	**46018**	**6457**	**612.7**

B-1-14 社会服务经费与上年比较

单位：亿元

指　标	2010年	2009年	比上年增减(%)
社会服务经费合计	**2697.5**	**2182.0**	**23.6**
占国家财政支出比重(%)	3.0	2.9	3.4
＃中央转移支付的民政事业费	1342.4	1227	9.4
占社会服务经费的比重(%)	49.8	56.2	-11.4
＃国家基本建设投资	89.1	70.6	26.2
＃公益金支出	121.2	113.4	6.9
按项目分			
抚　恤	362.7	310.3	16.9
退役安置	269	225.7	19.2
社会福利	149.8	124.1	20.7
城市居民最低生活保障	524.7	482.1	8.8
农村低保及其他社会救济	579.6	487.9	18.8
自然灾害生活救助	237.2	199.2	19.1
地方离退休人员费	30.4	30.0	1.3
其他民政事业费	544.1	322.7	68.6

B-1-15 中央级社会服务费和转移支付的社会服务费与上年比较

单位：万元

指　标	2010年	2009年	比上年增减(%)
合计	**13911140.1**	**12324839.2**	**12.9**
一、中央级民政事业费	**488035.9**	**55240.2**	**783.5**
1.民政管理事务	360292.5	30338.4	1087.6
其中：行政运行	5006.9	4579.2	9.3
一般行政管理政务	20731.2	12716.9	63.0
机关服务	1185.9	312.2	279.9
拥军优属	326.1	176.2	85.1
老龄事务	1582.4	1233.4	28.3
民间组织管理	987.3	640.9	54.0
行政区划和地名管理	1119.8	730.3	53.3
基层政权和社区建设	417.7	371.2	12.5
其他民政管理政务支出	328935.2	9578.1	3334.2
2.自然灾害生活救助	97629.9	14378.6	579.0
3.其他款项用于民政支出	30113.5	10523.2	186.2
二、中央财政转移支付的民政经费	**13423104.2**	**12269599**	**9.4**
其中：抚恤	2155915.7	1873106	15.1
安置	2054880	1601702	28.3
救灾	1036964	1746675	-40.6
低保	6325870	6199685	2.0
医疗救助	1299592	845300	53.7
儿童福利	250600		
其他	299282.5	3131	9458.7

B-2-1 社会工作类机构财务状况

单位：万元

指　标	2010年	2009年	比上年增减(%)
一、执行企业会计制度单位填报			
1.固定资产原价	16767987.70	14666350.80	14.33
2.本年折旧	1747253.10	1596759.80	9.42
3.营业收入	52988300.30	45854797.70	15.56
4.营业税金及附加	713840.70	776010.30	-8.01
5.营业费用	4147157.30	3690180.20	12.38
6.管理费用	2473260.20	2512031.70	-1.54
其中：税金	315829.60	341906.00	-7.63
旅差费	107617.00	94405.80	13.99
工会经费	32769.70	43489.70	-24.65
7.财务费用	799621.50	606368.60	31.87
其中：利息净支出	467241.50	323409.60	44.47
8.住房公积金和住房补贴	42145.90	42465.10	-0.75
9.劳动、失业保险费	49950.70	52572.50	-4.99
10.养老保险和医疗保险费	361680.10	288672.60	25.29
11.营业利润	1742404.20	1416381.60	23.02
12.本年应付工资总额	1943296.80	1643173.20	18.26
13.本年应付福利总额	138718.90	126896.60	9.32

B−2−1续表

单位：万元

指 标	2010年	2009年	比上年增减(%)
二、执行行政（事业）单位会计制度填报			
1.固定资产原价	6377166.80	4858141.70	31.27
2.上年结余	611424.40	304823.40	100.58
3.收入合计	6171749.90	94508107.20	-93.47
其中：事业收入	2675727.10	1046208.60	155.75
经营收入	223020.90	187148.10	19.17
4.支出合计	5582810.90	3404026.70	64.01
其中：工资福利支出	1017179.50	720299.60	41.22
商品和福利支出	1125800.30	573971.00	96.14
其中：福利费	37775.70	22871.80	65.16
劳务费	70734.40	20891.90	238.57
取暖费	38703.20	32872.70	17.74
旅差费	19938.10	11976.30	66.48
对个人和家庭补助支出	1461115.40	1158217.60	26.15
其中：助学金	3931.50	2445.80	60.74
生活补助	104245.70	46739.00	123.04
抚恤金	21629.50	70.90	30407.05
5.收支结余	409332.20	238450.40	71.66
6.经营税金	7630.80	3836.50	98.90
三、执行民间非营利组织单位会计制度填报			
1.固定资产原价	1488001.70	1044226.90	42.50
2.上年结余	45794.50	21160.40	116.42
3.收入合计	555858.20	477147.50	16.50
其中：捐赠收入	74879.90	48656.50	53.89
会费收入	53562.40	214965.00	-75.08
4.费用合计	481506.30	582548.00	-17.34
其中：业务活动成本	220834.10	104921.50	110.48
其中：人员费用	107543.10	42243.90	154.58
日常费用	58286.30	36656.60	59.01
固定资产折旧	7389.70	4694.50	57.41
税费	501.20	246.70	103.16
管理费用	168101.20	82785.70	103.06
其中：人员费用	91223.00	41460.60	120.02
日常费用	42942.80	26851.80	59.93
固定资产折旧	7274.00	3656.90	98.91
税费	552.50	324.70	70.16
5.净资产变动额	44717.90	17931.70	149.38

B-2-2 社会服务床位数和收养人员与上年比较

指　标	床位数（万张、%）			收养救助人数（万人、%）			年末床位利用率(%)
	2010年	2009年	比上年增减(%)	2010年	2009年	比上年增减(%)	
合计	**349.6**	**326.4**	**7.1**	**274.7**	**256.0**	**7.3**	**78.6**
1.老年人与残疾人服务机构	314.9	289.0	9.0	242.6	227.5	6.6	77.0
(1)城市养老服务机构	56.7	49.3	15.0	36.3	32.3	12.4	64.0
(2)农村养老服务机构	224.9	208.8	7.7	182.5	173	5.5	81.1
(3)社会福利院	24.5	22.8	7.5	17.9	16.7	7.2	73.1
(4)光荣院	7.3	6.7	9.0	5	4.6	8.7	68.5
(5)荣誉军人康复医院	0.9	0.8	12.5	0.5	0.5	0.0	55.6
(6)复员军人疗养院	0.6	0.6	0.0	0.4	0.4	0.0	66.7
2.智障与精神疾病服务机构	6.1	5.8	5.2	5.3	5	6.0	86.9
(7)复退军人精神病院	2.3	2	15.0	1.9	1.7	11.8	82.6
(8)社会福利医院	3.8	3.8	0.0	3.4	3.3	3.0	89.5
3.儿童收养救助服务机构	5.5	4.8	14.6	4.2	3.7	13.5	76.4
(9)儿童福利院	5	4.4	13.6	4.1	3.6	13.9	82.0
(10)流浪儿童救助保护中心	0.5	0.4	25.0	0.1	0.1	0.0	20.0
4.社区服务机构	1.2	4.5	-73.3	0.9	1	-10.0	75.0
(11)社区养老服务中心	1	1.5	-33.3	0.8	1	-20.0	80.0
(12)社区养老服务站	0.2	3	-93.3	0.1			50.0
5.其他提供住宿的服务机构	21.9	22.3	-1.8	21.7	18.8	15.4	99.1
(13)生活无着人员救助管理站	5	4.7	6.4	3.3	2.2	50.0	66.0
(14)其他收养机构	1	0.1	900.0	0.6	0.1	500.0	60.0
(15)军休所(万户)	12.9	11.8	9.3	17.8	16.5	7.9	138.0
(16)军供站	3	5.7	-47.4				

B-2-3 儿童收养与上年比较

指　标	2010年	2009年	比上年增减(%)
儿童收养服务			
(一) 收养登记合计(人)	34529	44260	-21.99
1.中国公民收养登记	29618	39801	-25.58
其中：1.香港居民	238	404	-41.09
2.澳门居民	9	14	-35.71
3.台湾居民	38	42	-9.52
4.华侨	55	29	89.66
2.外国人收养登记	4911	4459	10.14
(二)被收养人合计(人)	34473	44359	-22.29
其中：女性	25203	32241	-21.83
残疾儿童	2692	2578	4.42
1.社会福利机构抚养的孤儿	1878	1605	17.01
其中：被外国人收养	174	133	30.83
2.社会福利机构抚养的弃婴	13342	13690	-2.54
其中：被外国人收养	4319	4262	1.34
3.社会弃婴	16905	26271	-35.65
4.父母无力抚养的儿童	768	769	-0.13
其中：被外国人收养	2		
5.其他	1580	2024	-21.94

B-2-4 社会救助与上年比较

指　标	2010年	2009年	比上年增减(%)
救助总人数(万人)	**16634.8**	**14911.2**	**11.56**
最低生活保障			
1.城市居民最低生活保障人数(万户)	2310.5	2345.6	-1.50
其中：三无对象	89.2	94.1	-5.21
其中：老年人	338.6	333.5	1.53
在职人员	68.2	79	-13.67
灵活就业	432.4	432.2	0.05
登记失业	492.8	510.2	-3.41
未登记失业	419.9	410.9	2.19
在校生	357.3	369.1	-3.20
其他未成年人	201.2	210.7	-4.51
城市居民最低生活保障家庭数(万户)	1145	1141.1	0.34
城市居民最低生活保障费(亿元)	524.7	482.1	8.84
城市居民最低生活保障平均标准(元／人、月)	251.2	227.75	10.30
城市居民最低生活保障平均支出水平(元／人、月)	189	172	9.88
2.农村居民最低生活保障人数(万人)	5214	4760	9.54
农村居民最低生活保障家庭数(万户)	2528.7	2291.8	10.34
农村居民最低生活保障费(亿元)	445	363	22.59
农村居民最低生活保障平均标准(元／人、月)	117	100.84	16.03
农村居民最低生活保障平均支出水平(元／人、月)	74	68	8.82

B-2-4续表

指　标	2010年	2009年	比上年增减(%)
五保供养			
1.农村集中供养五保户救济人数(万人)	177.4	171.8	3.26
农村集中供养五保救济家庭数(万户)	172.9	166.6	3.78
农村集中供养五保救济费(亿元)	42.7	36.9	15.72
农村集中供养五保救济平均标准(元/人、年)	2951.4	2587.49	14.06
农村集中供养五保救济平均支出水平(元/人、年)	2460	2316	6.22
2.农村分散供养五保救济人数(万人)	378.9	381.6	-0.71
农村分散供养五保救济家庭数(万户)	361.1	362.8	-0.47
农村分散供养五保救济费(亿元)	53.7	50.4	6.55
农村分散供养五保救济平均标准(元/人、年)	2102.1	1842.71	14.08
农村分散供养五保救济平均支出水平(元/人、年)	1416	1284	10.28
医疗救助			
(一)城市医疗救助	1921.3	1506.3	27.55
其中：城市医疗救助人次数(万人次)	460.1	410.4	12.11
平均支出水平(元/人、次)	810.1	764.7	5.94
民政部门资助参加医疗保险人次数(万人)	1461.2	1095.9	33.33
合作医疗平均支出水平(元/人)	52	53.5	-2.80
(二)农村医疗救助	5634.6	4789.1	17.65
其中：民政部门资助参加合作医疗人次数(万人)	4615.4	4059.1	-74.89
合作医疗平均支出水平(元/人)	30.3	25.9	16.99
民政部门医疗救助人次数(万人次)	1019.2	730	532.25
医疗救助平均支出水平(元/人、次)	657.1	676.6	-2.88
传统救济人数(万人)	**59.5**	**62.2**	**-4.34**
生活无着人员救助(万人)	**171.9**	**168.1**	**2.26**
临时救助(万人)	**766.7**	**726.5**	**5.53**
城市临时救助	153	180.1	-15.05
农村临时救助	613.7	546.4	12.32

B-2-5 各省城市最低生活保障平均标准与上年比较

单位：元／人、月

指　标	2010年	2009年	比上年增减(%)
全　国	**251.2**	**227.8**	**10.3**
北　京	430.0	410.0	4.9
天　津	450.0	430.0	4.7
河　北	265.3	245.2	8.2
山　西	231.3	212.6	8.8
内蒙古	299.0	241.4	23.9
辽　宁	296.1	272.2	8.8
吉　林	227.9	211.8	7.6
黑龙江	240.1	217.0	10.6
上　海	450.0	425.0	5.9
江　苏	342.3	310.3	10.3
浙　江	367.0	334.0	9.9
安　徽	254.1	234.3	8.5
福　建	218.3	213.2	2.4
江　西	243.9	193.6	26.0
山　东	285.7	261.5	9.2
河　南	202.5	185.6	9.1
湖　北	252.2	213.9	17.9
湖　南	213.9	195.4	9.5
广　东	254.4	244.3	4.1
广　西	228.0	216.9	5.1
海　南	250.2	242.6	3.1
重　庆	255.9	231.0	10.8
四　川	210.0	195.7	7.3
贵　州	211.6	169.7	24.6
云　南	206.4	198.6	3.9
西　藏	305.8	309.6	-1.2
陕　西	283.6	192.2	47.6
甘　肃	189.2	171.0	10.7
青　海	232.0	222.7	4.1
宁　夏	211.9	204.1	3.8
新　疆	183.2	172.2	6.4

B-2-6 各省城市最低生活保障支出水平与上年比较

单位：元／人、月

指　标	2010年	2009年	比上年增减(%)
全　国	**189.0**	**172.3**	**9.7**
北　京	361.0	360.0	0.3
天　津	422.7	350.1	20.7
河　北	164.1	167.3	-1.9
山　西	164.0	160.3	2.3
内蒙古	263.8	223.1	18.3
辽　宁	189.7	169.9	11.6
吉　林	201.0	183.4	9.6
黑龙江	200.4	160.3	25.0
上　海	303.4	276.5	9.7
江　苏	200.8	177.6	13.1
浙　江	312.8	263.3	18.8
安　徽	181.5	158.6	14.5
福　建	154.9	147.4	5.1
江　西	178.4	166.2	7.3
山　东	195.1	173.1	12.7
河　南	152.6	151.3	0.8
湖　北	188.2	174.6	7.7
湖　南	170.9	163.5	4.5
广　东	163.9	166.3	-1.4
广　西	152.4	142.4	7.0
海　南	190.0	174.9	8.6
重　庆	173.9	159.8	8.8
四　川	179.2	152.1	17.8
贵　州	155.4	157.4	-1.3
云　南	150.0	155.0	-3.2
西　藏	253.5	338.6	-25.1
陕　西	226.2	193.2	17.1
甘　肃	185.4	165.6	12.0
青　海	207.3	204.7	1.2
宁　夏	153.7	165.4	-7.1
新　疆	204.2	175.9	16.1

B-2-7 社会捐赠与上年比较

指　标	2010年	2009年	比上年增减(%)
社会捐赠合计(万元)	**6017013.3**	**4858481.5**	**23.8**
一、民政部门直接接收的捐赠	**1847154.7**	**686349.2**	**169.1**
(一)直接接收捐赠情况			
1.捐赠款数额(万元)	1798278.6	664626.1	170.6
2.捐赠衣被合计(万件)	2750.4	12476.6	-78.0
其中：棉衣被(万件)	956.8	1348.4	-29.0
3.捐赠其他物资价值(万元)	48876.1	21723.1	125.0
(二)间接接收捐赠情况			
1.捐赠款数额(万元)	104663.3	140839.5	-25.7
2.捐赠衣被合计(万件)	538.8	681	-20.9
其中：棉衣被(万件)	33.8	527.6	-93.6
3.捐赠其他物资价值(万元)	2464.7	1884.9	30.8
(三)受益人次数(万人次)	2514.7	1522.3	65.2
(四)社会捐赠接收工作站、点数(个)	31878	33197	-4.0
其中：社会捐赠接收工作站数(个)	16863	16552	1.9
慈善超市数(个)	8640	8101	6.7
二、各类社会组织接收捐赠(万元)	**4169858.6**	**4172132.3**	**-0.1**

注：由于社会组织年检工作滞后于年报汇总工作，社会组织捐赠数据为2009年。

B-2-8 自然灾害与上年比较

指　标	2010年	2009年	比上年增减(%)
一、农作物受灾情况总计(千公顷)			
受灾	37425.9	47213.7	-20.7
绝收	4863.2	4917.5	-1.1
(一)旱灾			
受灾	13258.6	29258.7	-54.7
绝收	2672.3	3268.8	-18.2
(二)洪涝(含山体滑坡)			
受灾	17524.6	7643.7	129.3
绝收	1657.5	780.9	112.3
(三)风雹			
受灾	2180.1	5493.1	-60.3
绝收	280.3	534.5	-47.6
(四)台风			
受灾	341.9	1145.7	-70.2
绝收	12.4	80.9	-84.7
(五)雪灾、低温冷冻			
受灾	4120.7	3672.5	12.2
绝收	240.7	252.4	-4.6
二、人口受灾情况			
受灾(万人次)	42610.2	47933.5	-11.1
死亡人口(含失踪)(人)	7844	1528	413.4
紧急转移人口(万人次)	1858.4	709.9	161.8
三、损失情况			
倒塌房屋(万间)	273.3	83.8	226.1
损坏房屋(万间)	670.1	356.9	87.8
直接经济损失(亿元)	5339.9	2523.7	111.6

B-2-9 国家优抚、安置对象与上年比较

指　标	2010年	2009年	比上年增减(%)
一、重点优抚对象人数(人)	**6250325**	**6307209**	**-0.9**
1.抚恤	1314926	1330370	-1.2
（1）烈士家属抚恤	307587	317675	-3.2
（2）因公牺牲抚恤	62338	62304	0.1
（3）病故军人家属抚恤	77899	78599	-0.9
（4）伤残人员抚恤	867102	871792	-0.5
2.补助	4935399	4976839	-0.8
（1）在乡复员军人	1703396	1809019	-5.8
（2）带病回乡退伍军人	1265664	1219752	3.8
（3）在乡红军老战士	1226	1351	-9.3
（4）在乡西路军红军老战士	273	322	-15.2
（5）红军失散人员	37131	41272	-10.0
（6）参战退役人员	1539584	1511744	1.8
（7）参试退役人员	175515	173499	1.2
（8）其他补助人数	212610	219880	-3.3
二、接收离退休人员数(人)	**13451**	**18904**	**-28.8**
1.军队干部（含地方）	11958	14184	-15.7
2.军队退休士官	1112	1308	-15.0
3.军队无军籍职工	381	3412	-88.8
三、安置(人)			
1.退伍士兵	322259	325534	-1.0
2.转业、复员士官	63374	63488	-0.2
3.复员干部	1375	1482	-7.2
四、当年批准的烈士(人)	**173**	**213**	**-18.8**
五、零散烈士纪念建筑物(个)	**9729**	**7622**	**27.6**
六、优待			
优待优抚对象（万户）	330.9	328.1	0.8
其中：军属（万户）	117.0	119.1	-1.8
优待金（亿元）	67.2	75.1	-10.6
其中：军属（亿元）	34.0	29.7	14.6

B-2-10 社区服务与上年比较

指　标	2010年	2009年	比上年增减(%)
社区服务			
(一)社区服务设施合计(个)	152941	146673	4.27
1.社区服务中心	12720	10003	27.16
2.社区服务站	44237	53170	-16.80
3.其他社区服务设施	95984	83500	14.95
(二)社区服务设施覆盖率(%)	22.4	21.4	4.67
(三)城镇便民、利民服务网点数(个)	378646	692625	-45.33
(四)日间照料床位(张)	46664	44972	3.76
(五)短期住宿照料床位(张)	11786		
(六)社区从业人员(人)	279357	2157935	-87.05
(七)社区服务志愿者组织数(个)	106292	288560	-63.16
社区服务志愿者人数(人)	5076075	5992530	-15.29

B-3-1 社会组织类财务状况

单位：万元

指　标	2010年	2009年	比上年增减(%)
一、执行企业会计制度单位填报			
(一)固定资产原值	124770.7	48148.7	159.1
(二)本年折旧	2772.0	1841.5	50.5
(三)营业收入	49717.9	64070.1	-22.4
(四)营业税金及附加	1626.9	1946.8	-16.4
(五)营业费用	18860.0	20871.5	-9.6
(六)管理费用	13533.1	13309.2	1.7
其中：税金	520.5	936.4	-44.4
差旅费	487.8	283.9	71.8
工会经费	154.7	100.2	54.4
(七)财务费用	2110.5	1713.2	23.2
其中：利息净支出	367.3	197.6	85.9
(八)住房公积金和住房补贴	1101.0	733.3	50.1
(九)劳动、失业保险费	349.6	253.3	38.0
(十)养老保险和医疗保险费	1636.9	2355.7	-30.5
(十一)营业利润	5199.8	-423.7	-1327.2
(十二)本年应付工资总额	13456.2	13034.4	3.2
(十三)本年应付福利总额	997.2	1151.7	-13.4

B-3-1续表

单位：万元

指　标	2010年	2009年	比上年增减(%)
二、执行行政(事业)单位会计制度填报			
(一)固定资产原值	290878.6	241385.5	-17.0
(二)上年结余	68789.5	9783.4	-85.8
(三)收入合计	193100.3	138033.6	-28.5
其中：事业收入	62774.6	53747.9	-14.4
经营收入	25349.1	22834.9	-9.9
(四)支出合计	175577.2	125442.4	-28.6
其中：工资福利支出	61642.2	35393.6	-42.6
商品和服务支出	26971.9	19681.6	-27.0
其中：福利费	1990.2	1602.1	-19.5
劳务费	1927.0	1305.1	-32.3
取暖费	792.9	1075.7	35.7
差旅费	1352.1	1256.7	-7.1
对个人和家庭补助支出	2522.4	1621.3	-35.7
其中：助学金	1220.9	235.8	-80.7
抚恤和生活补助	116.0	128.3	10.6
(五)收支结余	22641.3	16607.6	-26.6
(六)经营税金	11203.0	8384.5	-25.2
三、执行民间非营利组织单位会计制度填报			
(一)固定资产原值	18225391.3	10011085.6	-45.1
(二)上年结余	4164296.7	3736842.4	-10.3
(三)收入合计	21007498.8	12276880.8	-41.6
其中：捐赠收入	4169858.6	4407339.8	5.7
会费收入	901324.0	861759.3	-4.4
(四)费用合计	11741958.8	10786029.3	-8.1
其中：业务活动成本	6688750.4	6411452.8	-4.1
其中：人员费用	2452415.1	2420736.7	-1.3
日常费用	1473441.8	1260975.0	-14.4
固定资产折旧	85118.9	109265.8	28.4
税费	44279.7	60020.5	35.5
管理费用	3072197.8	2630987.7	-14.4
其中：人员费用	1039342.1	870969.6	-16.2
日常费用	582028.0	431413.2	-25.9
固定资产折旧	39188.6	28802.6	-26.5
税费	12243.2	12945.6	5.7
(五)净资产变动额	1510755.3	1392427.6	-7.8

B-3-2 社会组织与上年比较

单位：个

指　标	2010年	2009年	比上年增减(%)
社会组织合计	**445631**	**431069**	**3.4**
一、社会团体	**245256**	**238747**	**2.7**
按活动区域分			
中央级	1810	1800	0.6
省级	24149	23364	3.4
地级	64169	63043	1.8
县级	155128	150540	3.0
二、民办非企业单位	**198175**	**190479**	**4.0**
按性质分类			
法人	140,362	129,927	8.0
合伙	6,756	7,087	-4.7
个体	51,057	53,465	-4.5
三、基金会	**2200**	**1843**	**19.4**
按性质分类			
公募性	1101	1029	7.0
非公募性	1088	800	36.0
境外代表机构	11	14	-21.4

B-3-3 自治组织财务状况

单位：万元

指　标	2010年	2009年	比上年增减(%)
一、执行企业会计制度单位填报			
(一)固定资产原值	1526470.1	1265160.2	20.7
(二)本年折旧	58067.3	39518.1	46.9
(三)营业收入	722776.8	750607.3	-3.7
(四)营业税金及附加	20760.8	6824.6	204.2
(五)营业费用	90850.6	86909.0	4.5
(六)管理费用	166512.7	190948.7	-12.8
其中：税金	2932.2	2775.3	5.7
差旅费	1621.5	1819.4	-10.9
工会经费	173.0	228.3	-24.2
(七)财务费用	5192.1	-525.1	-1088.8
其中：利息净支出	(2009.6)	-3818.0	-47.4
(八)住房公积金和住房补贴	1949.9	639.5	204.9
(九)劳动、失业保险费	1064.2	846.0	25.8
(十)养老保险和医疗保险费	10054.5	5994.7	67.7
(十一)营业利润	-306.4	-6228.5	-95.1
(十二)本年应付工资总额	49742.4	48517.6	2.5
(十三)本年应付福利总额	40447.7	17182.4	135.4

B-3-3续表

单位：万元

指　标	2010年	2009年	比上年增减(%)
二、执行行政(事业)单位会计制度填报			
(一)固定资产原值	14102446.4	14292857.3	-1.3
(二)上年结余	586469.2	548319.7	7.0
(三)收入合计	6639918.0	7520441.5	-11.7
其中：事业收入	1836474.6	2305893.3	-20.4
经营收入	748354.3	1617005.9	-53.7
(四)支出合计	6200726.9	7292158.9	-15.0
其中：人员支出	1454712.3	2091517.8	-30.4
公共支出	1646840.5	1818440.0	-9.4
其中：福利费	191297.5	167264.8	14.4
劳务费	135724.6	214246.3	-36.7
取暖费	33082.4	30094.0	9.9
差旅费	54550.1	58551.3	-6.8
对个人和家庭补助支出	238909.2	240029.7	-0.5
其中：助学金	9540.9	8581.4	11.2
抚恤和生活补助	52176.9	23654.5	120.6
(五)收支结余	450822.6	288905.5	56.0
(六)经营税金	21342.5	24863.8	-14.2
三、执行民间非营利组织单位会计制度填报			
(一)固定资产原值	3685653.7	1665491.8	121.3
(二)上年结余	334168.3	175197.5	90.7
(三)收入合计	2139707.6	2730415.8	-21.6
其中：提供服务收入	45322.1	47867.4	-5.3
政府补助收入	167546.3	125060.9	34.0
(四)费用合计	3968160.4	11583872.5	-65.7
其中：业务活动成本	3201101.7	3253128.8	-1.6
其中：人员费用	90404.1	71881.0	25.8
日常费用	56289.7	53978.0	4.3
固定资产折旧	7622.8	8018.4	-4.9
税费	2340.5	2524.9	-7.3
管理费用	164690.0	147809.6	11.4
其中：人员费用	71942.3	65619.3	9.6
日常费用	43473.1	39838.3	9.1
固定资产折旧	12739.3	5379.1	136.8
税费	5333.8	5444.4	-2.0
(五)净资产变动额	19370.0	19426.2	-0.3

B-3-4 自治组织与上年比较

单位：个、人

指　标	2010年	2009年	比上年增减(%)
一、城市			
(一)社区居委会	87057	84689	2.8
居民小组	1307337	1295137	0.9
居民委员会成员人数	439084	430860	1.9
其中：女性	217553	214707	1.3
其中：中共党员	241536	234214	3.1
(二)居委会选举情况			
1.当年进行选举的居委会数	14878	21585	-31.1
2.当年参选人口数	39428845	50266905	-21.6
其中：登记选民数	32886240	42112017	-21.9
参选人数	24162275	31192634	-22.5
二、农村			
(一)村民委员会	594658	599078	-0.7
村民小组	4791296	4805021	-0.3
村民委员会成员人数	2333904	2340268	-0.3
其中：女性	498621	503859	-1.0
其中：中共党员	1378602	1391485	-0.9
(二)村委会选举情况			
1.当年进行选举的村委会数	87040	73504	18.4
2.当年参选村人口数	132173974	81724337	61.7
其中：登记选民数	123436800	72500569	70.3
参选人数	107199811	65214790	64.4

B-3-5 其他社会服务类机构财务状况

单位：万元

指　标	2010年	2009年	比上年增减(%)
一、执行企业会计制度单位填报			
(一)固定资产原值	556734.00	527930.60	-5.2
(二)本年折旧	42052.40	39179.90	-6.8
(三)营业收入	477425.20	467930.10	-2.0
(四)营业税金及附加	4503.20	2876.10	-36.1
(五)营业费用	112370.10	104373.80	-7.1
(六)管理费用	106606.90	102806.60	-3.6
其中：税金	3498.50	4200.60	20.1
差旅费	3159.60	3036.60	-3.9
工会经费	724.30	668.00	-7.8
(七)财务费用	872.90	7008.90	702.9
其中：利息净支出	-1656.00	3820.10	-330.7
(八)住房公积金和住房补贴	13819.10	13640.60	-1.3
(九)劳动、失业保险费	997.70	969.10	-2.9
(十)养老保险和医疗保险费	6064.90	14592.60	140.6
(十一)营业利润	78022.60	78260.60	0.3
(十二)本年应付工资总额	37779.80	32765.00	-13.3
(十三)本年应付福利总额	4738.20	4849.40	2.3

B-3-5续表

单位：万元

指　标	2010年	2009年	比上年增减(%)
二、执行行政(事业)单位会计制度填报			
(一)固定资产原价	1506193.40	1346471.1	-10.6
(二)上年结余	64499.90	58440.2	-9.4
(三)收入合计	1447870.10	1173121.6	-19.0
其中：事业收入	590460.50	548182.1	-7.2
经营收入	240322.00	182213.5	-24.2
(四)支出合计	1364959.80	1135956.2	-16.8
其中：工资福利支出	326394.10	310516.9	-4.9
商品和服务支出	469974.70	420163.7	-10.6
其中：福利费	15585.40	16745.2	7.4
劳务费	19917.80	17080.1	-14.2
取暖费	15003.20	14281.4	-4.8
旅差费	6563.90	5830.1	-11.2
对个人和家庭补助支出	46604.70	42192.4	-9.5
其中：助学金	152.5	300.3	96.9
生活补助	3514.50	1571.0	-55.3
抚恤金	762.9	307.3	-59.7
(五)收支结余	86733.10	62792.2	-27.6
(六)经营税金	2313.10	2180.10	
三、执行民间非营利组织单位会计制度填报			
(一)固定资产原价	22935.90	17939.1	-21.8
(二)上年结余	1081.30	275.6	-74.5
(三)收入合计	7601.90	10480.8	37.9
其中：捐赠收入	267.4	840.4	214.3
会费收入	646.1	318.9	-50.6
(四)费用合计	5801.40	10252.1	76.7
其中：业务活动成本	2753.70	2563.4	-6.9
其中：人员费用	819.7	980.6	19.6
日常费用	935.4	505.4	-46.0
固定资产折旧	93.2	403.5	332.9
税费	11.8	24.9	111.0
管理费用	1878.40	1612.4	-14.2
其中：人员费用	401.1	563.4	40.5
日常费用	702.5	363.5	-48.3
固定资产折旧	456.3	114.9	-74.8
税费	2.5	4.9	96.0
(五)净资产变动额	582.1	-149.6	-125.7

B-3-6 其他社会服务与上年比较

指　标	2010年	2009年	比上年增减(%)
一、婚姻服务			
(一)结婚登记	12410189	12124143	2.4
1.内地居民登记结婚(对数)	12361153	12074992	2.4
初婚人数	22009247	21687812	1.5
再婚人数	2811131	2560474	9.8
其中：女性	1388261	1246665	11.4
恢复结婚	190356	181162	5.1
2.涉外及华侨、港澳台居民登记结婚(对数)	49036	49151	-0.2
每千居民之结婚宗数(‰)	9.3	9.1	0.2 (千分点)
(二)办理离婚登记	2677514	2468075	8.5
1.民政部门办理离婚(对数)	2009881	1801738	11.6
(1)内地居民办理离婚	2004098	1795991	11.6
(2)华侨、港澳台居民登记离婚	5783	5747	0.6
2.各级法院办理离婚(对数)	667636	666337	0.2
每千居民之离婚宗数(‰)	2	1.85	0.15(千分点)
二、殡葬服务			
(一)火化炉数(台)	5229	5123	2.1
(二)全年处理遗体数(具)	4740639	4542116	4.4
(三)火化率(%)	49	48.2	0.8 (百分点)
(四)穴位数(个)	11290348	10418045	8.4
(五)安葬数(具)	7621541	7063888	7.9

05

分地区民政业务统计资料

第一章
业务统计资料

C-1-1 省级行政区划

单位：个、万平方千米

地 区	面 积	省级合计	直辖市	省	自治区	特别行政区
全 国	**960**	**34**	**4**	**23**	**5**	**2**
北 京	1.68	1	1			
天 津	1.1	1	1			
河 北	19	1		1		
山 西	15	1		1		
内蒙古	110	1			1	
辽 宁	15	1		1		
吉 林	18	1		1		
黑龙江	46	1		1		
上 海	0.58	1	1			
江 苏	10	1		1		
浙 江	10	1		1		
安 徽	13	1		1		
福 建	12	1		1		
江 西	16	1		1		
山 东	15	1		1		
河 南	16	1		1		
湖 北	18	1		1		
湖 南	21	1		1		
广 东	18	1		1		
广 西	23	1			1	
海 南	3.4	1		1		
重 庆	8.23	1	1			
四 川	48	1		1		
贵 州	17	1		1		
云 南	38	1		1		
西 藏	120	1			1	
陕 西	19	1		1		
甘 肃	39	1		1		
青 海	72	1		1		
宁 夏	6.6	1			1	
新 疆	160	1			1	
香 港		1				1
澳 门		1				1
台 湾		1		1		

C-1-2 地级与县级行政区划

单位：个

地区	地级合计	地级市	地区	自治州	盟	县级合计	市辖区	县级市	县	自治县	旗	自治旗	特区	林区
全国	**333**	**283**	**17**	**30**	**3**	**2856**	**853**	**370**	**1461**	**117**	**49**	**3**	**2**	**1**
北京						16	14		2					
天津						16	13		3					
河北	11	11				172	36	22	108	6				
山西	11	11				119	23	11	85					
内蒙古	12	9			3	101	21	11	17		49	3		
辽宁	14	14				100	56	17	20	7				
吉林	9	8		1		60	20	20	17	3				
黑龙江	13	12	1			128	64	18	45	1				
上海						18	17		1					
江苏	13	13				105	55	26	24					
浙江	11	11				90	32	22	35	1				
安徽	17	17				105	44	5	56					
福建	9	9				85	26	14	45					
江西	11	11				100	19	11	70					
山东	17	17				140	49	31	60					
河南	17	17				159	50	21	88					
湖北	13	12		1		103	38	24	38	2				1
湖南	14	13		1		122	34	16	65	7				
广东	21	21				121	54	23	41	3				
广西	14	14				109	34	7	56	12				
海南	2	2				20	4	6	4	6				
重庆						40	19		17	4				
四川	21	18		3		181	43	14	120	4				
贵州	9	4	2	3		88	10	9	56	11			2	
云南	16	8		8		129	12	11	77	29				
西藏	7	1	6			73	1	1	71					
陕西	10	10				107	24	3	80					
甘肃	14	12		2		86	16	4	60	6				
青海	8	1	1	6		43	4	2	30	7				
宁夏	5	5				22	9	2	11					
新疆	14	2	7	5		98	11	19	62	6				

C-1-3 乡镇级行政区划

单位:个

地 区	乡镇级合计	镇	乡	#民族乡	街道办事处	区公所
全 国	**40906**	**19410**	**14571**	**1096**	**6923**	**2**
北 京	322	142	40	5	140	
天 津	243	115	20	2	108	
河 北	2227	1007	953	52	266	1
山 西	1397	563	633		201	
内蒙古	863	463	179	18	221	
辽 宁	1507	581	324	72	602	
吉 林	897	426	194	28	277	
黑龙江	1278	473	423	58	382	
上 海	210	109	2		99	
江 苏	1307	877	98	1	332	
浙 江	1512	728	443	14	341	
安 徽	1523	912	349	9	262	
福 建	1102	595	334	19	173	
江 西	1539	788	610	8	141	
山 东	1874	1118	156		600	
河 南	2371	949	929	12	493	
湖 北	1230	741	199	10	290	
湖 南	2419	1109	1052	97	258	
广 东	1581	1134	11	7	436	
广 西	1234	702	424	58	108	
海 南	222	183	21		18	
重 庆	1014	587	252	14	175	
四 川	4668	1821	2585	98	262	
贵 州	1560	689	757	252	114	
云 南	1366	597	689	148	80	
西 藏	692	140	542	9	10	
陕 西	1745	922	648		175	
甘 肃	1351	466	761	34	124	
青 海	396	137	229	28	30	
宁 夏	235	99	93		43	
新 疆	1021	237	621	43	162	1

C-1-4 民政部门

地 区	单位数	年末职工人数	# 女性	受教育程度	
				大学专科人数	大学本科及以上人数
全 国	**3482**	**88942**	**27487**	**36990**	**33202**
中央级	1	318	80	24	293
北 京	18	1046	394	267	705
天 津	19	575	162	199	329
河 北	191	5697	1952	2151	1692
山 西	131	2606	788	1118	808
内蒙古	116	2637	822	1261	1004
辽 宁	118	2688	753	1206	1276
吉 林	76	1475	390	558	809
黑龙江	146	2565	905	1120	1102
上 海	20	735	244	214	469
江 苏	126	3367	810	1181	1657
浙 江	103	2352	545	955	1004
安 徽	123	2702	673	1096	1072
福 建	97	1652	318	639	523
江 西	116	2989	847	1121	917
山 东	179	6097	1876	2492	2807
河 南	181	7958	2833	3489	2354
湖 北	117	4025	1186	1835	1452
湖 南	147	6319	2019	2398	2234
广 东	143	3788	1110	1552	1483
广 西	125	2350	779	1043	841
海 南	23	598	164	225	203
重 庆	42	1188	329	502	546
四 川	208	5149	1701	2290	1722
贵 州	99	2575	807	1367	701
云 南	146	3936	1219	1655	1292
西 藏	81	905	341	272	178
陕 西	118	3177	807	1516	1038
甘 肃	101	2696	763	1046	923
青 海	55	786	267	331	270
宁 夏	27	597	193	249	271
新 疆	289	3394	1410	1618	1227

行政机构

单位：个、人

职业资格水平		年龄结构			
助理社会工作师人数	社会工作师人数	35岁及以下人数	36岁至45岁人数	46岁至55岁人数	56岁及以上人数
969	**922**	**21863**	**34237**	**26610**	**6232**
		104	90	84	40
2	9	245	354	358	89
		67	153	276	79
60	49	1630	2184	1579	304
13	8	648	917	877	164
	4	570	1062	890	115
	1	478	928	1000	282
7	21	291	604	498	82
59	40	629	1030	805	101
4	38	130	193	278	134
86	87	490	1178	1287	412
7	20	367	707	1007	271
30	34	462	1134	877	229
5	12	259	609	623	161
24	23	591	1237	925	236
123	77	1876	2364	1571	286
158	110	2799	2908	1782	469
46	36	758	1497	1265	505
34	40	1996	2334	1532	457
85	68	945	1325	1194	324
2	14	309	1037	883	121
40	4	103	249	173	73
56	16	230	402	434	122
46	81	1159	2204	1438	348
11	30	515	1099	826	135
20	5	754	1683	1327	172
3	3	407	348	136	14
11	50	840	1179	937	221
16	25	835	1054	670	137
8		174	384	204	24
2	1	131	255	162	49
11	16	1071	1535	712	76

C-1-4续表

地区	职工按行政级别分				社会工作师资格考试情况			助理工作师资格	
	中央级	省级	地级	县级	报名考试人数	考试通过人数	累计人数	报名考试人数	考试通过人数
全　国	**318**	**3725**	**13494**	**71405**	**25547**	**2664**	**10552**	**46047**	**5428**
中央级	318								
北　京		190		856	2778	396	1290	6944	981
天　津		107		468	521	43	206	1390	89
河　北		104	654	4939	1022	116	656	742	60
山　西		91	389	2126	518	44	302	320	24
内蒙古		74	458	2105	495	20	70	387	27
辽　宁		79	631	1978	1611	129	276	2536	184
吉　林		92	291	1092	366	18	39	833	56
黑龙江		116	679	1770	607	29	96	933	99
上　海		169		566	1267	194	449	1929	299
江　苏		153	642	2572	2498	259	1020	6236	719
浙　江		102	406	1844	2163	299	1148	3223	485
安　徽		106	484	2112	532	47	295	1680	108
福　建		116	289	1247	703	88	288	1236	167
江　西		90	431	2468	389	36	376	502	87
山　东		144	873	5080	1396	203	869	1279	193
河　南		157	789	7012	736	66	491	624	99
湖　北		98	608	3319	422	25	179	755	95
湖　南		158	731	5430	646	99	212	1551	186
广　东		130	957	2701	2967	348	1257	7184	1030
广　西		85	456	1809	606	44	123	704	104
海　南		75	62	461	48		4	289	18
重　庆		167		1021	775	80	165	1651	121
四　川		133	773	4243	363	3	202	538	24
贵　州		122	375	2078	277	12	26	508	52
云　南		128	670	3138	13	1	27	8	
西　藏		90	263	552	452	16	17	609	56
陕　西		138	500	2539	388	10	119	365	31
甘　肃		118	381	2197	109	4	31	114	10
青　海		99	146	541	111	1	23	116	7
宁　夏		99	104	394	129	6	42	124	2
新　疆		195	452	2747	639	28	254	737	15

单位：人、万元

考试情况	乡、镇、街道民政助理员	执行行政事业单位会计制度财务指标					
累计人数		固定资产原价	上年结余	收入合计	支出合计	收支结余	行政事业单位增加值
33662	**50365**	**1217880.7**	**523588.5**	**5744464.7**	**4790232.1**	**549987.4**	**1908187.5**
		35363.8	44150.8	441583.5	449184.8	36549.5	347554.2
4322	738	35001.3	32496.4	243886.3	212550.9	49435.0	69820.5
830	467	5945.4	1106.8	43649.6	40449.3	2120.6	31609.3
1050	3006	47471.0	5418.8	215160.4	215048.2	3398.2	86350.9
524	1512	26344.1	8841.5	121838.3	121738.8	6015.5	46879.6
144	1416	21232.2	1430.5	87703.8	81152.3	7982.0	37419.4
1126	1339	54693.4	4047.1	80878.1	84298.4	4850.0	31128.7
344	250	22355.5	607.8	63457.2	62219.1	761.8	36279.4
447	282	24575.4	1309.5	65769.0	67431.8	-94.4	28246.3
719	367	14347.3	50913.2	222521.5	206959.2	68766.7	59316.6
3871	1374	62884.0	17793.6	256901.9	251164.4	22578.5	115343.3
2643	2166	48936.6	30937.8	422561.5	423339.8	29419.4	146325.5
1161	1291	43920.3	11059.8	174781.7	191987.9	8987.6	53570.4
983	1259	22115.5	14772.9	153968.1	165049.9	12691.4	61385.3
1246	1068	31356.0	11337.1	40543.8	47388.2	10078.2	15342.7
2643	2555	79320.3	12780.2	142388.2	144193.8	10746.1	63238.1
907	1422	32035.6	7184.9	975163.6	105315.8	5707.0	36532.4
679	2401	62786.2	3721.5	81703.7	83146.3	3361.7	30424.3
534	4389	62176.1	2880.9	220217.7	217486.2	1400.0	100080.6
5147	2419	89164.2	29950.2	335038.2	340635.8	18218.0	92845.2
649	2557	46328.1	79080.0	184465.1	186641.8	34749.2	42523.7
60	348	13157.5	10138.0	156124.0	79186.9	17057.4	39091.6
380	2806	30678.3	2592.5	63008.6	60547.2	2364.7	24399.0
922	2631	69378.9	17846.3	247685.3	203134.2	62397.4	84077.9
251	3291	31010.4	15581.0	73106.7	61943.4	13044.9	20610.3
231	2264	77239.0	31678.8	162202.5	177982.9	23021.5	26798.4
60	666	11342.5		22339.5	22320.5		1901.5
710	3849	27076.0	11586.1	95535.8	97961.3	5542.9	30106.9
198	812	11333.3	369.8	15556.2	21377.9	49483.8	32295.7
138	388	13110.0	43643.3	82154.5	120486.1	17031.0	49415.0
89	350	10473.9	4953.9	47114.3	39481.0	9978.7	14320.7
654	682	54728.6	13377.5	205456.1	208428.0	12343.1	56527.5

C-2 社会工

地 区	单位数	年末职工人数	# 女性	受教育程度情况	
				大学专科人数	大学本科及以上人数
全 国	**131833**	**2256551**	**343285**	**249190**	**113316**
中央级	33	1342	615	235	966
北 京	5394	68617	20957	10964	7912
天 津	1328	32208	5879	3122	1552
河 北	4303	78414	12032	5455	2312
山 西	3579	49856	6684	4424	1869
内蒙古	2202	23390	6182	5259	2642
辽 宁	5899	141038	18400	12535	8298
吉 林	2269	34611	5291	4421	2206
黑龙江	3368	42284	8370	10542	3936
上 海	4960	140670	31270	4855	2537
江 苏	12512	399369	29310	33721	16703
浙 江	8146	298391	17726	22679	9454
安 徽	5297	47182	11167	5861	2097
福 建	2887	33266	5837	2148	1025
江 西	4211	46517	10985	4329	1254
山 东	12783	175003	33067	37833	16721
河 南	5619	100092	13644	12714	5441
湖 北	6146	73007	16393	9905	4347
湖 南	6259	67302	14058	11291	3228
广 东	6190	50653	20123	6392	3302
广 西	2461	23060	7194	2836	1292
海 南	378	2274	527	282	117
重 庆	5094	73994	6338	6755	2798
四 川	6031	81575	11162	7868	2370
贵 州	1641	12733	3482	2538	822
云 南	2079	67344	3447	2733	1029
西 藏	285	841	301	45	13
陕 西	3912	34452	8569	7091	2359
甘 肃	3094	15201	4292	3649	1763
青 海	410	3132	777	556	175
宁 夏	566	7332	1424	621	311
新 疆	2497	31401	7782	5531	2465

作总表

单位：个、人

职业资格水平		年龄结构			
助理社会工作师人数	社会工作师人数	35岁及以下人数	36岁至45岁人数	46岁至55岁人数	56岁及以上人数
6724	**5176**	**778020**	**899052**	**467306**	**112173**
2	11	587	326	333	96
1013	371	19589	27487	17225	4316
123	53	10545	12279	7733	1651
169	92	33160	29014	13119	3121
51	72	19454	18127	10470	1805
40	46	6375	10394	6066	555
134	70	46007	56670	31587	6774
227	300	10358	16030	6988	1235
359	172	15272	18657	7458	897
328	403	36549	54920	36339	12862
736	482	121617	153767	96918	27067
289	217	105824	118665	58748	15154
209	171	14675	20780	9886	1841
231	102	9849	15777	6497	1143
146	48	17819	18046	8967	1685
359	387	71741	66721	29572	6969
370	199	42531	39530	15041	2990
234	367	22047	29641	18257	3062
210	188	17857	34027	12998	2420
453	368	17003	19346	11079	3225
148	145	8441	9390	4532	697
9	8	898	852	431	93
188	118	25221	28979	16077	3717
278	360	32230	33489	13007	2849
43	122	4373	4980	2756	624
50	45	30650	24755	9806	2133
2		394	411	26	10
115	111	12711	12834	7249	1658
48	47	5441	5882	3039	839
5		1001	1795	262	74
34	10	2454	3796	908	174
121	91	15347	11685	3932	437

C-2续表

地　区	增加值合计	执行企业会计制度单位财务指标					执行行政	
		固定资产原价	营业收入	费用合计	营业利润	企业单位增加值	固定资产原价	上年结余
全　国	**9121864.8**	**16767987.7**	**52988300.3**	**7420039.0**	**1742404.2**	**5912603.5**	**6377166.7**	**611424.4**
中央级	13378.4	33551.1	18841.2	9106.8	516.7	4138.2	105993.3	34695.7
北　京	509860.3	534412.4	719041.1	199340.0	8805.6	100733.2	357143.1	129435.6
天　津	185260.0	262814.0	819047.8	484356.7	23112.9	120441.6	76142.2	15622.9
河　北	280855.4	438463.2	1798162.4	208337.5	-18796.5	179228.8	240490.5	12727.1
山　西	95613.6	351549.9	509975.5	35954.8	2669.3	44172.2	108913.0	10489.1
内蒙古	86375.9	65087.3	110987.4	91692.1	11380.6	38002.1	62965.4	3685.7
辽　宁	569366.6	585605.6	2354671.1	505985.0	76974.4	414865.6	510878.7	8800.2
吉　林	109314.1	125446.7	325008.0	38727.0	12046.2	42280.2	107770.1	6853.3
黑龙江	136077.3	156590.4	565773.6	95906.8	10368.2	82860.0	147750.2	26844.6
上　海	437162.5	1078933.8	2496366.6	295057.3	115018.9	314234.9	353377.3	16393.5
江　苏	1499322.4	3411243.2	15623840.4	1479223.4	315893.7	1155583.1	742690.5	84197.8
浙　江	2082727.4	5069456.7	15165767.4	2118515.1	826627.1	1919895.6	322464.9	28626.1
安　徽	146998.5	132984.3	800944.4	49389.4	35761.7	83385.2	224226.3	3961.2
福　建	92258.7	171865.6	371291.3	60266.0	7519.6	40221.5	88739.7	14868.9
江　西	53474.6	88095.9	2343636.1	24422.5	3293.6	14306.3	164594.6	6676.4
山　东	803855.3	1046426.9	2186873.3	821052.7	135153.8	472829.7	231339.9	6693.1
河　南	200751.5	459469.1	696399.7	192875.6	15609.5	106118.5	253668.2	12214.5
湖　北	246430.0	172638.2	424597.9	80231.1	16288.1	78120.4	382823.9	6182.6
湖　南	190168.8	403064.4	601686.5	77078.1	4036.2	75074.0	228688.6	4283.4
广　东	237809.7	118799.7	290167.9	53773.1	7726.9	40175.6	431400.8	55208.2
广　西	69364.3	86042.6	240836.5	17791.3	161.2	17536.0	145625.2	6222.2
海　南	9435.8	19615.0	38131.6	15900.4	204.3	2272.8	29488.9	7678.7
重　庆	341124.4	406798.5	1288088.1	168556.3	59008.6	285800.1	124323.7	6137.2
四　川	222352.8	260339.1	774834.2	94983.5	23026.6	103547.9	311059.7	20358.8
贵　州	32804.9	52570.5	72698.4	17824.1	217.0	5027.9	53543.6	11937.1
云　南	156163.8	807156.9	1643297.1	58652.6	32408.0	80991.6	152741.0	36161.7
西　藏	3646.7	4191.0	980.0	905.4	35.0	374.8	42439.8	647.3
陕　西	145930.9	127780.5	258870.6	47370.7	2929.8	36077.4	163719.5	9165.7
甘　肃	30906.0	30282.5	13581.6	4848.9	244.9	2701.1	53657.1	1848.0
青　海	7653.4	4055.0	7100.0	1256.4	17.6	1268.8	10375.4	156.7
宁　夏	26017.8	94045.3	59640.0	19059.5	5320.0	14380.0	23936.2	3790.9
新　疆	102192.8	168612.4	367162.6	51598.9	8824.7	35957.6	124195.4	18860.2

单位：万元

事业单位会计制度财务指标				执行民间非营利组织单位会计制度财务指标				
收入合计	支出合计	收支结余	行政事业单位增加值	固定资产原价	上年结余	收入合计	费用合计	社会组织单位增加值
6171718.0	**5582779.0**	**409332.2**	**2950059.9**	**1488001.7**	**45794.5**	**555858.2**	**481506.3**	**259201.4**
88862.6	101327.2	-6628.0	9240.2					
726139.0	770867.2	86797.1	402127.5	77187.1	963.8	17176.0	21838.0	6999.6
94877.9	97447.0	12326.1	61073.0	8393.6	140.9	20085.8	8497.1	3745.4
226301.1	217895.4	16064.0	100377.7	12058.5	267.7	3192.8	1969.5	1248.9
191012.2	111883.1	8411.1	50594.3	7183.0		2809.8	3053.1	847.1
96812.4	92122.0	8455.6	48158.6	8718.0	15.5	1690.0	1640.5	215.2
211845.3	208986.4	7873.7	150435.2	34925.4	106.0	9282.2	10792.3	4065.8
130961.3	118090.6	1883.2	58119.0	7890.3		2101.2	2053.0	8914.9
115754.5	107119.5	14770.7	51605.9	11706.8	2038.1	55038.6	6213.0	1611.4
273869.1	279153.7	11105.5	96690.8	93971.0	6757.1	72086.4	71612.0	26236.8
467233.8	463852.6	37599.8	321008.4	169321.2	6342.2	54720.3	46548.2	22730.9
265172.6	267002.5	34260.8	131106.0	97563.0	17056.3	33365.6	35108.1	31725.8
117376.7	116444.6	7516.7	60070.2	97861.8	84.8	8570.3	7604.6	3543.1
115219.9	104186.1	7015.2	51891.4	6386.6	20.3	3225.3	2443.4	145.8
74816.9	72592.8	6615.8	38776.4	33886.8	29.0	3106.4	1714.3	391.9
414752.1	411579.7	9866.3	219202.5	443828.3	18.0	180721.0	177181.5	111823.1
154717.6	147660.4	7860.4	91794.9	36831.8	10.4	6669.8	7636.0	2838.1
288131.3	286938.1	1061.4	160270.2	48750.6	31.6	16500.4	16028.8	8039.4
214304.9	204196.7	12176.8	113647.0	20864.0	428.0	9604.6	8386.8	1447.8
906657.9	395883.6	24813.5	194404.5	19751.7	2815.6	15630.0	13368.8	3229.6
95865.4	94373.8	6298.1	51135.0	9657.2	-229.7	1787.9	1631.1	693.3
24212.3	25062.8	1974.8	7163.0					
112292.0	106176.3	11774.1	53652.3	85115.5	140.0	8656.1	6493.9	1672.0
215514.3	191191.4	29851.7	108764.8	51106.2	886.1	10777.5	7930.2	10040.1
42819.5	119807.2	1712.2	25297.2	22605.9	3801.4	3819.9	3120.3	2479.8
122176.9	103980.2	9847.9	74400.1	30895.5	46.6	694.4	520.0	772.1
4632.8	4447.3	839.1	3271.9					
157018.7	151947.2	9455.8	109146.8	8069.1	-17.2	2118.6	1464.3	706.7
77072.7	75175.9	2932.1	27946.2	22926.8	4000.0	6723.7	10795.6	258.7
15427.4	13241.8	32.1	5470.0	10710.8		1310.3	1286.1	914.6
18894.9	17683.9	3148.0	11055.5	3330.3	23.0	852.7	1065.5	582.3
110972.0	104462.0	21620.6	64954.0	6504.9	19.0	3540.6	3510.3	1281.2

C-2-1 提供住宿的社会

地区	单位数	年末职工人数	#女性	受教育程度情况	
				大学专科人数	大学本科及以上人数
全国	**40602**	**307257**	**165727**	**47264**	**20307**
北京	415	10200	6387	1688	839
天津	293	5755	3760	963	519
河北	1581	15841	8226	1584	759
山西	1034	7197	3440	1408	640
内蒙古	670	4560	2126	1033	439
辽宁	1281	14060	8406	2072	946
吉林	820	6330	2904	896	743
黑龙江	663	6802	3280	1287	647
上海	635	19966	14777	1217	607
江苏	2036	21247	12512	2966	1723
浙江	1695	13307	8233	1677	839
安徽	2368	14662	5540	1330	438
福建	839	4353	2172	601	280
江西	1919	11471	4894	789	281
山东	2305	25818	13269	6330	3121
河南	2847	19012	8391	2936	840
湖北	2524	18906	10447	3091	1060
湖南	2635	14185	6817	3052	907
广东	2515	20242	12760	2426	1050
广西	1446	7846	5091	1505	748
海南	213	563	355	57	20
重庆	2196	6366	2764	985	333
四川	3278	16247	7300	2352	862
贵州	974	3522	1777	1098	267
云南	757	3532	2003	633	265
西藏	219	440	239	28	6
陕西	895	5527	2897	1081	320
甘肃	675	2746	1172	580	210
青海	144	721	420	141	63
宁夏	80	744	456	106	98
新疆	650	5089	2912	1352	437

服务单位总表

单位：个、人

职业资格水平		年龄结构			
助理社会工作师人数	社会工作师人数	35岁及以下人数	36岁至45岁人数	46岁至55岁人数	56岁及以上人数
2055	**1965**	**88768**	**122800**	**75873**	**19816**
41	33	2657	4022	2823	698
21	23	1479	2004	1934	338
42	29	6846	5365	2662	968
25	35	2192	2977	1738	290
21	20	1108	1912	1361	179
47	31	3760	5683	3796	821
89	216	1902	2918	1273	237
91	28	1853	3208	1612	129
83	163	7489	5208	5385	1884
174	138	4976	7965	6586	1720
80	107	2956	4585	4286	1480
91	77	2765	6370	4363	1164
67	29	1159	1629	1308	257
75	17	2190	5379	3152	750
184	87	9694	10216	4699	1209
98	14	6534	7413	3688	1377
90	235	4478	8732	4662	1034
26	71	3437	6968	3280	500
198	120	5459	8424	4819	1540
122	130	2737	3226	1597	286
3		96	283	134	50
34	20	1078	2451	2201	636
174	156	4354	6803	3791	1299
18	54	1046	1488	822	166
8	17	1076	1434	843	179
2		242	195	3	
54	56	1713	2018	1429	367
14	21	1017	1031	576	122
5		327	250	124	20
15	8	293	270	153	28
63	30	1855	2373	773	88

C-2-1续表1

地　区	年末床位数(张)	#光荣间床位	年在院总人天数(人天)	年末在院人数(人)	#女性	在院人员按性质分(人)		
						优抚对象	“三无”对象	自费人员
全　国	**3270515**	**138513**	**613957708**	**2526662**	**602275**	**130501**	**1930641**	**465520**
北　京	68339	740	9771996	30252	12716	368	4827	25057
天　津	27194	641	4377030	18420	7208	659	3733	14028
河　北	150836	9590	37117137	118613	15962	6339	100613	11661
山　西	55952	4659	8907804	33782	3858	3495	25320	4967
内蒙古	43218	2337	9176404	34887	4791	2012	27395	5480
辽　宁	112037	7151	23573121	75694	22181	6202	45147	24345
吉　林	73701	7258	11067343	57747	11332	8619	42999	6129
黑龙江	72932	3776	13240352	62139	10505	3741	48253	10145
上　海	102180	86	19964120	66872	39695	232	7004	59636
江　苏	254764	6236	53330574	197852	57147	7137	146427	44288
浙　江	194196	3420	28659642	108817	33876	1952	48459	58406
安　徽	216344	6590	34070172	171242	29756	4383	156772	10087
福　建	26766	2409	3857353	17231	4311	1545	10830	4856
江　西	148910	18170	17993388	143402	32363	10017	125700	7685
山　东	314212	11602	82657155	247069	65303	13954	195568	37547
河　南	264896	13092	53088285	235268	41006	18276	207769	9223
湖　北	225505	10674	41640968	188788	47479	9771	159441	19576
湖　南	136630	9894	28983003	113843	26494	11346	96187	6310
广　东	128309	4102	21842537	92229	32986	5195	53982	33052
广　西	53676	1898	10079348	37497	12199	1115	23149	13233
海　南	3910	340	644470	2132	989	229	1826	77
重　庆	90139	997	15561022	64688	13541	1303	49434	13951
四　川	286652	3504	49735995	245436	38805	7038	215616	22782
贵　州	28358	754	5285090	17058	4364	597	13495	2966
云　南	43865	864	4271305	33343	7580	700	29612	3031
西　藏	5890		1128459	4213	1738		4213	
陕　西	61182	5085	12743816	50623	10680	1995	43931	4697
甘　肃	24291	917	2978534	15475	3911	950	12234	2291
青　海	5911	37	623047	3712	1086	64	3097	551
宁　夏	6770	187	1382402	5275	1255	388	4358	529
新　疆	42950	1503	6205836	33063	7158	879	23250	8934

在院人员按年龄分(人)			在院人员按类型分(人)			康复和医疗门诊人次数(人次)	家庭寄养儿童数量(人)	机构建筑面积(平方米)
老人	青壮年	少年儿童	自理(完全自理)	介助(半自理)	介护(不能自理)			
2314611	**112104**	**99947**	**1959881**	**376547**	**190234**	**10617825**	**22222**	**53036442**
26686	2507	1059	15238	6576	8438	287122	949	2031471
16297	1374	749	9644	3575	5201	77284	460	590043
110190	4957	3466	98263	15905	4445	216787	297	3533122
27698	2975	3109	26812	5164	1806	253935	1658	884876
30029	2866	1992	25170	7666	2051	21588	127	584209
67871	5134	2689	57403	12367	5924	138148	349	893628
49643	5705	2399	47307	7731	2709	171931	105	700354
54815	5501	1823	52603	6987	2549	346997	231	556068
60634	3675	2563	26232	16353	24287	142013	1643	1959315
186212	7244	4396	142588	36335	18929	2228349	515	4454245
103055	2943	2819	80576	18718	9523	588441	1080	2038543
162027	4785	4430	139002	25447	6793	156342	1119	3022909
12294	2835	2102	11596	3226	2409	243254	1516	519550
133588	3689	6125	126932	13299	3171	19830	443	3341534
240094	3936	3039	222221	19132	5716	640810	524	7565741
222305	6127	6836	197134	28277	9857	439497	599	3282013
174830	8769	5189	144823	30832	13133	775756	957	1526212
103941	4548	5354	87472	20334	6037	382483	1789	1990690
78108	4323	9798	53868	16985	21376	1320229	1020	1809775
32191	2306	3000	25096	6735	5666	394822	592	1501945
1750	32	350	1572	408	152	19856	22	114518
58867	3370	2451	51453	9174	4061	271561	317	2324201
228486	9723	7227	199419	34863	11154	849168	1589	3679518
12980	1858	2220	12432	2925	1701	239764	339	660331
28774	2265	2304	22611	7656	3076	61777	625	1450388
3114	1	1098	4050	156	7			200192
43336	4044	3243	36393	9927	4303	75752	513	880629
11851	957	2667	11514	2351	1610	121682	62	379890
2861	227	624	2410	1134	168	22622	70	17560
4552	260	463	3415	1310	550	20717	120	151506
25532	3168	4363	24632	4999	3432	89308	2592	408286

C−2−1 续表2

地　区	增加值合计	执行企业会计制度单位财务指标					执行行政	
		固定资产原价	营业收入	费用合计	营业利润	企业单位增加值	固定资产原价	上年结余
全　国	**970553.8**	**93099.3**	**83403.3**	**55584.6**	**2227.4**	**12452.9**	**3414347.8**	**119650.3**
北　京	41955.5	7556.7	2294.2	2262.6	30.4	931.9	127024.7	4197.8
天　津	22101.2						25873.3	3506.3
河　北	41312.5	273.0	107.4	93.6		10.0	176663.5	2476.6
山　西	19025.2						72740.9	4954.4
内蒙古	15521.4	1263.5	174.2	156.2	18.0	121.4	39431.5	916.8
辽　宁	42158.7	6320.0	17.0	1.5		7.0	152159.8	4330.7
吉　林	36726.4	4229.7				74.0	64694.2	199.0
黑龙江	17761.1	1729.0	10.0	8.0		8.7	78600.2	2458.4
上　海	51765.6		26579.2	27066.6	-487.4	-243.8	80206.7	8276.4
江　苏	110138.8	11563.5	86.9	62.5	424.0	798.0	380626.7	12629.0
浙　江	50595.4	25305.7	2597.8	2876.3	-414.6	3.8	214105.5	7297.6
安　徽	26470.8	5271.6	543.5	485.2	12.0	125.9	154740.2	715.2
福　建	18144.6	1901.9	375.5	102.3	-17.1	167.4	49638.2	10920.8
江　西	17722.8	985.3	53.0	108.0	16.0	81.0	113589.9	3067.8
山　东	76654.1						105047.1	4064.0
河　南	32453.1	100.0	3.0	3.0			162159.1	1281.1
湖　北	53603.3	1335.0	205.0	140.0	80.0	285.6	276368.7	471.3
湖　南	46711.3	629.0					154899.6	1205.9
广　东	82946.2	16448.7	49021.3	21270.7	2550.3	6753.2	236957.2	28316.4
广　西	20837.5	1110.6	430.0	19.5	0.8	1.0	89129.9	3451.8
海　南	1786.9						17037.8	539.5
重　庆	20155.2	825.8	345.6	321.7		2491.4	74448.5	348.1
四　川	49233.7	1121.0	90.1	177.1	4.0	120.2	252170.3	3899.1
贵　州	11119.3	2406.3	219.4	208.6		76.0	25797.3	779.7
云　南	12502.8	595.1				19.2	86659.2	1969.1
西　藏	1305.9	10.0					22449.0	
陕　西	17690.8						73639.5	2312.3
甘　肃	6692.9	244.0		0.6		9.0	26336.4	939.6
青　海	1634.6						3608.0	41.1
宁　夏	2951.4						12652.3	736.4
新　疆	17153.6	1873.9	250.2	220.6	11.0	611.9	64892.6	3348.1

单位：万元

事业单位会计制度财务指标				执行民间非营利组织单位会计制度财务指标				
收入合计	支出合计	收支结余	行政事业单位增加值	固定资产原价	上年结余	收入合计	费用合计	社会组织单位增加值
2010577.7	**1382169.7**	**116562.1**	**825568.3**	**1155732.1**	**24910.0**	**350249.4**	**297261.4**	**132532.6**
59044.7	54446.8	7511.3	34024.0	77187.1	963.8	17176.0	21838.0	6999.6
31225.0	29120.7	3605.7	19494.8	7240.1	140.9	17900.8	6312.1	2606.4
69551.8	68846.6	4450.8	40105.4	7460.1	330.2	2565.6	1823.8	1197.1
112669.1	37343.3	4758.5	18392.1	6632.5		1234.0	1296.9	633.1
33913.0	31142.1	3688.1	15245.6	6757.0	15.5	1294.7	1266.2	154.4
62650.8	60899.4	4386.4	39030.4	30562.2	106.0	6877.8	8327.7	3121.3
42552.7	42515.1	285.0	27971.5	7880.3		1542.6	1404.2	8680.9
44582.7	37509.1	7597.2	16303.6	7378.6	2038.1	54049.3	5784.9	1448.8
50417.5	45317.1	4570.1	28940.7	77755.6	6704.3	54151.1	63128.9	23068.7
142310.6	133589.7	13816.4	96314.5	111189.3	6618.7	29275.7	22210.1	13026.3
87464.0	101958.2	8807.4	45098.2	69768.7	626.3	16089.3	16423.4	5493.4
41930.6	37242.2	5173.8	23551.1	84334.3	21.8	6030.3	5564.7	2793.8
31396.6	28736.0	2474.9	17920.2	4453.8	10.0	844.9	377.8	57.0
32521.5	30679.1	2724.5	17469.5	32940.9	29.0	2097.9	776.0	172.3
63674.8	60922.4	6817.2	36879.1	335807.4		83907.5	82194.6	39775.0
49853.5	49352.5	315.7	29919.7	32108.8	10.4	5727.1	6787.9	2533.4
86363.3	85659.7	792.4	45879.2	39621.2	31.6	14649.6	14075.5	7438.5
74886.9	73455.9	1851.0	45966.1	16778.6	420.0	3819.5	3400.3	745.2
619712.0	123725.5	8865.8	73742.4	12854.7	2845.6	5176.7	4714.4	2450.6
32189.0	30943.8	4028.1	20205.7	8807.5	-230.2	1656.8	1504.6	630.8
3201.2	3085.4	49.4	1786.9					
30297.6	28049.4	2245.9	16145.1	46451.8	140.0	5246.6	4939.9	1518.7
84832.7	69103.1	8147.8	46479.5	47680.2	883.1	4620.2	3520.8	2634.0
15840.1	14363.6	1104.5	9395.0	19322.5	3156.5	1996.8	2012.2	1648.3
15403.3	14361.2	2307.5	11714.8	29476.5	46.6	573.9	516.7	768.8
1504.0	1504.0		1305.9					
27595.7	26738.2	1013.5	16984.1	8069.1	-17.2	2118.6	1464.3	706.7
31869.4	30051.6	1982.9	6539.4	12445.6		4696.1	10651.1	144.5
1379.3	1496.2	23.7	1042.0	7139.8		927.4	913.4	592.6
4414.5	4379.3	170.0	2564.6	2893.0		621.0	733.3	386.8
25329.8	25632.5	2996.6	15436.1	4734.9	19.0	3381.6	3297.7	1105.6

C-2-2 在工商部门登记的

地 区	单位数	年末职工人数		受教育程度	
			# 女性	大学专科人数	大学本科及以上人数
全 国	**92**	**1879**	**1160**	**226**	**38**
北 京					
天 津					
河 北	2	41	20	8	
山 西	1	26	21		
内蒙古	1	6	4		
辽 宁					
吉 林					
黑龙江	4	8	6		4
上 海					
江 苏	9	190	77	98	
浙 江	13	368	215	13	11
安 徽	8	101	23	6	
福 建	6	50	29	10	1
江 西	1	4	2		
山 东					
河 南					
湖 北					
湖 南					
广 东	27	855	637	47	17
广 西	1	5	1		
海 南					
重 庆	7	101	64	8	2
四 川	1	21	13		
贵 州					
云 南	7	39	33		
西 藏					
陕 西					
甘 肃					
青 海					
宁 夏					
新 疆	4	64	15	36	3

收养性社会服务机构

单位：个、人

职业资格水平		年龄结构			
助理社会工作师人数	社会工作师人数	35岁及以下人数	36岁至45岁人数	46岁至55岁人数	56岁及以上人数
11	**1**	**468**	**805**	**520**	**86**
		15	20	4	2
		4	4	15	3
			6		
		4	2	2	
		67	86	36	1
		98	156	96	18
		25	70	6	
1	1	12	16	14	8
			4		
1		159	366	288	42
			4	1	
		45	22	24	10
			3	18	
		24	13	2	
9		15	33	14	2

C-2-2续表1

地　区	年末床位数(张)	#光荣间床位	年在院总人天数(人天)	年末在院人数(人)	#女性	在院人员按性质分（人）		
						优抚对象	“三无”对象	自费人员
全　国	**16241**	**198**	**2262664**	**9651**	**4022**	**23**	**483**	**9145**
北　京								
天　津								
河　北	450	45	54700	155	36			155
山　西	30		10950	30			2	28
内蒙古	30	4	10950	30	16	4	4	22
辽　宁								
吉　林								
黑龙江	538	118	327600	150	86		26	124
上　海								
江　苏	1783		335800	1285	282	8	200	1077
浙　江	5765		766847	3254	1243		34	3220
安　徽	1729		25900	197	16			197
福　建	293	28	50990	186	87	4	29	153
江　西	50			50				50
山　东								
河　南								
湖　北								
湖　南								
广　东	3740	1	428503	3188	1971	3	71	3114
广　西	30		9125	25	10			25
海　南								
重　庆	945		69650	382	94			382
四　川	170	2	62050	170	110		18	152
贵　州								
云　南	258		365	150	45		98	52
西　藏								
陕　西								
甘　肃								
青　海								
宁　夏								
新　疆	430		109234	399	26	4	1	394

在院人员按年龄分(人)			在院人员按类型分(人)			康复和医疗门诊人次数（人次）	家庭寄养儿童数量（人）	机构建筑面积（平方米）
老人	青壮年	少年儿童	自理（完全自理）	介助（半自理）	介护（不能自理）			
9418	**166**	**67**	**3788**	**2577**	**3286**	**5304**	**10**	**290754**
155			80	40	35			2925
30			30					4000
29		1	24	5	1			200
132	16	2	77	38	35			2000
1285			904	341	40	350		85770
3217	10	27	821	1080	1353	3209		118200
197			196	1		5		10830
165	3	18	159	20	7	120	10	3200
50			50					1750
3111	77		828	721	1639			13841
25			10	15				650
382			332	40	10			23688
163	7		72	65	33	1620		5100
130	9	11	10	115	25			6700
347	44	8	195	96	108			11900

C-2-2续表2

地区	增加值合计	执行企业会计制度单位财务指标					执行行政	
		固定资产原价	营业收入	费用合计	营业利润	企业单位增加值	固定资产原价	上年结余
全国	**2850.0**	**36253.0**	**4953.9**	**4734.2**	**92.7**	**2415.5**	**1275.3**	
北京								
天津								
河北	80.8	70.0	82.4	89.6		10.0	300.0	
山西	3.8						96.0	
内蒙古	7.0							
辽宁								
吉林								
黑龙江								
上海								
江苏	779.0	6880.0			424.0	671.0		
浙江	-103.9	24796.7	2226.8	2576.3	-443.6	-103.9		
安徽	12.8	1297.0	76.5	91.0		12.8		
福建	107.5	925.0	70.9	24.9		61.3	109.3	
江西								
山东								
河南								
湖北								
湖南								
广东	1471.7	1167.5	2154.3	1663.5	112.3	1289.5	530.0	
广西	6.8							
海南								
重庆	65.0	405.8	155.8	101.7		65.0		
四川		380.0						
贵州								
云南	0.8	5.0					21.0	
西藏								
陕西								
甘肃								
青海								
宁夏								
新疆	418.6	326.0	187.2	187.2		409.8	219.0	

单位：万元

事业单位会计制度财务指标				执行民间非营利组织单位会计制度财务指标				
收入合计	支出合计	收支结余	行政事业单位增加值	固定资产原价	上年结余	收入合计	费用合计	社会组织单位增加值
391.1	**391.1**		**223.7**	**7614.2**	**303.0**	**1233.8**	**623.0**	**210.8**
92.8	92.8		70.8					
15.0	15.0		3.8					
				120.0		16.0	16.0	7.0
				1040.0	295.0	653.8	60.0	
				6200.0		276.0	276.0	108.0
						3.0		
9.3	9.3		7.2	65.0	8.0	116.0	108.0	39.0
				20.0		6.0		
215.0	215.0		132.2	90.0		148.6	148.6	50.0
				79.2		14.4	14.4	6.8
			0.8					
59.0	59.0		8.8					

C-2-3 在编制部门登记的

地 区	单位数	年末职工人数	# 女性	受教育程度	
				大学专科人数	大学本科及以上人数
全 国	**5050**	**102391**	**58703**	**26057**	**14770**
北 京	169	4518	2906	771	599
天 津	24	1597	831	385	259
河 北	357	6896	3774	1100	649
山 西	137	3106	1646	893	562
内蒙古	86	2047	1041	823	369
辽 宁	158	4672	2526	1356	755
吉 林	234	2923	1398	531	530
黑龙江	109	3538	1563	655	533
上 海	33	3132	2287	551	371
江 苏	235	6309	3825	1538	1206
浙 江	252	4064	2735	752	609
安 徽	158	2826	1600	712	323
福 建	144	2372	1308	533	264
江 西	150	2510	1297	480	265
山 东	145	5048	2843	1806	1494
河 南	228	4401	2509	1418	578
湖 北	405	7125	4093	1804	918
湖 南	290	6093	3342	2049	712
广 东	256	8123	5564	1598	918
广 西	122	3505	2271	884	569
海 南	12	203	129	44	15
重 庆	131	1761	925	578	275
四 川	432	6012	2992	1673	745
贵 州	109	1700	886	768	229
云 南	129	1535	978	454	230
西 藏	8	81	51	20	5
陕 西	90	1696	817	495	153
甘 肃	43	841	405	250	153
青 海	9	337	224	100	49
宁 夏	12	356	244	86	91
新 疆	383	3064	1693	950	342

收养性社会服务机构

单位：个、人

职业资格水平		年龄结构			
助理社会工作师人数	社会工作师人数	35岁及以下人数	36岁至45岁人数	46岁至55岁人数	56岁及以上人数
1140	**938**	**33901**	**39545**	**23994**	**4951**
25	22	1006	1770	1438	304
18	18	402	477	580	138
39	18	2806	2482	1351	257
24	35	1008	1246	734	118
19	20	565	824	583	75
34	22	1394	1835	1210	233
23	78	831	1304	671	117
30	14	1002	1482	968	86
59	99	952	895	953	332
81	77	1903	2218	1725	463
64	49	1286	1355	1064	359
21	18	869	1160	637	160
46	16	763	899	615	95
16	13	702	992	600	216
142	75	1810	1776	1236	226
28	11	1738	1756	736	171
88	41	2072	3019	1660	374
13	48	1925	2778	1166	224
159	75	2883	3328	1620	292
28	25	1567	1174	666	98
3		25	145	28	5
22	14	520	593	547	101
39	52	2237	2262	1257	256
17	39	491	722	449	38
7	6	582	578	331	44
2		37	44		
20	11	602	642	397	55
9	5	318	321	171	31
4		157	89	71	20
15	8	183	115	50	8
45	29	1265	1264	480	55

C-2-3续表1

地　区	年末床位数（张）	#光荣间床位	年在院总人天数（人天）	年末在院人数（人）	#女性	在院人员按性质分（人）		
						优抚对象	“三无”对象	自费人员
全　国	**647592**	**50212**	**134040628**	**489260**	**138613**	**53749**	**316477**	**119034**
北　京	22899	708	4413953	12600	5110	355	3416	8829
天　津	5907	564	1169071	4543	1665	535	1744	2264
河　北	50932	6619	12325466	38034	4651	5696	30220	2118
山　西	11733	2627	2536769	8512	1414	3173	4320	1019
内蒙古	10519	1336	2085688	7478	1748	1125	4047	2306
辽　宁	25774	2384	6164912	19773	6889	2689	11538	5546
吉　林	21613	2742	5084474	17355	3908	2615	12435	2305
黑龙江	22801	1292	4011197	19252	4375	1232	13680	4340
上　海	12042	50	3683791	10352	5035	38	3006	7308
江　苏	47715	1431	12007402	40440	12612	1640	28270	10530
浙　江	42024	1155	7747655	24325	9669	538	9896	13891
安　徽	15766	1409	2761590	11732	3623	1739	7658	2335
福　建	12131	1387	1994841	9249	2578	1127	4881	3241
江　西	17726	3294	2252195	15812	4125	1608	11654	2550
山　东	28256		6859052	20356	4550	6577	10992	2787
河　南	26337	3384	6007946	21466	4480	3605	14805	3056
湖　北	52245	6389	8321600	39448	11821	5723	26511	7214
湖　南	26403	4653	6002799	19396	7089	5348	10686	3362
广　东	35114	2053	7222741	26402	12077	2342	14248	9812
广　西	12293	1380	2559348	9541	4320	731	4323	4487
海　南	849	175	152916	544	310	83	388	73
重　庆	15966	569	3336378	10710	3917	559	6092	4059
四　川	57750	1062	13656967	46979	8848	2231	36480	8268
贵　州	7295	574	1743440	5632	1992	315	3292	2025
云　南	13077	256	1376606	9565	2096	288	8303	974
西　藏	692		160855	540	200		540	
陕　西	13736	1476	2856049	10160	2631	1153	8746	261
甘　肃	5327	205	777924	3787	1258	124	3136	527
青　海	1776	37	251617	847	337	6	686	155
宁　夏	1528	90	340435	1210	322	23	879	308
新　疆	29366	911	4174951	23220	4963	531	19605	3084

在院人员按年龄分(人)			在院人员按类型分(人)			康复和医疗门诊人次数(人次)	家庭寄养儿童数量(人)	机构建筑面积(平方米)
老人	青壮年	少年儿童	自理(完全自理)	介助(半自理)	介护(不能自理)			
354121	**64589**	**70550**	**311979**	**102195**	**75086**	**7625468**	**20832**	**14710118**
9760	1873	967	6314	2641	3645	239557	943	687839
2804	993	746	2405	701	1437	50230	460	179885
34624	1771	1639	29854	5755	2425	143973	159	1503840
4668	1471	2373	5746	1475	1291	231898	1658	367023
4966	1154	1358	3872	2322	1284	17108	127	345455
14695	3070	2008	13913	3564	2296	108466	349	309724
12757	3322	1276	12815	3140	1400	142427	105	321901
14703	3078	1471	15372	3021	859	336186	231	176255
6000	2074	2278	2900	2454	4998	27545	1643	414812
31209	5724	3507	22591	11170	6679	1796024	515	1048736
19377	2341	2607	14772	5225	4328	331631	1077	787345
7219	1426	3087	5548	3743	2441	111663	1119	469934
4601	2744	1904	4860	2285	2104	239404	1485	151438
11632	1050	3130	12720	2424	668	14206	443	535085
15911	2332	2113	15926	3153	1277	408280	524	1075425
15529	1919	4018	14456	3796	3214	328563	599	652995
33155	3180	3113	26981	9078	3389	451165	957	518297
12691	2909	3796	9049	6386	3961	306136	1789	644653
13981	3908	8513	11253	6019	9130	737615	1005	365487
4641	2132	2768	4415	2374	2752	345852	592	598706
231	30	283	356	98	90	19615	22	10192
7670	1678	1362	6464	1907	2339	231821	317	503691
37905	5495	3579	33838	7989	5152	535279	464	1635320
2388	1755	1489	3842	810	980	195925	331	264452
6754	1339	1472	5738	1865	1962	57834	609	546694
42		498	505	33	2			10224
5626	2144	2390	4822	3741	1597	14919	513	249776
1555	504	1728	2190	755	842	83411	62	38021
252	180	415	545	239	63	22479	70	12960
638	201	371	498	377	335	10895	120	60093
16137	2792	4291	17419	3655	2146	85361	2544	223860

C-2-3续表2

地区	增加值合计	执行企业会计制度单位财务指标					执行行政	
		固定资产原价	营业收入	费用合计	营业利润	企业单位增加值	固定资产原价	上年结余
全　国	**631337.5**	**10945.0**	**2575.2**	**2648.0**	**53.4**	**1069.9**	**1814545.7**	**107849.8**
北　京	34076.3	7556.7	2294.2	2262.6	30.4	931.9	106091.4	4062.1
天　津	18292.8						19256.6	3505.0
河　北	31839.1						102537.5	2335.5
山　西	14850.8						39710.5	4935.4
内蒙古	12508.0						23522.8	901.8
辽　宁	28362.2	1058.0					78486.1	3838.9
吉　林	24267.9						40114.5	199.0
黑龙江	12830.0	34.0					56760.8	2448.4
上　海	28073.4						74209.2	7981.4
江　苏	60565.5						172243.5	12262.7
浙　江	32901.8						107414.6	5180.5
安　徽	11899.6	1206.0	278.0	236.9	12.0	44.7	36066.8	529.4
福　建	16534.8						34401.5	10057.8
江　西	7644.5	200.0					38347.2	3009.0
山　东	36879.1						105047.1	4064.0
河　南	16360.9	40.0					42324.8	1196.5
湖　北	32479.8						187858.4	217.3
湖　南	31722.0						65806.5	1124.2
广　东	59531.5	143.2		129.0		1.2	133265.5	24317.7
广　西	17225.4	614.0					43981.5	2933.8
海　南	866.8						6836.2	442.5
重　庆	12318.0						31052.6	304.9
四　川	34015.2						112645.7	3344.0
贵　州	9122.0						17428.2	689.7
云　南	8950.1						37877.2	1804.0
西　藏	354.9						2712.5	
陕　西	11038.7						26261.8	1393.4
甘　肃	5475.9						12210.6	919.6
青　海	1042.0						3608.0	41.1
宁　夏	2238.8						5827.9	516.4
新　疆	13925.1	93.1	3.0	19.5	11.0	92.2	50638.2	3293.8

单位：万元

事业单位会计制度财务指标				执行民间非营利组织单位会计制度财务指标				
收入合计	支出合计	收支结余	行政事业单位增加值	固定资产原价	上年结余	收入合计	费用合计	社会组织单位增加值
1174903.0	**1046503.1**	**111931.0**	**627481.7**	**25736.1**	**1750.1**	**54979.3**	**2057.2**	**2785.9**
55447.8	51024.0	7283.4	31571.4	610.0	59.0	737.0	916.0	1573.0
29618.6	27592.8	3605.6	18292.8					
55048.7	54408.7	4450.8	31839.1					
106426.7	31227.4	4758.5	14850.8					
29471.9	26702.3	3671.8	12508.0					
48670.2	46921.4	4342.8	28352.6	214.0		94.5	94.5	9.6
33884.2	33784.4	285.0	24266.9	1424.8		2.0	2.0	1.0
38107.4	32379.7	7596.0	12800.0	135.0	1678.1	52782.3	35.1	30.0
45194.9	41799.9	4315.8	28073.4					
94152.0	86350.6	12949.4	60494.5	72.0		244.8	199.0	71.0
62450.6	77320.6	6894.6	32901.8	2000.0		20.0		
23056.9	19677.6	5131.6	11854.9	14809.2		151.9	108.4	
25284.0	23681.9	2391.7	16534.8	1.0		10.0		
15161.7	13399.1	2717.9	7644.5	152.1	2.0	14.6		
63674.8	60922.4	6817.2	36879.1					
28918.6	28558.2	285.4	16349.4	1482.5		261.3	95.3	11.5
62435.2	61687.2	792.4	32470.0	200.0		30.0	30.0	9.8
51309.2	49894.2	1843.0	31722.0	20.0				
100398.2	97295.7	8094.2	59530.3	18.5				
28796.8	27558.2	3964.1	17225.4	137.0		64.0	41.0	
2160.5	2051.2	49.4	866.8					
24875.3	22695.8	2232.3	12318.0	1580.0		441.0	441.0	
65442.4	49451.2	7896.7	33375.2					640.0
14987.7	13756.7	1104.5	8708.0	1496.0		100.9	68.9	414.0
13897.9	12603.4	2297.7	8950.1	1155.0				
823.7	823.7		354.9					
16169.0	15313.6	988.0	11038.7					
11078.1	9206.8	1980.9	5475.9					
1376.3	1493.2	23.7	1042.0	163.0		3.0		
3499.8	3430.6	170.0	2238.8					
23083.9	23490.6	2996.6	13806.9	66.0	11.0	22.0	26.0	26.0

C-2-4 在民政部门登记的

地 区	单位数	年末职工人数		受教育程度	
			#女性	大学专科人数	大学本科及以上人数
全 国	**26667**	**169569**	**90142**	**18183**	**4928**
北 京	153	4675	2840	755	201
天 津	149	3301	2447	452	196
河 北	720	6350	3181	317	72
山 西	748	3241	1379	424	68
内蒙古	279	1261	611	96	44
辽 宁	909	8492	5516	683	184
吉 林	496	2935	1290	332	189
黑龙江	344	1864	951	294	60
上 海	602	16834	12490	666	236
江 苏	1478	12985	7786	1264	511
浙 江	874	6130	3590	711	188
安 徽	1484	8134	2659	491	108
福 建	436	1519	647	46	8
江 西	1768	8957	3595	309	16
山 东	2160	20770	10426	4524	1627
河 南	2016	10543	4291	1119	229
湖 北	2099	11713	6326	1286	142
湖 南	2100	7269	3080	781	156
广 东	1791	9850	5830	712	108
广 西	170	2068	1518	332	77
海 南	196	346	216	13	5
重 庆	964	3163	1348	354	49
四 川	1735	6133	2430	484	66
贵 州	860	1810	885	330	38
云 南	352	1383	691	135	33
西 藏	211	359	188	8	1
陕 西	536	2985	1624	525	157
甘 肃	581	1826	720	321	55
青 海	135	384	196	41	14
宁 夏	62	362	212	20	7
新 疆	259	1927	1179	358	83

收养性社会服务机构

单位：个、人

职业资格水平		年龄结构			
助理社会工作师人数	社会工作师人数	35岁及以下人数	36岁至45岁人数	46岁至55岁人数	56岁及以上人数
761	**831**	**47132**	**68295**	**42289**	**11853**
16	11	1478	1871	1030	296
3	4	811	1187	1174	129
3	10	3108	1927	697	618
1		886	1431	796	128
		172	635	413	41
12	8	2208	3475	2332	477
62	126	939	1441	468	87
51	14	602	847	390	25
24	64	6537	4313	4432	1552
91	48	2763	5015	4147	1060
3	43	1338	2193	1973	626
66	59	1121	3605	2676	732
20	12	331	595	452	141
59	4	1488	4383	2552	534
42	12	7884	8440	3463	983
70	3	3615	4019	2107	802
2	193	2389	5706	2961	657
13	17	1344	3798	1913	214
36	45	2196	4082	2474	1098
11	69	583	1022	420	43
		69	134	98	45
9	5	429	1216	1165	353
134	7	1305	2324	1864	640
1	15	553	757	372	128
1	9	368	626	321	68
		205	151	3	
16	36	936	1040	775	234
5	16	657	682	396	91
1		170	161	53	
		88	151	103	20
9	1	559	1068	269	31

C–2–4续表1

地　区	年末床位数(张)	# 光荣间床位	年在院总人天数(人天)	年末在院人数(人)	# 女性	在院人员按性质分(人)		
						优抚对象	“三无”对象	自费人员
全　国	**2087486**	**76298**	**379657903**	**1638292**	**391611**	**65959**	**1275485**	**296848**
北　京	33606	32	4088345	14245	6199	1	185	14059
天　津	16940	33	2375412	11284	5062	41	187	11056
河　北	67907	2519	16042535	53692	7301	392	45079	8221
山　西	35970	1874	5171844	20148	1924	248	16324	3576
内蒙古	17494	684	3861555	14167	1159	300	11649	2218
辽　宁	73767	4656	14536919	47870	14186	3098	26881	17891
吉　林	45794	4180	5137498	36658	6841	5557	27467	3634
黑龙江	31464	1410	4771252	27957	3878	1818	22359	3780
上　海	90138	36	16280329	56520	34660	194	3998	52328
江　苏	177077	4283	35055660	136918	39810	5187	101243	30488
浙　江	92357	1903	13041722	47062	16743	1108	24508	21446
安　徽	129022	4372	18105485	102504	16140	1783	93776	6945
福　建	10002	583	1398969	5994	1423	315	4305	1374
江　西	131134	14876	15741193	127540	28238	8409	114046	5085
山　东	285956	11602	75798103	226713	60753	7377	184576	34760
河　南	185123	8345	33764869	168020	26646	13871	148282	5867
湖　北	171655	4235	33317568	148229	35154	4031	131877	12321
湖　南	95654	4848	20176945	83217	16624	5028	75385	2804
广　东	68575	1551	12397098	51516	16018	1387	31480	18649
广　西	11829	48	2251458	8144	3642	41	1015	7088
海　南	3009	155	480514	1553	669	141	1408	4
重　庆	47653	131	7256614	35542	7547	233	26435	8874
四　川	143284	1528	20186450	124945	21201	2408	112282	10255
贵　州	20980	180	3538770	11365	2369	279	10145	941
云　南	21337	492	1066638	16398	3478	383	14246	1769
西　藏	5000		967604	3574	1476		3574	
陕　西	34846	343	7857417	29192	6135	748	24676	3768
甘　肃	17798	712	1717040	11209	2569	816	8749	1644
青　海	4135		371430	2865	749	58	2411	396
宁　夏	4962	97	979767	3892	860	365	3306	221
新　疆	13018	590	1920900	9359	2157	342	3631	5386

在院人员按年龄分(人)			在院人员按类型分(人)			康复和医疗门诊人次数(人次)	家庭寄养儿童数量(人)	机构建筑面积(平方米)
老人	青壮年	少年儿童	自理(完全自理)	介助(半自理)	介护(不能自理)			
1579460	**35072**	**23760**	**1326750**	**212581**	**98961**	**2558608**	**64**	**30058544**
13677	539	29	6938	3266	4041	41345		1004148
10986	297	1	5670	2177	3437	18800		260221
51444	1629	619	43548	8522	1622	65290		1288358
18992	875	281	16724	3040	384	19181		403206
13535	383	249	11863	2072	232	2202		149788
45265	1992	613	37281	7136	3453	28110		583904
33558	2031	1069	31658	3846	1154	27195		320258
26339	1395	223	24436	2326	1195	6489		218224
54634	1601	285	23332	13899	19289	114468		1544503
134909	1129	880	104451	21142	11325	383120		2845430
46626	319	117	35653	8577	2832	124227	3	553195
100033	1686	785	89596	10290	2618	22144		1696152
5740	88	166	4994	715	285	3069	21	234688
121906	2639	2995	114162	10875	2503	5624		2804699
224183	1604	926	206295	15979	4439	232530		6490316
162167	3206	2647	142792	20193	5035	62490		1547572
140582	5589	2058	116878	21612	9739	324591		992065
80448	1615	1154	68664	12922	1631	60610		1203237
50078	289	1149	34231	7708	9577	562949	4	1173737
7974	105	65	3338	2466	2340	43858		223299
1484	2	67	1211	285	57	241		103926
33750	820	972	29885	4419	1238	12405		927227
120548	1919	2478	106522	14049	4374	242851		1201590
10531	103	731	8529	2115	721	43839	8	389579
14906	768	724	12200	3422	776	2869	16	693761
2973	1	600	3446	123	5			189968
27058	1559	575	21893	4882	2417	55990		453093
9819	452	938	9014	1450	745	38241		315869
2609	47	209	1865	895	105	143		4600
3741	59	92	2744	933	215	9822		87593
8965	331	63	6937	1245	1177	3915	12	171158

C-2-4续表2

地　区	增加值合计	执行企业会计制度单位财务指标					执行行政	
		固定资产原价	营业收入	费用合计	营业利润	企业单位增加值	固定资产原价	上年结余
全　国	**276227.0**	**41198.6**	**75522.3**	**47765.2**	**2065.5**	**8645.4**	**1159148.9**	**8194.3**
北　京	5345.0						39.3	
天　津	2740.6						1262.1	
河　北	5989.3	200.0					50622.5	21.1
山　西	3127.0						26156.5	19.0
内蒙古	1769.1	1202.5	145.2	138.2	7.0	46.2	8215.1	15.0
辽　宁	12616.4	5220.0	17.0	1.5		7.0	67966.0	130.0
吉　林	12221.0	4229.7				74.0	22780.5	
黑龙江	2514.2	1513.0	7.0	5.0		8.7	10527.2	10.0
上　海	23692.2		26579.2	27066.6	-487.4	-243.8	5997.5	295.0
江　苏	38064.8	2923.5	86.9	62.5		67.0	159944.9	165.4
浙　江	10404.9	409.0	371.0	300.0	29.0	107.7	51726.9	729.7
安　徽	9938.6	2568.6	189.0	157.3		68.4	68265.3	185.8
福　建	1264.9	926.8	304.6	77.4	-17.1	106.1	11682.9	850.0
江　西	10078.3	785.3	53.0	108.0	16.0	81.0	75242.7	58.8
山　东	39775.0							
河　南	10329.2	60.0	3.0	3.0			78318.9	56.1
湖　北	19530.0	1335.0	205.0	140.0	80.0	285.6	88454.3	254.0
湖　南	13820.0	250.0					85373.9	81.7
广　东	19364.2	14919.0	46867.0	19478.2	2438.0	5452.7	87026.6	3712.4
广　西	924.4	270.0	410.0				5868.3	-16.0
海　南	902.1						10031.6	97.0
重　庆	5917.6	120.0	5.0	5.0		2384.0	30140.8	28.9
四　川	8973.0						76437.2	315.2
贵　州	1982.8	2406.3	219.4	208.6		76.0	8256.1	90.0
云　南	2901.7	260.1				14.8	42322.2	68.3
西　藏	951.0	10.0					19736.5	
陕　西	5432.2						34209.5	732.6
甘　肃	1066.5	135.0					12418.8	20.0
青　海	592.6							
宁　夏	685.8						6154.4	220.0
新　疆	2757.0	1454.8	60.0	13.9		109.9	13970.4	54.3

单位：万元

事业单位会计制度财务指标				执行民间非营利组织单位会计制度财务指标				
收入合计	支出合计	收支结余	行政事业单位增加值	固定资产原价	上年结余	收入合计	费用合计	社会组织单位增加值
760942.5	**263507.9**	**1947.5**	**144251.6**	**1030384.9**	**22213.3**	**275336.7**	**276401.5**	**123330.0**
			1.6	73192.1	908.4	16250.0	20692.0	5343.4
382.7	382.7		390.0	3875.8	140.9	17406.9	5818.2	2350.6
10433.3	10436.5		5941.0	3348.8	330.2	1010.6	367.1	48.3
4470.4	4392.9		2503.4	6012.0		1194.5	1271.8	623.6
2587.2	2590.9	11.3	1653.3	2867.0	13.5	761.7	754.2	69.6
12493.9	12558.6	42.6	9701.1	28685.6	106.0	6530.8	6628.8	2908.3
7663.9	7627.1		3467.1	6395.5		1522.6	1398.2	8679.9
2952.4	1933.3		1208.7	5596.0	19.0	521.3	5495.0	1296.8
5222.6	3517.2	254.3	867.3	77755.6	6704.3	54151.1	63128.9	23068.7
37425.8	36909.6	141.4	25950.0	102716.3	6554.7	27632.1	20585.4	12047.8
14012.9	14154.0	604.9	5522.7	55991.1	512.7	10426.0	11319.3	4774.5
11531.6	11176.4	42.2	7266.2	53629.5	21.8	4765.5	4441.9	2604.0
5500.1	4471.6	45.9	1153.8	3443.7	2.0	617.1	230.8	5.0
17359.8	17280.0	6.6	9825.0	32768.8	27.0	2077.3	776.0	172.3
				335807.4		83907.5	82194.6	39775.0
13524.0	13369.8		7819.3	22525.5	10.4	4613.9	6406.9	2509.9
23865.6	23910.0		13394.7	37813.2	31.6	12921.6	12347.5	5849.7
21758.4	21753.6	8.0	13484.1	13511.6		1764.7	1351.5	335.9
514381.9	21490.1	686.5	11584.9	10485.0	2844.6	4931.3	4469.8	2326.6
1089.5	1091.8	-1.6	384.0	4052.3	-230.2	1199.7	1112.8	540.4
1028.3	1021.8		902.1					
3883.1	3829.7	12.8	2121.9	32124.2	140.0	3390.2	3379.0	1411.7
13395.4	13367.9	62.3	7068.1	39373.2	883.1	3819.2	3007.7	1904.9
826.4	580.9		672.5	17826.5	3156.5	1895.9	1943.3	1234.3
906.7	1170.9	3.8	2345.3	25697.3	46.0	328.5	257.0	541.6
680.3	680.3		951.0					
9968.7	10203.7	24.5	4725.5	8068.6	-17.2	2118.6	1464.3	706.7
20707.0	20704.5	2.0	922.0	12293.6		4683.1	10651.1	144.5
3.0	3.0			6976.8		924.4	913.4	592.6
914.7	948.7		299.0	2893.0		621.0	733.3	386.8
1972.9	1950.4		1570.5	4658.9	8.0	3349.6	3261.7	1076.6

C-2-5 未登记的收养性

地区	单位数	年末职工人数		受教育程度	
			#女性	大学专科人数	大学本科及以上人数
全国	**8793**	**33418**	**15722**	**2798**	**571**
北京	93	1007	641	162	39
天津	120	857	482	126	64
河北	502	2554	1251	159	38
山西	148	824	394	91	10
内蒙古	304	1246	470	114	26
辽宁	214	896	364	33	7
吉林	90	472	216	33	24
黑龙江	206	1392	760	338	50
上海					
江苏	314	1763	824	66	6
浙江	556	2745	1693	201	31
安徽	718	3601	1258	121	7
福建	253	412	188	12	7
江西					
山东					
河南	603	4068	1591	399	33
湖北	20	68	28	1	
湖南	245	823	395	222	39
广东	441	1414	729	69	7
广西	1153	2268	1301	289	102
海南	5	14	10		
重庆	1094	1341	427	45	7
四川	1110	4081	1865	195	51
贵州	5	12	6		
云南	269	575	301	44	2
西藏					
陕西	269	846	456	61	10
甘肃	51	79	47	9	2
青海					
宁夏	6	26			
新疆	4	34	25	8	9

社会服务单位

单位：个、人

职业资格水平		年龄结构			
助理社会工作师人数	社会工作师人数	35岁及以下人数	36岁至45岁人数	46岁至55岁人数	56岁及以上人数
143	**195**	**7267**	**14155**	**9070**	**2926**
		173	381	355	98
	1	266	340	180	71
	1	917	936	610	91
		294	296	193	41
2		371	447	365	63
1	1	158	373	254	111
4	12	132	173	134	33
10		245	877	252	18
2	13	243	646	678	196
13	15	234	881	1153	477
4		750	1535	1044	272
		53	119	227	13
		1181	1638	845	404
	1	17	7	41	3
	6	168	392	201	62
2		221	648	437	108
83	36	587	1026	510	145
		2	4	8	
3	1	84	620	465	172
1	97	812	2214	652	403
		2	9	1	
	2	102	217	189	67
18	9	175	336	257	78
		42	28	9	
		22	4		
		16	8	10	

C-2-5 续表 1

地　区	年末床位数(张)	# 光荣间床位	年在院总人天数(人天)	年末在院人数(人)	# 女性	在院人员按性质分(人) 优抚对象	“三无”对象	自费人员
全　国	**519196**	**11805**	**97996513**	**389459**	**68029**	**10770**	**338196**	**40493**
北　京	11834		1269698	3407	1407	12	1226	2169
天　津	4347	44	832547	2593	481	83	1802	708
河　北	31547	407	8694436	26732	3974	251	25314	1167
山　西	8219	158	1188241	5092	520	74	4674	344
内蒙古	15175	313	3218211	13212	1868	583	11695	934
辽　宁	12496	111	2871290	8051	1106	415	6728	908
吉　林	6294	336	845371	3734	583	447	3097	190
黑龙江	18129	956	4130303	14780	2166	691	12188	1901
上　海								
江　苏	28189	522	5931712	19209	4443	302	16714	2193
浙　江	54050	362	7103418	34176	6221	306	14021	19849
安　徽	69827	809	13177197	56809	9977	861	55338	610
福　建	4340	411	412553	1802	223	99	1615	88
江　西								
山　东								
河　南	53436	1363	13315470	45782	9880	800	44682	300
湖　北	1605	50	1800	1111	504	17	1053	41
湖　南	14573	393	2803259	11230	2781	970	10116	144
广　东	20880	497	1794195	11123	2920	1463	8183	1477
广　西	29524	470	5259417	19787	4227	343	17811	1633
海　南	52	10	11040	35	10	5	30	
重　庆	25575	297	4898380	18054	1983	511	16907	636
四　川	85448	912	15830528	73342	8646	2399	66836	4107
贵　州	83		2880	61	3	3	58	
云　南	9193	116	1827696	7230	1961	29	6965	236
西　藏	198			99	62		99	
陕　西	12600	3266	2030350	11271	1914	94	10509	668
甘　肃	1166		483570	479	84	10	349	120
青　海								
宁　夏	280		62200	173	73		173	
新　疆	136	2	751	85	12	2	13	70

在院人员按年龄分(人)			在院人员按类型分(人)			康复和医疗门诊人次数(人次)	家庭寄养儿童数量(人)	机构建筑面积(平方米)
老人	青壮年	少年儿童	自理(完全自理)	介助(半自理)	介护(不能自理)			
371612	**12277**	**5570**	**317364**	**59194**	**12901**	**428445**	**1316**	**7977026**
3249	95	63	1986	669	752	6220	6	339484
2507	84	2	1569	697	327	8254		149937
23967	1557	1208	24781	1588	363	7524	138	737999
4008	629	455	4312	649	131	2856		110647
11499	1329	384	9411	3267	534	2278		88766
7911	72	68	6209	1667	175	1572		
3328	352	54	2834	745	155	2309		58195
13641	1012	127	12718	1602	460	4322		159589
18809	391	9	14642	3682	885	48855		474309
33835	273	68	29330	3836	1010	129374		579803
54578	1673	558	43662	11413	1734	22530		845993
1788		14	1583	206	13	661		130224
44609	1002	171	39886	4288	1608	48444		1081446
1093		18	964	142	5			15850
10802	24	404	9759	1026	445	15737		142800
10938	49	136	7556	2537	1030	19665	11	256710
19551	69	167	17333	1880	574	5112		679290
35			5	25	5			400
17065	872	117	14772	2808	474	27335		869595
69870	2302	1170	58987	12760	1595	69418	1125	837508
61			61					6300
6984	149	97	4663	2254	313	1074		203233
99			99					
10652	341	278	9678	1304	289	4843		177760
477	1	1	310	146	23	30		26000
173			173					3820
83	1	1	81	3	1	32	36	1368

C–2–5续表2

地区	增加值合计	执行企业会计制度单位财务指标					执行行政	
		固定资产原价	营业收入	费用合计	营业利润	企业单位增加值	固定资产原价	上年结余
全　国	**60139.3**	**4702.7**	**351.9**	**437.2**	**15.8**	**322.1**	**439377.9**	**3606.2**
北　京	2534.2						20894.0	135.7
天　津	1067.8						5354.6	1.3
河　北	3403.3	3.0	25.0	4.0			23203.5	120.0
山　西	1043.6						6777.9	
内蒙古	1237.3	61.0	29.0	18.0	11.0	75.2	7693.6	
辽　宁	1180.1	42.0					5707.7	361.8
吉　林	237.5						1799.2	
黑龙江	2416.9	182.0	3.0	3.0			11312.2	
上　海								
江　苏	10729.5	1760.0				60.0	48438.3	200.9
浙　江	7392.6	100.0					54964.0	1387.4
安　徽	4619.8	200.0					50408.1	
福　建	237.4	50.1					3444.5	13.0
江　西								
山　东								
河　南	5763.0						41515.4	28.5
湖　北	1593.5						56.0	
湖　南	1169.3	379.0					3719.2	
广　东	2578.8	219.0				9.8	16135.1	286.3
广　西	2680.9	226.6	20.0	19.5	0.8	1.0	39280.1	534.0
海　南	18.0						170.0	
重　庆	1854.6	300.0	184.8	215.0		42.4	13255.1	14.3
四　川	6245.5	741.0	90.1	177.1	4.0	120.2	63087.4	239.9
贵　州	14.5						113.0	
云　南	650.2	330.0				4.4	6438.8	96.8
西　藏								
陕　西	1219.9						13168.2	186.3
甘　肃	150.5	109.0		0.6		9.0	1707.0	
青　海								
宁　夏	26.8						670.0	
新　疆	52.9						65.0	

单位：万元

事业单位会计制度财务指标				执行民间非营利组织单位会计制度财务指标				
收入合计	支出合计	收支结余	行政事业单位增加值	固定资产原价	上年结余	收入合计	费用合计	社会组织单位增加值
74341.1	**71767.6**	**2683.6**	**53611.3**	**91996.9**	**643.6**	**18699.6**	**18179.7**	**6205.9**
3596.9	3422.8	227.9	2451.0	3385.0	-3.6	189.0	230.0	83.2
1223.7	1145.2	0.1	812.0	3364.3		493.9	493.9	255.8
3977.0	3908.6		2254.5	4111.3		1555.0	1456.7	1148.8
1757.0	1708.0		1034.1	620.5		39.5	25.1	9.5
1853.9	1848.9	5.0	1084.3	3770.0	2.0	517.0	496.0	77.8
1486.7	1419.4	1.0	976.7	1662.6		252.5	1604.4	203.4
1004.6	1103.6		237.5	60.0		18.0	4.0	
3522.9	3196.1	1.2	2294.9	607.6	46.0	91.9	194.8	122.0
10732.8	10329.5	725.6	9870.0	2201.0	64.0	1122.8	1149.7	799.5
11000.5	10483.6	1307.9	6673.7	11777.6	113.6	5643.3	5104.1	718.9
7342.1	6388.2		4430.0	15895.6		1109.9	1014.4	189.8
603.2	573.2	37.3	224.4	944.1		101.8	39.0	13.0
7410.9	7424.5	30.3	5751.0	8100.8		851.9	285.7	12.0
62.5	62.5		14.5	1608.0		1698.0	1698.0	1579.0
1819.3	1808.1		760.0	3247.0	420.0	2054.8	2048.8	409.3
4716.9	4724.7	85.1	2495.0	2261.2	1.0	96.8	96.0	74.0
2302.7	2293.8	65.6	2596.3	4539.0		378.7	336.4	83.6
12.4	12.4		18.0					
1539.2	1523.9	0.8	1705.2	12747.6		1415.4	1119.9	107.0
5994.9	6284.0	188.8	6036.2	8307.0		801.0	513.1	89.1
26.0	26.0		14.5					
598.7	586.9	6.0	418.6	2624.2	0.6	245.4	259.7	227.2
1458.0	1220.9	1.0	1219.9	0.5				
84.3	140.3		141.5	152.0		13.0		
			26.8					
214.0	132.5		49.9	10.0		10.0	10.0	3.0

C-2-6 老年人与残疾人

地区	单位数	年末职工人数		受教育程度	
			#女性	大学专科人数	大学本科及以上人数
全国	**39904**	**274019**	**146554**	**37012**	**13324**
北京	403	9421	5842	1500	605
天津	288	5120	3492	814	417
河北	1563	14891	7700	1525	711
山西	1017	6276	2933	1087	408
内蒙古	654	3831	1740	695	280
辽宁	1258	13018	7838	1789	707
吉林	797	5310	2406	694	434
黑龙江	644	5208	2670	900	283
上海	626	18837	14036	923	407
江苏	2012	18726	10984	2191	1042
浙江	1675	12780	7878	1539	645
安徽	2334	13563	4936	970	249
福建	813	3307	1551	326	135
江西	1912	11292	4796	734	219
山东	2282	24013	12189	5645	2427
河南	2824	17697	7601	2482	572
湖北	2483	16678	9073	2468	569
湖南	2595	11857	5418	2213	589
广东	2465	18006	11402	1847	681
广西	1422	6331	4143	1051	340
海南	212	555	348	56	19
重庆	2174	5644	2344	762	202
四川	3226	13704	5947	1417	460
贵州	933	2582	1280	645	155
云南	730	2851	1575	455	112
西藏	207	346	179	6	1
陕西	881	4937	2591	888	238
甘肃	660	2335	991	442	129
青海	141	528	279	58	27
宁夏	78	534	287	30	23
新疆	595	3841	2105	860	238

服务机构总表

单位：个、人

职业资格水平		年龄结构			
助理社会工作师人数	社会工作师人数	35岁及以下人数	36岁至45岁人数	46岁至55岁人数	56岁及以上人数
1649	**1673**	**76760**	**111016**	**68105**	**18138**
38	29	2402	3689	2649	681
10	13	1342	1865	1651	262
42	29	6525	5035	2424	907
19	31	1943	2560	1522	251
14	14	876	1683	1121	151
46	31	3530	5241	3491	756
89	216	1658	2467	997	188
88	21	1320	2684	1116	88
48	130	6986	4985	5071	1795
133	103	4221	7076	5904	1525
51	93	2728	4413	4173	1466
88	71	2349	5949	4161	1104
60	26	733	1291	1080	203
69	10	2149	5298	3099	746
117	56	9065	9579	4220	1149
93	6	5980	6932	3449	1336
77	228	3760	8001	4108	809
14	63	2729	5927	2839	362
141	84	4392	7708	4455	1451
118	127	1953	2817	1326	235
3		94	279	133	49
29	17	818	2238	1988	600
151	136	3284	5925	3311	1184
10	51	816	1059	563	144
1	8	787	1207	697	160
		194	149	3	
43	52	1548	1757	1300	332
12	17	853	870	502	110
1		240	197	84	7
10	2	181	211	121	21
34	9	1304	1924	547	66

C-2-6续表1

地 区	年末床位数(张)	#光荣间床位	年在院总人天数(人天)	年末在院人数(人)	#女性	在院人员按性质分(人) 优抚对象	"三无"对象	自费人员
全 国	**3148515**	**134541**	**585974690**	**2426121**	**569319**	**120185**	**1871971**	**433965**
北 京	66445	740	8970695	28816	12227	363	3904	24549
天 津	25305	641	4033426	16877	6712	502	2708	13667
河 北	148579	9524	36540534	116844	15552	5833	99893	11118
山 西	54202	4339	8462833	32485	3508	2818	25072	4595
内蒙古	39484	2286	8559172	32156	4320	1852	26093	4211
辽 宁	108177	7141	22392758	72435	20992	5720	43327	23388
吉 林	68935	6820	10308426	53642	10461	7839	40455	5348
黑龙江	67551	3349	12533507	57374	9070	3565	44336	9473
上 海	97891	86	18433228	62649	38165	232	4654	57763
江 苏	245777	6219	50623257	189582	54869	6733	142639	40210
浙 江	191137	3420	27859339	106237	33119	1811	47152	57274
安 徽	211244	6590	33240637	167897	28654	4011	154280	9606
福 建	22166	2209	2965909	13111	3089	1132	8787	3192
江 西	148257	18170	17899241	142836	32173	9992	125356	7488
山 东	309253	11602	81553881	243777	64550	12353	194317	37107
河 南	261267	13069	52235449	232097	39583	17812	205875	8410
湖 北	218842	10254	40096677	184120	45409	9291	156994	17835
湖 南	130001	9428	27734531	109515	24392	10447	93697	5371
广 东	118414	3782	20159607	84887	30035	4508	49221	31158
广 西	50298	1744	9478971	34297	10955	927	22067	11303
海 南	3875	340	635214	2097	963	229	1791	77
重 庆	86604	957	14705243	61450	12607	1111	47405	12934
四 川	276806	3417	46701493	236923	36159	6491	212126	18306
贵 州	24955	357	4290511	14019	3278	426	11957	1636
云 南	41244	864	3827760	30578	6960	544	27487	2547
西 藏	4803		889494	3279	1293		3279	
陕 西	57926	4725	11753053	47706	9660	1466	41652	4588
甘 肃	22230	807	2684757	13781	3368	891	10793	2097
青 海	5434	31	451660	3235	835	64	2687	484
宁 夏	6367	187	1243702	4895	1081	388	4085	422
新 疆	35046	1443	4709725	26524	5280	834	17882	7808

在院人员按年龄分(人)			在院人员按类型分(人)			康复和医疗门诊人次数(人次)	家庭寄养儿童数量(人)	机构建筑面积(平方米)
老人	青壮年	少年儿童	自理(完全自理)	介助(半自理)	介护(不能自理)			
2291487	**74873**	**59761**	**1908042**	**349882**	**168197**	**7324352**	**8350**	**49906867**
26570	2137	109	14537	6474	7805	186894	50	1971272
16096	753	28	8772	3438	4667	59160		551190
109400	4484	2960	97594	15551	3699	194897	186	3122212
27287	2252	2946	25935	4873	1677	157875	1623	821181
28903	2131	1122	24370	6338	1448	10800	94	535335
66662	4373	1400	55109	11836	5490	113285	135	844066
47976	4151	1515	45008	6431	2203	69290	93	653358
53833	3168	373	49096	5845	2433	53390		545468
60110	2399	140	24939	15243	22467	138914		1833584
183906	2813	2863	139119	33411	17052	1809563	367	4263952
102641	2039	1557	79852	17808	8577	512582	808	1958019
161522	4019	2356	137905	24454	5538	84895	714	2879414
11263	597	1251	9516	2050	1545	101023	737	484618
133346	3506	5984	126424	13299	3113	10266	443	3322282
239030	2703	2044	220169	18256	5352	513929	158	7327023
221948	5132	5017	195239	27618	9240	294299	323	3198077
173736	7172	3212	142816	29088	12216	611829	245	1443796
102864	3120	3531	85287	19394	4834	112234	424	1852740
76542	2019	6326	49340	15506	20041	1089981	692	1711364
31487	579	2231	23765	5319	5213	186817	528	1231309
1750	32	315	1543	405	149	19856	22	114118
57959	2420	1071	49851	8779	2820	148272	204	2222108
226137	5460	5326	195298	32289	9336	611924	117	3398158
12229	488	1302	10287	2532	1200	63821	86	606739
28393	1272	913	21143	6803	2632	17327	48	1214941
3114	1	164	3133	141	5			187468
43133	3241	1332	35617	8703	3386	64072	136	787303
11687	720	1374	10650	1865	1266	45599	34	368232
2830	193	212	2033	1074	128	4447		15180
4552	169	174	3396	1228	271	12717		127099
24581	1330	613	20299	3831	2394	24394	83	315261

C-2-6续表2

地区	增加值合计	执行企业会计制度单位财务指标					执行行政	
		固定资产原价	营业收入	费用合计	营业利润	企业单位增加值	固定资产原价	上年结余
全　国	**707072.2**	**90635.3**	**82944.9**	**55217.0**	**2227.4**	**12363.9**	**2954018.4**	**81337.9**
北　京	32780.1	7556.7	2294.2	2262.6	30.4	931.9	110485.4	3440.4
天　津	13227.1						22737.6	3157.7
河　北	35403.9	203.0	25.0	4.0			167114.2	1445.8
山　西	14233.0						62369.4	2773.1
内蒙古	10577.3	1137.5	118.2	100.2	18.0	120.9	34239.9	441.0
辽　宁	32735.1	6320.0	17.0	1.5		7.0	136260.9	1663.7
吉　林	22175.2	4229.7				74.0	53342.8	199.0
黑龙江	13118.8	1729.0	10.0	8.0		8.7	52355.0	979.4
上　海	39073.1		26579.2	27066.6	-487.4	-243.8	54730.9	5745.8
江　苏	78889.9	11563.5	86.9	62.5	424.0	798.0	324689.7	7206.2
浙　江	40599.4	25305.7	2597.8	2876.3	-414.6	3.8	196456.0	6464.3
安　徽	21220.1	4721.6	533.5	463.2	12.0	113.7	142681.6	855.4
福　建	10152.3	1901.9	375.5	102.3	-17.1	167.4	39635.1	8778.8
江　西	16527.9	985.3	53.0	108.0	16.0	81.0	111373.0	2973.2
山　东	63445.9						79605.7	3294.2
河　南	25137.3	100.0	3.0	3.0			148469.7	354.1
湖　北	41259.2	1335.0	205.0	140.0	80.0	285.6	246805.6	689.2
湖　南	34255.4	629.0					137284.3	655.6
广　东	61203.9	15868.7	48841.3	21170.7	2550.3	6707.3	199950.7	19173.3
广　西	13162.4	1110.6	430.0	19.5	0.8	1.0	74861.9	2817.6
海　南	1758.5						16577.8	539.5
重　庆	12862.4	687.8	215.6	221.7		2471.0	64842.0	115.7
四　川	28130.5	1121.0	90.1	177.1	4.0	120.2	218697.9	2338.6
贵　州	5455.6	2406.3	219.4	208.6		76.0	18819.5	200.4
云　南	7314.6	595.1				19.2	73887.6	1869.7
西　藏	931.8	10.0					20110.5	
陕　西	13092.9						65604.2	1587.6
甘　肃	3898.8	244.0		0.6		9.0	21952.7	618.2
青　海	929.1						1468.0	
宁　夏	1687.7						10664.6	303.1
新　疆	8852.6	873.9	250.2	220.6	11.0	611.9	45944.2	657.3

单位：万元

事业单位会计制度财务指标				执行民间非营利组织单位会计制度财务指标				
收入合计	支出合计	收支结余	行政事业单位增加值	固定资产原价	上年结余	收入合计	费用合计	社会组织单位增加值
1450748.7	**921391.0**	**57994.8**	**562370.0**	**1154728.5**	**24700.7**	**349745.5**	**296813.1**	**132338.3**
40308.9	36738.4	5216.4	24848.6	77187.1	963.8	17176.0	21838.0	6999.6
14219.6	15499.1	1738.4	10620.7	7240.1	140.9	17900.8	6312.1	2606.4
58919.5	60251.2	1308.2	34206.8	7460.1	330.2	2565.6	1823.8	1197.1
28743.9	28801.6	2016.5	13599.9	6632.5		1234.0	1296.9	633.1
22546.0	20202.5	2784.9	10302.0	6577.0	15.5	1254.7	1238.2	154.4
47154.4	46660.0	1148.2	29606.8	30562.2	106.0	6846.8	8296.7	3121.3
22451.3	22281.7	235.0	13420.3	7878.3		1542.6	1404.2	8680.9
18019.7	16969.1	144.2	11661.3	7378.6	2038.1	54049.3	5784.9	1448.8
29505.6	26883.3	2027.6	16248.2	77755.6	6704.3	54151.1	63128.9	23068.7
92167.0	88788.2	4004.2	65066.8	111159.9	6618.7	29266.7	22202.1	13025.1
69848.7	66004.8	7577.6	35102.2	69761.7	626.3	16089.3	16423.4	5493.4
31423.4	28676.4	3393.5	18319.6	83834.3	21.8	5974.3	5526.7	2786.8
16617.7	15553.0	846.2	9927.9	4453.8	10.0	844.9	377.8	57.0
31012.2	29182.9	2711.4	16274.6	32940.9	29.0	2097.9	776.0	172.3
37913.6	35341.2	5867.4	23670.9	335807.4		83907.5	82194.6	39775.0
35832.6	35750.2	513.7	22603.9	32108.8	10.4	5727.1	6787.9	2533.4
56555.9	56584.9	411.3	33535.1	39621.2	31.6	14649.6	14075.5	7438.5
53036.2	52664.7	289.9	33510.2	16778.6	420.0	3819.5	3400.3	745.2
585773.4	91775.2	8011.5	52215.0	12702.7	2637.6	4926.7	4407.4	2281.6
16630.4	16752.5	2431.6	12547.7	8674.3	-231.5	1616.9	1468.3	613.7
2965.2	2849.4	49.4	1758.5					
16356.2	16224.6	140.3	8872.7	46451.8	140.0	5246.6	4939.9	1518.7
49793.0	40012.9	1990.7	25376.3	47680.2	883.1	4542.2	3520.8	2634.0
5969.2	5273.1	591.8	3731.3	19322.5	3156.5	1996.8	2012.2	1648.3
6867.1	6936.2	1510.8	6526.6	29476.5	46.6	573.9	516.7	768.8
538.1	538.1		931.8					
20622.3	18918.5	347.2	12386.2	8069.1	-17.2	2118.6	1464.3	706.7
24854.5	24932.0	90.2	3745.3	12445.6		4696.1	10651.1	144.5
486.0	486.0		336.5	7139.8		927.4	913.4	592.6
2650.8	2750.0	39.5	1300.9	2893.0		621.0	733.3	386.8
10966.3	11109.3	557.2	7135.1	4734.9	19.0	3381.6	3297.7	1105.6

C-2-7 城市养老

地区	单位数	年末职工人数	# 女性	受教育程度	
				大学专科人数	大学本科及以上人数
全国	**5413**	**73403**	**48546**	**10091**	**3444**
北京	175	4166	2399	744	193
天津	166	3901	2818	516	243
河北	198	2929	1816	316	77
山西	78	1009	580	96	61
内蒙古	67	509	338	57	46
辽宁	339	4059	3211	595	234
吉林	178	893	532	190	81
黑龙江	144	1057	689	394	73
上海	396	11689	9034	319	150
江苏	606	7723	4887	1155	482
浙江	363	4271	2941	421	154
安徽	143	1600	906	222	77
福建	68	427	271	49	12
江西	226	1524	712	64	9
山东	500	6638	3785	1938	729
河南	215	2087	1251	285	58
湖北	303	2964	1972	461	108
湖南	82	660	300	83	15
广东	341	4922	3446	502	181
广西	168	2638	1898	592	175
海南					
重庆	110	1219	746	183	33
四川	245	2511	1415	262	49
贵州	55	505	231	102	21
云南	43	306	214	14	6
西藏					
陕西	56	1219	846	162	56
甘肃	30	431	229	96	14
青海	2	50	42	3	
宁夏	4	47	32	4	
新疆	112	1449	1005	266	107

服务机构

单位：个、人

职业资格水平		年龄结构			
助理社会工作师人数	社会工作师人数	35岁及以下人数	36岁至45岁人数	46岁至55岁人数	56岁及以上人数
472	**460**	**23344**	**28427**	**17192**	**4440**
22	16	990	1744	1098	334
3	4	1044	1415	1285	157
1	1	1931	664	269	65
7	5	319	522	145	23
		79	279	135	16
7	12	1163	1799	961	136
13	44	343	412	121	17
64	9	217	631	202	7
10	68	5567	2746	2454	922
73	39	1601	3012	2349	761
17	9	809	1151	1676	635
8	6	325	703	435	137
2	1	106	141	153	27
24	2	310	877	285	52
31	9	2550	2707	1090	291
22	3	812	932	313	30
2	18	536	1390	907	131
1		113	341	189	17
19	40	1180	2352	1154	236
94	103	964	1226	406	42
10	4	210	545	392	72
1	45	808	999	510	194
1	1	174	215	96	20
		98	155	45	8
30	20	467	417	262	73
1		204	173	51	3
		20	23	7	
		8	22	13	4
9	1	396	834	189	30

C–2–7 续表 1

地 区	年末床位数(张)	#光荣间床位	年在院总人天数(人天)	年末在院人数(人)	#女性	在院人员按性质分(人) 优抚对象	“三无”对象	自费人员
全 国	**566678**	**6327**	**94382094**	**363140**	**139986**	**6396**	**102465**	**254279**
北 京	27331	59	3689937	12776	5423	34	800	11942
天 津	19732	57	2792318	12838	5695	61	345	12432
河 北	25303	493	5394040	16919	4417	159	9163	7597
山 西	5887	223	807636	3246	969	102	721	2423
内蒙古	4047	122	577358	2955	789	15	535	2405
辽 宁	33789	334	4859783	19733	9121	478	2817	16438
吉 林	14590	326	1509012	9779	2325	975	5758	3046
黑龙江	11717	307	2012362	8406	2069	253	3642	4511
上 海	55047		12047100	37538	24771	111	1241	36186
江 苏	74313	551	12129694	46412	15989	232	19431	26749
浙 江	54385	184	7493187	28028	11482	210	5102	22716
安 徽	15283	399	1146491	8396	2865	197	403	7796
福 建	3222	75	507889	1880	608	32	421	1427
江 西	6885	235	1599934	6277	1920	931	2823	2523
山 东	59853	385	12609796	37865	15417	179	4796	32890
河 南	16510	936	2878487	12903	2465	769	7507	4627
湖 北	28265	417	4371566	19636	5633	534	10042	9060
湖 南	5080	145	1485201	3817	998	267	2261	1289
广 东	24999	220	4570211	17795	8448	207	5337	12251
广 西	13191	6	2108987	9035	4325	7	950	8078
海 南								
重 庆	10827	8	2120932	7454	3602	13	265	7176
四 川	28548	371	4202887	21871	5578	477	14257	7137
贵 州	3286	69	331254	1241	439	18	387	836
云 南	3747	16	84432	2131	353		474	1657
西 藏								
陕 西	7738	141	1431648	5441	2365	46	1519	3876
甘 肃	2609	19	491742	1554	547	15	201	1338
青 海	660			200	90		17	183
宁 夏	638	8	93270	283	78	6	237	40
新 疆	9196	221	1034940	6731	1205	68	1013	5650

在院人员按年龄分(人)			在院人员按类型分(人)			康复和医疗门诊人次数(人次)	家庭寄养儿童数量(人)	机构建筑面积(平方米)
老人	青壮年	少年儿童	自理(完全自理)	介助(半自理)	介护(不能自理)			
353996	**6094**	**3050**	**234922**	**70334**	**57884**	**1113213**		**10350407**
12136	620	20	6013	2920	3843	67036		684050
12529	308	1	6435	2545	3858	21100		335259
16063	589	267	13515	2757	647	16934		382490
3223		23	2638	292	316	4296		131169
2860	64	31	2133	677	145	936		99973
19288	412	33	14182	3157	2394	17558		280646
9178	542	59	7608	2020	151	5881		92440
8177	154	75	6854	1081	471	512		83000
37405	133		13339	8219	15980	16617		728360
45700	482	230	26546	12402	7464	171983		1595837
27819	198	11	17541	7084	3403	152334		897195
8350	33	13	7091	963	342	8705		238794
1744	69	67	1354	248	278	2262		77600
6173	42	62	4806	1209	262	743		187434
37848	17		32252	4126	1487	68546		2001063
12495	315	93	9476	1983	1444	92310		291477
19300	263	73	15148	2727	1761	9646		282650
3708	84	25	2922	678	217	3511		39260
17404	225	166	7348	4102	6345	208177		262618
8878	114	43	3468	2839	2728	43854		178022
7416	7	31	5942	1133	379	947		220220
19798	717	1356	15940	3994	1937	183926		843998
1195	22	24	891	304	46	8354		31570
1986	10	135	1081	659	391	10		121304
4711	569	161	3583	1168	690	6460		106430
1511	2	41	1227	226	101	46		15000
195	5		70	80	50			500
279	4		220	40	23	489		11280
6627	94	10	5299	701	731	40		130768

C–2–7续表2

地　区	增加值合计	执行企业会计制度单位财务指标					执行行政	
		固定资产原价	营业收入	费用合计	营业利润	企业单位增加值	固定资产原价	上年结余
全　国	**141504.0**	**52920.5**	**34239.2**	**33643.1**	**-252.8**	**3348.0**	**438554.9**	**19133.9**
北　京	8105.7	1882.0	860.0	834.0	26.0	455.1	24687.8	400.4
天　津	4445.1						3305.2	387.2
河　北	3160.3	203.0	25.0	4.0			26532.9	
山　西	1934.0						5484.1	967.0
内蒙古	855.5	522.0	83.2	76.2	7.0	33.6	3653.5	15.0
辽　宁	7288.5	4650.0					29061.8	298.0
吉　林	8442.8	636.0				74.0	7883.7	
黑龙江	1461.2	724.0					8992.8	38.0
上　海	18579.8		26579.2	27066.6	-487.4	-243.8	16181.6	4380.9
江　苏	24764.2	7211.0	36.0	36.0	424.0	671.3	84498.8	388.3
浙　江	7367.1	24472.7	2360.8	2643.8	-414.6	-102.5	42360.2	987.9
安　徽	2048.6	3515.6	503.5	452.2	12.0	95.0	6532.0	-42.1
福　建	3271.6	1776.9	325.5	102.3	-17.1	117.4	8624.4	7692.0
江　西	2194.8	782.0	50.0	90.0	5.0	5.8	13723.1	
山　东	13890.8						8380.5	
河　南	3269.9						20892.0	37.0
湖　北	4471.0	1335.0	205.0	140.0	80.0	280.6	10253.6	
湖　南	938.9	40.0					7321.5	178.0
广　东	14537.2	737.5	2114.3	1563.7	112.3	1324.0	35770.7	2933.2
广　西	751.2	310.0	410.0				5682.3	-11.4
海　南								
重　庆	1055.6	567.8	210.6	216.7		87.0	4051.8	
四　川	2508.6	411.0	9.5	7.9		0.7	19915.9	333.6
贵　州	666.2	2406.3	219.4	208.6		76.0	1443.0	10.0
云　南	1102.3	10.5					24975.0	3.5
西　藏								
陕　西	1250.2						6515.8	100.3
甘　肃	324.9						2661.2	
青　海								
宁　夏	110.9						2080.0	28.0
新　疆	2815.3	727.2	247.2	201.1		473.9	7089.7	9.1

单位：万元

事业单位会计制度财务指标				执行民间非营利组织单位会计制度财务指标				
收入合计	支出合计	收支结余	行政事业单位增加值	固定资产原价	上年结余	收入合计	费用合计	社会组织单位增加值
258240.6	**98206.4**	**5061.3**	**67481.6**	**422119.1**	**11902.6**	**151798.5**	**145499.5**	**70674.4**
7006.9	6900.3	214.9	4318.2	36124.0	-654.2	9872.8	11152.4	3332.4
3491.3	3014.4	579.3	2129.9	3948.8	134.7	17398.6	5803.7	2315.2
4163.4	4254.9		3057.5	3666.8	0.2	1092.9	480.9	102.8
3414.3	3802.9	578.4	1409.5	3966.0		968.5	985.8	524.5
1710.5	1678.0	47.5	759.4	1179.0		232.2	231.2	62.5
7081.1	7004.8	293.2	4748.8	25978.6	39.0	4716.6	4787.3	2539.7
1122.9	1143.3		793.8	4192.0		861.3	667.3	7575.0
2037.1	1529.9	87.5	1248.4	3298.0	351.0	946.8	412.0	212.8
3477.2	3143.6	480.8	2226.1	27874.3	1683.2	32943.5	43265.9	16597.5
17136.2	16808.9	592.8	12705.8	73414.4	6618.7	22129.5	17372.5	11387.1
11883.8	11019.7	936.3	5828.6	34467.0	106.0	8102.3	7510.0	1641.0
1603.2	1686.5	-19.0	802.5	14348.4	18.0	2373.3	2404.7	1151.1
1063.8	979.2	537.2	3111.2	248.5	8.0	259.4	242.8	43.0
2089.4	2099.6		2069.5	10576.6		529.2	365.8	119.5
938.2	938.2		957.5	109040.6		25373.1	25366.9	12933.3
2218.4	2158.7	-1.1	1852.7	5628.2	10.4	1874.7	3482.4	1417.2
2204.3	2204.3		1469.1	9104.0	31.1	8275.9	8020.7	2721.3
1370.1	1447.1		889.5	1577.7		202.0	170.0	49.4
176810.1	19330.3	492.2	11223.0	5585.9	2632.1	3745.5	3636.1	1990.2
1185.7	1174.9	3.3	371.0	3793.3	0.5	914.1	761.0	380.2
432.7	432.7		248.9	6794.1	139.0	1785.6	1597.7	719.7
2128.6	1999.1	201.0	1863.5	9874.3	793.1	1256.3	1557.9	644.4
88.3	89.7		99.3	3495.5	9.0	438.7	450.1	490.9
176.5	179.5	0.5	1058.0	8375.2		114.3	117.4	44.3
1153.6	923.9	24.5	693.5	6007.9	-17.2	1718.5	1069.8	556.7
227.3	283.3		294.6	1577.0		349.8	315.8	30.3
				3400.0				
78.0	82.0		83.2	580.0		102.0	134.9	27.7
1947.7	1896.7	12.0	1276.7	4003.0		3221.1	3136.5	1064.7

C-2-8 农村养老

地区	单位数	年末职工人数	#女性	受教育程度	
				大学专科人数	大学本科及以上人数
全国	**31472**	**141636**	**63803**	**13186**	**2768**
北京	211	4043	2686	386	127
天津	109	617	350	99	54
河北	1162	8162	3813	454	86
山西	828	3347	1375	469	60
内蒙古	517	1968	705	171	33
辽宁	819	5905	3017	397	39
吉林	582	3154	1303	309	148
黑龙江	450	2813	1382	328	52
上海	204	4996	3406	328	100
江苏	1319	8342	4429	407	118
浙江	1202	6094	3285	600	137
安徽	2086	10442	3186	408	44
福建	601	1460	565	11	
江西	1359	6414	2502	221	6
山东	1688	14673	6882	2689	939
河南	2445	13272	5127	1583	239
湖北	1973	9603	4689	865	35
湖南	2264	7571	3219	1033	168
广东	1916	5426	2432	202	15
广西	1095	1389	691	19	
海南	196	335	213	12	5
重庆	2010	3239	941	224	26
四川	2869	9037	3347	577	112
贵州	817	1361	697	265	25
云南	639	2006	1023	295	39
西藏	165	193	118		
陕西	766	2298	1078	272	49
甘肃	597	1443	531	243	46
青海	133	334	154	38	14
宁夏	62	281	133	6	2
新疆	388	1418	524	275	50

服务机构

单位：个、人

职业资格水平		年龄结构			
助理社会工作师人数	社会工作师人数	35岁及以下人数	36岁至45岁人数	46岁至55岁人数	56岁及以上人数
518	**695**	**34701**	**58886**	**37160**	**10889**
5	5	1031	1481	1265	266
	1	130	239	175	73
2	11	3207	2870	1353	732
		1003	1299	891	154
2		469	770	642	87
9	3	1465	2303	1708	429
61	159	1015	1420	606	113
6	6	766	1500	511	36
17	7	787	1552	2008	649
20	23	1729	3167	2869	577
8	60	1096	2403	1942	653
63	54	1601	4571	3369	901
18	12	287	564	478	131
23	2	1003	3020	1975	416
13	7	5553	5924	2466	730
55		4287	5130	2670	1185
36	171	2007	4717	2337	542
4	38	1376	4033	1922	240
13	1	738	1947	1804	937
		123	708	429	129
		66	126	98	45
		278	1311	1215	435
134	68	1764	4074	2302	897
1	15	407	572	278	104
1	7	535	848	487	136
		117	76		
5	24	588	828	696	186
5	16	500	516	338	89
1		150	138	46	
		66	120	82	13
16	5	557	659	198	4

C-2-8续表1

地 区	年末床位数(张)	# 光荣间床位	年在院总人天数(人天)	年末在院人数(人)	# 女性	在院人员按性质分(人) 优抚对象	"三无"对象	自费人员
全 国	**2249247**	**80923**	**421413394**	**1824854**	**349586**	**69517**	**1649448**	**105889**
北 京	35191	36	4310175	13465	5702	44	2493	10928
天 津	3383	20	730479	2161	298	63	1765	333
河 北	103668	3556	26519271	87241	9386	431	84678	2132
山 西	40652	1967	6060819	23775	1614	625	21212	1938
内蒙古	28706	802	6570393	24566	2283	867	23009	690
辽 宁	59973	4280	14590484	42269	8288	3612	35428	3229
吉 林	47617	4769	5574195	38246	6483	5654	31129	1463
黑龙江	46952	2198	9309375	41974	5451	2572	37007	2395
上 海	34850	36	4362655	19322	10149	82	2708	16532
江 苏	155635	4752	34407749	130687	33492	5659	116329	8699
浙 江	115218	2084	16276925	66185	15293	1214	38757	26214
安 徽	187241	4642	30480814	153398	24010	2341	150533	524
福 建	11294	635	1318608	5910	1005	287	5283	340
江 西	116481	12249	11804085	114335	24371	3457	108752	2126
山 东	236509	11217	66049977	197161	47148	7243	185933	3985
河 南	232612	9049	46498293	210013	35112	14223	192371	3419
湖 北	162503	4743	31280721	145343	33749	5334	135991	4018
湖 南	106422	3722	22106835	92110	18388	5071	85326	1713
广 东	62440	1627	7677677	42231	10214	2576	35575	4080
广 西	25565	106	5026933	17514	3069	135	17355	24
海 南	2970	125	484989	1544	667	114	1430	
重 庆	66169	417	10699937	47035	5696	759	44830	1446
四 川	231697	2144	37929005	204686	27255	4657	192465	7564
贵 州	17948	137	3285621	10298	1916	280	9876	142
云 南	31169	750	3339595	24709	5585	402	23936	371
西 藏	2869		523108	1930	890		1930	
陕 西	42361	3695	8699956	36691	5904	306	35911	474
甘 肃	15988	684	1755086	10074	2126	798	8777	499
青 海	3475		371430	2665	659	58	2394	213
宁 夏	4266	39	869982	3475	888	355	2939	181
新 疆	17423	442	2498222	13841	2495	298	13326	217

在院人员按年龄分(人)			在院人员按类型分(人)			康复和医疗门诊人次数(人次)	家庭寄养儿童数量(人)	机构建筑面积(平方米)
老人	青壮年	少年儿童	自理(完全自理)	介助(半自理)	介护(不能自理)			
1755991	**45423**	**23440**	**1529970**	**231323**	**63561**	**1942319**		**31108869**
12716	739	10	7545	2938	2982	44124		1122864
2084	75	2	1403	559	199	8254		128637
82399	3295	1547	75601	9836	1804	134512		2030342
21304	1753	718	19752	3767	256	20547		419711
22229	1741	596	19194	4710	662	3926		171361
39801	1941	527	34816	5936	1517	33012		389022
34971	2339	936	33493	3350	1403	33661		474784
39234	2463	277	36608	3673	1693	15476		334390
17713	1470	139	10363	5499	3460	99929		783673
128923	1172	592	107531	17569	5587	329997		2184060
65586	455	144	55357	8290	2538	130754		615142
148892	3322	1184	127207	22209	3982	36944		2369975
5779	59	72	5113	713	84	2636		305738
109176	2457	2702	102876	9343	2116	3617		2388582
194520	1685	956	181607	12421	3133	170459		4802251
203107	4152	2754	179816	23948	6249	89963		2554384
137829	5449	2065	114770	22128	8445	337949		812515
89476	1511	1123	74597	15375	2138	71184		1375673
41630	196	405	32398	7041	2792	66352		1184037
17406	49	59	16077	1339	98	4399		615744
1478	2	64	1202	290	52	116		102526
44725	1872	438	39969	6332	734	48054		1679959
197899	3881	2906	173182	25967	5537	144306		2139180
9579	104	615	7736	1908	654	40073		333710
23304	928	477	18073	5463	1173	9062		720216
1906		24	1879	49	2			120881
34943	1084	664	29131	5484	2076	12867		494902
8889	447	738	8072	1346	656	36766		323369
2414	42	209	1795	815	55	143		4100
3333	53	89	2315	973	187	10653		70763
12746	687	408	10492	2052	1297	2584		56378

C-2-8续表2

地区	增加值合计	执行企业会计制度单位财务指标					执行行政	
		固定资产原价	营业收入	费用合计	营业利润	企业单位增加值	固定资产原价	上年结余
全　国	**242172.6**	**21468.6**	**2195.7**	**2213.9**	**30.4**	**3597.8**	**1461056.9**	**8860.3**
北　京	8822.7	5674.7	1434.2	1428.6	4.4	476.8	43158.7	768.5
天　津	1011.0						5074.6	1.3
河　北	10884.2						84172.9	182.0
山　西	3533.4						31558.8	19.0
内蒙古	2518.1	615.5	35.0	24.0	11.0	87.3	13559.9	
辽　宁	10768.3	350.0	17.0	1.5		7.0	65387.2	512.8
吉　林	5550.4	3593.7					29254.4	150.0
黑龙江	4948.5	1005.0	10.0	8.0		8.7	27200.6	
上　海	6917.6						3511.0	39.0
江　苏	29380.4	4352.5	50.9	26.5		126.7	159634.1	47.2
浙　江	14920.4	507.0	230.0	225.5		106.2	95091.6	1953.9
安　徽	12900.0	1206.0	30.0	11.0		18.7	112699.6	155.8
福　建	979.7						11683.6	14.1
江　西	7058.5	3.3	3.0	18.0	11.0	75.2	58394.9	1180.4
山　东	28722.9						17985.6	
河　南	13692.5	100.0	3.0	3.0			104621.8	84.6
湖　北	18284.4					5.0	91397.3	294.0
湖　南	13582.9	589.0					74560.3	3.7
广　东	8956.5	1726.0	302.0	298.0		138.3	77694.2	1522.9
广　西	2352.0	84.6					33827.6	534.0
海　南	888.6						9906.1	12.0
重　庆	6209.2					2384.0	35663.8	27.9
四　川	16750.6	710.0	80.6	169.2	4.0	119.5	155772.2	696.0
贵　州	1775.0						6868.1	80.0
云　南	2896.1	584.6				19.2	32377.8	165.2
西　藏	380.3	10.0					9506.6	
陕　西	3993.5						38904.0	311.1
甘　肃	978.6	244.0		0.6		9.0	11967.5	20.0
青　海	592.6							
宁　夏	590.5						4544.4	2.0
新　疆	1281.1	112.7				16.0	15077.7	82.9

单位：万元

事业单位会计制度财务指标				执行民间非营利组织单位会计制度财务指标				
收入合计	支出合计	收支结余	行政事业单位增加值	固定资产原价	上年结余	收入合计	费用合计	社会组织单位增加值
639192.9	**298014.3**	**3441.4**	**177295.2**	**720312.9**	**11344.0**	**143525.5**	**149826.3**	**61279.6**
6912.5	6302.4	490.8	4678.7	41063.1	1618.0	7303.2	10685.6	3667.2
1033.7	955.2	0.1	719.8	3291.3	6.2	502.2	508.4	291.2
20828.4	20497.7	15.7	9789.9	3793.3	330.0	1472.7	1342.9	1094.3
5756.6	5630.1		3424.8	2666.5		265.5	311.1	108.6
3795.5	3779.2	16.3	2338.9	5398.0	15.5	1022.5	1007.0	91.9
13123.5	13158.1	54.3	10179.7	4424.6	67.0	1831.2	3210.4	581.6
9547.4	9576.4		4457.5	3615.3		644.3	701.9	1092.9
6181.3	5379.5	1.2	3704.8	3905.6	9.0	324.0	5371.4	1235.0
2653.5	1342.7	-7.3	446.4	49881.3	5021.1	21207.6	19863.0	6471.2
35053.7	34437.5	409.2	27615.7	37745.5		7137.2	4829.6	1638.0
21230.4	22132.0	1426.1	10984.8	32922.0	512.3	7740.5	8584.5	3829.4
17163.1	15908.3	1.2	11245.6	69485.9	3.8	3601.0	3122.0	1635.7
4944.4	3939.1	14.2	978.7	3769.3	2.0	548.8	122.0	1.0
12705.4	12597.3	6.2	6930.5	22354.2	29.0	1560.7	409.2	52.8
1863.9	1645.6	219.1	1881.2	226766.8		58534.4	56827.7	26841.7
20251.6	20098.7	36.3	12578.1	26474.1		3851.1	3304.2	1114.4
24445.5	24399.9		13571.2	30511.2	0.5	6340.1	6021.3	4708.2
21094.7	20986.8	24.2	12887.1	15200.9	420.0	3437.5	3230.3	695.8
352603.3	17082.3	306.7	8586.8	4788.6	5.5	1098.6	688.7	231.4
2029.8	2044.2	60.6	2317.5	4539.0		173.8	191.3	34.5
1006.3	999.8		888.6					
4365.4	4349.6	1.3	3069.9	37204.7	1.0	3356.2	3232.4	755.3
21597.0	22011.6	291.7	14656.3	36587.9	90.0	3262.2	1912.0	1974.8
792.7	562.2		617.6	15327.0	3147.5	1525.3	1557.3	1157.4
1718.9	1916.1	9.3	2152.4	19101.3	46.6	444.6	399.3	724.5
4.9	4.9		380.3					
3965.3	3715.0	5.5	3843.5	2061.2		400.1	394.5	150.0
20686.7	20684.2	2.0	855.4	10868.6		4346.3	10335.3	114.2
3.0	3.0			3576.8		924.4	913.4	592.6
489.5	542.3		237.4	2257.0		509.0	588.4	353.1
1345.0	1332.6	56.7	1224.2	731.9	19.0	160.5	161.2	40.9

C-2-9 社会

地区	单位数	年末职工人数	# 女性	受教育程度	
				大学专科人数	大学本科及以上人数
全国	**1572**	**38836**	**23834**	**8632**	**4073**
北京	7	986	631	295	247
天津	5	338	191	108	74
河北	47	907	523	202	134
山西	17	527	301	113	48
内蒙古	38	852	439	307	121
辽宁	76	2286	1214	515	308
吉林	23	712	340	160	182
黑龙江	26	981	447	159	132
上海	25	2105	1572	259	142
江苏	66	2000	1241	466	316
浙江	83	1883	1319	338	199
安徽	57	1013	635	241	77
福建	85	915	447	155	79
江西	102	1591	834	249	142
山东	26	922	518	386	217
河南	63	1067	585	297	121
湖北	118	2698	1654	740	242
湖南	82	2123	1141	675	223
广东	136	6897	5089	1000	328
广西	93	2018	1393	374	127
海南	6	136	92	37	10
重庆	43	1012	561	267	125
四川	71	1428	839	375	150
贵州	44	501	252	182	52
云南	45	420	273	109	45
西藏	42	153	61	6	1
陕西	35	893	419	237	74
甘肃	29	391	203	88	53
青海	6	144	83	17	13
宁夏	11	204	121	20	21
新疆	65	733	416	255	70

福利院

单位：个、人

职业资格水平		年龄结构			
助理社会工作师人数	社会工作师人数	35岁及以下人数	36岁至45岁人数	46岁至55岁人数	56岁及以上人数
499	**388**	**12177**	**15700**	**9166**	**1793**
8	8	334	380	205	67
4	1	107	107	101	23
9	8	352	330	202	23
5	10	183	190	131	23
11	11	240	383	197	32
21	12	648	829	646	163
10	3	165	348	162	37
17	4	201	424	319	37
21	51	613	674	597	221
36	37	581	726	559	134
25	24	482	734	500	167
12	11	324	436	208	45
36	11	244	357	279	35
10	6	480	695	385	31
48	13	268	351	259	44
12	3	469	342	210	46
24	37	763	1271	572	92
6	18	745	876	451	51
95	37	2216	3167	1286	228
22	22	783	757	423	55
3		14	110	12	
16	11	247	347	340	78
11	22	467	551	349	61
6	14	143	199	147	12
	1	116	167	127	10
		77	73	3	
7	7	299	320	237	37
5	1	135	157	87	12
		70	36	31	7
10	2	107	68	25	4
9	3	304	295	116	18

C-2-9续表1

地　区	年末床位数(张)	#光荣间床位	年在院总人天数(人天)	年末在院人数(人)	#女性	在院人员按性质分(人) 优抚对象	"三无"对象	自费人员
全　国	**244603**	**9516**	**52550663**	**178908**	**69565**	**5384**	**106145**	**67379**
北　京	3151		870426	2294	1059	24	600	1670
天　津	1180		401746	1162	441	25	598	539
河　北	6488	238	1688232	4797	930	18	4323	456
山　西	3578		908242	3073	825	2	2948	123
内蒙古	4801	163	1063954	3504	1045	50	2434	1020
辽　宁	11759	655	2328692	8534	3161	239	4902	3393
吉　林	4880	412	2978868	4054	1209	246	3218	590
黑龙江	7083	159	904342	5789	1375	225	3151	2413
上　海	7944		2017998	5774	3245	24	705	5045
江　苏	14713	275	3111712	11680	5258	128	6835	4717
浙　江	20104	578	3785422	11190	5975	91	3198	7901
安　徽	6289	240	1136735	4384	1648	124	3005	1255
福　建	5752	591	814599	4102	1303	173	2772	1157
江　西	13066	1090	1607900	11279	3350	396	8637	2246
山　东	5288		1235837	3855	1265	35	3588	232
河　南	6561	209	1763804	4858	1666	353	4263	242
湖　北	20745	1351	3249033	14204	5013	357	9753	4094
湖　南	10533	631	2585728	8184	4026	962	5197	2025
广　东	28488	808	7621956	23429	11098	845	8102	14482
广　西	9152	483	2005517	6720	3402	66	3693	2961
海　南	575	10	109120	406	243		337	69
重　庆	8952	306	1767249	6520	3232	39	2283	4198
四　川	12920	196	4226428	8843	3203	160	5189	3494
贵　州	2753	33	506160	1849	743	34	1424	391
云　南	6176	40	399773	3673	1022	77	3077	519
西　藏	1934		366386	1349	403		1349	
陕　西	6579	413	1392551	4763	1308	459	4159	145
甘　肃	3525	43	423404	2112	691	37	1815	260
青　海	1299	31	80230	370	86	6	276	88
宁　夏	1453	140	277895	1130	114	23	909	198
新　疆	6882	421	920724	5027	1226	166	3405	1456

在院人员按年龄分(人)			在院人员按类型分(人)			康复和医疗门诊人次数(人次)	家庭寄养儿童数量(人)	机构建筑面积(平方米)
老人	青壮年	少年儿童	自理(完全自理)	介助(半自理)	介护(不能自理)			
125677	**20780**	**32451**	**98039**	**37879**	**42990**	**1839239**	**8350**	**5624099**
1439	776	79	789	560	945	62888	50	128699
767	370	25	374	227	561	21813		38695
3317	412	1068	3459	752	586	13043	186	222570
418	453	2202	1545	515	1013	2655	1623	106177
2733	317	454	2241	725	538	4081	94	202991
5740	1962	832	4815	2412	1307	11119	135	123897
2396	1138	520	2978	726	350	27954	93	41147
5259	509	21	4592	969	228	13951		106598
4978	795	1	1237	1525	3012	22368		317995
8529	1139	2012	4433	3323	3924	163098	367	449720
8596	1192	1402	6281	2319	2590	136118	808	435423
2699	527	1158	2360	899	1125	10957	714	171507
2573	451	1078	2201	842	1059	91735	737	55336
7878	489	2912	9234	1515	530	3144	443	369148
2040	727	1088	2447	867	541	95220	158	193355
2176	544	2138	2367	1144	1347	29021	323	187812
11847	1360	997	9230	3474	1500	120231	245	207450
4472	1395	2317	3670	2251	2263	18271	424	227761
16253	1442	5734	8608	4119	10702	667849	692	165299
4190	406	2124	3319	1022	2379	89375	528	315195
136	30	240	229	90	87	18325	22	9192
5398	520	602	3710	1217	1593	60065	204	293308
7008	773	1062	5023	1998	1822	102127	117	371400
1064	196	589	1091	269	489	11097	86	170496
3053	319	301	1986	669	1018	7883	48	350502
1208	1	140	1254	92	3			66587
2749	1525	489	2440	1719	604	4642	136	114806
1268	249	595	1343	288	481	8755	34	22358
221	146	3	168	179	23	4304		10580
933	112	85	861	208	61	1575		42386
4339	505	183	3754	964	309	15575	83	105709

C-2-9续表2

地区	增加值合计	执行企业会计制度单位财务指标					执行行政	
		固定资产原价	营业收入	费用合计	营业利润	企业单位增加值	固定资产原价	上年结余
全国	**215145.7**	**16246.2**	**46510.0**	**19360.0**	**2449.8**	**5418.1**	**661615.7**	**33469.6**
北京	14078.7						35202.3	1443.3
天津	4824.1						6351.9	2644.2
河北	4145.7						18771.3	291.2
山西	2932.8						9521.2	333.0
内蒙古	5162.6						10615.2	310.7
辽宁	9832.1	1320.0					26599.4	53.9
吉林	5218.2						12143.2	15.0
黑龙江	5978.0						13248.9	941.4
上海	12973.4						34258.6	1235.0
江苏	20099.8						71547.6	2090.8
浙江	14749.2	326.0	7.0	7.0		0.1	51028.2	1463.0
安徽	3643.2						12908.3	50.7
福建	4444.7	125.0	50.0			50.0	12545.7	930.3
江西	4093.3	200.0					22583.4	12.3
山东	7031.5						15301.8	-161.2
河南	3289.3						9041.4	229.2
湖北	8834.8						41146.6	201.1
湖南	13319.3						28610.5	348.1
广东	30042.9	13405.2	46425.0	19309.0	2438.0	5245.0	65771.5	14333.2
广西	8620.5	716.0	20.0	19.5	0.8	1.0	26217.0	2006.6
海南	750.4						4651.7	442.5
重庆	4975.7	120.0	5.0	5.0			22373.2	87.8
四川	7633.1						37197.3	1269.6
贵州	2431.3						7182.5	100.1
云南	2558.9						14519.8	512.0
西藏	551.5						10603.9	
陕西	5488.7						12553.9	1176.2
甘肃	2103.5						6217.8	525.2
青海	336.5						1468.0	
宁夏	980.5						4040.2	273.1
新疆	3683.3	34.0	3.0	19.5	11.0	122.0	17393.4	311.3

单位：万元

事业单位会计制度财务指标				执行民间非营利组织单位会计制度财务指标				
收入合计	支出合计	收支结余	行政事业单位增加值	固定资产原价	上年结余	收入合计	费用合计	社会组织单位增加值
346615.3	**336229.0**	**25140.5**	**209343.3**	**12296.5**	**1454.1**	**54421.5**	**1487.3**	**384.3**
23665.1	20681.4	4138.0	14078.7					
5639.4	7244.2	1002.0	4824.1					
7706.7	7505.2	326.0	4145.7					
7234.0	7121.0	594.1	2932.8					
11030.2	10242.5	1098.8	5162.6					
17004.3	16714.6	323.8	9832.1	159.0		299.0	299.0	
7702.9	7302.9	367.0	5205.2	71.0		37.0	35.0	13.0
7918.7	8177.2	55.0	5977.0	175.0	1678.1	52778.5	1.5	1.0
22474.4	21492.2	1467.5	12973.4					
29302.5	29297.6	595.7	20099.8					
22847.1	21314.3	1886.8	14726.1	2372.7	8.0	246.5	328.9	23.0
5228.3	6035.8	322.5	3643.2					
8126.0	8254.4	191.5	4381.7	436.0		36.7	13.0	13.0
8289.0	8284.2	11.8	4093.3	10.1		8.0	1.0	
13052.6	12880.4	11.0	7031.5					
5878.1	5893.3	598.9	3287.5	6.5		1.3	1.3	1.8
13804.2	14109.6	-30.0	8825.8	6.0		33.6	33.5	9.0
20135.1	20232.4	252.9	13319.3			180.0		
43523.9	42135.2	6690.5	24737.9	2328.2		82.6	82.6	60.0
11096.4	11435.5	1967.5	8420.5	342.0	-232.0	529.0	516.0	199.0
1648.3	1539.0	49.4	750.4					
9088.7	8974.9	137.0	4932.0	2453.0		104.8	109.8	43.7
16840.3	12800.5	1439.0	7618.3	1218.0		23.7	50.9	14.8
3519.0	3267.7	363.0	2431.3	500.0		32.8	4.8	
3834.9	3488.7	527.4	2558.9	2000.0		15.0		
533.2	533.2		551.5					
7297.4	7101.3	317.2	5488.7					
3375.9	3330.9	85.2	2103.5					
483.0	483.0		336.5	163.0		3.0		
2077.5	2116.5	39.5	974.5	56.0		10.0	10.0	6.0
6258.2	6239.4	311.5	3561.3					

C-2-10 光荣

地区	单位数(个)	年末职工人数(人)	#女性	受教育程度(人) 大学专科人数	大学本科及以上人数	职业资格水平(人) 助理社会工作师人数	社会工作师人数	35岁及以下人数
全国	**1371**	**11760**	**5908**	**2619**	**872**	**111**	**59**	**3471**
北京	10	226	126	75	38	3		47
天津	7	239	123	86	38	3	7	55
河北	149	1807	975	304	76	25	7	660
山西	88	903	418	290	88	3	12	286
内蒙古	29	367	187	127	47	1	3	53
辽宁	23	599	310	207	115	9	2	199
吉林	11	119	63	26	20	5	10	26
黑龙江	23	229	124	19	26	1	2	93
上海								
江苏	15	134	73	20	8	4		23
浙江	25	103	47	33	5			25
安徽	47	368	157	51	15	5		72
福建	58	448	242	71	27	3	1	80
江西	223	1262	470	47	3	12		229
山东	60	528	281	195	70	3	1	205
河南	96	652	319	131	21	4		254
湖北	87	1060	578	324	84	15	2	344
湖南	164	1247	593	297	91	3	7	398
广东	69	420	253	63	24	10	3	116
广西	64	231	134	47	18	2	2	64
海南	9	77	38	7	4			13
重庆	9	37	18	11	8			14
四川	36	220	113	53	29			76
贵州	15	100	45	38	9			33
云南	2	16	7	6				4
西藏								
陕西	19	142	80	48				56
甘肃	3	19	4	4	2			2
青海								
宁夏	1	2	1					
新疆	29	205	129	39	6			44

院

年龄结构(人)			年末床位数(张)	# 光荣间床位	年在院总人天数(人天)	年末在院人数(人)	# 女性
36岁至45岁人数	46岁至55岁人数	56岁及以上人数					
5279	**2606**	**404**	**73182**	**34815**	**14198659**	**50072**	**8598**
84	81	14	772	645	100157	281	43
99	77	8	860	414	99980	578	263
814	312	21	11435	4917	2472241	6596	633
387	201	29	3080	2070	461745	1732	84
190	115	9	1590	1156	326242	1075	196
227	156	17	2406	1800	577827	1765	397
57	35	1	1203	668	177726	918	437
82	48	6	1599	535	306778	1149	165
45	44	22	600	453	189752	465	117
54	23	1	913	554	125112	334	101
201	81	14	2231	1309	402828	1528	79
215	143	10	1648	808	270063	1069	123
584	363	86	10955	4576	2645775	10225	2429
221	81	21	5568		1135222	3377	473
278	100	20	4819	2430	971708	3930	265
500	183	33	6721	3713	1125557	4770	1001
579	239	31	7696	4868	1528217	5282	931
172	101	31	1861	992	155421	905	113
111	52	4	2150	1129	265938	833	57
37	23	4	290	165	37455	137	48
10	12	1	396	136	76245	241	30
98	42	4	1494	626	308539	1176	116
46	18	3	722	115	102485	421	122
5	5	2	52		3960	17	
58	26	2	588	416	70082	326	16
5	12		58	11	6860	19	4
1	1		10		2555	7	1
119	32	10	1465	309	252189	916	354

C-2-10续表

地 区	在院人员按性质分(人)			在院人员按年龄分(人)			在院人员按类型分(人)		
	优抚对象	"三无"对象	自费人员	老人	青壮年	少年儿童	自理(完全自理)	介助(半自理)	介护(不能自理)
全 国	**32820**	**13491**	**3761**	**48768**	**583**	**721**	**39897**	**7824**	**2351**
北 京	261	11	9	279	2		190	56	35
天 津	215		363	578			422	107	49
河 北	4660	1719	217	6459	84	53	4818	1506	272
山 西	1492	170	70	1723	6	3	1397	284	51
内蒙古	878	115	82	1034		41	768	223	84
辽 宁	1319	180	266	1753	5	7	1254	311	200
吉 林	319	350	249	906	12		564	195	159
黑龙江	459	536	154	1107	42		992	116	41
上 海									
江 苏	440	23	2	446	1	18	370	76	19
浙 江	208	10	116	334			173	115	46
安 徽	1289	208	31	1521	6	1	1116	323	89
福 建	621	311	137	1017	18	34	838	197	34
江 西	4770	5068	387	9781	144	300	9156	920	149
山 东	3377			3364	13		2935	305	137
河 南	2168	1729	33	3853	50	27	3396	432	102
湖 北	3032	1208	530	4660	35	75	3592	718	460
湖 南	4117	884	281	5134	98	50	4048	1031	203
广 东	640	207	58	895	7	3	686	159	60
广 西	700	69	64	818	10	5	706	119	8
海 南	105	24	8	126		11	102	25	10
重 庆	180	27	34	240	1		155	60	26
四 川	855	215	106	1174		2	900	240	36
贵 州	87	258	76	337	10	74	379	34	8
云 南	17			16	1		3	12	2
西 藏									
陕 西	295	31		321		5	175	141	10
甘 肃	19			19			8	5	6
青 海									
宁 夏	4		3	7				7	
新 疆	293	138	485	866	38	12	754	107	55

单位：人、人次、平方米、万元

康复和医疗门诊人次数（人次）	机构建筑面积（平方米）	增加值合计（万元）	执行行政事业单位会计制度财务指标(万元)					
			固定资产原价	上年结余	收入合计	支出合计	收支结余	行政事业单位增加值
256603	**2109214**	**40533.2**	**192465.9**	**4535.0**	**75410.6**	**74529.1**	**2286.4**	**40533.2**
12846	35659	1773.0	7436.6	828.2	2724.4	2854.3	372.7	1773.0
6987	38254	2607.5	4772.4	125.0	2982.2	2952.3	157.0	2607.5
26808	398949	6688.3	31340.1	63.6	14386.8	14342.6	4.1	6688.3
2915	85909	2533.1	7700.4	1045.4	6940.8	7207.2	77.5	2533.1
1257	56310	1582.5	3828.6	90.5	3891.2	3516.1	465.6	1582.5
39875	50501	3325.3	10828.9	226.2	7333.5	6797.8	276.8	3325.3
1794	22241	486.0	1520.6	34.0	1198.4	1379.4	-132.0	486.0
23039	20980	412.4	2352.7		1307.6	1307.5	0.5	412.4
1589	12246	559.2	1618.6		697.4	673.5		559.2
3153	10259	686.6	2525.4	47.5	1243.4	1125.8	147.4	686.6
3500	88138	1074.9	7615.8	168.0	2274.3	2317.3	139.9	1074.9
1290	33944	1130.3	5529.4	142.4	2070.5	1967.3	103.3	1130.3
2762	333475	1484.2	13702.2	851.4	3394.0	3431.3	0.4	1484.2
5198	172338	2258.6	13191.2		2898.1	2898.1		2258.6
17683	161354	944.1	7652.3	1.0	1855.5	1848.8	1.2	944.1
44655	133181	3580.7	19768.5	194.1	5878.3	5915.9	172.9	3580.7
14933	200846	4283.5	21769.0	132.5	6881.3	6650.4	10.0	4283.5
4506	43466	1150.8	7105.7	231.1	1892.5	2023.9	176.1	1150.8
22329	73268	713.5	6452.0	238.4	763.5	769.9	50.2	713.5
1415	2400	99.5	1520.0	85.0	303.1	303.1		99.5
5526	14209	257.8	1034.2		598.4	598.4		257.8
9377	21480	1061.0	3694.5	20.4	1562.1	1498.3	34.0	1061.0
2574	59083	305.3	2466.0	10.3	611.9	438.6	228.8	305.3
	2114	34.8	130.0		29.6	29.6		34.8
521	15705	511.8	1700.4		700.0	736.3		511.8
32	1500	102.0	132.2		115.6	115.6		102.0
	2670	5.8			5.8	9.2		5.8
39	18735	560.7	5078.2		870.4	820.6		560.7

C-2-11 荣誉军人

地区	单位数(个)	年末职工		受教育程度(人)		职业资格水平(人)		
		人数(人)	# 女性	大学专科人数	大学本科及以上人数	助理社会工作师人数	社会工作师人数	35岁及以下人数
全国	**40**	**5025**	**2545**	**1482**	**1168**	**28**	**53**	**1788**
北京								
天津								
河北	1	215	110	68	85	4		88
山西	5	233	101	49	39	3	4	65
内蒙古	1	65	36	10	27			7
辽宁	1	169	86	75	11		2	55
吉林	2	387	162					99
黑龙江	1	128	28					43
上海	1	47	24	17	15		4	19
江苏	1	163	105	38	40		2	72
浙江	1	348	237	122	110	1		266
安徽	1	140	52	48	36			27
福建	1	57	26	40	17	1	1	16
江西	1	475	276	150	58			121
山东	3	602	312	233	235	6	13	253
河南	3	163	64	32	12			40
湖北	1	348	179	73	100			110
湖南	1	156	87	56	68			60
广东	1	150	81	35	62	2	3	63
广西	2	55	27	19	20			19
海南	1	7	5					1
重庆	2	137	78	77	10	3	2	69
四川	3	483	220	138	115	5	1	157
贵州	2	115	55	58	48	2	21	59
云南	1	103	58	31	22			34
西藏								
陕西	1	192	81	77	19			30
甘肃	1	51	24	11	14	1		12
青海								
宁夏								
新疆	1	36	31	25	5			3

康复医院

年龄结构(人)			年末床位数(张)	#光荣间床位	年在院总人天数（人天）	年末在院人数(人)	#女性
36岁至45岁人数	46岁至55岁人数	56岁及以上人数					
1621	**1194**	**422**	**8906**	**1480**	**1350959**	**4757**	**982**
52	62	13	200		50735	139	1
76	76	16	525	79	66278	270	10
31	20	7	100	28	11080	28	4
83	20	11	250	72	35972	134	25
220	53	15	420	420		420	
47	36	2	200	150	650	56	10
13	12	3	50	50	5475	15	
31	49	11	140	40	26964	62	
49	27	6	417		145843	410	228
38	68	7	200		73769	191	52
14	27		250	100	54750	150	50
106	87	161	750	20	235060	644	69
178	132	39	850		199558	617	151
44	66	13	265	45	25135	95	16
118	109	11	528		68000	157	13
53	20	23	150	50	21000	29	12
35	43	9	226	35	80042	202	55
15	16	5	240	20	71596	195	102
6			40	40	3650	10	5
25	29	14	260	90	40880	200	47
196	102	28	2069	80	5400	271	7
27	24	5	246	3	64991	210	58
32	33	4	100	58		48	
96	57	9	300		52816	173	67
19	14	6	50	50	7665	22	
17	12	4	80	50	3650	9	

C-2-11续表

地区	在院人员按性质分(人)			在院人员按年龄分(人)			在院人员按类型分(人)		
	优抚对象	“三无”对象	自费人员	老人	青壮年	少年儿童	自理(完全自理)	介助(半自理)	介护(不能自理)
全国	**2917**	**226**	**1614**	**3371**	**1350**	**36**	**2959**	**977**	**821**
北京									
天津									
河北	139			90	49		49	40	50
山西	231	21	18	239	31		231	15	24
内蒙古	28			19	9		6	3	19
辽宁	72		62	80	53	1	42	20	72
吉林	420			420			300	90	30
黑龙江	56			56			50	6	
上海	15			14	1				15
江苏	31	21	10	54	8			16	46
浙江	48	35	327	246	164		410		
安徽	60	131		60	131		131	60	
福建	19		131	150			10	50	90
江西	438		206	262	374	8	352	236	56
山东	617			527	90		472	91	54
河南	85	5	5	85	5	5	44	21	30
湖北	24		133	90	65	2	76	41	40
湖南	17	1	11	21	2	6	10	16	3
广东	36		166	196	5	1	28	50	124
广西	19		176	195			195		
海南	10			10			10		
重庆	120		80	180	20		75	37	88
四川	266		5	184	87		185	84	2
贵州	7	12	191	54	156		190	17	3
云南	48			34	14				48
西藏									
陕西	80		93	102	58	13	93	77	3
甘肃	22				22				22
青海									
宁夏									
新疆	9			3	6			7	2

康复和医疗门诊人次数(人次)	机构建筑面积(平方米)	增加值合计(万元)	执行行政事业单位会计制度财务指标(万元)					
			固定资产原价	上年结余	收入合计	支出合计	收支结余	行政事业单位增加值
954199	**441384**	**40164.7**	**155250.6**	**11923.1**	**87867.5**	**70910.9**	**17215.1**	**40164.7**
	38093	1756.5	3541.0	546.0	2042.5	2589.1	-0.6	1756.5
108641	44510	1490.8	3412.9	360.7	2254.2	1957.4	657.5	1490.8
600	2100	357.7	1852.9	24.8	2018.9	887.0	1156.7	357.7
11721		1520.9	4383.6	572.8	2612.0	2984.7	200.1	1520.9
		2402.8	2540.9		2722.7	2722.7		2402.8
412	500	318.7	560.0		575.0	575.0		318.7
	3556	602.3	779.7	90.9	900.5	904.8	86.6	602.3
148268		2185.2	2052.6	4676.7	5445.0	3038.6	2406.4	2185.2
90223		2875.6	5437.0	2012.0	12638.0	10407.0	3181.0	2875.6
24789	11000	1553.4	2925.9	523.0	5154.5	2728.5	2948.9	1553.4
3100	12000	326.0	1252.0		413.0	413.0		326.0
	40043	1625.4	2348.7	929.1	4397.7	2633.8	2693.0	1625.4
132578	84099	5264.5	11427.8	608.7	9035.9	7947.5	1697.1	5264.5
23132	3050	633.3	1176.1	0.1	882.7	795.7	87.1	633.3
99348	6000	6049.9	84033.6		10121.0	9852.6	268.4	6049.9
		1369.5	4228.0	-6.7	2815.0	2608.0	2.8	1369.5
44597	38780	3901.5	7368.7		7343.9	7019.4	324.5	3901.5
26860	49080	725.2	2683.0	50.0	1555.0	1328.0	350.0	725.2
		20.0	500.0		7.5	7.5		20.0
33680	14412	364.1	1719.0		1871.0	1869.0	2.0	364.1
165717	19800	127.8	1971.0	19.0	7585.0	1648.4		127.8
1723	11880	277.8	859.9		957.3	914.9		277.8
372	20805	722.5	1885.0	1189.0	1107.2	1322.3	973.6	722.5
32282	32000	958.7	4032.1		2418.0	2418.0		958.7
	6005	389.8	974.0	73.0	449.0	518.0	3.0	389.8
6156	3671	512.2	1305.2	254.0	545.0	820.0	177.0	512.2

C-2-12 复员军人

地区	单位数(个)	年末职工人数(人)		受教育程度(人)		职业资格水平(人)		
			#女性	大学专科人数	大学本科及以上人数	助理社会工作师人数	社会工作师人数	35岁及以下人数
全国	**36**	**3359**	**1918**	**1002**	**999**	**21**	**18**	**1279**
北京								
天津	1	25	10	5	8			6
河北	6	871	463	181	253	1	2	287
山西	1	257	158	70	112	1		87
内蒙古	2	70	35	23	6			28
辽宁								
吉林	1	45	6	9	3			10
黑龙江								
上海								
江苏	5	364	249	105	78		2	215
浙江	1	81	49	25	40			50
安徽								
福建								
江西	1	26	2	3	1			6
山东	5	650	411	204	237	16	13	236
河南	2	456	255	154	121			118
湖北	1	5	1	5				
湖南	2	100	78	69	24			37
广东	2	191	101	45	71	2		79
广西								
海南								
重庆								
四川	2	25	13	12	5			12
贵州								
云南								
西藏								
陕西	4	193	87	92	40	1	1	108
甘肃								
青海								
宁夏								
新疆								

疗养院

年龄结构(人)			年末床位数(张)	#光荣间床位	年在院总人天数(人天)	年末在院人数(人)	#女性
36岁至45岁人数	46岁至55岁人数	56岁及以上人数					
1103	**787**	**190**	**5899**	**1480**	**2078921**	**4390**	**602**
5	13	1	150	150	8903	138	15
305	226	53	1485	320	416015	1152	185
86	78	6	480		158113	389	6
30	12		240	15	10145	28	3
10	20	5	225	225	68625	225	7
95	34	20	376	148	757386	276	13
22	5	4	100	20	32850	90	40
16	4		120		6487	76	34
198	192	24	1185		323491	902	96
206	90	42	500	400	98022	298	59
5			80	30	1800	10	
45	18		120	12	7550	93	37
35	67	10	400	100	54300	325	107
7	6		78		29234	76	
38	22	25	360	60	106000	312	

C-2-12续表

地区	在院人员按性质分(人)			在院人员按年龄分(人)			在院人员按类型分(人)		
	优抚对象	"三无"对象	自费人员	老人	青壮年	少年儿童	自理(完全自理)	介助(半自理)	介护(不能自理)
全国	**3151**	**196**	**1043**	**3684**	**643**	**63**	**2255**	**1545**	**590**
北京									
天津	138			138			138		
河北	426	10	716	1072	55	25	152	660	340
山西	366		23	380	9		372		17
内蒙古	14		14	28			28		
辽宁									
吉林	225			105	120		65	50	110
黑龙江									
上海									
江苏	243		33	254	11	11	239	25	12
浙江	40	50		60	30		90		
安徽									
福建									
江西		76		76				76	
山东	902			731	171		456	446	
河南	214		84	232	66		140	90	68
湖北	10			10					10
湖南	13	28	52	53	30	10	40	43	10
广东	204		121	164	144	17	272	35	18
广西									
海南									
重庆									
四川	76			74	2		68	6	2
贵州									
云南									
西藏									
陕西	280	32		307	5		195	114	3
甘肃									
青海									
宁夏									
新疆									

康复和医疗门诊人次数（人次）	机构建筑面积（平方米）	增加值合计（万元）	执行行政事业单位会计制度财务指标(万元)					
			固定资产原价	上年结余	收入合计	支出合计	收支结余	行政事业单位增加值
1218779	**272894**	**27552.0**	**45074.4**	**3416.0**	**43421.8**	**43501.3**	**4850.1**	**27552.0**
1006	10345	339.4	3233.5		1073.0	1333.0		339.4
3600	49768	8768.9	2756.0	363.0	9791.7	11061.7	963.0	8768.9
18821	33705	1808.9	4692.0	48.0	3144.0	3083.0	109.0	1808.9
	2600	100.9	729.8		99.7	99.7		100.9
	22746	75.0			157.0	157.0		75.0
994628	22089	1901.1	5338.0	3.2	4532.2	4532.1	0.1	1901.1
		0.5	13.6		6.0	6.0		0.5
	3600	71.7	620.7		136.7	136.7		71.7
41928	73917	6277.6	13318.8	2846.7	10124.9	9031.4	3940.2	6277.6
42190		3308.2	5086.1	2.2	4746.3	4955.0	-208.7	3308.2
	2000	38.4	206.0		102.6	102.6		38.4
4335	9200	761.3	795.0		740.0	740.0		761.3
98500	17164	2615.0	6239.9	152.9	3599.7	4184.1	21.5	2615.0
6471	2300	49.4	147.0		80.0	55.0	25.0	49.4
7300	23460	890.0	1898.0		5088.0	4024.0		890.0

C-2-13 智障与精神疾病

地区	单位数（个）	年末职工人数（人）	#女性	受教育程度(人) 大学专科人数	大学本科及以上人数	职业资格水平(人) 助理社会工作师人数	社会工作师人数	35岁及以下人数
全国	**251**	**22915**	**12461**	**7496**	**5057**	**198**	**120**	**7892**
北京	2	271	178	46	74			128
天津	3	501	192	79	63	6	1	87
河北	3	531	267					177
山西	8	811	452	299	219	3	2	202
内蒙古	5	480	235	261	106		1	138
辽宁	4	644	325	167	115	1		113
吉林	8	714	338	183	297			120
黑龙江	6	1014	329	210	242		4	328
上海	3	604	337	181	96	16	11	268
江苏	13	1986	1139	632	576	24	19	650
浙江	3	192	108	39	91	5	4	73
安徽	5	453	243	199	96			190
福建	17	896	516	225	111	6	2	371
江西	4	153	90	52	55	5	7	35
山东	15	1637	982	631	628	62	26	578
河南	8	905	499	390	214	3	8	343
湖北	11	1671	950	445	396			508
湖南	17	1854	1138	725	283			525
广东	13	1340	766	378	265	20	12	628
广西	8	1156	672	336	333	4	3	605
海南								
重庆	12	502	247	164	87	3	2	134
四川	27	2158	1086	813	311	15	11	916
贵州	27	753	380	384	79	3		163
云南	7	312	178	109	70	1		105
西藏								
陕西	4	379	179	119	42	5	2	97
甘肃	5	193	97	77	46	1	1	75
青海	1	92	54	45	26			39
宁夏	1	73	53	36	30	3	3	39
新疆	11	640	431	271	106	12	1	257

服务机构总表

年龄结构(人)			年末床位数(张)		年在院总人天数(人天)	年末在院人数(人)	
36岁至45岁人数	46岁至55岁人数	56岁及以上人数		#光荣间床位			#女性
8177	**5535**	**1311**	**61473**	**3487**	**15960293**	**53863**	**14297**
95	42	6	574		184911	497	167
106	243	65	1050		291635	782	208
169	160	25	973		292733	829	151
387	189	33	1320	320	400661	1134	264
127	193	22	1825	51	410052	1702	207
297	196	38	1080	10	376298	1041	203
328	221	45	3034	429	486435	2698	629
371	289	26	3038	427	423280	2722	832
96	178	62	1835		650897	1800	477
682	496	158	6738	13	2064654	6333	1382
89	23	7	1030		199070	1020	366
154	70	39	778		211529	622	73
279	198	48	3497	200	679326	3314	868
69	46	3	365		94147	341	111
580	427	52	3229		785514	2297	348
363	167	32	1346	3	291458	1288	519
539	421	203	3217	190	812052	2417	917
882	348	99	3791	347	652790	2404	850
432	214	66	3904	320	1047951	3367	1073
303	204	44	2355	154	528277	2254	651
138	194	36	1754	40	581639	1664	413
731	405	106	7220	87	2370023	6373	1927
352	218	20	2392	360	670014	2113	452
110	87	10	1058		361684	1102	348
174	79	29	1079	360	364535	1033	225
69	42	7	490	110	124057	328	114
13	29	11	68	6	23472	68	37
21	9	4	103		37595	103	50
221	147	15	2330	60	543604	2217	435

C-2-13续表

地区	在院人员按性质分(人)			在院人员按年龄分(人)			在院人员按类型分(人)		
	优抚对象	“三无”对象	自费人员	老人	青壮年	少年儿童	自理(完全自理)	介助(半自理)	介护(不能自理)
全国	**9853**	**16586**	**27424**	**17348**	**35269**	**1246**	**30520**	**15997**	**7346**
北京	5	20	472	114	358	25	388	58	51
天津	157	274	351	201	581		678	59	45
河北	500		329	418	393	18	131	225	473
山西	677	130	327	406	692	36	729	280	125
内蒙古	160	438	1104	920	590	192	308	891	503
辽宁	482	148	411	362	669	10	891	102	48
吉林	607	1494	597	1138	1522	38	1099	1177	422
黑龙江	17	2221	484	388	2326	8	1930	792	
上海		131	1669	524	1276		947	705	148
江苏	400	1892	4041	2154	4154	25	2768	2674	891
浙江	141	80	799	211	795	14	111	683	226
安徽	325	79	218	141	477	4	496	76	50
福建	413	1237	1664	1031	2227	56	1868	921	525
江西	25	199	117	158	183		315		26
山东	1601	256	440	1064	1233		1506	645	146
河南	434	111	743	276	876	136	1053	150	85
湖北	460	418	1539	820	1571	26	1344	706	367
湖南	880	585	939	919	1356	129	1632	597	175
广东	682	1362	1323	1015	2220	132	2279	751	337
广西	188	475	1591	531	1712	11	1057	975	222
海南									
重庆	192	681	791	709	950	5	1283	342	39
四川	547	1455	4371	2022	4209	142	3392	1490	1491
贵州	171	648	1294	682	1360	71	1568	258	287
云南	156	519	427	297	768	37	440	422	240
西藏									
陕西	529	395	109	203	803	27	546	454	33
甘肃	59	172	97	80	237	11	290	27	11
青海		1	67	31	34	3	68		
宁夏		15	88		67	36		20	83
新疆	45	1150	1022	533	1630	54	1403	517	297

康复和医疗门诊人次数（人次）	机构建筑面积（平方米）	增加值合计（万元）	执行行政事业单位会计制度财务指标(万元)					
			固定资产原价	上年结余	收入合计	支出合计	收支结余	行政事业单位增加值
2821545	**1941007**	**188676.6**	**285894.4**	**22652.9**	**346789.1**	**260061.7**	**41105.6**	**133975.1**
99660	7046	3245.7	13396.1	661.1	10175.2	10180.0	1146.5	5929.7
18124	30676	5817.0	1309.7	348.6	11506.4	7558.6	1867.3	4081.6
20100	379800	4348.9	7760.4	1030.8	8552.3	6440.4	3142.6	4402.9
93992	63195	4374.8	10020.5	2172.3	82847.8	7466.3	2740.0	4111.3
10596	19054	3074.1	3691.4	459.6	8144.3	7989.7	614.2	2590.0
7376	19245	5955.2	10667.6	2100.0	13733.4	12219.4	2919.2	7940.6
102504	31953	13266.9	4099.7		4905.4	4794.4	50.0	3368.8
292190	3000	2631.3	15044.2	176.0	18050.0	11767.0	6297.0	1940.0
3099	45769	7004.2	17537.2	2376.0	10212.3	8293.8	1973.9	5688.3
404346	134991	24480.6	17519.7	4719.3	18684.6	15189.6	8058.6	11433.6
32127	21500	4867.0	13221.6	833.3	8746.7	27675.8	589.8	6065.9
58188	30161	2615.0	10427.8	42.8	9275.8	7094.8	1992.7	4477.8
142231	24582	6201.2	2603.2	618.7	2764.3	2750.4	737.2	2471.4
9564	9562	1047.0	1560.8		240.7	251.5	-10.8	148.6
107641	172560	11837.4	23957.5	769.8	21646.0	21466.0	949.8	10172.9
143568	46666	6365.8	8124.4	286.0	5238.9	5281.3	-274.0	2599.5
124773	49506	8049.5	26043.4	-71.9	26694.7	26091.1	293.2	11096.5
268351	104170	9904.4	10551.4	19.3	14040.1	13244.0	1241.1	8209.7
70208	21355	16160.9	21664.3	2326.3	17744.4	15889.2	807.5	8511.4
177750	238290	6367.8	8604.1	326.6	7470.1	6869.7	761.9	3482.3
			460.0		236.0	236.0		28.4
61831	66624	5925.1	4021.6	204.4	3313.2	2904.7	398.5	1347.3
221082	204910	18282.2	13916.7	484.3	12018.7	10336.0	814.1	5121.7
171935	39182	4395.6	4396.6	259.8	5887.4	5042.8	388.7	3323.9
44365	72848	2877.5	8571.4	99.4	4114.0	3380.3	544.6	2594.9
			2338.5		965.9	965.9		374.1
11680	58076	2122.4	6599.2	724.7	5312.4	6545.2	279.9	3543.1
75798	6658	1828.5	3561.9	272.0	6058.0	4171.1	1854.1	2006.0
17812		446.3	1280.0		215.0	215.0		259.2
8000	5694	566.2	1766.0	220.0	1088.5	871.4		697.5
22654	33934	4688.1	11177.5	1193.7	6906.6	6880.3	928.0	3779.4

C-2-14 福利类精神

地区	单位数(个)	年末职工人数(人)		受教育程度(人)		职业资格水平(人)		
			# 女性	大学专科人数	大学本科及以上人数	助理社会工作师人数	社会工作师人数	35岁及以下人数
全　国	**157**	**12988**	**6986**	**4319**	**2789**	**104**	**83**	**4590**
北　京	2	271	178	46	74			128
天　津	2	381	138	79	63	6	1	71
河　北	1	10	4					
山　西	1	102	51	41	26	1	1	30
内蒙古	3	297	143	189	48			87
辽　宁	1	88	48	28	24	1		19
吉　林	6	499	202	144	189			61
黑龙江	5	968	308	196	217		4	312
上　海	3	604	337	181	96	16	11	268
江　苏	12	1681	965	561	442	24	18	534
浙　江	2	134	67	26	82	5	4	73
安　徽	4	157	108	73	28			94
福　建	14	764	437	213	109	6	2	306
江　西	3	150	89	52	55	5	7	35
山　东	2	321	166	152	99		3	117
河　南	7	570	316	180	135	3	8	228
湖　北	3	361	198	115	50			87
湖　南	9	958	613	324	162			268
广　东	3	675	419	224	211	3	4	377
广　西	4	650	393	205	146	4	1	318
海　南								
重　庆	12	502	247	164	87	3	2	134
四　川	21	1310	670	501	203	11	10	545
贵　州	21	448	228	205	47	3		101
云　南	4	203	128	66	50	1		58
西　藏								
陕　西	1	149	52	43	11	5	2	64
甘　肃	2	90	44	30	15	1	1	24
青　海	1	92	54	45	26			39
宁　夏	1	73	53	36	30	3	3	39
新　疆	7	480	330	200	64	3	1	173

病院和医院

年龄结构(人)			年末床位数(张)		年在院总人天数（人天）	年末在院人数(人)	
36岁至45岁人数	46岁至55岁人数	56岁及以上人数		# 光荣间床位			# 女性
4503	**3161**	**734**	**38344**	**1781**	**10289739**	**34497**	**9700**
95	42	6	574		184911	497	167
84	161	65	750		228125	625	198
10			30		5475	15	5
44	27	1	150		51100	140	44
83	120	7	710		215700	602	151
21	38	10	20		1638	6	1
237	162	39	2140	300	457160	1804	322
357	273	26	2838	427	423280	2593	813
96	178	62	1835		650897	1800	477
595	411	141	6028	13	1815379	5631	1198
35	19	7	970		177170	960	366
28	12	23	278		32123	122	26
243	173	42	2937	200	679196	2774	730
69	43	3	340		94147	316	106
96	100	8	500		132756	396	65
218	106	18	746	3	215948	688	356
145	99	30	541		103601	332	101
522	136	32	1611	301	319010	1175	382
217	59	22	1884	110	432447	1615	604
173	129	30	1461		291426	1438	440
138	194	36	1754	40	581639	1664	413
443	259	63	5321	12	1746308	4656	1506
202	134	11	1342	169	372416	1123	229
68	67	10	686		243723	735	273
44	32	9	500	200	171185	474	160
36	25	5	200		64655	189	71
13	29	11	68	6	23472	68	37
21	9	4	103		37595	103	50
170	124	13	2027		537257	1956	409

C-2-14续表

地区	在院人员按性质分(人)			在院人员按年龄分(人)			在院人员按类型分(人)		
	优抚对象	“三无”对象	自费人员	老人	青壮年	少年儿童	自理（完全自理）	介助（半自理）	介护（不能自理）
全　国	**1972**	**13579**	**18946**	**10403**	**23409**	**685**	**20483**	**9720**	**4294**
北　京	5	20	472	114	358	25	388	58	51
天　津		274	351	171	454		531	59	35
河　北			15	15			15		
山　西		59	81	45	95		140		
内蒙古	80	421	101	55	547		57	500	45
辽　宁	1		5	4		2	4	2	
吉　林	397	1223	184	701	1065	38	819	743	242
黑龙江	17	2092	484	383	2202	8	1810	783	
上　海		131	1669	524	1276		947	705	148
江　苏	99	1880	3652	2004	3605	22	2691	2358	582
浙　江	81	80	799	202	744	14	54	680	226
安　徽		54	68	63	59		74	13	35
福　建	335	1001	1438	656	2062	56	1602	733	439
江　西		199	117	133	183		290		26
山　东		256	140	142	254		160	170	66
河　南	7	111	570	140	514	34	569	69	50
湖　北		40	292	303	29		272	28	32
湖　南	221	367	587	469	629	77	762	351	62
广　东	32	775	808	376	1176	63	1407	62	146
广　西	6	295	1137	363	1070	5	757	471	210
海　南									
重　庆	192	681	791	709	950	5	1283	342	39
四　川	271	987	3398	1572	2953	131	2924	534	1198
贵　州	78	543	502	464	594	65	779	61	283
云　南	56	475	204	224	486	25	295	387	53
西　藏									
陕　西	87	387		85	362	27	259	182	33
甘　肃	7	114	68	27	162		176	13	
青　海		1	67	31	34	3	68		
宁　夏		15	88		67	36		20	83
新　疆		1098	858	428	1479	49	1350	396	210

康复和医疗门诊人次数（人次）	机构建筑面积（平方米）	增加值合计（万元）	执行行政事业单位会计制度财务指标(万元)					
			固定资产原价	上年结余	收入合计	支出合计	收支结余	行政事业单位增加值
1802452	**764902**	**123691.8**	**158324.4**	**15405.5**	**205384.8**	**192973.8**	**17420.6**	**123691.8**
99660	7046	3245.7	3143.2	96.3	8560.6	7528.4	1148.4	3245.7
18124	20999	4792.5	1826.0		5499.0	6063.0		4792.5
	1000	5.0	100.0		2.0	2.0		5.0
504	8262	658.7	346.0	9.0	1055.0	1053.0	2.0	658.7
9800	5600	2089.9	1212.8	16.2	2792.7	2547.7	261.2	2089.9
		983.8	4400.0	567.0	1297.0	1554.0	319.0	983.8
97580	31953	11140.9	6762.8		15166.0	15409.0		11140.9
289347	2500	2595.8	10951.0	1303.0	8371.0	8624.0	1156.0	2595.8
3099	45769	7004.2	7938.6	154.6	10699.6	10140.0	568.6	7004.2
342414	134991	19814.1	38417.3	703.5	31459.0	29611.9	1753.6	19814.1
32127	21500	3898.1	4427.9		8816.6	8225.6	640.0	3898.1
20219	17161	655.7	940.2	-183.0	1213.7	1227.7	-14.0	655.7
133226	22582	5520.9	7399.9	1523.3	12014.6	10432.6	891.5	5520.9
9564	8462	1046.3	656.1	94.6	1268.6	1244.7	23.9	1046.3
3747	23538	3035.3	1483.9		4115.2	4115.2		3035.3
118548	46666	4567.8	5263.0	641.0	8554.0	8093.0	76.0	4567.8
25972	5410	919.8	1456.4	-146.0	2689.3	2680.3	-32.0	919.8
81935	17970	4229.6	6649.9	531.0	7806.8	7543.4	320.0	4229.6
27478	1659	11376.0	9278.6	6569.8	13574.5	13545.7	33.5	11376.0
59278	31492	4172.7	5588.9	307.6	8088.5	7321.6	834.6	4172.7
61831	66624	5925.1	5584.9	28.0	10628.2	8920.1	1707.1	5925.1
124962	159660	15804.4	19074.3	1076.2	22798.1	18531.3	5343.0	15804.4
153341	11462	2245.2	2473.2	312.5	3860.2	3917.7	117.1	2245.2
35227	14668	1995.5	2117.0		3685.5	3262.9	180.5	1995.5
	23000	1054.8	1436.1		1661.0	1274.5	386.4	1054.8
8651	1000	757.0	543.8	49.4	897.7	908.5	38.6	757.0
17812		446.3	860.0	41.1	678.3	795.2	23.7	446.3
8000	5694	566.2	221.7	213.3	675.2	757.9	130.5	566.2
20006	28234	4521.6	7770.9	1497.1	7456.9	7642.9	1511.4	4521.6

C-2-15 复退军人

地 区	单位数(个)	年末职工人数(人)		受教育程度(人)		职业资格水平(人)		
			#女性	大学专科人数	大学本科及以上人数	助理社会工作师人数	社会工作师人数	35岁及以下人数
全 国	**94**	**9927**	**5475**	**3177**	**2268**	**94**	**37**	**3302**
北 京								
天 津	1	120	54					16
河 北	2	521	263					177
山 西	7	709	401	258	193	2	1	172
内蒙古	2	183	92	72	58		1	51
辽 宁	3	556	277	139	91			94
吉 林	2	215	136	39	108			59
黑龙江	1	46	21	14	25			16
上 海								
江 苏	1	305	174	71	134		1	116
浙 江	1	58	41	13	9			
安 徽	1	296	135	126	68			96
福 建	3	132	79	12	2			65
江 西	1	3	1					
山 东	13	1316	816	479	529	62	23	461
河 南	1	335	183	210	79			115
湖 北	8	1310	752	330	346			421
湖 南	8	896	525	401	121			257
广 东	10	665	347	154	54	17	8	251
广 西	4	506	279	131	187		2	287
海 南								
重 庆								
四 川	6	848	416	312	108	4	1	371
贵 州	6	305	152	179	32			62
云 南	3	109	50	43	20			47
西 藏								
陕 西	3	230	127	76	31			33
甘 肃	3	103	53	47	31			51
青 海								
宁 夏								
新 疆	4	160	101	71	42	9		84

精神病院

年龄结构(人) 36岁至45岁人数	46岁至55岁人数	56岁及以上人数	年末床位数(张)	#光荣间床位	年在院总人天数(人天)	年末在院人数(人)	#女性
3674	**2374**	**577**	**23129**	**1706**	**5670554**	**19366**	**4597**
22	82		300		63510	157	10
159	160	25	943		287258	814	146
343	162	32	1170	320	349561	994	220
44	73	15	1115	51	194352	1100	56
276	158	28	1060	10	374660	1035	202
91	59	6	894	129	29275	894	307
14	16		200			129	19
87	85	17	710		249275	702	184
54	4		60		21900	60	
126	58	16	500		179406	500	47
36	25	6	560		130	540	138
	3		25			25	5
484	327	44	2729		652758	1901	283
145	61	14	600		75510	600	163
394	322	173	2676	190	708451	2085	816
360	212	67	2180	46	333780	1229	468
215	155	44	2020	210	615504	1752	469
130	75	14	894	154	236851	816	211
288	146	43	1899	75	623715	1717	421
150	84	9	1050	191	297598	990	223
42	20		372		117961	367	75
130	47	20	579	160	193350	559	65
33	17	2	290	110	59402	139	43
51	23	2	303	60	6347	261	26

C-2-15续表

地区	在院人员按性质分(人)			在院人员按年龄分(人)			在院人员按类型分(人)		
	优抚对象	“三无”对象	自费人员	老人	青壮年	少年儿童	自理(完全自理)	介助(半自理)	介护(不能自理)
全国	**7881**	**3007**	**8478**	**6945**	**11860**	**561**	**10037**	**6277**	**3052**
北京									
天津	157			30	127		147		10
河北	500		314	403	393	18	116	225	473
山西	677	71	246	361	597	36	589	280	125
内蒙古	80	17	1003	865	43	192	251	391	458
辽宁	481	148	406	358	669	8	887	100	48
吉林	210	271	413	437	457		280	434	180
黑龙江		129		5	124		120	9	
上海									
江苏	301	12	389	150	549	3	77	316	309
浙江	60			9	51		57	3	
安徽	325	25	150	78	418	4	422	63	15
福建	78	236	226	375	165		266	188	86
江西	25			25			25		
山东	1601		300	922	979		1346	475	80
河南	427		173	136	362	102	484	81	35
湖北	460	378	1247	517	1542	26	1072	678	335
湖南	659	218	352	450	727	52	870	246	113
广东	650	587	515	639	1044	69	872	689	191
广西	182	180	454	168	642	6	300	504	12
海南									
重庆									
四川	276	468	973	450	1256	11	468	956	293
贵州	93	105	792	218	766	6	789	197	4
云南	100	44	223	73	282	12	145	35	187
西藏									
陕西	442	8	109	118	441		287	272	
甘肃	52	58	29	53	75	11	114	14	11
青海									
宁夏									
新疆	45	52	164	105	151	5	53	121	87

康复和医疗门诊人次数（人次）	机构建筑面积（平方米）	增加值合计（万元）	执行行政事业单位会计制度财务指标(万元)					
			固定资产原价	上年结余	收入合计	支出合计	收支结余	行政事业单位增加值
1019093	**1176105**	**64984.8**	**110053.1**	**12758.2**	**202987.7**	**114371.8**	**23404.6**	**64984.8**
	9677	1024.5		251.2	1217.4	1442.2	26.3	1024.5
20100	378800	4343.9	7660.2	1030.8	8285.9	6174.0	3142.6	4343.9
93488	54933	3716.1	8970.7	2163.3	82253.2	6666.3	2724.4	3716.1
796	13454	984.2	1171.5		2940.0	2940.0		984.2
7376	19245	4971.4	5165.8	1264.0	7647.4	6492.1	2442.0	4971.4
4924		2126.0	1804.0		2834.0	2724.0	50.0	2126.0
2843	500	35.5	887.0		497.0	497.0		35.5
61932		4666.5	9734.0	4619.0	10324.7	7228.8	7714.9	4666.5
		968.9	659.7	89.3	1132.8	1139.4	82.7	968.9
37969	13000	1959.3	2178.5		4979.5	3072.7	1906.7	1959.3
9005	2000	680.3	261.7		1091.3	1036.2	65.8	680.3
	1100	0.7	16.6		5.5	5.5		0.7
103894	149022	8802.1	16382.7	769.8	18348.6	18168.6	949.8	8802.1
25020		1798.0	3640.0		2603.0	2522.0		1798.0
98801	44096	7129.7	19135.6	-114.0	18477.7	17870.9	258.3	7129.7
186416	86200	5674.8	4512.2	19.3	9225.1	8883.4	865.8	5674.8
42730	19696	4784.9	8550.8	1296.7	8163.0	6903.9	614.4	4784.9
118472	206798	2195.1	5106.9	319.0	5254.8	4724.8	706.0	2195.1
96120	45250	2477.8	5237.5		7047.7	5655.1	-57.0	2477.8
18594	27720	2150.4	2369.8	234.5	3606.3	3630.7	59.0	2150.4
9138	58180	882.0	1394.9	41.0	1661.7	946.1	520.5	882.0
11680	35076	1067.6	3049.0	512.3	753.1	2385.3		1067.6
67147	5658	1071.5	1555.0	262.0	4271.0	2895.8	1332.4	1071.5
2648	5700	166.5	609.0		367.0	367.0		166.5

C-2-16 儿童收

地 区	单位数（个）	年末职工人数（人）	# 女性	受教育程度(人)		职业资格水平(人)		
				大学专科人数	大学本科及以上人数	助理社会工作师人数	社会工作师人数	35岁及以下人数
全 国	**335**	**8908**	**5956**	**2502**	**1776**	**185**	**165**	**3575**
北 京	10	508	367	142	160	3	4	127
天 津	2	134	76	70	39	5	9	50
河 北	8	76	42	12	7			43
山 西	4	84	55	22	13	3	2	45
内蒙古	6	191	121	70	40	7	5	76
辽 宁	5	294	169	97	114			92
吉 林	9	239	133	15	12			90
黑龙江	9	534	255	168	118	1	3	186
上 海	6	525	404	113	104	19	22	235
江 苏	10	529	387	143	105	17	16	103
浙 江	9	318	247	96	103	24	10	142
安 徽	20	567	340	155	92	3	6	205
福 建	9	150	105	50	34	1	1	55
江 西	3	26	8	3	7	1		6
山 东	8	168	98	54	66	5	5	51
河 南	11	366	264	62	53			187
湖 北	26	486	379	141	82	13	7	197
湖 南	18	467	259	113	35	12	8	183
广 东	28	607	455	129	69	21	19	278
广 西	8	334	260	117	75			178
海 南	1	8	7	1	1			2
重 庆	6	172	134	59	44	2	1	86
四 川	15	329	231	98	91	8	9	134
贵 州	11	161	100	63	29	4	2	60
云 南	16	282	216	57	61	4	8	149
西 藏	12	94	60	22	5	2		48
陕 西	10	211	127	74	40	6	2	68
甘 肃	8	202	78	57	29	1	3	84
青 海	2	101	87	38	10	4		48
宁 夏	1	137	116	40	45	2	3	73
新 疆	44	608	376	221	93	17	20	294

养机构

年龄结构(人)			年末床位数(张)	#光荣间床位	年在院总人天数(人天)	年末在院人数(人)	#女性
36岁至45岁人数	46岁至55岁人数	56岁及以上人数					
3081	**1966**	**286**	**50492**	**388**	**10868305**	**40556**	**16629**
238	132	11	1320		616390	939	322
33	40	11	839		51969	761	288
27	5	1	569		103776	490	108
20	18	1	391		42480	158	84
75	35	5	1314		152050	705	254
108	75	19	1580		550585	1522	622
98	47	4	1187		103865	934	138
130	204	14	1633		182655	1528	582
127	136	27	2454		879995	2423	1053
204	185	37	2149	4	632883	1842	804
79	90	7	1654		560878	1441	361
227	115	20	3190		542400	2491	984
59	30	6	1103		212118	806	354
12	7	1	288			225	79
57	52	8	1730		317760	995	405
106	65	8	2088		525638	1780	899
160	117	12	3136	230	696939	2103	1064
152	93	39	2672	119	588713	1764	1251
196	120	13	3751		580141	2603	1151
99	53	4	876		49835	836	545
4	1	1	35		9256	35	26
67	19		1501		274140	1375	490
120	67	8	2220		564378	1768	639
60	39	2	943	35	313080	879	624
102	27	4	1291		81496	1414	215
46			1087		238965	934	445
87	50	6	2177		626228	1884	795
82	31	5	1091		169720	941	275
40	11	2	409		147915	409	214
38	23	3	300		101105	277	124
228	79	7	5514		950952	4294	1434

C-2-16续表

地区	在院人员按性质分(人)			在院人员按年龄分(人)			在院人员按类型分(人)		
	优抚对象	“三无”对象	自费人员	老人	青壮年	少年儿童	自理(完全自理)	介助(半自理)	介护(不能自理)
全　国	**186**	**38716**	**1654**	**1413**	**1475**	**37668**	**17335**	**9262**	**13959**
北　京		903	36	2	12	925	313	44	582
天　津		751	10		40	721	194	78	489
河　北		490			5	485	478		12
山　西		113	45		31	127	143	11	4
内蒙古		705			30	675	213	392	100
辽　宁		1512	10	151	92	1279	1085	211	226
吉　林		837	97	86	2	846	729	121	84
黑龙江	140	1226	162	87		1441	1074	340	114
上　海		2219	204			2423	346	405	1672
江　苏	4	1802	36	59	277	1506	630	233	979
浙　江		1217	224	94	99	1248	504	217	720
安　徽	27	2313	151	137	284	2070	414	906	1171
福　建		806			11	795	212	255	339
江　西		145	80	84		141	193		32
山　东		995				995	546	231	218
河　南		1780		5	119	1656	752	503	525
湖　北		2009	94	176	1	1926	567	1005	531
湖　南	15	1749			70	1694	411	331	1022
广　东		2565	38	32	68	2503	1229	451	923
广　西		571	265	63	15	758	214	417	205
海　南		35				35	29	3	3
重　庆		1348	27			1375	150	25	1200
四　川		1763	5		10	1758	536	913	319
贵　州		878	1	22	10	847	530	135	214
云　南		1357	57	21	67	1326	981	279	154
西　藏		934				934	917	15	2
陕　西		1884				1884	230	770	884
甘　肃		924	17	4		937	484	199	258
青　海		409				409	309	60	40
宁　夏		258	19		24	253	19	62	196
新　疆		4218	76	390	208	3696	2903	650	741

康复和医疗门诊人次数（人次）	家庭寄养儿童数量（人）	机构建筑面积（平方米）	增加值合计（万元）	执行行政事业单位会计制度财务指标(万元)					
				固定资产原价	上年结余	收入合计	支出合计	收支结余	行政事业单位增加值
382336	**13872**	**968970**	**68990.3**	**175841.3**	**9894.7**	**143801.4**	**145689.9**	**17701.0**	**68990.3**
568	899	53153	5929.7	13396.1	661.1	10175.2	10180.0	1146.5	5929.7
	460	8177	3057.1	1309.7	97.4	10289.0	6116.4	1841.0	3057.1
	111	9053	59.0	100.2		266.4	266.4		59.0
2068	35	500	395.2	1049.8	9.0	594.6	800.0	15.6	395.2
	33	21520	1605.8	2519.9	459.6	5204.3	5049.7	614.2	1605.8
17487	214	15317	2969.2	5501.8	836.0	6086.0	5727.3	477.2	2969.2
67	12	11483	1242.8	2295.7		2071.4	2070.4		1242.8
1417	231	4600	1904.5	14157.2	176.0	17553.0	11270.0	6297.0	1904.5
	1643	79962	5688.3	17537.2	2376.0	10212.3	8293.8	1973.9	5688.3
14440	148	54602	6767.1	7785.7	100.3	8359.9	7960.8	343.7	6767.1
43532	272	35174	5097.0	12561.9	744.0	7613.9	26536.4	507.1	5097.0
11999	405	100274	2518.5	8249.3	42.8	4296.3	4022.1	86.0	2518.5
	779	10350	1791.1	2341.5	618.7	1673.0	1714.2	671.4	1791.1
		9690	147.9	1544.2		235.2	246.0	-10.8	147.9
19240	366	66158	1370.8	7574.8		3297.4	3297.4		1370.8
980	276	32570	801.5	4484.4	286.0	2635.9	2759.3	-274.0	801.5
34634	712	31360	3966.8	6907.8	42.1	8217.0	8220.2	34.9	3966.8
1748	1365	33360	2534.9	6039.2		4815.0	4360.6	375.3	2534.9
82420	328	66876	3726.5	13113.5	1029.6	9581.4	8985.3	193.1	3726.5
30255	64	29676	1287.2	3497.2	7.6	2215.3	2144.9	55.9	1287.2
		400	28.4	460.0		236.0	236.0		28.4
61458	113	27061	1347.3	4021.6	204.4	3313.2	2904.7	398.5	1347.3
13022	1472	64260	2643.9	8679.2	484.3	4971.0	4680.9	871.1	2643.9
4008	253	14410	1173.5	2026.8	25.3	2281.1	1412.1	329.7	1173.5
85	577	73646	1712.9	7176.5	58.4	2452.3	2434.2	24.1	1712.9
		12724	374.1	2338.5		965.9	965.9		374.1
	377	35250	2475.5	3550.2	212.4	4559.3	4159.9	279.9	2475.5
285	28	4000	934.5	2006.9	10.0	1787.0	1275.3	521.7	934.5
363	70	2380	259.2	1280.0		215.0	215.0		259.2
	120	18713	697.5	1766.0	220.0	1088.5	871.4		697.5
42260	2509	59091	3612.9	10568.5	1193.7	6539.6	6513.3	928.0	3612.9

C−2−17 其他收

地区	单位数	年末职工人数	# 女性	受教育程度 大学专科人数	大学本科及以上人数
全国	**112**	**1415**	**756**	**254**	**150**
北京					
天津					
河北	7	343	217	47	41
山西	5	26			
内蒙古	5	58	30	7	13
辽宁	14	104	74	19	10
吉林	6	67	27	4	
黑龙江	4	46	26	9	4
上海					
江苏	1	6	2		
浙江	8	17		3	
安徽	9	79	21	6	1
福建					
江西					
山东					
河南	4	44	27	2	1
湖北	4	71	45	37	13
湖南	5	7	2	1	
广东	9	289	137	72	35
广西	8	25	16	1	
海南					
重庆	4	48	39		
四川	10	56	36	24	
贵州	3	26	17	6	4
云南	4	87	34	12	22
西藏					
陕西					
甘肃	2	16	6	4	6
青海					
宁夏					
新疆					

养性机构

单位:个、人

职业资格水平		年龄结构			
助理社会工作师人数	社会工作师人数	35岁及以下人数	36岁至45岁人数	46岁至55岁人数	56岁及以上人数
23	**7**	**541**	**526**	**267**	**81**
		101	134	73	35
		2	10	9	5
		18	27	12	1
		25	37	34	8
		34	25	8	
2		19	23	3	1
		2	3	1	
		13	4		
		21	40	17	1
2		24	12	7	1
		13	32	16	10
			7		
16	5	161	88	30	10
		1	7	14	3
		40	8		
		20	27	8	1
1	1	7	17	2	
2	1	35	15	32	5
		5	10	1	

C-2-17续表1

地区	年末床位数(张)	#光荣间床位	年在院总人天数(人天)	年末在院人数(人)	#女性	在院人员按性质分(人) 优抚对象	“三无”对象	自费人员
全国	**10035**	**97**	**1154420**	**6122**	**2030**	**277**	**3368**	**2477**
北京								
天津								
河北	715	66	180094	450	151	6	230	214
山西	39		1830	5	2		5	
内蒙古	595		55130	324	10		159	165
辽宁	1200		253480	696	364		160	536
吉林	545	9	168617	473	104	173	213	87
黑龙江	710		100910	515	21	19	470	26
上海								
江苏	100		9780	95	92		94	1
浙江	375		40355	119	30		10	109
安徽	1132		75606	232	45	20	100	112
福建								
江西								
山东								
河南	195	20	35740	103	5	30	3	70
湖北	310		35300	148	89	20	20	108
湖南	166		6969	160	1	4	156	
广东	2240		54838	1372	727	5	834	533
广西	147		22265	110	48		36	74
海南								
重庆	280			199	31			199
四川	406		100101	372	80		272	100
贵州	68	2	11485	47	10		12	35
云南	272		365	249	57		249	
西藏								
陕西								
甘肃	480			425	154		345	80
青海								
宁夏								
新疆	60		1555	28	9			28

在院人员按年龄分(人)			在院人员按类型分(人)			康复和医疗门诊人次数(人次)	机构建筑面积(平方米)
老人	青壮年	少年儿童	自理(完全自理)	介助(半自理)	介护(不能自理)		
4363	**487**	**1272**	**3984**	**1406**	**732**	**89592**	**219598**
372	75	3	60	129	261	1790	22057
5			5				
206	115	3	279	45		192	8300
696			318	218	160		15000
443	30		471	2		70	3560
507	7	1	503	10	2		3000
93		2	71	17	7		700
109	10		109	10		200	23850
227	5		187	11	34	1260	13060
76		27	90	6	7	650	4700
98	25	25	96	33	19	4520	1550
158	2		142	12	6	150	420
519	16	837	1020	277	75	77620	10180
110			60	24	26		2670
199			169	28	2		8408
327	44	1	193	171	8	3140	12190
47			47				
63	158	28	47	152	50		88953
80		345	90	260	75		1000
28			27	1			

C-2-17续表2

地区	增加值合计	执行企业会计制度单位财务指标					执行行政	
		固定资产原价	营业收入	费用合计	营业利润	企业单位增加值	固定资产原价	上年结余
全国	**5814.7**	**2464.0**	**458.4**	**367.6**		**89.0**	**16110.6**	**254.0**
北京								
天津								
河北	1500.7	70.0	82.4	89.6		10.0	1688.9	
山西	22.2						5.0	
内蒙古	264.2	126.0	56.0	56.0		0.5	287.4	
辽宁	499.2						831.3	
吉林	41.5						488.9	
黑龙江	106.5						250.0	
上海								
江苏	1.2							
浙江	32.0							
安徽	117.2	550.0	10.0	22.0		12.2	690.6	
福建								
江西								
山东								
河南	148.5						302.0	
湖北	327.8						2063.3	
湖南	16.6						414.0	
广东	1854.9	580.0	180.0	100.0		45.9	6063.6	247.0
广西	20.1						75.0	
海南								
重庆	20.4	138.0	130.0	100.0		20.4		
四川	177.1						481.4	
贵州	94.6						108.0	7.0
云南	597.8						2083.2	
西藏								
陕西								
甘肃	31.1						278.0	
青海								
宁夏								
新疆		1000.0						

单位：万元

事业单位会计制度财务指标				执行民间非营利组织单位会计制度财务指标				
收入合计	支出合计	收支结余	行政事业单位增加值	固定资产原价	上年结余	收入合计	费用合计	社会组织单位增加值
7655.1	**7743.2**	**41.1**	**5531.4**	**1003.6**	**209.3**	**503.9**	**448.3**	**194.3**
2078.0	2153.0		1490.7					
22.4	22.4		22.2					
430.0	402.2	27.8	263.7	180.0		40.0	28.0	
466.0	466.0		499.2			31.0	31.0	
30.0	30.0		41.5	2.0				
142.0	149.0		106.5					
				29.4		9.0	8.0	1.2
52.0	52.0		32.0	7.0				
17.7	243.3	-198.4	98.0	500.0		56.0	38.0	7.0
228.0	228.0		148.5					
423.4	303.4	119.9	327.8					
3.8	3.8		16.6					
2619.7	2515.4	13.3	1640.0	152.0	208.0	250.0	307.0	169.0
			3.0	133.2	1.3	39.9	36.3	17.1
222.9	222.9		177.1			78.0		
123.3	130.0	6.9	94.6					
736.7	781.8	71.6	597.8					
59.2	40.0		31.1					

C-2-18 生活无着人员

地区	单位数	年末职工人数	# 女性	受教育程度	
				大学专科人数	大学本科及以上人数
全国	**1593**	**16453**	**5546**	**5994**	**3444**
北京	23	628	295	180	206
天津	11	214	68	59	52
河北	29	402	73	117	57
山西	63	513	181	151	72
内蒙古	33	379	81	131	70
辽宁	56	813	267	416	212
吉林	50	656	276	181	162
黑龙江	84	725	219	304	156
上海	22	403	142	184	90
江苏	68	586	206	181	166
浙江	71	539	160	170	168
安徽	36	343	80	123	76
福建	43	334	104	108	53
江西	68	437	133	139	66
山东	38	359	128	177	131
河南	47	783	289	309	135
湖北	76	736	282	260	143
湖南	137	1420	441	595	158
广东	72	1936	630	615	431
广西	37	348	126	87	81
海南	8	87	37	23	14
重庆	44	333	108	155	101
四川	140	919	325	344	196
贵州	61	339	118	136	60
云南	75	451	148	171	94
西藏	4	26	6	2	1
陕西	89	858	328	304	104
甘肃	42	378	136	148	76
青海	10	57	13	39	7
宁夏	10	75	20	19	16
新疆	46	376	126	166	90

救助类单位总表

单位:个、人

职业资格水平		年龄结构			
助理社会工作师人数	社会工作师人数	35岁及以下人数	36岁至45岁人数	46岁至55岁人数	56岁及以上人数
275	**271**	**5388**	**5932**	**4221**	**912**
16	10	275	185	142	26
2	2	68	51	67	28
	4	109	114	151	28
5	6	200	165	134	14
3	8	69	142	146	22
6	10	243	260	255	55
8	6	179	275	174	28
4	27	211	299	186	29
12	20	132	92	137	42
23	22	161	189	189	47
5	5	220	183	102	34
7	4	78	132	109	24
2	10	92	101	114	27
12	2	131	193	92	21
9	6	134	118	83	24
9	18	313	271	169	30
7	9	224	274	175	63
20	25	616	532	209	63
53	30	548	745	524	119
5	6	107	109	108	24
1	1	16	37	31	3
36		83	133	91	26
19	21	333	360	195	31
3	4	90	120	107	22
	5	128	185	126	12
		8	14	4	
2	8	330	298	185	45
1	1	129	140	94	15
		15	26	13	3
4		19	38	17	1
1	1	127	151	92	6

C–2–18 续表

地　区	本年救助人次数（人次）	从其他站转入的	儿童	老年人	残疾人	女性	救治的危重病人、精神病人	自主返乡	跨省接送
全　国	**1719008**	**155978**	**146329**	**244872**	**139111**	**314866**	**80327**	**726060**	**159770**
北　京	159525	8910	4079	18123	4775	67323	511	8563	61588
天　津	18632	105	461	1837	659	1955	1497	9855	411
河　北	42982	1042	2320	4867	2174	4284	2034	25019	3120
山　西	44615	2958	3158	6401	6451	6479	1956	21938	2814
内蒙古	31169	1819	3403	5078	2028	8136	1022	19766	1385
辽　宁	55021	2259	4618	5844	3178	8500	3928	24210	1876
吉　林	39752	3091	2506	7658	5487	7717	1504	16058	2263
黑龙江	28131	2986	2079	7838	4798	5885	2781	8649	1300
上　海	40203	152	4792	4796	3731	9323	1222	17647	831
江　苏	53643	6127	6007	7071	2438	10330	3064	36438	5840
浙　江	63330	6474	4896	5704	3620	9925	3241	40124	2006
安　徽	52348	3845	5345	8916	5053	9410	2828	29721	3954
福　建	53719	3999	2232	7583	4018	5405	902	33960	1951
江　西	55335	5959	3525	6903	5200	6480	1093	16516	1210
山　东	41899	2062	5140	6450	3217	9262	3361	20654	11050
河　南	87357	4827	6753	9392	9738	17143	6432	38655	4220
湖　北	140660	8147	15765	13879	11590	19019	7302	54038	10510
湖　南	137839	20333	10762	23093	17690	20960	9213	54485	7313
广　东	146656	11145	10977	27107	6169	20126	5411	66934	4304
广　西	29864	6662	3012	2660	1206	4559	2622	17974	708
海　南	14838	17	1752	1415	376	458	885	3479	53
重　庆	46627	6934	5267	5422	4129	8318	3274	25629	2256
四　川	116921	21751	14494	18361	9523	20783	5197	47759	11955
贵　州	45100	3232	5402	5860	3539	6159	1737	8477	6411
云　南	50434	5928	4063	6092	5040	7724	2411	23813	2416
西　藏	4595	153	678	516	173	1657	76	1141	24
陕　西	64927	6944	4381	11836	6747	8806	2038	35795	3588
甘　肃	20348	3218	2757	4331	2358	4049	1020	11223	2038
青　海	8253	78	2016	4887	1519	1576	54	876	1019
宁　夏	5866	267	544	1538	538	250	209	512	169
新　疆	18419	4554	3145	3414	1949	2865	1502	6152	1187

床位数(张)	年末在站(场)人数(人)	增加值合计(万元)	执行行政事业单位会计制度财务指标(万元)					
			固定资产原价	上年结余	收入合计	支出合计	收支结余	行政事业单位增加值
55562	**34351**	**115071.0**	**209598.2**	**20061.3**	**185083.5**	**190130.6**	**11729.4**	**115071.0**
1979	6708	6066.0	2778.1	2492.2	16655.4	20209.9	1962.6	6066.0
1024	234	2827.5	1527.5	1504.2	2845.4	2844.9	1459.0	2827.5
1063	804	1925.8	10587.0	314.4	3220.6	3311.4	131.6	1925.8
1250	258	2225.2	2109.6	167.2	3046.3	3218.5	160.3	2225.2
1567	100	2162.0	3682.1	311.7	4437.0	4357.1	391.6	2162.0
2490	435	4836.0	8559.6	141.9	8283.0	8304.5	101.8	4836.0
2246	934	3134.8	4313.9	46.3	4080.2	4134.3	115.9	3134.8
1556	1480	2611.1	4914.8	215.3	3286.9	3429.3	96.4	2611.1
1051	360	4324.3	15445.3	640.5	7935.7	11263.0	1166.0	4324.3
2658	681	6884.5	13522.8	328.0	10500.2	10737.9	111.0	6884.5
2713	565	6049.7	10036.6	1020.9	10987.5	10088.7	844.1	6049.7
1272	105	2415.6	3272.3	387.1	3537.7	3358.6	331.6	2415.6
1229	644	2986.7	5009.5	363.9	4044.9	3735.6	617.1	2986.7
850	892	2081.2	3430.9	2.3	2800.4	2694.2	168.8	2081.2
2277	418	4130.0	7954.8		6020.0	5911.1	108.9	4130.0
2180	1669	2871.8	5198.1	1944.7	5908.0	6131.7	105.3	2871.8
3180	1142	4163.4	9395.8		6885.2	6919.5	-58.1	4163.4
4195	2686	5352.9	9310.8	28.4	12083.0	11951.9	100.4	5352.9
7026	2530	23449.1	46247.8	4824.4	32015.5	31924.7	1515.2	23449.1
1062	136	2561.9	4552.4	201.5	3377.2	3425.6	133.5	2561.9
138	54	1046.2	1563.0	1454.0	1383.6	1360.6	55.0	1046.2
1292	2364	2204.8	4370.1	40.0	3887.6	3722.5	90.4	2204.8
3703	1505	5415.7	8297.3	534.8	8018.1	7474.7	788.0	5415.7
716	894	1701.7	1904.3	459.8	2258.2	2303.2	182.3	1701.7
1131	585	2361.5	6442.0	183.9	3855.8	3926.7	-31.2	2361.5
90		240.7	1087.6		238.4	244.8		240.7
3586	1841	3400.3	4854.8	33.1	5398.4	5198.7	-47.1	3400.3
781	1160	1636.7	2834.1	134.8	2002.0	1936.8	187.7	1636.7
94	31	156.2	433.3		325.2	325.2		156.2
190	2030	405.4	626.3	17.0	607.2	571.2	50.0	405.4
973	1106	2912.7	5335.7	2269.0	5158.9	5113.8	891.3	2912.7

C-2-19 在编制部门

地区	单位数	年末职工人数		受教育程度	
			# 女性	大学专科人数	大学本科及以上人数
全国	**1512**	**16130**	**5425**	**5857**	**3414**
北京	23	628	295	180	206
天津	11	214	68	59	52
河北	28	395	71	117	57
山西	62	511	181	151	72
内蒙古	33	379	81	131	70
辽宁	53	777	246	399	207
吉林	50	656	276	181	162
黑龙江	80	720	215	302	156
上海	22	403	142	184	90
江苏	62	581	206	179	165
浙江	68	533	158	169	166
安徽	34	333	79	113	76
福建	37	325	100	107	52
江西	57	410	122	131	59
山东	38	359	128	177	131
河南	46	778	287	305	133
湖北	75	734	281	260	142
湖南	128	1300	403	551	153
广东	69	1919	622	610	431
广西	36	345	126	84	81
海南	8	87	37	23	14
重庆	44	333	108	155	101
四川	131	894	311	334	195
贵州	61	339	118	136	60
云南	69	442	146	167	93
西藏	3	22	5	2	1
陕西	87	855	327	300	104
甘肃	39	368	135	141	74
青海	5	42	8	26	5
宁夏	10	75	20	19	16
新疆	43	373	123	164	90

登记的救助机构

单位：个、人

职业资格水平		年龄结构			
助理社会工作师人数	社会工作师人数	35岁及以下人数	36岁至45岁人数	46岁至55岁人数	56岁及以上人数
272	**271**	**5250**	**5806**	**4174**	**900**
16	10	275	185	142	26
2	2	68	51	67	28
	4	109	114	146	26
5	6	198	165	134	14
3	8	69	142	146	22
6	10	224	247	251	55
8	6	179	275	174	28
4	27	210	295	186	29
12	20	132	92	137	42
23	22	160	189	185	47
5	5	219	179	102	33
7	4	78	124	107	24
2	10	90	96	113	26
9	2	118	184	88	20
9	6	134	118	83	24
9	18	311	268	169	30
7	9	222	274	175	63
20	25	563	490	191	56
53	30	541	735	524	119
5	6	107	106	108	24
1	1	16	37	31	3
36		83	133	91	26
19	21	313	356	194	31
3	4	90	120	107	22
	5	127	184	119	12
		6	12	4	
2	8	328	298	184	45
1	1	124	135	94	15
		12	14	13	3
4		19	38	17	1
1	1	125	150	92	6

C–2–19续表

地区	本年救助人次数（人次）	从其他站转入的	儿童	老年人	残疾人	女性	救治的危重病人、精神病人	自主返乡	跨省接送
全国	**1700424**	**155048**	**142858**	**241466**	**137303**	**313091**	**79770**	**718501**	**159652**
北京	159525	8910	4079	18123	4775	67323	511	8563	61588
天津	18632	105	461	1837	659	1955	1497	9855	411
河北	41071	1021	2315	4657	2121	4160	1877	24003	3113
山西	43565	2943	3043	6245	6241	6377	1948	21606	2814
内蒙古	31169	1819	3403	5078	2028	8136	1022	19766	1385
辽宁	54636	2256	4599	5789	3143	8415	3900	24093	1876
吉林	39752	3091	2506	7658	5487	7717	1504	16058	2263
黑龙江	27987	2936	2019	7818	4798	5885	2781	8649	1300
上海	40203	152	4792	4796	3731	9323	1222	17647	831
江苏	53464	6122	5900	7065	2434	10305	3034	36434	5840
浙江	62199	6468	4879	5501	3568	9809	3202	39278	1992
安徽	50999	3839	3996	8916	5052	9399	2828	29721	3949
福建	51233	3873	2162	7405	3882	5273	835	32137	1951
江西	54793	5879	3093	6885	5191	6472	1093	16410	1210
山东	41899	2062	5140	6450	3217	9262	3361	20654	11050
河南	86482	4827	6753	9392	9138	17020	6414	37855	4214
湖北	140319	8124	15747	13747	11578	19014	7302	53998	10510
湖南	137331	20320	10489	23019	17690	20885	9213	54465	7313
广东	144700	11048	10827	26139	5968	19834	5393	66653	4291
广西	29197	6551	2747	2660	1206	4554	2621	17862	700
海南	14812	17	1752	1406	374	457	885	3453	53
重庆	46627	6934	5267	5422	4129	8318	3274	25629	2256
四川	115532	21751	14268	17973	9509	20578	5097	47071	11905
贵州	45100	3232	5402	5860	3539	6159	1737	8477	6411
云南	49629	5928	4051	6050	4958	7709	2411	23319	2416
西藏	3232	5	372	119	73	1314	7	1141	24
陕西	64474	6720	4368	11803	6574	8776	2038	35342	3583
甘肃	19675	3216	2757	4075	2252	3991	998	10915	2028
青海	7967	78	2012	4671	1507	1576	54	828	1019
宁夏	5866	267	544	1538	538	250	209	512	169
新疆	18354	4554	3115	3369	1943	2845	1502	6107	1187

床位数(张)	年末在站(场)人数(人)	增加值合计(万元)	执行行政事业单位会计制度财务指标(万元)					
			固定资产原价	上年结余	收入合计	支出合计	收支结余	行政事业单位增加值
54859	**34155**	**114360.6**	**204638.2**	**20061.3**	**184200.6**	**189234.8**	**11724.3**	**114360.6**
1979	6708	6066.0	2778.1	2492.2	16655.4	20209.9	1962.6	6066.0
1024	234	2827.5	1527.5	1504.2	2845.4	2844.9	1459.0	2827.5
1031	789	1857.8	10514.0	314.4	3138.6	3229.4	131.6	1857.8
1240	258	2225.2	2109.6	167.2	3043.8	3216.0	160.3	2225.2
1567	100	2162.0	3682.1	311.7	4437.0	4357.1	391.6	2162.0
2481	435	4760.0	8532.8	141.9	8160.4	8181.9	101.8	4760.0
2246	934	3134.8	4313.9	46.3	4080.2	4134.3	115.9	3134.8
1556	1480	2609.1	4914.8	215.3	3283.9	3426.3	96.4	2609.1
1051	360	4324.3	15445.3	640.5	7935.7	11263.0	1166.0	4324.3
2658	681	6884.1	13512.8	328.0	10499.2	10736.9	111.0	6884.1
2653	565	6032.7	10012.0	1020.9	10900.5	10042.6	844.1	6032.7
1192	105	2406.0	3032.3	387.1	3537.7	3358.6	331.6	2406.0
1217	643	2971.1	5009.0	363.9	4018.8	3709.5	617.1	2971.1
850	888	1943.6	2835.7	2.3	2558.0	2441.3	168.8	1943.6
2277	418	4130.0	7954.8		6020.0	5911.1	108.9	4130.0
2160	1669	2853.8	4998.1	1944.7	5908.0	6111.7	105.3	2853.8
3180	1142	4160.4	9395.8		6882.2	6916.5	-58.1	4160.4
4065	2681	5266.7	9305.8	28.4	11968.0	11836.9	100.4	5266.7
6996	2530	23339.9	43516.8	4824.4	31949.1	31858.3	1515.2	23339.9
1022	135	2558.3	4462.4	201.5	3375.2	3423.6	133.5	2558.3
138	54	1046.2	1563.0	1454.0	1383.6	1360.6	55.0	1046.2
1292	2364	2204.8	4370.1	40.0	3887.6	3722.5	90.4	2204.8
3583	1455	5321.6	8003.8	534.8	7936.6	7396.3	782.9	5321.6
716	894	1701.7	1904.3	459.8	2258.2	2303.2	182.3	1701.7
1126	585	2344.6	6429.9	183.9	3834.5	3907.8	-31.2	2344.6
45		239.9	1066.6		238.4	244.8		239.9
3586	1841	3397.9	4845.8	33.1	5393.4	5193.7	-47.1	3397.9
731	1040	1591.2	2333.8	134.8	1996.9	1902.9	187.7	1591.2
54	31	151.7	321.3		314.2	314.2		151.7
190	2030	405.4	626.3	17.0	607.2	571.2	50.0	405.4
953	1106	2909.1	5319.7	2269.0	5152.9	5107.8	891.3	2909.1

C-2-20 未登记的

地区	单位数	年末职工人数		受教育程度	
			#女性	大学专科人数	大学本科及以上人数
全国	**81**	**323**	**121**	**137**	**30**
北京					
天津					
河北	1	7	2		
山西	1	2			
内蒙古					
辽宁	3	36	21	17	5
吉林					
黑龙江	4	5	4	2	
上海					
江苏	6	5		2	1
浙江	3	6	2	1	2
安徽	2	10	1	10	
福建	6	9	4	1	1
江西	11	27	11	8	7
山东					
河南	1	5	2	4	2
湖北	1	2	1		1
湖南	9	120	38	44	5
广东	3	17	8	5	
广西	1	3		3	
海南					
重庆					
四川	9	25	14	10	1
贵州					
云南	6	9	2	4	1
西藏	1	4	1		
陕西	2	3	1	4	
甘肃	3	10	1	7	2
青海	5	15	5	13	2
宁夏					
新疆	3	3	3	2	

救助机构

单位：个、人

职业资格水平		年龄结构			
助理社会工作师人数	社会工作师人数	35岁及以下人数	36岁至45岁人数	46岁至55岁人数	56岁及以上人数
3		**138**	**126**	**47**	**12**
				5	2
		2			
		19	13	4	
		1	4		
		1		4	
		1	4		1
			8	2	
		2	5	1	1
3		13	9	4	1
		2	3		
		2			
		53	42	18	7
		7	10		
			3		
		20	4	1	
		1	1	7	
		2	2		
		2		1	
		5	5		
		3	12		
		2	1		

C-2-20续表

地　区	本年救助人次数（人次）								
		从其他站转入的	儿童	老年人	残疾人	女性	救治的危重病人、精神病人	自主返乡	跨省接送
全　国	**18584**	**930**	**3471**	**3406**	**1808**	**1775**	**557**	**7559**	**118**
北　京									
天　津									
河　北	1911	21	5	210	53	124	157	1016	7
山　西	1050	15	115	156	210	102	8	332	
内蒙古									
辽　宁	385	3	19	55	35	85	28	117	
吉　林									
黑龙江	144	50	60	20					
上　海									
江　苏	179	5	107	6	4	25	30	4	
浙　江	1131	6	17	203	52	116	39	846	14
安　徽	1349	6	1349		1	11			5
福　建	2486	126	70	178	136	132	67	1823	
江　西	542	80	432	18	9	8		106	
山　东									
河　南	875				600	123	18	800	6
湖　北	341	23	18	132	12	5		40	
湖　南	508	13	273	74		75		20	
广　东	1956	97	150	968	201	292	18	281	13
广　西	667	111	265			5	1	112	8
海　南	26			9	2	1		26	
重　庆									
四　川	1389		226	388	14	205	100	688	50
贵　州									
云　南	805		12	42	82	15		494	
西　藏	1363	148	306	397	100	343	69		
陕　西	453	224	13	33	173	30		453	5
甘　肃	673	2		256	106	58	22	308	10
青　海	286		4	216	12			48	
宁　夏									
新　疆	65		30	45	6	20		45	

床位数（张）	年末在站（场）人数（人）	增加值合计（万元）	执行行政事业单位会计制度财务指标(万元)					
			固定资产原价	上年结余	收入合计	支出合计	收支结余	行政事业单位增加值
703	**196**	**710.4**	**4960.0**		**882.9**	**895.8**	**5.1**	**710.4**
32	15	68.0	73.0		82.0	82.0		68.0
10					2.5	2.5		
9		76.0	26.8		122.6	122.6		76.0
		2.0			3.0	3.0		2.0
		0.4	10.0		1.0	1.0		0.4
60		17.0	24.6		87.0	46.1		17.0
80		9.6	240.0					9.6
12	1	15.6	0.5		26.1	26.1		15.6
	4	137.6	595.2		242.4	252.9		137.6
20		18.0	200.0			20.0		18.0
		3.0			3.0	3.0		3.0
130	5	86.2	5.0		115.0	115.0		86.2
30		109.2	2731.0		66.4	66.4		109.2
40	1	3.6	90.0		2.0	2.0		3.6
120	50	94.1	293.5		81.5	78.4	5.1	94.1
5		16.9	12.1		21.3	18.9		16.9
45		0.8	21.0					0.8
		2.4	9.0		5.0	5.0		2.4
50	120	45.5	500.3		5.1	33.9		45.5
40		4.5	112.0		11.0	11.0		4.5
20		3.6	16.0		6.0	6.0		3.6

C-2-21 救助

地 区	单位数	年末职工人数	# 女性	受教育程度 大学专科人数	大学本科及以上人数
全 国	**1448**	**15118**	**5053**	**5518**	**3178**
北 京	21	575	273	156	186
天 津	11	214	68	59	52
河 北	27	364	66	114	51
山 西	62	509	180	149	70
内蒙古	33	379	81	131	70
辽 宁	55	794	263	405	207
吉 林	50	656	276	181	162
黑龙江	83	722	217	303	154
上 海	21	341	87	160	85
江 苏	53	574	204	176	164
浙 江	70	514	153	162	157
安 徽	32	326	78	106	76
福 建	43	334	104	108	53
江 西	58	411	122	131	59
山 东	36	353	125	177	129
河 南	46	766	282	295	130
湖 北	63	553	202	210	117
湖 南	98	943	278	412	112
广 东	67	1757	583	580	350
广 西	30	306	104	80	67
海 南	8	87	37	23	14
重 庆	39	308	101	143	95
四 川	117	861	300	324	183
贵 州	56	302	106	113	58
云 南	75	451	148	171	94
西 藏	4	26	6	2	1
陕 西	89	858	328	304	104
甘 肃	41	367	132	143	74
青 海	10	57	13	39	7
宁 夏	10	75	20	19	16
新 疆	40	335	116	142	81

管理站

单位：个、人

职业资格水平		年龄结构			
助理社会工作师人数	社会工作师人数	35岁及以下人数	36岁至45岁人数	46岁至55岁人数	56岁及以上人数
252	**246**	**4913**	**5465**	**3895**	**845**
10	8	254	168	128	25
2	2	68	51	67	28
	4	106	107	124	27
5	6	200	163	132	14
3	8	69	142	146	22
6	10	241	253	246	54
8	6	179	275	174	28
4	27	210	298	185	29
10	18	94	80	125	42
23	22	158	184	185	47
5	5	211	177	94	32
7	4	77	118	107	24
2	10	92	101	114	27
9	2	118	184	89	20
9	6	132	114	83	24
9	17	301	267	168	30
5	8	174	217	110	52
15	11	407	359	138	39
48	27	515	679	464	99
5	6	85	96	102	23
1	1	16	37	31	3
36		76	122	84	26
19	19	306	335	189	31
3	4	83	105	97	17
	5	128	185	126	12
		8	14	4	
2	8	330	298	185	45
1	1	126	137	89	15
		15	26	13	3
4		19	38	17	1
1	1	115	135	79	6

C−2−21 续表

地 区	本年救助人次数（人次）	从其他站转入的	儿童	老年人	残疾人	女性	救治的危重病人、精神病人	自主返乡	跨省接送
全 国	**1643487**	**146268**	**121477**	**232447**	**134383**	**303931**	**78394**	**713949**	**153907**
北 京	158795	8910	3349	18123	4775	67285	511	8563	61367
天 津	18632	105	461	1837	659	1955	1497	9855	411
河 北	42855	1042	2193	4867	2174	4260	2034	25019	3120
山 西	44315	2958	3158	6401	6451	6479	1956	21938	2814
内蒙古	31169	1819	3403	5078	2028	8136	1022	19766	1385
辽 宁	54939	2254	4536	5844	3178	8469	3928	24210	1872
吉 林	39752	3091	2506	7658	5487	7717	1504	16058	2263
黑龙江	27820	2986	1768	7838	4798	5609	2781	8649	1300
上 海	39994	152	4583	4796	3731	9246	1222	17647	831
江 苏	53495	6127	5859	7071	2438	10330	3064	36438	5840
浙 江	62660	6402	4226	5704	3585	9722	3241	40081	1726
安 徽	50206	3504	3203	8916	4806	8994	2745	29721	3276
福 建	53719	3999	2232	7583	4018	5405	902	33960	1951
江 西	54827	5879	3093	6885	5191	6472	1093	16410	1210
山 东	41773	2055	5118	6432	3214	9262	3361	20638	11031
河 南	86557	4827	5953	9392	9738	17143	6432	38655	4220
湖 北	127476	6226	8546	13475	11407	17892	6965	51108	8978
湖 南	120308	14336	6874	21937	14883	17773	8813	54221	5421
广 东	123123	10747	8812	17785	5288	16450	4830	58933	4012
广 西	27678	6434	2026	2660	1186	4485	2603	17889	633
海 南	14838	17	1752	1415	376	458	885	3479	53
重 庆	44341	6611	3377	5404	4009	8095	3262	25629	2225
四 川	113249	21592	12635	17486	9469	20306	5105	47361	11933
贵 州	38799	3061	4684	5335	3189	5195	1347	8394	5594
云 南	50434	5928	4063	6092	5040	7724	2411	23813	2416
西 藏	4595	153	678	516	173	1657	76	1141	24
陕 西	64927	6944	4381	11836	6747	8806	2038	35795	3588
甘 肃	20224	3218	2658	4306	2358	4024	1020	11223	2038
青 海	8253	78	2016	4887	1519	1576	54	876	1019
宁 夏	5866	267	544	1538	538	250	209	512	169
新 疆	17868	4546	2790	3350	1930	2756	1483	5967	1187

床位数（张）	年末在站（场）人数（人）	增加值合计（万元）	执行行政事业单位会计制度财务指标(万元)					
			固定资产原价	上年结余	收入合计	支出合计	收支结余	行政事业单位增加值
50341	**33084**	**106159.4**	**192399.8**	**18683.5**	**172439.5**	**177527.8**	**11000.8**	**106159.4**
1511	6649	5256.7	2270.2	2049.0	15174.6	18675.3	1962.6	5256.7
1024	234	2827.5	1527.5	1504.2	2845.4	2844.9	1459.0	2827.5
863	785	1914.2	10546.0	314.4	3204.6	3295.4	131.6	1914.2
1250	258	2223.9	2076.6	167.2	2984.3	3156.5	160.3	2223.9
1567	100	2162.0	3682.1	311.7	4437.0	4357.1	391.6	2162.0
2440	431	4715.2	8290.5	141.9	8173.0	8194.5	101.8	4715.2
2246	934	3134.8	4313.9	46.3	4080.2	4134.3	115.9	3134.8
1456	1460	2468.3	4861.2	215.3	3140.2	3282.6	96.4	2468.3
951	294	3733.2	15111.7	513.5	7056.9	10439.4	985.8	3733.2
2658	681	6861.2	13492.8	328.0	10455.2	10689.9	111.0	6861.2
2444	542	5549.3	9199.9	1020.9	10407.5	9508.7	844.1	5549.3
1142	88	2373.6	2957.3	387.1	3506.3	3327.2	331.6	2373.6
1229	644	2986.7	5009.5	363.9	4044.9	3735.6	617.1	2986.7
850	888	1943.6	2836.7	2.3	2558.0	2441.3	168.8	1943.6
2207	414	4099.4	7442.8		5999.0	5890.1	108.9	4099.4
2100	1663	2857.8	4847.1	1593.8	5513.0	5736.7	105.3	2857.8
1910	1018	3695.4	5353.4		5910.7	5947.4	-58.1	3695.4
3171	2453	4123.4	7178.7	18.7	9736.2	9592.6	82.2	4123.4
6336	2033	19405.8	40148.9	4505.1	27448.3	27460.5	1073.0	19405.8
976	119	2469.0	4054.8	201.5	3296.2	3344.6	133.5	2469.0
138	54	1046.2	1563.0	1454.0	1383.6	1360.6	55.0	1046.2
1047	2335	2183.0	4316.2	40.0	3818.2	3653.1	90.4	2183.0
3437	1503	5344.7	8157.1	534.8	7914.1	7356.7	788.0	5344.7
654	759	1408.5	1751.1	332.1	1942.0	1990.5	94.3	1408.5
1131	585	2361.5	6442.0	183.9	3855.8	3926.7	-31.2	2361.5
90		240.7	1087.6		238.4	244.8		240.7
3586	1841	3400.3	4854.8	33.1	5398.4	5198.7	-47.1	3400.3
761	1158	1636.7	2834.1	134.8	1999.0	1933.8	187.7	1636.7
94	31	156.2	433.3		325.2	325.2		156.2
190	2030	405.4	626.3	17.0	607.2	571.2	50.0	405.4
882	1100	2809.7	5132.7	2269.0	4986.1	4911.9	891.3	2809.7

C-2-22 流浪儿童救

地　区	单位数	年末职工人数		受教育程度	
			#女性	大学专科人数	大学本科及以上人数
全　国	**145**	**1335**	**493**	**476**	**266**
北　京	2	53	22	24	20
天　津					
河　北	2	38	7	3	6
山　西	1	4	1	2	2
内蒙古					
辽　宁	1	19	4	11	5
吉　林					
黑龙江	1	3	2	1	2
上　海	1	62	55	24	5
江　苏	15	12	2	5	2
浙　江	1	25	7	8	11
安　徽	4	17	2	17	
福　建					
江　西	10	26	11	8	7
山　东	2	6	3		2
河　南	1	17	7	14	5
湖　北	13	183	80	50	26
湖　南	39	477	163	183	46
广　东	5	179	47	35	81
广　西	7	42	22	7	14
海　南					
重　庆	5	25	7	12	6
四　川	23	58	25	20	13
贵　州	5	37	12	23	2
云　南					
西　藏					
陕　西					
甘　肃	1	11	4	5	2
青　海					
宁　夏					
新　疆	6	41	10	24	9

助保护中心

单位：个、人

职业资格水平		年龄结构			
助理社会工作师人数	社会工作师人数	35岁及以下人数	36岁至45岁人数	46岁至55岁人数	56岁及以上人数
23	**25**	**475**	**467**	**326**	**67**
6	2	21	17	14	1
		3	7	27	1
			2	2	
		2	7	9	1
		1	1	1	
2	2	38	12	12	
		3	5	4	
		9	6	8	2
		1	14	2	
3		13	9	3	1
		2	4		
	1	12	4	1	
2	1	50	57	65	11
5	14	209	173	71	24
5	3	33	66	60	20
		22	13	6	1
		7	11	7	
	2	27	25	6	
		7	15	10	5
		3	3	5	
		12	16	13	

C-2-22续表

地　区	本年救助人次数（人次）	从其他站转入的	儿童	老年人	残疾人	女性	救治的危重病人、精神病人	自主返乡	跨省接送
全　国	**75521**	**9710**	**24852**	**12425**	**4728**	**10935**	**1933**	**12111**	**5863**
北　京	730		730			38			221
天　津									
河　北	127		127			24			
山　西	300								
内蒙古									
辽　宁	82	5	82			31			4
吉　林									
黑龙江	311		311			276			
上　海	209		209			77			
江　苏	148		148						
浙　江	670	72	670		35	203		43	280
安　徽	2142	341	2142		247	416	83		678
福　建									
江　西	508	80	432	18	9	8		106	
山　东	126	7	22	18	3			16	19
河　南	800		800						
湖　北	13184	1921	7219	404	183	1127	337	2930	1532
湖　南	17531	5997	3888	1156	2807	3187	400	264	1892
广　东	23533	398	2165	9322	881	3676	581	8001	292
广　西	2186	228	986		20	74	19	85	75
海　南									
重　庆	2286	323	1890	18	120	223	12		31
四　川	3672	159	1859	875	54	477	92	398	22
贵　州	6301	171	718	525	350	964	390	83	817
云　南									
西　藏									
陕　西									
甘　肃	124		99	25		25			
青　海									
宁　夏									
新　疆	551	8	355	64	19	109	19	185	

床位数(张)	年末在站(场)人数(人)	增加值合计(万元)	执行行政事业单位会计制度财务指标(万元)					
			固定资产原价	上年结余	收入合计	支出合计	收支结余	行政事业单位增加值
5221	**1267**	**8911.6**	**17198.4**	**1377.8**	**12644.0**	**12602.8**	**728.6**	**8911.6**
468	59	809.3	507.9	443.2	1480.8	1534.6		809.3
200	19	11.6	41.0		16.0	16.0		11.6
		1.3	33.0		62.0	62.0		1.3
50	4	120.8	269.1		110.0	110.0		120.8
100	20	142.8	53.6		146.7	146.7		142.8
100	66	591.1	333.6	127.0	878.8	823.6	180.2	591.1
		23.3	30.0		45.0	48.0		23.3
269	23	500.4	836.7		580.0	580.0		500.4
130	17	42.0	315.0		31.4	31.4		42.0
	4	137.6	594.2		242.4	252.9		137.6
70	4	30.6	512.0		21.0	21.0		30.6
80	6	14.0	351.0	350.9	395.0	395.0		14.0
1270	124	468.0	4042.4		974.5	972.1		468.0
1024	233	1229.5	2132.1	9.7	2346.8	2359.3	18.2	1229.5
690	497	4043.3	6098.9	319.3	4567.2	4464.2	442.2	4043.3
86	17	92.9	497.6		81.0	81.0		92.9
245	29	21.8	53.9		69.4	69.4		21.8
266	2	71.0	140.2		104.0	118.0		71.0
62	135	293.2	153.2	127.7	316.2	312.7	88.0	293.2
20	2				3.0	3.0		
91	6	103.0	203.0		172.8	201.9		103.0

C-2-23 军休

地区	单位数	年末职工人数	#女性	受教育程度	
				大学专科人数	大学本科及以上人数
全国	**1957**	**19083**	**8165**	**7124**	**5566**
北京	143	2361	1234	826	794
天津	20	274	113	95	106
河北	157	1392	607	310	248
山西	72	571	237	207	156
内蒙古	22	241	76	131	45
辽宁	73	1556	617	669	663
吉林	38	527	205	290	174
黑龙江	61	399	143	194	140
上海	28	375	169	151	137
江苏	137	1135	493	370	341
浙江	68	345	140	93	144
安徽	53	374	129	169	83
福建	57	390	153	116	97
江西	29	237	108	78	24
山东	164	1934	750	798	648
河南	116	1102	469	393	247
湖北	106	871	367	360	216
湖南	109	819	336	317	214
广东	89	852	392	282	240
广西	37	242	97	83	52
海南	12	144	52	49	21
重庆	44	321	135	144	117
四川	124	700	325	284	158
贵州	14	98	53	46	22
云南	56	538	249	184	124
西藏					
陕西	77	656	270	261	129
甘肃	23	252	99	84	106
青海	3	68	29	25	29
宁夏	7	58	19	14	27
新疆	18	251	99	101	64

所

单位：个、人

职业资格水平		年龄结构			
助理社会工作师人数	社会工作师人数	35岁及以下人数	36岁至45岁人数	46岁至55岁人数	56岁及以上人数
272	**232**	**5845**	**6815**	**5124**	**1299**
60	45	817	871	586	87
7	14	70	69	112	23
13	6	508	488	335	61
5	10	161	241	134	35
1	3	51	66	92	32
16	11	453	471	452	180
19	3	131	269	86	41
3	3	122	132	121	24
17	9	117	97	123	38
22	34	269	393	373	100
2	3	97	99	125	24
7	7	91	128	118	37
8	1	128	121	103	38
	2	42	132	47	16
17	27	527	753	537	117
6	5	481	357	213	51
2	1	197	343	260	71
12	6	286	315	174	44
29	9	323	295	194	40
		72	69	74	27
1	6	58	49	31	6
		85	139	76	21
11	10	224	250	179	47
		18	29	47	4
5	4	125	193	174	46
3	7	175	242	194	45
6	5	103	72	56	21
		23	16	21	8
		18	30	8	2
	1	73	86	79	13

C-2-23续表

地 区	增加值合计	执行行政事业单位		
		固定资产原价	上年结余	收入合计
全 国	**1213172.7**	**672984.0**	**120643.9**	**1754071.8**
北 京	255114.2	51454.2	57754.6	433947.1
天 津	29219.0	23518.2	9456.6	36355.3
河 北	45645.1	20428.5	4836.4	94629.8
山 西	21177.6	8494.2	1959.1	28677.6
内蒙古	23246.9	2575.0	325.0	30674.8
辽 宁	90839.8	303694.5	897.9	99121.1
吉 林	11226.8	6151.4	540.1	38400.2
黑龙江	18778.1	11184.5	1487.3	24913.3
上 海	24825.2	4997.4	1322.1	54441.3
江 苏	87329.6	22007.7	1257.4	109795.5
浙 江	17424.7	6625.3	2804.8	23855.2
安 徽	21174.4	5555.5	1347.0	26608.9
福 建	19544.8	5566.1	1683.0	31116.6
江 西	9435.6	4340.9	91.4	10768.6
山 东	141395.6	32670.2	162.1	172269.6
河 南	27301.8	16458.5	2757.6	42889.5
湖 北	80033.3	25256.8	1800.6	90532.6
湖 南	31527.2	16251.3	1002.2	40284.9
广 东	48692.4	19003.9	4061.6	70871.7
广 西	15997.7	3926.5	1479.3	19158.0
海 南	3078.0	7203.1	4557.9	7220.2
重 庆	18497.7	3991.8	457.9	36134.2
四 川	29352.0	14241.7	2902.2	57567.6
贵 州	7236.7	2540.7	202.0	8981.7
云 南	20996.0	20787.2	2632.5	25272.3
西 藏				
陕 西	67384.1	15370.3	1304.0	83906.9
甘 肃	11416.2	9128.1	507.5	17560.6
青 海	3042.4	747.0	27.6	4438.6
宁 夏	4751.4	700.2	1624.9	4781.1
新 疆	27477.3	8113.3	9401.3	28897.0

单位：万元、户、人

会计制度财务指标			军队离退休干部休养所		
支出合计	收支结余	行政事业单位增加值	休养所可提供修养的户数	年末修养（含分散修养）人数	本年代发离退休金
1764569.7	**69644.9**	**1213172.7**	**128440**	**177523**	**891684.2**
474261.0	14168.9	255114.2	27355	32080	51892.2
43008.6	481.8	29219.0	590	4119	2812.9
90495.5	5701.8	45645.1	4320	10683	64661.5
28176.8	1940.6	21177.6	2593	3416	19175.5
28078.8	2999.1	23246.9	2041	2317	17810.8
98877.2	1057.2	90839.8	16743	18563	79004.4
27502.7	673.4	11226.8	754	1481	9887.7
22482.1	2397.2	18778.1	1747	2141	14400.5
51445.6	1828.2	24825.2	2890	5233	39112.1
105834.6	2674.5	87329.6	4714	9176	34355.7
22904.6	2238.3	17424.7	2852	3534	22386.7
26008.1	1507.7	21174.4	2092	2843	18414.7
30155.0	2008.3	19544.8	2103	3041	23122.2
10800.8	0.2	9435.6	987	2753	8615.8
172431.7		141395.6	15408	18732	148599.0
41631.3	989.7	27301.8	4658	5838	27433.8
92974.7	-2237.3	80033.3	6661	6867	51065.3
40130.6	490.1	31527.2	3224	5036	30824.4
67104.6	5807.3	48692.4	3206	7325	42586.8
19180.2	956.0	15997.7	966	1838	14993.8
9027.9	1594.4	3078.0	455	1098	3095.9
35798.9	629.9	18497.7	2290	3240	26269.6
58253.2	3172.6	29352.0	8324	8134	49955.2
8728.8	193.0	7236.7	726	858	6467.3
24665.5	2773.5	20996.0	3666	5062	33579.3
80077.4	3064.8	67384.1	4227	7997	16496.5
17702.7	443.7	11416.2	1008	1275	7590.5
4887.9		3042.4	199	675	3752.1
4912.0	1494.9	4751.4	79	79	3729.2
27030.9	10595.1	27477.3	1562	2089	19592.8

C-2-24 军供

地区	单位数	年末职工人数	#女性	受教育程度	
				大学专科人数	大学本科及以上人数
全国	**330**	**6272**	**2681**	**1751**	**839**
北京	1	46	13	6	20
天津	1	25	3	1	9
河北	9	105	30	12	18
山西	7	143	56	42	14
内蒙古	5	116	30	53	28
辽宁	10	238	76	84	61
吉林	10	245	99	85	36
黑龙江	12	175	72	80	43
上海	1	65	16	15	5
江苏	18	308	162	58	36
浙江	11	184	91	46	22
安徽	39	741	406	101	11
福建	12	178	101	18	17
江西	13	302	123	100	21
山东	19	329	131	152	77
河南	24	631	241	157	126
湖北	9	247	90	91	31
湖南	12	289	139	107	30
广东	16	296	135	108	53
广西	12	381	198	89	42
海南	1	43	19	3	4
重庆	4	66	20	23	27
四川	15	260	85	60	15
贵州	9	82	32	34	15
云南	25	356	182	83	34
西藏	1	4		2	1
陕西	10	139	58	48	10
甘肃	8	125	28	31	11
青海	4	37	10	13	8
宁夏	1	11	3	8	3
新疆	11	105	32	41	11

站

单位：个、人

职业资格水平		年龄结构			
助理社会工作师人数	社会工作师人数	35岁及以下人数	36岁至45岁人数	46岁至55岁人数	56岁及以上人数
23	**23**	**1453**	**2463**	**1888**	**468**
		7	14	23	2
				23	2
		19	40	38	8
1	1	28	60	47	8
1	1	32	43	30	11
3	1	46	103	63	26
2	3	35	124	75	11
2	4	52	63	50	10
		3	9	35	18
1	4	12	141	108	47
3	3	27	50	85	22
2		127	348	209	57
		25	81	57	15
	1	59	135	81	27
5		82	128	97	22
	1	204	236	151	40
	2	66	85	78	18
		67	119	92	11
	1	80	103	91	22
3	1	166	109	91	15
		6	20	15	2
		27	17	18	4
		77	87	82	14
		27	27	26	2
		59	188	86	23
		2	2		
		48	47	32	12
		22	44	48	11
		13	11	12	1
		1	2	8	
		34	27	37	7

C-2-24续表

地　区	增加值合计	执行企业会计制度单位财务指标					
		固定资产原价	营业收入	费用合计	营业利润	企业单位增加值	固定资产原价
全　国	**37090.4**	**7059.2**	**1924.6**	**2051.7**	**-253.7**	**2799.0**	**114982.0**
北　京	788.1						673.0
天　津	250.4						310.0
河　北	885.9						2783.3
山　西	666.7	62.5				54.9	612.4
内蒙古	872.5						1537.0
辽　宁	1430.1						4917.1
吉　林	772.1						1562.2
黑龙江	1176.2						5954.6
上　海	784.1						2551.5
江　苏	3050.5	2470.0	1027.0	1160.9	-217.0	1465.5	4054.2
浙　江	2679.1						14002.3
安　徽	1893.4	2935.9	245.0	323.4	-38.9	536.4	6925.7
福　建	999.6						5723.6
江　西	1082.9						5276.0
山　东	1741.2						4026.1
河　南	3226.2	860.7	448.5	365.8	3.2	436.7	8693.4
湖　北	1346.7						1621.7
湖　南	1356.7						3128.6
广　东	2847.9						11952.3
广　西	1558.3						5188.0
海　南	231.5						565.9
重　庆	120.2						992.2
四　川	792.0						3602.8
贵　州	586.9						679.9
云　南	1755.6	730.1	204.1	201.6	-1.0	305.6	7903.0
西　藏	0.3						
陕　西	653.1						1296.5
甘　肃	611.6						1361.3
青　海	159.4						882.2
宁　夏	115.5						655.0
新　疆	711.2						5550.2

单位：万元、人次、张

执行行政事业单位会计制度财务指标					床位数	接待人次数	接待军队人次数
上年结余	收入合计	支出合计	收支结余	行政事业单位增加值			
3278.7	**56859.8**	**53593.1**	**7181.9**	**34291.4**	**29682**	**5333173**	**3729197**
	3184.0	1628.0		788.1		26680	26680
	1238.0	362.0	5308.0	250.4	50	30000	30000
56.0	1627.2	1646.0	89.5	885.9	260	192154	183778
0.6	1349.0	1234.8	52.0	611.8	317	72938	63158
856.0	775.5	1117.5	514.0	872.5	488	59899	59899
-53.5	2121.3	2127.3	-53.5	1430.1	593	73044	53827
	1358.0	1323.0		772.1	904	115200	63117
132.2	1756.4	1816.7	-15.5	1176.2	1037	147854	66632
-56.7	1617.8	1465.2	152.6	784.1	179	13187	10773
165.6	2228.5	2047.3	70.4	1585.0	700	160977	95380
-176.3	5750.9	5722.8	206.7	2679.1	1481	252299	110647
-10.2	1975.6	1803.5	33.9	1357.0	1673	233284	129559
-392.1	1733.9	1655.9	-189.0	999.6	1106	125426	106505
273.2	1282.5	1241.9	316.5	1082.9	1183	166959	130527
-11.9	2239.1	2216.8	10.4	1741.2	2051	359304	279773
300.0	4632.9	4830.5	-8.8	2789.5	2863	524925	290656
-6.5	1972.1	2043.8	-60.4	1346.7	1674	77523	72510
82.0	2155.3	2154.2	0.3	1356.7	1241	248906	187684
708.9	4242.1	4198.6	311.4	2847.9	2579	332843	299621
151.0	3420.2	3407.2	105.7	1558.3	1488	255479	92963
537.7	425.1	414.9		231.5	214	57000	32000
	762.7	762.7		120.2	30	213700	213700
37.4	1864.6	1239.6	99.9	792.0	2617	446161	344207
354.3	1249.9	1172.1	92.3	586.9	316	126286	124600
329.3	2219.6	2190.7	16.4	1450.0	2570	551175	263707
	10.0	10.0		0.3			
2.6	884.7	829.0	55.7	653.1	370	106127	106127
-15.9	669.4	704.7	1.8	611.6	815	70548	70548
	263.9	467.8		159.4		155428	155428
	173.0	171.0	1.6	115.5		24610	24610
15.0	1676.6	1587.6	70.0	711.2	883	113257	40581

C-2-25 收养登记

单位:件

地区	收养登记合计	中国公民收养登记	香港居民	澳门居民	台湾居民	华侨	外国人收养登记	协议解除收养关系登记	#中国公民
全国	**34529**	**29618**	**238**	**9**	**38**	**55**	**4911**	**111**	**101**
北京	1009	895					114	5	5
天津	249	194				11	55	4	4
河北	713	671					42		
山西	306	156			1		150	1	1
内蒙古	172	172							
辽宁	283	253			2		30	6	6
吉林	78	53					25		
黑龙江	270	68					202		
上海	887	724					163	11	8
江苏	2735	2397			1		338	5	4
浙江	5668	5569	3		1	16	99	7	7
安徽	1426	1395					31	5	4
福建	1015	890	10		8	6	125	10	9
江西	1431	450	1		1		981		
山东	3051	2955			2		96		
河南	914	519	3			1	395	1	1
湖北	994	838	2		3		156	2	2
湖南	1510	1223	5		7		287	6	5
广东	3397	2982	190	8	5	5	415	17	16
广西	2409	2067	6	1	3		342	4	4
海南	182	166	8		2		16		
重庆	766	604	5		2	1	162	1	1
四川	1383	1310	1			13	73	14	14
贵州	760	619	2				141		
云南	1484	1332					152	5	3
西藏	69	69						1	1
陕西	352	166					186	1	1
甘肃	176	103	1			1	73		
青海	43	25	1				18		
宁夏	86	64					22		
新疆	711	689				1	22	5	5

C-2-26 被收养人情况

单位:人

地 区	被收养人合计	# 女 性	# 残疾儿童	社会福利机构抚养的孤儿	# 被外国人收养	社会福利机构抚养的弃婴	# 被外国人收养	社会弃婴	父母无力抚养的儿童	# 被外国人收养	其 他	孤儿数
全 国	**34473**	**25203**	**2692**	**1878**	**174**	**13342**	**4319**	**16905**	**768**	**2**	**1580**	**656155**
北 京	1009	637	80			557	114	431	1		20	2525
天 津	254	172	29	6		90	55	141			17	1065
河 北	713	403	42	18		121	42	511	17		46	15503
山 西	306	153	150	5		177	150	96	19		9	15734
内蒙古	192	106	10	14		12		130	18		18	7500
辽 宁	309	141	38	47	1	91	29	131	8		32	7686
吉 林	78	37	5	30	25	5		32	3		8	9203
黑龙江	270	112	81	32	8	200	194	4	21		13	9314
上 海	887	730	140	4		262	160	595	5		21	2422
江 苏	2734	2112	283	202		800	337	1597	37		98	23989
浙 江	5667	4985	4	173		3441	99	1868	12		173	8914
安 徽	1431	1115	9	86		341	31	932	11		61	45219
福 建	971	651	1	199		176		534	6		56	10751
江 西	1543	1285	145	82	24	1164	1070	219	5		73	41369
山 东	3051	1983	188	232		716	96	1988	17		98	14947
河 南	914	509	373	65	20	516	357	242	50	1	41	51688
湖 北	994	618	10	32		361	156	441	50		110	34138
湖 南	1510	1166	167	44		669	287	632	71		94	48296
广 东	3284	2156	138	188	22	1641	272	1161	29		265	52795
广 西	2367	1980	170	156		794	342	1363	18		36	23157
海 南	254	141	27	34		74	13	140	6			4975
重 庆	766	574	93	17		286	162	404	27		32	19575
四 川	1307	842	51	50		145		934	84		94	51119
贵 州	760	647	81	16		261	140	449	29		5	19702
云 南	1473	1081	102	16	1	249	151	1082	59	1	67	42801
西 藏	59	25		13		20		2	18		6	5085
陕 西	352	213	160	22		36		275	4		15	14311
甘 肃	176	116	9	80	73	10		65	6		15	18442
青 海	42	27	7	1		20	18	5	15		1	16681
宁 夏	97	80	47			51	22	32	7		7	7220
新 疆	703	406	52	14		56	22	469	115		49	30029

C-2-27 社会福利

地区	单位数	年末职工人数	#女性	#残疾职工	#女残疾职工	残疾职工工资总额	残疾职工养老保险总额
全国	**22226**	**1574140**	**514229**	**625119**	**195849**	**683006.4**	**186823.8**
北京	701	32163	10546	12297	4059	16298.9	4282.5
天津	336	22894	5895	8486	2494	10619.0	3555.3
河北	1071	55027	16577	23622	5897	17039.4	9056.9
山西	555	35243	8581	17750	4957	12510.8	3692.9
内蒙古	227	11035	2676	5782	1896	4216.0	1147.4
辽宁	2189	108795	36802	49308	16619	173718.6	19609.2
吉林	667	23262	6873	11107	3394	154.0	26.6
黑龙江	609	23260	5609	10155	3070	3.6	
上海	1375	92351	33616	31763	12304	38044.9	18593.0
江苏	3582	340137	116250	121063	43610	127270.7	51177.2
浙江	2708	267140	97827	100048	33495	155592.2	43483.0
安徽	385	19141	6353	7683	2323	6099.6	1686.1
福建	382	21287	5990	8918	1625	3198.1	1010.1
江西	334	24048	8638	12689	3257	8050.8	515.5
山东	1424	101179	28798	39951	10941	44227.6	11808.8
河南	1151	68990	20346	29639	8865	5197.1	1233.8
湖北	754	41490	12369	17733	6269	5128.1	1303.6
湖南	630	36064	10859	18804	4924	3681.7	771.7
广东	172	13648	4479	4818	1492	2003.1	411.1
广西	199	11292	3582	4012	1261	4815.2	2048.8
海南	13	1293	407	483	155	634.6	173.3
重庆	748	59211	19977	25421	6799	23721.0	6575.4
四川	793	56145	17705	23758	6622	359.2	174.8
贵州	84	5512	1336	2250	921	301.1	59.6
云南	421	59672	14303	21565	3351	7803.0	2534.0
西藏	4	239	95	124	33	81.4	60.0
陕西	290	16063	5115	6291	2099	6172.7	855.5
甘肃	105	4410	1561	1553	548		
青海	17	1425	660	409	92	427.0	97.0
宁夏	87	5007	1927	2303	840	1285.8	82.1
新疆	213	16717	8477	5334	1637	4351.2	798.6

企业总表

单位：个、人、万元

残疾职工补贴	纳税总额	增值税总额	营业税总额	所得税总额	应减免税金总额	实际减免税金总额	盈利总额
14374.7	**1626502.4**	**1218248.2**	**61071.6**	**255972.5**	**1072097.8**	**928619.0**	**1508133.2**
1574.7	24905.9	21849.8	887.9	2088.7	28307.2	24822.6	10773.0
278.4	23139.9	19737.4	488.0	2548.4	23149.9	21718.4	24236.6
344.2	48060.6	34923.7	2874.7	8580.2	32161.7	26139.4	41603.1
939.3	35620.0	25877.6	567.1	1072.7	36976.0	21596.4	6346.2
127.8	16493.4	12895.0	4954.8	3251.3	12194.3	11871.3	4227.4
187.0	93926.6	79944.4	5280.7	18643.9	70764.7	68312.5	74399.1
21.3	1150.0	1039.0	94.0				
	0.1						
221.8	82941.3	69033.1	2927.7	45816.3	59608.7	62772.3	132229.2
1462.5	423525.4	371856.8	6302.1	61326.6	300423.8	239859.0	300291.8
887.2	463980.6	324367.6	8616.2	75177.2	268923.6	231186.4	679291.5
308.4	18607.3	15737.4	1472.6	1134.8	11258.0	10755.4	14493.1
593.0	8553.7	2532.2	283.0	268.2	2612.0	1467.6	4792.1
113.9	42712.7	4207.0	500.2	1783.3	15734.7	19674.4	6249.0
5253.0	131760.1	83846.9	13340.3	23413.2	83779.8	72091.2	97461.9
138.4	35329.5	12805.0	557.4	1969.6	13399.6	11042.7	14052.2
381.6	13738.1	11264.0	843.9	2140.4	10595.8	8500.2	4150.2
585.5	9991.1	884.3	1348.2	111.0	6742.7	5987.7	961.1
48.4	5519.8	2561.3	9.1	29.4	4977.7	1282.2	3867.8
59.3	8685.1	12146.1	891.1	827.1	10585.9	6281.6	7389.8
1.0	3390.0	3037.7	36.2	37.2	1058.7	1291.7	64.3
415.2	68937.0	61954.8	1137.7	3464.9	45793.2	41641.0	57819.3
29.6	4142.3	1189.4	2327.2	51.6	2250.1	2584.7	1388.6
21.4	2265.2	1975.4	106.8	167.9	859.9	709.2	74.5
205.1	28864.8	23100.4	1575.2	971.0	12360.0	20209.9	12999.8
	7.0		19.0	2.0	18.0	18.0	31.0
84.4	13044.4	9478.7	2244.5	774.4	6330.0	6048.7	1692.2
	19.6	12.8	1.1	5.8	18.6	18.6	17.0
2.1	1180.2	1205.0	167.6	1.2	854.0	895.0	4012.0
10.8	5635.3	66.3	626.4	6.0	2079.3	2094.5	343.0
79.4	10375.4	8719.1	590.9	308.2	8279.9	7746.4	2876.4

C-2-27续表1

地　区	单位数	年末职工人数	受教育程度	
			大学专科人数	大学本科及以上人数
全　国	**22226**	**1574140**	**98446**	**38166**
北　京	701	32163	1783	642
天　津	336	22894	1290	369
河　北	1071	55027	2391	784
山　西	555	35243	753	187
内蒙古	227	11035	1944	744
辽　宁	2189	108795	6380	4720
吉　林	667	23262	1474	568
黑龙江	609	23260	4274	320
上　海	1375	92351	950	368
江　苏	3582	340137	22655	10505
浙　江	2708	267140	15486	5275
安　徽	385	19141	1054	220
福　建	382	21287	307	166
江　西	334	24048	1222	235
山　东	1424	101179	13683	4971
河　南	1151	68990	5908	2861
湖　北	754	41490	2502	1201
湖　南	630	36064	2284	469
广　东	172	13648	789	250
广　西	199	11292	505	91
海　南	13	1293	99	29
重　庆	748	59211	3240	1315
四　川	793	56145	3143	413
贵　州	84	5512	343	32
云　南	421	59672	1007	248
西　藏	4	239		
陕　西	290	16063	1815	710
甘　肃	105	4410	148	53
青　海	17	1425	50	
宁　夏	87	5007	190	24
新　疆	213	16717	777	396

单位：个、人

职业资格水平		年龄结构			
助理社会工作师人数	社会工作师人数	35岁及以下人数	36岁至45岁人数	46岁至55岁人数	56岁及以上人数
1235	**846**	**566318**	**621851**	**311919**	**74052**
52	41	9229	14450	6816	1668
5		8366	8837	4823	868
99	35	22943	21063	9114	1907
5	2	14700	12188	7126	1229
2		2118	5379	3293	245
42	8	35935	43732	23950	5178
50	18	7038	10379	4959	886
62	48	9084	9960	3713	503
71	106	23086	34242	25668	9355
222	152	107448	131157	79266	22266
26	19	96481	107436	50379	12844
18	13	6820	8531	3368	422
19	7	6258	10927	3512	590
5	2	11508	8092	3838	610
70	27	44329	36681	16911	3258
162	72	30674	27626	9509	1181
5	21	13020	15664	11213	1593
86	25	8478	19866	6273	1447
45	93	6551	4609	2015	473
7	1	4325	4775	1919	273
		657	418	188	30
83	51	21792	22785	11921	2713
22	51	24988	22374	7566	1217
16	2	1907	2051	1247	307
28	16	28444	21403	8052	1773
		55	155	19	10
28	23	6821	5888	2689	665
2	11	1487	2207	570	146
		484	867	39	35
		1604	2768	514	121
3	2	9688	5341	1449	239

C-2-27续表2

地　区	增加值合计	执行企业会计制度单位财务指标			
		固定资产原价	营业收入	费用合计	营业利润
全　国	**5920110.1**	**16420900.8**	**52824500.2**	**7308340.7**	**1735053.6**
北　京	81158.7	327676.0	660401.5	156438.5	4115.3
天　津	120566.2	262170.0	819033.8	484320.7	23112.9
河　北	179313.9	437644.2	1797737.0	208055.3	-18797.2
山　西	44110.1	351397.4	509970.5	35949.8	2669.3
内蒙古	37865.3	63176.0	110602.2	91331.9	11353.6
辽　宁	415144.5	577986.4	2354639.1	505973.5	76974.4
吉　林	42762.3	121217.0	324995.0	38716.2	12046.2
黑龙江	82022.6	154639.4	565746.6	94176.7	10368.2
上　海	314488.0	1078933.8	2469787.4	267990.7	115506.3
江　苏	1191457.9	3395786.9	15622268.5	1477885.9	315576.2
浙　江	1919782.5	5043293.2	15162617.3	2115145.8	827030.5
安　徽	82845.7	123990.8	799914.7	48511.7	35781.5
福　建	40962.3	169766.7	370545.2	59777.2	7534.4
江　西	14222.5	86787.6	2343502.1	24296.5	3277.6
山　东	472829.7	1046426.9	2186873.3	821052.7	135153.8
河　南	106851.5	457823.4	695318.9	191712.3	15596.8
湖　北	78681.6	171193.2	424390.9	80089.1	16208.1
湖　南	75305.4	402370.4	601636.5	77077.1	4036.2
广　东	33566.1	100349.8	241146.6	32502.4	5176.6
广　西	18842.5	84792.4	240406.5	17771.8	160.4
海　南	2272.8	19615.0	38131.6	15900.4	204.3
重　庆	283323.6	405060.2	1287731.5	168223.6	59008.6
四　川	104324.9	258949.7	774479.2	94682.1	23022.6
贵　州	3756.3	49937.2	72460.0	17604.4	177.0
云　南	83980.4	805203.0	1643090.0	58448.0	32409.0
西　藏	374.8	3831.0	980.0	905.4	35.0
陕　西	36077.4	127780.5	258870.6	47370.7	2929.8
甘　肃	3175.1	29936.5	13574.6	4843.3	244.9
青　海	1268.8	4055.0	7100.0	1256.4	17.6
宁　夏	14510.4	94003.3	59640.0	19058.5	5320.0
新　疆	35458.0	165107.9	366909.1	51272.1	8803.7

单位：万元

企业单位增加值	执行行政事业单位会计制度财务指标					
	固定资产原价	上年结余	收入合计	支出合计	收支结余	行政事业单位增加值
5871167.6	**44664.4**	**79113.2**	**81885.6**	**52740.4**	**18299.1**	**48942.5**
81158.7						
120372.3	55.4	168.3	269.3	180.3	89.0	193.9
179089.7	233.6	8.0	3151.8	3151.8		224.2
44110.1						
37865.3						
414858.5	1000.0	644.0	25.0	25.0		286.0
42202.1	1546.9	4509.3	1602.4	1629.2		560.2
82021.8	20.0	17623.5	199.0	462.1		0.8
314478.7	232.0	1136.8				9.3
1153082.7	3355.0	10988.5	33450.0	23517.0	17114.0	38375.2
1919782.5						
82647.9	957.9	942.1	1085.7	1224.3	-138.6	197.8
40019.7	478.0	755.3	4966.3	2672.9	-10.8	942.6
14210.6	298.0					11.9
472829.7						
105436.6	12300.2	537.9	2129.9	1751.3		1414.9
77834.8	1533.0	1932.0	2727.0	2349.0	378.0	846.8
75074.0	645.8		245.3	239.3		231.4
33422.4	732.6	2893.6	531.2	200.9		143.7
17535.0	3682.5	55.0	2977.4	2902.4	68.6	1307.5
2272.8						
283308.6			23.0	20.0		15.0
103377.9	9962.6	523.1	2124.7	2129.1	-4.4	947.0
3611.1	516.8	6563.6	474.4	121.4		145.2
80666.6	2120.6	29530.2	22533.8	8405.3	655.3	3313.8
374.8						
36077.4						
2692.1	482.0	100.0	936.1	941.1	65.0	483.0
1268.8						
14380.0	3234.5		3.0	3.0		130.4
35104.0	1277.0	202.0	2430.3	815.0	83.0	354.0

C-2-28 在工商部门登记的

地 区	单位数	年末职工人数	#女 性	#残疾职工	#女残疾职工	残疾职工工资总额	残疾职工养老保险总额
全 国	**22122**	**1568669**	**512220**	**622452**	**194857**	**671577.4**	**186632.7**
北 京	701	32163	10546	12297	4059	16298.9	4282.5
天 津	335	22878	5889	8486	2494	10619.0	3555.3
河 北	1070	55004	16572	23622	5897	17039.4	9056.9
山 西	543	34604	8314	17115	4791	11786.0	3570.0
内蒙古	226	10994	2663	5757	1880	4154.8	1134.8
辽 宁	2174	107196	36206	48222	16182	163440.6	19590.2
吉 林	667	23262	6873	11107	3394	154.0	26.6
黑龙江	607	23251	5607	10146	3070	3.6	
上 海	1375	92351	33616	31763	12304	38044.9	18593.0
江 苏	3580	339934	116174	121030	43597	127270.7	51177.2
浙 江	2698	266718	97760	99849	33435	155577.2	43473.6
安 徽	381	19049	6326	7666	2322	6080.6	1686.1
福 建	376	21107	5950	8918	1625	3198.1	1010.1
江 西	334	24048	8638	12689	3257	8050.8	515.5
山 东	1424	101179	28798	39951	10941	44227.6	11808.8
河 南	1151	68990	20346	29639	8865	5197.1	1233.8
湖 北	752	41319	12300	17733	6269	5128.1	1303.6
湖 南	626	35756	10727	18698	4867	3681.7	771.7
广 东	163	13267	4314	4743	1470	2003.1	411.1
广 西	198	11253	3577	4012	1261	4815.2	2048.8
海 南	13	1293	407	483	155	634.6	173.3
重 庆	748	59211	19977	25421	6799	23721.0	6575.4
四 川	791	56010	17654	23730	6618	359.2	174.8
贵 州	83	5450	1310	2233	915	240.8	55.1
云 南	405	59285	14158	21419	3307	7742.7	2534.0
西 藏	4	239	95	124	33	81.4	60.0
陕 西	286	15843	4969	6219	2065	6116.7	839.7
甘 肃	103	4304	1527	1538	548		
青 海	17	1425	660	409	92	427.0	97.0
宁 夏	80	4612	1809	2105	711	1131.4	75.2
新 疆	211	16674	8458	5328	1634	4351.2	798.6

社会福利企业

单位：个、人、万元

残疾职工补贴	纳税总额	增值税总额	营业税总额	所得税总额	应减免税金总额	实际减免税金总额	盈利总额
14306.7	**1623545.6**	**1216261.6**	**60338.7**	**255766.3**	**1068168.5**	**924508.7**	**1507568.1**
1574.7	24905.9	21849.8	887.9	2088.7	28307.2	24822.6	10773.0
278.4	23139.9	19737.4	488.0	2548.4	23149.9	21718.4	24236.6
344.2	48060.6	34923.7	2874.7	8580.2	32161.7	26139.4	41603.1
902.6	33625.4	24121.7	509.0	892.7	35326.6	19954.0	6141.2
123.9	16478.4	12885.0	4952.2	3249.5	12180.3	11857.3	4252.4
175.0	93875.6	79944.4	5254.7	18628.9	70713.7	68261.5	74399.1
21.3	1150.0	1039.0	94.0				
	0.1						
221.8	82941.3	69033.1	2927.7	45816.3	59608.7	62772.3	132229.2
1462.5	423522.4	371856.4	6298.3	61326.3	300423.8	239859.0	300290.7
884.7	463980.6	324367.6	8616.2	75177.2	268923.6	231186.4	679291.5
302.4	18607.3	15737.4	1472.6	1134.8	11258.0	10755.4	14564.1
593.0	8553.7	2532.2	283.0	268.2	2612.0	1467.6	4792.1
113.9	42712.7	4207.0	500.2	1783.3	15734.7	19674.4	6249.0
5253.0	131760.1	83846.9	13340.3	23413.2	83779.8	72091.2	97461.9
138.4	35329.5	12805.0	557.4	1969.6	13399.6	11042.7	14052.2
381.6	13738.1	11264.0	843.9	2140.4	10595.8	8500.2	4150.2
585.5	9991.1	884.3	1348.2	111.0	6647.7	5892.7	961.1
48.4	5513.9	2561.3	3.2	29.4	4971.8	1276.3	3867.8
59.3	8685.1	12146.1	891.1	827.1	10585.9	6281.6	7389.8
1.0	3390.0	3037.7	36.2	37.2	1058.7	1291.7	64.3
415.2	68937.0	61954.8	1137.7	3464.9	45793.2	41641.0	57819.3
29.6	4134.6	1186.2	2322.7	51.6	1894.7	2229.3	1388.6
21.4	2207.5	1932.5	101.8	164.6	817.0	666.3	28.5
205.1	28861.5	23097.0	1574.3	971.0	12220.9	20070.8	12999.8
	7.0		19.0	2.0	18.0	18.0	31.0
84.4	12870.4	9320.7	2244.5	774.4	6330.0	5890.7	1692.2
2.1	1180.2	1205.0	167.6	1.2	854.0	895.0	4012.0
3.9	5010.3	66.3	1.4	6.0	521.3	506.5	-49.0
79.4	10375.4	8719.1	590.9	308.2	8279.9	7746.4	2876.4

C-2-28续表1

地　区	单位数	年末职工人数	受教育程度	
			大学专科人数	大学本科及以上人数
全　国	**22122**	**1568669**	**97432**	**37225**
北　京	701	32163	1783	642
天　津	335	22878	1289	360
河　北	1070	55004	2384	784
山　西	543	34604	705	164
内蒙古	226	10994	1935	743
辽　宁	2174	107196	5734	4006
吉　林	667	23262	1474	568
黑龙江	607	23251	4274	320
上　海	1375	92351	950	368
江　苏	3580	339934	22605	10469
浙　江	2698	266718	15482	5273
安　徽	381	19049	1046	218
福　建	376	21107	307	166
江　西	334	24048	1222	235
山　东	1424	101179	13683	4971
河　南	1151	68990	5908	2861
湖　北	752	41319	2478	1180
湖　南	626	35756	2248	447
广　东	163	13267	749	209
广　西	198	11253	500	76
海　南	13	1293	99	29
重　庆	748	59211	3240	1315
四　川	791	56010	3105	390
贵　州	83	5450	333	23
云　南	405	59285	949	236
西　藏	4	239		
陕　西	286	15843	1810	708
甘　肃	103	4304	136	47
青　海	17	1425	50	
宁　夏	80	4612	184	24
新　疆	211	16674	770	393

单位：个、人

职业资格水平		年龄结构			
助理社会工作师人数	社会工作师人数	35岁及以下人数	36岁至45岁人数	46岁至55岁人数	56岁及以上人数
1222	**831**	**564575**	**619692**	**310642**	**73760**
52	41	9229	14450	6816	1668
5		8356	8834	4822	866
99	35	22940	21051	9108	1905
5		14592	11953	6846	1213
2		2116	5367	3270	241
42	8	35050	43301	23728	5117
50	18	7038	10379	4959	886
62	48	9084	9957	3707	503
71	106	23086	34242	25668	9355
221	151	107397	131099	79226	22212
26	19	96408	107224	50251	12835
15	9	6811	8488	3335	415
19	7	6173	10859	3485	590
5	2	11508	8092	3838	610
70	27	44329	36681	16911	3258
162	72	30674	27626	9509	1181
5	20	12998	15580	11180	1561
84	24	8435	19678	6215	1428
45	93	6495	4463	1877	432
7	1	4317	4766	1904	266
		657	418	188	30
83	51	21792	22785	11921	2713
17	47	24947	22348	7507	1208
16	2	1904	2022	1221	303
27	15	28339	21255	7936	1755
		55	155	19	10
28	23	6678	5832	2669	664
1	10	1448	2166	545	145
		484	867	39	35
		1559	2434	498	121
3	2	9676	5320	1444	234

C-2-28续表2

地　区	增加值合计	执行企业会计制度单位财务指标			
		固定资产原价	营业收入	费用合计	营业利润
全　国	**5893964.1**	**16377773.6**	**52769003.3**	**7293689.0**	**1734200.5**
北　京	81158.7	327676.0	660401.5	156438.5	4115.3
天　津	120372.3	262170.0	819033.8	484320.7	23112.9
河　北	179219.9	437644.2	1797737.0	208055.3	-18797.2
山　西	42465.9	347690.4	507246.4	34204.6	2289.5
内蒙古	37813.0	62971.0	110482.2	91187.9	11377.6
辽　宁	401906.4	567554.4	2333497.1	505032.0	76919.4
吉　林	42762.3	121217.0	324995.0	38716.2	12046.2
黑龙江	82022.6	154542.4	565746.6	94176.7	10368.2
上　海	314488.0	1078933.8	2469787.4	267990.7	115506.3
江　苏	1190097.1	3393631.9	15622268.5	1477885.9	315576.2
浙　江	1919760.9	5037419.8	15162526.0	2114928.9	827176.0
安　徽	82849.4	123500.8	799839.7	48366.7	35852.5
福　建	40962.3	167566.7	370545.2	59777.2	7534.4
江　西	14222.5	86787.6	2343502.1	24296.5	3277.6
山　东	472829.7	1046426.9	2186873.3	821052.7	135153.8
河　南	106851.5	457823.4	695318.9	191712.3	15596.8
湖　北	77798.9	171151.3	424338.5	80036.7	16208.1
湖　南	74405.8	401294.4	599925.2	76488.0	3815.4
广　东	32445.5	96499.2	236140.3	30660.2	5257.8
广　西	18697.8	84792.4	240406.5	17771.8	160.4
海　南	2272.8	19615.0	38131.6	15900.4	204.3
重　庆	283323.6	405060.2	1287731.5	168223.6	59008.6
四　川	103635.9	258904.7	774329.2	94611.1	22992.6
贵　州	3640.9	49937.2	72460.0	17604.4	177.0
云　南	82982.7	803564.8	1642204.9	58218.0	32451.3
西　藏	374.8	3831.0	980.0	905.4	35.0
陕　西	35537.3	126836.4	255978.9	46865.6	2775.3
甘　肃	2810.8	29926.5	13574.6	4843.3	244.9
青　海	1268.8	4055.0	7100.0	1256.4	17.6
宁　夏	11249.1	83941.3	39638.0	10907.5	4928.0
新　疆	35099.7	164807.9	366263.4	51253.8	8818.7

单位：万元

企业单位增加值	执行行政事业单位会计制度财务指标					
	固定资产原价	上年结余	收入合计	支出合计	收支结余	行政事业单位增加值
5850626.8	**33533.9**	**76160.9**	**68061.0**	**40446.0**	**17541.8**	**43337.3**
81158.7						
120372.3						
179089.7	153.0	8.0	3061.0	3061.0		130.2
42465.9						
37813.0						
401642.4	1000.0	644.0				264.0
42202.1	1546.9	4509.3	1602.4	1629.2		560.2
82021.8	20.0	17623.5	199.0	462.1		0.8
314478.7	232.0	1136.8				9.3
1153082.7	351.0	10736.5	28692.0	19978.0	17113.0	37014.4
1919760.9						
82628.2	805.0	925.4	1042.3	972.3	70.0	221.2
40019.7	478.0	755.3	4966.3	2672.9	-10.8	942.6
14210.6	298.0					11.9
472829.7						
105436.6	12300.2	537.9	2129.9	1751.3		1414.9
77798.9						
74231.9	495.8		193.8	187.8		173.9
32388.9	260.0	2893.6	362.1	31.8		56.6
17535.0	3572.5	50.5	2797.0	2736.0	50.0	1162.8
2272.8						
283308.6			23.0	20.0		15.0
103324.3	7791.0	523.1				311.6
3515.1	31.0	6563.6	474.4	121.4		125.8
80973.0	255.0	29031.4	20668.4	6515.1	319.6	2009.7
374.8						
35537.3						
2692.1	50.0	20.0	182.1	172.1		118.7
1268.8						
11118.7	3234.5		3.0	3.0		130.4
35073.3	660.0	202.0	1664.3	132.0		26.4

C-2-29 在编制部门登记的

地区	单位数	年末职工人数	#女性	#残疾职工	#女残疾职工	残疾职工工资总额	残疾职工养老保险总额
全国	**104**	**5471**	**2009**	**2667**	**992**	**11429.0**	**191.1**
北京							
天津	1	16	6				
河北	1	23	5				
山西	12	639	267	635	166	724.8	122.9
内蒙古	1	41	13	25	16	61.2	12.6
辽宁	15	1599	596	1086	437	10278.0	19.0
吉林							
黑龙江	2	9	2	9			
上海							
江苏	2	203	76	33	13		
浙江	10	422	67	199	60	15.0	9.4
安徽	4	92	27	17	1	19.0	
福建	6	180	40				
江西							
山东							
河南							
湖北	2	171	69				
湖南	4	308	132	106	57		
广东	9	381	165	75	22		
广西	1	39	5				
海南							
重庆							
四川	2	135	51	28	4		
贵州	1	62	26	17	6	60.3	4.5
云南	16	387	145	146	44	60.3	
西藏							
陕西	4	220	146	72	34	56.0	15.8
甘肃	2	106	34	15			
青海							
宁夏	7	395	118	198	129	154.4	6.9
新疆	2	43	19	6	3		

社会福利企业

单位：个、人、万元

残疾职工补贴	纳税总额	增值税总额	营业税总额	所得税总额	应减免税金总额	实际减免税金总额	盈利总额
68.0	**2956.8**	**1986.6**	**732.9**	**206.2**	**3929.3**	**4110.3**	**565.1**
36.7	1994.6	1755.9	58.1	180.0	1649.4	1642.4	205.0
3.9	15.0	10.0	2.6	1.8	14.0	14.0	-25.0
12.0	51.0		26.0	15.0	51.0	51.0	
	3.0	0.4	3.8	0.3			1.1
2.5							
6.0							-71.0
					95.0	95.0	
	5.9		5.9		5.9	5.9	
	7.7	3.2	4.5		355.4	355.4	
	57.7	42.9	5.0	3.3	42.9	42.9	46.0
	3.3	3.4	0.9		139.1	139.1	
	174.0	158.0				158.0	
	19.6	12.8	1.1	5.8	18.6	18.6	17.0
6.9	625.0		625.0		1558.0	1588.0	392.0

C−2−29 续表 1

地 区	单位数	年末职工人数	受教育程度	
			大学专科人数	大学本科及以上人数
全 国	**104**	**5471**	**1014**	**941**
北 京				
天 津	1	16	1	9
河 北	1	23	7	
山 西	12	639	48	23
内蒙古	1	41	9	1
辽 宁	15	1599	646	714
吉 林				
黑龙江	2	9		
上 海				
江 苏	2	203	50	36
浙 江	10	422	4	2
安 徽	4	92	8	2
福 建	6	180		
江 西				
山 东				
河 南				
湖 北	2	171	24	21
湖 南	4	308	36	22
广 东	9	381	40	41
广 西	1	39	5	15
海 南				
重 庆				
四 川	2	135	38	23
贵 州	1	62	10	9
云 南	16	387	58	12
西 藏				
陕 西	4	220	5	2
甘 肃	2	106	12	6
青 海				
宁 夏	7	395	6	
新 疆	2	43	7	3

单位：个、人

职业资格水平		年龄结构			
助理社会工作师人数	社会工作师人数	35岁及以下人数	36岁至45岁人数	46岁至55岁人数	56岁及以上人数
13	**15**	**1743**	**2159**	**1277**	**292**
		10	3	1	2
		3	12	6	2
	2	108	235	280	16
		2	12	23	4
		885	431	222	61
			3	6	
1	1	51	58	40	54
		73	212	128	9
3	4	9	43	33	7
		85	68	27	
	1	22	84	33	32
2	1	43	188	58	19
		56	146	138	41
		8	9	15	7
5	4	41	26	59	9
		3	29	26	4
1	1	105	148	116	18
		143	56	20	1
1	1	39	41	25	1
		45	334	16	
		12	21	5	5

C-2-29续表2

地　区	增加值合计	执行企业会计制度单位财务指标			
		固定资产原价	营业收入	费用合计	营业利润
全　国	**26146.0**	**43127.2**	**55496.9**	**14651.7**	**853.1**
北　京					
天　津	193.9				
河　北	94.0				
山　西	1644.2	3707.0	2724.1	1745.2	379.8
内蒙古	52.3	205.0	120.0	144.0	-24.0
辽　宁	13238.1	10432.0	21142.0	941.5	55.0
吉　林					
黑龙江		97.0			
上　海					
江　苏	1360.8	2155.0			
浙　江	21.6	5873.4	91.3	216.9	-145.5
安　徽	-3.7	490.0	75.0	145.0	-71.0
福　建		2200.0			
江　西					
山　东					
河　南					
湖　北	882.7	41.9	52.4	52.4	
湖　南	899.6	1076.0	1711.3	589.1	220.8
广　东	1120.6	3850.6	5006.3	1842.2	-81.2
广　西	144.7				
海　南					
重　庆					
四　川	689.0	45.0	150.0	71.0	30.0
贵　州	115.4				
云　南	997.7	1638.2	885.1	230.0	-42.3
西　藏					
陕　西	540.1	944.1	2891.7	505.1	154.5
甘　肃	364.3	10.0			
青　海					
宁　夏	3261.3	10062.0	20002.0	8151.0	392.0
新　疆	358.3	300.0	645.7	18.3	-15.0

单位：万元

企业单位增加值	执行行政事业单位会计制度财务指标					
	固定资产原价	上年结余	收入合计	支出合计	收支结余	行政事业单位增加值
20540.8	**11130.5**	**2952.3**	**13824.6**	**12294.4**	**757.3**	**5605.2**
	55.4	168.3	269.3	180.3	89.0	193.9
	80.6		90.8	90.8		94.0
1644.2						
52.3						
13216.1			25.0	25.0		22.0
	3004.0	252.0	4758.0	3539.0	1.0	1360.8
21.6						
19.7	152.9	16.7	43.4	252.0	-208.6	-23.4
35.9	1533.0	1932.0	2727.0	2349.0	378.0	846.8
842.1	150.0		51.5	51.5		57.5
1033.5	472.6		169.1	169.1		87.1
	110.0	4.5	180.4	166.4	18.6	144.7
53.6	2171.6		2124.7	2129.1	-4.4	635.4
96.0	485.8					19.4
-306.4	1865.6	498.8	1865.4	1890.2	335.7	1304.1
540.1						
	432.0	80.0	754.0	769.0	65.0	364.3
3261.3						
30.7	617.0		766.0	683.0	83.0	327.6

C-2-30 福利

地 区	单位数	年末职工人数	#女 性	#残疾职工	#女残疾职工	残疾职工工资总额	残疾职工养老保险总额
全 国	**17826**	**1291900**	**433740**	**507801**	**163634**	**612768.0**	**168647.2**
北 京	676	30894	10081	11914	3927	15761.5	4158.3
天 津	334	22812	5879	8485	2493	10616.2	3555.3
河 北	737	39503	11646	17049	3988	12419.0	7392.5
山 西	368	23985	6144	12244	3833	8932.7	2898.7
内蒙古	150	6398	1645	3093	1171	3053.8	867.5
辽 宁	1898	96095	33052	42484	14250	156944.8	16893.9
吉 林	443	15943	5026	8153	2480	154.0	26.6
黑龙江	516	18629	4452	8161	2560	3.6	
上 海	1365	91877	33482	31656	12280	38004.4	18525.0
江 苏	3507	332697	114559	119291	42881	127110.7	51119.2
浙 江	2294	237772	90533	88002	30209	137787.9	37645.7
安 徽	309	16396	5422	6403	2012	5446.4	1473.3
福 建	194	12851	3355	5986	893	2985.4	984.4
江 西	333	23976	8613	12675	3257	8050.8	515.5
山 东	1253	91584	26428	36264	9803	39419.4	10638.5
河 南	925	53474	15748	22832	6656	4700.7	1013.6
湖 北	408	22206	5555	10121	3578	2343.3	519.5
湖 南	400	22674	7276	10614	3161	965.5	316.8
广 东	137	10650	3562	3679	1196	2003.1	411.1
广 西	109	7029	2434	2309	826	3862.2	1630.3
海 南	4	220	108	63	22	24.2	17.6
重 庆	429	30020	10011	13695	3369	15671.8	4541.3
四 川	377	28134	10807	11640	3477	25.0	50.0
贵 州	17	895	245	386	77	124.3	16.1
云 南	166	21051	3465	8428	1146	5594.8	1855.6
西 藏	1	21	8	17	8	6.4	
陕 西	230	13638	4264	5359	1701	5251.1	750.2
甘 肃	68	3249	1307	1195	497		
青 海	4	85	52				
宁 夏	32	2816	983	1240	512	1251.3	56.9
新 疆	142	14326	7598	4363	1371	4253.7	773.8

工厂

单位：个、人、万元

残疾职工补贴	纳税总额				应减免税金总额	实际减免税金总额	盈利总额
		增值税总额	营业税总额	所得税总额			
12209.3	**1463752.1**	**1095607.1**	**46042.3**	**240797.2**	**948665.6**	**830140.7**	**1386558.9**
1233.1	24158.1	21635.6	370.1	1920.9	27366.4	23904.0	9720.6
278.4	23139.9	19737.4	488.0	2548.4	23149.9	21718.4	24236.6
268.5	37421.9	27177.2	2722.5	7372.9	23958.1	20138.8	37641.1
853.1	22938.5	18595.5	463.0	1030.2	17847.8	14292.1	3260.3
24.7	7146.7	5882.2	2601.0	1039.5	6313.6	6077.6	2662.1
137.9	87736.7	70875.7	5047.7	18375.9	61454.8	59212.7	71666.8
21.3	1150.0	1039.0	94.0				
	0.1						
220.3	82896.3	68994.1	2926.1	45811.8	59567.2	62732.3	131994.4
1462.5	423267.8	371651.4	6298.3	61326.3	300218.8	239712.0	300248.8
884.7	424718.9	290421.2	4791.3	69831.7	238888.4	205883.0	630626.4
262.5	16076.1	13555.9	517.4	751.9	10212.5	9479.7	13554.2
588.1	5810.8	2407.3	278.0	268.0	2489.0	1344.6	3576.2
113.9	42709.2	4205.6	498.1	1783.3	15729.8	19669.5	6249.0
5017.0	120807.7	75526.2	12868.0	21615.0	74640.9	65625.4	89774.0
130.4	34142.5	11927.5	547.7	1961.6	12553.4	10777.0	13570.2
169.0	5784.9	4984.9	243.5	1421.7	3708.7	3415.7	1838.2
6.1	6421.1	814.3	628.2	46.0	4202.7	3617.7	930.4
48.4	4156.9	2561.3	3.2	29.4	3801.8	967.3	3859.8
26.7	3279.9	9207.5	8.9	430.0	6406.4	3890.3	2186.1
1.0	29.0	22.7	29.2	0.2	22.7	22.7	-15.7
185.0	44576.5	43228.4	274.9	1765.4	31455.1	28912.2	23489.5
15.0	300.0	70.0	120.0	15.0	256.0	256.0	100.0
11.4	58.4	51.3			52.6	51.6	50.5
94.7	20459.5	17064.6	1308.1	854.4	9004.6	13367.5	10721.8
74.4	8674.3	5812.2	1714.2	389.1	5574.5	5305.2	1414.2
6.9	5567.0		625.0		2023.0	2053.0	392.0
74.3	10323.4	8158.1	575.9	208.6	7766.9	7714.4	2811.4

C-2-30续表1

地　区	单位数	年末职工人数	受教育程度	
			大学专科人数	大学本科及以上人数
全　国	**17826**	**1291900**	**81469**	**31336**
北　京	676	30894	1633	594
天　津	334	22812	1286	360
河　北	737	39503	1606	381
山　西	368	23985	545	141
内蒙古	150	6398	1664	658
辽　宁	1898	96095	5181	3622
吉　林	443	15943	795	230
黑龙江	516	18629	2778	308
上　海	1365	91877	931	360
江　苏	3507	332697	22339	10342
浙　江	2294	237772	14125	4940
安　徽	309	16396	920	189
福　建	194	12851	73	14
江　西	333	23976	1211	224
山　东	1253	91584	12932	4638
河　南	925	53474	3615	1240
湖　北	408	22206	684	429
湖　南	400	22674	1403	354
广　东	137	10650	420	181
广　西	109	7029	161	50
海　南	4	220	2	
重　庆	429	30020	1563	719
四　川	377	28134	2513	186
贵　州	17	895	44	13
云　南	166	21051	513	94
西　藏	1	21		
陕　西	230	13638	1610	677
甘　肃	68	3249	91	37
青　海	4	85		
宁　夏	32	2816	118	16
新　疆	142	14326	713	339

单位：个、人

职业资格水平		年龄结构			
助理社会工作师人数	社会工作师人数	35岁及以下人数	36岁至45岁人数	46岁至55岁人数	56岁及以上人数
774	**607**	**454849**	**509956**	**261836**	**65259**
50	36	8967	13786	6532	1609
3		8356	8811	4780	865
45	27	16497	14637	6912	1457
		9717	8290	5139	839
2		971	2559	2801	67
40	8	30761	39125	21596	4613
19	18	4937	7521	3253	232
55	3	7006	8109	3037	477
71	106	23071	34029	25479	9298
211	151	106261	129759	74699	21978
8	18	87526	94974	43520	11752
11	5	5913	7315	2815	353
2		3703	6994	1760	394
4	2	11501	8082	3824	569
53	18	41509	32295	14803	2977
30	27	24427	19786	8350	911
5	17	6699	6138	8088	1281
45	15	4622	13300	3755	997
36	81	5180	3650	1502	318
5	1	2788	3121	1021	99
		25	61	111	23
39	28	9507	12248	6679	1586
7	13	11760	11912	3666	796
		279	355	231	30
13	11	6352	10532	3479	688
			16	5	
16	10	5782	4980	2262	614
1	10	1091	1616	407	135
		10	40	12	23
		829	1660	269	58
3	2	8802	4255	1049	220

C-2-30续表2

地 区	增加值合计	执行企业会计制度单位财务指标			
		固定资产原价	营业收入	费用合计	营业利润
全 国	**5008287.9**	**13425424.9**	**46347263.8**	**6340256.5**	**1507577.1**
北 京	74388.5	292669.3	634305.1	143440.3	3196.3
天 津	120362.3	262084.0	819020.8	484316.7	23116.5
河 北	150368.7	309251.0	1435543.8	124271.8	-24065.9
山 西	27355.5	204686.8	361014.8	25122.5	867.9
内蒙古	22594.0	55395.6	63743.6	56537.2	9517.2
辽 宁	379237.8	526980.0	2146016.7	479766.5	73452.1
吉 林	24541.3	94279.3	202286.0	31845.7	7032.0
黑龙江	71413.3	137810.7	489552.3	78646.6	8965.8
上 海	312548.1	1075518.4	2459445.0	263887.3	114997.0
江 苏	1125888.8	3336303.4	15539069.9	1427035.7	314128.7
浙 江	1756804.6	4363446.6	13544506.5	1934494.8	760113.8
安 徽	75247.5	95653.2	743911.5	38832.3	34305.2
福 建	26523.0	115840.1	220710.2	14100.2	3159.7
江 西	14091.9	86283.6	2343244.1	24075.5	3235.2
山 东	433088.7	936970.6	1999585.3	713027.4	125430.0
河 南	86793.0	405337.3	581602.3	168268.3	7473.7
湖 北	16762.4	46050.4	155196.9	25419.2	2935.5
湖 南	31913.4	88689.5	342601.0	36700.0	292.3
广 东	27932.7	81162.0	201708.9	27046.8	4960.4
广 西	6696.8	50431.5	76240.0	9390.6	-271.9
海 南	203.0	1257.0	402.7	131.0	-15.7
重 庆	84077.6	216762.0	549196.3	66149.6	7866.8
四 川	44687.0	114564.3	254618.3	48589.7	11511.2
贵 州	2204.4	4865.4	19738.0	1732.4	1218.9
云 南	19728.0	260802.4	563938.4	26964.2	-2910.8
西 藏	11.6	178.0	26.0	4.4	
陕 西	27100.2	78616.6	214838.2	32776.2	2184.2
甘 肃	680.5	7599.3	3227.1	546.8	-38.1
青 海		500.0			
宁 夏	13265.6	24522.0	35047.0	15891.5	6427.0
新 疆	31776.8	150914.6	346927.1	41245.3	8492.1

单位：万元

企业单位增加值	执行行政事业单位会计制度财务指标					
	固定资产原价	上年结余	收入合计	支出合计	收支结余	行政事业单位增加值
5006676.5	**9914.6**	**333.6**	**2004.0**	**2265.6**	**-10.5**	**1611.4**
74388.5						
120362.3						
150365.7	76.0					3.0
27355.5						
22594.0						
379215.8			25.0	25.0		22.0
24541.3						
71413.3						
312548.1						
1125874.8	350.0					14.0
1756804.6						
75247.5						
26204.2	320.0		432.0	478.0		318.8
14080.0	298.0					11.9
433088.7						
86097.2	5998.0		1122.6	1120.6		695.8
16762.4						
31786.0	475.8		113.5	113.5		127.4
27900.3	560.0		20.0	31.8		32.4
6696.6	5.0					0.2
203.0						
84077.6						
44687.0						
2185.0	485.8					19.4
19388.8	686.0	333.6	158.9	364.7	-10.5	339.2
11.6						
27100.2						
680.5						
13265.6						
31750.4	660.0		132.0	132.0		26.4

C-2-31 假肢

地区	单位数	年末职工人数	#女性	#残疾职工	#女残疾职工	残疾职工工资总额	残疾职工养老保险总额
全国	**36**	**2336**	**846**	**329**	**112**	**204.6**	**43.1**
北京	1	89	26	9	2	69.1	19.4
天津	1	66	10	1	1	2.8	
河北	1	22	5	5	1		
山西	1	75	27	2		0.4	
内蒙古	1	41	13	25	16	61.2	12.6
辽宁							
吉林	2	99	41				
黑龙江	1	23	6	8	2		
上海	1	137	33	7			
江苏	1	85	28	2			
浙江	1	70	21				
安徽	1	10	10	2	1	4.0	1.0
福建	1	91	28				
江西	1	72	25	14			
山东	1	138	46	4		5.0	2.8
河南	7	294	196	70			
湖北	3	178	73				
湖南	1	88	24	3	1		
广东	2	109	42	14	7		
广西	1	56	18	3	2	6.1	1.3
海南							
重庆							
四川	1	115	51	28	4		
贵州	2	206	29	112	68		
云南	1	75	29	6	1	27.2	
西藏							
陕西	1	106	25	12	4	28.8	6.0
甘肃	1	56	26				
青海							
宁夏							
新疆	1	35	14	2	2		

厂

单位：个、人、万元

残疾职工补贴	纳税总额				应减免税金总额	实际减免税金总额	盈利总额
		增值税总额	营业税总额	所得税总额			
59.0	**750.3**	**720.9**	**54.4**	**209.9**	**1700.8**	**1700.8**	**1150.5**
52.5	17.5	5.2	12.3		123.9	123.9	193.4
					69.5	69.5	
3.9	15.0	10.0	2.6	1.8	14.0	14.0	-25.0
							156.0
	3.0	0.4	3.8	0.3			1.1
	8.0		3.0		166.0	166.0	
	3.5	1.4	2.1		4.9	4.9	
1.2	676.0	474.0		202.0	676.0	676.0	807.0
					95.0	95.0	
1.4			25.0		40.2	40.2	1.0
	7.7	3.2	4.5		355.4	355.4	
		0.9			137.3	137.3	
		213.0					
	19.6	12.8	1.1	5.8	18.6	18.6	17.0

C-2-31续表1

地区	单位数	年末职工人数	受教育程度	
			大学专科人数	大学本科及以上人数
全国	**36**	**2336**	**462**	**277**
北京	1	89	17	8
天津	1	66	3	
河北	1	22		
山西	1	75	23	17
内蒙古	1	41	9	1
辽宁				
吉林	2	99		
黑龙江	1	23	5	
上海	1	137	13	7
江苏	1	85	39	11
浙江	1	70	20	14
安徽	1	10	2	
福建	1	91	6	12
江西	1	72	11	11
山东	1	138	38	30
河南	7	294	26	20
湖北	3	178	24	22
湖南	1	88	23	15
广东	2	109	23	40
广西	1	56		
海南				
重庆				
四川	1	115	38	23
贵州	2	206	63	15
云南	1	75	35	9
西藏				
陕西	1	106	25	13
甘肃	1	56	12	6
青海				
宁夏				
新疆	1	35	7	3

单位:个、人

职业资格水平		年龄结构			
助理社会工作师人数	社会工作师人数	35岁及以下人数	36岁至45岁人数	46岁至55岁人数	56岁及以上人数
25	**14**	**480**	**844**	**734**	**278**
		19	11	37	22
2			23	42	1
		6	15	1	
	2	17	38	19	1
		2	12	23	4
		42	40	15	2
		13	5	4	1
		7	34	71	25
1	1	27	11	23	24
	1	18	13	30	9
	1	2	4	4	
		39	16	33	3
1		7	10	14	41
		14	30	79	15
		54	197	35	8
	1	24	87	33	34
		21	32	20	15
		26	40	33	10
		12	20	21	3
5	4	41	26	39	9
12	2	40	71	58	37
1	1	29	8	33	5
2		4	55	44	3
1	1	7	30	18	1
		9	16	5	5

C-2-31续表2

地区	增加值合计	执行企业会计制度单位财务指标			
		固定资产原价	营业收入	费用合计	营业利润
全国	**12407.5**	**24222.8**	**19838.8**	**9771.5**	**922.2**
北京	1053.3	1627.5	2084.3	433.7	-54.5
天津	10.0	86.0	13.0	4.0	-3.6
河北	127.2				
山西	961.0	474.0	2277.9	937.3	492.6
内蒙古	52.3	205.0	120.0	144.0	-24.0
辽宁					
吉林	321.0				
黑龙江	48.6	185.3	164.3	39.5	9.5
上海	452.8	2453.5	1851.0	1128.5	156.0
江苏	722.6				
浙江	479.3	6487.6	791.6	729.4	
安徽	-36.2	474.0	979.0	394.0	-166.0
福建	-141.3	1035.0	1554.0	813.7	-149.0
江西	130.6	504.0	258.0	221.0	42.4
山东	1393.8	3364.0	3262.0	1032.0	657.0
河南	1299.4	1507.0	1430.0	1583.1	-101.0
湖北	903.0	63.9	76.4	71.4	
湖南	628.3	556.0	1499.0	411.0	203.0
广东	583.1	3195.0	2074.3	1449.9	-5.2
广西	586.0				
海南					
重庆					
四川	635.4				
贵州	1.2	48.0	150.0		
云南	962.9				
西藏					
陕西	404.4	1957.0	1254.0	379.0	-135.0
甘肃	364.3				
青海					
宁夏					
新疆	327.6				

单位：万元

企业单位增加值	执行行政事业单位会计制度财务指标					
	固定资产原价	上年结余	收入合计	支出合计	收支结余	行政事业单位增加值
7375.7	**11037.2**	**2227.7**	**14626.2**	**12889.4**	**918.8**	**5031.8**
1053.3						
10.0						
	77.0		261.0	261.0		127.2
961.0						
52.3						
	1162.0		1064.0	1090.8		321.0
48.6						
452.8						
	3004.0		3921.0	2727.0	1.0	722.6
479.3						
-36.2						
-141.3						
130.6						
1393.8						
1299.4						
56.2	1533.0	1932.0	2727.0	2349.0	378.0	846.8
628.3						
583.1						
	880.0	50.5	1302.0	1355.0	50.0	586.0
	2171.6		2124.7	2129.1	-4.4	635.4
	31.0					1.2
	1129.6	165.2	1706.5	1525.5	346.2	962.9
404.4						
	432.0	80.0	754.0	769.0	65.0	364.3
	617.0		766.0	683.0	83.0	327.6

C-2-32 安置

地 区	单位数	年末职工人数	#女 性	#残疾职工	#女残疾职工	残疾职工工资总额	残疾职工养老保险总额
全 国	**27**	**954**	**244**	**88**	**22**	**37.8**	**9.4**
北 京							
天 津	1	16	6				
河 北	1	23	5				
山 西							
内蒙古							
辽 宁							
吉 林	1	40	11				
黑龙江							
上 海							
江 苏	1	118	48	31	13		
浙 江	3	93	22	6		15.0	9.4
安 徽	4	101	24	11		17.0	
福 建							
江 西							
山 东							
河 南	2	66	12				
湖 北							
湖 南	4	132	29	19	2		
广 东	4	74	11	16	6		
广 西	2	216	63				
海 南							
重 庆							
四 川	1	20					
贵 州						4.8	
云 南	1	8	1				
西 藏							
陕 西	1	34	10	1		1.0	
甘 肃	1	13	2	4	1		
青 海							
宁 夏							
新 疆							

农场

单位：个、人、万元

残疾职工补贴	纳税总额	增值税总额	营业税总额	所得税总额	应减免税金总额	实际减免税金总额	盈利总额
8.5	**60.0**	**51.4**	**39.0**	**7.2**	**51.9**	**28.6**	**-11.2**
2.5	39.3	3.4	14.6	3.9			59.8
6.0						-23.3	-71.0
	5.9		5.9		5.9	5.9	
		48.0	13.5		46.0	46.0	
	14.8		5.0	3.3			

C-2-32续表1

地　区	单位数	年末职工人数	受教育程度	
			大学专科人数	大学本科及以上人数
全　国	**27**	**954**	**131**	**77**
北　京				
天　津	1	16	1	9
河　北	1	23	7	
山　西				
内蒙古				
辽　宁				
吉　林	1	40		
黑龙江				
上　海				
江　苏	1	118	11	25
浙　江	3	93	14	5
安　徽	4	101	8	2
福　建				
江　西				
山　东				
河　南	2	66	8	6
湖　北				
湖　南	4	132	30	4
广　东	4	74	14	6
广　西	2	216	35	20
海　南				
重　庆				
四　川	1	20		
贵　州				
云　南	1	8	3	
西　藏				
陕　西	1	34		
甘　肃	1	13		
青　海				
宁　夏				
新　疆				

单位：个、人

职业资格水平		年龄结构			
助理社会工作师人数	社会工作师人数	35岁及以下人数	36岁至45岁人数	46岁至55岁人数	56岁及以上人数
3	**4**	**176**	**409**	**258**	**111**
		10	3	1	2
		3	12	6	2
		20	10	10	
		24	47	17	30
		2	21	49	21
3	4	11	34	50	6
		1	30	22	13
		41	53	15	23
		15	42	12	5
		43	119	45	9
				20	
		2	6		
		2	27	5	
		2	5	6	

C-2-32续表2

地　区	增加值合计	执行企业会计制度单位财务指标			
		固定资产原价	营业收入	费用合计	营业利润
全　国	**3155.7**	**6108.2**	**1598.5**	**1586.9**	**-299.8**
北　京					
天　津	193.9				
河　北	94.0				
山　西					
内蒙古					
辽　宁					
吉　林	141.1				
黑龙江					
上　海					
江　苏	638.2	2155.0			
浙　江	343.2	998.5	604.3	676.1	-202.9
安　徽	5.1	459.1	105.4	199.7	-94.3
福　建					
江　西					
山　东					
河　南	493.7				
湖　北					
湖　南	110.5	1192.7	241.6	183.0	27.8
广　东	344.5	951.8	427.0	314.0	13.1
广　西	721.3				
海　南					
重　庆					
四　川	53.6	45.0	150.0	71.0	30.0
贵　州					
云　南	2.0				
西　藏					
陕　西	-20.3	306.1	70.2	143.1	-73.5
甘　肃	2.0				
青　海					
宁　夏					
新　疆					

单位：万元

企业单位增加值	执行行政事业单位会计制度财务指标：固定资产原价	上年结余	收入合计	支出合计	收支结余	行政事业单位增加值
757.0	**4391.1**	**441.5**	**4276.5**	**3866.5**	**-101.0**	**2398.7**
	55.4	168.3	269.3	180.3	89.0	193.9
	80.6		90.8	90.8		94.0
	82.9		178.4	178.4		141.1
		252.0	837.0	812.0		638.2
343.2						
28.5	152.9	16.7	43.4	252.0	-208.6	-23.4
	942.2		971.3	594.7		493.7
82.0	20.0		41.8	41.8		28.5
269.9	159.6		169.1	169.1		74.6
	2797.5	4.5	1675.4	1547.4	18.6	721.3
53.6						
	50.0					2.0
-20.3						
	50.0					2.0

C-2-33 其他社会

地区	单位数	年末职工人数	#女性	#残疾职工	#女残疾职工	残疾职工工资总额	残疾职工养老保险总额
全国	**4337**	**278950**	**79399**	**116901**	**32081**	**69996.0**	**18124.1**
北京	24	1180	439	374	130	468.3	104.8
天津							
河北	332	15479	4921	6568	1908	4620.4	1664.4
山西	186	11183	2410	5504	1124	3577.7	794.2
内蒙古	76	4596	1018	2664	709	1101.0	267.3
辽宁	291	12700	3750	6824	2369	16773.8	2715.3
吉林	221	7180	1795	2954	914		
黑龙江	92	4608	1151	1986	508		
上海	9	337	101	100	24	40.5	68.0
江苏	73	7237	1615	1739	716	160.0	58.0
浙江	410	29205	7251	12040	3286	17789.3	5827.9
安徽	71	2634	897	1267	310	632.2	211.8
福建	187	8345	2607	2932	732	212.7	25.7
江西							
山东	170	9457	2324	3683	1138	4803.2	1167.5
河南	217	15156	4390	6737	2209	496.4	220.2
湖北	343	19106	6741	7612	2691	2784.8	784.1
湖南	225	13170	3530	8168	1760	2716.2	454.9
广东	29	2815	864	1109	283		
广西	87	3991	1067	1700	433	946.9	417.2
海南	9	1073	299	420	133	610.4	155.7
重庆	319	29191	9966	11726	3430	8049.2	2034.1
四川	414	27876	6847	12090	3141	334.2	124.8
贵州	65	4411	1062	1752	776	172.0	43.5
云南	253	38538	10808	13131	2204	2181.0	678.4
西藏	3	218	87	107	25	75.0	60.0
陕西	58	2285	816	919	394	891.8	99.3
甘肃	35	1092	226	354	50		
青海	13	1340	608	409	92	427.0	97.0
宁夏	55	2191	944	1063	328	34.5	25.2
新疆	70	2356	865	969	264	97.5	24.8

福利企业

单位：个、人、万元

残疾职工补贴	纳税总额	增值税总额	营业税总额	所得税总额	应减免税金总额	实际减免税金总额	盈利总额
2097.9	**161940.0**	**121868.8**	**14935.9**	**14958.2**	**121679.5**	**96748.9**	**120435.0**
289.1	730.3	209.0	505.5	167.8	816.9	794.7	859.0
75.7	10638.7	7746.5	152.2	1207.3	8203.6	6000.6	3962.0
86.2	12681.5	7282.1	104.1	42.5	19058.7	7234.8	3085.9
99.2	9331.7	7002.8	2351.2	2210.0	5866.7	5779.7	1590.3
49.1	6189.9	9068.7	233.0	268.0	9309.9	9099.8	2732.3
1.5	45.0	39.0	1.6	4.5	41.5	40.0	78.8
	254.6	205.0			205.0	147.0	41.9
	39222.4	33943.0	3810.3	5341.6	30035.2	25303.4	48605.3
39.9	2523.2	2181.5	952.2	382.9	879.5	1133.0	1009.9
4.9	2742.9	124.9	5.0	0.2	123.0	123.0	1215.9
234.8	10276.4	7846.7	472.3	1596.2	8462.9	5789.8	6880.9
8.0	1187.0	877.5	9.7	8.0	846.2	265.7	482.0
212.6	7953.2	6279.1	600.4	718.7	6887.1	5084.5	2312.0
579.4	3570.0	70.0	720.0	65.0	2445.0	2275.0	30.7
	1357.0				1170.0	309.0	8.0
31.2	5405.2	2890.6	843.7	397.1	4093.3	2305.1	5202.7
	3361.0	3015.0	7.0	37.0	1036.0	1269.0	80.0
230.2	24360.5	18726.4	862.8	1699.5	14338.1	12728.8	34329.8
14.6	3834.6	1116.2	2202.7	36.6	1638.7	1973.3	1288.6
10.0	2192.0	1924.1	101.8	164.6	807.3	657.6	24.0
110.4	8405.3	6034.9	267.1	116.6	3218.1	6705.1	2278.0
	7.0		19.0	2.0	18.0	18.0	31.0
10.0	4370.1	3453.5	530.3	385.3	755.5	743.5	278.0
2.1	1180.2	1205.0	167.6	1.2	854.0	895.0	4012.0
3.9	68.3	66.3	1.4	6.0	56.3	41.5	-49.0
5.1	52.0	561.0	15.0	99.6	513.0	32.0	65.0

C-2-33续表1

地区	单位数	年末职工人数	受教育程度	
			大学专科人数	大学本科及以上人数
全国	**4337**	**278950**	**16384**	**6476**
北京	24	1180	133	40
天津				
河北	332	15479	778	403
山西	186	11183	185	29
内蒙古	76	4596	271	85
辽宁	291	12700	1199	1098
吉林	221	7180	679	338
黑龙江	92	4608	1491	12
上海	9	337	6	1
江苏	73	7237	266	127
浙江	410	29205	1327	316
安徽	71	2634	124	29
福建	187	8345	228	140
江西				
山东	170	9457	713	303
河南	217	15156	2259	1595
湖北	343	19106	1794	750
湖南	225	13170	828	96
广东	29	2815	332	23
广西	87	3991	309	21
海南	9	1073	97	29
重庆	319	29191	1677	596
四川	414	27876	592	204
贵州	65	4411	236	4
云南	253	38538	456	145
西藏	3	218		
陕西	58	2285	180	20
甘肃	35	1092	45	10
青海	13	1340	50	
宁夏	55	2191	72	8
新疆	70	2356	57	54

单位：个、人

职业资格水平		年龄结构			
助理社会工作师人数	社会工作师人数	35岁及以下人数	36岁至45岁人数	46岁至55岁人数	56岁及以上人数
433	**221**	**110813**	**110642**	**49091**	**8404**
2	5	243	653	247	37
54	8	6437	6399	2195	448
5		4966	3860	1968	389
		1145	2808	469	174
2		5174	4607	2354	565
31		2039	2808	1681	652
7	45	2065	1846	672	25
		8	179	118	32
10		1136	1340	4527	234
18		8935	12428	6780	1062
4	3	894	1178	499	63
17	7	2516	3917	1719	193
17	9	2806	4356	2029	266
132	45	6192	7613	1102	249
	3	6297	9439	3092	278
41	10	3794	6481	2483	412
9	12	1330	877	468	140
2		1482	1515	832	162
		632	357	77	7
44	23	12285	10537	5242	1127
10	34	13187	10436	3841	412
4		1588	1625	958	240
14	4	22061	10857	4540	1080
		55	139	14	10
10	13	1033	826	378	48
		387	556	139	10
		474	827	27	12
		775	1108	245	63
		877	1070	395	14

C-2-33续表2

地　区	增加值合计	执行企业会计制度单位财务指标			
		固定资产原价	营业收入	费用合计	营业利润
全　国	**896259.0**	**2965144.9**	**6455799.1**	**956725.8**	**226854.1**
北　京	5716.9	33379.2	24012.1	12564.5	973.5
天　津					
河　北	28724.0	128393.2	362193.2	83783.5	5268.7
山　西	15793.6	146236.6	146677.8	9890.0	1308.8
内蒙古	15219.0	7575.4	46738.6	34650.7	1860.4
辽　宁	35906.7	51006.4	208622.4	26207.0	3522.3
吉　林	17758.9	26937.7	122709.0	6870.5	5014.2
黑龙江	10560.7	16643.4	76030.0	15490.6	1392.9
上　海	1487.1	961.9	8491.4	2974.9	353.3
江　苏	64208.3	57328.5	83198.6	50850.2	1447.5
浙　江	162155.4	672360.5	1616714.9	179245.5	67119.6
安　徽	7629.3	27404.5	54918.8	9085.7	1736.6
福　建	14580.6	52891.6	148281.0	44863.3	4523.7
江　西					
山　东	38347.2	106092.3	184026.0	106993.3	9066.8
河　南	18265.4	50979.1	112286.6	21860.9	8224.1
湖　北	61016.2	125078.9	269117.6	54598.5	13272.6
湖　南	42653.2	311932.2	257294.9	39783.1	3513.1
广　东	4705.8	15041.0	36936.4	3691.7	208.3
广　西	10838.4	34360.9	164166.5	8381.2	432.3
海　南	2069.8	18358.0	37728.9	15769.4	220.0
重　庆	199246.0	188298.2	738535.2	102074.0	51141.8
四　川	58948.9	144340.4	519710.9	46021.4	11481.4
贵　州	1550.7	45023.8	52572.0	15872.0	-1041.9
云　南	63287.5	544400.6	1079151.6	31483.8	35319.8
西　藏	363.2	3653.0	954.0	901.0	35.0
陕　西	8593.1	46900.8	42708.2	14072.4	954.1
甘　肃	2128.3	22337.2	10347.5	4296.5	283.0
青　海	1268.8	3555.0	7100.0	1256.4	17.6
宁　夏	1244.8	69481.3	24593.0	3167.0	-1107.0
新　疆	3353.6	14193.3	19982.0	10026.8	311.6

单位：万元

企业单位增加值	执行行政事业单位会计制度财务指标					
	固定资产原价	上年结余	收入合计	支出合计	收支结余	行政事业单位增加值
856358.4	**19321.5**	**76110.4**	**60978.9**	**33718.9**	**17491.8**	**39900.6**
5716.9						
28724.0		8.0	2800.0	2800.0		
15793.6						
15219.0						
35642.7	1000.0	644.0				264.0
17660.8	302.0	4509.3	360.0	360.0		98.1
10559.9	20.0	17623.5	199.0	462.1		0.8
1477.8	232.0	1136.8				9.3
27207.9	1.0	10736.5	28692.0	19978.0	17113.0	37000.4
162155.4						
7408.1	805.0	925.4	1042.3	972.3	70.0	221.2
13956.8	158.0	755.3	4534.3	2194.9	-10.8	623.8
38347.2						
18040.0	5360.0	537.9	36.0	36.0		225.4
61016.2						
42577.7	150.0		90.0	84.0		75.5
4669.1	13.0	2893.6	342.1			36.7
10838.4						
2069.8						
199231.0			23.0	20.0		15.0
58637.3	7791.0	523.1				311.6
1426.1		6563.6	474.4	121.4		124.6
61277.8	255.0	29031.4	20668.4	6515.1	319.6	2009.7
363.2						
8593.1						
2011.6		20.0	182.1	172.1		116.7
1268.8						
1114.4	3234.5		3.0	3.0		130.4
3353.6		202.0	1532.3			

C-2-34 残疾人教育就业情况

残联指标名称	残疾人职业培训机构数（个）	职业技术年培训人次（人次）	残疾人就业服务机构（个）	残疾人就业人数（人）	未入学残疾儿童、少年（人）	省市县乡残联实有人员（人）
全　国	**4704**	**832504**	**3019**	**21909018**	**144794**	**99089**
北　京	67	10118	19	96028	448	1541
天　津	47	4154	19	104193	415	773
河　北	228	55887	185	1014866	1978	5601
山　西	131	19369	129	561930	2221	4614
内蒙古	147	24785	89	363517	2848	2420
辽　宁	156	28539	115	706321	3186	3695
吉　林	278	57735	74	491105	1716	2392
黑龙江	115	17041	136	373543	1067	2651
上　海	29	22522	16	105905	200	994
江　苏	293	23030	118	1060408	1544	4584
浙　江	83	31172	103	484450	1300	3816
安　徽	413	26513	115	1249854	9895	3061
福　建	119	19543	93	471834	3077	2025
江　西	144	15959	104	668885	12081	3343
山　东	374	67987	158	1615647	5591	6195
河　南	327	57058	160	1865300	6082	7605
湖　北	174	50192	111	1198417	3528	3041
湖　南	190	29459	142	1244235	5796	4764
广　东	191	31013	135	844459	3732	5917
广　西	74	14733	126	676047	9089	2723
海　南	19	3610	21	114104	1109	726
重　庆	48	17055	39	669381	1912	1686
四　川	139	74398	162	2165917	13230	6961
贵　州	144	15906	89	890566	9924	2864
云　南	171	39594	146	1047514	7313	3087
西　藏	1	58	2	26452	2657	147
陕　西	146	16824	118	780453	13067	4198
甘　肃	84	32786	95	583324	11611	3314
青　海	8	4580	55	71346	1516	1144
宁　夏	13	1713	25	107830	1406	570
新　疆	351	19171	120	255187	5254	2637

注：数据来源由中国残疾人联合会提供。

指标解释：

残疾人职业培训机构：指截止到本年度12月31日，按国家规定审批程序设立的专门为残疾人举办的非学历职业技术培训的机构实际达到数。包括残联系统办（包括省级、地市级、县级）和非残联系统（指残联组织以外的部门、社会组织或公民个人）举办两类。

职业技术年培训：指本年度内在各类职业技术培训机构接受培训（含统计时正在接受培训）的实际人次数。

残疾人就业服务机构：指截止到本年度12月31日，省（自治区、直辖市）、地（州、盟）、市（地市级市、县级市）、县（旗）、市辖区各级残联所建的残疾人就业服务机构数。

残疾人就业人数：包括城镇就业残疾人和农村在业残疾人，其中城镇就业残疾人指截止到本年度12月31日城镇（非农业户口）残疾人集中就业、分散按比例就业（包括实施按比例就业前已在社会各单位就业的残疾人）、个体及其他形式就业的人数，农村在业残疾人指截止到本年度12月31日农村残疾人（农业户口）从事各种生产劳动，包括种植业、养殖业、家庭手工业及在各种类型企事业、服务业、商业及个体从业的实际人数。

未入学学龄残疾儿童少年总人数：指截止到本年度12月31日，在省级人民政府依照《义务教育法》规定的入学年龄段内的，因各种原因未能入学的各类参加儿童少年人数。

C-2-35 城市居民最低生活

地　区	城市居民最低生活保障人数(人)	按人员性质分类(人)			老年人(人)	成	
		#女　性	#残疾人	#三无人员		在职人员	灵活就业
全　国	**23104949**	**9433710**	**1806614**	**892774**	**3386465**	**682293**	**4324192**
北　京	137024	63753	23310	2574	14502	10671	17333
天　津	197908	96690	24159	1378	22101	7570	19819
河　北	883475	371745	51736	35064	131583	24894	201455
山　西	915129	392784	64831	23059	100684	43896	228048
内蒙古	853678	413612	73882	27990	145179	12780	218735
辽　宁	1246100	536390	148483	24028	164587	21689	263016
吉　林	1155258	418612	84615	86448	157542	59950	114834
黑龙江	1511525	607184	169641	36102	180944	28571	267323
上　海	353246	136116	27797	760	4395	52077	5189
江　苏	428077	164859	42337	10020	76670	13597	71620
浙　江	89763	34608	16413	5729	23238	3851	12661
安　徽	883944	364835	68005	43960	205230	17088	150852
福　建	181530	59498	19764	8741	35936	5205	34337
江　西	981136	417956	162413	63438	185408	16957	233078
山　东	675758	255810	37436	24328	98903	45465	99019
河　南	1482138	559213	81722	67134	199515	36498	274869
湖　北	1374590	572233	95591	60756	228098	56666	287283
湖　南	1451666	572891	90121	58309	228666	21661	198659
广　东	406502	163658	34843	19062	72110	14125	76193
广　西	601935	236176	48745	57065	159188	18764	131331
海　南	169840	79297	14486	8137	28639	3629	42015
重　庆	607672	283981	48093	13199	61826	2213	158331
四　川	1869694	766441	110649	69606	255385	25472	419170
贵　州	539805	226959	32489	15148	75552	7101	100457
云　南	925747	341714	54794	32518	133055	36232	156327
西　藏	42040	17993	1866	8954	5440	4978	11835
陕　西	859873	333862	37742	18440	77561	20108	172945
甘　肃	878115	319089	47381	18141	97333	32731	138619
青　海	224470	112409	8392	3292	20075	5951	38711
宁　夏	206563	80405	15188	14436	43556	3973	36642
新　疆	970748	432937	69690	34958	153564	27930	143486

保障及其他社会救济

年人(人)		未成年人(人)		城市居民最低生活保障家庭数(户)	城市低保资金全年计划支出(万元)	其他城市定期救济人数(人)	城市临时救济人次数(人次)
登记失业	未登记失业	在校生	其　他				
4927658	**4199387**	**3572791**	**2012163**	**11450092**	**5072538.7**	**147133**	**1529527**
36254	21854	25751	10659	71454	60078.2		35805
54358	39068	38539	16453	98049	53670.7	12350	29828
186895	118677	144180	75791	443730	174368.3	631	6949
121807	151362	187438	81894	430491	148640.4	312	13150
113255	172475	149272	41982	449734	262892.6	6720	62139
263528	184195	242784	106301	610978	269925.9	9612	302009
346618	232618	108173	135523	611886	276948.7	1384	51796
332552	362455	218506	121174	732748	417457.3	10173	7345
123974	74549	89670	3392	201101	131677.6		235482
99929	80028	54364	31869	208390	98991.1	5526	175598
11710	16965	13383	7955	54392	27823.3	3410	31838
144274	154332	136692	75476	489192	188882.6	15228	21869
38238	32835	18469	16510	84876	28851.2	530	6487
184629	123835	139831	97398	446447	201715.3	516	6035
239420	83369	70216	39366	296844	191924.3		41978
409123	213344	205775	143014	707167	247281.8	1241	10523
338770	229731	136212	97830	657756	271709.6	10855	48416
411608	234691	188853	167528	764578	283190.1	24058	121923
54574	75425	78534	35541	173307	71821.1	913	64883
81991	87809	80455	42397	306368	117234.8	361	4732
20676	38466	24490	11925	71568	29643.9	600	7405
113280	122939	119586	29497	317140	138272.7	3056	42152
258490	453519	272932	184726	1014429	407671.3	4090	50547
88347	125470	101717	41161	271131	111499.3	1297	15311
200453	170101	141210	88369	544499	175705.4	1372	48489
6428	5604	5017	2738	19358	9952.9		
218830	167266	136714	66449	385025	268592.7	37	12783
225341	134054	166476	83561	365122	134520.0	1022	26375
25014	56043	53140	25536	101684	45397.6	1290	
37199	38722	30993	15478	93547	26051.9		7611
140093	197586	193419	114670	427101	200146.1	30549	40069

C-2-36 农村居民最低生活

地 区	农村居民最低生活保障人数	#女 性	老年人	未成年人	#残疾人	农村居民最低生活保障家庭数
全 国	**52139987**	**16734336**	**18570605**	**6874523**	**4851244**	**25286866**
北 京	76955	33155	27086	10274	20513	42118
天 津	86140	36221	21975	14038	16549	36771
河 北	1912638	504041	989468	144105	166759	1284028
山 西	1320783	464227	656110	113259	201484	949246
内蒙古	1155667	399267	593014	62188	124268	833633
辽 宁	933690	323057	383731	79807	143625	515183
吉 林	975161	236119	366563	85813	75430	497755
黑龙江	1126575	321927	398808	97557	104786	531505
上 海	81297	38322	30973	5232	13400	50267
江 苏	1394255	432619	475077	150642	157716	731458
浙 江	573716	189505	201940	72618	110466	347569
安 徽	2146238	696261	734969	216271	243863	1083188
福 建	713217	194465	174188	80935	85429	305692
江 西	1497473	617496	439851	289764	338007	612382
山 东	2425808	737848	1211170	192854	198179	1433883
河 南	3692066	1106977	1641183	375734	338064	2182281
湖 北	2129131	707871	783384	282181	284459	1097271
湖 南	2611463	634680	852031	337886	209290	1093745
广 东	1840053	631734	509333	303310	130606	744882
广 西	3156789	1075092	1097909	500367	249825	1296975
海 南	230776	92183	70168	39188	22754	94074
重 庆	1168799	414446	440188	147097	110380	583820
四 川	3944748	1086357	1609275	434813	339357	2005227
贵 州	5347403	2032717	1650182	1003280	350808	2187742
云 南	3779985	1105593	1185760	415185	290562	1983473
西 藏	230000	101100	67817	38157	8773	58467
陕 西	2275827	714863	623601	306473	140937	916596
甘 肃	3267415	1048553	776669	707206	223273	938768
青 海	380000	126290	67566	64161	24553	134448
宁 夏	331854	93451	117020	27170	43555	204652
新 疆	1334065	537899	373596	276958	83574	509767

保障及其他社会救济

单位：人、户、万元

农村低保资金全年计划支出	农村集中五保供养人数	#女 性	老年人	未成年人	#残疾人	农村集中五保供养户数	农村集中五保供养资金全年计划支出
4560488.0	**1773865**	**368950**	**1581177**	**67626**	**281853**	**1729402**	**642876.8**
15531.6	2365	269	1639	40	1112	2288	1509.4
14619.6	1890	220	1676	9	383	1887	739.4
161461.4	97370	12240	84510	3343	16751	95530	47474.2
108962.8	24927	1976	20589	654	5533	24702	8380.4
148130.8	22794	1840	19911	748	4400	21799	6605.4
82272.5	39431	5562	32369	1405	9217	38572	19465.1
93089.5	37159	10180	33528	1732	13377	33508	13937.4
137701.3	46591	8578	35335	1712	13939	45255	44151.6
12538.2	1625	378	1493	4	297	1623	1101.9
194712.1	138159	26103	128050	2790	17854	137244	54694.3
96700.2	41928	7346	39312	482	6075	41262	24290.0
177279.3	152155	24794	139684	4112	19046	150504	37867.4
56571.1	5407	905	4869	247	767	5269	1485.4
133648.1	119050	43307	100135	11791	16904	113676	37636.0
277919.8	185933	51361	176787	4069	18066	181242	65575.0
276535.9	207922	44325	189943	7277	26984	203098	116112.8
157889.5	138811	33790	124878	4951	25090	136645	24785.1
172840.4	88752	19743	77145	4575	14267	85897	28937.5
164251.3	39533	11281	37329	1226	3223	39029	12716.3
194278.7	17339	3808	16371	402	1940	16928	4138.2
21913.1	1514	591	1407	66	106	1502	332.3
102949.3	43763	5023	37726	1021	6955	43561	12209.5
355005.9	211323	29881	185408	7737	36315	206868	51159.9
427668.0	9924	2512	8680	877	1267	9368	2306.6
316857.7	26731	6485	22916	1410	5976	26051	4821.4
13148.1	1857	858	1828	29	135	1847	393.2
246997.0	38160	6450	33260	1333	8744	35935	11725.2
228649.8	9950	2299	7488	945	2412	9333	3461.9
32735.4	2368	1055	1691	335	474	2254	504.0
19870.8	3854	667	3309	287	883	3489	1114.7
117758.8	15280	5123	11911	2017	3361	13236	3245.3

C-2-36 续表

地　区	农村分散五保供养人数（人）	#女　性	老年人	未成年人	#残疾人	农村分散五保供养户数（户）
全　国	**3788753**	**838197**	**3160634**	**255890**	**683963**	**3611496**
北　京	2245	229	1662	25	960	2147
天　津	11715	1086	9330	145	3082	11711
河　北	155585	19993	133655	6551	26828	149382
山　西	143934	20374	103735	10500	39265	140275
内蒙古	68493	7334	58123	2522	15387	66653
辽　宁	105704	16991	82344	5580	26463	101600
吉　林	96906	25491	86122	5729	33631	83991
黑龙江	97638	23808	70712	4712	32353	90484
上　海	1949	332	1566	25	632	1943
江　苏	78836	16865	71307	2752	11132	78459
浙　江	1337	260	1142	53	280	1285
安　徽	315477	59651	289343	8596	39100	310743
福　建	85879	14134	70523	5601	15675	81543
江　西	109557	39059	88773	12422	18676	100874
山　东	59456	16774	55751	1904	6506	57217
河　南	269239	55818	241369	11038	35706	261242
湖　北	102345	25872	92011	3600	16263	100189
湖　南	436357	89704	370166	27036	69829	420320
广　东	214934	58422	189397	15770	19503	211790
广　西	310010	78201	261487	26525	43260	303639
海　南	34730	13682	31528	1979	2390	33170
重　庆	115454	16519	92886	5720	22154	114583
四　川	301506	53173	261350	15243	54387	298389
贵　州	139671	39683	100682	28377	24317	120627
云　南	194807	48654	140733	21009	48487	183279
西　藏	12022	5809	11475	392	811	11937
陕　西	81799	15214	64713	5857	19364	76202
甘　肃	116013	27874	85708	10523	29799	98229
青　海	20008	7098	13738	3443	4276	17427
宁　夏	12347	3631	8659	1588	3482	10361
新　疆	92800	36462	70644	10673	19965	71805

农村分散五保供养全年计划计划支出(万元)	农村传统救济人数(人)	农村临时救济人次数(人次)	城市医疗救助情况(人次)		农村医疗救助情况(人)	
			城市民政部门医疗救助人次数	民政部门资助参保医疗人次数	农村民政部门救助人数	民政部门资助参加合作医疗人数
815801.8	**594778**	**6137257**	**4600756**	**14612455**	**10192429**	**46154190**
831.8		66530	26791	48222	16549	84682
4305.4		3685	12105	66933	12466	18962
41884.9	9274	64053	94840	255984	371046	2150927
27669.1	18778	124800	157760	671402	113017	769156
13422.6	29545	95260	153645	325282	238307	673905
31269.6	12483	84479	228581	352838	112641	748759
15283.5	1843	68048	291531	1272515	239623	1117790
46648.8	14152	8302	153922	1239556	148058	1205609
1390.1		1616	79476	123246	63087	71803
22012.9	54732	213642	73662	361349	227213	1287920
793.9	792	106162	44128	48366	272205	534101
70300.4	52199	105110	98170	218622	397264	2060649
16159.8	5951	41766	32383	119986	127395	729884
26599.1	29327	29111	207136	1053390	416141	1652254
12242.0		60691	50056	197426	104865	1926300
89493.6	23151	56037	83408	1022946	481731	3845642
12035.1	21439	398850	112361	1326929	251721	2216381
77917.2	95239	329062	305305	951514	599368	2164389
38128.6	6287	307270	272465	283611	279000	1583326
42256.3	6308	1066841	60629	184673	232613	2366826
6682.2	1531	291179	50540	168397	90789	265305
29833.1	15421	479924	281692	795758	763905	1494850
56413.0	108934	394689	632445	722300	1449414	4007241
22102.0	16984	212786	77413	323687	789671	4007825
28433.4	44112	1250103	139859	1051107	556874	4762930
2452.2	349	5364	4903	864	26945	51308
27968.2	1311	26157	109653	97297	318769	1073369
37012.7	14571	154201	166405	176839	520855	849136
3365.9		634	315587	204597	531878	414418
1309.1	6682	80047	91185	192245	202914	370434
9585.3	3383	10858	192720	754574	236105	1648109

C-2-37 救灾储备

地区	单位数	年末职工人数		受教育程度	
			#女性	大学专科人数	大学本科及以上人数
全国	**455**	**1366**	**409**	**400**	**322**
北京	1	30	11	7	19
天津	2	23	7	3	13
河北	7	53	9	7	14
山西	48	144	39	52	21
内蒙古	5	22	5	4	2
辽宁	14	98	37	39	37
吉林	3	22	7	2	5
黑龙江	7	26	6	6	9
上海					
江苏	3	11	3	5	4
浙江	13	36	14	7	7
安徽	10	25	7	10	4
福建	16	21	6	5	1
江西	9	25	8	6	
山东	2	16	5	5	11
河南	11	59	13	9	28
湖北	42	127	46	53	22
湖南	7	15	3	4	6
广东	38	134	63	39	28
广西	8	36	14	18	12
海南	1	4	1	4	
重庆	34	45	4	1	7
四川	29	56	14	12	8
贵州	6	15	7	6	4
云南	26	63	20	24	21
西藏	4	8	3		
陕西	11	30	9	9	10
甘肃	21	69	21	10	2
青海	48	66	12	10	3
宁夏	7	26	7	8	4
新疆	22	61	8	35	20

单位总表

单位：个、人

职业资格水平		年龄结构			
助理社会工作师人数	社会工作师人数	35岁及以下人数	36岁至45岁人数	46岁至55岁人数	56岁及以上人数
13	**13**	**470**	**562**	**250**	**84**
		9	11	7	3
2		12	7	3	1
		15	16	17	5
	1	56	66	20	2
		5	8	9	
		39	32	23	4
		5	10	6	1
		10	8	7	1
	1	4	4	1	2
		11	14	8	3
	1	7	9	8	1
	2	3	15	2	1
		8	3	12	2
		3	7	6	
1		26	22	9	2
4	2	43	60	21	3
		6	8	1	
3		66	52	11	5
		11	16	7	2
		4			
1		4	11	6	24
		15	37	4	
1	1	5	4	4	2
	1	26	27	7	3
		6	2		
		12	15	3	
		9	27	21	12
		24	35	7	
		5	15	4	2
1	4	21	21	16	3

C-2-37 续表

地　区	增加值合计	执行行政事业单位会计制度财务指标				
		固定资产原价	上年结余	收入合计	支出合计	收支结余
全　国	**6536.8**	**47594.6**	**3151.2**	**16430.4**	**16053.6**	**2921.1**
北　京	454.5	1667.8		1129.5	837.1	
天　津	345.8	2082.6	297.0	443.7	472.7	304.0
河　北	76.5	292.2	0.9	412.1	409.9	6.1
山　西	441.1	854.0	252.2	1305.3	1421.7	135.8
内蒙古	97.2	281.5	16.3	108.1	107.5	16.9
辽　宁	596.4	3117.6	5.0	2002.0	1870.1	192.9
吉　林	83.4	854.1		90.6	89.2	-2.5
黑龙江	390.1	540.9	59.4	687.1	465.1	281.0
上　海						
江　苏	16.0	400.0		1.0	1.0	
浙　江	49.1	374.1		102.9	101.5	2.0
安　徽	108.2	399.9	311.6	302.6	249.3	79.6
福　建	27.3	512.1		13.7	11.7	
江　西	10.9	197.0		15.7	15.7	
山　东	111.6	726.6	3.4	261.0	261.2	3.2
河　南	357.0	2465.3	258.5	752.2	709.7	301.0
湖　北	402.1	3077.5	-22.9	882.9	833.3	49.6
湖　南	33.5	56.0		29.0	49.0	
广　东	649.5	3594.5	135.4	2574.3	1842.4	778.8
广　西	201.5	3879.2		1391.2	1399.3	-3.1
海　南	42.4	810.0		10.0	10.0	
重　庆	65.6	493.0	190.2	349.0	570.7	
四　川	303.1	2913.3	53.4	427.5	312.5	153.4
贵　州	33.4	720.0	80.0	19.5	7.5	
云　南	289.5	5093.6	614.6	947.7	1336.2	100.0
西　藏	207.0	5018.6		17.4	17.4	
陕　西	51.1	351.0		486.8	408.9	77.9
甘　肃	56.8	740.3	1.0	37.2	40.7	
青　海	119.1	1793.6		164.3	164.3	
宁　夏	144.7	1609.3	100.1	90.5	112.8	77.8
新　疆	560.8	2679.0	795.1	1375.6	1925.2	366.7

单位：万元、平方米、顶

行政事业单位增加值	库房建筑面积	仓储面积	#空余仓储面积	仓储物资种类			
				单帐篷	#中央储备	棉帐篷	#中央储备
6536.8	**487253.2**	**386874.2**	**38433**	**430784**	**171606**	**227757**	**170869**
454.5	37600.0	37300.0		16264		2143	
345.8	10460.0	9420.0	60	15500	15500	11500	11500
76.5	20750.0	6390.0	1090	557		1307	
441.1	23469.6	19043.5	2993	9804		5197	
97.2	3802.5	3643.8	740	1100		236	
596.4	39970.0	49183.0	3100	12342	6500	14333	14302
83.4	916.2	916.2					
390.1	8320.0	6800.0	85	14407	13800	17802	17802
16.0							
49.1	4239.3	4900.0	1000	265		50	
108.2	8362.0	8470.0	1200	28955	27450	1972	1000
27.3	4707.0	3397.0	290	2504		200	
10.9	12287.0	10102.0	2100	2400		1190	
111.6	3900.0	3900.0		2488	398	3198	198
357.0	16862.0	13658.0	3628	47710	29500	13185	13000
402.1	36530.0	25812.0	6380	44908	7000	9627	9500
33.5	14940.0	11755.0	15	29868	29500	1000	1000
649.5	28481.0	21977.0	5784	7413			
201.5	13682.4	11955.9	288	25641	25158	405	82
42.4	2500.0			4240			
65.6	13992.0	6854.0	1120	4668			
303.1	12141.3	9998.2	2007	8005		23962	22258
33.4	1226.1	1060.0	220	255			
289.5	40872.4	32966.5	3200	64153		9126	6606
207.0	24719.9			5693		20734	
51.1	48430.7	46865.0	790	64260	16800	18387	16472
56.8	3667.7	2867.1	532	6723		26021	22606
119.1	20035.1	11374.0	211	260		12985	12740
144.7	10456.0	10436.0	200	8690		7387	
560.8	19933.0	15830.0	1400	1711		25810	21803

C-2-38 在编制部门登记的

地区	单位数	年末职工人数	#女性	受教育程度	
				大学专科人数	大学本科及以上人数
全国	**146**	**764**	**256**	**267**	**263**
北京	1	30	11	7	19
天津	2	23	7	3	13
河北	4	45	7	6	12
山西	12	76	23	32	21
内蒙古	2	15	4	4	2
辽宁	12	85	33	34	33
吉林	1	6	3	1	5
黑龙江	6	25	5	5	9
上海					
江苏	2	9	3	5	4
浙江	1	1	1	1	
安徽	3	17	6	8	4
福建					
江西	1	1			
山东	2	16	5	5	11
河南	6	49	11	9	27
湖北	34	110	42	42	20
湖南	1	3	1	1	2
广东	24	106	54	36	26
广西	3	25	9	12	10
海南	1	4	1	4	
重庆	1	5	1	1	3
四川	5	16	5	5	3
贵州					
云南	7	28	8	6	15
西藏					
陕西	4	14	3	4	9
甘肃	1	1		1	
青海	2	8	4	3	3
宁夏	4	21	5	8	4
新疆	4	25	4	24	8

救灾储备机构

单位：个、人

职业资格水平		年龄结构			
助理社会工作师人数	社会工作师人数	35岁及以下人数	36岁至45岁人数	46岁至55岁人数	56岁及以上人数
11	**8**	**297**	**279**	**156**	**32**
		9	11	7	3
2		12	7	3	1
		13	12	16	4
	1	28	31	16	1
		4	5	6	
		32	26	23	4
		2	2	2	
		10	7	7	1
	1	4	2	1	2
			1		
	1	6	5	5	1
			1		
		3	7	6	
1		22	17	9	1
3		37	52	18	3
		1	1	1	
3		61	29	11	5
		7	12	4	2
		4			
1		2	3		
		6	9	1	
	1	12	11	3	2
		9	3	2	
			1		
		3	1	4	
		5	14	2	
1	4	5	9	9	2

C-2-38 续表

地　区	增加值合计	执行行政事业单位会计制度财务指标				
		固定资产原价	上年结余	收入合计	支出合计	收支结余
全　国	**5572.2**	**32051.3**	**3070.0**	**15275.6**	**14849.3**	**2923.6**
北　京	454.5	1667.8		1129.5	837.1	
天　津	345.8	2082.6	297.0	443.7	472.7	304.0
河　北	71.7	223.2	0.9	252.1	249.9	6.1
山　西	406.7	699.9	252.2	1172.3	1288.7	135.8
内蒙古	86.0	106.6	16.3	103.9	103.3	16.9
辽　宁	584.4	3117.6	5.0	1935.2	1802.1	192.9
吉　林	54.3	679.1		53.1	49.2	
黑龙江	387.0	540.9	59.4	682.1	460.1	281.0
上　海						
江　苏	16.0	400.0				
浙　江	3.6	90.0		5.0	3.0	2.0
安　徽	104.3	398.4	311.6	294.4	240.4	79.6
福　建						
江　西				2.1	2.1	
山　东	111.6	726.6	3.4	261.0	261.2	3.2
河　南	334.8	2161.3	258.5	737.9	695.4	301.0
湖　北	370.3	2647.5	-22.9	801.9	752.3	49.6
湖　南	15.4	8.0		3.0	23.0	
广　东	614.2	3515.5	135.3	2515.2	1793.0	778.8
广　西	180.6	3382.0		1390.2	1393.3	-3.1
海　南	42.4	810.0		10.0	10.0	
重　庆	26.5	65.0	190.2	171.5	361.7	
四　川	195.1	979.3	53.4	381.8	241.8	153.4
贵　州						
云　南	190.1	3111.1	614.6	908.2	1296.7	100.0
西　藏	1.7	41.8				
陕　西	27.7	205.0		468.7	390.8	77.9
甘　肃	15.7	393.0				
青　海	47.4	191.7		143.3	143.3	
宁　夏	139.8	1545.3	100.1	86.5	108.8	77.8
新　疆	534.0	2262.1	795.0	1323.0	1869.4	366.7

单位：万元、平方米、顶

行政事业单位增加值	库房建筑面积	仓储面积	#空余仓储面积	仓储物资种类			
				单帐篷	#中央储备	棉帐篷	#中央储备
5572.2	**335876.0**	**287801.1**	**25127.2**	**391306**	**171524**	**193699**	**170787**
454.5	37600.0	37300.0		16264		2143	
345.8	10460.0	9420.0	60.0	15500	15500	11500	11500
71.7	4050.0	3950.0	390.0	217		1201	
406.7	13925.6	9485.7	1450.0	8604		4217	
86.0	1647.5	1488.8	300.0	800		146	
584.4	39300.0	33573.0	3100.0	12272	6500	14333	14302
54.3							
387.0	8200.0	6700.0		14287	13800	17802	17802
16.0							
3.6	759.3						
104.3	8154.0	8400.0	1200.0	28910	27450	1972	1000
	120.0	100.0				50	
111.6	3900.0	3900.0		2488	398	3198	198
334.8	13490.0	11152.0	2928.0	46911	29500	13180	13000
370.3	32910.0	23412.0	6180.0	44778	7000	9587	9500
15.4	3500.0	2500.0		29800	29500	1000	1000
614.2	20882.0	16928.0	4544.0	5035			
180.6	12185.4	10680.9	288.0	25279	25076	323	
42.4	2500.0			4240			
26.5	2796.0	2796.0		3395			
195.1	5692.3	3557.2	1487.2	1280		22258	22258
190.1	34684.9	28166.5	3000.0	61087		7126	6606
1.7				708			
27.7	45800.0	45005.0	100.0	61460	16800	18287	16472
15.7						22606	22606
47.4	10380.0	9500.0				12740	12740
139.8	8956.0	8786.0		7991		6643	
534.0	13983.0	11000.0	100.0			23387	21803

C-2-39 未登记的救

地　区	单位数	年末职工人数		受教育程度	
			# 女性	大学专科人数	大学本科及以上人数
全　国	**309**	**602**	**153**	**133**	**59**
北　京					
天　津					
河　北	3	8	2	1	2
山　西	36	68	16	20	
内蒙古	3	7	1		
辽　宁	2	13	4	5	4
吉　林	2	16	4	1	
黑龙江	1	1	1	1	
上　海					
江　苏	1	2			
浙　江	12	35	13	6	7
安　徽	7	8	1	2	
福　建	16	21	6	5	1
江　西	8	24	8	6	
山　东					
河　南	5	10	2		1
湖　北	8	17	4	11	2
湖　南	6	12	2	3	4
广　东	14	28	9	3	2
广　西	5	11	5	6	2
海　南					
重　庆	33	40	3		4
四　川	24	40	9	7	5
贵　州	6	15	7	6	4
云　南	19	35	12	18	6
西　藏	4	8	3		
陕　西	7	16	6	5	1
甘　肃	20	68	21	9	2
青　海	46	58	8	7	
宁　夏	3	5	2		
新　疆	18	36	4	11	12

灾储备机构

单位：个、人

职业资格水平		年龄结构			
助理社会工作师人数	社会工作师人数	35岁及以下人数	36岁至45岁人数	46岁至55岁人数	56岁及以上人数
2	**5**	**173**	**283**	**94**	**52**
		2	4	1	1
		28	35	4	1
		1	3	3	
		7	6		
		3	8	4	1
			1		
			2		
		11	13	8	3
		1	4	3	
	2	3	15	2	1
		8	2	12	2
		4	5		1
1	2	6	8	3	
		5	7		
		5	23		
		4	4	3	
		2	8	6	24
		9	28	3	
1	1	5	4	4	2
		14	16	4	1
		6	2		
		3	12	1	
		9	26	21	12
		21	34	3	
			1	2	2
		16	12	7	1

C-2-39 续表

地　区	增加值合计	执行行政事业单位会计制度财务指标				
		固定资产原价	上年结余	收入合计	支出合计	收支结余
全　国	**964.6**	**15543.3**	**81.2**	**1154.8**	**1204.3**	**-2.5**
北　京						
天　津						
河　北	4.8	69.0		160.0	160.0	
山　西	34.4	154.1		133.0	133.0	
内蒙古	11.2	174.9		4.2	4.2	
辽　宁	12.0			66.8	68.0	
吉　林	29.1	175.0		37.5	40.0	-2.5
黑龙江	3.1			5.0	5.0	
上　海						
江　苏				1.0	1.0	
浙　江	45.5	284.1		97.9	98.5	
安　徽	3.9	1.5		8.2	8.9	
福　建	27.3	512.1		13.7	11.7	
江　西	10.9	197.0		13.6	13.6	
山　东						
河　南	22.2	304.0		14.3	14.3	
湖　北	31.8	430.0		81.0	81.0	
湖　南	18.1	48.0		26.0	26.0	
广　东	35.3	79.0	0.1	59.1	49.4	
广　西	20.9	497.2		1.0	6.0	
海　南						
重　庆	39.1	428.0		177.5	209.0	
四　川	108.0	1934.0		45.7	70.7	
贵　州	33.4	720.0	80.0	19.5	7.5	
云　南	99.4	1982.5		39.5	39.5	
西　藏	205.3	4976.8		17.4	17.4	
陕　西	23.4	146.0		18.1	18.1	
甘　肃	41.1	347.3	1.0	37.2	40.7	
青　海	71.7	1601.9		21.0	21.0	
宁　夏	4.9	64.0		4.0	4.0	
新　疆	26.8	416.9	0.1	52.6	55.8	

单位：万元、平方米、顶

行政事业单位增加值	库房建筑面积	仓储面积	#空余仓储面积	仓储物资种类			
				单帐篷	#中央储备	棉帐篷	#中央储备
964.6	**151377.2**	**99073.1**	**13306.0**	**39478**	**82**	**34058**	**82**
4.8	16700.0	2440.0	700.0	340		106	
34.4	9544.0	9557.8	1543.0	1200		980	
11.2	2155.0	2155.0	440.0	300		90	
12.0	670.0	15610.0		70			
29.1	916.2	916.2					
3.1	120.0	100.0	85.0	120			
45.5	3480.0	4900.0	1000.0	265		50	
3.9	208.0	70.0		45			
27.3	4707.0	3397.0	290.0	2504		200	
10.9	12167.0	10002.0	2100.0	2400		1140	
22.2	3372.0	2506.0	700.0	799		5	
31.8	3620.0	2400.0	200.0	130		40	
18.1	11440.0	9255.0	15.0	68			
35.3	7599.0	5049.0	1240.0	2378			
20.9	1497.0	1275.0		362	82	82	82
39.1	11196.0	4058.0	1120.0	1273			
108.0	6449.0	6441.0	520.0	6725		1704	
33.4	1226.1	1060.0	220.0	255			
99.4	6187.5	4800.0	200.0	3066		2000	
205.3	24719.9			4985		20734	
23.4	2630.7	1860.0	690.0	2800		100	
41.1	3667.7	2867.1	532.0	6723		3415	
71.7	9655.1	1874.0	211.0	260		245	
4.9	1500.0	1650.0	200.0	699		744	
26.8	5950.0	4830.0	1300.0	1711		2423	

C-2-40 民政部门接

地区	直接接收捐赠情况				间接接收
	捐赠款数额（万元）	捐赠衣被合计（万件）	#棉衣被	捐赠其他物资价值（万元）	捐赠款数额（万元）
全　国	**1798278.6**	**2750.4**	**956.8**	**48876.1**	**104663.3**
中央级	304169.9				
北　京	40093.7	70.5	37.5	1173.0	5569.3
天　津	12352.4	1.3	1.1	5.4	191.1
河　北	10428.3	48.6	20.4	8.7	276.0
山　西	17130.2	184.3	184.0	472.3	7656.9
内蒙古	3681.0	4.2	3.2	122.8	137.3
辽　宁	76891.7	552.9	443.2	10000.9	256.3
吉　林	74342.9	49.8	4.2	1417.1	758.3
黑龙江	6368.1	12.2	9.1	17.0	373.7
上　海	9456.7	178.5	60.8		
江　苏	137044.0	18.5	13.9	10607.8	14032.6
浙　江	148347.3	36.2	12.8	749.4	567.7
安　徽	11078.0	40.7	2.9	67.0	215.3
福　建	124204.4	8.7	0.4	294.0	5277.9
江　西	17111.8	6.6	3.0	3376.2	553.3
山　东	84385.2	60.3	26.8	166.5	
河　南	11631.9	86.0	61.7	6.2	852.0
湖　北	12553.9	4.3	1.7	2782.6	509.0
湖　南	25349.5	10.2	5.8	1057.5	792.9
广　东	275547.1	166.6	21.8	2281.5	12841.8
广　西	20023.6	2.1	2.1	898.3	2441.2
海　南	20736.8			62.3	413.0
重　庆	34612.0	1.0	0.4	587.6	7996.1
四　川	46444.2	399.0	12.2	627.1	6299.2
贵　州	29825.6	8.1	1.5	358.5	3983.7
云　南	105111.5	672.5	16.1	7294.3	14856.5
西　藏	5013.4	1.1			40.6
陕　西	52008.9	11.6	2.5	389.0	2820.0
甘　肃	10496.0	100.1	4.8	4007.2	80.0
青　海	64982.0	1.1	0.3	3.2	14079.5
宁　夏	1501.7	3.5	0.3		492.1
新　疆	5354.9	9.9	2.3	42.7	300.0

收的社会捐赠

捐赠情况			受益人次数（人次）	社会捐赠接收工作站、点数（个）		
捐赠衣被合计（万件）	#棉衣被	捐赠其他物资价值（万元）			#社会捐赠接收工作站数	#慈善超市数
538.8	**33.8**	**2464.7**	**25146994**	**31878**	**16863**	**8640**
			354461	1430	1430	223
			30229	1378	109	86
12.5	11.4		590839	1050	794	135
0.5	0.5	50.0	672551	1392	645	209
		50.0	115221	490	25	155
7.0	1.2	85.5	1580614	2284	1550	617
		36.0	384997	607	467	122
0.1		14.0	128100	1559	1139	361
4.2	1.0			291	208	83
1.2		77.4	752178	3351	1002	2126
5.0		44.6	897516	937	513	351
		6.0	210313	325	223	97
0.3	0.2	1.2	162286	1233	543	592
			2429296	482	214	47
			1047590	3257	1840	588
0.4	0.2	80.0	310081	721	438	46
5.1	5.1	10.0	362495	699	511	198
100.1	0.1	12.2	490969	1448	693	600
		344.0	933420	2142	522	123
153.0		189.4	1165519	1198	740	214
		3.0	285967	57	45	
		43.1	771797	1494	918	375
7.0	3.3	90.9	904833	1448	506	942
2.9	1.5	90.5	4556507	721	399	87
51.1	1.4	308.1	4990682	271	216	24
			1317	81	80	1
		795.0	281483	389	161	34
31.7	7.9	20.3	436506	356	314	43
6.0		113.5	130781	37	29	1
0.3			73444	144	123	20
150.4			95002	606	466	140

C-2-41 福利

地区	单位数	年末职工人数	#女性	受教育程度	
				大学专科人数	大学本科及以上人数
全国	**993**	**8175**	**3297**	**2855**	**2333**
中央级	1	118	41	15	99
北京	18	176	77	67	78
天津	25	107	37	33	50
河北	15	158	51	44	49
山西	12	167	74	61	50
内蒙古	16	179	73	103	45
辽宁	18	428	165	180	171
吉林	60	349	144	78	95
黑龙江	23	204	87	69	67
上海	19	87	37	20	33
江苏	81	548	209	185	173
浙江	72	338	146	122	72
安徽	42	353	147	153	88
福建	15	284	130	88	60
江西	52	211	83	71	23
山东	19	714	254	243	249
河南	74	503	212	151	91
湖北	52	430	177	169	87
湖南	106	571	247	219	144
广东	73	643	263	193	202
广西	53	323	124	113	36
海南	3	41	19	20	6
重庆	1	124	34	55	53
四川	13	85	34	51	24
贵州	13	147	74	18	32
云南	23	96	43	42	25
西藏	1	23	9	10	4
陕西	42	272	103	120	85
甘肃	15	123	45	25	33
青海	2	42	20	6	21
宁夏	6	109	53	37	38
新疆	28	222	85	94	50

彩票

单位：个、人

职业资格水平		年龄结构			
助理社会工作师人数	社会工作师人数	35岁及以下人数	36岁至45岁人数	46岁至55岁人数	56岁及以上人数
63	**64**	**3941**	**2861**	**1165**	**208**
		56	25	26	11
1	3	77	50	38	11
	1	44	39	21	3
		78	56	20	4
1	3	71	57	37	2
2		75	63	37	4
		262	100	55	11
4	1	140	153	54	2
	2	94	81	28	1
	2	25	22	30	10
7	12	233	199	99	17
	1	168	105	44	21
4	1	184	125	40	4
		112	105	59	8
4	2	77	97	25	12
12	12	347	269	80	18
2	2	248	207	43	5
2	1	250	125	52	3
	1	291	209	62	9
15	4	339	209	83	12
2		144	124	51	4
4		13	16	11	1
1		68	39	17	
	1	31	36	16	2
	12	69	57	15	6
		46	30	18	2
		14	9		
2	3	141	80	41	10
		55	48	15	5
		23	14	4	1
		63	38	8	
		103	74	36	9

C-2-41 续表

地区	增加值合计	执行行政事业	
		固定资产原价	上年结余
全国	**206621.3**	**445163.3**	**106245.0**
中央级	-7258.2	38648.2	27370.6
北京	34601.7	23069.3	26041.9
天津	2399.5	7725.1	12.6
河北	6114.2	13582.2	1052.2
山西	1782.2	6916.9	638.3
内蒙古	2890.1	8778.6	1202.0
辽宁	3203.4	15622.7	1320.3
吉林	3614.0	18503.1	1034.3
黑龙江	5200.0	16610.6	4224.2
上海	1374.8	33137.7	90.4
江苏	7172.1	38933.1	394.0
浙江	8801.9	18461.4	5286.2
安徽	2773.9	6555.2	122.0
福建	3712.4	1685.7	1029.0
江西	3207.3	12439.1	2568.8
山东	18313.8	32570.0	2315.6
河南	14350.2	8113.6	4400.9
湖北	6887.2	13016.5	204.8
湖南	8308.2	15240.0	-223.3
广东	13525.0	30415.4	4205.4
广西	1536.7	19635.7	-33.8
海南	571.8	286.1	519.0
重庆	11101.8	14717.7	4786.2
四川	18491.1	4165.4	11921.0
贵州	1553.7	9776.0	3379.6
云南	27847.6	6086.5	40.2
西藏	983.9	531.5	647.3
陕西	4390.6	13056.6	100.8
甘肃	1061.9	5745.7	118.7
青海	437.9	1803.1	
宁夏	1970.2	2644.9	1256.4
新疆	5937.6	6689.7	219.4

单位：万元

单位会计制度财务指标			
收入合计	支出合计	收支结余	行政事业单位增加值
996036.4	**933299.3**	**98545.7**	**206621.3**
47040.4	59220.0	-12179.6	-7258.2
53316.1	46309.1	32706.9	34601.7
14284.5	13350.5	961.2	2399.5
41713.0	37074.1	4556.2	6114.2
26833.1	24873.5	529.3	1782.2
19994.8	20549.8	647.0	2890.1
20877.2	19233.2	1148.7	3203.4
21259.0	20196.7	-24.0	3614.0
3624.5	3742.1	3796.5	5200.0
41773.8	42290.0	-571.5	1374.8
33285.6	27254.0	59.7	7172.1
29843.7	24171.6	6613.3	8801.9
27892.5	27689.1	291.5	2773.9
28521.3	27160.7	1477.3	3712.4
16390.5	16218.9	2206.1	3207.3
145684.4	145396.7	2603.3	18313.8
27789.4	23363.0	4453.9	14350.2
60546.7	58497.5	2128.6	6887.2
35511.8	29899.0	5143.6	8308.2
68801.1	63409.1	4789.4	13525.0
21592.1	22034.8	160.8	1536.7
10473.8	9746.4	149.1	571.8
29227.3	25573.3	8440.2	11101.8
46922.8	37004.7	16994.2	18491.1
7623.9	6655.4	97.4	1553.7
41256.6	38305.8	3156.2	27847.6
2493.3	2301.4	839.1	983.9
12721.5	10000.5	2809.4	4390.6
15117.6	14986.3	92.1	1061.9
7964.8	5144.2	8.4	437.9
7472.6	6294.7	1177.1	1970.2
28186.7	25353.2	3284.3	5937.6

C-2-42 优抚对象享受定

地 区	抚恤、补助优抚对象总人数	# 在院集中供养人数	定期抚恤人数合计	烈 属	
					城 市
全 国	**6250325**	**124997**	**447824**	**307587**	**53581**
北 京	23378	368	2021	675	268
天 津	29718	494	1053	605	176
河 北	331660	5874	33952	24635	2826
山 西	131073	3495	13046	9495	780
内蒙古	66628	2050	3776	2464	1159
辽 宁	150412	5451	8961	4494	1481
吉 林	102787	7657	11655	8885	3145
黑龙江	117162	3761	9219	6819	2807
上 海	19809	232	6393	4757	4103
江 苏	288952	6395	23815	16351	1439
浙 江	118158	1734	5501	3059	386
安 徽	339784	3946	15290	9574	2260
福 建	98387	1404	14181	11490	800
江 西	215459	9455	35861	32839	2723
山 东	602714	13954	60674	44071	6050
河 南	433237	17488	28107	16079	2449
湖 北	371177	9523	39182	29086	3615
湖 南	565625	11037	30652	20545	4782
广 东	275752	5357	11873	8358	3143
广 西	245363	1041	5900	4006	514
海 南	26190	268	4308	3939	593
重 庆	224105	1338	6282	3258	575
四 川	609604	6967	33631	18095	2539
贵 州	191988	530	5121	3019	587
云 南	293240	680	8449	4985	874
西 藏	4650	22	2958	1800	524
陕 西	238735	1995	17536	10394	1426
甘 肃	78299	1073	4131	1543	363
青 海	11328	72	1173	581	214
宁 夏	8309	388	613	272	102
新 疆	36642	948	2510	1414	878

期抚恤、补助情况

单位：人

农　村	因公牺牲军人家属	城　市	农　村	病故军人家属	城　市	农　村
254006	**62338**	**15016**	**47322**	**77899**	**22735**	**55164**
407	148	56	92	1198	681	517
429	128	44	84	320	187	133
21809	3962	700	3262	5355	1038	4317
8715	1378	344	1034	2173	527	1646
1305	588	279	309	724	324	400
3013	2042	697	1345	2425	921	1504
5740	1023	339	684	1747	722	1025
4012	1026	532	494	1374	715	659
654	157	128	29	1479	1283	196
14912	2548	617	1931	4916	1347	3569
2673	902	173	729	1540	378	1162
7314	2582	633	1949	3134	810	2324
10690	1457	167	1290	1234	300	934
30116	1397	353	1044	1625	467	1158
38021	8685	1872	6813	7918	1863	6055
13630	5865	1096	4769	6163	1398	4765
25471	5776	1099	4677	4320	1273	3047
15763	4374	1475	2899	5733	1955	3778
5215	1191	530	661	2324	1006	1318
3492	640	110	530	1254	248	1006
3346	170	68	102	199	81	118
2683	1225	292	933	1799	445	1354
15556	7559	1761	5798	7977	2199	5778
2432	782	191	591	1320	263	1057
4111	1207	255	952	2257	567	1690
1276	584	106	478	574	89	485
8968	2961	512	2449	4181	751	3430
1180	1045	189	856	1543	351	1192
367	211	52	159	381	102	279
170	123	45	78	218	160	58
536	602	301	301	494	284	210

C-2-42 续表

地　区	定期补助人数合计	在乡红军老战士	在乡西路红军	红军失散人员
全　国	**4935399**	**1226**	**273**	**37131**
北　京	10583	2		
天　津	21444			
河　北	229133	5		
山　西	86656	20	1	3
内蒙古	46032	12		3
辽　宁	105638	3	12	1
吉　林	63603	1	1	12
黑龙江	82570	16	1	27
上　海	6343			
江　苏	210319			2
浙　江	90653			154
安　徽	287611	3	1	4598
福　建	72661	3		1286
江　西	155343	37	3	12001
山　东	408828	11		42
河　南	339339	25		2404
湖　北	296486	4	2	5059
湖　南	486224	8		4611
广　东	239440			1471
广　西	228615			882
海　南	19543			95
重　庆	196583	3	7	4
四　川	514957	31	125	1559
贵　州	171023	2		209
云　南	266058			25
西　藏	645	1		
陕　西	197754	990		2542
甘　肃	62922	48	104	137
青　海	6716		3	
宁　夏	5627	1	5	3
新　疆	26050		8	1

单位：人

在乡复员军人		带病回乡退伍军人	参战退役人员	参试退役人员	其 他
	#抗 日				
1703396	**92338**	**1265664**	**1539584**	**175515**	**212610**
5883	570	975	2874	654	195
4483	318	8719	6300	1047	895
104985	19566	46713	54715	21716	999
43936	5460	26578	8731	6026	1361
31874	867	11653	2207	85	198
44009	826	15415	9046	2443	34709
44377	935	10985	5281	2620	326
66004	1771	10559	5384	249	330
3419	67	549	2315	60	
82123	10192	53424	31425	3207	40138
31910	245	30780	23125	1158	3526
66248	2912	158211	43232	10420	4898
26578	43	10612	33821	112	249
43427	141	52043	44228	1343	2261
210799	26190	99029	82567	16380	
117867	6541	85585	105963	26982	513
88009	7526	112839	79516	8635	2422
146855	1068	159037	167307	5743	2663
34876	409	33109	147170	630	22184
52655	204	3951	96596	1474	73057
10187	1346	923	7585	239	514
41234	78	69246	79800	5190	1099
173986	567	173192	143992	15448	6624
61958	112	21548	86714	320	272
50029	156	26695	183422	362	5525
298		230	116		
68980	1918	30471	60471	30734	3566
27175	699	6039	20881	5701	2837
3165	3	1204	1173	1171	
3413	74	873	960	268	104
12654	1534	4477	2667	5098	1145

C–2–43 伤残人员享

地 区	伤残人员合计	按伤残				
		一 级	因 战	因 公	因 病	二 级
全 国	**867102**	**3595**	**914**	**2421**	**260**	**1553**
北 京	10774	43	1	38	4	33
天 津	7221	29		28	1	14
河 北	68575	247	40	192	15	69
山 西	31371	83	27	51	5	25
内蒙古	16820	59	11	43	5	14
辽 宁	35813	117	47	68	2	53
吉 林	27529	114	36	76	2	3
黑龙江	25373	85	18	64	3	16
上 海	7073	34	3	28	3	28
江 苏	54818	207	74	123	10	115
浙 江	22004	82	10	70	2	97
安 徽	36883	150	38	110	2	59
福 建	11545	38	2	35	1	18
江 西	24255	159	26	39	94	234
山 东	133212	339	119	213	7	197
河 南	65791	304	67	215	22	110
湖 北	35509	127	22	99	6	40
湖 南	48749	238	65	166	7	93
广 东	24439	97	18	71	8	18
广 西	10848	47	19	28		14
海 南	2339	8	1	6	1	4
重 庆	21240	109	25	78	6	77
四 川	61016	469	139	284	46	80
贵 州	15844	105	43	62		19
云 南	18733	116	30	82	4	56
西 藏	1047	13		13		1
陕 西	23445	81	13	67	1	33
甘 肃	11246	40	7	31	2	8
青 海	3439	24	10	14		6
宁 夏	2069	4		4		3
新 疆	8082	27	3	23	1	16

受抚恤情况

单位：人

等级分类						
因战	因公	因病	三级	因战	因公	因病
267	**796**	**490**	**21315**	**7689**	**11194**	**2432**
3	19	11	206	49	124	33
2	10	2	136	41	77	18
9	33	27	1170	510	508	152
9	13	3	618	313	228	77
	7	7	256	80	147	29
12	34	7	798	297	456	45
	3		1053	550	428	75
4	11	1	412	160	210	42
6	21	1	199	55	130	14
34	63	18	1822	919	777	126
4	41	52	468	65	251	152
23	29	7	958	359	522	77
5	9	4	183	24	133	26
5	12	217	696	156	254	286
7	165	25	4241	1724	2249	268
30	55	25	1378	518	609	251
8	24	8	899	234	517	148
25	60	8	1253	387	724	142
	14	4	442	132	264	46
6	7	1	210	72	122	16
1	2	1	54	16	33	5
27	32	18	547	160	312	75
10	62	8	1246	338	785	123
9	9	1	284	112	155	17
9	16	31	794	165	503	126
	1		42	1	41	
17	15	1	462	140	298	24
	7	1	219	55	134	30
1	4	1	66	21	42	3
	3		50	8	40	2
1	15		153	28	121	4

C-2-43 续表 1

地区	按伤残					
	四级	因战	因公	因病	五级	因战
全国	**7698**	**922**	**3933**	**2843**	**69606**	**29832**
北京	115	30	63	22	513	157
天津	56	13	35	8	572	138
河北	412	63	129	220	5553	2921
山西	173	48	52	73	2356	1336
内蒙古	62	13	35	14	1037	393
辽宁	194	68	80	46	2522	1130
吉林	94	5	45	44	3741	1986
黑龙江	63	5	37	21	1957	1123
上海	46	13	28	5	413	125
江苏	668	109	367	192	4597	2171
浙江	310	18	83	209	1327	281
安徽	159	28	108	23	2759	1187
福建	90	6	40	44	1218	158
江西	687	17	84	586	2076	603
山东	1448	71	1255	122	12293	7051
河南	1310	131	422	757	5484	1957
湖北	381	27	259	95	2780	799
湖南	285	63	171	51	4070	1407
广东	146	23	89	34	1644	505
广西	42	14	23	5	752	338
海南	15	4	9	2	159	63
重庆	254	76	128	50	1341	487
四川	310	39	212	59	4474	1543
贵州	38	3	29	6	971	436
云南	142	17	41	84	1197	549
西藏					88	1
陕西	73	4	22	47	1905	565
甘肃	39	4	21	14	733	180
青海	8	1	6	1	260	49
宁夏	16	4	11	1	107	28
新疆	62	5	49	8	707	165

单位：人

等级分类					
因公	因病	六级	因战	因公	因病
28666	**11108**	**201508**	**73153**	**93579**	**34776**
294	62	1901	534	1139	228
213	221	1554	428	833	293
1495	1137	16499	7592	5594	3313
704	316	6611	3545	2255	811
573	71	4644	1057	3058	529
1200	192	7977	3303	3955	719
1641	114	8216	4229	3614	373
665	169	5106	2845	1695	566
241	47	1193	341	646	206
1562	864	14107	5722	6047	2338
554	492	4436	728	2019	1689
1218	354	8988	2803	4398	1787
465	595	3384	419	1436	1529
828	645	5007	1770	2152	1085
4482	760	34664	15760	15175	3729
1927	1600	16558	5506	7543	3509
1507	474	7876	2059	4136	1681
2036	627	11122	3216	5749	2157
714	425	4789	1279	2505	1005
357	57	2093	766	960	367
81	15	490	223	197	70
682	172	4045	1142	2181	722
2116	815	13388	3387	7026	2975
460	75	2801	993	1393	415
494	154	3240	1095	1586	559
87		210		210	
828	512	5446	1319	2685	1442
475	78	2258	461	1345	452
203	8	600	155	401	44
62	17	495	100	351	44
502	40	1810	376	1295	139

C-2-43 续表 2

地 区	按伤残							
	七 级			八 级			九 级	
		因 战	因 公		因 战	因 公		因 战
全 国	**274147**	**102048**	**172099**	**265331**	**105792**	**159539**	**14283**	**1022**
北 京	3663	1082	2581	3912	1153	2759	304	11
天 津	2237	555	1682	2381	619	1762	174	6
河 北	22735	11909	10826	20803	10432	10371	742	119
山 西	10704	5528	5176	9666	4816	4850	444	60
内蒙古	5378	1464	3914	4847	1737	3110	375	24
辽 宁	11308	4633	6675	11837	5470	6367	722	30
吉 林	7561	4214	3347	6468	3664	2804	83	6
黑龙江	8730	5452	3278	8876	5952	2924	102	5
上 海	2157	568	1589	2741	744	1997	166	8
江 苏	15321	6202	9119	16859	7073	9786	806	73
浙 江	5970	1035	4935	8744	1372	7372	466	19
安 徽	11235	3191	8044	11145	3530	7615	959	19
福 建	2976	663	2313	3314	849	2465	266	4
江 西	6326	1867	4459	7672	2897	4775	291	22
山 东	44040	21345	22695	34326	18081	16245	1280	40
河 南	20203	6728	13475	17734	6076	11658	1403	101
湖 北	11568	2917	8651	11164	3154	8010	505	24
湖 南	14404	4194	10210	15456	5318	10138	1310	186
广 东	7282	1990	5292	9095	3112	5983	750	64
广 西	3489	1295	2194	3821	1648	2173	292	22
海 南	720	341	379	772	346	426	94	5
重 庆	7494	1881	5613	6793	2243	4550	372	24
四 川	20277	5164	15113	19272	6030	13242	925	38
贵 州	5559	1887	3672	5741	2416	3325	225	8
云 南	6081	2108	3973	6619	2751	3868	314	22
西 藏	433		433	259		259	1	
陕 西	7765	2049	5716	7388	2161	5227	217	13
甘 肃	3838	654	3184	3745	855	2890	277	57
青 海	1375	301	1074	972	327	645	92	3
宁 夏	654	150	504	675	177	498	48	1
新 疆	2664	681	1983	2234	789	1445	278	8

单位：人

等级分类				按人员种类分类				优抚对象享受医疗保障人数
因 公	十 级	因 战	因 公	革命伤残军人	伤残国家机关人员	伤残人民警察	伤残民兵民工	
13261	**8066**	**1392**	**6674**	**817036**	**31001**	**13518**	**5547**	**2983764**
293	84	7	77	9922	414	387	51	15921
168	68	3	65	6725	148	305	43	21973
623	345	65	280	66114	1538	514	409	197238
384	691	15	676	29457	1422	250	242	75626
351	148	1	147	12692	3083	839	206	40709
692	285	12	273	32645	1471	1397	300	63320
77	196	7	189	24981	1730	673	145	31940
97	26	4	22	24546	408	319	100	33473
158	96	6	90	6696	126	232	19	4039
733	316	25	291	53281	873	516	148	149613
447	104	3	101	21231	473	156	144	80960
940	471	11	460	33839	2397	484	163	132682
262	58		58	10976	338	163	68	45782
269	1107	968	139	22823	862	399	171	61216
1240	384	10	374	130181	1717	735	579	520028
1302	1307	56	1251	62935	1778	735	343	202332
481	169	7	162	34044	950	404	111	344542
1124	518	58	460	45105	2470	1097	77	227451
686	176	35	141	23860	191	323	65	84358
270	88	15	73	9707	377	155	609	76115
89	23	2	21	2170	97	49	23	11494
348	208	16	192	20325	575	284	56	133769
887	575	28	547	57605	2091	994	326	205295
217	101	6	95	14840	645	292	67	85384
292	174	17	157	16882	767	505	579	56339
1				288	585	79	95	847
204	75	5	70	22345	841	161	98	56683
220	89	1	88	10530	462	159	95	10422
89	36	1	35	2591	571	195	82	3727
47	17	1	16	1805	134	70	60	5333
270	131	7	124	5895	1467	647	73	5153

C-2-44 优待、烈士褒扬和

地 区	优 待				烈士
	优待优抚对象户数(户)	# 优待军属户数	优待总金额(万元)	# 固定优待军属总额	本年批准烈士人数(人)
全 国	**3308766**	**1169833**	**671535.9**	**340381.8**	**173**
北 京	20915	7031	16835.0	10388.6	
天 津	9479	5875	6352.4	4786.4	
河 北	147309	62273	19399.6	13161.0	4
山 西	66205	28544	8688.5	5661.5	2
内蒙古	30514	16843	6653.1	3997.3	1
辽 宁	113235	45193	35365.9	16361.4	16
吉 林	48043	16056	7334.0	3028.1	2
黑龙江	71923	13676	13024.0	3319.7	6
上 海	24064	9082	23173.5	14698.3	
江 苏	206363	68561	59099.2	28469.6	6
浙 江	122890	49468	78027.3	43841.1	3
安 徽	152880	57693	35485.2	17188.8	34
福 建	98783	29529	26961.2	13842.3	3
江 西	65481	38102	16657.6	12557.1	11
山 东	614055	100358	100836.1	32416.0	5
河 南	242118	72082	38221.3	18974.0	3
湖 北	197208	152055	17792.4	13427.3	2
湖 南	185313	60418	19302.7	6266.5	17
广 东	84082	51936	33961.1	21673.3	2
广 西	156536	43786	16555.6	8358.1	2
海 南	15115	5542	2472.5	720.5	8
重 庆	210774	33909	13252.7	8547.7	3
四 川	166735	89969	23493.4	11423.1	3
贵 州	67280	26619	13258.2	10094.3	6
云 南	56387	26692	7210.2	4412.6	26
西 藏	1610	491	907.6	354.4	
陕 西	67249	28134	16307.0	4596.2	
甘 肃	28059	17044	5275.0	3873.4	4
青 海	723	526	270.3	169.7	3
宁 夏	4386	2049	1570.0	496.5	
新 疆	33052	10297	7793.3	3277.0	1

义务兵、士官安置

褒扬	安置退役士兵、复员干部(人)				
零散烈士纪念建筑物数(处)	总人数	退伍义务兵	#城　镇	转业、复员士官	复员干部
9729	**387008**	**322259**	**175304**	**63374**	**1375**
150	4144	3271	2527	851	22
8	3015	2476	1418	539	
836	20148	16228	7491	3891	29
639	9021	8025	5750	990	6
141	6392	5750	5223	604	38
655	16326	14179	9399	2091	56
713	7751	6387	4494	1363	1
109	10055	9534	6581	519	2
1	4399	3685	3173	700	14
1451	28349	23454	12068	4891	4
299	20835	19190	4901	1633	12
511	16345	13855	6407	2376	114
258	9201	8029	3082	1170	2
642	8686	7099	5910	1463	124
362	21878	16989	16959	4877	12
113	48631	41590	18224	6690	351
213	27631	19920	7936	7686	25
167	20743	17575	11512	3075	93
568	16681	14877	8233	1763	41
633	10889	9598	3043	1278	13
115	1020	865	394	149	6
156	5853	5075	4770	763	15
240	36360	28420	11018	7794	146
228	3389	2845	2481	544	
82	12469	8896	2527	3572	1
45	1079	982	584	97	
303	6302	5471	3209	811	20
28	2927	2436	1753	454	37
33	1435	1091	954	176	168
3	1529	1493	1235	35	1
27	3525	2974	2048	529	22

C−2−45 离退休、

地 区	本年接收人员合计	军队离退休干部	#离 休	地方离退休干部	#离 休	军队退休士官
全 国	**13451**	**11775**	**148**	**183**	**4**	**1112**
北 京	2233	2187	13			46
天 津	352	351				1
河 北	583	389	16	114		77
山 西	116	73				33
内蒙古	130	116				14
辽 宁	2131	1971	1			159
吉 林	418	312	2			105
黑龙江	462	446	11			16
上 海	484	481	4	2		
江 苏	963	826	1	4		32
浙 江	243	236				7
安 徽	169	132		13		24
福 建	163	142	3			12
江 西	66	63	5			3
山 东	942	707	3			200
河 南	323	242		17	4	58
湖 北	397	347		14		36
湖 南	146	115	1	7		23
广 东	272	254		5		12
广 西	37	31				6
海 南	46	46				
重 庆	131	97	1			34
四 川	713	609	75	7		79
贵 州	74	19				6
云 南	297	290	1			7
西 藏	16	16				
陕 西	824	656	4			25
甘 肃	287	239	2			48
青 海	67	67	3			
宁 夏	21	21	1			
新 疆	345	294	1			49

退职人员

单位：人

军队无军籍职工	本年实有人数合计	军队离退休干部	#离休	地方离退休干部	#离休	军队退休士官	军队无军籍职工
381	**307995**	**181693**	**27321**	**40252**	**1825**	**4283**	**81767**
	56285	32582	2335	8764	4	451	14488
	6723	4057	579	1293	33	34	1339
3	16600	9905	1870	2302	115	561	3832
10	4836	2333	664	624	49	173	1706
	4018	2651	383	413	25	26	928
1	28929	17809	2596	2605	245	353	8162
1	6983	4098	608	572	45	135	2178
	4527	2765	482	32	3	58	1672
1	7504	5900	675	124	1	2	1478
101	19121	11085	1612	3404	262	144	4488
	7028	3620	819	1862	45	25	1521
	4670	2760	624	609	141	99	1202
9	8294	3294	639	4359	110	51	590
	4036	1241	442	1742	91	37	1016
35	22899	16841	4481	1149	46	644	4265
6	10117	5969	1112	1533	194	274	2341
	13371	7170	1200	2854	155	108	3239
1	10010	4816	706	2182	94	130	2882
1	10748	6400	760	531	18	28	3789
	2780	1806	222	78	3	27	869
	1580	734	55			3	843
	5367	3555	225	273	10	77	1462
18	13757	8543	920	1342	25	317	3555
49	2140	1208	214	354	12	12	566
	10139	6073	1106	382	7	54	3630
	1151	138					1013
143	11912	8410	1212	495	61	133	2874
	5039	2346	418	316	28	186	2191
	1484	564	90			7	913
	622	409	60	17		28	168
2	5325	2611	212	41	3	106	2567

C-2-46 烈士陵园及

地　区	单位数	年末职工人数		受教育程度	
			# 女性	大学专科人数	大学本科及以上人数
全　国	**1195**	**9245**	**3791**	**2870**	**1385**
北　京	5	83	46	26	4
天　津	11	158	64	45	40
河　北	90	816	344	181	150
山　西	55	390	170	109	28
内蒙古	7	99	33	40	16
辽　宁	24	342	133	152	96
吉　林	29	297	111	122	67
黑龙江	19	142	62	90	39
上　海	12	274	100	124	55
江　苏	88	761	275	153	136
浙　江	28	154	72	38	46
安　徽	49	424	183	119	35
福　建	44	172	59	31	15
江　西	52	307	144	85	30
山　东	74	719	284	332	222
河　南	93	1308	604	412	118
湖　北	46	597	245	238	53
湖　南	35	366	166	70	29
广　东	54	291	127	68	41
广　西	21	185	64	36	23
海　南	5	16	2	1	1
重　庆	15	51	20	18	15
四　川	104	305	117	104	23
贵　州	36	113	33	41	11
云　南	66	151	23	48	8
西　藏	22	30	8	3	1
陕　西	37	331	175	99	35
甘　肃	51	242	82	54	25
青　海	5	16	6	7	4
宁　夏	6	24	9	6	
新　疆	12	81	30	18	19

烈士纪念馆

单位：个、人

职业资格水平		年龄结构			
助理社会工作师人数	社会工作师人数	35岁及以下人数	36岁至45岁人数	46岁至55岁人数	56岁及以上人数
87	**142**	**2831**	**3802**	**2216**	**396**
3	2	31	23	23	6
1		43	54	49	12
6	10	251	309	231	25
2	4	90	179	100	21
1	1	16	34	46	3
1	1	148	111	69	14
15	34	91	150	51	5
1		22	74	42	4
	2	45	68	122	39
18	18	166	362	203	30
	5	51	56	40	7
3	6	103	200	111	10
3	2	32	71	54	15
2		67	151	79	10
1	8	280	276	142	21
11	32	544	485	237	42
		160	278	109	50
		117	165	79	5
2	2	83	110	87	11
		56	73	45	11
		3	8	5	
		22	20	8	1
10	12	95	129	72	9
		26	55	27	5
		33	71	41	6
		13	17		
2	2	138	138	43	12
4	1	67	91	66	18
		5	3	7	1
		7	11	5	1
1		26	30	23	2

C-2-46 续表

地　区	增加值合计（万元）	执行行政事业单位会计制度财务指标(万元)				
		固定资产原价	上年结余	收入合计	支出合计	收支结余
全　国	**58280.9**	**317340.1**	**7475.0**	**92942.7**	**92602.3**	**10458.0**
北　京	1129.4	4827.0	27.4	3713.4	3659.9	53.5
天　津	1740.5	10886.2	79.1	2410.2	2415.0	13.8
河　北	3828.4	12278.5	2237.6	8960.8	9218.3	138.0
山　西	2192.8	8512.1	709.7	4036.4	3805.2	688.7
内蒙古	598.0	1174.6	49.0	1215.4	1181.4	83.0
辽　宁	1891.1	7565.9	133.6	3647.2	3800.6	557.5
吉　林	971.6	4367.9	0.3	3130.7	3056.2	34.8
黑龙江	819.0	2503.7	441.8	843.5	888.0	405.0
上　海	5468.8	65122.7	164.6	6172.8	5420.3	808.1
江　苏	5604.5	26663.1	46.5	8506.9	8446.6	72.8
浙　江	1714.8	7266.9	72.9	2454.2	3448.5	3480.2
安　徽	2526.9	19279.2	-7.3	3258.5	3995.8	-36.5
福　建	899.6	4499.7	80.2	1801.6	1618.1	246.3
江　西	1080.9	11459.2	203.1	1739.9	1695.5	263.3
山　东	5034.6	34044.5	104.8	7757.7	7805.4	57.1
河　南	2927.9	15917.4	369.0	5348.1	5220.3	308.4
湖　北	1572.6	14965.6	-214.8	2856.6	3097.8	-465.2
湖　南	2404.8	7067.2	302.2	3619.6	3171.7	464.1
广　东	4818.4	6692.4	148.5	7482.2	6727.4	850.7
广　西	1132.6	8953.6	0.6	1688.2	1572.3	117.9
海　南	87.3	1980.0		22.2	22.4	
重　庆	184.3	2558.3	241.0	1013.7	1254.7	
四　川	917.0	5560.6	125.3	1769.9	1788.0	50.1
贵　州	599.6	6832.1		460.8	465.0	
云　南	428.9	5294.9		401.3	352.9	45.0
西　藏	40.0	1000.0		369.7	369.7	
陕　西	1639.1	13413.5		2252.7	2313.1	24.4
甘　肃	3422.7	3901.0		4127.8	4023.8	
青　海	73.0	610.6	88.0	283.8	283.8	
宁　夏	51.1	267.0	3.2	102.2	101.3	3.0
新　疆	1899.7	1874.7	2068.7	1494.7	1383.3	2194.0

行政事业单位增加值	管理单位占地面积(平方米)	#烈士纪念建筑物面积	烈士纪念建筑物数(个)	#纪念馆(陈列馆)个数	藏品数(个)	参观人次数(人次)
58280.9	**43328283.3**	**4610421.2**	**7367**	**1090**	**634821**	**51895961**
1129.4	64600.0	22887.0	23	4	956	325871
1740.5	483920.0	45002.0	45	19	1848	298071
3828.4	2971208.6	208801.0	1159	80	37183	4346363
2192.8	1451305.0	204579.0	116	52	3067	1362994
598.0	478523.8	22510.0	25	9	164	271000
1891.1	3518617.0	191983.0	48	19	9148	1879167
971.6	3480357.0	91054.0	671	27	7261	1239159
819.0	464448.8	94100.8	185	18	6241	883134
5468.8	356426.0	29405.7	60	16	3021	1902259
5604.5	2506375.7	412061.8	524	79	377993	5248892
1714.8	865231.8	57644.5	116	33	5639	1448776
2526.9	4701678.8	296838.0	939	192	7093	5033695
899.6	665353.0	78939.0	76	17	76546	876902
1080.9	1214641.0	730833.0	180	24	4209	836401
5034.6	5452628.0	310818.0	353	117	20783	8541955
2927.9	2578885.0	216677.0	475	92	10990	2935093
1572.6	1582055.7	139156.0	419	56	11800	2118638
2404.8	1010362.7	73495.0	81	17	3562	981616
4818.4	1639146.0	166727.7	277	14	3018	2832951
1132.6	2590439.7	128198.9	119	10	2059	591568
87.3	476758.0	170443.0	444	7	2486	431501
184.3	149951.0	58657.0	45	11	1913	1366262
917.0	715027.4	160088.1	290	67	9227	1940068
599.6	732578.6	56413.0	160	9	294	1138664
428.9	884032.1	170876.9	206	15	3707	539166
40.0	321901.0	215508.0	14	5	5712	35900
1639.1	454463.0	93574.0	72	34	4630	1402145
3422.7	590876.0	86935.0	194	31	7288	756544
73.0	50678.4	30350.0	13	3	5400	27500
51.1	205049.0	24726.6	13	6	979	61370
1899.7	670765.2	21138.2	25	7	604	242336

C-2-47 社区服务

地 区	单位数	年末职工人数	# 女性	受教育程度	
				大学专科人数	大学本科及以上人数
全 国	**56957**	**279357**	**138189**	**71096**	**31598**
北 京	3971	21615	12328	6070	4596
天 津	588	2456	1702	517	253
河 北	1235	4140	2469	681	137
山 西	1463	3873	1736	990	446
内蒙古	1155	6306	3580	1661	1116
辽 宁	2054	13553	8157	2155	1040
吉 林	376	1662	959	824	128
黑龙江	1640	8259	3508	3357	1813
上 海	2810	26310	15571	2020	982
江 苏	6312	33738	15057	6855	3327
浙 江	3169	15134	8341	4716	2468
安 徽	2176	10697	4512	2676	1020
福 建	1330	5743	2906	735	203
江 西	1387	7277	4574	1467	392
山 东	8528	42467	17742	15496	6809
河 南	917	4310	1926	1308	333
湖 北	2315	7919	4030	2472	860
湖 南	2190	11339	4858	3790	929
广 东	2998	11185	5078	1516	658
广 西	466	1576	1077	156	41
海 南	109	23	14	4	1
重 庆	1920	7097	3067	1996	700
四 川	1117	4794	2114	810	267
贵 州	257	1568	858	327	132
云 南	439	1825	547	277	27
西 藏	29	70	36		
陕 西	2277	9175	4059	2949	674
甘 肃	2011	6109	2424	2406	1112
青 海	150	614	230	235	20
宁 夏	321	1029	767	152	38
新 疆	1247	7494	3962	2478	1076

中心总表

单位:个、人

职业资格水平		年龄结构			
助理社会工作师人数	社会工作师人数	35岁及以下人数	36岁至45岁人数	46岁至55岁人数	56岁及以上人数
2362	**1204**	**90846**	**118136**	**56899**	**13476**
819	209	6031	7427	6431	1726
84	10	381	1112	624	339
6	5	2189	1388	458	105
	3	1366	1546	800	161
6	5	2738	2559	963	46
16	5	4683	5779	2668	423
24	11	394	1116	142	10
180	37	3132	3877	1114	136
140	61	5311	14929	4635	1435
261	82	8083	13035	9840	2780
110	37	5406	5680	3379	669
77	58	4392	4742	1460	103
129	48	1880	2543	1154	166
20	5	2883	2927	1285	182
55	205	15936	17716	6619	2196
28	11	2011	1748	409	142
117	82	3065	3387	1313	154
62	45	3699	4898	2448	294
74	80	2989	4349	2911	936
3		555	563	436	22
		18	4	1	
33	47	1953	3261	1614	269
17	57	1513	2452	707	122
	47	792	569	163	44
6		578	930	271	46
		53	17		
23	10	2854	3526	2332	463
19	7	2367	1899	1392	451
		63	539	11	1
13		398	527	99	5
40	37	3133	3091	1220	50

C-2-47 续表 1

地 区	机构数	农村机构数	提供便民办事	提供活动场所
全 国	**56957**	**7347**	**36632**	**21841**
中央级				
北 京	3971	988	3453	2452
天 津	588	62	470	316
河 北	1235	5	947	81
山 西	1463	1	1164	233
内蒙古	1155	5	682	537
辽 宁	2054	26	1216	426
吉 林	376	2	179	195
黑龙江	1640	52	955	645
上 海	2810	306	1981	1817
江 苏	6312	1368	4353	2550
浙 江	3169	888	2665	1545
安 徽	2176	77	1592	356
福 建	1330	12	589	500
江 西	1387	51	690	545
山 东	8528	2924	5670	3209
河 南	917	17	476	306
湖 北	2315	82	1144	580
湖 南	2190	67	1064	429
广 东	2998	59	1834	1061
广 西	466	4	145	157
海 南	109	18	2	89
重 庆	1920	158	1146	1129
四 川	1117	26	732	308
贵 州	257	3	175	54
云 南	439		389	51
西 藏	29		12	16
陕 西	2277	92	1179	766
甘 肃	2011	43	808	563
青 海	150		11	137
宁 夏	321		155	82
新 疆	1247	11	754	706

单位：个、张

提供养老服务	提供便民信息	床位数合计	日间照料床位数	住宿收养床位数
14918	**15915**	**58450**	**46664**	**11786**
632	1770	2658	2392	266
182	259	1917	1917	
177	192	1540	520	1020
91	68	425	425	
	223			
683	335	932	768	164
21	56	373	323	50
98	104	512	512	
502	1383	4535	2223	2312
2832	2098	12320	12046	274
1164	1730	6429	3811	2618
289	351	1634	630	1004
350	205	78	78	
500	255	1255	1255	
3581	3258	14101	12593	1508
77	204	1190	723	467
721	319	879	662	217
673	155	1157	1117	40
538	556	400	400	
151	193	82	82	
18				
691	905	1345	1212	133
32	109	794	704	90
29	20	508	485	23
4	88	145	120	25
1				
581	294	723	563	160
49	594	2218	833	1385
1	1			
136	10	300	270	30
114	180			

C-2-47 续表 2

地　区	年末收养人数合计	日间照料人数	住宿收养人数	社区从业人员
全　国	**109366**	**100313**	**9053**	**1058846**
中央级				
北　京	4788	4708	80	18252
天　津	2654	2654		92446
河　北	693	325	368	2826
山　西	31	31		5817
内蒙古				36571
辽　宁	268	134	134	191718
吉　林	180	157	23	30
黑龙江	66	66		16387
上　海	3359	1452	1907	67035
江　苏	62557	62430	127	52739
浙　江	7412	6636	776	97446
安　徽	1146	272	874	30204
福　建	31	31		4319
江　西	4824	4824		25268
山　东	11812	10574	1238	105643
河　南	2541	238	2303	2847
湖　北	360	263	97	52177
湖　南	2425	2414	11	25145
广　东				111857
广　西	44	44		25237
海　南				
重　庆	2178	2127	51	40414
四　川	500	420	80	9671
贵　州	81	57	24	14738
云　南	120		120	934
西　藏				
陕　西	496	366	130	7387
甘　肃	700		700	5546
青　海				77
宁　夏	100	90	10	5035
新　疆				11080

单位：人、个、平方米

社区服务志愿者组织数	社区志愿者人数	其他社区服务设施	#农村其他社区服务设施	城镇便民、利民服务网点数	机构建筑面积
106292	**5076075**	**95984**	**9562**	**539136**	**12114935**
7629	408263	317	89	11894	803270
4197	540724	707	28	13569	178420
1149	18672	4227	181	5664	241163
830	55948	601		19537	165788
1913	127031	1523	106	17111	135303
4660	408422	1255	360	26317	244407
		101		665	72247
531	33296	802	8	5997	311006
7280	329894	114		2798	625311
8953	381066	10584	1249	107657	2497371
13510	863447	17139	2659	74084	1364190
1540	165804	2020	39	13105	352219
1455	101408	442	47	6601	179465
1582	9732	1692	18	3935	200168
15365	351174	10862	2250	61708	1512562
394	7988	2828	303	3894	189826
10434	335995	7649	164	10203	246272
3739	84870	7722	86	46210	394394
532	223034	12962	412	3189	401895
2628	15786	739		2966	83884
					17760
6796	386108	1277	290	9668	613592
2897	113500	1391	50	34760	117095
5370	30607	5920	966	25715	34013
1	5241	125	1	109	87022
					4473
861	36327	1096	81	4103	443965
1470	19148	1160	170	11130	380545
		12			23150
84	782	140		13804	46211
492	21808	577	5	2743	147948

C-2-47 续表 3

地 区	增加值合计	执行企业会计制度单位财务指标						执行行政	
		固定资产原价	营业收入	费用合计	营业利润	企业单位增加值		固定资产原价	上年结余
全 国	**390709.8**	**210999.1**	**58322.2**	**43993.4**	**4675.2**	**19785.4**		**699669.3**	**24668.7**
北 京	72687.5	198471.9	55702.6	40266.8	4595.5	18168.4		110914.9	9307.2
天 津	3004.0							3219.7	-1.7
河 北	612.8	541.0	318.0	188.6	0.7	129.1		2566.2	45.0
山 西	712.5	90.0	5.0	5.0		7.2		4436.2	1.0
内蒙古	1554.1	647.8	211.0	204.0	9.0	15.4		4947.5	
辽 宁	3079.8	1279.2	15.0	10.0		0.1		7730.3	
吉 林	925.3		13.0	10.8		4.1		966.8	228.0
黑龙江	3298.3	222.0	17.0	1722.1		829.5		1682.3	20.0
上 海	25263.0							119411.9	1952.8
江 苏	77926.5	1380.5	122.0	33.9	0.4	27.0		243778.4	80.9
浙 江	61983.0	839.0	484.3	435.5	0.7	44.4		34671.6	9535.4
安 徽	5341.0	786.0	241.2	69.1	7.1	75.0		20423.3	173.7
福 建	2243.2	197.0	370.6	386.5	2.3	34.4		3992.8	195.0
江 西	1048.5	260.0	56.0	18.0		0.2		3925.6	
山 东	76291.1							8226.0	
河 南	2516.8	51.0	411.3	383.5	9.5	51.1		5718.8	1.4
湖 北	6562.6							21675.0	83.0
湖 南	10068.4	65.0	50.0	1.0				7403.6	1625.4
广 东	12983.2	2001.2						13842.6	1070.2
广 西	317.7	70.0						3374.9	210.0
海 南	3.7							20.0	4.6
重 庆	3853.5	912.5	11.0	11.0		0.1		19941.0	33.2
四 川	8683.8	258.4	264.9	124.3		49.8		2507.2	
贵 州	1080.1	227.0	19.0	11.1	40.0	107.7		212.0	
云 南	429.8	575.0						2514.2	15.0
西 藏	494.1	350.0						12352.1	
陕 西	2381.9							22140.6	20.0
甘 肃	913.4	102.0	7.0	5.0				1208.9	
青 海	322.0								
宁 夏	313.5	42.0		1.0				437.5	
新 疆	5813.3	1630.6	3.3	106.2	10.0	241.7		15427.4	68.6

单位：万元

事业单位会计制度财务指标				执行民间非营利组织单位会计制度财务指标				
收入合计	支出合计	收支结余	行政事业单位增加值	固定资产原价	上年结余	收入合计	费用合计	社会组织单位增加值
472140.4	**483568.5**	**19111.2**	**244255.6**	**332269.6**	**20884.5**	**205608.8**	**184244.9**	**126668.8**
80412.7	91404.1	4786.1	54519.1					
2337.8	2101.8	-12.8	1865.0	1153.5		2185.0	2185.0	1139.0
912.7	906.4	8.0	431.9	4598.4	-62.5	627.2	145.7	51.8
800.6	804.6	0.5	491.3	550.5		1575.8	1756.2	214.0
2198.5	2199.5		1477.9	1961.0		395.3	374.3	60.8
3139.1	3926.1		2135.2	4363.2		2404.4	2464.6	944.5
1133.7	1159.3		687.2	10.0		558.6	648.8	234.0
19773.6	20560.1	65.7	2306.2	4328.2		989.3	428.1	162.6
81436.4	92429.2	1171.2	22094.9	16215.4	52.8	17935.3	8483.1	3168.1
101351.2	96385.6	14.7	68194.9	58131.9	-276.5	25444.6	24338.1	9704.6
75275.9	68787.3	8566.3	35706.2	27794.3	16430.0	17276.3	18684.7	26232.4
8295.3	10197.8	249.5	4516.7	13527.5	63.0	2540.0	2039.9	749.3
6414.9	3527.2	-1.5	2120.0	1932.8	10.3	2380.4	2065.6	88.8
2161.4	1971.0		828.7	945.9		1008.5	938.3	219.6
6400.8	6400.8		4243.0	108020.9	18.0	96813.5	94986.9	72048.1
3280.6	2419.3	967.0	2161.0	4723.0		942.7	848.1	304.7
14556.3	14085.5	178.7	5961.7	9129.4		1850.8	1953.3	600.9
17116.0	17399.1	1304.9	9365.8	4085.4	8.0	5785.1	4986.5	702.6
20370.8	21831.7	1634.3	12204.2	6897.0	-30.0	10453.3	8654.4	779.0
360.7	152.8		255.2	849.7	0.5	131.1	126.5	62.5
60.0	60.0	2.9	3.7					
6161.6	6148.8	155.8	3700.1	38663.7		3409.5	1554.0	153.3
2128.5	3984.8	22.9	1227.9	3426.0	3.0	6157.3	4409.4	7406.1
170.9	168.0		140.9	3283.4	644.9	1823.1	1108.1	831.5
329.7	409.4		426.5	1419.0		120.5	3.3	3.3
			494.1					
5232.5	4767.3	2.0	2381.9					
1281.9	1208.4	1.0	799.2	10481.2	4000.0	2027.6	144.5	114.2
0.5	0.5			3571.0		382.9	372.7	322.0
164.7	166.7		118.0	437.3	23.0	231.7	332.2	195.5
8881.1	8005.4	-6.0	5396.0	1770.0		159.0	212.6	175.6

C-2-48 在工商部门登记

地区	单位数	年末职工人数	#女性	受教育程度	
				大学专科人数	大学本科及以上人数
全国	**149**	**1108**	**725**	**297**	**47**
北京					
天津					
河北	12	129	61	87	9
山西	6	32	14	23	3
内蒙古	15	45	25		
辽宁	6	45	44	18	5
吉林	2	12	7	1	
黑龙江	7	26	15	8	
上海	19	353	255	6	7
江苏	2	13	8	5	
浙江	5	18	18	9	2
安徽	4	49	32	4	1
福建	2	16	10	1	
江西	12	30	9		
山东					
河南	11	24	11	15	
湖北	21	165	112	41	9
湖南					
广东	1	4		1	
广西					
海南					
重庆					
四川	7	22	18	15	
贵州	4	27	12	2	3
云南	1	40	32	26	1
西藏					
陕西					
甘肃	11	37	24	23	6
青海					
宁夏					
新疆	1	21	18	12	1

的社区服务中心

单位：个、人

职业资格水平		年龄结构			
助理社会工作师人数	社会工作师人数	35岁及以下人数	36岁至45岁人数	46岁至55岁人数	56岁及以上人数
11	**6**	**346**	**647**	**95**	**20**
		85	42	2	
		13	14	5	
		10	30	2	3
		12	23	10	
		5	6	1	
		8	15	2	1
		3	334	10	6
		5	5	3	
	2		15	3	
		13	29	7	
		6	10		
		4	12	12	2
		14	10		
2		103	31	30	1
		2	2		
		11	7		4
		19	6	2	
6		6	34		
3	4	24	9	3	1
		3	13	3	2

C-2-48 续表 1

地区	机构数	农村机构数	提供便民办事	提供活动场所
全国	**149**	**2**	**89**	**57**
北京				
天津				
河北	12		2	10
山西	6		5	1
内蒙古	15			14
辽宁	6		2	
吉林	2		1	1
黑龙江	7		4	
上海	19		19	1
江苏	2		2	1
浙江	5		5	5
安徽	4		3	1
福建	2		1	
江西	12		9	
山东				
河南	11		3	4
湖北	21		17	16
湖南				
广东	1		1	
广西				
海南				
重庆				
四川	7	2	4	1
贵州	4		2	
云南	1		1	
西藏				
陕西				
甘肃	11		7	2
青海				
宁夏				
新疆	1		1	

单位：人、张

提供养老服务	提供便民信息	床位数合计	日间照料床位数	住宿收养床位数
15	**52**	**824**	**380**	**444**
	10			
	1			
4				
	3			
	10			
1	1	156	10	146
	5			
1		45	45	
3				
2	2			
1	17	81	81	
	2	130	120	10
2		112	109	3
1	1	300	15	285

C-2-48 续表 2

地　区	年末收养人数合计	日间照料人数	住宿收养人数	社区从业人员
全　国	**140**	**91**	**49**	**33006**
北　京				
天　津				
河　北				
山　西				
内蒙古				42
辽　宁				9
吉　林				10
黑龙江				
上　海				
江　苏	46		46	84
浙　江				30798
安　徽				151
福　建				
江　西				
山　东				
河　南				
湖　北	66	66		1637
湖　南				
广　东				
广　西				
海　南				
重　庆				
四　川	10	10		
贵　州	18	15	3	223
云　南				
西　藏				
陕　西				
甘　肃				52
青　海				
宁　夏				
新　疆				

单位：人、个、平方米

社区服务志愿者组织数	社区志愿者人数	其他社区服务设施	#农村其他社区服务设施	城镇便民、利民服务网点数	机构建筑面积
4291	**125334**	**5812**	**388**	**2161**	**39408**
	20	45			2670
				5	3950
10	1230			1562	2440
12	191	31			600
					303
		12		12	860
					4695
15	521	15		21	2800
2995	108856	5022			1500
21	10917				1520
					200
					2520
892	1987	109	7	204	8488
		1			200
2	20	3			825
333	1592	467	274	357	737
					1200
11		107	107		3900

C-2-48 续表 3

地区	增加值合计	执行企业会计制度单位财务指标					执行行政
		固定资产原价	营业收入	费用合计	营业利润	企业单位增加值	固定资产原价
全国	**584.4**	**1127.9**	**515.8**	**312.4**	**54.2**	**250.6**	**1626.8**
北京							
天津							
河北	49.2	160.0	88.0	65.6	0.7	5.0	105.0
山西	0.8						20.0
内蒙古	12.0	2.0	48.0	48.0	6.0	11.0	25.0
辽宁	6.8						19.8
吉林	0.1		6.0	6.0		0.1	
黑龙江	7.6		2.0			2.0	
上海	150.8						
江苏	27.0	41.5	34.0	33.9	0.4	27.0	
浙江	15.0		17.9	6.8		15.0	
安徽	85.2	470.0	237.2	69.1	7.1	74.0	
福建	16.8	26.0	20.0	19.1		16.8	
江西		45.0					
山东							
河南	18.0						
湖北	56.7						1417.0
湖南							
广东	4.5						
广西							
海南							
重庆							
四川	10.6	98.4	55.7	56.8		4.1	
贵州	95.6	210.0		2.1	40.0	95.6	
云南							
西藏							
陕西							
甘肃		75.0	7.0	5.0			
青海							
宁夏							
新疆	27.7						40.0

单位：万元

事业单位会计制度财务指标				执行民间非营利组织单位会计制度财务指标				
收入合计	支出合计	收支结余	行政事业单位增加值	固定资产原价	上年结余	收入合计	费用合计	社会组织单位增加值
1170.5	**1170.5**		**147.3**	**790.4**		**9421.1**	**250.7**	**186.5**
120.0	120.0		44.2					
11.0	11.0		0.8	8.0				
16.0	16.0		1.0					
11.4	11.4		6.8					
7.6	7.6		5.6	21.0				
				134.5		9310.1	192.6	150.8
				5.3		18.2	18.2	11.2
22.0	22.0							
						3.0	3.0	
				11.0		11.0	19.0	18.0
942.0	942.0		56.7					
7.5	7.5		4.5					
						10.1	7.1	6.5
				558.0		29.5	10.8	
						27.2		
3.0	3.0			52.6		12.0		
30.0	30.0		27.7					

C-2-49 在编制部门登记

地区	单位数	年末职工人数	#女性	受教育程度	
				大学专科人数	大学本科及以上人数
全国	**1625**	**11952**	**6135**	**3624**	**2724**
北京	189	3005	1627	699	779
天津	4	27	15	6	20
河北	10	112	52	45	5
山西	26	150	78	67	30
内蒙古					
辽宁	28	78	56	41	8
吉林	18	165	110	53	33
黑龙江	86	792	325	256	88
上海	179	806	373	270	247
江苏	33	395	278	75	68
浙江	21	151	77	54	31
安徽	53	805	448	351	255
福建	14	64	32	7	16
江西	16	56	18	6	
山东	155	1396	711	564	667
河南	18	253	87	86	45
湖北	89	637	338	121	57
湖南	33	179	74	75	40
广东	316	1242	632	298	195
广西	3	10	6	5	
海南	1	5	2	4	1
重庆	69	210	85	63	46
四川	71	336	126	54	18
贵州	4	152	113	44	12
云南	9	71	26	3	8
西藏					
陕西	19	134	52	43	22
甘肃	111	276	134	193	15
青海					
宁夏	1	3	2	2	1
新疆	49	442	258	139	17

的社区服务中心

单位：个、人

职业资格水平		年龄结构			
助理社会工作师人数	社会工作师人数	35岁及以下人数	36岁至45岁人数	46岁至55岁人数	56岁及以上人数
144	**74**	**4092**	**4942**	**2515**	**403**
52	37	747	1163	985	110
		12	10	5	
1		60	37	15	
	1	63	71	14	2
		25	24	24	5
17	3	35	111	16	3
6	2	171	467	149	5
4	9	350	263	154	39
16		75	125	147	48
3	1	51	61	28	11
5	1	336	310	137	22
		32	18	12	2
		14	39	3	
5	4	584	569	167	76
4	1	141	99	13	
	6	266	279	88	4
		75	58	40	6
12	6	364	573	268	37
		3	5	2	
			4	1	
2		45	81	82	2
		55	247	34	
	1	101	27	17	7
		8	20	30	13
		59	65	9	1
15	2	212	37	20	7
		1	1	1	
2		207	178	54	3

C-2-49 续表 1

地区	机构数	农村机构数	提供便民办事	提供活动场所
全国	**1625**	**109**	**864**	**586**
北京	189	5	132	116
天津	4		3	
河北	10		6	1
山西	26		21	2
内蒙古				
辽宁	28		23	20
吉林	18	1	14	9
黑龙江	86	26	42	44
上海	179		29	26
江苏	33		28	22
浙江	21		16	12
安徽	53		40	4
福建	14		8	3
江西	16		3	2
山东	155		103	34
河南	18		14	3
湖北	89	1	58	6
湖南	33	15	24	4
广东	316	17	146	215
广西	3		1	1
海南	1		1	
重庆	69	3	38	4
四川	71	2	9	7
贵州	4		1	3
云南	9		8	
西藏				
陕西	19		11	5
甘肃	111	38	44	29
青海				
宁夏	1			1
新疆	49	1	41	13

单位：个、张

	提供养老服务	提供便民信息	床位数合计	日间照料床位数	住宿收养床位数
	315	**513**	**7209**	**4832**	**2377**
	40	91	1886	1620	266
	1		8	8	
	3	2	228	48	180
	2	1	200	200	
	5	21	150		150
	7	9			
	1	4			
	8	136			
		21	131	131	
	9	13	1062	702	360
	9	4	39	39	
	1	2			
	1	10	44	44	
	39	41	1468	588	880
	1	1	294	14	280
	23	3	332	272	60
	3	2	60	60	
	80	85	400	400	
		1			
	31	11	180	154	26
	25	33	274	274	
	1		125	100	25
	4	3	263	113	150
	20	19	65	65	
	1				

C-2-49 续表 2

地　区	年末收养人数合计	日间照料人数	住宿收养人数	社区从业人员
全　国	**8061**	**6515**	**1546**	**117921**
北　京	4416	4336	80	12332
天　津	16	16		5
河　北	203	23	180	14
山　西				542
内蒙古				
辽　宁	120		120	23540
吉　林				
黑龙江				
上　海				5218
江　苏	160	160		138
浙　江	383	310	73	1194
安　徽				636
福　建				170
江　西				
山　东	1244	552	692	14306
河　南	140		140	75
湖　北	145	124	21	8461
湖　南	630	630		153
广　东				31090
广　西				
海　南				
重　庆	130	130		17622
四　川	164	164		394
贵　州				870
云　南	120		120	896
西　藏				
陕　西	190	70	120	189
甘　肃				76
青　海				
宁　夏				
新　疆				

单位：人、个、平方米

社区服务志愿者组织数	社区志愿者人数	其他社区服务设施	#农村其他社区服务设施	城镇便民、利民服务网点数	机构建筑面积
11858	**945438**	**8580**	**913**	**22200**	**838847**
6659	377458	165		5814	277626
				1	42296
	35	1234	180	1	5370
71	45200	16		159	6900
119	91375	1		131	2800
		70			2902
		15			13166
376	39795			220	10665
18	542	211	156	52	40899
316	48648	127		1174	10413
54	3298	195	8	78	28523
66	43678	18		1597	1700
		1		34	1700
1410	62715	1724	363	4671	95952
30	89	217	52	37	16971
1384	86424	1609	22	2089	109957
36	516	572	1	116	8853
314	116049	1767	100	1183	48415
		8			3208
					100
205	19196	98	10	581	22070
777	4267	112	1	3876	11470
5	800	190		179	860
	5156	115		44	6697
18	197	1		155	21834
		40	20	8	45900
		74			1600

C-2-49 续表 3

地区	增加值合计	执行企业会计制度单位财务指标					执行行政	
		固定资产原价	营业收入	费用合计	营业利润	企业单位增加值	固定资产原价	上年结余
全国	**31033.7**	**2278.0**	**3.0**	**3.0**	**10.0**	**10.0**	**91567.0**	**6197.1**
北京	13187.4						36078.1	3844.8
天津	166.0						150.0	-21.7
河北	175.8						841.5	45.0
山西	385.7						3468.0	
内蒙古								
辽宁	502.0	1058.0					1096.5	
吉林	555.5						916.0	228.0
黑龙江	694.4	2.0					175.0	
上海	1456.1						5697.6	1442.2
江苏	995.2						786.1	14.9
浙江	1368.6						5018.7	55.3
安徽	976.2						3472.6	164.9
福建	63.2	3.0					108.8	
江西	3.1	2.0	3.0	3.0			77.3	
山东	4243.0						8226.0	
河南	1173.7						4210.0	
湖北	976.0						7886.1	83.0
湖南	349.3						1491.5	
广东	2022.0	1152.0					6097.9	321.1
广西	27.3						35.6	
海南	2.9							4.6
重庆	224.7						1188.7	
四川	415.2						978.0	
贵州	301.6							
云南	116.3						267.4	15.0
西藏								
陕西	290.4						2317.2	
甘肃	97.4						315.4	
青海								
宁夏	9.4						45.0	
新疆	459.3	61.0			10.0	10.0	622.0	

单位：万元

事业单位会计制度财务指标				执行民间非营利组织单位会计制度财务指标				
收入合计	支出合计	收支结余	行政事业单位增加值	固定资产原价	上年结余	收入合计	费用合计	社会组织单位增加值
60352.2	**63378.2**	**3608.5**	**30468.1**	**7097.6**	**643.9**	**2963.3**	**1380.3**	**555.6**
22844.1	24591.3	1474.6	13187.4					
211.8	203.0	-12.8	166.0					
194.9	188.1		175.8					
291.0	291.0		385.7					
460.0	616.2		502.0			5.0	5.0	
769.2	792.7		555.5					
1161.8	1203.7	63.3	694.4	12.0		0.5	0.5	
5858.2	6299.8	591.8	1293.1	119.0		188.8	188.8	163.0
1528.3	1601.1	15.8	970.2	120.0		40.0	40.0	25.0
2110.9	2192.1	49.5	1368.6					
2073.4	3821.2	249.5	976.2	10.0				
148.2	259.1	-3.1	63.2					
117.5	117.5		3.1					
6400.8	6400.8		4243.0					
1562.4	595.4	967.0	1173.7	5.0		9.0		
3969.2	3823.6		976.0	3863.0		642.0	642.0	
569.9	557.2		349.3					
7477.5	7258.0	187.1	2022.0	15.0		1562.0		
31.9	31.9		27.3					
50.0	50.0	2.9	2.9					
362.3	364.3		224.7					
687.9	691.4	22.9	349.2	2264.7		215.0	84.0	66.0
				688.8	643.9	297.0	420.0	301.6
109.6	109.6		116.3					
337.2	363.6		290.4					
410.9	353.4		97.4	0.1		4.0		
7.6	7.6		9.4					
605.7	594.6		449.3					

C-2-50 在民政部门登记

地区	单位数	年末职工人数		受教育程度	
			# 女性	大学专科人数	大学本科及以上人数
全国	**16654**	**86218**	**41507**	**20321**	**8504**
北京					
天津	272	1007	681	338	105
河北	176	629	316	108	7
山西	109	271	65	32	
内蒙古	138	712	345	80	30
辽宁	587	2446	1816	448	327
吉林	166	625	368	142	51
黑龙江	548	2979	1153	1566	1142
上海	552	12835	8274	305	78
江苏	1391	8161	4060	2122	863
浙江	588	3062	1686	1250	674
安徽	577	2566	945	495	236
福建	201	1123	510	183	52
江西	1224	5989	3713	919	210
山东	2548	12085	3755	4163	2066
河南	520	2471	1106	653	201
湖北	1397	4576	2241	1301	442
湖南	1349	7778	2956	2930	743
广东	1153	2319	894	386	141
广西	26	551	475	25	4
海南	90				
重庆	398	1584	434	146	37
四川	564	2807	1154	180	79
贵州	203	1262	639	181	98
云南	141	532	194	67	3
西藏	29	70	36		
陕西	338	870	291	77	22
甘肃	457	1481	628	477	425
青海	150	614	230	235	20
宁夏	230	726	511	100	32
新疆	532	4087	2031	1412	416

的社区服务中心

单位：个、人

职业资格水平		年龄结构			
助理社会工作师人数	社会工作师人数	35岁及以下人数	36岁至45岁人数	46岁至55岁人数	56岁及以上人数
531	**423**	**31243**	**38112**	**14195**	**2668**
4	1	118	646	204	39
5	5	274	181	107	67
		81	155	31	4
		238	318	154	2
2	1	1174	918	329	25
7	8	116	448	54	7
50	11	1390	987	559	43
69	12	3738	7513	1179	405
95	41	2513	3216	2107	325
53	19	1179	1215	620	48
36	5	1015	1200	348	3
3	8	425	468	196	34
16	5	2559	2470	802	158
16	126	5029	4877	1574	605
22	10	1235	939	254	43
9	1	1848	1949	706	73
52	28	2798	2675	2038	267
22	25	721	969	450	179
3		297	142	110	2
26	38	223	835	437	89
		707	1568	477	55
	46	617	464	144	37
		77	407	44	4
		53	17		
		263	384	172	51
		849	367	184	81
		63	539	11	1
3		299	336	86	5
38	33	1344	1909	818	16

C-2-50 续表 1

地　区	机构数	农村机构数	提供便民办事	提供活动场所
全　国	**16654**	**2172**	**9874**	**5883**
北　京				
天　津	272	52	271	159
河　北	176	3	61	25
山　西	109		47	39
内蒙古	138		46	79
辽　宁	587	1	87	188
吉　林	166	1	74	74
黑龙江	548	24	447	118
上　海	552	54	419	450
江　苏	1391	246	972	576
浙　江	588	46	447	124
安　徽	577	46	270	158
福　建	201	8	98	59
江　西	1224	42	602	465
山　东	2548	1446	1900	1038
河　南	520	13	237	161
湖　北	1397	46	790	243
湖　南	1349	26	844	255
广　东	1153	1	606	253
广　西	26		14	21
海　南	90		1	89
重　庆	398	59	153	254
四　川	564	17	443	133
贵　州	203	1	143	39
云　南	141		125	18
西　藏	29		12	16
陕　西	338	28	191	49
甘　肃	457	2	207	224
青　海	150		11	137
宁　夏	230		96	63
新　疆	532	10	260	376

单位：个、张

提供养老服务	提供便民信息	床位数合计	日间照料床位数	住宿收养床位数
3459	**4025**	**16962**	**13867**	**3095**
20	135	1500	1500	
13	85	945	105	840
5	24	20	20	
	41			
369	62	500	500	
14	33	373	323	50
44	53	45	45	
84	332	932	932	
610	506	2822	2793	29
124	296	510	456	54
130	108	1388	444	944
21	70			
473	192	1064	1064	
259	1072	3203	3113	90
54	126	287	259	28
453	195	289	229	60
264	101	547	507	40
176	200			
14	10	42	42	
50	89	165	135	30
1	25	367	287	80
25	17	357	337	20
	77			
1				
113	20	250	240	10
2	26	1183	363	820
1	1			
89	10	173	173	
50	119			

C-2-50 续表 2

地 区	年末收养人数合计	日间照料人数	住宿收养人数	社区从业人员
全 国	**29299**	**25130**	**4169**	**353229**
北 京				
天 津	2130	2130		86756
河 北	300	112	188	485
山 西	4	4		510
内蒙古				1796
辽 宁	70	70		37805
吉 林	180	157	23	18
黑龙江				54
上 海	366	366		2115
江 苏	12540	12514	26	23682
浙 江	300	250	50	5150
安 徽	1096	252	844	2609
福 建				
江 西	4724	4724		22231
山 东	1398	1318	80	19456
河 南	2193	93	2100	2332
湖 北	31	10	21	29987
湖 南	1505	1494	11	16886
广 东				76442
广 西	16	16		
海 南				
重 庆	1145	1130	15	1640
四 川	303	223	80	667
贵 州	63	42	21	9187
云 南				22
西 藏				
陕 西	160	150	10	442
甘 肃	700		700	2471
青 海				77
宁 夏	75	75		5035
新 疆				5374

单位：人、个、平方米

社区服务志愿者组织数	社区志愿者人数	其他社区服务设施	#农村其他社区服务设施	城镇便民、利民服务网点数	机构建筑面积
30337	**1348953**	**33865**	**4222**	**190546**	**3172475**
2394	320406	458	28	7824	83662
222	9255	1741		2123	47918
70	2530	65		3264	26950
47	3850	144		776	22710
903	183168	907	358	22375	114737
		31		665	28359
108	21939	342	8	1819	108298
947	52862	68		771	129457
3006	106409	4362	200	41590	522452
1181	150745	3109	1685	7978	193258
542	108859	359	6	4365	78329
		45	44	27	26950
1206	8948	1582	13	3440	188453
4277	109045	3851	626	17136	592489
348	7387	1821	204	2696	68880
4821	62223	3758	98	5938	51185
3309	80711	4040	62	31973	159721
134	20050	2034	89	1065	140008
5	161	1		5	3947
					17660
1510	35927	86	74	980	143765
294	13228	351	1	938	57300
4531	22108	3799	692	21647	28192
				27	31391
					4473
68	295	176	8	246	43485
83	15018	428	26	1433	162845
		12			23150
79	751	136		7866	33041
252	13078	159		1579	39410

C-2-50 续表 3

地 区	增加值合计	执行企业会计制度单位财务指标					执行行政	
		固定资产原价	营业收入	费用合计	营业利润	企业单位增加值	固定资产原价	上年结余
全 国	**71325.8**	**4766.8**	**715.4**	**2063.0**	**11.8**	**1101.0**	**83423.7**	**2224.6**
北 京								
天 津	1750.0						2886.7	20.0
河 北	240.2	372.0	230.0	123.0		124.1	380.6	
山 西	8.9	40.0					223.5	
内蒙古	136.0	70.0	13.0	13.0		0.1	1348.5	
辽 宁	1325.3	221.1	15.0	10.0		0.1	2259.9	
吉 林	267.6		4.0	1.8		4.0	28.8	
黑龙江	1120.8	148.0	15.0	1720.0		827.5	381.0	
上 海	4016.6						950.5	223.0
江 苏	6453.7	1100.0					12002.9	
浙 江	11232.2						6905.2	
安 徽	1862.7	100.0				1.0	11051.1	4.0
福 建	94.0	37.0	5.6	7.4	2.3	11.4	477.4	
江 西	847.8	173.0	53.0	15.0		0.2	3627.3	
山 东	16995.3							
河 南	948.0	51.0	101.3	73.5	9.5	48.3	910.1	
湖 北	3043.5						6997.8	
湖 南	7305.5	65.0	50.0	1.0			4699.9	1624.8
广 东	1394.5	278.2					1955.2	74.2
广 西	59.7						167.9	210.0
海 南								
重 庆	54.3	2.5					328.2	
四 川	7128.3	120.0	209.2	67.5		42.7	1056.5	
贵 州	605.2	17.0	19.0	9.0		12.1	162.0	
云 南	108.3	550.0					177.0	
西 藏	494.1	350.0					12352.1	
陕 西	356.2						4539.9	
甘 肃	565.1	6.0					686.5	
青 海	322.0							
宁 夏	246.5			1.0			332.5	
新 疆	2239.1	1066.0	0.3	20.8		29.5	6534.7	68.6

单位：万元

事业单位会计制度财务指标				执行民间非营利组织单位会计制度财务指标				
收入合计	支出合计	收支结余	行政事业单位增加值	固定资产原价	上年结余	收入合计	费用合计	社会组织单位增加值
78743.6	**77492.0**	**2321.8**	**36267.5**	**126622.0**	**3718.7**	**68366.9**	**63372.7**	**33957.3**
1888.0	1660.8		1665.7	113.0		212.6	212.6	84.3
122.3	122.3		64.3	4588.8	-62.5	157.7	118.7	51.8
231.5	231.5		8.9	29.0		1.8	1.8	
249.0	249.0		135.9	672.0		2.0	2.0	
899.2	899.7		466.1	225.0		2031.1	2041.1	859.1
109.3	111.4		64.6	10.0		515.4	612.3	199.0
420.1	281.9		170.7	684.6		427.3	351.1	122.6
5368.1	4773.1	405.4	1401.3	2134.4	7.8	7136.3	7312.6	2615.3
8307.2	8269.2	20.0	3533.9	22300.8	-276.5	9432.1	8117.9	2919.8
28992.1	29006.3	498.2	10031.5	2037.2	39.1	3881.4	4062.1	1200.7
2310.5	2329.8		1777.8	2770.7	3.0	437.5	255.0	83.9
243.0	225.6	1.6	77.5	1380.3	10.3	381.8	338.9	5.1
1880.7	1690.3		666.0	799.4		847.2	778.0	181.6
				45367.9		27389.3	27282.1	16995.3
1291.5	1395.8		703.0	4420.0		610.1	598.2	196.7
5570.4	5300.4		2834.5	4243.0		732.0	700.0	209.0
12607.9	12922.4	1303.8	6794.4	3294.8		4827.6	3948.5	511.1
1062.9	2280.9	97.8	1394.5	2547.0	-30.0	8.8	19.5	
217.0	7.0		13.7	538.2	0.5	84.5	83.5	46.0
30.1	29.1		22.8	9592.4		1164.0	1053.5	31.5
778.3	803.0		559.7	514.0	3.0	5300.4	4065.3	6525.9
110.2	107.3		109.2	2036.6	1.0	1478.6	596.3	483.9
59.4	142.9		105.0	924.0		91.3	3.3	3.3
			494.1					
230.9	230.9		356.2					
607.1	591.1	1.0	468.3	9888.6	4000.0	662.0	120.4	96.8
0.5	0.5			3571.0		382.9	372.7	322.0
138.4	140.4		87.5	334.3	23.0	134.2	234.7	159.0
5018.0	3689.4	-6.0	2156.0	1605.0		37.0	90.6	53.6

C-2-51 未登记的社

地区	单位数	年末职工人数		受教育程度	
			# 女性	大学专科人数	大学本科及以上人数
全 国	**38529**	**180079**	**89822**	**46854**	**20323**
北 京	3782	18610	10701	5371	3817
天 津	312	1422	1006	173	128
河 北	1037	3270	2040	441	116
山 西	1322	3420	1579	868	413
内蒙古	1002	5549	3210	1581	1086
辽 宁	1433	10984	6241	1648	700
吉 林	190	860	474	628	44
黑龙江	999	4462	2015	1527	583
上 海	2060	12316	6669	1439	650
江 苏	4886	25169	10711	4653	2396
浙 江	2555	11903	6560	3403	1761
安 徽	1542	7277	3087	1826	528
福 建	1113	4540	2354	544	135
江 西	135	1202	834	542	182
山 东	5825	28986	13276	10769	4076
河 南	368	1562	722	554	87
湖 北	808	2541	1339	1009	352
湖 南	808	3382	1828	785	146
广 东	1528	7620	3552	831	322
广 西	437	1015	596	126	37
海 南	18	18	12		
重 庆	1453	5303	2548	1787	617
四 川	475	1629	816	561	170
贵 州	46	127	94	100	19
云 南	288	1182	295	181	15
西 藏					
陕 西	1920	8171	3716	2829	630
甘 肃	1432	4315	1638	1713	666
青 海					
宁 夏	90	300	254	50	5
新 疆	665	2944	1655	915	642

区服务中心

单位：个、人

职业资格水平		年龄结构			
助理社会工作师人数	社会工作师人数	35岁及以下人数	36岁至45岁人数	46岁至55岁人数	56岁及以上人数
1676	**701**	**55165**	**74435**	**40094**	**10385**
767	172	5284	6264	5446	1616
80	9	251	456	415	300
		1770	1128	334	38
	2	1209	1306	750	155
6	5	2490	2211	807	41
14	4	3472	4814	2305	393
		238	551	71	
124	24	1563	2408	404	87
67	40	1220	6819	3292	985
150	41	5490	9689	7583	2407
54	15	4176	4389	2728	610
36	52	3028	3203	968	78
126	40	1417	2047	946	130
4		306	406	468	22
34	75	10323	12270	4878	1515
2		621	700	142	99
106	75	848	1128	489	76
10	17	826	2165	370	21
40	49	1902	2805	2193	720
		255	416	324	20
		18			
5	9	1685	2345	1095	178
17	57	740	630	196	63
		55	72		
		487	469	197	29
23	10	2532	3077	2151	411
1	1	1282	1486	1185	362
10		98	190	12	
	4	1579	991	345	29

C-2-51 续表 1

地 区	机构数	农村机构数	提供便民办事	提供活动场所
全 国	**38529**	**5064**	**25805**	**15315**
北 京	3782	983	3321	2336
天 津	312	10	196	157
河 北	1037	2	878	45
山 西	1322	1	1091	191
内蒙古	1002	5	636	444
辽 宁	1433	25	1104	218
吉 林	190		90	111
黑龙江	999	2	462	483
上 海	2060	252	1514	1340
江 苏	4886	1122	3351	1951
浙 江	2555	842	2197	1404
安 徽	1542	31	1279	193
福 建	1113	4	482	438
江 西	135	9	76	78
山 东	5825	1478	3667	2137
河 南	368	4	222	138
湖 北	808	35	279	315
湖 南	808	26	196	170
广 东	1528	41	1081	593
广 西	437	4	130	135
海 南	18	18		
重 庆	1453	96	955	871
四 川	475	5	276	167
贵 州	46	2	29	12
云 南	288		255	33
西 藏				
陕 西	1920	64	977	712
甘 肃	1432	3	550	308
青 海				
宁 夏	90		59	18
新 疆	665		452	317

单位:个、张

提供养老服务	提供便民信息	床位数合计	日间照料床位数	住宿收养床位数
11129	**11325**	**33455**	**27585**	**5870**
592	1679	772	772	
161	124	409	409	
161	95	367	367	
84	43	205	205	
	181			
305	252	282	268	14
	14			
53	44	467	467	
410	905	3603	1291	2312
2221	1570	9211	9112	99
1031	1416	4857	2653	2204
150	239	207	147	60
327	133	33	33	
23	53	147	147	
3283	2145	9430	8892	538
20	75	609	450	159
244	104	177	80	97
406	52	550	550	
282	271			
137	182	40	40	
18				
610	805	1000	923	77
6	49	23	23	
2	3	39	39	
3	11	20	20	
464	271	210	210	
26	548	670	390	280
47		127	97	30
63	61			

C-2-51 续表 2

地区	年末收养人数合计	日间照料人数	住宿收养人数	社区从业人员
全　国	**71866**	**68577**	**3289**	**554690**
北　京	372	372		5920
天　津	508	508		5685
河　北	190	190		2327
山　西	27	27		4765
内蒙古				34733
辽　宁	78	64	14	130364
吉　林				2
黑龙江	66	66		16333
上　海	2993	1086	1907	59702
江　苏	49811	49756	55	28835
浙　江	6729	6076	653	60304
安　徽	50	20	30	26808
福　建	31	31		4149
江　西	100	100		3037
山　东	9170	8704	466	71881
河　南	208	145	63	440
湖　北	118	63	55	12092
湖　南	290	290		8106
广　东				4325
广　西	28	28		25237
海　南				
重　庆	903	867	36	21152
四　川	23	23		8610
贵　州				4458
云　南				16
西　藏				
陕　西	146	146		6756
甘　肃				2947
青　海				
宁　夏	25	15	10	
新　疆				5706

单位：人、个、平方米

社区服务志愿者组织数	社区志愿者人数	其他社区服务设施	#农村其他社区服务设施	城镇便民、利民服务网点数	机构建筑面积
59806	**2656350**	**47727**	**4039**	**324229**	**8064205**
970	30805	152	89	6080	525644
1803	220318	249		5744	52462
927	9362	1207	1	3540	185205
689	8218	520		16109	127988
1856	121951	1379	106	14773	110153
3626	133688	316	2	3811	126270
					40683
423	11357	433		4166	188682
5957	237237	46		1807	480494
5914	273594	5996	893	65994	1931220
9018	555198	8881	974	64932	1159019
923	42730	1466	25	8662	243847
1389	57730	379	3	4977	150615
376	784	109	5	461	7495
9678	179414	5287	1261	39901	824121
16	512	790	47	1161	103975
3337	185361	2173	37	1972	76642
394	3643	3110	23	14121	225820
84	86935	9160	223	941	213272
2623	15625	730		2961	76729
5081	330985	1093	206	8107	447757
1824	95985	925	48	29946	47500
501	6107	1464		3532	4224
1	85	10	1	38	47734
775	35835	919	73	3702	378646
1376	4130	585	17	9689	167900
5	31	4		5938	13170
240	8730	344	5	1164	106938

C-2-51 续表 3

地　区	增加值合计	执行企业会计制度单位财务指标					执行行政	
		固定资产原价	营业收入	费用合计	营业利润	企业单位增加值	固定资产原价	上年结余
全　国	**287765.9**	**202826.4**	**57088.0**	**41615.0**	**4599.2**	**18423.8**	**523051.8**	**16247.0**
北　京	59500.1	198471.9	55702.6	40266.8	4595.5	18168.4	74836.8	5462.4
天　津	1088.0						183.0	
河　北	147.6	9.0					1239.1	
山　西	317.1	50.0	5.0	5.0		7.2	724.7	1.0
内蒙古	1406.1	575.8	150.0	143.0	3.0	4.3	3574.0	
辽　宁	1245.7	0.1					4354.1	
吉　林	102.1		3.0	3.0			22.0	
黑龙江	1475.5	72.0		2.1			1126.3	20.0
上　海	19639.5						112763.8	287.6
江　苏	70450.6	239.0	88.0				230989.4	66.0
浙　江	49367.2	839.0	466.4	428.7	0.7	29.4	22747.7	9480.1
安　徽	2416.9	216.0	4.0				5899.6	4.8
福　建	2069.2	131.0	345.0	360.0		6.2	3406.6	195.0
江　西	197.6	40.0					221.0	
山　东	55052.8							
河　南	377.1		310.0	310.0		2.8	598.7	1.4
湖　北	2486.4						5374.1	
湖　南	2413.6						1212.2	0.6
广　东	9562.2	571.0					5789.5	674.9
广　西	230.7	70.0					3171.4	
海　南	0.8						20.0	
重　庆	3574.5	910.0	11.0	11.0		0.1	18424.1	33.2
四　川	1129.7	40.0				3.0	472.7	
贵　州	77.7						50.0	
云　南	205.2	25.0					2069.8	
西　藏								
陕　西	1735.3						15283.5	20.0
甘　肃	250.9	21.0					207.0	
青　海								
宁　夏	57.6	42.0					60.0	
新　疆	3087.2	503.6	3.0	85.4		202.2	8230.7	

单位：万元

事业单位会计制度财务指标				执行民间非营利组织单位会计制度财务指标				
收入合计	支出合计	收支结余	行政事业单位增加值	固定资产原价	上年结余	收入合计	费用合计	社会组织单位增加值
331874.1	**341527.8**	**13180.9**	**177372.7**	**197759.6**	**16521.9**	**124857.5**	**119241.2**	**91969.4**
57568.6	66812.8	3311.5	41331.7					
238.0	238.0		33.3	1040.5		1972.4	1972.4	1054.7
475.5	476.0	8.0	147.6	9.6		469.5	27.0	
267.1	271.1	0.5	95.9	513.5		1574.0	1754.4	214.0
1933.5	1934.5		1341.0	1289.0		393.3	372.3	60.8
1768.5	2398.8		1160.3	4138.2		368.3	418.5	85.4
255.2	255.2		67.1			43.2	36.5	35.0
18184.1	19066.9	2.4	1435.5	3610.6		561.5	76.5	40.0
70210.1	81356.3	174.0	19400.5	13827.5	45.0	1300.1	789.1	239.0
91515.7	86515.3	-21.1	63690.8	35711.1		15972.5	16180.2	6759.8
44172.9	37588.9	8018.6	24306.1	25757.1	16390.9	13394.9	14622.6	25031.7
3911.4	4046.8		1762.7	10741.5	60.0	2084.3	1766.7	654.2
6001.7	3020.5		1979.3	552.5		1998.6	1726.7	83.7
163.2	163.2		159.6	146.5		158.3	157.3	38.0
				62653.0	18.0	69424.2	67704.8	55052.8
426.7	428.1		284.3	287.0		312.6	230.9	90.0
4074.7	4019.5	178.7	2094.5	1023.4		476.8	611.3	391.9
3938.2	3919.5	1.1	2222.1	790.6	8.0	957.5	1038.0	191.5
11822.9	12285.3	1349.4	8783.2	4335.0		8882.5	8634.9	779.0
111.8	113.9		214.2	311.5		46.6	43.0	16.5
10.0	10.0		0.8					
5769.2	5755.4	155.8	3452.6	29071.3		2245.5	500.5	121.8
662.3	2490.4		319.0	647.3		631.8	253.0	807.7
60.7	60.7		31.7			18.0	81.0	46.0
160.7	156.9		205.2	495.0		2.0		
4664.4	4172.8	2.0	1735.3					
260.9	260.9		233.5	539.9		1349.6	24.1	17.4
18.7	18.7		21.1	103.0		97.5	97.5	36.5
3227.4	3691.4		2763.0	165.0		122.0	122.0	122.0

C-2-52 提供床位的

地 区	单位数	年末职工人数		受教育程度	
			# 女性	大学专科人数	大学本科及以上人数
全 国	**12720**	**83215**	**40625**	**22873**	**11440**
北 京	175	3017	1641	690	785
天 津	215	1155	736	328	135
河 北	208	1155	551	314	50
山 西	266	1453	610	310	89
内蒙古	755	4295	2378	1091	471
辽 宁	357	2796	1952	500	425
吉 林	267	1418	787	799	128
黑龙江	481	3808	1598	1986	1278
上 海	177	4697	2501	1014	612
江 苏	944	7173	3305	1785	886
浙 江	1112	6074	3233	1939	1043
安 徽	573	3955	1758	1037	530
福 建	305	1579	710	120	47
江 西	367	2030	903	288	107
山 东	916	7524	3200	2966	2115
河 南	452	2698	1227	845	253
湖 北	535	2825	1440	748	268
湖 南	473	3580	1645	1125	364
广 东	1366	7150	3369	1066	442
广 西	104	821	578	71	19
海 南	1	5	2	4	1
重 庆	232	1199	500	296	124
四 川	719	3175	1553	602	218
贵 州	147	951	522	272	132
云 南	70	338	166	94	18
西 藏	28	62	30		
陕 西	335	1526	592	361	161
甘 肃	362	1362	605	525	255
青 海	112	559	222	202	20
宁 夏	75	316	186	49	24
新 疆	591	4519	2125	1446	440

社区服务中心

单位：个、人

职业资格水平		年龄结构			
助理社会工作师人数	社会工作师人数	35岁及以下人数	36岁至45岁人数	46岁至55岁人数	56岁及以上人数
597	**446**	**29889**	**35125**	**15162**	**3039**
52	37	750	1165	992	110
4	1	161	665	282	47
6	5	465	494	169	27
	2	623	584	222	24
3		1770	1890	622	13
2	1	1254	1037	459	46
24	11	382	911	115	10
57	18	1428	1505	819	56
26	30	1345	2020	951	381
127	39	2412	2859	1417	485
42	13	2101	2593	1215	165
23	12	1616	1647	652	40
19		524	674	306	75
3		867	866	283	14
11	9	3615	2863	849	197
28	11	1272	1092	299	35
23	71	1111	1046	573	95
9	1	1307	1560	596	117
36	31	1936	2733	1826	655
3		368	279	162	12
			4	1	
6	9	283	663	239	14
13	54	1029	1659	376	111
	47	360	384	163	44
6		118	135	61	24
		45	17		
17	1	526	612	291	97
16	7	560	416	270	116
		47	503	8	1
1		159	120	34	3
40	36	1455	2129	910	25

C-2-52 续表 1

地 区	机构数	农村机构数	提供便民办事	提供活动场所
全 国	**12720**	**1692**	**8565**	**5421**
北 京	175	7	118	111
天 津	215	62	184	111
河 北	208	4	135	47
山 西	266		219	54
内蒙古	755	3	432	366
辽 宁	357	1	265	134
吉 林	267	2	174	96
黑龙江	481	43	344	115
上 海	177	1	149	83
江 苏	944	320	787	459
浙 江	1112	629	959	670
安 徽	573	46	419	146
福 建	305	4	129	157
江 西	367	18	193	157
山 东	916	262	643	388
河 南	452	17	245	161
湖 北	535	52	418	147
湖 南	473	47	328	116
广 东	1366	31	916	584
广 西	104	4	41	82
海 南	1		1	
重 庆	232	34	148	152
四 川	719	26	411	270
贵 州	147	3	80	45
云 南	70		48	17
西 藏	28		12	16
陕 西	335	49	218	114
甘 肃	362	16	155	139
青 海	112		11	99
宁 夏	75		54	25
新 疆	591	11	329	360

单位：个、人、张

提供养老服务	提供便民信息	床位数合计	日间照料床位数	住宿收养床位数
1831	**3159**	**28534**	**18628**	**9906**
40	84	1886	1620	266
26	62	1801	1801	
6	37	993	153	840
22	48	425	425	
	98			
22	109	204	40	164
21	56			
36	76	211	211	
54	93	4025	1713	2312
257	390	1355	1306	49
497	680	4148	1834	2314
51	209	1497	553	944
35	14	54	54	
88	31	573	573	
165	280	4463	3493	970
46	101	1000	533	467
43	86	537	417	120
43	46	678	678	
159	256	400	400	
18	36	60	60	
27	75	466	359	107
32	68	794	704	90
27	16	508	485	23
1	4	125	100	25
45	57	723	563	160
12	59	1587	532	1055
1	1			
3	2	21	21	
54	85			

C-2-52 续表 2

地区	年末收养人数合计	日间照料人数	住宿收养人数	社区从业人员
全国	**43957**	**36037**	**7920**	**588783**
北京	4416	4336	80	12529
天津	2654	2654		87132
河北	366	135	231	675
山西	31	31		4681
内蒙古				34314
辽宁	230	96	134	62266
吉林				12
黑龙江				59
上海	3359	1452	1907	55924
江苏	18504	18478	26	13050
浙江	2210	1734	476	80928
安徽	1096	252	844	3119
福建	9	9		3415
江西	2451	2451		12329
山东	2532	1760	772	29954
河南	2541	238	2303	2618
湖北	237	195	42	48428
湖南	1119	1119		15256
广东				66304
广西	30	30		2606
海南				
重庆	252	201	51	20197
四川	500	420	80	9272
贵州	81	57	24	8255
云南	120		120	918
西藏				
陕西	496	366	130	1104
甘肃	700		700	4830
青海				77
宁夏	23	23		306
新疆				8225

单位：人、个、平方米

社区服务志愿者组织数	社区志愿者人数	其他社区服务设施	#农村其他社区服务设施	城镇便民、利民服务网点数	机构建筑面积
59709	**3194838**	**63574**	**5859**	**280390**	**4515087**
6695	378384	165		5828	273786
2951	379316	542	28	8903	160291
267	9731	3652	180	2075	58638
635	53773	336		13930	70260
1719	109748	1400	78	15373	103877
979	294272	868	354	11124	67269
		101		665	56837
119	22064	406	2	1343	99866
6801	215056	14		2018	69387
2315	95911	4353	309	13167	687683
8115	484813	14083	2178	54907	819708
576	139324	1135	31	3452	152422
801	74594	270	3	4170	37470
880	5654	1147	1	2425	93440
5750	150883	5177	1025	22679	530527
394	7839	2682	256	3798	132933
9566	281558	6987	115	9975	166873
966	64066	4562	28	25060	179450
486	140659	9274	241	2591	190616
541	262	147		398	36050
					100
2305	112333	404	122	3651	134449
2181	111028	1216	32	34638	74795
3941	19567	3521	738	16226	22715
	5156	117		78	24503
					4373
153	2605	211	10	953	94753
136	15413	469	123	7234	88645
		12			17040
28	592	5		12108	8613
409	20237	318	5	1621	57718

C–2–52 续表 3

地区	增加值合计	执行企业会计制度单位财务指标					执行行政	
		固定资产原价	营业收入	费用合计	营业利润	企业单位增加值	固定资产原价	上年结余
全　国	**128832.6**	**8024.4**	**1719.6**	**2842.7**	**79.7**	**1483.6**	**325693.8**	**13707.3**
北　京	13504.4						36438.7	3844.8
天　津	2002.6						3219.7	-1.7
河　北	519.5	532.0	318.0	188.6	0.7	129.1	1734.2	45.0
山　西	646.6	40.0	5.0	5.0			4022.8	1.0
内蒙古	668.2	647.8	211.0	204.0	9.0	15.4	2789.5	
辽　宁	2222.4	1172.1					6536.2	
吉　林	816.8		13.0	10.8		4.1	966.8	228.0
黑龙江	2108.9	56.0	17.0	1722.1		829.5	670.0	
上　海	4795.0						8015.7	1882.2
江　苏	26509.6	1141.5	122.0	33.9	0.4	27.0	133019.3	14.9
浙　江	28389.7	298.0	237.3	210.3	0.7	42.4	22257.5	4840.8
安　徽	3351.6	590.0	237.2	69.1	7.1	75.0	14906.6	169.7
福　建	217.6	197.0	105.6	106.5	2.3	28.9	432.6	
江　西	605.8	218.0	50.0	12.0		0.1	2976.1	
山　东	16343.8						8226.0	
河　南	2032.0	51.0	101.3	73.5	9.5	48.3	4991.0	1.4
湖　北	2362.7						13299.2	83.0
湖　南	5416.0			1.0			4938.8	1625.4
广　东	7015.1	700.3					10064.2	641.4
广　西	185.7	70.0					2106.8	210.0
海　南	2.9							4.6
重　庆	1818.9	150.5	11.0	11.0		0.1	6858.2	33.2
四　川	2342.5	258.4	264.9	124.3		49.8	2363.2	
贵　州	1034.1	227.0	19.0	11.1	40.0	107.7	212.0	
云　南	91.2	425.0					406.0	15.0
西　藏	494.1						12352.1	
陕　西	938.4						9921.4	
甘　肃	317.1	102.0	7.0	5.0			501.8	
青　海	322.0							
宁　夏	49.3						206.5	
新　疆	3486.7	1147.8	0.3	54.5	10.0	126.0	11260.9	68.6

单位：万元

事业单位会计制度财务指标				执行民间非营利组织单位会计制度财务指标				
收入合计	支出合计	收支结余	行政事业单位增加值	固定资产原价	上年结余	收入合计	费用合计	社会组织单位增加值
195141.6	**189107.6**	**11685.0**	**92962.0**	**140734.4**	**12612.8**	**62614.8**	**45153.7**	**34387.0**
23243.7	24939.9	1474.6	13504.4					
2250.7	2014.7	-12.8	1787.5	164.7		355.0	355.0	215.1
613.1	606.3	8.0	338.6	4511.4	-62.5	122.7	145.7	51.8
543.6	545.6	0.5	432.6	373.0		660.8	655.8	214.0
1153.1	1153.1		614.6	1749.0		307.3	307.3	38.2
1685.3	1876.0		1285.7	3970.0		2278.3	2338.5	936.7
1129.7	1155.3		687.2	10.0		333.6	413.8	125.5
18951.6	19064.2	65.7	1153.8	790.0		351.5	322.2	125.6
20090.9	20007.4	1147.2	4147.4	775.5	5.5	13809.7	4546.4	647.6
37711.3	32847.8	22.0	22879.9	22844.3	-276.5	8386.8	7352.2	3602.7
25683.7	21336.4	5614.4	16302.9	18616.8	8213.6	9356.2	7101.3	12044.4
4846.0	6595.1	249.5	3051.0	4750.1	63.0	785.9	528.6	225.6
545.8	655.1	-1.5	156.9	220.0	10.3	662.2	617.2	31.8
1500.2	1370.8		579.1	513.0		260.0	226.8	26.6
6400.8	6400.8		4243.0	31448.0	18.0	14511.6	12680.8	12100.8
2617.8	1664.5	967.0	1751.1	4549.0		756.2	743.3	232.6
8791.0	8604.4		2186.7	4086.0		571.0	706.5	176.0
9727.1	9993.2	1304.9	5220.5	918.5		1288.5	894.6	195.5
13367.1	13805.5	666.9	6236.1	5498.0	-30.0	3463.8	1912.5	779.0
289.9	82.0		149.0	747.2	0.5	69.3	66.4	36.7
50.0	50.0	2.9	2.9					
3010.0	2999.4	155.8	1729.5	13104.4		963.5	967.0	89.3
2105.9	3969.2	22.9	1206.5	3230.3	3.0	1079.7	589.7	1086.2
170.9	168.0		140.9	3053.4	644.9	983.1	965.1	785.5
90.0	105.0		91.2	185.0		27.2		
			494.1					
1326.5	1351.2	2.0	938.4					
635.0	561.5	1.0	203.3	9279.6	4000.0	710.2	143.1	113.8
0.5	0.5			3504.0		382.9	372.7	322.0
88.8	90.8		34.9	138.2	23.0	16.8	26.6	14.4
6521.6	5093.9	-6.0	3191.1	1705.0		121.0	174.6	169.6

C-2-53 不提供床位的

地区	单位数	年末职工人数		受教育程度	
			# 女性	大学专科人数	大学本科及以上人数
全国	**44237**	**196142**	**97564**	**48223**	**20158**
北京	3796	18598	10687	5380	3811
天津	373	1301	966	189	118
河北	1027	2985	1918	367	87
山西	1197	2420	1126	680	357
内蒙古	400	2011	1202	570	645
辽宁	1697	10757	6205	1655	615
吉林	109	244	172	25	
黑龙江	1159	4451	1910	1371	535
上海	2633	21613	13070	1006	370
江苏	5368	26565	11752	5070	2441
浙江	2057	9060	5108	2777	1425
安徽	1603	6742	2754	1639	490
福建	1025	4164	2196	615	156
江西	1020	5247	3671	1179	285
山东	7612	34943	14542	12530	4694
河南	465	1612	699	463	80
湖北	1780	5094	2590	1724	592
湖南	1717	7759	3213	2665	565
广东	1632	4035	1709	450	216
广西	362	755	499	85	22
海南	108	18	12		
重庆	1688	5898	2567	1700	576
四川	398	1619	561	208	49
贵州	110	617	336	55	
云南	369	1487	381	183	9
西藏	1	8	6		
陕西	1942	7649	3467	2588	513
甘肃	1649	4747	1819	1881	857
青海	38	55	8	33	
宁夏	246	713	581	103	14
新疆	656	2975	1837	1032	636

社区服务中心

单位：个、人

职业资格水平		年龄结构			
助理社会工作师人数	社会工作师人数	35岁及以下人数	36岁至45岁人数	46岁至55岁人数	56岁及以上人数
1765	**758**	**60957**	**83011**	**41737**	**10437**
767	172	5281	6262	5439	1616
80	9	220	447	342	292
		1724	894	289	78
	1	743	962	578	137
3	5	968	669	341	33
14	4	3429	4742	2209	377
		12	205	27	
123	19	1704	2372	295	80
114	31	3966	12909	3684	1054
134	43	5671	10176	8423	2295
68	24	3305	3087	2164	504
54	46	2776	3095	808	63
110	48	1356	1869	848	91
17	5	2016	2061	1002	168
44	196	12321	14853	5770	1999
		739	656	110	107
94	11	1954	2341	740	59
53	44	2392	3338	1852	177
38	49	1053	1616	1085	281
		187	284	274	10
		18			
27	38	1670	2598	1375	255
4	3	484	793	331	11
		432	185		
		460	795	210	22
		8			
6	9	2328	2914	2041	366
3		1807	1483	1122	335
		16	36	3	
12		239	407	65	2
	1	1678	962	310	25

C-2-53 续表 1

地区	机构数	农村机构数	提供便民办事	提供活动场所
全国	**44237**	**5655**	**28067**	**16420**
北京	3796	981	3335	2341
天津	373		286	205
河北	1027	1	812	34
山西	1197	1	945	179
内蒙古	400	2	250	171
辽宁	1697	25	951	292
吉林	109		5	99
黑龙江	1159	9	611	530
上海	2633	305	1832	1734
江苏	5368	1048	3566	2091
浙江	2057	259	1706	875
安徽	1603	31	1173	210
福建	1025	8	460	343
江西	1020	33	497	388
山东	7612	2662	5027	2821
河南	465		231	145
湖北	1780	30	726	433
湖南	1717	20	736	313
广东	1632	28	918	477
广西	362		104	75
海南	108	18	1	89
重庆	1688	124	998	977
四川	398		321	38
贵州	110		95	9
云南	369		341	34
西藏	1			
陕西	1942	43	961	652
甘肃	1649	27	653	424
青海	38			38
宁夏	246		101	57
新疆	656		425	346

单位：个、张

提供养老服务	提供便民信息	床位数合计	日间照料床位数	住宿收养床位数
13087	**12756**	**29916**	**28036**	**1880**
592	1686	772	772	
156	197	116	116	
171	155	547	367	180
69	20			
	125			
661	226	728	728	
		373	323	50
62	28	301	301	
448	1290	510	510	
2575	1708	10965	10740	225
667	1050	2281	1977	304
238	142	137	77	60
315	191	24	24	
412	224	682	682	
3416	2978	9638	9100	538
31	103	190	190	
678	233	342	245	97
630	109	479	439	40
379	300			
133	157	22	22	
18				
664	830	879	853	26
	41			
2	4			
3	84	20	20	
1				
536	237			
37	535	631	301	330
133	8	279	249	30
60	95			

C−2−53 续表 2

地　区	年末收养人数合计	日间照料人数	住宿收养人数	社区从业人员
全　国	**65409**	**64276**	**1133**	**470063**
北　京	372	372		5723
天　津				5314
河　北	327	190	137	2151
山　西				1136
内蒙古				2257
辽　宁	38	38		129452
吉　林	180	157	23	18
黑龙江	66	66		16328
上　海				11111
江　苏	44053	43952	101	39689
浙　江	5202	4902	300	16518
安　徽	50	20	30	27085
福　建	22	22		904
江　西	2373	2373		12939
山　东	9280	8814	466	75689
河　南				229
湖　北	123	68	55	3749
湖　南	1306	1295	11	9889
广　东				45553
广　西	14	14		22631
海　南				
重　庆	1926	1926		20217
四　川				399
贵　州				6483
云　南				16
西　藏				
陕　西				6283
甘　肃				716
青　海				
宁　夏	77	67	10	4729
新　疆				2855

单位：人、个、平方米

社区服务志愿者组织数	社区志愿者人数	其他社区服务设施	#农村其他社区服务设施	城镇便民、利民服务网点数	机构建筑面积
46583	**1881237**	**32410**	**3703**	**258746**	**7599848**
934	29879	152	89	6066	529484
1246	161408	165		4666	18129
882	8941	575	1	3589	182525
195	2175	265		5607	95528
194	17283	123	28	1738	31426
3681	114150	387	6	15193	177138
					15410
412	11232	396	6	4654	211140
479	114838	100		780	555924
6638	285155	6231	940	94490	1809688
5395	378634	3056	481	19177	544482
964	26480	885	8	9653	199797
654	26814	172	44	2431	141995
702	4078	545	17	1510	106728
9615	200291	5685	1225	39029	982035
	149	146	47	96	56893
868	54437	662	49	228	79399
2773	20804	3160	58	21150	214944
46	82375	3688	171	598	211279
2087	15524	592		2568	47834
					17660
4491	273775	873	168	6017	479143
716	2472	175	18	122	42300
1429	11040	2399	228	9489	11298
1	85	8	1	31	62519
					100
708	33722	885	71	3150	349212
1334	3735	691	47	3896	291900
					6110
56	190	135		1696	37598
83	1571	259		1122	90230

C−2−53 续表 3

地区	增加值合计	执行企业会计制度单位财务指标					执行行政	
		固定资产原价	营业收入	费用合计	营业利润	企业单位增加值	固定资产原价	上年结余
全　国	**261877.2**	**202974.7**	**56602.6**	**41150.7**	**4595.5**	**18301.8**	**373975.5**	**10961.4**
北　京	59183.1	198471.9	55702.6	40266.8	4595.5	18168.4	74476.2	5462.4
天　津	1001.4							
河　北	93.3	9.0					832.0	
山　西	65.9	50.0				7.2	413.4	
内蒙古	885.9						2158.0	
辽　宁	857.4	107.1	15.0	10.0		0.1	1194.1	
吉　林	108.5							
黑龙江	1189.4	166.0					1012.3	20.0
上　海	20468.0						111396.2	70.6
江　苏	51416.9	239.0					110759.1	66.0
浙　江	33593.3	541.0	247.0	225.2		2.0	12414.1	4694.6
安　徽	1989.4	196.0	4.0				5516.7	4.0
福　建	2025.6		265.0	280.0		5.5	3560.2	195.0
江　西	442.7	42.0	6.0	6.0		0.1	949.5	
山　东	59947.3							
河　南	484.8		310.0	310.0		2.8	727.8	
湖　北	4199.9						8375.8	
湖　南	4652.4	65.0	50.0				2464.8	
广　东	5968.1	1300.9					3778.4	428.8
广　西	132.0						1268.1	
海　南	0.8						20.0	
重　庆	2034.6	762.0					13082.8	
四　川	6341.3						144.0	
贵　州	46.0							
云　南	338.6	150.0					2108.2	
西　藏		350.0						
陕　西	1443.5						12219.2	20.0
甘　肃	596.3						707.1	
青　海								
宁　夏	264.2	42.0		1.0			231.0	
新　疆	2326.6	482.8	3.0	51.7		115.7	4166.5	

单位：万元

事业单位会计制度财务指标				执行民间非营利组织单位会计制度财务指标				
收入合计	支出合计	收支结余	行政事业单位增加值	固定资产原价	上年结余	收入合计	费用合计	社会组织单位增加值
276998.8	**294460.9**	**7426.2**	**151293.6**	**191535.2**	**8271.7**	**142994.0**	**139091.2**	**92281.8**
57169.0	66464.2	3311.5	41014.7					
87.1	87.1		77.5	988.8		1830.0	1830.0	923.9
299.6	300.1		93.3	87.0		504.5		
257.0	259.0		58.7	177.5		915.0	1100.4	
1045.4	1046.4		863.3	212.0		88.0	67.0	22.6
1453.8	2050.1		849.5	393.2		126.1	126.1	7.8
4.0	4.0					225.0	235.0	108.5
822.0	1495.9		1152.4	3538.2		637.8	105.9	37.0
61345.5	72421.8	24.0	17947.5	15439.9	47.3	4125.6	3936.7	2520.5
63639.9	63537.8	-7.3	45315.0	35287.6		17057.8	16985.9	6101.9
49592.2	47450.9	2951.9	19403.3	9177.5	8216.4	7920.1	11583.4	14188.0
3449.3	3602.7		1465.7	8777.4		1754.1	1511.3	523.7
5869.1	2872.1		1963.1	1712.8		1718.2	1448.4	57.0
661.2	600.2		249.6	432.9		748.5	711.5	193.0
				76572.9		82301.9	82306.1	59947.3
662.8	754.8		409.9	174.0		186.5	104.8	72.1
5765.3	5481.1	178.7	3775.0	5043.4		1279.8	1246.8	424.9
7388.9	7405.9		4145.3	3166.9	8.0	4496.6	4091.9	507.1
7003.7	8026.2	967.4	5968.1	1399.0		6989.5	6741.9	
70.8	70.8		106.2	102.5		61.8	60.1	25.8
10.0	10.0		0.8					
3151.6	3149.4		1970.6	25559.3		2446.0	587.0	64.0
22.6	15.6		21.4	195.7		5077.6	3819.7	6319.9
				230.0		840.0	143.0	46.0
239.7	304.4		335.3	1234.0		93.3	3.3	3.3
3906.0	3416.1		1443.5					
646.9	646.9		595.9	1201.6		1317.4	1.4	0.4
				67.0				
75.9	75.9		83.1	299.1		214.9	305.6	181.1
2359.5	2911.5		2204.9	65.0		38.0	38.0	6.0

C−2−54 其他事

地 区	单位数	年末职工人数	# 女性	受教育程度	
				大学专科人数	大学本科及以上人数
全 国	**3060**	**26034**	**11636**	**7938**	**6911**
中央级	32	1224	574	220	867
北 京	99	1162	502	266	618
天 津	25	233	91	86	105
河 北	51	328	161	81	64
山 西	154	1110	552	452	208
内蒙古	31	350	127	109	91
辽 宁	128	972	455	309	281
吉 林	178	1107	497	430	199
黑龙江	133	1903	805	751	598
上 海	38	703	385	136	192
江 苏	100	618	288	202	205
浙 江	233	951	408	243	332
安 徽	41	200	78	53	37
福 建	84	327	146	73	85
江 西	239	1845	778	270	143
山 东	57	445	194	183	119
河 南	245	3073	1352	1007	595
湖 北	142	1344	592	532	599
湖 南	268	1781	837	683	272
广 东	59	1147	570	250	259
广 西	89	572	293	162	113
海 南	12	52	25	18	17
重 庆	48	243	133	81	92
四 川	224	1514	603	471	238
贵 州	90	996	375	323	169
云 南	86	306	102	90	75
西 藏					
陕 西	82	798	397	213	138
甘 肃	42	274	96	55	62
青 海	5	44	14	18	16
宁 夏	16	147	50	30	31
新 疆	29	265	156	141	91

业单位

单位：个、人

职业资格水平		年龄结构			
助理社会工作师人数	社会工作师人数	35岁及以下人数	36岁至45岁人数	46岁至55岁人数	56岁及以上人数
281	**348**	**9923**	**10071**	**5113**	**927**
2	11	531	301	307	85
20	22	425	378	275	84
1	1	65	79	59	30
1	2	159	100	64	5
6	7	435	443	208	24
3	5	137	145	61	7
	2	379	337	210	46
14	8	400	567	130	10
10	21	606	798	469	30
5	37	293	212	164	34
3	17	216	232	148	22
61	35	357	352	210	32
	3	59	88	44	9
3	3	138	114	62	13
28	12	751	774	280	40
2	4	155	166	97	27
47	44	1335	1049	569	120
5	14	500	565	248	31
3	14	748	732	264	37
31	24	479	350	266	52
3	5	230	213	113	16
	1	25	15	11	1
		93	85	62	3
24	48	474	721	247	72
3	1	350	449	151	46
3	2	86	144	67	9
1	2	291	339	153	15
2	1	86	125	55	8
		11	21	8	4
	2	22	58	57	10
		87	119	54	5

C-2-54 续表

地　区	增加值合计	执行企业会计制度单位财务指标			
		固定资产原价	营业收入	费用合计	营业利润
全　国	**164099.3**	**35929.3**	**20150.0**	**10068.6**	**701.7**
中央级	20636.6	33551.1	18841.2	9106.8	516.7
北　京	13647.5	707.8	642.8	372.1	64.4
天　津	1900.9	644.0	14.0	36.0	
河　北	862.4	5.0			
山　西	2478.1				
内蒙古	1059.6				
辽　宁	5401.0	20.0			
吉　林	8614.7				
黑龙江	2614.1				
上　海	6871.7				
江　苏	7562.3	42.3	336.0	80.2	110.1
浙　江	11312.9	18.8	68.0	57.5	10.5
安　徽	830.3				
福　建	1591.6				
江　西	2841.4	63.0	25.0		
山　东	2897.6				
河　南	7564.0	634.0	218.0	411.0	
湖　北	12023.2	110.0	2.0	2.0	
湖　南	7914.7				
广　东	12436.3				
广　西	5544.3	69.6			
海　南	146.9				
重　庆	874.9				
四　川	3083.6	10.0			
贵　州	4155.6				
云　南	2850.5	53.7	3.0	3.0	
西　藏					
陕　西	9879.0				
甘　肃	876.5				
青　海	370.0				
宁　夏	356.3				
新　疆	2124.0				

单位：万元

	执行行政事业单位会计制度财务指标					
企业单位增加值	固定资产原价	上年结余	收入合计	支出合计	收支结余	行政事业单位增加值
6398.6	**342955.3**	**116762.6**	**404873.5**	**511436.1**	**47596.9**	**157700.7**
4138.2	67345.1	7325.1	41822.2	42107.2	5551.6	16498.4
474.2	33995.0	23003.8	66587.4	67564.9	21330.3	13173.3
69.3	829.6	214.0	1959.6	2175.6	116.2	1831.6
	797.3	1700.0	1148.8	1862.8	982.0	862.4
	3610.0	1756.5	10803.1	9604.3	95.8	2478.1
	166.3		1892.9	1892.9		1059.6
	6158.0	1360.9	8032.1	8163.2	272.7	5401.0
	4158.7	276.0	16612.8	15744.1	800.6	8614.7
	17021.1	82.9	12827.4	12479.5	30.8	2614.1
	27356.3	2363.5	21015.9	20408.8	1931.5	6871.7
209.9	5797.8	58300.8	21529.1	51746.4	3661.0	7352.4
64.9	14086.3	1854.1	22144.5	22073.7	2944.5	11248.0
	5502.9	-40.9	1268.5	3457.4	24.1	830.3
	5719.6	-2.7	3340.4	3171.7	170.2	1591.6
14.5	3837.0	449.5	6053.3	6191.7	910.7	2826.9
	1930.6	55.1	3899.8	3715.7	239.2	2897.6
194.1	16301.8	363.4	11488.7	11606.4	428.2	7369.9
	14337.3	1928.6	18606.7	18263.9	350.2	12023.2
	9092.3	258.0	26172.8	23638.5	2822.4	7914.7
	61019.7	8448.1	61458.3	56688.1	-45.7	12436.3
	2886.6	683.8	7941.7	7559.1	730.6	5544.3
		42.0	1202.2	1203.2	42.0	146.9
	1929.9	25.2	2524.2	2411.3	149.4	874.9
	5947.4	59.9	6291.5	6209.6	361.2	3083.6
1233.1	3134.4	103.0	3916.4	84177.5	8.9	2922.5
0.2	1725.3	580.0	5080.8	4892.3	680.4	2850.3
	17380.0	5215.4	13043.8	16317.4	1946.7	9879.0
	378.4		1523.4	1566.7	65.0	876.5
	350.0		485.6	354.0		370.0
	574.6		408.2	407.3		356.3
	9586.0	356.6	3791.4	3780.9	996.4	2124.0

C-2-55 老龄事

地　区	单位数	年末职工人数	# 女性	受教育程度 大学专科人数	大学本科及以上人数
全　国	**2465**	**9169**	**3844**	**3452**	**2445**
北　京	17	153	64	45	96
天　津	16	69	34	30	36
河　北	58	152	62	47	32
山　西	116	505	199	199	47
内蒙古	31	103	51	50	46
辽　宁	52	183	87	79	71
吉　林	38	154	89	39	29
黑龙江	117	389	188	130	104
上　海	20	136	73	38	68
江　苏	87	280	105	91	87
浙　江	78	263	121	81	81
安　徽	98	222	85	73	85
福　建	65	177	60	66	48
江　西	109	357	140	102	39
山　东	153	1023	310	434	363
河　南	94	321	147	124	67
湖　北	80	340	117	137	75
湖　南	130	453	214	170	70
广　东	104	279	105	106	90
广　西	93	259	110	82	53
海　南	1	8	3	4	4
重　庆	40	137	53	57	38
四　川	194	550	245	237	166
贵　州	97	341	155	166	78
云　南	105	354	130	174	108
西　藏	1	1			
陕　西	102	603	273	192	144
甘　肃	101	473	189	108	73
青　海	22	42	23	12	4
宁　夏	25	102	40	51	32
新　疆	221	740	372	328	211

业单位

单位:个、人

职业资格水平		年龄结构			
助理社会工作师人数	社会工作师人数	35岁及以下人数	36岁至45岁人数	46岁至55岁人数	56岁及以上人数
58	**68**	**2237**	**3759**	**2638**	**535**
1	6	31	56	61	5
	2	17	27	18	7
2	1	43	75	29	5
1		155	205	126	19
	3	26	43	28	6
3	1	59	62	46	16
2		43	69	38	4
6	2	86	157	116	30
	3	48	41	40	7
5	2	49	90	105	36
2	2	50	105	90	18
	1	49	107	56	10
		22	70	72	13
	5	103	163	76	15
4	11	254	391	301	77
6		161	116	44	
2		44	128	126	42
1	1	112	215	116	10
3	5	86	100	78	15
3	2	38	113	91	17
		2	2	4	
		16	38	63	20
1	4	126	240	148	36
2	1	43	131	147	20
		49	150	121	34
		1			
		188	243	148	24
		99	198	146	30
		13	13	16	
2		24	39	35	4
12	16	200	372	153	15

C-2-55 续表

地 区	增加值合计	执行行政	
		固定资产原价	上年结余
全 国	**39618.7**	**67867.7**	**10374.5**
北 京	2257.2	739.1	6610.7
天 津	905.0	114.6	386.5
河 北	277.9	278.2	
山 西	802.1	626.7	50.1
内蒙古	508.8	391.3	8.9
辽 宁	785.8	353.2	19.4
吉 林	482.7	650.9	20.0
黑龙江	1406.7	8717.5	99.6
上 海	1997.0	4915.8	503.1
江 苏	2179.7	3551.7	7.1
浙 江	2334.3	2834.9	930.5
安 徽	618.3	614.2	20.9
福 建	1146.6	5914.4	236.5
江 西	740.6	5801.0	20.3
山 东	4456.0	4144.0	
河 南	331.2	342.0	
湖 北	1154.0	1576.0	6.5
湖 南	1185.7	5593.4	2.6
广 东	1895.6	942.4	395.7
广 西	833.6	415.9	23.0
海 南	168.3	23.0	24.0
重 庆	742.8	881.2	15.4
四 川	1755.9	1691.1	302.6
贵 州	981.6	1430.1	15.1
云 南	2721.2	8114.5	266.9
西 藏		1.0	
陕 西	2383.5	2216.7	177.5
甘 肃	1042.2	1540.9	62.3
青 海	70.0	147.6	
宁 夏	447.9	534.6	52.9
新 疆	2144.6	2769.8	116.4

单位：万元

事业单位会计制度财务指标			
收入合计	支出合计	收支结余	行政事业单位增加值
100816.2	**102615.7**	**7281.9**	**39618.7**
8148.7	10546.4	4277.5	2257.2
1509.1	1414.9	0.2	905.0
972.5	972.6		277.9
1491.7	1400.4	49.6	802.1
1602.4	1495.4	115.9	508.8
1946.5	1759.8	210.0	785.8
741.0	740.8		482.7
3260.1	3285.4	116.4	1406.7
9057.9	9114.5	49.3	1997.0
4275.2	4292.5	5.3	2179.7
7293.8	7745.6	558.0	2334.3
1220.8	1218.5	0.1	618.3
1869.7	1741.3	222.4	1146.6
1083.1	1084.0	25.7	740.6
6544.9	6517.9	27.0	4456.0
644.8	644.4		331.2
2201.9	2213.4	4.9	1154.0
2200.3	2107.5		1185.7
18598.7	18230.6	306.3	1895.6
1769.7	1796.3		833.6
214.0	132.0	82.0	168.3
1911.1	1864.0	62.5	742.8
3566.4	3692.1	66.0	1755.9
1823.7	1644.7	33.8	981.6
4876.0	5134.2	144.8	2721.2
5495.7	5296.7	508.5	2383.5
1947.3	2013.1	92.9	1042.2
121.4	117.9		70.0
677.9	564.6	173.6	447.9
3749.9	3834.2	149.2	2144.6

C-2-56 自然灾害损失情况总表

地区	人口受灾情况				农作物受灾情况(千公顷)		损失情况		
	受灾人口(万人次)	死亡人口(人)	失踪人口(人)	紧急转移人口(万人次)	受灾面积	绝收面积	倒塌房屋(万间)	损坏房屋(万间)	直接经济损失(亿元)
合计	**42610.2**	**6541**	**1303**	**1858.4**	**37425.9**	**4863.2**	**273.3**	**670.1**	**5339.9**
北京	11.5				3.1	1.3		0.1	2.1
天津	0.6				33.3	1.3			0.5
河北	2280.5	17	2	0.6	1527.4	188.6	0.5	1.8	97.5
山西	1330.1	2		1.3	1395.7	176.6	1.5	6.4	123
内蒙古	889.4	26		3.5	2032.7	616.3	1	5.1	138.3
辽宁	631.3	18	5	47	755.6	121.6	1.8	10	168.8
吉林	779.6	106	55	193.8	896.1	232.4	31	62	523.7
黑龙江	698.7	12		3.2	1432.2	99.9	0.8	4.6	60.1
上海	0.1								
江苏	743.7	11		1.5	648.4	13.8	0.5	2.6	54.5
浙江	611.6	25	1	25.2	282.5	12.6	0.8	6.1	75.4
安徽	1640	19		18.9	1751.6	105.8	3.1	9.9	104.1
福建	809.2	111	78	173.4	605.1	83.6	7.8	31.5	158.9
江西	2184.6	103	2	204.8	2075.2	207.5	16.9	43	520
山东	2226.3	12	4	52.1	2582.3	148.4	18.4	32.2	205.4
河南	1843.8	147	46	57.3	1568.1	95.3	13.3	21.9	195.2
湖北	2362.5	139	16	99	2465.5	200.2	14.3	30.1	238.7
湖南	2283.9	86	10	180.9	2841.3	272.3	18.1	51.4	273.8
广东	1087.6	177	12	71.5	724.3	28.5	7.5	14.1	178.2
广西	2560.7	130	5	74.2	1664.5	61.9	7.6	16	108.7
海南	437.7	9		88.6	306.2	48.8	0.7	1.7	131.9
重庆	1182.7	114	12	42.8	574.5	48.9	4.9	18.9	68.3
四川	4326.4	245	141	266.9	2324	177.8	34.5	101	489.9
贵州	3082.1	157	69	51.7	1681	647.9	2.6	10.8	178.6
云南	3119.6	234	115	15.9	3215	908.7	3.6	54.4	344.6
西藏	63	25	1	0.7	51.3	6.4	0.1	1.3	5.9
陕西	1572.5	204	182	107.5	1121.5	82.6	29.8	58.8	297.1
甘肃	2741.7	1600	264	23.9	1304.1	107.8	11.7	24.9	222.7
青海	261.3	2729	274	21.1	111.3	9	25.1	5.5	237.7
宁夏	182.3	5		0.2	145.4	17	0.1	0.5	13.6
新疆	573.3	76	9	28.6	917.4	116.7	14.9	39.8	86.7
#新疆兵团	91.9	2		2.3	389.3	23.7	0.4	3.7	36

C-2-57 旱灾损失情况

单位：千公顷、万人次、亿元

地 区	人口受灾情况		农作物受灾情况		损失情况
	受灾人口	饮水困难人口	受灾面积	绝收面积	直接经济损失
合　计	**12704.2**	**3384.2**	**13258.6**	**2672.3**	**756.7**
北　京	0.9				
天　津					
河　北	910.2	67.6	595.6	137.3	35.5
山　西	587.5	64	727.8	105.9	25.2
内蒙古	658.5	110.7	1434.1	511.1	100.6
辽　宁	49.1	49.1	17.6		2.7
吉　林	142.7	0.4	349.3	119.5	10.3
黑龙江	250.1	3.3	1011.6	36.1	26.6
上　海					
江　苏	108.2		70.4	3.6	1
浙　江			1.5		
安　徽	4.6		41.3		0.1
福　建	0.5	0.5	4.8		0.1
江　西					
山　东	80.5	3.6	585.5	4.1	1.8
河　南	71.2	1.2	50.4		1.4
湖　北	76.5	2.2	204.4	4.7	2.4
湖　南	473.9	145.5	352.1	48.1	20
广　东	3.4		119.7		0.1
广　西	1309	321.3	1079.3	41.9	36.9
海　南	49.3	22.8	41.8	5.4	2
重　庆	292.5	149	176.3	8.6	5.4
四　川	1412.3	232.3	627.8	47.5	26.3
贵　州	2204.2	785.3	1271.3	615.3	142.5
云　南	2497.7	1167.4	2957.2	881.7	273.3
西　藏	43	4.5	40.3	6.4	1.6
陕　西	299.5	27.9	421.3	29.6	9.3
甘　肃	845.8	166.2	715.1	63.8	15.1
青　海	185.5	4.1	46.1		4.3
宁　夏	132.1	52	15.7		6
新　疆	6.4	2	235.5	0.9	0.6
#新疆兵团	9.1	1.3	64.8	0.8	5.6

C-2-58 风雹灾害

地 区	人口受灾情况			
	受灾人口（万人次）	死亡人口（人）	失踪人口（人）	紧急转移人口（万人次）
合 计	**4616.3**	**479**	**48**	**40**
北 京	3.7			
天 津				
河 北	466.3	12		
山 西	142.4			
内蒙古	106.6	11		0.3
辽 宁	20.3	7		0.1
吉 林	88.1	2		1.2
黑龙江	84.1	10		0.6
上 海	0.1			
江 苏	322.2	11		0.3
浙 江	16.3	10		1.9
安 徽	261.5	11		0.4
福 建	49.3	8		11.1
江 西	256.9	56		4.7
山 东	635.8	11	4	0.1
河 南	171.4	20		0.7
湖 北	185	38	2	4.3
湖 南	126.6	14	2	1.5
广 东	0.7	15		
广 西	34.2	11		1.1
海 南		1		
重 庆	158	37		6.3
四 川	285.4	22	25	2
贵 州	90.6	28	3	0.3
云 南	219.3	78		1.5
西 藏	5.3	2		
陕 西	124.3	30	3	0.4
甘 肃	550.9	6		0.1
青 海	35	7	2	0.1
宁 夏	30.7	2	0	
新 疆	112.3	18	7	1
#新疆兵团	33	1		

损失情况

农作物受灾情况(千公顷)		损失情况		
受灾面积	绝收面积	倒塌房屋(万间)	损坏房屋(万间)	直接经济损失(亿元)
2180.1	**280.3**	**15.4**	**100**	**350.9**
				0.4
236	10.5	0.1	0.4	19.1
79.9	2.1	0.1	0.6	17.1
267.8	63.7	0.1	0.5	19.6
30.5	6.2		0.9	2.7
115.1	7.1		1.3	12.7
109.4	21.1	0.3	2.1	15.7
20	0.2	0.2	1	6.9
4.2			1	1.6
41	6.5	0.5	2.8	14.4
35	1.4	1.1	18.9	9.6
119.7	5.7	0.7	10.6	12.9
75.7	1.4	1.3	2.2	40.4
100.6	11.5	3	2	17.9
33.3	6.1	4.1	2.8	17
77.5	8	0.9	10.4	5.5
0.6	0.2		0.2	0.4
17.5		0.1	6.6	1.1
74.6	12.2	1	4.8	5.6
50.1	8	0.6	3.4	7.4
42.8	3	0.2	3.4	2.8
62.8	6.3	0.4	16.6	18
6.1			0.1	0.4
13.3		0.2	1.7	20.6
73.3	19.3	0.1	1.8	30.8
42.9	5.7		0.2	2.4
58	10.1		0.1	4.1
208.3	50.8	0.4	3.5	31.9
184.1	13.2		0.1	11.9

C-2-59 台风灾害损失情况

地区	人口受灾情况				农作物受灾情况(千公顷)		损失情况		
	受灾人口(万人次)	死亡人口(人)	失踪人口(人)	紧急转移人口(万人次)	受灾面积	绝收面积	倒塌房屋(万间)	损坏房屋(万间)	直接经济损失(亿元)
合计	**1149.2**	**140**	**6**	**122.7**	**341.9**	**12.4**	**4.9**	**11.6**	**166.4**
北京									
天津									
河北									
山西									
内蒙古									
辽宁									
吉林									
黑龙江									
上海									
江苏									
浙江	3.8				12.6				1.3
安徽									
福建	187.5	4		60.9	105.2	5.9	0.3	0.6	39.7
江西									
山东									
河南									
湖北									
湖南									
广东	642.9	134	6	39.2	126.3	5.1	4	9.1	116.2
广西	225.5			11.6	87.5	0.7	0.6	1.6	6.4
海南	89.5	2		11	10.3	0.7		0.3	2.8
重庆									
四川									
贵州									
云南									
西藏									
陕西									
甘肃									
青海									
宁夏									
新疆									
#新疆兵团									

C-2-60 地震灾害损失情况

地 区	人口受灾情况				农作物受灾情况(千公顷)		损失情况		
	受灾人口(万人次)	死亡人口(人)	失踪人口(人)	紧急转移人口(万人次)	受灾面积	绝收面积	倒塌房屋(万间)	损坏房屋(万间)	直接经济损失(亿元)
合 计	**116**	**2705**	**270**	**31.3**			**26.1**	**42.9**	**242.6**
北 京									
天 津									
河 北									
山 西	2.9							0.9	0.9
内蒙古									
辽 宁									
吉 林									
黑龙江									
上 海									
江 苏									
浙 江									
安 徽									
福 建									
江 西									
山 东									
河 南									
湖 北									
湖 南	2.7			0.5					
广 东									
广 西	0.2			0.2					
海 南									
重 庆	12.6			0.5				1.8	1.2
四 川	11	1		2.2			0.9	6.7	3.5
贵 州	0.3	6		0.2				0.2	0.1
云 南	63.2			6.9			0.6	30	10.7
西 藏	1			0.1				0.8	0.2
陕 西									
甘 肃									
青 海	20.7	2698	270	20.7			24.6	2.5	226
宁 夏									
新 疆	1.4								
#新疆兵团									

C-2-61 低温冷冻和雪灾损失情况

地区	人口受灾情况				农作物受灾情况(千公顷)		损失情况		
	受灾人口(万人次)	死亡人口(人)	失踪人口(人)	紧急转移人口(万人次)	受灾面积	绝收面积	倒塌房屋(万间)	损坏房屋(万间)	直接经济损失(亿元)
合　计	**4089.1**	**51**	**1**	**40.1**	**4120.7**	**240.7**	**4.8**	**19.2**	**318.3**
北　京	6.2				2.5	1.3			1.6
天　津	0.6				33.3	1.3			0.5
河　北	626.5				410.9	26.7		0.1	24.5
山　西	374.3				378.7	59.1		0.3	60.1
内蒙古	44.5	2		0.1	115.2	6.2			6.1
辽　宁									
吉　林	19.1				58.4	0.1		0.1	0.9
黑龙江	110.5	1		0.1	90.5		0.1	0.5	2.8
上　海									
江　苏	23.8				30.2				16.3
浙　江	37.2				19				3.4
安　徽	131.8			0.1	392.7			0.3	5.8
福　建	98.3			0	149.8	29.5			15
江　西	175.3			0.2	142.6	13.5		0.4	5
山　东	250.8			0.1	376.4		0.1	0.9	47.1
河　南	128.7				287.3	4.2			8.4
湖　北	195.7			25.7	228.9	12.1	0.1	0.4	8.2
湖　南	23.4			0.2	132.7	0.6		0.1	1.4
广　东	39.2				11.3	0.9			6.8
广　西	10.6				13.7	3.3		0.1	1.8
海　南									
重　庆	8				3.1				0.2
四　川	60			0.1	138.3	2.6		0.2	1.9
贵　州					3.9			0	
云　南	28.5	1			27.4	2.5	0.1	0.2	1.8
西　藏	3.4	14	1	0.2	0.5				2.4
陕　西	471.3			0.2	295.8	1.3		0.2	40.9
甘　肃	980.1				292.3	8.4			32.8
青　海	0.1								
宁　夏	1.1				54.4				0.2
新　疆	200.3	33		12.8	339.1	57.7	4.2	12.9	15.4
#新疆兵团	39.8			0.3	91.8	9.4	0.2	2.5	7

C-2-62 洪涝、滑坡和泥石流灾害损失情况

地　区	人口受灾情况				农作物受灾情况(千公顷)		损失情况		
	受灾人口（万人次）	死亡人口（人）	失踪人口（人）	紧急转移人口（万人次）	受灾面积	绝收面积	倒塌房屋（万间）	损坏房屋（万间）	直接经济损失（亿元）
合　计	**19935.4**	**3101**	**978**	**1624.3**	**17524.6**	**1657.5**	**222.1**	**496.4**	**3505**
北　京	0.7				0.6			0.1	0.1
天　津									
河　北	277.5	4	2	0.6	284.9	14.1	0.4	1.3	18.4
山　西	223	2		1.3	209.3	9.5	1.4	4.6	19.7
内蒙古	79.8	13		3.1	215.6	35.3	0.9	4.6	12
辽　宁	561.9	11	5	46.9	707.5	115.4	1.8	9.1	163.4
吉　林	529.7	104	55	192.6	373.3	105.7	31	60.6	499.8
黑龙江	254	1		2.5	220.7	42.7	0.4	2	15
上　海									
江　苏	289.5			1.2	527.8	10	0.3	1.6	30.3
浙　江	554.3	15	1	23.3	245.2	12.6	0.8	5.1	69.1
安　徽	1242.1	7		18.4	1276.6	99.3	2.6	6.8	83.8
福　建	473.6	99	78	101.4	310.3	46.8	6.4	12	94.5
江　西	1752.4	46	2	199.9	1812.9	188.3	16.2	32	502.1
山　东	1259.2	1		51.9	1544.7	142.9	17	29.1	116.1
河　南	1472.5	127	46	56.6	1129.8	79.6	10.3	19.9	167.5
湖　北	1905.3	99	14	69	1998.9	177.3	10.1	26.9	211.1
湖　南	1657.3	64	8	178.7	2279	215.6	17.2	40.9	246.9
广　东	401.4	28	6	32.3	466.4	22.3	3.5	4.8	54.7
广　西	981.2	115	5	61.3	466.5	16	6.9	7.7	62.5
海　南	298.9	6		77.6	254.1	42.7	0.7	1.4	127.1
重　庆	711.6	74	12	36	320.5	28.1	3.9	12.3	55.9
四　川	2557.7	221	116	262.6	1507.8	119.7	33	90.7	450.8
贵　州	787	97	66	51.2	363	29.6	2.4	7.2	33.2
云　南	310.9	139	115	7.5	167.6	18.2	2.5	7.6	40.8
西　藏	10.3	7		0.4	4.4		0.1	0.4	1.3
陕　西	677.4	174	179	106.9	391.1	51.7	29.6	56.9	226.3
甘　肃	364.9	1594	264	23.8	223.4	16.3	11.6	23.1	144
青　海	20	24	2	0.3	22.3	3.3	0.5	2.8	5
宁　夏	18.4	3		0.2	17.3	6.9	0.1	0.4	3.3
新　疆	252.9	25	2	14.8	134.5	7.3	10.3	23.4	38.8
#新疆兵团	10	1		2	48.6	0.3	0.2	1.1	11.5

C-3 成员组

地区	单位数	年末职工人数	#女性	受教育程度情况	
				大学专科人数	大学本科及以上人数
全国	**1127346**	**8954906**	**2335886**	**1297958**	**665696**
中央级	2006	56521	17993		21081
北京	13806	132247	41720	39614	32604
天津	9507	64386	30365	17311	17051
河北	67443	338164	67637	30874	12026
山西	40448	245479	52135	41399	12354
内蒙古	21749	120632	35421	23082	6960
辽宁	33937	273338	79329	57524	28226
吉林	19358	144605	32365	23731	5706
黑龙江	24173	213744	83196	41294	13738
上海	15514	150991	40491	13865	8597
江苏	55828	416091	126907	92262	43633
浙江	62343	409293	135731	105383	49124
安徽	33756	361489	61942	41753	23323
福建	32226	291884	53509	28515	20874
江西	30736	233078	64159	19770	7173
山东	125735	682205	174733	168920	93063
河南	70072	373413	94752	62971	32431
湖北	51709	316524	105682	67484	13974
湖南	63358	707197	107147	60160	26044
广东	54264	519672	217458	94792	44801
广西	29048	334115	97300	53352	21699
海南	5822	33232	9779	6740	2252
重庆	19970	236987	62013	30091	25817
四川	82336	601301	153689	51542	48096
贵州	25926	207419	41174	17771	7082
云南	26681	700047	139302	23286	14959
西藏	5841	26327	4589	687	196
陕西	42216	306740	77014	25525	12508
甘肃	27723	216041	52275	26239	8858
青海	7108	36608	8577	2354	895
宁夏	7297	69574	24232	8355	1820
新疆	19410	135562	43270	21312	8731

织总表

单位：个、人

职业资格水平		年龄结构			
助理社会工作师人数	社会工作师人数	35岁及以下人数	36岁至45岁人数	46岁至55岁人数	56岁及以上人数
16517	**3473**	**2598057**	**3563648**	**2106872**	**686329**
		16577	10039	13291	16614
2461	255	30790	49211	34334	17912
320	78	14532	23390	20107	6357
1023	88	91956	151203	77454	17551
88	34	63492	90356	71171	20460
4	4	40482	47348	26163	6639
418	111	75383	101579	77871	18505
681	35	44514	60987	33388	5716
405	173	91640	81391	32313	8400
1138	351	34058	47224	47509	22200
1020	184	117499	148269	110863	39460
1096	226	125236	169582	88457	26018
421	141	76369	163632	83530	37958
433	184	54338	98772	85070	53704
345	8	73648	101622	45603	12205
399	152	209277	283845	143544	45539
372	156	110062	155739	83845	23767
242	50	85485	133440	77310	20289
832	262	156818	282045	235931	32403
1390	204	231825	163574	90753	33520
118	43	81916	159315	70221	22663
45		10981	12969	6526	2756
752	115	61015	81175	43721	51076
729	126	182191	243607	122190	53313
88	82	47362	101231	45150	13676
128	74	260621	256420	158749	24257
457		8211	9734	8000	382
69	111	78568	118124	81814	28234
66	110	57159	116425	33582	8875
18	19	8382	17015	9419	1792
76	11	16280	28205	18339	6750
883	86	41390	56180	30654	7338

C-3续表

地　区	增加值合计	执行企业会计制度单位财务指标					执行行政	
		固定资产原价	营业收入	费用合计	营业利润	企业单位增加值	固定资产原价	上年结余
全　国	**8410368.5**	**1651240.8**	**772494.7**	**297059.0**	**4893.4**	**155947.2**	**14393325.0**	**779569.5**
中央级	941474.1							
北　京	473177.8	1133263.5	682479.8	216722.4	-4725.2	94448.3	233480.6	4718.5
天　津	97354.1						191811.0	3459.1
河　北	123631.7	81448.7	4678.3	195.3	144.0	214.4	498291.9	12248.0
山　西	105412.3	5523.0	890.0	4178.1		2761.4	606178.7	30061.8
内蒙古	36737.7	8135.1	5942.0	5764.5	187.0	2122.8	67758.0	6986.8
辽　宁	323091.0	5303.7	4200.3	1698.3	278.0	7373.9	191192.6	11762.3
吉　林	18651.3	3.7	54.2	52.1		359.6	19023.4	2657.8
黑龙江	95817.2	6433.0	1046.2	783.5	67.2	473.0	956478.7	37247.3
上　海	505174.5	229666.6	48299.9	48357.6	-216.0	22744.3	460063.6	96041.9
江　苏	793935.9	10981.1	2722.6	3931.3	0.1	451.0	1571433.5	68595.3
浙　江	880565.4						3954431.4	117252.4
安　徽	459357.6	10959.0	1968.8	877.1	31.0	1275.2	317943.3	11163.1
福　建	90962.1	6923.6	1035.0	1090.0		286.4	88637.3	23815.4
江　西	177269.9	3406.5	717.1	367.7		342.3	79643.3	1474.9
山　东	916730.3						1493577.7	902.6
河　南	143668.3	9118.0	1512.0	1278.0		542.4	241701.8	4712.3
湖　北	235234.3						277694.3	
湖　南	192381.2	10031.0	1769.9	1108.8	52.0	843.4	248917.4	10667.1
广　东	1064461.7	61134.5	6118.1	4281.1	221.2	5930.2	1468118.8	250571.8
广　西	99890.1	3946.0		25.0		54.7	496707.4	1105.8
海　南	12326.9						25382.8	327.4
重　庆	123931.5	540.3					106740.1	2962.3
四　川	159843.9	36828.2	6220.9	3914.2	8712.6	13389.3	172094.6	60314.9
贵　州	65699.7	1192.3	169.9	15.4	143.0	322.9	17132.6	294.4
云　南	98005.4	17625.0	2394.7	1903.1	-1.5	935.5	215976.8	13522.9
西　藏	1852.5						18227.8	800.0
陕　西	42800.9						102951.3	686.6
甘　肃	42112.5	732.0	130.0	136.0		131.2	105695.7	468.7
青　海	5812.9						1908.3	22.0
宁　夏	10632.5	1891.6				140.8	10262.5	698.2
新　疆	30658.3	6154.4	145.0	379.5		804.0	153867.8	4027.9

单位：万元

事业单位会计制度财务指标				执行民间非营利组织单位会计制度财务指标				
收入合计	支出合计	收支结余	行政事业单位增加值	固定资产原价	上年结余	收入合计	费用合计	社会组织单位增加值
6708707.5	**6376304.1**	**473463.9**	**2861325.6**	**21911045.0**	**4498465.0**	**17313979.8**	**15710119.2**	**5393095.7**
				490218.7	427986.8	2284532.6	1699958.2	941474.1
122199.5	161562.4	-16175.2	73144.5	659548.0	807327.6	1397109.2	785488.4	305585.0
163826.1	163904.2		60230.4	66591.2	21818.6	144054.4	103141.7	37123.7
148897.9	150899.7	2358.0	79903.4	236515.5	3264.7	90885.4	103387.7	43513.9
331158.2	334729.4	2954.6	82563.4	803638.2	1679.4	105060.2	40050.5	20087.5
29173.4	36083.3	141.1	18595.2	40153.3	958.8	39192.3	34767.3	16019.7
114662.2	105237.7	2257.1	51935.3	316347.8	611.3	653467.1	534638.6	263781.8
27783.2	28959.9	5.6	10503.3	778527.3	5.0	102514.2	93230.5	7788.4
52558.9	138444.2	12756.9	71494.2	1295129.0	1318.2	448688.3	38894.0	23850.0
413585.2	388006.0	38416.7	85299.5	137199.9	516831.6	1161919.6	863220.7	397130.7
701645.0	668630.1	99820.9	407454.1	2599842.6	433009.7	1898473.8	1473447.9	386030.8
1304508.7	1106268.6	107259.1	470761.7	1467386.9	203170.7	1265768.1	1100468.9	409803.7
99731.1	99565.6	953.7	58837.9	1221946.2	2726.1	382578.3	313812.7	399244.5
74903.3	93746.0	-240.3	22714.1	274801.3	51216.5	199440.8	117423.5	67961.6
40021.0	41255.1	-6.0	18779.2	471463.3	122402.6	207511.5	176818.0	158148.4
1106466.5	1106537.4		590178.8	424635.9	1435.8	514381.9	502287.4	326551.5
138499.8	142413.6	812.3	62243.3	426930.0	4429.3	190844.8	175746.1	80882.6
164727.7	164759.3	531.5	66267.7	292436.0	277893.8	430369.2	389421.7	168966.6
212679.4	214613.0	2941.3	110483.3	283408.8	71469.8	248229.5	202436.0	81054.5
926219.9	761672.0	130155.8	250517.4	4840621.5	725341.9	1918506.8	2584780.9	808014.1
34050.8	42413.3	262.5	41568.0	577400.7	12990.4	142591.6	114363.0	58267.4
14179.2	13081.1	80.0	4939.9	76070.6	778.9	11684.5	9367.7	7387.0
32165.5	42908.4	1069.2	27507.5	406104.8	177350.0	259647.9	202102.0	96424.0
179990.8	186862.6	49284.7	60766.5	279258.5	7871.1	214233.7	239652.7	85688.1
5981.1	5534.7	17.1	2806.5	1886386.0	2293.7	164404.2	3052230.0	62570.3
57905.0	56887.8	35797.8	32622.0	672155.3	488976.3	1333188.1	259564.4	64447.9
1354.2	1354.2		729.9	203.0		977.6	1122.6	1122.6
59355.3	55925.1		27156.3	636004.1	47023.0	24924.5	23752.8	15644.6
60641.7	21695.9	1988.1	12842.1	116223.3	10265.7	1400078.4	411638.3	29139.2
348.8	351.4		285.4	35553.9	334.1	28945.8	21859.6	5527.5
3442.4	3237.2		2425.1	40542.7	332.5	24786.5	17782.4	8066.6
86045.7	38764.9	21.4	14056.9	57800.7	75351.1	24989.0	23263.0	15797.4

C-3-1 社会组

地区	单位数	年末职工人数	# 女性	受教育程度		职业资
				大学专科人数	大学本科及以上人数	助理社会工作师人数
全　国	**445631**	**6181918**	**1619712**	**985537**	**574707**	**8814**
中央级	2006	56521	17993		21081	
北　京	7173	100597	26125	31151	28486	1337
天　津	4155	43747	20025	12800	15770	64
河　北	15283	154997	36630	22153	10781	856
山　西	10386	142218	38632	35158	11320	13
内蒙古	8227	68863	18939	17645	5819	
辽　宁	19023	209344	51913	37044	24046	388
吉　林	8376	100760	18950	17021	3870	421
黑龙江	12378	160928	66028	29657	11726	158
上　海	10104	123504	25036	8702	6779	585
江　苏	34183	307088	96144	70736	36434	705
浙　江	28937	279594	104434	89820	45535	228
安　徽	14856	281182	41550	34557	21724	156
福　建	15629	224746	38255	25061	20070	336
江　西	10712	159798	44287	16507	6923	155
山　东	46467	347130	78306	102918	65239	175
河　南	19140	159925	43895	34158	24711	300
湖　北	21963	204458	73249	56697	12077	37
湖　南	15940	538407	57849	45546	22468	498
广　东	28510	401927	186801	84199	41528	743
广　西	12979	257959	81441	49684	20961	28
海　南	2797	18695	6212	5480	2064	32
重　庆	9057	184582	46704	22035	24072	259
四　川	29104	395415	106772	36936	42481	452
贵　州	6600	122830	24766	13108	6406	65
云　南	12618	632390	125676	19619	14148	58
西　藏	388	1451	145	407	173	457
陕　西	13150	199994	49624	23173	11929	61
甘　肃	10323	149446	40027	22265	7521	37
青　海	2546	16968	4742	1815	566	18
宁　夏	4533	57653	20912	7614	1707	1
新　疆	8088	78801	27650	11871	6292	191

织总表

单位:个、人

格水平	年龄结构				建立党组织的社会组织	社会组织中中共党员人数
社会工作师人数	35岁及以下人数	36岁至45岁人数	46岁至55岁人数	56岁及以上人数		
2057	**1984753**	**2309132**	**1379274**	**508759**	**85885**	**427300**
	16577	10039	13291	16614	1477	
28	25584	37505	23209	14299	1360	8130
50	10849	16715	11825	4358	895	6054
80	57008	66344	24613	7032	5047	29393
5	36481	46218	45682	13837	1301	8641
	24369	25404	15088	4002	1663	7751
38	61683	74158	59920	13583	2244	15363
26	34729	38372	23060	4599	851	1888
137	80318	51280	22058	7272	1574	2830
226	30205	39778	36207	17314	5684	43962
128	91926	103318	79199	32645	9914	28524
136	97421	109808	54555	17810	2860	24684
49	61646	122483	63775	33278	2163	15967
98	40900	65551	67534	50761	9736	10408
1	57087	60455	32778	9478	1486	4169
121	124222	139021	64831	19056	10171	96893
95	61648	62624	26390	9263	3930	7828
31	62980	79625	45651	16202	4197	20414
228	120943	197878	195602	23984	2650	13728
145	206811	117665	55071	22380	1517	12631
4	69888	126322	43261	18488	738	3650
	7996	6547	2552	1600	307	4486
56	47743	58545	30864	47430	885	9448
58	143069	142516	71457	38373	4613	15997
45	27176	66824	21672	7158	499	1098
51	242020	225999	142915	21456	1484	14468
	713	534	198	6		
98	60682	72545	48367	18400	2077	6418
45	42732	82633	18297	5784	1617	4410
19	4374	7106	4518	970	494	1179
	12908	23070	15240	6435	996	3518
59	22065	32250	19594	4892	1455	3370

C−3−1续表1

地　区	行政执法	行政处罚数	并处没收违法经营额／违法所得	并处罚款
全　国	**2370**	**2319**	**38**	**12**
中央级				
北　京	2	1		
天　津	1	1		
河　北	100	100		
山　西	179	179		
内蒙古	54	51		
辽　宁	166	165	9	
吉　林				
黑龙江				
上　海	2			
江　苏	32	32		
浙　江	65	65		
安　徽	79	79		
福　建	5	5		
江　西	8	8		
山　东	1126	1103		6
河　南	63	45		
湖　北	11	11		
湖　南	30	28		
广　东	43	43		
广　西	67	67		6
海　南				
重　庆	95	95		
四　川	29	29		
贵　州	20	20		
云　南	39	39	28	
西　藏				
陕　西	2	2		
甘　肃				
青　海				
宁　夏	117	117		
新　疆	35	34	1	

单位：起

⑴ 警告	⑵ 限期（责令）停止活动	⑶ 撤销登记	取缔非法社会组织	# 并处没收非法财产
143	**116**	**2060**	**51**	**8**
		1	1	
		1		
26	36	38		
		179		
7		44	3	
		165	1	
			2	2
10		22		
11	4	50		
39		40		
		5		
		8		
32	2	1069	23	6
		45	18	
		11		
		28	2	
14	4	25		
		67		
	20	75		
3		26		
		20		
		39		
1		1		
	38	79		
	12	22	1	

C-3-1续表2

地 区	增加值合计	执行企业会计制度单位财务指标					执行行政	
		固定资产原价	营业收入	费用合计	营业利润	企业单位增加值	固定资产原价	上年结余
全 国	**5311469.8**	**124770.7**	**49717.9**	**34503.6**	**5199.8**	**26791.0**	**290878.6**	**68789.5**
中央级	941474.1							
北 京	305585.0							
天 津	37123.7							
河 北	41039.3	4508.0	4678.3	194.8	144.0	214.4	19058.5	
山 西	44091.3	532.0	88.0	83.0		110.7	3917.2	-171.1
内蒙古	21682.7	1803.0	5170.0	4992.5	187.0	2045.7	14560.2	47.9
辽 宁	261389.7	2502.2	4200.3	1300.3	269.0	4504.3	6155.2	25.0
吉 林	9628.4	1.7	54.2	52.1		359.6	742.2	32.0
黑龙江	19704.4	2016.0	1018.0	616.0	67.2	301.9	3126.6	
上 海	395142.3	1197.3	13469.5	12248.4	-4538.4	255.8	879.2	197.3
江 苏	371452.4	10868.1	2365.6	3791.3	0.1	449.7	25371.2	1059.6
浙 江	395575.2						768.2	0.7
安 徽	393944.0	3894.0	1908.8	822.1	31.0	1258.5	10371.5	120.0
福 建	60464.1	1973.1	650.0	705.0		282.9	43007.5	2988.0
江 西	153104.8	1982.1	580.0	212.0		331.9	12129.4	
山 东	326551.5							
河 南	69711.9	3098.0	1482.0	1248.0		542.1	6743.9	
湖 北	152318.5							
湖 南	87758.2	2531.1	950.3	480.2	52.0	548.0	23025.2	
广 东	799113.5	37930.7	4144.4	1715.2	133.8	697.4	21940.7	4187.9
广 西	58097.4	3804.0		10.0		0.1	1022.8	
海 南	7387.0							
重 庆	93063.4	460.3					2664.1	1.0
四 川	85924.8	36828.2	6220.9	3914.2	8712.6	13389.3	16239.0	
贵 州	34835.6	1192.3	169.9	15.4	143.0	322.9	1182.9	50.2
云 南	61753.4	4779.0	2394.7	1903.1	-1.5	935.5	11706.3	227.3
西 藏	1126.8						105.0	
陕 西	15644.6							
甘 肃	28134.5	722.0	130.0	136.0		131.2	1591.6	
青 海	4941.3						6.0	
宁 夏	7307.5	1887.6					330.0	
新 疆	18620.9	260.0	43.0	64.0		108.9	64234.2	60023.7

单位：万元

事业单位会计制度财务指标				执行民间非营利组织单位会计制度财务指标				
收入合计	支出合计	收支结余	行政事业单位增加值	固定资产原价	上年结余	收入合计	费用合计	社会组织单位增加值
193100.3	**175577.2**	**22641.3**	**101335.9**	**18225391.3**	**4164296.7**	**15174272.2**	**11741958.8**	**5183342.9**
				490218.7	427986.8	2284532.6	1699958.2	941474.1
				659548.0	807327.6	1397109.2	785488.4	305585.0
				66591.2	21818.6	144053.0	103140.3	37123.7
4852.1	4760.3		2625.6	208056.9	3077.7	85273.4	81197.2	38199.3
29526.0	27431.8	2171.0	24257.5	795643.2	1679.4	103960.7	38719.3	19723.1
6912.8	6910.4	50.3	5481.8	28711.6	942.8	33428.5	29315.7	14155.2
2419.5	2462.5	146.0	1696.4	259393.9	324.0	619403.0	512499.9	255189.0
2000.8	2036.8		1912.8	765023.8	5.0	99390.0	91240.2	7356.0
4626.2	4629.7	29.4	673.8	1285385.7	1312.8	408194.2	32069.1	18728.7
17499.8	16226.6	197.0	1876.3	125700.8	516831.6	1148413.2	849455.5	393010.2
47806.9	45182.6	997.5	16166.6	2179893.3	431716.5	1773415.1	1370202.8	354836.1
2399.0	1998.1	-5.6	708.0	1363987.5	202173.6	1211392.8	1062325.4	394867.2
7567.0	6018.8	65.2	4030.6	1116652.3	2722.3	308590.2	242463.1	388654.9
20892.0	20208.0	1014.8	7270.4	187555.3	28549.7	150158.0	81167.2	52910.8
1264.9	1304.9		489.2	458463.9	122317.6	197336.5	167388.8	152283.7
				424635.9	1435.8	514381.9	502287.4	326551.5
3677.1	3562.0		1458.6	350990.2	4424.3	138655.3	126727.3	67711.2
				221930.9	914.0	357495.2	316045.5	152318.5
9829.4	8645.9	2803.5	8859.7	279939.5	71469.8	232747.7	197662.7	78350.5
12972.4	11607.4	14993.6	9920.6	4453906.6	708415.2	1860702.8	2545083.9	788495.5
707.4	102.7		133.9	573267.6	12987.4	142516.2	114038.7	57963.4
				76070.6	778.9	11684.5	9367.7	7387.0
2382.0	2381.0		106.5	364408.3	177100.4	241427.0	184573.4	92956.9
8397.9	4217.9	16.2	1485.4	215898.4	7474.5	186216.5	186365.4	71050.1
287.4	244.9		186.2	118023.2	1479.2	49528.5	39231.4	34326.5
2029.7	1956.1	155.8	860.1	334915.2	475841.3	1308466.0	247294.3	59957.8
			4.2	203.0		977.6	1122.6	1122.6
				636004.1	47023.0	24924.5	23752.8	15644.6
450.3	564.3	6.6	414.5	71894.5	10245.7	65488.4	43154.3	27588.8
			0.2	22409.1	259.1	25855.9	19237.2	4941.1
621.8	95.8		84.5	33024.0	311.0	23870.1	16524.6	7223.0
3977.9	3028.7		2855.1	57044.1	75351.1	24683.7	22858.5	15656.9

C-3-2 社会

地 区	单位数	年末职工人数	#女性	受教育程度 大学专科人数	大学本科及以上人数
全 国	**245256**	**3960704**	**809224**	**449052**	**247047**
中央级	1810	51000	16000		20271
北 京	3220	30474	6402	14295	6826
天 津	2039	8695	3155	2404	2992
河 北	9199	85639	13909	8504	3935
山 西	5997	90781	23560	22032	4115
内蒙古	5637	44298	11307	11770	3788
辽 宁	8975	133280	26899	21407	13564
吉 林	5246	73523	9738	11923	2517
黑龙江	5472	124674	53418	18653	7847
上 海	3634	35892	5560	1900	2047
江 苏	18707	128379	36284	34038	11472
浙 江	14870	122427	31234	38789	16529
安 徽	9260	204805	17015	13316	11158
福 建	11014	173162	18372	16118	5650
江 西	6797	81480	16922	8767	3275
山 东	17252	133968	26820	34608	26193
河 南	10572	68845	15758	9865	4962
湖 北	10225	86111	27356	18208	5131
湖 南	10151	467598	28760	21108	8667
广 东	13059	103157	44292	22269	9414
广 西	8668	211958	59280	38496	15984
海 南	1613	6864	2054	1324	539
重 庆	5016	132410	25747	11264	9191
四 川	16455	293033	68377	14005	30889
贵 州	4627	100630	14942	5416	1819
云 南	9209	592186	109972	12460	5949
西 藏	365	1346	98	384	138
陕 西	7823	129561	24969	9952	3941
甘 肃	7228	124728	32916	12318	3720
青 海	1858	13409	3205	1285	404
宁 夏	3677	50301	16713	5173	805
新 疆	5581	56090	18190	7001	3315

团体

单位：个、人

职业资格水平		年龄结构			
助理社会工作师人数	社会工作师人数	35岁及以下人数	36岁至45岁人数	46岁至55岁人数	56岁及以上人数
3860	**958**	**1090673**	**1522795**	**975314**	**371922**
		15000	9000	12000	15000
316	12	6496	7273	9732	6973
4	3	2246	3554	2122	773
237	12	29593	38425	13671	3950
3		20179	33634	25697	11271
		13062	17061	10858	3317
40	15	37236	45857	42337	7850
133	21	24268	28027	19394	1834
87	73	68198	34853	17031	4592
492	151	13607	16274	3522	2489
470	73	38157	38368	34146	17708
121	56	28895	53470	30651	9411
76	8	34718	94932	48536	26619
130	40	20978	47751	57315	47118
19	1	25860	29210	19183	7227
74	38	41459	53580	27898	11031
81	37	21632	28475	13783	4955
7	2	20394	33226	23728	8763
342	159	84767	173883	187644	21304
186	70	33451	36964	22012	10730
10	3	48876	110359	36376	16347
		2479	2250	1284	851
102	33	27624	38300	22780	43706
230	26	94634	107065	57538	33796
29	19	16838	59712	18212	5868
43	13	223934	210059	138233	19960
456		675	470	195	6
9	28	33648	48932	33240	13741
15	20	35071	73228	12210	4219
6		3182	5477	3875	875
1		10303	20027	13926	6045
141	45	13213	23099	16185	3593

C-3-2续表1

地　区	社会组织负责人	#女性	按活动区域分 中央级社团	省级社团	地级社团
全　国	**568846**	**90639**	**1810**	**24149**	**64169**
中央级	20000	6000	1810		
北　京	20510	4167		1186	
天　津	2610	833		857	
河　北	10974	1587		796	2544
山　西	7204	810		891	1947
内蒙古	8553	2285		641	1713
辽　宁	11634	2133		656	3623
吉　林	7733	1167		620	1645
黑龙江	9235	1106		883	2019
上　海	17927	2954		1123	
江　苏	33680	5114		882	4960
浙　江	33810	6997		935	3858
安　徽	18681	2218		865	3135
福　建	28055	5459		899	2615
江　西	11380	2289		644	2003
山　东	54367	10977		968	4680
河　南	15401	3081		918	3915
湖　北	51125	3352		815	2892
湖　南	24507	5153		766	3163
广　东	24180	3311		999	5340
广　西	11091	1561		659	1941
海　南	2107	533		642	289
重　庆	18023	3244		826	
四　川	26950	3649		1007	3603
贵　州	37435	1395		576	943
云　南	15938	2111		770	1994
西　藏	365	90		179	148
陕　西	13590	1729		798	1542
甘　肃	10726	2304		632	1393
青　海	3508	528		473	354
宁　夏	5482	596		554	519
新　疆	12065	1906		689	1391

单位：人、个

县级社团	建立党组织的社会组织	社会组织职工中中共党员人数	当年新增单位数	当年年检单位数	行业性社团
155128	**60199**	**279513**	**6812**	**125633**	**29434**
	1383				
2034	711	4192	56	2744	361
1182	651	1213	21	1761	177
5859	3319	19059	306	5439	2439
3159	788	5276	414	4503	1619
3283	1275	6599	273	3487	1285
4696	1502	12403	237	5845	1538
2981	555	459	10	272	
2570	999	2254	93	281	68
2511	2149	26902	98	2925	204
12865	8284	18983	384	11047	2447
10077	1990	15536	415	10455	2867
5260	1396	12666	400	7434	970
7500	9241	10197	322	3437	335
4150	956	3324	19	3021	222
11604	5566	53688	1304	15752	6223
5739	2931	5383	131	3501	117
6518	1736	7518	255	9714	
6222	2204	12383	105	3974	207
6720	970	6637	410	4754	1645
6068	514	2079	163	4239	575
682	84	3916	128	877	147
4190	551	6070	322	4030	1336
11845	3392	13994	163	3867	995
3108	236	980	65	1856	374
6445	1045	10370	214	2654	600
38			21	258	38
5483	1665	6222	110	1718	1454
5203	1486	4243	63	596	110
1031	475	989	57	1400	213
2604	844	2980	112	1449	345
3501	1301	2998	141	2343	523

C-3-2续表2

地区	社会组织					
	科技与研究	生态环境	教育	卫生	社会服务	文化
全国	**19494**	**6961**	**12603**	**11303**	**32752**	**20926**
中央级	233	18	100	46	65	167
北京	281	54	137	145	311	229
天津	228	24	123	90	292	193
河北	848	149	409	476	990	643
山西	426	67	395	279	890	556
内蒙古	646	153	341	228	992	391
辽宁	614	174	492	518	1082	499
吉林	207	127	239	197	1188	465
黑龙江	346	372	587	282	636	312
上海	632	64	150	195	524	236
江苏	1459	395	1022	944	2696	1761
浙江	1184	255	766	767	1696	1408
安徽	847	235	422	402	1064	982
福建	903	221	547	434	1698	914
江西	654	201	554	489	1029	553
山东	1531	418	577	609	2057	1514
河南	808	391	734	461	1375	1101
湖北	901	198	420	473	1530	839
湖南	985	416	550	492	1185	780
广东	1339	167	598	415	2815	1325
广西	672	113	218	169	748	355
海南	260	19	32	53	94	254
重庆	422	165	310	210	505	441
四川	784	821	1080	996	2341	1433
贵州	196	107	111	185	400	418
云南	407	189	341	391	1107	887
西藏	97		4	10	22	28
陕西	624	162	371	256	863	906
甘肃	201	995	260	390	1019	674
青海	67	50	166	176	293	150
宁夏	152	131	288	282	687	204
新疆	540	110	259	243	558	308

单位：个

按行业分类							
体育	法律	工商业服务	宗教	农业及农村发展	职业及从业组织	国际及涉外组织	其他
12842	**3121**	**23467**	**4384**	**47719**	**16893**	**427**	**32364**
95	12	327	8	36	20	45	638
191	50	314	43	672	169	4	620
102	44	315	27	113	122	73	293
417	149	775	179	1815	465	15	1869
450	89	608	95	508	262		1372
270	34	551	50	1206	160	12	603
400	102	611	121	1643	507	28	2184
207	71	274	77	1118	341	15	720
153	81	448	77	1114	643		421
305	33	560	72	46	217	7	593
1328	297	2227	344	3151	1348	58	1677
1086	187	2031	312	1002	1806	39	2331
519	116	894	153	1887	760	11	968
587	107	1029	262	1581	626		2105
459	137	599	147	961	369		645
778	156	1701	220	5260	1254	40	1137
434	218	1095	234	1885	688	14	1134
486	132	976	159	1682	689		1740
373	153	1068	192	1575	1081	37	1264
845	82	1755	209	547	834		2128
214	51	614	175	4131	312		896
101	11	305	17	298	67	1	101
307	68	435	78	1295	377		403
1070	219	1004	344	3325	1457		1581
249	53	376	105	1480	468	7	472
412	124	526	254	2349	610		1612
13	12	21	6	16	9		127
280	55	644	126	2701	346	6	483
171	97	299	142	1545	534		901
75	69	139	61	389	31	1	191
193	30	232	20	715	60		683
272	82	714	75	1673	261	14	472

C-3-2续表3

地 区	行政执法	行政处罚数	并处没收违法经营额／违法所得	并处罚款
全 国	**950**	**938**	**37**	**6**
中央级				
北 京				
天 津				
河 北	87	87		
山 西	80	80		
内蒙古	40	40		
辽 宁	19	18	9	
吉 林				
黑龙江				
上 海				
江 苏	31	31		
浙 江	40	40		
安 徽	65	65		
福 建	5	5		
江 西	4	4		
山 东	158	158		
河 南	48	37		
湖 北	8	8		
湖 南	18	18		
广 东	22	22		
广 西	67	67		6
海 南				
重 庆	88	88		
四 川	17	17		
贵 州	20	20		
云 南	34	34	28	
西 藏				
陕 西	1	1		
甘 肃				
青 海				
宁 夏	76	76		
新 疆	22	22		

单位：起

(1) 警告	(2) 限期（责令）停止活动	(3) 撤销登记	取缔非法社会组织	# 并处没收非法财产
102	**96**	**740**	**12**	
26	36	25		
		80		
7		33		
		18	1	
9		22		
4	4	32		
39		26		
		5		
		4		
11		147		
		37	11	
		8		
		18		
5	1	16		
		67		
	20	68		
1		16		
		20		
		34		
		1		
	27	49		
	8	14		

C-3-2续表4

地 区	增加值合计	执行行政事业单位会计			
		固定资产原价	收入合计	上年结余	支出合计
全 国	**1395744.1**	**129086.5**	**97906.2**	**65669.0**	**90804.2**
中央级	438140.5				
北 京	43498.3				
天 津	7818.3				
河 北	11042.6	3256.5	2033.3		1947.5
山 西	25636.8	1323.1	25401.1	2.4	23301.9
内蒙古	8235.9	3690.9	3095.3	-5.4	3044.6
辽 宁	83266.3	1532.2	1114.6	25.0	1087.6
吉 林	5066.2	202.0	523.2	21.0	542.2
黑龙江	5731.3	2326.8	4315.7		4319.7
上 海	99010.0	0.2	15.3	1.3	2.0
江 苏	114086.0	14313.2	34767.0	1042.0	32503.9
浙 江	98936.5	38.4	913.6	0.7	493.7
安 徽	36118.5	1767.0	2701.0	120.0	2231.0
福 建	13493.7	9368.3	6372.2		7415.2
江 西	11584.4	4578.5	909.5		974.5
山 东	96531.7				
河 南	19450.8	1469.9	1386.4		1394.3
湖 北	34281.3				
湖 南	41268.1	3319.3	2292.7		2407.7
广 东	74745.8	4898.5	3618.5	4165.6	3082.8
广 西	12828.0	601.8	562.4		7.7
海 南	3920.5				
重 庆	15087.6	1596.0	253.5	1.0	252.5
四 川	21869.0	292.5	1251.1		839.2
贵 州	10636.2	1176.1	284.2	50.2	241.7
云 南	18779.1	8027.5	1501.0	221.5	1447.5
西 藏	1126.8	105.0			
陕 西	7455.2				
甘 肃	18577.8	1530.6	369.2		484.2
青 海	3415.9				
宁 夏	4051.2	50.0	548.4		52.4
新 疆	9510.7	63622.2	3677.0	60023.7	2730.4

单位:万元

制度财务指标		执行民间非营利组织单位会计制度财务指标				
收支结余	行政事业单位增加值	固定资产原价	上年结余	收入合计	费用合计	社会组织单位增加值
3564.8	**52076.5**	**2475684.2**	**2030732.4**	**5515326.2**	**3607522.1**	**1343667.6**
		446512.3	387182.8	1047147.3	714377.8	438140.5
		144835.8	245547.3	280066.6	124439.8	43498.3
		12146.3	394.1	28130.1	18101.1	7818.3
	1283.5	35877.7	2346.1	28368.5	25572.7	9759.1
2161.0	21639.2	37920.4	571.3	16001.1	8400.5	3997.6
45.3	1864.7	11763.1	555.2	15508.0	15481.7	6371.2
38.0	927.0	65003.9	231.0	412944.3	349164.0	82339.3
	448.1	39394.8		14521.5	13340.7	4618.1
2.5	345.1	11507.9	748.6	387420.5	9093.2	5386.2
1.0	0.3	10254.1	191584.6	366888.6	142167.3	99009.7
997.5	15021.3	401196.7	10477.7	274124.0	214600.6	99064.7
6.2	28.5	105857.1	58096.9	329846.6	285875.5	98908.0
	603.7	45742.6	1529.2	73465.8	32898.3	35514.8
	2426.7	25028.5	14184.7	41287.2	19444.1	11067.0
	186.2	34781.0	120392.5	22225.4	21996.1	11398.2
		106288.6	856.8	168330.9	159758.6	96531.7
	458.6	33188.0	1260.9	30520.7	27531.0	18992.2
		58319.1	40.0	114197.2	90930.0	34281.3
	1216.7	51377.5	193.3	88822.4	74857.5	40051.4
150.9	644.1	523412.1	631321.1	332162.9	971389.6	74101.7
	24.1	24556.6	965.8	50981.4	43423.4	12803.9
		2262.1	75.9	5833.6	4579.2	3920.5
	63.8	42152.8	9130.7	57997.8	51976.1	15023.8
	480.8	40524.3	6695.6	92187.6	82586.4	21388.2
	178.5	16663.9	623.2	17274.7	13882.0	10457.7
155.8	525.2	32360.6	269744.5	1126980.3	22847.9	18253.9
	4.2	162.0		977.6	1122.6	1122.6
		44169.1	355.6	13908.5	10387.4	7455.2
6.6	348.1	34070.1	189.9	33330.7	24899.2	18229.7
		15754.7	47.1	21446.8	15156.0	3415.9
	37.9	6010.9	225.0	10957.3	6968.5	4013.3
	2777.1	16589.6	75165.0	11470.3	10273.3	6733.6

C-3-3 基金

地区	单位数	年末职工人数		受教育程度	
			# 女性	大学专科人数	大学本科及以上人数
全国	**2200**	**13164**	**3929**	**2405**	**1876**
中央级	154	4552	1500		
北京	144	702	503	128	522
天津	43	215	87	73	129
河北	25	78	27	31	22
山西	29	173	51	44	31
内蒙古	68	357	88	298	45
辽宁	39	371	91	230	49
吉林	36	103	23		
黑龙江	42	102	17		102
上海	117	519			
江苏	310	680	140		
浙江	189	583	242	276	
安徽	36	129	40	31	58
福建	113	791	69		
江西	25	174	32	82	38
山东	60	258	71	167	73
河南	53	563	214	384	
湖北	47	235	87	55	110
湖南	121	729	332	318	329
广东	202	305	70		
广西	22	45	16		
海南	28	134	8	61	54
重庆	28	84	2		
四川	77	88	36	17	13
贵州	15	62			
云南	38	160	66	50	110
西藏	11	75	42	22	35
陕西	45	203	7		
甘肃	25	315	20	114	72
青海	11	38	4	12	8
宁夏	23	78	23	12	24
新疆	24	263	21		52

会

单位：个、人

职业资格水平		年龄结构			
助理社会工作师人数	社会工作师人数	35岁及以下人数	36岁至45岁人数	46岁至55岁人数	56岁及以上人数
289	**44**	**3825**	**3440**	**3117**	**2782**
		1275	820	1092	1365
249		228	168	160	146
15	29	66	84	53	12
		12	37	21	8
		24	30	76	43
		130	92	55	80
		90	79	139	63
		89	14		
			102		
		236	156	85	42
		320	150	120	90
		261	190	98	34
		21	60	39	9
7		73	200	244	274
		23	125	26	
		145	113		
		270	117	53	123
		45	85	76	29
		76	256	309	88
		45	85	90	85
		15	13	11	6
		112	11	5	6
			30	40	14
		26	34	20	8
		15	25	17	5
5	3	30	50	55	25
		32	43		
		23	55	40	85
13	12	69	91	87	68
		8	24	6	
		12	25	31	10
		54	76	69	64

C-3-3续表1

地　区	社会组织负责人数	# 女性	按性质分	
			公墓基金会	非公墓基金会
全　国	**4797**	**1019**	**1101**	**1088**
中央级	600	200	83	60
北　京	377	122	29	115
天　津	43		17	26
河　北	25	7	7	18
山　西	133	22	17	12
内蒙古	96	24	45	23
辽　宁	39	10	31	8
吉　林	56	12	21	15
黑龙江	102	15	25	17
上　海	501	136	50	67
江　苏	310	33	134	176
浙　江	189	25	114	75
安　徽	94	20	12	24
福　建	396	10	19	94
江　西	81	13	12	13
山　东	60	13	30	30
河　南	195	29	30	23
湖　北	235	87	16	31
湖　南	409	88	83	38
广　东	202	49	97	105
广　西	9	1	12	10
海　南	124	7	11	17
重　庆	80	3	20	8
四　川	68	34	51	26
贵　州	15	4	14	1
云　南	38	5	30	8
西　藏	11	1	10	1
陕　西	186	26	21	24
甘　肃	34	6	19	6
青　海	21	5	5	6
宁　夏	23	6	18	5
新　疆	45	6	18	6

单位：人、个

境外基金代表机构	建立党组织的社会组织	社会组织职工中中共党员人数	当年登记单位数	当年年检单位数
11	**388**	**2656**	**108**	**1202**
11	75			
	130	721	24	144
			4	43
	3	12	4	18
	10	60		38
			7	
	7			
	9			
	35	447	12	95
		446		310
	6	275		189
	2	11	3	29
	3	8	4	21
	32	195	10	49
	1			
	5	203	15	32
	37			
	1			
		115	7	11
	3			23
		117		77
				13
			8	23
			1	10
	3			33
	24		2	
			2	9
	1	37	5	22
	1	9		13

C−3−3续表2

地区	社会组织					
	科技与研究	生态环境	教育	卫生	社会服务	文化
全　国	**64**	**47**	**691**	**107**	**614**	**140**
中央级	4	7	29	10	9	17
北　京	7	5	26	8	6	17
天　津	3		18	1	10	7
河　北			5		7	
山　西			13		13	2
内蒙古		2	20	46		
辽　宁			8	3	16	4
吉　林		2	16	1	12	1
黑龙江	2	4	9	2	15	2
上　海	7	5	36	8	40	11
江　苏	1	2	83	4	186	5
浙　江	6		94	5	57	8
安　徽	1		15		13	4
福　建	5	1	51		9	
江　西			12			1
山　东	1	2	16	3	5	5
河　南			16			6
湖　北		3	22	1	12	4
湖　南	6		65		5	2
广　东	12	3	49	7	107	17
广　西					22	
海　南	1	2	10	1	4	3
重　庆			8	2	14	1
四　川	3		47	1	8	4
贵　州					15	
云　南		5	6	1	19	4
西　藏		1	3		2	3
陕　西			7	1		6
甘　肃	2		2		1	
青　海	2	3				6
宁　夏	1		4	2	6	
新　疆			1		1	

单位：个

按行业分类							
体育	法律	工商业服务	宗教	农业及农村发展	职业及从业组织	国际及涉外组织	其他
30	**32**	**19**	**14**	**35**	**4**	**10**	**393**
	2			1		10	65
3	2	1		1			68
1	1		1				1
							13
			1				
1							7
	3	1					
3	1	1	1	1	1		
1		6			2		1
3	2		1	23			
1				3			15
							3
1			4	2			40
							12
	11			1			16
2							29
1	2			1			1
2		7					34
2			1				4
	3	2	2				
	1		2				
9	2	1		1	1		
	1						2
	1						1
			1	1			29
							20
							10
							22

C-3-3续表3

地　区	行政执法	行政处罚数	⑴ 警告	⑵ 限期（责令）停止活动	⑶ 撤销登记	取缔非法社会组织
全　国	**8**	**7**	**1**	**5**	**1**	**1**
中央级						
北　京	1					1
天　津	1	1			1	
河　北						
山　西						
内蒙古						
辽　宁						
吉　林						
黑龙江						
上　海						
江　苏						
浙　江						
安　徽						
福　建						
江　西						
山　东						
河　南						
湖　北						
湖　南						
广　东						
广　西						
海　南						
重　庆						
四　川						
贵　州						
云　南						
西　藏						
陕　西	1	1	1			
甘　肃						
青　海						
宁　夏	4	4		4		
新　疆	1	1		1		

单位：起、万元

增加值合计	执行行政事业单位会计制度财务指标				
	固定资产原价	上年结余	收入合计	费用合计	社会组织单位增加值
682215.6	**177772.2**	**647079.3**	**2038500.0**	**1342022.9**	**682215.6**
495378.4	23796.0	21612.5	1218040.5	966831.8	495378.4
23087.0	2082.0	116197.0	83862.0	5989.0	23087.0
39.0	2447.0	8308.3	249.0	249.0	39.0
1.0			1.0	1.0	1.0
44.0	780.0		4598.0	2589.0	44.0
4765.0	300.0		9885.0	7282.0	4765.0
2600.0	900.0		9724.0	9700.0	2600.0
42.0	328.7			1007.9	42.0
	126.0		126.0		
48024.7			34485.2	75071.6	48024.7
3325.0	2123.0	413527.0	304660.0	5136.0	3325.0
46276.1	5838.6	45896.5	207434.0	161537.5	46276.1
14.8	8543.0		9.0	2226.9	14.8
22630.0	27358.0		26769.0	23665.0	22630.0
7104.5	369.3		7518.1	4829.3	7104.5
375.0	369.2		2858.1	2770.0	375.0
575.0	12100.0			772.0	575.0
2955.0	480.0		19618.0	676.0	2955.0
926.0	138.0		865.0	926.0	926.0
14190.0	1300.0		58000.0	42300.0	14190.0
107.5	159.7		3005.2	2602.3	107.5
124.0			124.0	124.0	124.0
6285.7	100.7	45.7	11386.3	6450.8	6285.7
85.0	7493.8	411.6	5411.1	255.0	85.0
	4880.0				
2000.0	45000.0	35000.0	25000.0	15000.0	2000.0
	10.0				
	12732.0				
222.6	100.4	6080.7		787.7	222.6
13.3	14.0		206.0	25.9	13.3
1015.0	17820.8		4653.5	3205.2	1015.0
10.0	82.0		12.0	12.0	10.0

C-3-4 民办非

地区	单位数	年末职工人数		受教育程度	
			#女性	大学专科人数	大学本科及以上人数
全国	**198175**	**2208050**	**806559**	**534080**	**325784**
中央级	42	969	493		810
北京	3809	69421	19220	16728	21138
天津	2073	34837	16783	10323	12649
河北	6059	69280	22694	13618	6824
山西	4360	51264	15021	13082	7174
内蒙古	2522	24208	7544	5577	1986
辽宁	10009	75693	24923	15407	10433
吉林	3094	27134	9189	5098	1353
黑龙江	6864	36152	12593	11004	3777
上海	6353	87093	19476	6802	4732
江苏	15166	178029	59720	36698	24962
浙江	13878	156584	72958	50755	29006
安徽	5560	76248	24495	21210	10508
福建	4502	50793	19814	8943	14420
江西	3890	78144	27333	7658	3610
山东	29155	212904	51415	68143	38973
河南	8515	90517	27923	23909	19749
湖北	11691	118112	45806	38434	6836
湖南	5668	70080	28757	24120	13472
广东	15249	298465	142439	61930	32114
广西	4289	45956	22145	11188	4977
海南	1156	11697	4150	4095	1471
重庆	4013	52088	20955	10771	14881
四川	12572	102294	38359	22914	11579
贵州	1958	22138	9824	7692	4587
云南	3371	40044	15638	7109	8089
西藏	12	30	5	1	
陕西	5282	70230	24648	13221	7988
甘肃	3070	24403	7091	9833	3729
青海	677	3521	1533	518	154
宁夏	833	7274	4176	2429	878
新疆	2483	22448	9439	4870	2925

企业会

单位：个、人

职业资格水平		年龄结构			
助理社会工作师人数	社会工作师人数	35岁及以下人数	36岁至45岁人数	46岁至55岁人数	56岁及以上人数
4665	**1055**	**890255**	**782897**	**400843**	**134055**
		302	219	199	249
772	16	18860	30064	13317	7180
45	18	8537	13077	9650	3573
619	68	27403	27882	10921	3074
10	5	16278	12554	19909	2523
		11177	8251	4175	605
348	23	24357	28222	17444	5670
288	5	10372	10331	3666	2765
71	64	12120	16325	5027	2680
93	75	16362	23348	32600	14783
235	55	53449	64800	44933	14847
107	80	68265	56148	23806	8365
80	41	26907	27491	15200	6650
199	58	19849	17600	9975	3369
136		31204	31120	13569	2251
101	83	82618	85328	36933	8025
219	58	39746	34032	12554	4185
30	29	42541	46314	21847	7410
156	69	36100	23739	7649	2592
557	75	173315	80616	32969	11565
18	1	20997	15950	6874	2135
32		5405	4286	1263	743
157	23	20119	20215	8044	3710
222	32	48409	35417	13899	4569
36	26	10323	7087	3443	1285
10	35	18056	15890	4627	1471
1		6	21	3	
52	70	27011	23558	15087	4574
9	13	7592	9314	6000	1497
12	19	1184	1605	637	95
		2593	3018	1283	380
50	14	8798	9075	3340	1235

C-3-4续表1

地区	民间组织负责人	#女性	按性质分 法人	合伙
全国	**356972**	**101240**	**140362**	**6756**
中央级	300	100	42	
北京	10154	4517	3659	17
天津	3492	1489	1980	6
河北	6860	1565	2996	326
山西	4380	926	3785	82
内蒙古	3883	1218	1448	261
辽宁	10576	3443	7175	258
吉林	3653	1485	1502	41
黑龙江	7298	2399	3374	169
上海	15367	6186	6277	43
江苏	20058	6576	11353	578
浙江	19104	7837	10277	496
安徽	7382	1748	3502	312
福建	7416	2488	3684	175
江西	6399	2467	1937	217
山东	75603	19039	18786	974
河南	11360	3671	5317	304
湖北	58455	4029	9024	576
湖南	10183	3387	3379	332
广东	22576	9153	13614	122
广西	4786	1936	2817	135
海南	1191	456	878	47
重庆	7338	2333	3275	98
四川	15294	5472	8495	467
贵州	2694	897	911	137
云南	4706	1685	2194	145
西藏	12	2	12	
陕西	8037	2356	3582	107
甘肃	4237	1059	1799	243
青海	672	109	497	31
宁夏	866	143	570	30
新疆	2640	1069	2221	27

单位：人、个

个体	建立党组织的社会组织	社会组织职工中中共党员人数	当年登记单位数	当年年检单位数
51057	**25298**	**145131**	**8994**	**109625**
	19			
133	519	3217	193	3210
87	244	4841	55	1594
2737	1728	10334	307	3666
493	510	3353	321	2525
813	378	1092	115	1091
2576	742	2960	629	5086
1551	289	1429	9	317
3321	566	576	112	384
33	3500	16613	539	4327
3235	1630	9095	692	8351
3105	864	8873	632	10226
1746	765	3290	553	3692
643	495	211	185	1068
1736	527	837	5	1400
9395	4573	43010	1923	26570
2894	998	2445	199	3329
2091	2456	12693	236	11115
1957	446	1345	314	2928
1513	510	5994	618	5789
1337	223	1571	115	1849
231	223	455	43	751
640	331	3378	320	3016
3610	1221	1886	239	3782
910	263	118	46	639
1032	439	4098	97	465
			1	9
1593	409	196	184	881
1028	107	167	55	252
149	19	190	21	285
233	151	501	41	413
235	153	363	195	615

C−3−4续表2

地 区	社会组织					
	科技与研究	生态环境	教育	卫生	社会服务	文化
全 国	**10196**	**1070**	**98043**	**25191**	**29465**	**8114**
中央级	2		2	6	6	9
北 京	166	7	2325	250	650	112
天 津	39	8	966	106	267	75
河 北	464	10	2116	1690	561	235
山 西	669	21	1972	166	560	242
内蒙古	99	16	975	153	376	60
辽 宁	270	20	5192	1290	1432	271
吉 林	159	4	1672	111	684	172
黑龙江	559	23	3626	175	1800	133
上 海	170	5	2914	107	1962	204
江 苏	414	52	6271	1587	3571	661
浙 江	874	383	8727	1146	1221	592
安 徽	312	21	2630	1138	685	196
福 建	250	6	2879	219	394	256
江 西	78	10	2434	372	461	175
山 东	2452	35	9186	9621	3793	1151
河 南	748	151	3552	934	1337	500
湖 北	523	152	3075	575	2075	678
湖 南	235	13	3740	450	547	300
广 东	428	23	10863	286	2028	570
广 西	102	8	3256	186	338	92
海 南	47	9	719	156	114	42
重 庆	76	2	2035	181	1039	94
四 川	221	14	8185	1605	1528	237
贵 州	84	15	1260	203	207	65
云 南	81	14	2055	205	178	112
西 藏	1		7		1	
陕 西	294	17	2542	947	638	315
甘 肃	249	5	943	846	412	213
青 海	15	1	330	30	61	98
宁 夏	38	6	267	222	96	49
新 疆	77	19	1327	228	443	205

单位：个

按行业分类							
体育	法律	工商业服务	宗教	农业及农村发展	职业及从业组织	国际及涉外组织	其他
7062	**776**	**2013**	**156**	**1730**	**2218**	**37**	**12104**
		1			1		15
195	28	3		10	5		58
203	17	9		6	306		71
219	19	55	3	25	96		566
162	21	27	2	42	130		346
73	13	25	5	28	38		661
300	39	98	25	53	104	2	913
83	25	36		5	11	1	131
258	8	19		12	169		82
317	19	97	11	34	100	34	379
788	31	230	47	354	137		1023
426	19	59	1	28	106		296
139	8	69	3	40	61		258
214	5	37	3	8	31		200
171	7	11		12	23		136
1070	268	311	3	174	75		1016
580	42	124	9	23	78		437
225	88	276	2	592	97		3333
121	7	65	10	29	34		117
403	5	53	5	38	142		405
173	4	19	7	2	9		93
21	5	2		1			40
160	4	48	1	64	76		233
201	24	118	3	69	97		270
55	7	15		2	27		18
145	5	18	2	13	37		506
	1						2
138	27	72	2	5	121		164
64	20	71	1	12	25		209
16		28	1	3	51		43
39	7	9	2	46	14		38
103	3	8	8		17		45

C-3-4续表3

地区	行政执法	行政处罚数	并处没收违法经营额/违法所得	并处罚款
全国	**1412**	**1374**	**1**	**6**
中央级				
北京	1	1		
天津				
河北	13	13		
山西	99	99		
内蒙古	14	11		
辽宁	147	147		
吉林				
黑龙江				
上海	2			
江苏	1	1		
浙江	25	25		
安徽	14	14		
福建				
江西	4	4		
山东	968	945		6
河南	15	8		
湖北	3	3		
湖南	12	10		
广东	21	21		
广西				
海南				
重庆	7	7		
四川	12	12		
贵州				
云南	5	5		
西藏				
陕西				
甘肃				
青海				
宁夏	37	37		
新疆	12	11	1	

单位：起

(1) 警告	(2) 限期（责令）停止活动	(3) 撤销登记	取缔非法社会组织	# 并处没收非法财产
40	**15**	**1319**	**38**	**8**
		1		
		13		
		99		
		11	3	
		147		
			2	2
1				
7		18		
		14		
		4		
21	2	922	23	6
		8	7	
		3		
		10	2	
9	3	9		
		7		
2		10		
		5		
	7	30		
	3	8	1	

C-3-4续表4

地区	增加值合计	执行企业会计制度单位财务指标					执行行政	
		固定资产原价	营业收入	费用合计	营业利润	企业单位增加值	固定资产原价	上年结余
全　国	**3233510.1**	**124770.7**	**49717.9**	**34503.6**	**5199.8**	**26791.0**	**161792.1**	**95194.1**
中央级	7955.2							
北　京	238999.7							
天　津	29266.4							
河　北	29995.7	4508.0	4678.3	194.8	144.0	214.4	15802.0	2818.8
山　西	18410.5	532.0	88.0	83.0		110.7	2594.1	4124.9
内蒙古	8681.8	1803.0	5170.0	4992.5	187.0	2045.7	10869.3	3817.5
辽　宁	175523.4	2502.2	4200.3	1300.3	269.0	4504.3	4623.0	1304.9
吉　林	4520.2	1.7	54.2	52.1		359.6	540.2	1477.6
黑龙江	13973.1	2016.0	1018.0	616.0	67.2	301.9	799.8	310.5
上　海	248107.6	1197.3	13469.5	12248.4	-4538.4	255.8	879.0	17484.5
江　苏	254041.4	10868.1	2365.6	3791.3	0.1	449.7	11058.0	13039.9
浙　江	250362.6						729.8	1485.4
安　徽	357810.7	3894.0	1908.8	822.1	31.0	1258.5	8604.5	4866.0
福　建	24340.4	1973.1	650.0	705.0		282.9	33639.2	14519.8
江　西	134415.9	1982.1	580.0	212.0		331.9	7550.9	355.4
山　东	229644.8							
河　南	49686.1	3098.0	1482.0	1248.0		542.1	5274.0	2290.7
湖　北	115082.2							
湖　南	45564.1	2531.1	950.3	480.2	52.0	548.0	19705.9	7536.7
广　东	710177.7	37930.7	4144.4	1715.2	133.8	697.4	17042.2	9353.9
广　西	45161.9	3804.0		10.0		0.1	421.0	145.0
海　南	3342.5							
重　庆	71690.1	460.3					1068.1	2128.5
四　川	63970.8	36828.2	6220.9	3914.2	8712.6	13389.3	15946.5	7146.8
贵　州	24199.4	1192.3	169.9	15.4	143.0	322.9	6.8	3.2
云　南	40974.3	4779.0	2394.7	1903.1	-1.5	935.5	3678.8	528.7
西　藏								
陕　西	8189.4							
甘　肃	9334.1	722.0	130.0	136.0		131.2	61.0	81.1
青　海	1512.1						6.0	
宁　夏	2241.3	1887.6					280.0	73.4
新　疆	9100.2	260.0	43.0	64.0		108.9	612.0	300.9

单位：万元

事业单位会计制度财务指标				执行民间非营利组织单位会计制度财务指标				
收入合计	支出合计	收支结余	行政事业单位增加值	固定资产原价	上年结余	收入合计	费用合计	社会组织单位增加值
3120.5	**84773.0**	**19076.5**	**49259.4**	**15571934.9**	**1486485.0**	**7620446.0**	**6792413.8**	**3157459.7**
				19910.4	19191.5	19344.8	18748.6	7955.2
				512630.2	445583.3	1033180.6	655059.6	238999.7
				51997.9	13116.2	115673.9	84790.2	29266.4
	2812.8		1342.1	172179.2	731.6	56903.9	55623.5	28439.2
-173.5	4129.9	10.0	2618.3	756942.8	1108.1	83361.6	27729.8	15681.5
53.3	3865.8	5.0	3617.1	16648.5	387.6	8035.5	6552.0	3019.0
	1374.9	108.0	769.4	193490.0	93.0	196734.7	153635.9	170249.7
11.0	1494.6		1464.7	725300.3	5.0	84868.5	76891.6	2695.9
	310.0	26.9	328.7	1273751.8	564.2	20647.7	22975.9	13342.5
196.0	16224.6	196.0	1876.0	115446.7	325247.0	747039.4	632216.6	245975.8
17.6	12678.7		1145.3	1776573.6	7711.8	1194631.1	1150466.2	252446.4
	1504.4	-11.8	679.5	1252291.8	98180.2	674112.2	614912.4	249683.1
	3787.8	65.2	3426.9	1062366.7	1193.1	235115.4	207337.9	353125.3
2988.0	12792.8	1014.8	4843.7	135168.8	14365.0	82101.8	38058.1	19213.8
	330.4		303.0	423313.6	1925.1	167593.0	140563.4	133781.0
				317978.1	579.0	343192.9	339758.8	229644.8
	2167.7		1000.0	305702.2	3163.4	108134.6	98424.3	48144.0
				163131.8	874.0	223680.0	224439.5	115082.2
	6238.2	2803.5	7643.0	228424.0	71276.5	143060.3	121879.2	37373.1
22.3	8524.6	14842.7	9276.5	3929194.5	77094.1	1470539.9	1531394.3	700203.8
	95.0		109.8	548551.3	12021.6	88529.6	68013.0	45052.0
				73808.5	703.0	5726.9	4664.5	3342.5
	2128.5		42.7	322154.8	167924.0	172042.9	126146.5	71647.4
	3378.7	16.2	1004.6	167880.3	367.3	88617.8	103524.0	49576.9
	3.2		7.7	96479.3	856.0	32253.8	25349.4	23868.8
5.8	508.6		334.9	257554.6	171096.8	156485.7	209446.4	39703.9
				31.0				
				579103.0	46667.4	11016.0	13365.4	8189.4
	80.1		66.4	37724.0	3975.1	32157.7	17467.4	9136.5
			0.2	6640.4	212.0	4203.1	4055.3	1511.9
	43.4		46.6	9192.3	86.0	8259.3	6350.9	2194.7
	298.3		78.0	40372.5	186.1	13201.4	12573.2	8913.3

C-3-5 自治组

地　区	单位数	居民1000户以下	居民1000户－3000户	居民3000户以上	社区居委会（村委会）成员	中共党员
全　国	**681715**	**485326**	**161102**	**35287**	**2772988**	**1620138**
中央级						
北　京	6633	4406	1859	368	31650	17089
天　津	5352	3770	1304	278	20639	10411
河　北	52160	42284	8269	1607	183167	95457
山　西	30062	25909	3502	651	103261	59139
内蒙古	13522	8626	3835	1061	51769	28816
辽　宁	14914	6619	6828	1467	63994	42221
吉　林	10982	6180	3690	1112	43845	18792
黑龙江	11795	5993	4591	1211	52816	23105
上　海	5410	2059	3097	254	27487	14420
江　苏	21645	10064	9345	2236	109003	70599
浙　江	33406	25766	6974	666	129699	56863
安　徽	18900	8215	7886	2799	80307	52743
福　建	16597	11835	4267	495	67138	25520
江　西	20024	12327	6550	1147	73280	33983
山　东	79268	65195	11828	2245	335075	247497
河　南	50932	34391	14106	2435	213488	119783
湖　北	29746	20101	8026	1619	112066	73291
湖　南	47418	35645	9494	2279	168790	111459
广　东	25754	15206	8243	2305	117745	88587
广　西	16069	10430	4620	1019	76156	54678
海　南	3025	2432	440	153	14537	11326
重　庆	10913	6328	3800	785	52405	30703
四　川	53232	38671	11314	3247	205886	105080
贵　州	19326	15251	3298	777	84589	37293
云　南	14063	9334	3864	865	67657	44225
西　藏	5453	5443	10		24876	16070
陕　西	29066	24435	3722	909	106746	56047
甘　肃	17400	13687	3115	598	66595	27992
青　海	4562	3945	324	293	19640	8191
宁　夏	2764	1974	686	104	11921	7343
新　疆	11322	8805	2215	302	56761	31415

织总表

单位：个、人

	社区居委会（村委会）主任				受教育程度
女性		主任、书记“一肩挑”	中共党员	女性	大学专科人数
716174	**643331**	**263817**	**487155**	**93750**	**312421**
15595	6435	3412	5138	1935	8463
10340	5198	2002	3784	1338	4511
31007	52160	13564	31334	5003	8721
13503	28956	17977	23665	1988	6241
16482	13522	3545	9840	3277	5437
27416	13375	7443	10824	3062	20480
13415	10140	2987	7028	2833	6710
17168	9352	2449	5750	2591	11637
15455	5033	1083	3405	2213	5163
30763	20425	5847	17504	4713	21526
31297	30306	2265	14968	3224	15563
20392	15038	3236	11836	2165	7196
15254	12895	794	6141	1422	3454
19872	10953	1910	7045	2045	3263
96427	79268	59931	78050	6022	66002
50857	50594	24737	35253	9173	28813
32433	27422	18513	24183	3392	10787
49298	47414	33893	44095	8406	14614
30657	25604	17473	22385	2668	10593
15859	15518	7084	12852	1341	3668
3567	3025	2194	2670	116	1260
15309	10498	1060	8560	1665	8056
46917	53175	5966	33062	9951	14606
16408	18771	1644	10327	2128	4663
13626	12959	7296	10842	1162	3667
4444	5449	2799	3638	1291	280
27390	27934	1943	20438	3200	2352
12248	15470	1777	9638	2349	3974
3835	3590	1007	2459	707	539
3320	2744	1732	2254	451	741
15620	10108	6254	8187	1919	9441

C-3-5续表1

地　区	受教育程度	职业资格水平		年龄结构		
	大学本科及以上人数	助理社会工作师人数	社会工作师人数	35岁及以下人数	36岁至45岁人数	46岁至55岁人数
全　国	**90989**	**7703**	**1416**	**613304**	**1254516**	**727598**
中央级						
北　京	4118	1124	227	5206	11706	11125
天　津	1281	256	28	3683	6675	8282
河　北	1245	167	8	34948	84859	52841
山　西	1034	75	29	27011	44138	25489
内蒙古	1141	4	4	16113	21944	11075
辽　宁	4180	30	73	13700	27421	17951
吉　林	1836	260	9	9785	22615	10328
黑龙江	2012	247	36	11322	30111	10255
上　海	1818	553	125	3853	7446	11302
江　苏	7199	315	56	25573	44951	31664
浙　江	3589	868	90	27815	59774	33902
安　徽	1599	265	92	14723	41149	19755
福　建	804	97	86	13438	33221	17536
江　西	250	190	7	16561	41167	12825
山　东	27824	224	31	85055	144824	78713
河　南	7720	72	61	48414	93115	57455
湖　北	1897	205	19	22505	53815	31659
湖　南	3576	334	34	35875	84167	40329
广　东	3273	647	59	25014	45909	35682
广　西	738	90	39	12028	32993	26960
海　南	188	13		2985	6422	3974
重　庆	1745	493	59	13272	22630	12857
四　川	5615	277	68	39122	101091	50733
贵　州	676	23	37	20186	34407	23478
云　南	811	70	23	18601	30421	15834
西　藏	23			7498	9200	7802
陕　西	579	8	13	17886	45579	33447
甘　肃	1337	29	65	14427	33792	15285
青　海	329			4008	9909	4901
宁　夏	113	75	11	3372	5135	3099
新　疆	2439	692	27	19325	23930	11060

单位：个、人

56岁及以上人数	居民(村民)小组	当年完成选举的居(村)委会数	当年完成选举的居(村)选民登记总数	本届登记选民数	参加投票人数	委托投票人数
177570	**6098633**	**101918**	**171602819**	**156323040**	**131362086**	**11142517**
3613	83253	3943	3008456	2845368	2239508	250596
1999	111381					
10519	329859	127	198050	126023	92075	4018
6623	130570	2436	1873495	1512887	1574703	74252
2637	77416	3062	4027194	3179873	2512300	105531
4922	200808	10231	13959911	13338354	11272871	724347
1117	83656	4407	4274996	4003976	3308534	31612
1128	172448	1820	6470088	5402260	4295197	54827
4886	210539					
6815	345517	15649	38649698	36863818	31109052	4277496
8208	331080	3813	6431917	6220925	5536577	170215
4680	265562	96	116074	81980	39080	600
2943	155535	1737	1853672	1438144	1007692	20015
2727	168793	1067	1365159	970908	953998	2018
26483	506629					
14504	398420	945	1554678	1489979	1415676	41069
4087	236934					
8419	491488	3718	3746536	3478618	3224002	50000
11140	280167	4895	10530426	9018718	8268902	703472
4175	284085	330	493431	474064	436925	26313
1156	28811	3025	4394367	4266321	3865667	180861
3646	94031	4533	10352815	9650919	7804219	690978
14940	407861	16534	25674760	21431745	16162649	2669190
6518	192142	5447	9141962	8800181	6686643	202983
2801	174666	10208	18027388	16674082	15285081	647022
376	16325					
9834	151737	24	31228	31228	26574	1657
3091	91306	1621	2661018	2468884	2272987	32149
822	15279	4	21526	21393	20707	112
315	16734	1237	1627457	1505410	1274308	140027
2446	45601	1009	1116517	1026982	676159	41157

C–3–5续表2

地区	增加值合计	执行企业会计制度单位财务指标					执行行政	
		固定资产原价	营业收入	费用合计	营业利润	企业单位增加值	固定资产原价	上年结余
全　国	**3098898.7**	**1526470.1**	**722776.8**	**262555.4**	**-306.4**	**129156.2**	**14102446.4**	**586469.2**
中央级								
北　京	167592.8	1133263.5	682479.8	216722.4	-4725.2	94448.3	233480.6	4718.5
天　津	60230.4						191811.0	3459.1
河　北	82592.4	76940.7		0.5			479233.4	7395.9
山　西	61321.0	4991.0	802.0	4095.1		2650.7	602261.5	535.8
内蒙古	15055.0	6332.1	772.0	772.0		77.1	53197.8	74.0
辽　宁	61701.3	2801.5		398.0	9.0	2869.6	185037.4	9342.8
吉　林	9022.9	2.0					18281.2	657.0
黑龙江	76112.8	4417.0	28.2	167.5		171.1	953352.1	32621.1
上　海	110032.2	228469.3	34830.4	36109.2	4322.4	22488.5	459184.4	78542.1
江　苏	422483.5	113.0	357.0	140.0		1.3	1546062.3	20788.4
浙　江	484990.2						3953663.2	114853.4
安　徽	65413.6	7065.0	60.0	55.0		16.7	307571.8	3596.1
福　建	30498.0	4950.5	385.0	385.0		3.5	45629.8	2923.4
江　西	24165.1	1424.4	137.1	155.7		10.4	67513.9	210.0
山　东	590178.8						1493577.7	902.6
河　南	73956.4	6020.0	30.0	30.0		0.3	234957.9	1035.2
湖　北	82915.8						277694.3	
湖　南	104623.0	7499.9	819.6	628.6		295.4	225892.2	837.7
广　东	265348.2	23203.8	1973.7	2565.9	87.4	5232.8	1446178.1	237599.4
广　西	41792.7	142.0		15.0		54.6	495684.6	398.4
海　南	4939.9						25382.8	327.4
重　庆	30868.1	80.0					104076.0	580.3
四　川	73919.1						155855.6	51917.0
贵　州	30864.1						15949.7	7.0
云　南	36252.0	12846.0					204270.5	11493.2
西　藏	725.7						18122.8	800.0
陕　西	27156.3						102951.3	686.6
甘　肃	13978.0	10.0					104104.1	18.4
青　海	871.6						1902.3	22.0
宁　夏	3325.0	4.0				140.8	9932.5	76.4
新　疆	12037.4	5894.4	102.0	315.5		695.1	89633.6	50.0

单位：万元

事业单位会计制度财务指标				执行民间非营利组织单位会计制度财务指标				
收入合计	支出合计	收支结余	行政事业单位增加值	固定资产原价	上年结余	收入合计	费用合计	社会组织单位增加值
6639918.0	**6200726.9**	**450822.6**	**2759989.7**	**3685653.7**	**334168.3**	**2139707.6**	**3968160.4**	**209752.8**
122199.5	161562.4	-16175.2	73144.5					
163826.1	163904.2		60230.4			1.4	1.4	
148897.9	146139.4	2358.0	77277.8	28458.6	187.0	5612.0	22190.5	5314.6
331329.3	307297.6	783.6	58305.9	7995.0		1099.5	1331.2	364.4
29125.5	29172.9	90.8	13113.4	11441.7	16.0	5763.8	5451.6	1864.5
114637.2	102775.2	2111.1	50238.9	56953.9	287.3	34064.1	22138.7	8592.8
27751.2	26923.1	5.6	8590.5	13503.5		3124.2	1990.3	432.4
52558.9	133814.5	12727.5	70820.4	9743.3	5.4	40494.1	6824.9	5121.3
413387.9	371779.4	38219.7	83423.2	11499.1		13506.4	13765.2	4120.5
700585.4	623447.5	98823.4	391287.5	419949.3	1293.2	125058.7	103245.1	31194.7
1304508.0	1104270.5	107264.7	470053.7	103399.4	997.1	54375.3	38143.5	14936.5
99611.1	93546.8	888.5	54807.3	105293.9	3.8	73988.1	71349.6	10589.6
71915.3	73538.0	-1255.1	15443.7	87246.0	22666.8	49282.8	36256.3	15050.8
40021.0	39950.2	-6.0	18290.0	12999.4	85.0	10175.0	9429.2	5864.7
1106466.5	1106537.4		590178.8					
138499.8	138851.6	812.3	60784.7	75939.8	5.0	52189.5	49018.8	13171.4
164727.7	164759.3	531.5	66267.7	70505.1	276979.8	72874.0	73376.2	16648.1
212679.4	205967.1	137.8	101623.6	3469.3		15481.8	4773.3	2704.0
922032.0	750064.6	115162.2	240596.8	386714.9	16926.7	57804.0	39697.0	19518.6
34050.8	42310.6	262.5	41434.1	4133.1	3.0	75.4	324.3	304.0
14179.2	13081.1	80.0	4939.9					
32164.5	40527.4	1069.2	27401.0	41696.5	249.6	18220.9	17528.6	3467.1
179990.8	182644.7	49268.5	59281.1	63360.1	396.6	28017.2	53287.3	14638.0
5930.9	5289.8	17.1	2620.3	1768362.8	814.5	114875.7	3012998.6	28243.8
57677.7	54931.7	35642.0	31761.9	337240.1	13135.0	24722.1	12270.1	4490.1
1354.2	1354.2		725.7					
59355.3	55925.1		27156.3					
60641.7	21131.6	1981.5	12427.6	44328.8	20.0	1334590.0	368484.0	1550.4
348.8	351.4		285.2	13144.8	75.0	3089.9	2622.4	586.4
3442.4	3141.4		2340.6	7518.7	21.5	916.4	1257.8	843.6
26022.0	35736.2	21.4	11201.8	756.6		305.3	404.5	140.5

C-3-6 村民委

地区	单位数	居民1000户以下	居民1000户－3000户	居民3000户以上	社区居委会（村委会）成员
全国	**594658**	**452125**	**119902**	**22631**	**2333904**
北京	3944	3691	236	17	13329
天津	3828	3526	257	45	11449
河北	48971	41090	6549	1332	168373
山西	28120	25355	2360	405	94628
内蒙古	11251	8031	2484	736	40835
辽宁	11166	6090	4759	317	42204
吉林	8989	5692	2547	750	35005
黑龙江	9057	5335	3130	592	39902
上海	1739	1100	582	57	7065
江苏	15803	8263	6238	1302	77596
浙江	29303	23879	5176	248	110351
安徽	15546	7172	6179	2195	63550
福建	14432	10806	3342	284	56204
江西	16934	10742	5299	893	61615
山东	72943	61350	9879	1714	304014
河南	47311	32822	12503	1986	195492
湖北	25763	18534	6149	1080	93946
湖南	42863	33423	7687	1753	148929
广东	19506	13012	5290	1204	84052
广西	14355	9919	3764	672	66217
海南	2567	2191	296	80	12047
重庆	8605	5652	2752	201	38923
四川	47368	35828	9267	2273	180564
贵州	17672	14383	2688	601	75769
云南	12619	8847	3280	492	59563
西藏	5261	5257	4		23827
陕西	27313	23785	2940	588	98480
甘肃	16150	13199	2507	444	60644
青海	4160	3737	161	262	17676
宁夏	2320	1883	427	10	9749
新疆	8799	7531	1170	98	41906

员会

单位：个、人

中共党员	女性	社区居委会（村委会）主任	主任、书记"一肩挑"	中共党员	女性
1378602	**498621**	**562770**	**225935**	**422037**	**58724**
8726	2724	3909	2053	3050	335
6173	2905	3763	902	2550	242
88847	23574	48971	12328	29263	3810
54939	8460	27091	16787	22052	961
22537	9380	11251	2369	8041	1678
28775	11294	9759	4185	7340	461
15273	8788	8364	2183	5586	1981
18507	8098	6968	1481	4101	783
5085	2274	1662	458	1272	241
52191	16851	15252	3896	13166	2633
45522	21524	26683	1084	12282	1641
43024	13145	12323	2526	9650	1241
20620	10239	11241	510	5148	683
29012	14343	9332	1457	5903	1303
225800	87237	72943	55476	71783	4217
111330	43089	47004	23275	32717	7778
62070	23797	23765	16225	20943	1870
98962	40914	42860	30545	39826	6865
65581	14542	19416	13181	16628	437
48230	11601	13878	6329	11484	784
9551	2676	2567	1803	2244	30
23601	9038	8235	524	6637	772
91186	38223	47314	4920	29257	8325
33281	12443	17147	1402	9338	1460
39251	10577	11770	6748	9877	803
15257	4177	5261	2727	3482	1252
51772	23359	26290	1496	19045	2522
25592	9802	14302	1494	8872	1832
7333	2699	3336	901	2264	561
6334	1964	2301	1372	1844	170
24240	8884	7812	5298	6392	1053

C-3-6续表1

地　区	受教育程度		职业资格水平	
	大学专科人数	大学本科及以上人数	助理社会工作师人数	社会工作师人数
全　国	**199661**	**53011**	**2076**	**326**
北　京	2257	622	19	5
天　津	1530	333	3	2
河　北	5849	564	21	
山　西	3945	461		1
内蒙古	1964	275		
辽　宁	9944	866	19	4
吉　林	4502	1304	178	9
黑龙江	6968	1024	198	4
上　海	1787	567	84	32
江　苏	12919	4020	159	22
浙　江	8886	1368	113	19
安　徽	3906	952	40	10
福　建	1787	318	9	28
江　西	1485	63		
山　东	56840	21584	37	3
河　南	24912	6893	27	25
湖　北	5582	637	22	3
湖　南	10194	2457	164	7
广　东	2967	885	105	19
广　西	1205	49	15	9
海　南	462	10		
重　庆	3938	542	1	8
四　川	10941	4460	221	17
贵　州	3224	391	9	14
云　南	2268	446	28	14
西　藏	174	19		
陕　西	884	162	5	7
甘　肃	3007	884	2	63
青　海	231	165		
宁　夏	220	7		
新　疆	4883	683	597	1

单位：人

年龄结构			
35岁及以下人数	36岁至45岁人数	46岁至55岁人数	56岁及以上人数
491477	**1065596**	**624760**	**152071**
1227	5416	5221	1465
1870	3585	4922	1072
30154	78439	49705	10075
23744	40619	23927	6338
11706	17423	9362	2344
6849	17683	13526	4146
7337	18361	8348	959
7362	23299	8387	854
1327	2278	2648	812
17575	31897	23013	5111
22534	51024	29361	7432
10394	32964	16125	4067
10940	27981	14761	2522
13098	35039	11000	2478
77201	131772	71437	23604
42016	85007	54686	13783
18312	45752	26395	3487
30019	75150	36259	7501
15257	31977	27870	8948
9655	28470	24396	3696
2312	5337	3423	975
9116	16846	10051	2910
32596	89155	45151	13662
17628	30902	21374	5865
16424	26655	14078	2406
7252	8691	7528	356
16039	42135	31111	9195
12957	30612	14156	2919
3411	8796	4717	752
2435	4200	2822	292
12730	18131	9000	2045

C−3−6续表2

地　区	当年完成选举的村委会数	当年完成选举的村选民登记数			
			本届登记选民数	参加投票人数	委托投票人数
全　国	**87040**	**132173974**	**123436800**	**107199811**	**9880123**
北　京	3633	2613535	2502117	2181924	242887
天　津					
河　北	127	198050	126023	92075	4018
山　西	2058	1265122	975144	1112493	65601
内蒙古	2507	2908597	2299055	2144963	96146
辽　宁	10231	13959911	13338354	11272871	724347
吉　林	3891	3446254	3309129	2854774	31592
黑龙江	742	1430951	1347456	1193022	1558
上　海					
江　苏	12334	29612441	28971054	25227985	3783259
浙　江	2813	3623743	3588432	3392170	132591
安　徽					
福　建	1453	1444765	1125506	853720	114
江　西	929	1110198	802489	787600	16
山　东					
河　南	865	1388769	1348933	1304521	38830
湖　北					
湖　南	2806	2431114	2370314	2263383	36408
广　东	3911	7330065	6663136	6488798	598483
广　西	301	406574	387697	357322	20709
海　南	2567	3542577	3496209	3271866	167762
重　庆	3585	7314224	6878701	5502572	586373
四　川	14326	20371726	17413474	13647276	2372344
贵　州	4997	7860471	7576733	5871731	191316
云　南	9616	15605485	14872247	13741948	609714
西　藏					
陕　西					
甘　肃	1515	2383800	2192495	2033795	21409
青　海		21526	21393	20707	112
宁　夏	1222	1541596	1484235	1273546	140027
新　疆	611	362480	346474	308749	14507

单位：个、人

经推举产生的村民代表数	# 女性	当年召开村民会议次数	当年召开村民代表会议的次数	自然村	村委会小组数
6419457	**1399707**	**456438**	**736665**	**1967004**	**4791296**
97550	30099	4744	10479	5454	26452
				3792	44864
3398	274	243	1323	63976	292217
186684	48895	9502	18334	46059	112975
113896	21910	6650	11429	35206	58932
456079	119916	11926	23363	49724	75155
310754	44331	983	1415	15546	53791
403441	541	251	350	19775	87973
				1722	27460
578782	138825	13070	32599	71855	229639
256808	75355	15322	30013	104571	258875
		498	1452	130046	224173
118038	26502	82	205	69417	134759
12745	4861	168	578	113926	154867
1068078	338885	190847	369151	90992	431571
88803	36273	2188	3784	158863	365589
		25825	51650	76984	195494
234188	83996	3659	3870	116863	443333
187775	19083	6199	13242	146202	228104
204540	9667	4887	6759	156220	251546
77904	13901	14769	5500	16144	25571
160742	29974	7237	12607	9650	73203
648748	64255	27858	45963	96126	361267
677205	187696	73240	47778	82099	171982
317261	49525	18875	13468	127913	159276
				14948	15408
		7281	11962	67316	139947
57008	14876	1874	7480	52246	85042
		5270	5191	4131	14394
145263	39462	2030	4744	8625	14461
13767	605	960	1976	10613	32976

C-3-6续表3

地区	增加值合计	执行企业会计制度单位财务指标					执行行政	
		固定资产原价	营业收入	费用合计	营业利润	企业单位增加值	固定资产原价	上年结余
全国	**2480516.3**	**1500201.5**	**720626.4**	**260125.1**	**-306.4**	**39733.2**	**10908426.9**	**309916.5**
北京	128727.1	1133263.5	682479.8	216722.4	-4725.2	35636.5	159120.3	-483.0
天津	51152.4						173972.3	3417.0
河北	71998.0	76742.7					441780.1	5910.9
山西	58016.0	4981.0	802.0	3950.3		1446.4	586768.6	534.5
内蒙古	9919.2	3257.1	75.0	75.0			41377.4	81.0
辽宁	48456.3	2768.6		398.0	9.0	29.0	163891.4	9323.6
吉林	6599.8	2.0					14024.2	515.0
黑龙江	51566.8	216.0	14.3	18.1			464733.3	32217.8
上海	92070.5	228466.3	34830.4	36109.2	4322.4	2605.7	419591.2	65436.9
江苏	320188.6	113.0	250.0	140.0			1139717.8	14531.9
浙江	408419.5						3425593.1	80605.7
安徽	50497.2	5999.0					218527.6	3017.6
福建	25306.4	2997.5					41983.2	2682.5
江西	19132.0	1173.2	66.6	82.7			53798.5	158.0
山东	514696.9						1194290.0	829.4
河南	65332.7	5670.0	30.0	30.0			213940.8	933.2
湖北	66012.3						211188.7	
湖南	81853.9	7499.9	819.6	628.6		15.6	171783.8	700.1
广东	202578.3	17121.5	1258.7	1950.9	87.4		1040341.9	82274.1
广西	22025.8	5.0		15.0			109526.5	326.3
海南	3551.0						21227.3	220.6
重庆	13758.1	80.0					69039.4	-53.4
四川	49923.0						134654.5	1568.1
贵州	27299.0						15542.1	6.0
云南	29160.3	9335.0					166240.4	3597.9
西藏	369.1						9208.0	800.0
陕西	25116.0						91270.4	686.6
甘肃	10393.9	10.0					49587.6	17.8
青海	547.1						58.6	
宁夏	2661.4						7637.1	19.4
新疆	4390.4	500.2		4.9			58010.8	41.0

单位：万元

事业单位会计制度财务指标				执行民间非营利组织单位会计制度财务指标				
收入合计	支出合计	收支结余	行政事业单位增加值	固定资产原价	上年结余	收入合计	费用合计	社会组织单位增加值
5317428.2	**4858564.0**	**414083.7**	**18808.4**	**2904225.1**	**316679.6**	**2009351.5**	**1969357.0**	**162546.1**
70252.2	96908.8	-18344.0	25.1					
151189.6	152140.7					0.3	0.3	
137995.4	136262.9	2355.2	3.0	26862.6	185.0	4964.8	3572.3	696.6
325849.5	301872.9	783.6	252.5	7260.0		335.0	335.0	141.0
22716.2	22785.9	5.8		9014.1	16.0	4991.4	4694.3	1466.3
102179.5	85649.2	2110.1	12.2	45747.3	268.8	30764.1	18678.8	7252.3
23606.5	22904.0	5.2		13473.5		2036.3	964.6	139.6
29615.3	41939.3	12669.8		8665.0		29402.9	6162.2	4830.8
262102.2	242006.6	29082.5	225.0	11301.4		10106.7	10009.3	1871.6
545219.8	468722.4	95268.7	11229.6	355023.5	-390.3	96366.0	78697.4	23518.4
1115331.6	931024.3	147869.2	29.0	84880.1	968.1	42810.1	29373.2	11534.3
73089.4	69402.9	912.4	4.3	75078.0	1.2	67430.1	66774.4	8117.0
61027.3	62871.0	-1282.9	10.0	70604.0	9923.6	42242.8	30368.7	12628.0
30690.4	30674.2	-6.0	4.6	11920.1	80.0	9110.0	8436.4	5265.5
960547.7	960547.6		3462.3					
123752.8	124416.9	682.5		70230.3	1.0	48976.2	45266.7	10960.9
131150.5	131377.0	403.9		59218.8	276979.8	60829.5	61843.1	15186.5
166728.0	162251.0	259.9		1748.2		14497.8	3910.4	2342.4
676768.4	514035.2	109383.0	3290.3	382694.8	16126.3	53960.8	24204.7	16249.7
27690.8	35543.4	209.0		3958.1	3.0	69.4	290.2	274.0
10508.3	9299.0	39.0						
20565.4	19180.9	777.6	141.4	31291.7	120.0	13787.6	13198.3	2695.9
93696.7	97348.9	-2084.1	72.0	50574.8	5.3	20831.5	38431.4	6578.5
5412.0	4891.8	13.0		1448194.7	706.7	100666.5	1142711.1	24930.9
48549.0	47585.5	31052.8	31.6	74378.9	11589.1	17386.4	10128.6	3104.8
1172.9	1172.9							
55487.2	52123.5		15.5					
26678.9	17245.8	1901.5		42547.5	5.0	1334226.2	368121.0	1496.1
				12414.2	70.0	2593.3	2168.4	544.8
2713.5	2374.9			6845.5	21.0	741.0	991.2	720.2
15141.2	14004.6	16.0		298.0		224.8	25.0	

C-3-7 社区居

地　区	单位数	居民1000户以下	居民1000户－3000户	居民3000户以上	社区居委会（村委会）成员
全　国	**87057**	**33201**	**41200**	**12656**	**439084**
北　京	2689	715	1623	351	18321
天　津	1524	244	1047	233	9190
河　北	3189	1194	1720	275	14794
山　西	1942	554	1142	246	8633
内蒙古	2271	595	1351	325	10934
辽　宁	3748	529	2069	1150	21790
吉　林	1993	488	1143	362	8840
黑龙江	2738	658	1461	619	12914
上　海	3671	959	2515	197	20422
江　苏	5842	1801	3107	934	31407
浙　江	4103	1887	1798	418	19348
安　徽	3354	1043	1707	604	16757
福　建	2165	1029	925	211	10934
江　西	3090	1585	1251	254	11665
山　东	6325	3845	1949	531	31061
河　南	3621	1569	1603	449	17996
湖　北	3983	1567	1877	539	18120
湖　南	4555	2222	1807	526	19861
广　东	6248	2194	2953	1101	33693
广　西	1714	511	856	347	9939
海　南	458	241	144	73	2490
重　庆	2308	676	1048	584	13482
四　川	5864	2843	2047	974	25322
贵　州	1654	868	610	176	8820
云　南	1444	487	584	373	8094
西　藏	192	186	6		1049
陕　西	1753	650	782	321	8266
甘　肃	1250	488	608	154	5951
青　海	402	208	163	31	1964
宁　夏	444	91	259	94	2172
新　疆	2523	1274	1045	204	14855

委会

单位：个、人

中共党员	女性	社区居委会（村委会）主任	主任、书记“一肩挑”	中共党员	女性
241536	**217553**	**80561**	**37882**	**65118**	**35026**
8363	12871	2526	1359	2088	1600
4238	7435	1435	1100	1234	1096
6610	7433	3189	1236	2071	1193
4200	5043	1865	1190	1613	1027
6279	7102	2271	1176	1799	1599
13446	16122	3616	3258	3484	2601
3519	4627	1776	804	1442	852
4598	9070	2384	968	1649	1808
9335	13181	3371	625	2133	1972
18408	13912	5173	1951	4338	2080
11341	9773	3623	1181	2686	1583
9719	7247	2715	710	2186	924
4900	5015	1654	284	993	739
4971	5529	1621	453	1142	742
21697	9190	6325	4455	6267	1805
8453	7768	3590	1462	2536	1395
11221	8636	3657	2288	3240	1522
12497	8384	4554	3348	4269	1541
23006	16115	6188	4292	5757	2231
6448	4258	1640	755	1368	557
1775	891	458	391	426	86
7102	6271	2263	536	1923	893
13894	8694	5861	1046	3805	1626
4012	3965	1624	242	989	668
4974	3049	1189	548	965	359
813	267	188	72	156	39
4275	4031	1644	447	1393	678
2400	2446	1168	283	766	517
858	1136	254	106	195	146
1009	1356	443	360	410	281
7175	6736	2296	956	1795	866

C-3-7续表1

地　区	受教育程度		职业资格水平		年龄	
	大学专科人数	大学本科及以上人数	助理社会工作师人数	社会工作师人数	35岁及以下人数	36岁至45岁人数
全　国	**112760**	**37978**	**5627**	**1090**	**121827**	**188920**
北　京	6206	3496	1105	222	3979	6290
天　津	2981	948	253	26	1813	3090
河　北	2872	681	146	8	4794	6420
山　西	2296	573	75	28	3267	3519
内蒙古	3473	866	4	4	4407	4521
辽　宁	10536	3314	11	69	6851	9738
吉　林	2208	532	82		2448	4254
黑龙江	4669	988	49	32	3960	6812
上　海	3376	1251	469	93	2526	5168
江　苏	8607	3179	156	34	7998	13054
浙　江	6677	2221	755	71	5281	8750
安　徽	3290	647	225	82	4329	8185
福　建	1667	486	88	58	2498	5240
江　西	1778	187	190	7	3463	6128
山　东	9162	6240	187	28	7854	13052
河　南	3901	827	45	36	6398	8108
湖　北	5205	1260	183	16	4193	8063
湖　南	4420	1119	170	27	5856	9017
广　东	7626	2388	542	40	9757	13932
广　西	2463	689	75	30	2373	4523
海　南	798	178	13		673	1085
重　庆	4118	1203	492	51	4156	5784
四　川	3665	1155	56	51	6526	11936
贵　州	1439	285	14	23	2558	3505
云　南	1399	365	42	9	2177	3766
西　藏	106	4			246	509
陕　西	1468	417	3	6	1847	3444
甘　肃	967	453	27	2	1470	3180
青　海	308	164			597	1113
宁　夏	521	106	75	11	937	935
新　疆	4558	1756	95	26	6595	5799

单位：个、人

结构		当年完成选举的居委会数	当年完成选举的居选民登记数				居委会小组数
46岁至55岁人数	56岁及以上人数			本届登记选民数	参加投票人数	委托投票人数	
102838	**25499**	**14878**	**39428845**	**32886240**	**24162275**	**1262394**	**1307337**
5904	2148	310	394921	343251	57584	7709	56801
3360	927						66517
3136	444						37642
1562	285	378	608373	537743	462210	8651	17595
1713	293	555	1118597	880818	367337	9385	18484
4425	776						125653
1980	158	516	828742	694847	453760	20	29865
1868	274	1078	5039137	4054804	3102175	53269	84475
8654	4074						183079
8651	1704	3315	9037257	7892764	5881067	494237	115878
4541	776	1000	2808174	2632493	2144407	37624	72205
3630	613	96	116074	81980	39080	600	41389
2775	421	284	408907	312638	153972	19901	20776
1825	249	138	254961	168419	166398	2002	13926
7276	2879						75058
2769	721	80	165909	141046	111155	2239	32831
5264	600						41440
4070	918	912	1315422	1108304	960619	13592	48155
7812	2192	984	3200361	2355582	1780104	104989	52063
2564	479	29	86857	86367	79603	5604	32539
551	181	458	851790	770112	593801	13099	3240
2806	736	948	3038591	2772218	2301647	104605	20828
5582	1278	2208	5303034	4018271	2515373	296846	46594
2104	653	450	1281491	1223448	814912	11667	20160
1756	395	592	2421903	1801835	1543133	37308	15390
274	20						917
2336	639	24	31228	31228	26574	1657	11790
1129	172	106	277218	276389	239192	10740	6264
184	70	4					885
277	23	15	85861	21175	762		2273
2060	401	398	754037	680508	367410	26650	12625

C-3-7续表2

地　区	增加值合计	执行企业会计制度单位财务指标					执行行政	
		固定资产原价	营业收入	费用合计	营业利润	企业单位增加值	固定资产原价	上年结余
全　国	**618382.4**	**26268.6**	**2150.4**	**2430.3**		**6670.0**	**3194019.5**	**276552.7**
北　京	38865.7						74360.3	5201.5
天　津	9078.0						17838.7	42.1
河　北	10594.4	198.0		0.5			37453.3	1485.0
山　西	3305.0	10.0		144.8		219.5	15492.9	1.3
内蒙古	5135.8	3075.0	697.0	697.0		46.3	11820.4	-7.0
辽　宁	13245.0	32.9				830.3	21146.0	19.2
吉　林	2423.1						4257.0	142.0
黑龙江	24546.0	4201.0	13.9	149.4		16.3	488618.8	403.3
上　海	17961.7	3.0					39593.2	13105.2
江　苏	102294.9		107.0				406344.5	6256.5
浙　江	76570.7						528070.1	34247.7
安　徽	14916.4	1066.0	60.0	55.0		16.7	89044.2	578.5
福　建	5191.6	1953.0	385.0	385.0		3.5	3646.6	240.9
江　西	5033.1	251.2	70.5	73.0		0.7	13715.4	52.0
山　东	75481.9						299287.7	73.2
河　南	8623.7	350.0					21017.1	102.0
湖　北	16903.5						66505.6	
湖　南	22769.1						54108.4	137.6
广　东	62769.9	6082.3	715.0	615.0		4830.0	405836.2	155325.3
广　西	19766.9	137.0				11.1	386158.1	72.1
海　南	1388.9						4155.5	106.8
重　庆	17110.0						35036.6	633.7
四　川	23996.1						21201.1	50348.9
贵　州	3565.1						407.6	1.0
云　南	7091.7	3511.0					38030.1	7895.3
西　藏	356.6						8914.8	
陕　西	2040.3						11680.9	
甘　肃	3584.1						54516.5	0.6
青　海	324.5						1843.7	22.0
宁　夏	663.6	4.0				0.5	2295.4	57.0
新　疆	7647.0	5394.2	102.0	310.6		695.1	31622.8	9.0

单位：万元

事业单位会计制度财务指标				执行民间非营利组织单位会计制度财务指标				
收入合计	支出合计	收支结余	行政事业单位增加值	固定资产原价	上年结余	收入合计	费用合计	社会组织单位增加值
1322489.8	**1342162.9**	**36738.9**	**564505.7**	**781428.6**	**17488.7**	**130356.1**	**1998803.4**	**47206.7**
51947.3	64653.6	2168.8	38865.7					
12636.5	11763.5		9078.0			1.1	1.1	
10902.5	9876.5	2.8	5976.4	1596.0	2.0	647.2	18618.2	4618.0
5479.8	5424.7		2862.1	735.0		764.5	996.2	223.4
6409.3	6387.0	85.0	4691.3	2427.6		772.4	757.3	398.2
12457.7	17126.0	1.0	11074.2	11206.6	18.5	3300.0	3459.9	1340.5
4144.7	4019.1	0.4	2130.3	30.0		1087.9	1025.7	292.8
22943.6	91875.2	57.7	24239.2	1078.3	5.4	11091.2	662.7	290.5
151285.7	129772.8	9137.2	15712.8	197.7		3399.7	3755.9	2248.9
155365.6	154725.1	3554.7	94618.6	64925.8	1683.5	28692.7	24547.7	7676.3
189176.4	173246.2	-40604.5	73168.5	18519.3	29.0	11565.2	8770.3	3402.2
26521.7	24143.9	-23.9	12427.1	30215.9	2.6	6558.0	4575.2	2472.6
10888.0	10667.0	27.8	2765.3	16642.0	12743.2	7040.0	5887.6	2422.8
9330.6	9276.0		4433.2	1079.3	5.0	1065.0	992.8	599.2
145918.8	145989.8		75481.9					
14747.0	14434.7	129.8	6413.2	5709.5	4.0	3213.3	3752.1	2210.5
33577.2	33382.3	127.6	15441.9	11286.3		12044.5	11533.1	1461.6
45951.4	43716.1	-122.1	22407.5	1721.1		984.0	862.9	361.6
245263.6	236029.4	5779.2	54671.0	4020.1	800.4	3843.2	15492.3	3268.9
6360.0	6767.2	53.5	19725.8	175.0		6.0	34.1	30.0
3670.9	3782.1	41.0	1388.9					
11599.1	21346.5	291.6	16338.8	10404.8	129.6	4433.3	4330.3	771.2
86294.1	85295.8	51352.6	15936.6	12785.3	391.3	7185.7	14855.9	8059.5
518.9	398.0	4.1	252.2	320168.1	107.8	14209.2	1870287.5	3312.9
9128.7	7346.2	4589.2	5706.4	262861.2	1545.9	7335.7	2141.5	1385.3
181.3	181.3		356.6					
3868.1	3801.6		2040.3					
33962.8	3885.8	80.0	3529.8	1781.3	15.0	363.8	363.0	54.3
348.8	351.4		282.9	730.6	5.0	496.6	454.0	41.6
728.9	766.5		539.7	673.2	0.5	175.4	266.6	123.4
10880.8	21731.6	5.4	6811.4	458.6		80.5	379.5	140.5

C-3-8 其他社会

地 区	单位数	年末职工人数		受教育程度情况	
			# 女性	大学专科人数	大学本科及以上人数
全 国	**6265**	**83941**	**26876**	**21303**	**7450**
中央级					
北 京	58	1662	524	369	326
天 津	40	1089	298	339	198
河 北	240	3955	1154	764	283
山 西	93	863	369	269	134
内蒙古	146	1999	555	489	160
辽 宁	275	4807	1564	1554	702
吉 林	139	2002	682	534	193
黑龙江	211	3377	1133	1132	424
上 海	95	3311	1326	450	189
江 苏	304	5044	1666	1021	421
浙 江	290	3694	890	883	392
安 徽	257	3470	1127	718	184
福 建	194	2917	742	374	92
江 西	177	2143	612	300	63
山 东	266	4133	1224	1494	636
河 南	270	6135	1835	1717	406
湖 北	229	3639	1449	1315	324
湖 南	274	2883	987	1175	258
广 东	362	7885	2089	1438	589
广 西	128	1786	602	419	165
海 南	16	306	74	47	11
重 庆	144	1956	676	539	233
四 川	283	3627	1215	960	296
贵 州	194	2801	1039	882	129
云 南	205	1671	575	398	104
西 藏	11	38	6	7	2
陕 西	173	2739	1051	487	162
甘 肃	889	1996	678	510	139
青 海	21	152	34	37	10
宁 夏	91	255	87	83	28
新 疆	190	1606	613	599	197

服务总表

单位：个、人

职业资格水平		年龄结构			
助理社会工作师人数	社会工作师人数	35岁及以下人数	36岁至45岁人数	46岁至55岁人数	56岁及以上人数
490	**330**	**29956**	**32444**	**16954**	**4587**
8	7	454	503	557	148
4	2	265	242	331	251
40	22	1587	1519	699	150
3	3	327	296	190	50
6	4	633	768	531	67
34	14	1817	1740	979	271
18	22	648	837	436	81
14	19	956	1378	843	200
9	11	1091	938	932	350
32	25	1353	2137	1135	419
64	14	1056	1368	899	371
32	19	1189	1391	740	150
17	18	954	1309	537	117
12	16	685	1065	307	86
9	10	1476	1643	797	217
44	24	3034	2173	757	171
15	5	1315	1449	697	178
6	17	1199	1127	442	115
65	23	3129	2942	1483	331
9	7	633	714	339	100
		71	132	84	19
11	7	690	832	350	84
11	24	1301	1530	630	166
7		1001	1264	472	64
2	5	429	722	482	38
		32	5	1	
5	6	956	915	644	224
7	1	962	628	319	87
		50	77	18	7
		62	137	51	5
6	5	601	663	272	70

C-3-8续表

地区	增加值合计	执行企业会计制度单位财务指标						执行行政	
		固定资产原价	营业收入	费用合计	营业利润	企业单位增加值		固定资产原价	上年结余
全　国	**683953.4**	**556065.6**	**476572.3**	**219248.4**	**78007.4**	**163833.9**		**1506193.4**	**1267384.3**
中央级									
北　京	37131.2	12981.3	20817.4	11773.1	3369.6	7421.9		77596.8	88141.2
天　津	20956.2	5115.6	6519.6	2355.8	3167.2	3397.3		30285.9	38846.0
河　北	13660.7	694.0	1872.0	1088.5	-19.4	391.9		58896.6	31502.7
山　西	3744.9	6138.0	477.0	331.0	128.0	214.9		17303.6	12324.3
内蒙古	9340.6	4135.7	2884.6	2459.4	117.2	548.4		19165.2	17607.8
辽　宁	32465.4	27234.6	24223.8	11721.9	2920.8	6972.6		78148.2	78657.5
吉　林	9266.7	676.4	4380.5	6978.8	62.1	975.9		29694.1	15840.9
黑龙江	19300.8	25455.2	6976.8	5742.9	1476.9	4486.7		48559.0	34683.6
上　海	60808.0	172408.3	191441.9	66525.0	41543.3	59926.4		2521.5	2184.0
江　苏	47341.7	21374.9	20370.6	11883.8	4577.8	6217.0		141213.1	107717.1
浙　江	42237.0	18783.9	25516.0	8800.2	2905.5	6012.0		100990.5	84769.5
安　徽	18244.0	17738.9	7349.6	4609.9	305.2	2119.7		42400.2	36624.4
福　建	16969.5	31982.0	17426.0	12838.1	3386.3	8606.5		34710.8	31244.8
江　西	5527.0	5231.0	1782.5	1340.5	25.0	198.7		38009.6	19170.7
山　东	23151.0	4232.0	2761.3	2187.7	158.3	900.3		82496.2	53314.7
河　南	13598.0	16598.6	7962.8	6586.3	521.7	1771.3		48242.4	23479.6
湖　北	20059.7	2738.1	6384.7	2963.8	906.6	2054.0		75574.0	54531.1
湖　南	12097.7	14705.8	4329.7	2698.6	-71.7	966.0		63179.0	23981.8
广　东	87687.3	30616.9	30628.4	12293.5	6353.2	12261.8		300900.2	150914.4
广　西	5570.7	8919.3	12752.4	-3068.0	890.2	-3738.8		29233.3	17639.9
海　南	1999.7	14493.7	3928.6	1803.5	158.0	1660.7		473.2	1426.2
重　庆	10324.5	17608.4	8077.8	5087.8	128.4	946.1		43812.6	21237.0
四　川	135893.0	29888.7	12823.6	6715.5	579.2	24779.1		49341.8	268217.2
贵　州	12567.7	24619.6	19793.9	8385.6	1946.7	6581.5		18849.7	7892.4
云　南	6074.9	9993.4	1251.4	678.3	58.2	513.4		22521.5	10272.7
西　藏	179.4	347.2						1275.9	354.0
陕　西	7382.2	13770.1	21221.6	16952.2	1591.6	4104.5		9689.8	6100.9
甘　肃	3196.0	1872.7	2515.9	730.9	80.8	239.0		12127.6	6335.5
青　海	652.7	2472.5	1142.2	557.0	2.6	72.8		1073.1	1047.6
宁　夏	1188.7	136.2	296.0	234.9	-9.0	192.6		1828.6	3195.3
新　疆	8335.0	13102.6	8663.7	5991.9	747.1	3039.6		26079.4	18129.5

单位：万元

事业单位会计制度财务指标				执行民间非营利组织单位会计制度财务指标				
收入合计	支出合计	收支结余	行政事业单位增加值	固定资产原价	上年结余	收入合计	费用合计	社会组织单位增加值
1375226.8	**257142.5**	**518893.3**	**39869.8**	**7408.0**	**5486.2**	**2624.3**	**63690.8**	**1253.9**
81598.9	6889.9	29730.0	212.7				1133.1	
37395.7	2087.5	17588.0	50.7	15.7	9.9	55.9	1754.7	30.8
30229.7	1159.1	13268.8	406.5				862.2	
156618.9	144489.8	3535.0	156.1	11.0	1.2	4.9	-95.8	0.9
18644.4	1450.8	8792.2	539.5	6.1	6.1		1951.2	
76026.9	6509.4	25540.4	1672.6	488.0	488.0	54.0	4765.4	
15523.0	1166.7	8290.8	467.3				102.4	
33989.0	1124.6	14812.8	369.8	13.0	0.8	8.8	311.9	1.3
5199.9	2683.3	977.9	722.2				572.7	
87761.9	25704.2	40943.3	6600.9	1516.3	558.3	286.8	16193.4	279.6
77870.9	16005.4	36349.8	1794.8	358.0	529.0	88.0	6187.2	45.0
33803.7	2073.0	16152.9	1429.5	288.5	99.0	38.6	3098.7	6.9
22147.0	1797.9	8346.5	466.4	573.0	248.0	23.8	1055.8	
17658.1	285.4	5330.7	119.2			6.0	246.3	
57527.8	4768.7	22192.3	3916.1	193.0	202.0	58.4	-6.0	
23127.7	729.0	11826.7	1182.0	410.2	260.2		399.1	
53945.8	2909.9	18005.7	1010.0				3468.0	
25084.9	1790.7	11115.3	887.5	65.0	65.0	25.0	163.6	
142696.8	17464.3	75862.6	2330.4	58.3	45.0	33.6	9189.5	
30814.1	1396.2	9310.8	157.5				3768.0	
1193.1	34.4	339.0	13.5				272.6	
20180.6	3411.2	9179.1	1946.4	1197.2	888.1	241.7	1075.0	263.0
273603.2	3233.4	109851.5	3600.0	1570.0	1553.4	1267.4	2386.8	55.5
6886.2	3642.4	5903.2	4554.8	309.2	203.6	116.0	3142.6	24.0
10522.2	1941.2	5566.4	623.4	16.5		22.1	1294.9	6.9
307.2		179.4	0.2					
7021.7	932.7	3277.7	711.1				130.0	
6499.5	518.6	2947.0	565.6	20.2	0.1	77.0	68.5	1.3
625.6	45.0	519.6	1129.0	76.0	71.5	60.3	37.0	
3184.1	285.6	912.1	1351.3	196.0	206.0	105.0	68.7	538.7
17538.3	612.2	5244.4	1153.9	26.8	51.0	51.0	93.3	

C-3-9 结婚登

地　区	登记结婚对数	登记结婚人数	按居住		
			内地居民登记结婚对数	内地居民登记结婚人数	涉外及华侨、港澳台居民登记结婚对数
全　国	**12410189**	**24820378**	**12361153**	**24646588**	**49036**
北　京	138104	276208	137019	274038	1085
天　津	86799	173598	86396	172792	403
河　北	750291	1500582	749885	1499770	406
山　西	360581	721162	360465	708364	116
内蒙古	202602	405204	202433	397606	169
辽　宁	321965	643930	319534	627064	2431
吉　林	222921	445842	221884	443768	1037
黑龙江	308886	617772	305793	611586	3093
上　海	130281	260562	128050	256100	2231
江　苏	758717	1517434	757122	1510854	1595
浙　江	431568	863136	428479	856958	3089
安　徽	651666	1303332	650861	1296463	805
福　建	381866	763732	371045	739440	10821
江　西	361099	722198	360279	720558	820
山　东	924657	1849314	923522	1847044	1135
河　南	1013956	2027912	1012908	2025816	1048
湖　北	570810	1141620	569189	1138378	1621
湖　南	634589	1269178	632194	1264388	2395
广　东	857146	1714292	850448	1676430	6698
广　西	527136	1054272	525118	1050236	2018
海　南	113374	226748	112476	226002	898
重　庆	313393	626786	312517	625034	876
四　川	714843	1429686	713263	1426526	1580
贵　州	375051	750102	374682	749364	369
云　南	402233	804466	400804	800794	1429
西　藏	12861	25722	12857	25412	4
陕　西	346645	693290	346218	692436	427
甘　肃	142294	284588	142152	284304	142
青　海	29613	59226	29588	59176	25
宁　夏	60229	120458	60194	120388	35
新　疆	264013	528026	263778	519499	235

记服务

单位：对、人

地分类

内地居民	#女 性	香港居民	澳门居民	台湾居民	华 侨	外国人
51573	**39891**	**4161**	**1324**	**12302**	**6007**	**22705**
1009	719	59	10	90	83	919
400	351	15	1	47	22	321
406	311	19	10	10	22	345
116	81	3	2	13	5	93
168	114	6	2	20	10	132
2427	2244	48	7	223	124	2033
1034	900	20	9	129	56	826
3092	2286	43	9	270	371	2401
2144	1730	113	22	308		1875
1582	1382	51	12	551	55	939
2832	2163	58	14	394	2170	710
803	700	42	11	372	36	346
13856	8858	585	117	3256	1470	2358
820	712	83	17	434	29	257
1125	972	27	8	172	37	901
1046	943	99	28	454	27	442
1619	1468	188	43	663	42	687
2395	2342	324	79	1357	128	507
6676	5241	1552	765	770	1069	2564
2017	1786	178	43	785	93	920
898	875	257	22	457	28	134
875	813	94	29	400	25	329
1580	1446	157	38	636	45	704
369	330	59	13	162	10	125
1422	398	34	3	111	7	1281
4	2					4
426	380	26	5	140	15	242
142	128	9	2	48	12	71
20	19	3	1	3	2	21
35	12	1	1	5	1	27
235	185	8	1	22	13	191

C-3-9续表

地　区	按婚姻状况分类			
	初婚人数	再婚人数	#女　性	#恢复结婚件数
全　国	**22009247**	**2811131**	**1388261**	**190356**
北　京	222269	53939	25444	
天　津	138087	35511	14883	4051
河　北	1355779	144803	70826	10814
山　西	675719	45443	21410	4481
内蒙古	335914	69290	31505	5454
辽　宁	504961	138969	61020	16844
吉　林	394112	51730	26515	8037
黑龙江	529835	87937	45163	8735
上　海	200996	59566	29780	4106
江　苏	1376236	141198	67695	10861
浙　江	757741	105395	57011	7527
安　徽	1039555	263777	131656	11192
福　建	651141	112591	53973	2666
江　西	695884	26314	13081	1167
山　东	1648745	200569	106059	8543
河　南	1931656	96256	49979	8673
湖　北	1068715	72905	35669	8714
湖　南	1135326	133852	68812	6113
广　东	1583025	131267	57536	12764
广　西	985865	68407	33289	3809
海　南	211798	14950	6017	605
重　庆	475845	150941	76436	8535
四　川	1197122	232564	123252	8594
贵　州	692590	57512	27696	3150
云　南	739825	64641	33955	8191
西　藏	23596	2126	806	85
陕　西	618251	75039	39292	808
甘　肃	269585	15003	7213	1108
青　海	54379	4847	2448	140
宁　夏	105353	15105	5019	3481
新　疆	389342	138684	64821	11108

单位：对、人

按年龄分类				
20～24岁	25～29岁	30～34岁	35～39岁	40岁及以上
9334147	**7846054**	**2799405**	**1644785**	**3195987**
51720	133601	41005	17620	32262
63217	68884	18099	10611	12787
851820	371764	91584	53726	131688
280502	271629	86203	46228	36600
195201	120281	38975	21888	28859
173319	237413	110802	57995	64401
160911	110597	50083	33356	90895
180403	155237	73574	57079	151479
44445	111103	40419	16391	48204
536197	404510	118712	94768	363247
220621	315796	96652	55814	174253
538791	354133	115965	89179	205264
250695	279771	84579	46787	101900
266750	191397	68050	36082	159919
894331	584225	136971	69082	164705
821231	628651	243202	118841	215987
401450	395247	206952	103481	34490
510269	421970	132498	74974	129467
549611	703191	237064	105735	118691
362589	377368	155156	66947	92212
71286	82864	37916	22175	12507
240354	161574	59711	65677	99470
503488	361483	147786	132187	284742
216743	203793	105389	78936	145241
298816	240932	107287	58687	98744
13458	10441	1228	456	139
286969	246311	63501	37403	59106
94030	95195	29760	14980	50623
11092	12742	7380	4348	23664
53677	34449	14118	9528	8686
190161	159502	78784	43824	55755

C-3-10 离婚办

地　区	总　计	民政部门合计	内地居民登记离婚	涉外及华侨、港澳台居民登记离婚	# 外国人
全　国	**2677517**	**2009881**	**2004098**	**5783**	**2168**
北　京	43970	32595	32439	156	96
天　津	29901	24065	24011	54	42
河　北	144580	98792	98754	38	30
山　西	42858	28473	28465	8	6
内蒙古	57220	36066	36053	13	7
辽　宁	128001	99762	99563	199	127
吉　林	94225	76838	76750	88	48
黑龙江	137708	104406	104235	171	94
上　海	46705	38089	37685	404	301
江　苏	160446	122013	121786	227	97
浙　江	112457	87671	87309	362	71
安　徽	109733	80313	80214	99	35
福　建	61250	43935	42703	1232	365
江　西	64516	48891	48830	61	6
山　东	167545	116386	116282	104	58
河　南	133599	104311	104226	85	30
湖　北	116195	89549	89395	154	57
湖　南	138213	108187	107952	235	31
广　东	127048	100759	99536	1223	397
广　西	73052	56237	56050	187	56
海　南	9330	6611	6490	121	18
重　庆	112810	95052	94919	133	42
四　川	220685	174048	173824	224	66
贵　州	63969	44692	44636	56	9
云　南	68844	50017	49961	56	30
西　藏	1963	1429	1427	2	2
陕　西	64419	44402	44356	46	16
甘　肃	27976	14313	14304	9	3
青　海	8254	4006	4005	1	1
宁　夏	12219	8836	8827	9	9
新　疆	97817	69137	69111	26	18

理服务

单位:件(对)

法院部门合计	判决离婚	调解离婚	离婚案件收案	判决不离	调解不离
667636	**185488**	**482148**	**1164521**	**135828**	**85226**
11375	3222	8153	21397	2979	318
5836	1988	3848	12125	2079	580
45788	12077	33711	75762	5217	4088
14385	4498	9887	26677	2805	3473
21154	5421	15733	35813	1608	2444
28239	8071	20168	50754	5719	2846
17387	5502	11885	30149	2715	1182
33302	3963	29339	46890	779	1191
8616	2234	6382	18402	4144	816
38433	8070	30363	77579	14299	6217
24786	7620	17166	49588	12091	1832
29420	10086	19334	52593	7880	2894
17315	7082	10233	33379	4818	2483
15625	5273	10352	27177	3577	1859
51159	12567	38592	97276	11376	12664
29288	7689	21599	57453	4853	4680
26646	7195	19451	42962	4629	2561
30026	10818	19208	49261	7244	4808
26289	8645	17644	42964	5441	2628
16815	6000	10815	26123	3312	1619
2719	894	1825	4054	541	344
17758	6950	10808	30752	5256	2153
46637	12452	34185	77833	9169	6297
19277	4969	14308	29889	1897	1671
18827	6155	12672	30829	2519	2289
534	54	480	806	15	131
20017	4882	15135	38283	3590	3983
13663	3803	9860	24517	2543	2666
4248	992	3256	7214	449	603
3383	1036	2347	6570	975	562
28680	5276	23404	39433	1309	3344

C-3-11 婚姻登记服

地区	单位数	年末职工人数	# 女性	受教育程度	
				大学专科人数	大学本科及以上人数
全国	**2314**	**8711**	**5404**	**3376**	**1599**
北京	8	54	32	11	42
天津	11	78	64	25	21
河北	53	444	317	130	41
山西	52	253	186	117	33
内蒙古	23	97	66	44	37
辽宁	84	588	404	277	186
吉林	55	345	215	85	63
黑龙江	58	268	185	107	61
上海	16	110	69	47	43
江苏	70	439	331	154	117
浙江	50	231	182	84	94
安徽	72	372	224	142	59
福建	34	101	72	31	14
江西	54	198	157	39	6
山东	100	761	451	362	234
河南	24	165	112	58	24
湖北	97	487	356	206	90
湖南	94	503	340	280	68
广东	94	482	323	204	78
广西	57	205	133	99	28
海南	2	4		2	2
重庆	30	146	93	72	53
四川	39	162	110	79	20
贵州	78	132	61	68	3
云南	64	155	85	72	24
西藏	8	8	2		
陕西	74	383	261	142	60
甘肃	827	1385	490	363	84
青海					
宁夏	57	68	29	41	8
新疆	29	87	54	35	6

务单位总表

单位：个、人

职业资格水平		年龄结构			
助理社会工作师人数	社会工作师人数	35岁及以下人数	36岁至45岁人数	46岁至55岁人数	56岁及以上人数
85	**67**	**4536**	**3186**	**879**	**110**
1		36	16	2	
		46	23	9	
5	5	242	168	33	1
1	2	137	99	17	
		35	46	16	
16	4	329	193	60	6
4	3	158	142	41	4
2		165	84	19	
5	9	56	40	12	2
7	2	253	134	46	6
5	3	144	71	16	
3	3	173	147	49	3
1	3	51	44	5	1
		74	105	12	7
8	4	302	341	106	12
4	13	132	27	4	2
5	1	216	215	54	2
1	1	291	163	49	
3	7	269	166	45	2
2	3	88	84	29	4
		4			
3	1	61	64	18	3
	1	88	57	16	1
		56	62	13	1
2	2	62	81	12	
		8			
		214	134	33	2
7		788	393	153	51
		19	47	2	
		39	40	8	

C-3-11续表

地　区	增加值合计	执行企业会计制度单位财务指标					执行行政	
		固定资产原价	营业收入	费用合计	营业利润	企业单位增加值	固定资产原价	上年结余
全　国	**17745.6**	**668.4**	**852.9**	**601.5**	**15.2**	**368.6**	**26611.3**	**1141.4**
北　京	212.7						64.3	7.2
天　津	226.0	87.4	309.2	320.7	-4.1	144.5	20.0	20.1
河　北	443.2	34.9	50.2	36.3	-3.7	36.7	418.9	4.8
山　西	157.0						136.3	2.2
内蒙古	189.2	5.0	13.0	13.0		0.1	91.4	
辽　宁	1672.0	4.1	7.5	7.3		4.4	1146.4	166.8
吉　林	467.3						134.5	1.0
黑龙江	169.1	5.0	2.1	1.5		1.0	189.1	0.6
上　海	722.2						791.7	72.8
江　苏	1679.1	51.2	252.3	159.7	11.0	106.6	797.1	36.7
浙　江	1501.2						7598.4	113.3
安　徽	413.4	15.4					833.7	-7.9
福　建	115.4	1.0	2.6				131.0	27.4
江　西	119.9		14.0	16.0		0.7	355.4	
山　东	3415.4						4886.5	
河　南	130.0						126.7	
湖　北	1010.0						1068.5	
湖　南	887.5						811.8	-4.9
广　东	1928.4	296.0					1310.3	644.6
广　西	232.1	51.8	126.0	47.0	12.0	74.6	349.5	0.2
海　南	13.5						23.0	7.0
重　庆	433.4	105.0	76.0				958.2	18.7
四　川	282.5						474.2	3.0
贵　州	56.8						180.9	
云　南	230.3						293.5	11.4
西　藏	0.2						4.0	
陕　西	711.1						417.6	16.2
甘　肃	443.9						2791.0	0.2
青　海								
宁　夏	60.0	0.6					54.0	
新　疆	93.9	11.0					153.4	

单位：万元

事业单位会计制度财务指标				执行民间非营利组织单位会计制度财务指标				
收入合计	支出合计	收支结余	行政事业单位增加值	固定资产原价	上年结余	收入合计	费用合计	社会组织单位增加值
181627.2	**171360.2**	**950.8**	**17187.3**	**253.4**	**17.1**	**447.3**	**332.3**	**189.7**
309.5	296.0	20.7	212.7					
73.9	64.9	29.1	50.7	15.7	9.9	55.9	53.2	30.8
635.8	638.9		406.5					
144372.8	144361.1	5.0	156.1	11.0	1.2	4.9	5.5	0.9
300.6	300.6		189.1					
2417.1	2532.7	101.6	1667.6					
595.1	602.9		467.3					
234.1	226.9	-0.6	166.8	13.0		8.1	7.6	1.3
2453.7	2258.4	96.3	722.2					
2526.4	2518.1	-22.4	1523.1	36.3		127.8	108.8	49.4
1886.9	1801.0	187.8	1456.2	50.0	6.0	25.0		45.0
842.9	816.5	28.6	406.5	52.5		38.6	36.0	6.9
294.8	200.6	1.0	115.4	2.0		6.3	6.3	
303.0	303.0	2.4	119.2			6.0	6.0	
4494.0	4494.0		3415.4					
191.6	203.6		130.0					
1652.3	1667.4		1010.0					
1531.4	1492.8	8.6	887.5					
2785.7	2949.3	462.1	1928.4	11.0		8.6	0.6	
10223.3	216.1	1.3	157.5					
32.5	31.5		13.5					
1064.5	962.0	24.4	420.4			18.0	18.0	13.0
531.2	490.8		281.0	5.0		5.0	5.0	1.5
71.8	69.0		32.8	9.0		33.0	32.0	24.0
266.4	292.2	4.9	223.4	16.5		22.1	22.3	6.9
			0.2					
929.9	905.0		711.1					
404.9	457.7		442.6	14.6		67.0	10.0	1.3
64.4	76.4		51.3	15.0		21.0	21.0	8.7
136.7	130.8		93.9	1.8				

C-3-12 在编制部门登记的

地区	单位数	年末职工人数		受教育程度	
			# 女性	大学专科人数	大学本科及以上人数
全国	**1084**	**5999**	**4014**	**2483**	**1378**
北京	8	54	32	11	42
天津					
河北	39	354	250	109	33
山西	31	173	121	108	28
内蒙古	20	91	60	40	37
辽宁	72	504	353	234	166
吉林	51	337	208	82	63
黑龙江	36	206	136	79	52
上海	16	110	69	47	43
江苏	50	281	210	87	87
浙江	45	210	164	79	87
安徽	54	287	171	107	52
福建	19	59	39	22	13
江西	38	145	113	36	4
山东	100	761	451	362	234
河南	18	130	88	45	24
湖北	69	446	336	196	83
湖南	88	481	323	267	66
广东	60	386	265	149	71
广西	42	152	94	71	23
海南	2	4		2	2
重庆	27	135	90	68	50
四川	29	124	85	64	18
贵州	7	24	15	14	1
云南	39	115	69	47	18
西藏					
陕西	68	352	239	126	59
甘肃	48	56	14	17	18
青海					
宁夏					
新疆	8	22	19	14	4

婚姻登记服务机构

单位：个、人

职业资格水平		年龄结构			
助理社会工作师人数	社会工作师人数	35岁及以下人数	36岁至45岁人数	46岁至55岁人数	56岁及以上人数
73	**61**	**3110**	**2230**	**605**	**54**
1		36	16	2	
3	1	187	137	29	1
1	2	101	59	13	
		33	43	15	
16	4	289	158	51	6
4	3	156	138	39	4
2		129	60	17	
5	9	56	40	12	2
7	2	159	86	31	5
5	3	134	62	14	
3	3	139	110	36	2
1	3	30	27	2	
		57	71	10	7
8	4	302	341	106	12
4	13	102	23	3	2
5	1	202	195	47	2
1	1	276	158	47	
3	6	225	123	36	2
2	2	63	67	21	1
		4			
	1	56	60	16	3
	1	73	40	10	1
		11	9	3	1
2	2	50	56	9	
		191	129	30	2
		38	16	1	1
		11	6	5	

C-3-12续表

地区	增加值合计	执行企业会计制度单位财务指标					执行行政	
		固定资产原价	营业收入	费用合计	营业利润	企业单位增加值	固定资产原价	上年结余
全　国	**15717.8**	**429.5**	**143.2**	**64.1**	**-3.7**	**25.9**	**22045.8**	**1051.7**
北　京	212.7						64.3	7.2
天　津								
河　北	388.1	24.9	35.2	30.1	-3.7	24.0	322.8	4.8
山　西	151.9						119.1	2.2
内蒙古	179.8	5.0	13.0	13.0		0.1	82.4	
辽　宁	1530.4	0.1					1103.8	164.8
吉　林	459.5						134.5	1.0
黑龙江	158.0					1.0	164.1	0.6
上　海	722.2						791.7	72.8
江　苏	1255.0		5.0	5.0			701.9	36.7
浙　江	1424.9						7588.2	113.3
安　徽	367.4						681.0	-12.9
福　建	91.5						60.1	1.0
江　西	104.0		14.0	16.0		0.7	234.0	
山　东	3415.4						4886.5	
河　南	97.2						41.8	
湖　北	976.9						1035.4	
湖　南	881.5						779.8	-4.9
广　东	1836.7	291.0					886.3	613.6
广　西	148.5	2.5					304.9	-4.8
海　南	13.5						23.0	7.0
重　庆	397.1	105.0	76.0				944.2	18.7
四　川	183.2						344.5	3.0
贵　州	18.7						62.7	
云　南	194.2						250.2	11.4
西　藏								
陕　西	697.6						388.8	16.2
甘　肃	7.1						15.4	
青　海								
宁　夏								
新　疆	65.8	1.0					34.4	

单位：万元

事业单位会计制度财务指标				执行民间非营利组织单位会计制度财务指标				
收入合计	支出合计	收支结余	行政事业单位增加值	固定资产原价	上年结余	收入合计	费用合计	社会组织单位增加值
178968.5	**168877.7**	**905.7**	**15683.7**	**21.5**		**40.2**	**40.4**	**8.2**
309.5	296.0	20.7	212.7					
560.1	562.1		364.1					
144344.9	144342.5	5.0	151.9					
286.6	286.6		179.7					
2225.9	2338.0	97.6	1530.4					
584.3	592.1		459.5					
191.9	189.7	-0.6	157.0					
2453.7	2258.4	96.3	722.2					
1898.2	1939.9	-22.4	1255.0					
1847.3	1761.4	187.8	1424.9					
754.6	725.9	25.9	367.4					
239.4	144.8	1.0	91.5			1.5	1.5	
251.5	251.5	2.4	103.3			6.0	6.0	
4494.0	4494.0		3415.4					
146.5	158.5		97.2					
1509.9	1525.0		976.9					
1488.4	1451.0	8.6	881.5					
2610.9	2779.8	452.8	1836.7			0.6	0.6	
10195.9	193.7	1.3	148.5					
32.5	31.5		13.5					
925.2	912.7	24.4	397.1					
379.2	385.9		183.2					
30.7	27.9		18.7					
213.7	239.5	4.9	187.3	16.5		22.1	22.3	6.9
875.8	877.8		697.6					
17.3	17.3		5.8	5.0		10.0	10.0	1.3
100.6	94.2		65.8					

C-3-13 在民政部门登记的

地 区	单位数	年末职工人数	# 女性	受教育程度	
				大学专科人数	大学本科及以上人数
全 国	**1161**	**2441**	**1188**	**795**	**197**
北 京					
天 津	11	78	64	25	21
河 北	6	38	24	8	6
山 西	19	71	59	7	4
内蒙古	1	2	2		
辽 宁	11	80	47	41	18
吉 林	1	5	4		
黑龙江	22	62	49	28	9
上 海					
江 苏	16	129	93	54	27
浙 江	3	15	12	4	5
安 徽	12	66	41	29	5
福 建	10	29	24	5	1
江 西	16	53	44	3	2
山 东					
河 南	4	28	17	8	
湖 北	28	41	20	10	7
湖 南	6	22	17	13	2
广 东	34	96	58	55	7
广 西	5	11	8	5	1
海 南					
重 庆	3	11	3	4	3
四 川	8	32	21	14	1
贵 州	70	106	44	52	2
云 南	24	37	15	25	3
西 藏	8	8	2		
陕 西	3	17	11	11	
甘 肃	778	1326	475	345	66
青 海					
宁 夏	49	58	26	33	6
新 疆	13	20	8	16	1

婚姻登记服务机构

单位：个、人

职业资格水平		年龄结构			
助理社会工作师人数	社会工作师人数	35岁及以下人数	36岁至45岁人数	46岁至55岁人数	56岁及以上人数
12	**2**	**1300**	**843**	**244**	**54**
		46	23	9	
2	1	25	11	2	
		35	33	3	
		1	1		
		37	34	9	
			3	2	
		36	24	2	
		82	34	12	1
		8	5	2	
		27	27	11	1
		17	12		
		17	34	2	
		24	3	1	
		14	20	7	
		15	5	2	
	1	44	43	9	
		6	3		2
3		5	4	2	
		14	14	4	
		44	53	9	
		12	22	3	
		8			
		14	3		
7		749	376	151	50
		14	42	2	
		6	14		

C-3-13续表

地　区	增加值合计	执行企业会计制度单位财务指标					执行行政	
		固定资产原价	营业收入	费用合计	营业利润	企业单位增加值	固定资产原价	上年结余
全　国	**1622.3**	**160.6**	**421.7**	**424.2**	**-5.1**	**154.7**	**4349.7**	**77.7**
北　京								
天　津	226.0	87.4	309.2	320.7	-4.1	144.5	20.0	20.1
河　北	19.1						84.0	
山　西	4.7						7.2	
内蒙古								
辽　宁	131.6	4.0	7.5	7.3		4.4	42.6	
吉　林								
黑龙江	11.1	5.0	2.1	1.5			25.0	
上　海								
江　苏	297.0	31.2	100.3	94.7	-1.0	5.9	90.2	
浙　江	51.6						4.0	
安　徽	37.8	15.4					94.7	5.0
福　建	23.9	1.0	2.6				70.9	16.4
江　西	15.9						121.4	
山　东								
河　南	24.2						82.9	
湖　北	33.1						33.1	
湖　南	6.0						32.0	
广　东	91.7	5.0					424.0	31.0
广　西	4.1	1.0					17.1	5.0
海　南								
重　庆	36.3						14.0	
四　川	53.9						79.7	
贵　州	35.6						117.2	
云　南	34.1						43.3	
西　藏	0.2						4.0	
陕　西	0.6						13.8	
甘　肃	436.8						2775.6	0.2
青　海								
宁　夏	36.9	0.6					44.0	
新　疆	20.1	10.0					109.0	

单位：万元

事业单位会计制度财务指标				执行民间非营利组织单位会计制度财务指标				
收入合计	支出合计	收支结余	行政事业单位增加值	固定资产原价	上年结余	收入合计	费用合计	社会组织单位增加值
2154.6	**2026.5**	**45.1**	**1311.8**	**213.9**	**17.1**	**352.1**	**246.2**	**155.8**
73.9	64.9	29.1	50.7	15.7	9.9	55.9	53.2	30.8
19.0	19.0		19.1					
23.9	14.6		3.8	11.0	1.2	4.9	5.5	0.9
1.0	1.0							
175.2	180.7	4.0	127.2					
3.0	3.0							
42.2	37.2		9.8	13.0		8.1	7.6	1.3
476.3	426.3		258.7	36.3		91.5	81.8	32.4
10.5	10.5		6.6	50.0	6.0	25.0		45.0
47.6	49.9	2.7	30.9	52.5		38.6	36.0	6.9
47.0	47.4		23.9			4.8	4.8	
51.5	51.5		15.9					
34.1	34.1		24.2					
142.4	142.4		33.1					
43.0	41.8		6.0					
174.8	169.5	9.3	91.7	11.0		8.0		
23.4	18.4		4.1					
139.3	49.3		23.3			18.0	18.0	13.0
54.4	55.0		52.4	5.0		5.0	5.0	1.5
38.0	38.0		11.6	9.0		33.0	32.0	24.0
50.7	50.7		34.1					
			0.2					
26.9			0.6					
387.6	440.4		436.8	8.6		57.0		
50.4	62.4		36.9			2.3	2.3	
18.5	18.5		20.1	1.8				

C-3-14 未登记的婚姻

地　区	单位数	年末职工人数		受教育程度	
			#女性	大学专科人数	大学本科及以上人数
全　国	**69**	**271**	**202**	**98**	**24**
北　京					
天　津					
河　北	8	52	43	13	2
山　西	2	9	6	2	1
内蒙古	2	4	4	4	
辽　宁	1	4	4	2	2
吉　林	3	3	3	3	
黑龙江					
上　海					
江　苏	4	29	28	13	3
浙　江	2	6	6	1	2
安　徽	6	19	12	6	2
福　建	5	13	9	4	
江　西					
山　东					
河　南	2	7	7	5	
湖　北					
湖　南					
广　东					
广　西	10	42	31	23	4
海　南					
重　庆					
四　川	2	6	4	1	1
贵　州	1	2	2	2	
云　南	1	3	1		3
西　藏					
陕　西	3	14	11	5	1
甘　肃	1	3	1	1	
青　海					
宁　夏	8	10	3	8	2
新　疆	8	45	27	5	1

登记服务机构

单位：个、人

职业资格水平		年龄结构			
助理社会工作师人数	社会工作师人数	35岁及以下人数	36岁至45岁人数	46岁至55岁人数	56岁及以上人数
	4	**126**	**113**	**30**	**2**
	3	30	20	2	
		1	7	1	
		1	2	1	
		3	1		
		2	1		
		12	14	3	
		2	4		
		7	10	2	
		4	5	3	1
		6	1		
	1	19	14	8	1
		1	3	2	
		1		1	
			3		
		9	2	3	
		1	1	1	
		5	5		
		22	20	3	

C-3-14续表

地　区	增加值合计	执行企业会计制度单位财务指标					执行行政	
		固定资产原价	营业收入	费用合计	营业利润	企业单位增加值	固定资产原价	上年结余
全　国	**405.5**	**78.3**	**288.0**	**113.2**	**24.0**	**188.0**	**215.8**	**12.0**
北　京								
天　津								
河　北	36.0	10.0	15.0	6.2		12.7	12.1	
山　西	0.4						10.0	
内蒙古	9.4						9.0	
辽　宁	10.0							2.0
吉　林	7.8							
黑龙江								
上　海								
江　苏	127.1	20.0	147.0	60.0	12.0	100.7	5.0	
浙　江	24.7						6.2	
安　徽	8.2						58.0	
福　建								10.0
江　西								
山　东								
河　南	8.6						2.0	
湖　北								
湖　南								
广　东								
广　西	79.5	48.3	126.0	47.0	12.0	74.6	27.5	
海　南								
重　庆								
四　川	45.4						50.0	
贵　州	2.5						1.0	
云　南	2.0							
西　藏								
陕　西	12.9						15.0	
甘　肃								
青　海								
宁　夏	23.1						10.0	
新　疆	8.0						10.0	

单位：万元

事业单位会计制度财务指标				执行民间非营利组织单位会计制度财务指标				
收入合计	支出合计	收支结余	行政事业单位增加值	固定资产原价	上年结余	收入合计	费用合计	社会组织单位增加值
504.1	**456.0**		**191.8**	**18.0**		**55.0**	**45.7**	**25.7**
56.7	57.8		23.3					
4.0	4.0		0.4					
13.0	13.0		9.4					
16.0	14.0		10.0					
7.8	7.8		7.8					
151.9	151.9		9.4			36.3	27.0	17.0
29.1	29.1		24.7					
40.7	40.7		8.2					
8.4	8.4			2.0				
11.0	11.0		8.6					
4.0	4.0		4.9					
97.6	49.9		45.4					
3.1	3.1		2.5					
2.0	2.0		2.0					
27.2	27.2		12.9					
				1.0				
14.0	14.0		14.4	15.0		18.7	18.7	8.7
17.6	18.1		8.0					

C-3-15 殡葬服务

地　区	单位数	年末职工人数	#女性	受教育程度	
				大学专科人数	大学本科及以上人数
全　国	**3951**	**75230**	**21472**	**17927**	**5851**
北　京	50	1608	492	358	284
天　津	29	1011	234	314	177
河　北	187	3511	837	634	242
山　西	41	610	183	152	101
内蒙古	123	1902	489	445	123
辽　宁	191	4219	1160	1277	516
吉　林	84	1657	467	449	130
黑龙江	153	3109	948	1025	363
上　海	79	3201	1257	403	146
江　苏	234	4605	1335	867	304
浙　江	240	3463	708	799	298
安　徽	185	3098	903	576	125
福　建	160	2816	670	343	78
江　西	123	1945	455	261	57
山　东	166	3372	773	1132	402
河　南	246	5970	1723	1659	382
湖　北	132	3152	1093	1109	234
湖　南	180	2380	647	895	190
广　东	268	7403	1766	1234	511
广　西	71	1581	469	320	137
海　南	14	302	74	45	9
重　庆	114	1810	583	467	180
四　川	244	3465	1105	881	276
贵　州	116	2669	978	814	126
云　南	141	1516	490	326	80
西　藏	3	30	4	7	2
陕　西	99	2356	790	345	102
甘　肃	62	611	188	147	55
青　海	21	152	34	37	10
宁　夏	34	187	58	42	20
新　疆	161	1519	559	564	191

单位总表

单位：个、人

职业资格水平		年龄结构			
助理社会工作师人数	社会工作师人数	35岁及以下人数	36岁至45岁人数	46岁至55岁人数	56岁及以上人数
405	**263**	**25420**	**29258**	**16075**	**4477**
7	7	418	487	555	148
4	2	219	219	322	251
35	17	1345	1351	666	149
2	1	190	197	173	50
6	4	598	722	515	67
18	10	1488	1547	919	265
14	19	490	695	395	77
12	19	791	1294	824	200
4	2	1035	898	920	348
25	23	1100	2003	1089	413
59	11	912	1297	883	371
29	16	1016	1244	691	147
16	15	903	1265	532	116
12	16	611	960	295	79
1	6	1174	1302	691	205
40	11	2902	2146	753	169
10	4	1099	1234	643	176
5	16	908	964	393	115
62	16	2860	2776	1438	329
7	4	545	630	310	96
		67	132	84	19
8	6	629	768	332	81
11	23	1213	1473	614	165
7		945	1202	459	63
	3	367	641	470	38
		24	5	1	
5	6	742	781	611	222
	1	174	235	166	36
		50	77	18	7
		43	90	49	5
6	5	562	623	264	70

C-3-15续表1

地 区	火化炉数	全年处理遗体数	国际运尸数	外国人
全 国	**5229**	**4740639**	**510**	**166**
北 京	78	85075	153	115
天 津	73	77695		
河 北	343	280965		
山 西	173	20360	2	1
内蒙古	120	63939		
辽 宁	289	275259	8	
吉 林	124	120097		
黑龙江	241	169970		
上 海	80	147623		
江 苏	468	476043		
浙 江	307	315680		
安 徽	207	273172		
福 建	173	168414		
江 西	159	86561		
山 东	456	616092		
河 南	310	302773		
湖 北	278	218313		
湖 南	115	68208		
广 东	387	461663	325	29
广 西	77	64260		
海 南	4	2173	6	5
重 庆	107	68435	1	1
四 川	234	185308		
贵 州	129	54930		
云 南	109	42021		
西 藏	5	757		
陕 西	71	42791		
甘 肃	34	15224		
青 海	29	7356		
宁 夏	6	3521		
新 疆	43	25961	15	15

单位：具、个、台

港澳台	侨民	穴位数	# 本年销售穴位数	安葬数	# 本年安葬数
193	**14**	**11290348**	**592939**	**7621541**	**604588**
7		831574	25566	696541	26642
		200565	7998	203627	10212
		229740	9549	110515	16642
1		25977	2564	19050	2028
		210090	8592	155801	7986
		457820	26009	346077	26633
		40856	7816	26012	7881
		229391	18598	174732	17622
		1534048	74102	1038132	53311
		1095575	62112	813274	62928
		1027426	42691	818460	38012
		257381	17965	212300	40661
		165359	13890	85264	13368
		92110	17796	71398	18922
		204381	9026	150319	17336
		205938	28643	138911	31748
		675418	27717	458514	34948
		262129	15703	103357	17086
184	14	1081194	31333	475233	28816
		169607	13705	129630	11746
1		61420	2532	45947	2200
		300646	18214	207555	17696
		749853	36541	421667	36537
		252917	18770	102413	15859
		455927	11620	90901	12522
		247187	16500	229052	14997
		58578	4682	35053	4707
		5314	1470	1631	221
		18327	3879	12100	2483
		143600	17356	248075	12838

C-3-15续表2

地区	增加值合计	执行企业会计制度单位财务指标					执行行政	
		固定资产原价	营业收入	费用合计	营业利润	企业单位增加值	固定资产原价	上年结余
全国	**683953.4**	**556065.6**	**476572.3**	**219248.4**	**78007.4**	**163833.9**	**1479582.1**	**63358.5**
北京	37131.2	12981.3	20817.4	11773.1	3369.6	7421.9	77532.5	1133.1
天津	20956.2	5115.6	6519.6	2355.8	3167.2	3397.3	30265.9	1701.5
河北	13660.7	694.0	1872.0	1088.5	-19.4	391.9	58477.7	862.2
山西	3744.9	6138.0	477.0	331.0	128.0	214.9	17167.3	-101.3
内蒙古	9340.6	4135.7	2884.6	2459.4	117.2	548.4	19073.8	1951.2
辽宁	32465.4	27234.6	24223.8	11721.9	2920.8	6972.6	77001.8	4765.4
吉林	9266.7	676.4	4380.5	6978.8	62.1	975.9	29559.6	102.4
黑龙江	19300.8	25455.2	6976.8	5742.9	1476.9	4486.7	48369.9	304.3
上海	60808.0	172408.3	191441.9	66525.0	41543.3	59926.4	1729.8	572.7
江苏	47341.7	21374.9	20370.6	11883.8	4577.8	6217.0	140416.0	16084.6
浙江	42237.0	18783.9	25516.0	8800.2	2905.5	6012.0	93392.1	6187.2
安徽	18244.0	17738.9	7349.6	4609.9	305.2	2119.7	41566.5	3062.7
福建	16969.5	31982.0	17426.0	12838.1	3386.3	8606.5	34579.8	1049.5
江西	5527.0	5231.0	1782.5	1340.5	25.0	198.7	37654.2	240.3
山东	23151.0	4232.0	2761.3	2187.7	158.3	900.3	77609.7	-6.0
河南	13598.0	16598.6	7962.8	6586.3	521.7	1771.3	48115.7	399.1
湖北	20059.7	2738.1	6384.7	2963.8	906.6	2054.0	74505.5	3468.0
湖南	12097.7	14705.8	4329.7	2698.6	-71.7	966.0	62367.2	163.6
广东	87687.3	30616.9	30628.4	12293.5	6353.2	12261.8	299589.9	9188.9
广西	5570.7	8919.3	12752.4	-3068.0	890.2	-3738.8	28883.8	3768.0
海南	1999.7	14493.7	3928.6	1803.5	158.0	1660.7	450.2	272.6
重庆	10324.5	17608.4	8077.8	5087.8	128.4	946.1	42854.4	1057.0
四川	135893.0	29888.7	12823.6	6715.5	579.2	24779.1	48867.6	2381.8
贵州	12567.7	24619.6	19793.9	8385.6	1946.7	6581.5	18668.8	3110.6
云南	6074.9	9993.4	1251.4	678.3	58.2	513.4	22228.0	1272.6
西藏	179.4	347.2					1271.9	
陕西	7382.2	13770.1	21221.6	16952.2	1591.6	4104.5	9272.2	130.0
甘肃	3196.0	1872.7	2515.9	730.9	80.8	239.0	9336.6	58.5
青海	652.7	2472.5	1142.2	557.0	2.6	72.8	1073.1	37.0
宁夏	1188.7	136.2	296.0	234.9	-9.0	192.6	1774.6	47.7
新疆	8335.0	13102.6	8663.7	5991.9	747.1	3039.6	25926.0	93.3

单位：万元

事业单位会计制度财务指标				执行民间非营利组织单位会计制度财务指标				
收入合计	支出合计	收支结余	行政事业单位增加值	固定资产原价	上年结余	收入合计	费用合计	社会组织单位增加值
1266242.9	**1193599.6**	**85782.3**	**517942.5**	**22682.5**	**1064.2**	**7154.6**	**5469.1**	**2177.0**
88134.0	81289.4	6593.9	29709.3					
38825.9	37321.8	2022.6	17558.9					
31497.9	29593.9	520.2	13268.8					
12322.1	12246.1	128.7	3530.0					
17607.8	18343.8	1150.2	8792.2	350.4		6.1	6.1	
78490.7	73609.8	3976.7	25438.8	5.0		488.0	488.0	54.0
15839.9	14927.9	563.8	8290.8					
34683.0	33754.9	897.7	14813.4	203.0			0.8	0.7
2111.2	2746.2	424.9	881.6					
107680.4	85235.5	23186.1	40965.7	5077.8	230.2	1480.0	558.3	159.0
84656.2	75984.0	14204.4	36162.0	338.6		308.0	523.0	63.0
36632.3	32960.8	1256.5	16124.3	1023.0		236.0	99.0	
31217.4	21852.2	1597.3	8345.5	351.0		571.0	248.0	17.5
19170.7	17355.1	-17.6	5328.3					
53314.7	53033.8	274.7	22192.3	500.7		193.0	202.0	58.4
23479.6	22936.1	525.4	11826.7	1052.0		410.2	260.2	
54531.1	52293.5	1242.5	18005.7					
23986.7	23553.5	297.9	11106.7			65.0	65.0	25.0
150269.8	139911.1	14515.0	75400.5	402.0		47.3	45.0	25.0
17639.7	20590.8	1180.1	9309.5					
1419.2	1160.6	2.9	339.0					
21218.3	19116.1	2449.2	9154.7	1526.0	250.0	1197.2	888.1	223.7
268214.2	273072.0	2742.6	109851.5	3319.0	54.0	1565.0	1553.4	1262.4
7892.4	6814.4	3573.4	5903.2	4522.0		300.2	203.6	83.0
10261.3	10255.8	1649.0	5561.5	400.0				
354.0	307.2		179.4					
6084.7	6091.8	27.7	3277.7					
6335.3	6094.6	60.9	2947.0	123.0		5.6	0.1	10.0
1047.6	625.6	45.0	519.6	1129.0		76.0	71.5	60.3
3195.3	3119.7	209.2	912.1	1300.0	530.0	181.0	206.0	84.0
18129.5	17401.6	481.4	5244.4	1060.0		25.0	51.0	51.0

C-3-16 在工商部门登记

地区	单位数	年末职工人数		受教育程度	
			#女性	大学专科人数	大学本科及以上人数
全国	**469**	**12857**	**4505**	**2269**	**622**
北京	2	45	15	7	2
天津	2	96	33	12	3
河北	2	46	9	3	11
山西	2	65	20	13	11
内蒙古	9	120	39	17	2
辽宁	17	485	150	135	42
吉林	2	31	24	3	3
黑龙江	5	75	15	13	21
上海	57	2712	1143	280	100
江苏	31	455	161	86	14
浙江	51	797	205	104	12
安徽	15	229	58	39	6
福建	24	933	235	86	24
江西	6	77	21	6	4
山东	12	219	90	54	14
河南	29	808	218	151	19
湖北	2	32	13	13	8
湖南	12	199	59	61	14
广东	33	939	319	135	42
广西	17	346	109	50	23
海南	5	84	17	8	
重庆	7	128	62	24	8
四川	33	936	353	249	105
贵州	48	1710	652	553	83
云南	4	109	41	29	10
西藏					
陕西	27	1017	391	92	24
甘肃	2	18	8	6	
青海	3	66	20	15	8
宁夏	3	13	1	1	
新疆	7	67	24	24	9

的殡葬服务机构

单位：个、人

职业资格水平		年龄结构			
助理社会工作师人数	社会工作师人数	35岁及以下人数	36岁至45岁人数	46岁至55岁人数	56岁及以上人数
31	**17**	**4192**	**4629**	**3057**	**979**
		31	10	3	1
		15	50	26	5
		30	10	4	2
		35	3	27	
		39	37	37	7
		162	173	126	24
		1	26	3	1
		29	37	9	
3	2	913	749	782	268
3	1	85	184	124	62
	1	134	188	323	152
5		98	90	33	8
1		281	394	205	53
		18	26	32	1
		105	68	32	14
		270	360	111	67
		10	17	5	
2	5	74	72	46	7
6	1	305	351	227	56
		124	166	43	13
		8	31	40	5
		61	39	20	8
2	6	382	357	158	39
6		653	724	286	47
		55	43	7	4
3	1	216	344	323	134
		4	6	8	
		22	38	6	
		6	5	2	
		26	31	9	1

C-3-16续表1

地　区	火化炉数	全年处理遗体数	国际运尸数	外国人
全　国	**312**	**286124**		
北　京				
天　津				
河　北				
山　西				
内蒙古	4	1620		
辽　宁	23	12876		
吉　林	3	5996		
黑龙江	1	302		
上　海	38	90259		
江　苏	21	20872		
浙　江	12	14537		
安　徽		234		
福　建	42	57550		
江　西	10	4640		
山　东	3	2477		
河　南	10	6571		
湖　北				
湖　南	11	3886		
广　东	2	2652		
广　西	5	1173		
海　南				
重　庆	2	826		
四　川	29	27421		
贵　州	86	27728		
云　南	3	666		
西　藏				
陕　西				
甘　肃				
青　海	4	2620		
宁　夏				
新　疆	3	1218		

单位：具、个、台

港澳台	侨民	穴位数	# 本年销售穴位数	安葬数	# 本年安葬数
		4291532	**225583**	**2644123**	**195635**
		8674	348	673	145
		54603	2113	52934	2729
		8330	285	6068	454
		356	356	233	233
		3097	876	1475	32
		102657	6737	82357	7120
		3818	932	4957	1635
		5049	618	3634	514
		1533434	73724	1037754	52933
		140169	12627	118775	11402
		498149	23329	414869	22899
		90319	3923	47383	4106
		80848	5786	37114	4406
		2350	177	600	153
		26071	1820	16480	2101
		89494	18527	51121	17993
		1881	832	1742	809
		77636	2027	9627	1619
		691730	14348	202671	14674
		74973	7915	50031	6246
		31312	653	20899	487
		56500	773	13512	1012
		353996	16820	223505	17158
		175933	15217	79046	11845
		8264	366	2731	146
		162509	12229	157552	11031
		6000	600	4590	600
		1200	300	150	150
		930	930	653	653
		1250	395	987	350

C−3−16续表2

地　区	增加值合计	执行企业会计制度单位财务指标					执行行政	
		固定资产原价	营业收入	费用合计	营业利润	企业单位增加值	固定资产原价	上年结余
全　国	**101142.3**	**343807.2**	**338889.8**	**145334.9**	**61465.5**	**98158.9**	**15202.7**	**187.6**
北　京	203.3	4195.2	1146.5	1344.1	-201.6	203.3		
天　津	3397.3	5115.6	6519.6	2355.8	3167.2	3397.3		
河　北	251.2						466.0	5.0
山　西	214.9	6138.0	477.0	331.0	128.0	214.9		
内蒙古	231.2	1049.0	585.6	419.6	23.0	181.5	542.0	
辽　宁	6425.5	23655.3	18284.8	8832.2	3055.1	6391.4	302.0	
吉　林	855.8	25.4	4054.5	6746.8		855.8		
黑龙江	171.8	879.0	1159.0	1125.8	120.0	163.4	211.0	
上　海	49672.4	120213.9	161020.5	55495.4	36762.5	49667.3	142.3	-5.4
江　苏	4001.8	13040.5	13881.8	8595.2	2736.6	3835.5	610.2	
浙　江	5984.3	15548.1	25180.7	8604.5	2769.9	5818.9	104.8	
安　徽	1772.1	11552.3	3848.6	2252.6	318.5	1231.1	1906.0	56.0
福　建	7466.1	21226.5	12584.8	8117.4	2927.9	7325.2	544.0	
江　西	74.5	1102.0	489.2	205.2		74.4		
山　东	900.3	4232.0	2761.3	2187.7	158.3	900.3		
河　南	1450.1	10142.8	5177.9	4607.4	303.1	1037.6	686.0	
湖　北	34.3	872.0	950.0	950.0		8.6	53.0	
湖　南	979.7	9023.6	1413.0	992.3	-108.4	308.4	5442.7	2.0
广　东	10703.7	22806.5	26483.1	9498.0	6079.4	10509.0	1800.0	
广　西	-5423.3	7020.6	7786.7	-4471.2	262.8	-5435.0	233.5	
海　南	28.0	4662.7	1481.0	1047.0		28.0		
重　庆	292.7	4841.0	423.0	363.5	1.3	281.9	170.0	
四　川	1373.9	19144.8	9093.1	5334.9	253.9	1354.6	20.0	
贵　州	6164.8	21621.4	18139.4	7592.9	1859.2	6135.6	280.0	
云　南	134.7	3135.0	348.7	111.5	102.1	134.7		
西　藏								
陕　西	2183.9	7467.6	13717.2	11051.4	561.8	2029.4	882.2	130.0
甘　肃	70.1	93.1	433.2	362.2	64.8	70.1		
青　海	43.0	631.0	206.0	206.0		37.8	130.0	
宁　夏	273.6	136.0	296.0	234.9	-9.0	188.6		
新　疆	1253.0	4236.3	947.6	840.8	129.1	1209.4	677.0	

单位：万元

事业单位会计制度财务指标				执行民间非营利组织单位会计制度财务指标				
收入合计	支出合计	收支结余	行政事业单位增加值	固定资产原价	上年结余	收入合计	费用合计	社会组织单位增加值
6616.6	**6949.1**	**369.3**	**2914.4**	**1016.7**		**671.6**	**521.6**	**69.0**
768.0	465.0	145.0	251.2					
209.0	209.0		49.7	14.7		1.6	1.6	
5.2	5.2		12.1			234.0	234.0	22.0
162.2			8.4					
86.9	90.8	-5.4	5.1					
583.5	583.5		166.3					
470.0	470.0		165.4					
502.6	488.2	14.0	541.0					
201.0	195.9		140.9					
	9.0		0.1					
578.8	593.5	1.0	412.5	1002.0		352.0	202.0	
95.0	95.0		25.7					
1281.7	985.3	116.4	671.3					
172.7	86.4	86.3	194.7					
140.0	1360.0		11.7					
8.0	4.0		10.8					
53.0	53.0		19.3					
291.7	280.0		29.2					
634.3	518.3	12.0	154.5					
5.5	5.5							
30.0	30.0		5.2					
	84.0		38.0			84.0	84.0	47.0
337.5	337.5		43.6					

C-3-17 在编制部门登记

地区	单位数	年末职工人数	#女性	受教育程度	
				大学专科人数	大学本科及以上人数
全国	**2887**	**54951**	**14589**	**14562**	**4876**
北京	48	1563	477	351	282
天津	27	915	201	302	174
河北	169	3149	706	600	228
山西	38	526	159	139	90
内蒙古	88	1481	395	404	115
辽宁	147	3499	948	1084	453
吉林	79	1595	434	444	127
黑龙江	138	2946	904	977	332
上海	22	489	114	123	46
江苏	157	2990	756	710	287
浙江	150	2497	495	667	266
安徽	136	2676	792	516	113
福建	110	1553	355	235	52
江西	110	1810	419	243	53
山东	151	3132	671	1071	384
河南	198	4734	1388	1453	350
湖北	123	3072	1075	1080	220
湖南	123	1847	479	812	161
广东	180	5980	1360	1035	459
广西	52	1190	348	259	113
海南	7	171	44	31	9
重庆	60	730	203	277	106
四川	176	2356	663	601	159
贵州	43	674	228	199	33
云南	100	759	191	281	65
西藏	2	29	4	7	2
陕西	65	1310	393	249	77
甘肃	35	435	135	119	45
青海	3	17	3	8	1
宁夏	25	109	31	41	20
新疆	125	717	218	244	54

的殡葬服务机构

单位：个、人

职业资格水平		年龄结构			
助理社会工作师人数	社会工作师人数	35岁及以下人数	36岁至45岁人数	46岁至55岁人数	56岁及以上人数
304	**225**	**19007**	**21247**	**11593**	**3104**
7	7	387	477	552	147
4	2	204	169	296	246
35	17	1156	1235	622	136
2	1	148	187	143	48
6	4	473	529	419	60
15	8	1231	1297	750	221
14	19	482	652	385	76
12	19	742	1212	796	196
1		122	149	138	80
16	19	841	1121	768	260
11	10	740	1062	545	150
22	12	880	1071	604	121
15	15	515	698	288	52
12	16	584	907	247	72
1	6	1056	1228	658	190
40	11	2442	1591	599	102
10	4	1075	1200	626	171
3	9	752	727	290	78
55	15	2387	2210	1128	255
7	4	397	444	266	83
		45	88	26	12
		180	365	148	37
7	16	787	1026	423	120
1		198	346	120	10
	3	275	296	158	30
		24	4	1	
2	5	518	424	282	86
	1	101	171	132	31
		8	6	3	
		25	48	31	5
6	2	232	307	149	29

C-3-17续表1

地 区	火化炉数	全年处理遗体数	国际运尸数	外国人
全 国	**4664**	**4286210**	**510**	**166**
北 京	78	85075	153	115
天 津	73	77695		
河 北	328	263498		
山 西	173	20360	2	1
内蒙古	106	61689		
辽 宁	253	251207	8	
吉 林	119	111058		
黑龙江	230	165626		
上 海	42	57364		
江 苏	405	407108		
浙 江	295	301143		
安 徽	202	265980		
福 建	115	101366		
江 西	141	78928		
山 东	453	613615		
河 南	269	273442		
湖 北	275	216786		
湖 南	102	63490		
广 东	368	446641	325	29
广 西	67	60272		
海 南	4	2173	6	5
重 庆	87	54948	1	1
四 川	198	156311		
贵 州	31	22550		
云 南	95	39126		
西 藏	5	757		
陕 西	71	42760		
甘 肃	34	15224		
青 海	4	3439		
宁 夏	4	3032		
新 疆	37	23547	15	15

单位：具、个、台

港澳台	侨民	穴位数	# 本年销售穴位数	安葬数	# 本年安葬数
193	**14**	**5317989**	**272797**	**3834131**	**321041**
7		822900	25218	695868	26497
		145962	5885	150693	7483
		184098	5514	81295	11056
1		25362	2165	18774	1752
		112624	6472	84994	6583
		302891	18006	223759	16945
		34638	6874	20954	6238
		219094	16946	166633	16096
		614	378	378	378
		378202	25576	223868	27975
		404723	11838	312987	10012
		139748	10158	143049	32735
		63740	5476	39658	5380
		87370	17086	69228	17346
		171723	7099	127994	15128
		103285	9377	78959	13241
		670145	26200	455957	33583
		128651	9475	71083	11882
184	14	282937	10150	207629	9431
		94634	5790	79599	5500
1		28218	1801	24757	1676
		58580	3354	48799	3256
		291372	15360	150354	15096
		14160	727	9973	1497
		323453	5171	20304	7030
		77678	4271	71452	3958
		14276	1927	12683	2540
				50	50
		15350	2402	9547	1268
		121561	12101	232853	9429

C-3-17续表2

地区	增加值合计	执行企业会计制度单位财务指标					执行行政	
		固定资产原价	营业收入	费用合计	营业利润	企业单位增加值	固定资产原价	上年结余
全国	**556563.5**	**160868.2**	**103074.1**	**53599.9**	**14216.5**	**57963.6**	**1373235.5**	**47576.8**
北京	36927.9	8786.1	19670.9	10429.0	3571.2	7218.6	77532.5	1133.1
天津	17558.9						30265.9	1701.5
河北	12424.5	292.0	277.0	204.0	-40.0	4.6	53925.6	590.9
山西	3528.4						17126.3	-120.3
内蒙古	8586.9	838.0	556.0	563.8	6.2	55.7	17656.8	1951.2
辽宁	25683.5	3146.2	4695.0	2303.7	-159.3	534.2	75235.0	4765.4
吉林	8386.3	103.0	141.0	119.0	62.1	119.1	29196.6	102.4
黑龙江	18885.9	24256.2	5817.8	4617.1	1356.9	4323.3	47064.1	304.3
上海	11135.6	52194.4	30421.4	11029.6	4780.8	10259.1	1587.5	578.1
江苏	36404.6	5473.4	1379.2	346.3	661.8	819.3	119388.2	2729.6
浙江	35715.6	3235.8	335.3	195.7	135.6	193.1	85519.8	6187.2
安徽	14538.0	4610.0	2036.7	1665.1	-3.0	564.0	38379.6	1742.3
福建	8843.3	5707.1	3538.0	3798.8	349.4	812.3	30456.8	1049.5
江西	5384.6	3277.0	1133.3	1076.3	20.0	78.8	37094.2	240.3
山东	22192.3						77609.7	-6.0
河南	11515.2	6455.8	2659.9	1957.9	218.6	724.5	42692.4	394.1
湖北	19837.9	964.1	5389.2	2002.8	890.0	1958.7	73057.5	3468.0
湖南	10424.8	5475.2	2551.7	1383.3	36.7	654.7	44577.5	160.9
广东	75247.5	4610.1	3324.2	2114.1	162.9	1001.4	291022.7	9079.8
广西	10806.6	1898.7	4965.7	1403.2	627.4	1696.2	26907.3	3768.0
海南	1368.0	7036.0	1996.0	514.0	158.0	1029.0	450.2	272.6
重庆	7484.6						30459.9	605.0
四川	132887.8	10637.9	3462.5	1275.8	325.3	23347.8	46009.9	2254.2
贵州	5785.6	432.2	291.1	61.2	69.5	91.1	16953.3	3118.3
云南	5488.3	3105.4	890.0	553.5	-43.9	374.2	17390.7	1272.6
西藏	175.2	347.2					1221.9	
陕西	5171.5	6292.5	7474.4	5894.8	1029.8	2072.2	8214.4	
甘肃	2848.0	15.0					9227.6	60.5
青海	514.4						943.1	37.0
宁夏	782.6	0.1				4.0	1674.6	47.7
新疆	4948.5	1678.8	67.8	90.9	0.5	27.6	24393.9	88.6

单位：万元

事业单位会计制度财务指标				执行民间非营利组织单位会计制度财务指标				
收入合计	支出合计	收支结余	行政事业单位增加值	固定资产原价	上年结余	收入合计	费用合计	社会组织单位增加值
1207610.9	**1150923.7**	**67442.7**	**498619.0**	**1455.7**		**576.9**	**204.6**	**-19.1**
88134.0	81289.4	6593.9	29709.3					
38825.9	37321.8	2022.6	17558.9					
29427.1	27592.8	372.2	12419.9					
12269.1	12174.1	128.7	3528.4					
16428.8	17169.8	1145.2	8531.2	14.7		1.4	1.4	
77294.6	72364.7	4011.7	25149.3					
15819.9	14907.9	563.8	8267.2					
33628.8	32926.9	895.7	14562.6					
2024.3	2655.4	430.3	876.5					
77474.4	70354.3	7355.3	35585.3					
82689.0	74095.9	14103.1	35522.5					
35008.6	31585.3	-139.7	13974.0	35.0		30.0		
29503.4	20188.6	1553.0	8031.0	301.0		415.0	100.0	
19123.3	17298.7	-17.6	5305.8					
53314.7	53033.8	274.7	22192.3					
21590.7	21032.9	512.4	10790.7	50.0		58.2	58.2	
52935.8	50698.2	1242.5	17879.2					
21440.8	21307.3	181.5	9770.1					
148366.0	138185.0	14370.0	74221.1	290.0		47.3	45.0	25.0
16793.7	18584.8	1126.1	9110.4					
1419.2	1160.6	2.9	339.0					
16219.7	14809.2	1968.6	7528.7					-44.1
267763.9	272582.9	2735.1	109540.0	5.0				
7388.2	6305.8	3589.5	5694.5					
9936.4	9965.6	1609.0	5114.1	400.0				
346.9	300.1		175.2					
5431.0	5554.1	15.7	3099.3					
5693.0	5455.0	60.9	2848.0					
1017.6	595.6	45.0	514.4					
3082.6	2943.0	209.2	778.6					
17219.5	16484.2	481.4	4920.9	360.0		25.0		

C-3-18 在民政部门登记

地区	单位数	年末职工人数	# 女性	受教育程度	
				大学专科人数	大学本科及以上人数
全国	**540**	**6868**	**2204**	**1020**	**340**
北京					
天津					
河北	15	260	99	28	2
山西					
内蒙古	24	292	50	22	3
辽宁	27	235	62	58	21
吉林	2	30	9	2	
黑龙江	8	62	20	22	10
上海					
江苏	46	1160	418	71	3
浙江	37	144	6	26	20
安徽	33	176	52	19	5
福建	21	301	73	9	2
江西	7	58	15	12	
山东	3	21	12	7	4
河南	18	405	109	49	11
湖北	7	48	5	16	6
湖南	41	316	104	20	14
广东	52	458	81	64	10
广西	2	45	12	11	1
海南	2	47	13	6	
重庆	37	731	236	142	63
四川	31	153	79	27	12
贵州	25	285	98	62	10
云南	32	636	257	14	5
西藏	1	1			
陕西	4	20	4	2	
甘肃	20	129	39	21	10
青海	13	59	9	14	1
宁夏	6	65	26		
新疆	26	731	316	296	127

的殡葬服务机构

单位：个、人

职业资格水平		年龄结构			
助理社会工作师人数	社会工作师人数	35岁及以下人数	36岁至45岁人数	46岁至55岁人数	56岁及以上人数
70	**19**	**2041**	**3160**	**1317**	**350**
		131	98	27	4
		85	152	55	
3	2	95	77	43	20
		7	17	6	
		16	27	16	3
6	3	174	698	197	91
48		29	40	10	65
2	4	37	78	49	12
		103	151	36	11
		9	27	16	6
		13	6	1	1
		174	189	42	
		14	17	12	5
		76	160	54	26
1		158	205	78	17
		24	20	1	
		14	13	18	2
8	6	316	275	121	19
2	1	44	74	29	6
		94	132	53	6
		33	296	303	4
			1		
		6	8	4	2
		59	49	16	5
		15	28	9	7
		12	37	16	
	3	303	285	105	38

C-3-18续表1

地区	火化炉数	全年处理遗体数	国际运尸数	外国人
全国	**239**	**160822**		
北京				
天津				
河北	15	17467		
山西				
内蒙古	10	630		
辽宁	13	11176		
吉林	2	3043		
黑龙江	7	2160		
上海				
江苏	42	48063		
浙江				
安徽	3	2747		
福建	13	8395		
江西	8	2993		
山东				
河南	28	22586		
湖北	3	1527		
湖南	2	832		
广东	17	12370		
广西	5	2815		
海南				
重庆	18	12661		
四川	7	1576		
贵州	12	4652		
云南	8	2155		
西藏				
陕西				
甘肃				
青海	21	1297		
宁夏	2	489		
新疆	3	1188		

单位：具、个、台

港澳台	侨民	穴位数	# 本年销售穴位数	安葬数	# 本年安葬数
		1549552	**86266**	**1057429**	**79819**
		26020	2444	13211	3318
		93880	1138	68843	1365
		52272	1266	39961	2568
		4294	847	3961	845
		577204	23909	470631	23551
		110208	6892	76713	4485
		27314	3884	21868	3820
		15519	1833	3961	2740
		2390	533	1570	1423
		6587	107	5845	107
		13159	739	8831	514
		3392	685	815	556
		51642	4139	22526	3550
		90429	5537	53923	3433
		1890	78	291	37
		119908	10995	101092	10380
		103635	4270	47289	4192
		62824	2826	13394	2517
		123034	6019	67373	5210
				32	6
		37681	2148	17733	1560
		3434	570	1431	21
		2047	547	1900	562
		20789	4860	14235	3059

C-3-18续表2

地　区	增加值合计	执行企业会计制度单位财务指标					执行行政	
		固定资产原价	营业收入	费用合计	营业利润	企业单位增加值	固定资产原价	上年结余
全　国	**23646.3**	**49055.2**	**32967.4**	**19383.1**	**2304.8**	**7323.7**	**73239.4**	**15027.7**
北　京								
天　津								
河　北	597.7						4086.1	266.3
山　西								
内蒙古	521.3	2248.7	1743.0	1476.0	88.0	311.2	870.0	
辽　宁	356.4	433.1	1244.0	586.0	25.0	47.0	1464.8	
吉　林	3.1	548.0	185.0	113.0		1.0		
黑龙江	116.3	320.0					659.0	
上　海								
江　苏	6935.3	2861.0	5109.6	2942.3	1179.4	1562.2	20417.6	13355.0
浙　江	309.7						7464.5	
安　徽	1842.8	1576.6	1464.3	692.2	-10.3	324.6	1149.3	1264.4
福　建	651.2	3974.4	1303.2	921.9	109.0	469.0	3542.0	
江　西	67.9	852.0	160.0	59.0	5.0	45.5	560.0	
山　东	58.4							
河　南	612.7		125.0	21.0		9.2	4487.3	5.0
湖　北	187.5	902.0	45.5	11.0	16.6	86.7	1395.0	
湖　南	448.2	207.0	365.0	323.0		2.9	6977.0	0.7
广　东	1675.0	3200.3	778.1	638.4	110.9	751.0	6549.2	109.1
广　西	187.4						1743.0	
海　南	603.7	2795.0	451.6	242.5		603.7		
重　庆	1409.8	12767.4	7654.8	4724.3	127.1	664.2	3985.5	
四　川	1507.5	101.0	268.0	104.8		76.7	1423.3	32.2
贵　州	617.3	2566.0	1363.4	731.5	18.0	354.8	1435.5	-7.7
云　南	311.0	3603.0	12.7	13.3		4.5	3788.3	
西　藏	4.2						50.0	
陕　西	21.4	10.0	30.0	6.0		2.9	163.0	
甘　肃	277.8	1070.6	2082.7	368.7	16.0	168.9	107.0	-2.0
青　海	95.3	1831.5	933.2	348.0	2.6	35.0		
宁　夏	132.5	0.1					100.0	
新　疆	2129.7	7187.5	7648.3	5060.2	617.5	1802.6	822.0	4.7

单位：万元

事业单位会计制度财务指标				执行民间非营利组织单位会计制度财务指标				
收入合计	支出合计	收支结余	行政事业单位增加值	固定资产原价	上年结余	收入合计	费用合计	社会组织单位增加值
47628.5	**31820.0**	**17481.0**	**14284.3**	**19761.5**	**816.2**	**4894.2**	**4050.8**	**2038.3**
1302.8	1536.1	3.0	597.7					
965.0	960.0	5.0	210.1	321.0		3.1	3.1	
1190.9	1239.9	-35.0	277.4	5.0		254.0	254.0	32.0
10.0	10.0		2.1					
490.0	488.0	2.0	115.6	203.0			0.8	0.7
29622.5	14297.7	15830.8	5214.1	5077.8	230.2	1480.0	558.3	159.0
1197.2	1203.1	-48.7	256.7			16.0	231.0	53.0
966.5	732.7	1382.2	1518.2	988.0		206.0	99.0	
1452.0	1452.0		164.7	50.0		156.0	148.0	17.5
47.4	47.4		22.4					
				500.7		193.0	202.0	58.4
1300.1	1299.7	12.0	603.5					
1500.3	1500.3		100.8					
1222.6	1222.3		420.3			65.0	65.0	25.0
1631.1	1569.7	58.7	924.0	12.0				
706.0	646.0	54.0	187.4					
1974.5	1549.5	218.9	556.6	1526.0	2.0	477.3	488.0	189.0
275.2	284.9	14.2	168.4	3314.0	54.0	1565.0	1553.4	1262.4
212.5	228.6	-16.1	179.5	4522.0		300.2	203.6	83.0
225.9	231.2		306.5					
7.1	7.1		4.2					
12.0	12.0		18.5					
636.6	634.1		98.9	123.0		5.6	0.1	10.0
				1119.0		76.0	71.5	60.3
112.7	92.7		95.5	1300.0	530.0	97.0	122.0	37.0
567.6	575.0		276.1	700.0			51.0	51.0

C-3-19 未登记的殡

地区	单位数	年末职工人数		受教育程度	
			#女性	大学专科人数	大学本科及以上人数
全国	**55**	**554**	**174**	**76**	**13**
北京					
天津					
河北	1	56	23	3	1
山西	1	19	4		
内蒙古	2	9	5	2	3
辽宁					
吉林	1	1			
黑龙江	2	26	9	13	
上海					
江苏					
浙江	2	25	2	2	
安徽	1	17	1	2	1
福建	5	29	7	13	
江西					
山东					
河南	1	23	8	6	2
湖北					
湖南	4	18	5	2	1
广东	3	26	6		
广西					
海南					
重庆	10	221	82	24	3
四川	4	20	10	4	
贵州					
云南	5	12	1	2	
西藏					
陕西	3	9	2	2	1
甘肃	5	29	6	1	
青海	2	10	2		
宁夏					
新疆	3	4	1		1

葬类机构

单位:个、人

职业资格水平		年龄结构			
助理社会工作师人数	社会工作师人数	35岁及以下人数	36岁至45岁人数	46岁至55岁人数	56岁及以上人数
	2	**180**	**222**	**108**	**44**
		28	8	13	7
		7	7	3	2
		1	4	4	
				1	
		4	18	3	1
		9	7	5	4
		1	5	5	6
		4	22	3	
		16	6	1	
	2	6	5	3	4
		10	10	5	1
		72	89	43	17
			16	4	
		4	6	2	
		2	5	2	
		10	9	10	
		5	5		
		1		1	2

C-3-19续表1

地区	火化炉数	全年处理遗体数	国际运尸数	外国人
全国	**14**	**7483**		
北京				
天津				
河北				
山西				
内蒙古				
辽宁				
吉林				
黑龙江	3	1882		
上海				
江苏				
浙江				
安徽	2	4211		
福建	3	1103		
江西				
山东				
河南	3	174		
湖北				
湖南				
广东				
广西				
海南				
重庆				
四川				
贵州				
云南	3	74		
西藏				
陕西		31		
甘肃				
青海				
宁夏				
新疆		8		

单位：具、个、台

港澳台	侨民	穴位数	# 本年销售穴位数	安葬数	# 本年安葬数
		131275	**8293**	**85858**	**8093**
		11292	1306	9941	1814
		259	43	43	43
		489	106	489	6
		2400	10	101	8
		954	187	504	167
		14346	632	13891	616
		5252	795	4531	842
		4200	62	121	35
		16098	1298	11010	1278
		65658	3092	44152	3048
		850	91	519	91
		1176	64	493	136
		7000		16	2
		621	7	47	7
		680	600		

C-3-19续表2

地区	增加值合计	执行企业会计制度单位财务指标					执行行政	
		固定资产原价	营业收入	费用合计	营业利润	企业单位增加值	固定资产原价	上年结余
全国	**2601.3**	**2335.0**	**1641.0**	**930.5**	**20.6**	**387.7**	**17904.5**	**566.4**
北京								
天津								
河北	387.3	402.0	1595.0	884.5	20.6	387.3		
山西	1.6						41.0	19.0
内蒙古	1.2						5.0	
辽宁								
吉林	21.5						363.0	
黑龙江	126.8						435.8	
上海								
江苏								
浙江	227.4						303.0	
安徽	91.1						131.6	
福建	8.9	1074.0					37.0	
江西								
山东								
河南	20.0						250.0	
湖北								
湖南	245.0						5370.0	
广东	61.1		43.0	43.0		0.4	218.0	
广西								
海南								
重庆	1137.4						8239.0	452.0
四川	123.8	5.0					1414.4	95.4
贵州								
云南	140.9	150.0					1049.0	
西藏								
陕西	5.4						12.6	
甘肃	0.1	694.0					2.0	
青海		10.0	3.0	3.0				
宁夏								
新疆	3.8						33.1	

单位：万元

事业单位会计制度财务指标				执行民间非营利组织单位会计制度财务指标				
收入合计	支出合计	收支结余	行政事业单位增加值	固定资产原价	上年结余	收入合计	费用合计	社会组织单位增加值
4386.9	**3906.8**	**489.3**	**2124.8**	**448.6**	**248.0**	**1011.9**	**692.1**	**88.8**
53.0	72.0		1.6					
5.0	5.0		1.2					
10.0	10.0		21.5					
402.0	340.0		126.8					
300.0	215.0	150.0	217.4	338.6		292.0	292.0	10.0
154.6	154.6		91.1					
61.0	15.7	44.3	8.9					
10.0	10.0		20.0					
41.6	38.6		245.0					
100.0	70.0		60.7	100.0				
3016.1	2753.4	261.7	1058.6		248.0	719.9	400.1	78.8
122.1	151.2	-6.7	123.8					
99.0	59.0	40.0	140.9					
7.4	7.4		5.4					
0.2			0.1					
				10.0				
4.9	4.9		3.8					

C-3-20 殡仪

地 区	单位数	年末职工人数	#女性	受教育程度	
				大学专科人数	大学本科及以上人数
全 国	**1724**	**44904**	**11694**	**10857**	**3258**
北 京	12	611	143	162	89
天 津	12	627	136	210	82
河 北	154	2782	619	515	147
山 西	23	423	122	104	69
内蒙古	60	1154	289	280	71
辽 宁	76	2877	816	803	261
吉 林	42	1189	328	338	100
黑龙江	103	2529	775	857	269
上 海	15	948	233	174	79
江 苏	94	2717	645	530	204
浙 江	75	2106	410	530	168
安 徽	72	2056	597	340	67
福 建	61	1707	382	176	28
江 西	89	1535	354	185	36
山 东	125	2801	571	975	329
河 南	114	3712	1038	1032	208
湖 北	83	2552	925	845	187
湖 南	62	1375	375	525	116
广 东	90	4310	951	663	260
广 西	31	857	228	199	67
海 南	2	78	23	14	5
重 庆	37	840	240	229	101
四 川	82	1735	452	427	125
贵 州	34	972	385	164	28
云 南	56	556	126	181	46
西 藏	2	29	4	7	2
陕 西	39	965	258	136	44
甘 肃	19	322	99	93	31
青 海	15	71	14	35	9
宁 夏	5	49	12	8	6
新 疆	40	419	144	120	24

馆

单位：个、人

职业资格水平		年龄结构			
助理社会工作师人数	社会工作师人数	35岁及以下人数	36岁至45岁人数	46岁至55岁人数	56岁及以上人数
228	**147**	**15346**	**17460**	**9439**	**2659**
4	1	112	177	258	64
1	1	117	112	180	218
34	16	1029	1108	533	112
1	1	98	144	138	43
1	2	385	399	318	52
6	3	1015	1039	616	207
13	17	336	514	277	62
11	18	633	1048	667	181
3	2	324	221	272	131
15	13	744	1019	709	245
7	9	589	948	444	125
20	10	698	792	470	96
15	10	530	792	298	87
6	2	484	748	243	60
	4	942	1096	590	173
20	3	1886	1272	480	74
10	4	862	1008	524	158
	8	526	531	255	63
40	5	1666	1626	825	193
5	3	336	289	168	64
		20	41	11	6
3	2	274	365	168	33
6	10	599	741	314	81
6		272	533	155	12
		205	206	120	25
		24	4	1	
	3	380	326	209	50
		74	128	92	28
		32	29	10	
		8	23	17	1
1		146	181	77	15

C-3-20续表1

地　区	火化炉数	全年处理遗体数	国际运尸数	外国人
全　国	**5229**	**4740639**	**510**	**166**
北　京	78	85075	153	115
天　津	73	77695		
河　北	343	280965		
山　西	173	20360	2	1
内蒙古	120	63939		
辽　宁	289	275259	8	
吉　林	124	120097		
黑龙江	241	169970		
上　海	80	147623		
江　苏	468	476043		
浙　江	307	315680		
安　徽	207	273172		
福　建	173	168414		
江　西	159	86561		
山　东	456	616092		
河　南	310	302773		
湖　北	278	218313		
湖　南	115	68208		
广　东	387	461663	325	29
广　西	77	64260		
海　南	4	2173	6	5
重　庆	107	68435	1	1
四　川	234	185308		
贵　州	129	54930		
云　南	109	42021		
西　藏	5	757		
陕　西	71	42791		
甘　肃	34	15224		
青　海	29	7356		
宁　夏	6	3521		
新　疆	43	25961	15	15

单位：具、个、台

港澳台	侨民	穴位数	#本年销售穴位数	安葬数	#本年安葬数
193	**14**	**1814958**	**103906**	**1116742**	**157402**
7		292197	8370	292012	8366
		36696	1898	19143	1988
		41676	3563	37047	8762
1		2310	194	1984	172
		72426	4581	56740	4816
		28845	2514	18188	2183
		11957	5077	10388	5720
		116080	2627	88204	4766
		117	117	117	117
		108048	7047	65812	3794
		120136	6627	79370	4580
		2493	431	24550	23370
		35132	4484	20539	5517
		84692	16554	65428	17441
		43691	996	39551	8977
		23696	5554	22285	9297
		61890	6640	57268	17347
		142723	7109	49361	9413
184	14	75940	2303	26374	1787
		4044	55	902	62
1		21438	1460	19888	1460
		45045	2072	39382	1843
		80162	1696	12208	2224
		10701	437	1235	647
		282596	2964	8542	4645
		45378	1757	41165	1680
		8447	1492	6539	1458
				50	50
		2047	547	1800	547
		14355	4740	10670	4373

C-3-20续表2

地区	增加值合计	执行企业会计制度单位财务指标					执行行政	
		固定资产原价	营业收入	费用合计	营业利润	企业单位增加值	固定资产原价	上年结余
全　国	**451496.1**	**232177.2**	**107425.4**	**60878.5**	**14086.8**	**63469.4**	**1073441.3**	**26947.4**
北　京	9973.6						39788.2	83.0
天　津	11295.7						19916.7	789.0
河　北	10266.6	292.0	277.0	204.0	-40.0	4.6	46697.7	844.6
山　西	2805.3	629.0	43.0	83.0	15.0	53.7	14167.9	22.7
内蒙古	7353.4	1545.0	861.6	837.4	22.2	188.8	15848.4	1916.2
辽　宁	18787.6	12513.3	4432.0	2864.0	62.0	1007.8	63826.4	2518.7
吉　林	7442.7	548.0	4269.5	6905.8	5.0	883.9	26177.5	102.4
黑龙江	14845.9	18678.2	1519.8	2572.1	357.9	2422.7	37798.3	304.0
上　海	20778.5	81307.0	52914.5	17739.2	9183.3	20723.8	399.0	53.9
江　苏	29293.5	9582.9	3359.8	2629.8	407.5	477.3	117092.8	4007.8
浙　江	29093.8	4478.5	2038.0	1258.6	133.8	734.9	74312.7	2452.3
安　徽	10857.8	5162.0	2081.3	1729.5	-3.0	591.3	26908.1	427.1
福　建	11298.1	22693.1	11864.8	10122.0	2655.7	6048.0	23594.4	897.6
江　西	4624.9	5148.0	1762.5	1340.5	25.0	178.7	24300.9	240.3
山　东	19950.2	620.0	131.4	134.4		95.2	66923.8	353.3
河　南	9008.8	5429.2	1214.5	660.3	79.3	329.2	42485.1	251.5
湖　北	14912.2						57479.1	3468.0
湖　南	8404.8	4448.3	1186.0	613.0	-26.2	341.4	33407.8	158.4
广　东	52269.9	4952.2	2614.3	1476.8	97.9	1132.7	200699.9	1807.1
广　西	7221.2	2355.0	322.0	336.0	-53.0	150.5	22734.4	894.1
海　南	722.5	3518.0	998.0	257.0	79.0	514.5	341.4	96.9
重　庆	6269.1	4215.2	1158.2	973.6	31.3	183.7	27281.2	-433.7
四　川	128220.0	16530.8	5134.5	1662.7	189.9	23520.7	33580.4	1539.9
贵　州	5720.5	12048.7	3165.2	1840.4	-168.9	844.6	14556.0	3008.3
云　南	4513.0	3830.0					15783.2	1049.2
西　藏	175.2	347.2					1221.9	
陕　西	4167.1	5599.0	5454.0	3971.0	1009.0	1892.9	5869.8	
甘　肃	2311.2	15.0					8381.9	44.5
青　海	600.1	1005.0	215.4	215.4		39.9	926.0	37.0
宁　夏	268.7						721.0	6.6
新　疆	3148.5	4686.6	408.1	452.0	24.1	1108.3	10219.4	6.7

单位：万元

事业单位会计制度财务指标				执行民间非营利组织单位会计制度财务指标				
收入合计	支出合计	收支结余	行政事业单位增加值	固定资产原价	上年结余	收入合计	费用合计	社会组织单位增加值
901612.4	**877696.7**	**38836.8**	**387643.4**	**7956.7**	**532.0**	**2074.9**	**1532.8**	**383.3**
25661.0	26124.2	-472.4	9973.6					
22087.9	20901.9	1186.0	11295.7					
21894.8	21499.4	362.5	10262.0					
7264.7	7355.0	105.2	2751.6					
13652.1	14572.0	948.3	7164.6	335.7		4.5	4.5	
56164.2	54122.2	2153.1	17735.8			468.0	468.0	44.0
10749.6	10338.3	228.7	6558.8					
25582.1	25673.7	398.6	12422.7	3.0			0.6	0.5
91.8	218.6	-8.4	54.7					
62742.8	57376.4	5884.6	28816.2					
66622.3	60175.6	8220.8	28358.9					
20927.4	20345.2	-462.3	10266.5					
14790.9	13063.7	1340.8	5250.1	301.0		415.0	100.0	
15867.6	14063.7	-17.6	4446.2					
44127.4	44329.8	150.7	19855.0					
17322.7	16787.3	488.3	8679.6	692.0		339.2	189.2	
38569.3	37586.3	1166.9	14912.2					
19268.2	18921.6	297.9	8063.4					
104820.1	97898.3	7832.3	51112.2	290.0		47.3	45.0	25.0
14178.2	13362.1	992.2	7070.7					
896.1	404.0		208.0					
13138.3	12167.8	1386.8	5896.4	1526.0	2.0	477.3	488.0	189.0
252583.2	258795.3	1714.4	104695.8	35.0		11.5	3.5	3.5
5947.7	5072.8	3364.3	4851.9	1595.0		114.1	40.5	24.0
8205.4	8438.0	1450.9	4513.0	400.0				
346.9	300.1		175.2					
4090.2	4274.0	11.3	2274.2					
4280.3	4039.3	54.9	2311.2					
1003.0	581.0	45.0	499.9	1119.0		76.0	71.5	60.3
1052.3	1036.6	13.0	231.7	1300.0	530.0	97.0	122.0	37.0
7683.9	7872.5		2040.2	360.0		25.0		

C-3-21 公

地　区	单位数	年末职工人数		受教育程度	
			# 女性	大学专科人数	大学本科及以上人数
全　国	**1308**	**22039**	**7714**	**4395**	**1530**
北　京	32	892	308	160	138
天　津	7	247	75	48	44
河　北	17	411	155	76	66
山　西	7	104	30	22	24
内蒙古	30	495	135	74	18
辽　宁	64	952	255	311	162
吉　林	11	138	47	34	13
黑龙江	38	449	129	135	58
上　海	53	2209	1010	206	60
江　苏	101	1648	628	228	58
浙　江	110	1038	239	145	47
安　徽	81	768	230	162	29
福　建	35	426	137	37	15
江　西	13	229	54	42	16
山　东	34	522	188	143	57
河　南	49	1131	349	278	50
湖　北	39	462	120	196	32
湖　南	63	545	192	148	37
广　东	90	1879	605	267	111
广　西	21	501	183	63	43
海　南	8	153	35	17	1
重　庆	52	821	301	163	46
四　川	101	1332	521	315	127
贵　州	50	1452	537	515	73
云　南	46	815	322	75	13
西　藏	1	1			
陕　西	37	1207	479	147	33
甘　肃	31	214	69	38	14
青　海	5	77	18	1	1
宁　夏	9	71	25	9	3
新　疆	73	850	338	340	141

墓

单位：个、人

职业资格水平		年龄结构			
助理社会工作师人数	社会工作师人数	35岁及以下人数	36岁至45岁人数	46岁至55岁人数	56岁及以上人数
121	**69**	**6907**	**8627**	**5006**	**1499**
3	3	271	285	266	70
	1	64	76	86	21
1	1	200	121	68	22
		65	22	14	3
1		128	222	134	11
8	2	346	351	219	36
1	2	65	32	37	4
1	1	126	210	99	14
		702	664	634	209
6	8	292	896	301	159
48	1	182	241	377	238
9	4	245	343	150	30
1	1	115	197	104	10
6	13	81	116	24	8
1	2	215	185	92	30
4	5	399	499	154	79
		180	184	80	18
2	5	188	239	79	39
16	3	668	715	412	84
	1	142	259	79	21
		32	53	60	8
5	4	305	325	149	42
3	6	497	540	227	68
		570	576	257	49
		108	368	329	10
			1		
5	3	278	396	369	164
		81	80	47	6
		16	46	8	7
		18	39	12	2
	3	328	346	139	37

C-3-21续表1

地 区	增加值合计	执行企业会计制度单位财务指标				
		固定资产原价	营业收入	费用合计	营业利润	企业单位增加值
全 国	**184872.7**	**313284.4**	**365447.6**	**156264.4**	**63506.3**	**98990.1**
北 京	19359.9	12981.3	20817.4	11773.1	3369.6	7421.9
天 津	7763.8	5115.6	6519.6	2355.8	3167.2	3397.3
河 北	1906.2	402.0	1595.0	884.5	20.6	387.3
山 西	662.9	5509.0	434.0	248.0	113.0	161.2
内蒙古	1357.4	2210.7	1988.0	1587.0	95.0	359.3
辽 宁	12040.0	14711.3	19791.8	8857.9	2858.8	5964.8
吉 林	896.6	128.4	111.0	73.0	57.1	92.0
黑龙江	3669.1	6197.0	4654.0	2370.2	999.0	1913.5
上 海	39265.8	91101.3	138527.4	48785.8	32360.0	39202.6
江 苏	16218.1	11792.0	17010.8	9254.0	4170.3	5739.7
浙 江	10054.8	14305.4	23478.0	7541.6	2771.7	5277.1
安 徽	5644.1	12576.9	5268.3	2880.4	308.2	1528.4
福 建	2197.0	8679.4	4470.2	2306.9	407.8	1977.9
江 西	690.4	52.0				
山 东	2967.6	3612.0	2629.9	2053.3	158.3	805.1
河 南	3066.3	11169.4	6748.3	5926.0	442.4	1442.1
湖 北	4808.0	2738.1	6384.7	2963.8	906.6	2054.0
湖 南	2340.6	4984.5	2763.7	1776.6	54.5	665.1
广 东	25155.7	25649.7	27749.1	10535.7	6263.3	11013.5
广 西	-2768.8	6564.3	12430.4	-3404.0	943.2	-3889.3
海 南	694.6	7457.7	1932.6	1289.5		631.7
重 庆	3429.3	13393.2	6919.6	4114.2	97.1	762.4
四 川	6277.8	13306.0	7609.1	5052.8	389.3	1238.4
贵 州	6130.1	12550.9	16628.7	6545.2	2115.6	5734.9
云 南	1071.3	6162.4	1251.4	678.3	58.2	513.4
西 藏	4.2					
陕 西	2550.5	8171.1	15767.6	12981.2	582.6	2211.6
甘 肃	557.7	1857.7	2495.9	721.9	80.8	238.9
青 海	38.1	1467.5	926.8	341.6	2.6	32.9
宁 夏	687.4	136.1	296.0	234.9	-9.0	188.6
新 疆	2964.2	8301.5	8248.3	5535.2	722.5	1923.9

单位:万元

执行行政事业单位会计制度财务指标					
固定资产原价	上年结余	收入合计	支出合计	收支结余	行政事业单位增加值
248628.9	**31491.5**	**262480.2**	**223661.7**	**39782.3**	**84046.3**
23568.4	1050.1	49073.2	46146.6	2684.2	11938.0
6747.8	875.2	12031.5	11705.6	813.1	4366.5
3329.9	17.1	5202.9	3703.7	150.3	1518.9
2715.2	-126.0	4598.9	4432.2	22.5	501.7
1204.7	22.0	2996.2	2805.3	195.9	998.1
12175.8	2252.0	20048.3	17210.4	1819.5	6065.2
730.7		2708.1	2188.3	335.1	804.6
7588.9	0.3	7172.1	6181.1	470.4	1755.4
362.3	70.3	21.5	333.1	3.0	63.2
20362.5	13168.6	40092.6	22751.2	17503.8	10319.4
15956.0	3522.5	11667.6	9682.6	5637.5	4714.7
11383.9	2623.8	13049.1	10102.9	1542.9	4115.7
1145.5	2.0	2070.1	2639.1	120.5	201.6
12352.7		2519.0	2520.0		690.4
9842.7	-359.3	8921.6	8438.3	124.0	2104.1
4291.2	76.3	3917.9	3930.5	31.0	1624.2
14495.4		14514.8	13260.2	75.6	2754.0
19787.6	5.2	2774.8	2686.5		1650.5
39633.8	3324.7	26015.1	19502.1	5716.6	14142.2
2717.3	2413.0	1298.1	4807.2	123.9	1120.5
72.0	173.0	434.0	665.0		62.9
14054.1	1490.7	6469.1	5438.0	979.7	2588.1
11283.1	599.5	12187.7	10468.0	958.8	3782.0
1082.8		746.8	608.6	153.2	336.2
5661.4	112.5	923.5	636.1	113.5	557.9
50.0		7.1	7.1		4.2
1269.8	130.0	978.5	860.9	12.0	338.9
511.1	8.0	1568.1	1565.4		308.8
130.0		30.0	30.0		5.2
558.0	40.0	1842.4	1770.0	195.3	451.8
3564.3		6599.6	6585.7		989.3

C-3-21续表2

地区	执行民间非营利组织单位会计制度财务指标			
	固定资产原价	上年结余	收入合计	费用合计
全　国	**14711.1**	**532.2**	**5076.6**	**3933.2**
北　京				
天　津				
河　北				
山　西				
内蒙古				
辽　宁	5.0		20.0	20.0
吉　林				
黑龙江	200.0			0.2
上　海				
江　苏	5077.8	230.2	1480.0	558.3
浙　江	338.6		308.0	523.0
安　徽	1023.0		236.0	99.0
福　建	50.0		156.0	148.0
江　西				
山　东	500.7		193.0	202.0
河　南	360.0		71.0	71.0
湖　北				
湖　南			65.0	65.0
广　东	112.0			
广　西				
海　南				
重　庆		248.0	719.9	400.1
四　川	3284.0	54.0	1552.0	1548.4
贵　州	2927.0		186.1	163.1
云　南				
西　藏				
陕　西				
甘　肃	123.0		5.6	0.1
青　海	10.0			
宁　夏			84.0	84.0
新　疆	700.0			51.0

单位：万元、个

社会组织单位增加值	穴位数	# 本年销售穴位数	安葬数	# 本年安葬数
1836.3	**9475390**	**489033**	**6504799**	**447186**
	539377	17196	404529	18276
	163869	6100	184484	8224
	188064	5986	73468	7880
	23667	2370	17066	1856
	137664	4011	99061	3170
10.0	428975	23495	327889	24450
	28899	2739	15624	2161
0.2	113311	15971	86528	12856
	1533931	73985	1038015	53194
159.0	987527	55065	747462	59134
63.0	907290	36064	739090	33432
	254888	17534	187750	17291
17.5	130227	9406	64725	7851
	7418	1242	5970	1481
58.4	160690	8030	110768	8359
	182242	23089	116626	22451
	613528	21077	401246	17601
25.0	119406	8594	53996	7673
	1005254	29030	448859	27029
	165563	13650	128728	11684
	39982	1072	26059	740
78.8	255601	16142	168173	15853
1257.4	669691	34845	409459	34313
59.0	242216	18333	101178	15212
	173331	8656	82359	7877
	201809	14743	187887	13317
10.0	50131	3190	28514	3249
	5314	1470	1581	171
47.0	16280	3332	10300	1936
51.0	129245	12616	237405	8465

C-3-22 殡葬服务

地区	单位数	年末职工人数		受教育程度	
			#女性	大学专科人数	大学本科及以上人数
全国	**919**	**8287**	**2064**	**2675**	**1063**
北京	6	105	41	36	57
天津	10	137	23	56	51
河北	16	318	63	43	29
山西	11	83	31	26	8
内蒙古	33	253	65	91	34
辽宁	51	390	89	163	93
吉林	31	330	92	77	17
黑龙江	12	131	44	33	36
上海	11	44	14	23	7
江苏	39	240	62	109	42
浙江	55	319	59	124	83
安徽	32	274	76	74	29
福建	64	683	151	130	35
江西	21	181	47	34	5
山东	7	49	14	14	16
河南	83	1127	336	349	124
湖北	10	138	48	68	15
湖南	55	460	80	222	37
广东	88	1214	210	304	140
广西	19	223	58	58	27
海南	4	71	16	14	3
重庆	25	149	42	75	33
四川	61	398	132	139	24
贵州	32	245	56	135	25
云南	39	145	42	70	21
西藏					
陕西	23	184	53	62	25
甘肃	12	75	20	16	10
青海	1	4	2	1	
宁夏	20	67	21	25	11
新疆	48	250	77	104	26

管理机构

单位：个、人

职业资格水平		年龄结构			
助理社会工作师人数	社会工作师人数	35岁及以下人数	36岁至45岁人数	46岁至55岁人数	56岁及以上人数
56	**47**	**3167**	**3171**	**1630**	**319**
	3	35	25	31	14
3		38	31	56	12
		116	122	65	15
1		27	31	21	4
4	2	85	101	63	4
4	5	127	157	84	22
		89	149	81	11
		32	36	58	5
1		9	13	14	8
4	2	64	88	79	9
4	1	141	108	62	8
	2	73	109	71	21
	4	258	276	130	19
	1	46	96	28	11
		17	21	9	2
16	3	617	375	119	16
		57	42	39	
3	3	194	194	59	13
6	8	526	435	201	52
2		67	82	63	11
		15	38	13	5
		50	78	15	6
2	7	117	192	73	16
1		103	93	47	2
	3	54	67	21	3
		84	59	33	8
	1	19	27	27	2
		2	2		
		17	28	20	2
5	2	88	96	48	18

C-3-22续表

地　区	增加值合计	执行企业会计制度单位财务指标					执行行政	
		固定资产原价	营业收入	费用合计	营业利润	企业单位增加值	固定资产原价	上年结余
全　国	**47584.6**	**10604.0**	**3699.3**	**2105.5**	**414.3**	**1374.4**	**157511.9**	**4919.6**
北　京	7797.7						14175.9	
天　津	1896.7						3601.4	37.3
河　北	1487.9						8450.1	0.5
山　西	276.7						284.2	2.0
内蒙古	629.8	380.0	35.0	35.0		0.3	2020.7	13.0
辽　宁	1637.8	10.0					999.6	-5.3
吉　林	927.4						2651.4	
黑龙江	785.8	580.0	803.0	800.6	120.0	150.5	2982.7	
上　海	763.7						968.5	448.5
江　苏	1830.1						2960.7	-1091.8
浙　江	3088.4						3123.4	212.4
安　徽	1742.1						3274.5	11.8
福　建	3474.4	609.5	1091.0	409.2	322.8	580.6	9839.9	149.9
江　西	211.7	31.0	20.0			20.0	1000.6	
山　东	233.2						843.2	
河　南	1522.9						1339.4	71.3
湖　北	339.5						2531.0	
湖　南	1352.3	5273.0	380.0	309.0	-100.0	-40.5	9171.8	
广　东	10261.7	15.0	265.0	281.0	-8.0	115.6	59256.2	4057.1
广　西	1118.3						3432.1	460.9
海　南	582.6	3518.0	998.0	257.0	79.0	514.5	36.8	2.7
重　庆	626.1						1519.1	
四　川	1395.2	51.9	80.0			20.0	4004.1	242.4
贵　州	717.1	20.0				2.0	3030.0	102.3
云　南	490.6	1.0					783.4	110.9
西　藏								
陕　西	664.6						2132.6	
甘　肃	327.1		20.0	9.0		0.1	443.6	6.0
青　海	14.5						17.1	
宁　夏	232.6	0.1				4.0	495.6	1.1
新　疆	2222.3	114.5	7.3	4.7	0.5	7.4	12142.3	86.6

单位：万元

事业单位会计制度财务指标				执行民间非营利组织单位会计制度财务指标				
收入合计	支出合计	收支结余	行政事业单位增加值	固定资产原价	上年结余	收入合计	费用合计	社会组织单位增加值
102150.3	**92241.2**	**7163.2**	**46252.8**	**14.7**		**3.1**	**3.1**	**-42.6**
13399.8	9018.6	4382.1	7797.7					
4706.5	4714.3	23.5	1896.7					
4400.2	4390.8	7.4	1487.9					
458.5	458.9	1.0	276.7					
959.5	966.5	6.0	629.5	14.7		1.6	1.6	
2278.2	2277.2	4.1	1637.8					
2382.2	2401.3		927.4					
1928.8	1900.1	28.7	635.3					
1997.9	2194.5	430.3	763.7					
4845.0	5107.9	-202.3	1830.1					
6366.3	6125.8	346.1	3088.4					
2655.8	2512.7	175.9	1742.1					
14356.4	6149.4	136.0	2893.8					
784.1	771.4		191.7					
265.7	265.7		233.2					
2239.0	2218.3	6.1	1522.9					
1447.0	1447.0		339.5					
1943.7	1945.4		1392.8					
19434.6	22510.7	966.1	10146.1					
2163.4	2421.5	64.0	1118.3					
89.1	91.6	2.9	68.1					
1610.9	1510.3	82.7	670.2					-44.1
3443.3	3808.7	69.4	1373.7			1.5	1.5	1.5
1197.9	1133.0	55.9	715.1					
1132.4	1181.7	84.6	490.6					
1016.0	956.9	4.4	664.6					
486.9	489.9	6.0	327.0					
14.6	14.6		14.5					
300.6	313.1	0.9	228.6					
3846.0	2943.4	481.4	2214.9					

第二章
基建财务统计资料

D-1 历年中央预算内

地区	项目合计	投资合计	本级情况		地方项目小计	补助地方投资小计	养老	
			本级项目数	本级投资			项目数	资金额
1989								
1990		0.1		0.1				
“八五”时期		**0.2**		**0.2**				
1991		0.2		0.2				
1992								
1993								
1994								
1995								
“九五”时期								
1996								
1997								
1998								
1999								
2000								
“十五”时期	**24**	**0.8**	**24**	**0.8**				
2001	3	0.3	3	0.3				
2002	10	0.2	10	0.2				
2003	6	0.1	6	0.1				
2004	3	0.1	3	0.1				
2005	2	0.1	2	0.1				
“十一五”时期	**2088**	**35.9**	**18**	**5.5**	**2070**	**30.37**	**189**	**5.0**
2006	2	0.2	2	0.2				
2007	218	2.8	5	0.8	213	2.00		
2008	575	6.8	3	2.1	572	4.70		
2009	774	13.0	4	1.3	770	11.70	63	2.0
2010	519	13.1	4	1.1	515	11.97	126	3

基本建设投资情况

单位：亿元、个

地方情况									
儿童		流浪		精神卫生		社区		烈建	
项目数	资金额	项目数	资金额	项目数	资金额	项目数	资金额	项目数	资金额
134	**5.0**	**254**	**5.0**	**26**	**4.4**	**1334**	**6.0**	**133**	**5.0**
15	0.5	28	0.8			170	0.7		
32	1.3	65	1.4			475	2.0		
33	1.3	78	1.4			463	2.0	133	5.0
54	1.9	83	1.4	26	4.37	226	1.3		

D-2 中央专项基本

地 区	项目合计	投资合计	本级项目数	本级投资	地方项目合计	地方投资合计	养老机构试点 发改投资[2010]1833号				
							项目数	小计	中央投资	地方投资	项目数
全 国	**519**	**130700**	**4**	**11000**	**515**	**119700**	**126**	**127368**	**30000**	**97368**	**226**
中央级	5	15000	4	11000	1	4000					
北 京											
天 津											
河 北	8	5070			8	5070					1
山 西	21	4295			21	4295					11
内蒙古	33	7820			33	7820	12	8780	4000	4780	10
辽 宁	23	2760			23	2760					15
吉 林	19	3735			19	3735					11
黑龙江	20	4265			20	4265	11	7505	2500	5005	4
上 海											
江 苏	9	3800			9	3800	6	9061	1000	8061	
浙 江	14	2800			14	2800	13	47965	2000	45965	
安 徽	53	7655			53	7655	25	14007	5000	9007	21
福 建	2	2700			2	2700					
江 西	33	6790			33	6790	24	17126	5000	12126	3
山 东	2	2400			2	2400					
河 南	13	5965			13	5965					5
湖 北	45	9840			45	9840	12	5725	2500	3225	21
湖 南	30	7200			30	7200					21
广 东	1	1000			1	1000					
广 西	22	2430			22	2430					16
海 南	2	380			2	380					1
重 庆	20	4495			20	4495	6	6397	2000	4397	10
四 川	29	5440			29	5440					20
贵 州	16	4345			16	4345					11
云 南	32	6405			32	6405	8	7806	4000	3806	11
西 藏											
陕 西	9	3625			9	3625					1
甘 肃	25	4855			25	4855	9	2996	2000	996	11
青 海	9	820			9	820					6
宁 夏	9	1975			9	1975					5
新 疆	14	2615			14	2615					10
兵 团	1	220			1	220					1

建设投资对账单

单位：万元

社区服务设施建设 发改投资[2010] 860号			精神卫生机构 发改投资[2010]1156号		儿童 发改投资[2010] 858号				流浪 发改投资[2010] 861号			
小计	中央投资	地方投资	项目数	中央投资	项目数	小计	中央投资	地方投资	项目数	小计	中央投资	地方投资
26463	**13000**	**13463**	**26**	**43700**	**54**	**30582**	**19000**	**11582**	**83**	**21853**	**14000**	**6953**
									1	4900	4000	
1565	670	895	1	2800	3	1830	1050	780	3	840	550	290
981	480	501	1	2200	3	3260	975	2285	6	1728	640	1088
1218	510	708	1	1600	5	2400	1200	1200	5	950	510	440
1387	620	767	1	1400	3	645	375	270	4	600	365	235
1236	480	756	1	1900	3	1290	905	385	4	692	450	242
1430	670	760			2	1200	840	360	3	360	255	105
			3	2800								
			1	800								
1720	860	860			2	1650	1155	495	5	900	640	260
			2	2700								
815	480	335			2	1200	840	360	4	660	470	190
			2	2400								
1806	950	856	1	2800	2	2400	1680	720	5	1050	535	515
2271	860	1411	2	4700	4	2000	1050	950	6	1620	730	890
1900	890	1010	2	4400	2	1800	1155	645	5	1550	755	795
			1	1000								
1200	690	510			2	1500	1200	300	4	720	540	180
340	170	170			1	300	210	90				
781	440	341	1	1500	2	800	480	320	1	100	75	25
1447	870	577	1	2200	2	2470	1440	1030	6	1150	930	220
1160	540	620	1	2500	1	1200	960	240	3	578	345	233
1350	540	810			7	1500	1205	295	6	880	660	220
1081	540	541	1	1900	3	990	720	270	4	840	465	375
825	540	285	1	1400	1	600	480	120	3	540	435	105
500	320	180			1	300	240	60	2	330	260	70
320	220	100	1	1200	1	647	360	287	2	620	195	425
740	440	300	1	1500	2	600	480	120	1	245	195	50
390	220	170										

D-3 历年中央彩票公益金

地 区	项目合计	投资合计	本级情况		地方项目小计	补助地方投资小计	养老	
			本级项目数	本级投资			项目数	资金额
1989								
1990								
"八五"时期								
1991								
1992								
1993								
1994								
1995								
"九五"时期								
1996								
1997								
1998								
1999								
2000								
"十五"时期								
2001								
2002								
2003								
2004								
2005								
"十一五"时期	**5152**	**38.8**	**9**	**2.47**	**5143**	**36.31**	**4202**	**21.37**
2006	546	4.3	1	0.10	545	4.18	480	1.58
2007	945	5.2	1	0.88	944	4.28	703	1.48
2008	1494	10.8	1	0.10	1493	10.72	1277	4.80
2009	973	9.9	3	0.09	970	9.79	743	7.79
2010	1194	8.6	3	1.30	1191	7.34	999	5.72

用于基本建设投资情况

地方情况							
儿童		流浪未成年人		社区		殡葬	
项目数	资金额	项目数	资金额	项目数	资金额	项目数	资金额
322	**10.62**	**171**	**2.90**	**370**	**1.30**	**78**	**0.1**
65	2.00		0.60				
49	2.00	28	0.50	164	0.30		
104	4.42	70	1.00	42	0.50		
30	1.00	33	0.50	164	0.50		
74	1.20	40	0.30			78	0.12

D-4 中央彩票公益金投资

地　区	项目合计	投资合计	本级项目数	本级投资	项目合计	中央彩票公益金投资基本建设项目合计
全　国	**1194**	**86400**	**3**	**13000**	**1191**	**73400**
中央级	3	13000	3	13000		
北　京	7	220			7	220
天　津	11	175			11	175
河　北	70	4171			70	4171
山　西	28	932			28	932
内蒙古	28	1021			28	1021
辽　宁	18	945			18	945
吉　林	45	3451			45	3451
黑龙江	34	4136			34	4136
上　海	5	100			5	100
江　苏	17	3045			17	3045
浙　江	10	340			10	340
安　徽	47	2767			47	2767
福　建	23	905			23	905
江　西	128	2718			128	2718
山　东	38	2205			38	2205
河　南	89	4518			89	4518
湖　北	58	3540			58	3540
湖　南	82	4543			82	4543
广　东	20	2808			20	2808
广　西	50	3231			50	3231
海　南	15	1566			15	1566
重　庆	25	2394			25	2394
四　川	44	2841			44	2841
贵　州	25	1414			25	1414
云　南	50	3442			50	3442
西　藏	33	3985			33	3985
陕　西	35	1629			35	1629
甘　肃	40	2799			40	2799
青　海	33	2429			33	2429
宁　夏	25	1793			25	1793
新　疆	52	3102			52	3102
兵　团	6	235			6	235

基本建设项目对账单

单位：万元

养老 财社[2010]257号		殡葬 财社[2010] 258号		儿童 财社[2010] 259号		流浪未成年人 财社[2010] 259号	
项目	资金	项目	资金	项目	资金	项目	资金
999	**57200**	**78**	**1200**	**74**	**12000**	**40**	**3000**
7	220						
11	175						
62	3739	4	60	2	212	2	160
25	652			2	200	1	80
25	911	2	30			1	80
13	740	3	45			2	160
41	2951			2	340	2	160
30	3946	2	30			2	160
5	100						
12	2410			4	585	1	50
9	290					1	50
43	2187			2	420	2	160
14	610	5	75	2	120	2	100
116	1598	8	120	2	840	2	160
30	1445	2	30	4	630	2	100
66	2318	12	180	10	1940	1	80
55	3330			1	50	2	160
76	3518			4	865	2	160
15	2080			3	588	2	140
41	2296	1	15	7	840	1	80
14	1486					1	80
21	2269	3	45			1	80
35	1901	4	60	3	720	2	160
19	689	3	45	2	600	1	80
32	2112	14	210	3	1040	1	80
31	3875	1	30			1	80
29	1264	3	45	2	240	1	80
31	2254	3	45	5	420	1	80
30	2304	2	45			1	80
22	1683	2	30			1	80
34	1627	3	45	14	1350	1	80
5	220	1	15				

D-5 民政事业基本

地 区	在建项目数	#使用彩票公益金项目数	在建项目总投资	开工累计完成投资	本年计划投资
全 国	**40697**	**3071**	**4602084.4**	**2633294.4**	**1732293.3**
中央级	34005	32	137107.4	141804.7	112284.7
北 京	1139	141	999661.9	530328.1	482997.0
天 津	916	763	80940.1	46660.4	36497.3
河 北	624	420	170165.6	113946.3	87641.2
山 西	568	29	284512.3	211381.8	125790.0
内蒙古	496	93	40758.8	11903.1	28968.0
辽 宁	389	157	332136.2	125305.3	98494.9
吉 林	326	218	309107.9	199232.1	116249.2
黑龙江	247	196	105362.1	60847.5	46477.1
上 海	216	97	68043.4	43513.3	38013.8
江 苏	205	183	44962.0	26118.3	19941.1
浙 江	191	43	92738.5	56250.0	30079.5
安 徽	174	36	65721.1	49657.3	29271.5
福 建	152	101	147477.9	95387.2	26831.5
江 西	121	60	83425.7	48230.2	20954.2
山 东	104	56	105675.7	54718.6	25849.9
河 南	103	54	173015.5	131476.0	67247.9
湖 北	93	46	59721.2	29453.0	31071.0
湖 南	89	73	56641.7	29809.4	15602.5
广 东	80	42	31444.3	17289.9	16809.9
广 西	77	25	427295.1	215721.1	82035.0
海 南	75	32	29900.2	17854.8	14800.2
重 庆	68	45	280470.4	135187.0	61564.5
四 川	62	21	90254.9	56472.6	17648.9
贵 州	46	25	119036.0	34579.4	18543.0
云 南	44	44	7108.0	7108.0	7108.0
西 藏	32	15	55275.6	37354.4	23811.4
陕 西	27	6	86114.9	33966.7	28791.1
甘 肃	10	2	81279.0	58272.0	14993.0
青 海	8	8	2241.0	1345.0	1245.0
宁 夏	7	5	10850.0	6627.0	1831.0
新 疆	3	3	23640.0	5493.9	2850.0

建设投资情况总表

单位：万元、个、平方米

本年实际完成投资	国家预算内投资	国内贷款	利用外资	福利彩票公益金	其他	本年完工项目数
1829944.2	**891489.1**	**28982.5**	**1604.4**	**322741.7**	**585126.5**	**46018**
129824.7	56886.6			6458.0	66480.1	35619
407124.1	265933.1			23356.5	117834.5	5045
36627.9	7988.7			21369.0	7270.2	784
95875.7	43491.4		1059.7	14279.3	37045.3	516
192267.7	168033.0	500.0		12141.6	11593.1	1572
9082.1	3884.4			4323.4	874.3	361
90493.9	26694.2	808.0	100.0	29302.5	33589.2	243
114973.2	17663.3			39049.3	58260.6	240
41242.0	11511.3	2619.0		6869.2	20242.5	196
40690.6	18758.0	70.0		5144.0	16718.6	178
25172.9	4466.2	574.3		16650.6	3481.8	83
32235.7	18897.5			3740.9	9597.3	171
43996.8	18324.0			4172.3	21500.5	81
33733.2	3990.7	2467.7		9432.0	17842.8	86
44316.7	14631.9	1200.0		13054.9	15429.9	347
27910.8	9272.8	2717.0		9378.2	6542.8	49
86006.5	8982.9	14300.0		22510.6	40213.0	69
28088.0	10156.0		250.0	4702.8	12979.2	37
27189.4	7579.4			11345.0	8265.0	45
17289.9	10845.0			3024.0	3420.9	34
71018.6	49987.7		194.7	700.4	20135.8	33
15744.8	6272.4			6197.2	3275.2	50
70286.6	30619.6	3070.5		16257.4	20339.1	30
31239.5	11168.3	626.0		11635.7	7809.5	49
17478.3	3108.0	30.0		6473.6	7866.7	17
7108.0				7108.0		40
21238.6	10441.0			4344.1	6453.5	19
32125.1	16872.0			5188.0	10065.1	16
26197.0	26197.0					2
1345.0	120.0			1225.0		5
6627.0	6527.0			100.0		
5393.9	2185.7			3208.2		1

D-6 收养性单位基

地 区	在建项目数	#使用彩票公益金项目数	在建项目总投资	开工累计完成投资	本年计划投资
全 国	**3130**	**2132**	**2143571.1**	**1119096.9**	**792036.9**
中央级					
北 京	9	5	20980.1	20495.2	9764.7
天 津	2	2	4640.0	3693.9	850.0
河 北	20	13	27984.4	22837.6	14430.7
山 西	56	23	18276.2	13098.2	10553.2
内蒙古	54	49	46548.7	23956.0	11851.5
辽 宁	51	30	89641.5	52953.6	43270.5
吉 林	5	5	1695.0	1039.0	939.0
黑龙江	12	6	10556.3	6963.3	5726.3
上 海	6	5	3602.0	1314.0	1100.0
江 苏	249	73	521707.3	233327.7	203696.6
浙 江	36	27	185945.5	78234.6	39047.4
安 徽	477	375	105939.0	80565.5	60590.8
福 建	18	15	74057.0	10536.1	7720.0
江 西	65	36	45894.2	19287.0	21365.0
山 东	129	116	182400.9	121694.9	68153.1
河 南	47	14	44401.0	25530.9	8145.0
湖 北	180	56	199260.5	69441.2	49253.3
湖 南	98	79	93578.0	52780.1	17634.9
广 东	39	36	22840.3	4825.4	5850.0
广 西	789	706	41439.5	29301.9	23896.0
海 南	141	71	27219.5	5429.8	24906.7
重 庆	100	56	46035.3	28576.3	24435.7
四 川	70	15	80004.8	61233.5	44127.8
贵 州	145	144	25569.0	15786.0	11929.0
云 南	42	28	43123.3	22558.7	8973.7
西 藏	43	43	6998.0	6998.0	6998.0
陕 西	26	12	30107.8	20383.0	12684.0
甘 肃	107	24	25504.3	18755.2	10738.6
青 海	60	32	23603.0	22167.3	10187.3
宁 夏	9	3	72700.7	27938.7	25332.1
新 疆	45	33	21318.0	17394.3	7886.0

本建设投资情况

单位：万元、个、平方米

本年实际完成投资	国家预算内投资	国内贷款	利用外资	福利彩票公益金	其他	本年完工项目数
821798.3	**361538.8**	**19077.8**	**254.4**	**226892.6**	**214034.7**	**6641**
8292.7	7432.8		194.7	577.4	87.8	7
3693.9	1700.0			1993.9		1
14337.6	7561.0			1950.8	4825.8	14
11068.2	4767.4			5086.8	1214.0	43
21336.0	4693.0			9832.0	6811.0	21
49898.1	6165.0	14300.0		17836.6	11596.5	30
1039.0	120.0			919.0		3
6963.3	2890.0			1102.0	2971.3	9
1314.0	1214.0			100.0		
180434.7	125493.2			17721.4	37220.1	4563
48248.3	25555.5	1581.5		9796.4	11314.9	17
65117.7	28145.3		59.7	9265.9	27646.8	406
6659.0	2239.0			1206.6	3213.4	10
18352.0	6735.0			4330.9	7286.1	24
67923.1	7170.5			30255.4	30497.2	88
20966.9	6207.9			9520.7	5238.3	42
43219.3	15184.0	808.0		12536.3	14691.0	92
24812.7	2889.0	1001.3		8160.4	12762.0	60
3877.9				2697.1	1180.8	21
25260.9	3620.2			18375.9	3264.8	725
5429.8	2663.0			2231.8	535.0	98
26486.3	12181.0	70.0		3681.0	10554.3	77
47843.4	39102.1			6858.4	1882.9	68
15786.0	1335.0			14293.0	158.0	51
20366.7	7950.3	600.0		8898.5	2917.9	12
6998.0				6998.0		40
15609.0	11751.3			1524.6	2333.1	15
14408.5	7993.0			3178.9	3236.6	30
10187.3	2215.3			6458.0	1514.0	43
27391.1	14383.0			4438.0	8570.1	4
8476.9	2182.0	717.0		5066.9	511.0	27

D-7 社区服务单位基

地区	在建项目数	#使用彩票公益金项目数	在建项目总投资	开工累计完成投资	本年计划投资
全 国	**2141**	**490**	**458575.9**	**358068.4**	**252871.5**
中央级					
北 京	20	20	193.0	193.0	193.0
天 津					
河 北	1		1300.0	583.0	600.0
山 西	7	4	282.0	151.4	195.0
内蒙古	26	18	4026.0	3057.4	2585.0
辽 宁	19	14	46081.0	45937.0	546.0
吉 林					
黑龙江	61	30	9628.0	849.6	911.6
上 海					
江 苏	741	37	218383.0	163844.0	154498.0
浙 江	6	3	6242.1	3467.8	1401.1
安 徽	79	15	5353.0	4374.0	4453.0
福 建	17	6	29974.0	12660.5	625.0
江 西	12	3	4502.0	3862.0	3862.0
山 东	143	70	33858.7	25182.5	23012.4
河 南			50.0	50.0	50.0
湖 北	133	81	14225.7	7983.7	6837.7
湖 南	19	7	3411.0	2404.0	1245.0
广 东	114	92	4758.3	4758.3	1901.5
广 西	39	13	2158.0	1698.0	1675.0
海 南	1		65.0		65.0
重 庆	96	33	6593.5	6333.5	5258.5
四 川	370		35330.0	43922.0	24090.5
贵 州	10		1125.0	1125.0	
云 南	32	9	1209.0	846.0	660.0
西 藏					
陕 西	135	24	9021.7	7518.8	6040.3
甘 肃	36	5	9673.0	9613.0	6697.0
青 海	6		500.0	500.0	500.0
宁 夏	5		320.0	320.0	320.0
新 疆	13	6	10312.9	6833.9	4648.9

本建设投资情况

单位：万元、个、平方米

本年实际完成投资	国家预算内投资	国内贷款	利用外资	福利彩票公益金	其他	本年完工项目数
254291.8	**138453.6**			**11479.6**	**104358.6**	**1655**
193.0				123.0	70.0	20
583.0				583.0		
151.4				101.4	50.0	2
3057.4	1716.4			497.0	844.0	20
11437.0	65.0			185.0	11187.0	16
849.6				400.0	449.6	25
116625.0	70297.0			653.0	45675.0	390
1426.4	55.0			1216.5	154.9	2
4079.0	3320.5			48.5	710.0	59
2786.5	500.0			18.0	2268.5	
3862.0	1460.0			140.9	2261.1	5
22912.4	1631.8			3312.0	17968.6	126
50.0					50.0	1
6069.7	2994.2			423.5	2652.0	105
1245.0	190.0			265.0	790.0	11
1901.5	110.0			918.5	873.0	120
1588.0	795.0			380.0	413.0	24
						2
6333.5	1630.0			715.0	3988.5	88
43922.0	37701.0				6221.0	424
1125.0	510.0				615.0	8
1066.0	595.0			226.0	245.0	15
6049.5	4064.2			661.3	1324.0	148
9535.0	6394.6				3140.4	30
500.0	320.0				180.0	6
320.0	320.0					5
6623.9	3783.9			612.0	2228.0	3

D-8 优抚安置单位基

地　区	在建项目数	#使用彩票公益金项目数	在建项目总投资	开工累计完成投资	本年计划投资
全　国	**462**	**88**	**546773.9**	**295184.8**	**113542.4**
中央级					
北　京	43		310609.0	151371.6	38003.0
天　津					
河　北	6	1	17225.5	6983.5	4336.9
山　西	6	2	4742.0	3458.2	3182.0
内蒙古					
辽　宁	12	6	9240.0	6545.0	2947.3
吉　林					
黑龙江					
上　海					
江　苏	53	9	40838.7	21182.3	20536.3
浙　江	4		9399.9	6331.8	2792.0
安　徽	9	4	6878.0	3790.7	4412.1
福　建	2		1037.0	1037.0	
江　西	3	2	2700.0	2070.0	1940.0
山　东	17	10	39294.3	25697.1	9307.1
河　南	2		7775.0	1044.0	2140.0
湖　北	19		17361.0	8269.0	5448.5
湖　南	15	3	9417.6	6667.6	2557.6
广　东	12	8	18859.5	11538.0	1849.0
广　西	18	10	2582.7	1369.7	624.8
海　南	180		719.3	683.3	300.3
重　庆	6	2	3466.6	2360.2	2270.6
四　川	11	2	10413.2	7079.2	5252.0
贵　州	26	25	2064.0	1404.0	915.0
云　南	4		4407.5	3640.7	1668.4
西　藏					
陕　西	3	2	16395.0	5006.0	1100.0
甘　肃	3		4389.0	11189.0	600.0
青　海					
宁　夏	2		733.0	535.0	36.0
新　疆	6	2	6226.1	5931.9	1323.5

本建设投资情况

单位：万元、个、平方米

本年实际完成投资	国家预算内投资	国内贷款	利用外资	福利彩票公益金	其他	本年完工项目数
124422.3	**78822.2**		**50.0**	**9629.3**	**35920.8**	**288**
40796.6	40796.6					5
2555.2				1374.2	1181.0	
3378.2	1110.0			257.0	2011.2	2
2787.0	240.0			2347.0	200.0	6
19193.3	15795.7			770.3	2627.3	21
1878.6	324.6				1554.0	1
3531.7	1454.3			1125.0	952.4	4
1037.0	277.0				760.0	
1750.0	540.0		50.0		1160.0	3
9307.1	6261.0			1259.3	1786.8	9
140.0					140.0	1
5198.5	890.0			105.0	4203.5	12
2307.6	517.6			300.0	1490.0	9
1452.4	558.7			480.0	413.7	8
1155.8	919.0			29.0	207.8	14
683.3	483.0				200.3	161
2157.5	1863.0				294.5	4
6218.0	5141.7			52.5	1023.8	4
1360.0	720.0			450.0	190.0	12
3371.0	105.0				3266.0	3
1760.0	400.0			800.0	560.0	2
10439.0					10439.0	4
391.0					391.0	1
1573.5	425.0			280.0	868.5	2

D-9 救助类基本

地　区	在建项目数	#使用彩票公益金项目数	在建项目总投资	开工累计完成投资	本年计划投资
全　国	**401**	**142**	**166416.6**	**97248.1**	**77961.5**
中央级					
北　京	1		10527.0	2969.0	5000.0
天　津					
河　北					
山　西	2	1	300.0	207.0	230.0
内蒙古	5	3	5188.0	2326.0	796.0
辽　宁	3	2	2617.0	2354.4	676.1
吉　林	3	3	546.0	306.0	306.0
黑龙江	3	3	4000.0	2422.0	3117.0
上　海					
江　苏	11	7	4969.0	3935.0	3260.0
浙　江	5	4	14166.4	11148.6	7752.9
安　徽	20	8	6155.5	4436.0	4557.0
福　建	2	2	398.0	341.0	398.0
江　西	12	4	5625.0	3924.0	3404.0
山　东	11	11	13110.0	5353.6	3433.6
河　南	6	5	5455.9	2214.5	1801.4
湖　北	25	10	23287.0	10891.0	9505.0
湖　南	9	7	10986.3	5130.6	3797.0
广　东	10	8	5079.0	3248.2	2425.6
广　西	11	10	2701.6	1769.0	1616.0
海　南	171	20	896.0	539.0	896.0
重　庆	5	5	2303.0	1923.0	2193.0
四　川	37	5	24900.9	16171.4	14338.2
贵　州	12	9	3937.0	2465.8	1941.8
云　南	7	6	3383.0	2914.1	1010.0
西　藏	1	1	80.0	80.0	80.0
陕　西	9	1	3688.0	1292.0	1320.0
甘　肃	8	4	3746.0	3735.0	1000.0
青　海	1		165.0	218.0	165.0
宁　夏	5		3964.0	2697.0	1307.0
新　疆	6	3	4242.0	2236.9	1634.9

建设投资情况

单位：万元、个、平方米

本年实际完成投资	国家预算内投资	国内贷款	利用外资	福利彩票公益金	其他	本年完工项目数
78999.0	**38159.6**	**1560.7**		**23515.2**	**15763.5**	**488**
15.0	15.0					
207.0	95.0			112.0		
2326.0	950.0			766.0	610.0	1
676.4	262.9			326.0	87.5	2
306.0				306.0		2
2422.0	900.0			1522.0		
2995.0	957.0			1961.0	77.0	9
7818.9	308.0			913.2	6597.7	2
4179.0	3389.0			647.0	143.0	12
341.0	92.0			249.0		1
3924.0	1421.0			231.0	2272.0	5
3458.6	100.0			3083.6	275.0	5
1875.9	747.9			1015.0	113.0	1
9485.0	3545.0			4690.3	1249.7	14
3933.9	394.1	1466.4		558.3	1515.1	4
2403.6	1726.0	20.0		577.6	80.0	5
1682.7	1220.5			401.9	60.3	5
539.0	314.4			85.6	139.0	100
1923.0	910.0			640.0	373.0	3
14541.6	13856.7			545.0	139.9	8
2264.4	712.2	74.3		1039.6	438.3	8
2914.1	1105.0			1789.1	20.0	285
80.0				80.0		
1292.0	1195.0			20.0	77.0	1
3515.0	2517.0			528.0	470.0	7
218.0	183.0				35.0	2
2027.0	1036.0				991.0	3
1634.9	206.9			1428.0		3

D-10 殡仪服务单位基

地　区	在建项目数	#使用彩票公益金项目数	在建项目总投资	开工累计完成投资	本年计划投资
全　国	**227**	**78**	**521072.7**	**256612.5**	**153429.0**
中央级					
北　京	1		31136.0	19640.0	7000.0
天　津	1	1	19000.0	1800.0	2000.0
河　北			2880.0	2880.0	2880.0
山　西					
内蒙古	1		609.0	250.0	250.0
辽　宁	5	2	6136.0	4486.0	1516.0
吉　林					
黑龙江					
上　海					
江　苏	30	7	119578.9	49711.9	48615.9
浙　江	9	4	52351.5	29494.1	7661.1
安　徽	11	2	15790.0	11060.0	3350.2
福　建	5	1	3110.0	2784.8	540.0
江　西	1	1	1000.0	310.0	500.0
山　东	12	4	20587.0	9969.0	8566.0
河　南	6	1	18664.0	11301.2	5330.5
湖　北	10	4	30703.0	7637.4	6897.4
湖　南	8	4	19090.0	22197.9	1044.0
广　东	36	20	29233.0	23333.2	20311.0
广　西	12	4	19256.8	5922.0	4135.0
海　南					
重　庆	7		8680.0	3487.0	3359.0
四　川	12		22629.0	9487.2	5111.2
贵　州	8	3	11227.9	5054.5	4869.0
云　南	17	7	13167.9	7180.5	4654.7
西　藏			30.0	30.0	30.0
陕　西	1		7599.0	4648.2	2983.2
甘　肃	3	1	6991.0	3809.0	3193.2
青　海					
宁　夏	1	1	1300.0	400.0	400.0
新　疆	30	11	60322.7	19738.6	8231.6

本建设投资情况

单位：万元、个、平方米

本年实际完成投资	国家预算内投资	国内贷款	利用外资	福利彩票公益金	其他	本年完工项目数
142572.3	**60471.7**	**7718.0**	**1300.0**	**11784.6**	**61298.0**	**130**
669.0	669.0					
1700.0	485.7			1214.3		
2880.0	2880.0					1
250.0	220.0			30.0		1
2916.0				1816.0	1100.0	2
39249.9	22226.0			1380.0	15643.9	17
8004.4	4376.5	1489.0		1421.3	717.6	3
9268.2	1250.0		1000.0	92.1	6926.1	6
354.8		30.0			324.8	4
200.0			200.0			
6929.0	1570.0			184.0	5175.0	6
6398.7	4212.5			100.0	2086.2	3
6297.4	3801.0		100.0	402.4	1994.0	5
1044.0				148.3	895.7	2
18592.2	6357.2	2599.0		961.0	8675.0	23
2638.0	740.0			265.0	1633.0	2
3487.0	2109.0			108.0	1270.0	4
6754.2	5691.7	500.0			562.5	3
4354.5	1189.0	500.0		585.0	2080.5	4
6030.0	1165.1	600.0		1025.9	3239.0	27
30.0				30.0		
2983.2	352.0				2631.2	1
3543.2				135.0	3408.2	3
400.0				400.0		
7598.6	1177.0	2000.0		1486.3	2935.3	13

D-11 其他基本建

地　区	在建项目数	#使用彩票公益金项目数	在建项目总投资	开工累计完成投资	本年计划投资
全　国	**34336**	**141**	**765674.2**	**507083.7**	**342452.0**
中央级	10	2	81279.0	58272.0	14993.0
北　京	3		53850.0	21052.3	22074.3
天　津					
河　北	5	1	5885.7	4070.3	1563.8
山　西	4	2	6300.0	940.0	640.0
内蒙古	3	3	270.0	220.0	120.0
辽　宁	13		19300.0	19200.0	18292.0
吉　林					
黑龙江	4	3	7260.0	7055.0	7055.0
上　海	1		7248.0	5313.0	731.0
江　苏	55	8	94185.0	58327.2	52390.2
浙　江	8	7	12365.0	6510.1	2910.0
安　徽	28	16	30050.1	9720.1	10278.1
福　建	2	1	10460.0	7220.0	9260.0
江　西					
山　东	14	7	19857.0	11335.0	3777.0
河　南	1	1	13909.0	16332.0	182.0
湖　北	22	6	47299.0	21083.0	20553.0
湖　南	3	1	10995.0	6207.0	553.0
广　东	36	32	24592.0	13144.4	14140.0
广　西	47	20	12801.5	6599.8	4550.5
海　南	3	2	11859.0	5251.0	2800.0
重　庆	2	1	965.0	833.3	497.0
四　川	68	7	111234.4	73488.5	32870.3
贵　州	4	2	1039.1	283.0	286.3
云　南	19	10	18135.0	11090.2	3987.4
西　藏					
陕　西	17	4	25927.0	17402.0	5952.0
甘　肃	17	2	15417.8	2556.1	7042.7
青　海	33938		112839.4	118919.4	101432.4
宁　夏	5	2	7097.2	2076.0	1396.0
新　疆	4	1	3254.0	2583.0	2125.0

设投资情况

单位：万元、个、平方米

本年实际完成投资	国家预算内投资	国内贷款	利用外资	福利彩票公益金	其他	本年完工项目数
407860.5	**214043.2**	**626.0**		**39440.4**	**153750.9**	**36816**
26197.0	26197.0					2
21052.3	1074.3				19978.0	1
882.8				436.1	446.7	4
940.0	300.0			640.0		3
220.0				220.0		2
18292.0	2250.0				16042.0	13
7055.0	7055.0					
5313.0	5313.0					
48626.2	31164.2			870.8	16591.2	45
2910.0				2910.0		5
9700.1	5932.3			3100.8	667.0	29
6300.0				5000.0	1300.0	2
4443.0	930.0			955.0	2558.0	6
1808.0		626.0		1000.0	182.0	1
20224.0	280.0			11145.0	8799.0	15
390.0					390.0	
13014.4	2759.4			1235.0	9020.0	19
4302.5	694.0			1917.2	1691.3	14
2430.0	424.0			2006.0		
303.3	65.0				238.3	2
72988.5	66539.8			4685.7	1763.0	1065
283.0				283.0		
10568.9	3711.5			1115.4	5742.0	5
4542.0	1135.0			735.0	2672.0	4
2556.1	1419.4			330.4	806.3	7
118919.4	54168.3				64751.1	35568
1596.0	1133.0			350.0	113.0	3
2003.0	1498.0			505.0		1

E-1　历年民政事业费支出情况

单位：亿元、%

年　份	民政事业费支出	占财政支出比重	年　份	民政事业费支出	占财政支出比重
1950	1.32	1.94	**“六五”时期**	**113.85**	**1.65**
1951	1.37	1.12	1981	19.23	1.72
1952	2.83	1.61	1982	19.19	1.70
1953	3.55	1.61	1983	21.61	1.69
1954	6.04	2.15	1984	24.24	1.59
1955	4.98	1.05	1985	29.58	1.64
“一五”时期	**25.99**	**1.90**	**“七五”时期**	**208.49**	**1.52**
1956	5.69	1.06	1986	34.41	1.51
1957	5.31	1.75	1987	35.93	1.49
1958	3.27	0.80	1988	39.56	1.50
1959	4.48	0.81	1989	46.65	1.57
1960	7.24	1.11	1990	51.94	1.54
“二五”时期	**53.03**	**1.41**	**“八五”时期**	**386.59**	**1.50**
1961	9.89	2.69	1991	62.54	1.67
1962	7.45	2.44	1992	63.71	1.42
1963	8.75	2.58	1993	69.87	1.40
1964	16.15	4.05	1994	87.02	1.50
1965	10.79	2.31	1995	103.45	1.52
“三五”时期	**35.83**	**1.42**	**“九五”时期**	**840.90**	**1.52**
1966	8.81	1.63	1996	121.15	1.53
1967	8.21	1.86	1997	133.52	1.44
1968	5.61	1.56	1998	161.84	1.50
1969	6.67	1.27	1999	194.70	1.49
1970	6.53	1.01	2000	229.69	1.50
“四五”时期	**46.70**	**1.19**	**“十五”时期**	**2471.74**	**1.90**
1971	6.83	0.93	2001	284.75	1.53
1972	8.15	1.06	2002	392.27	1.78
1973	9.97	1.23	2003	498.92	2.03
1974	9.04	1.14	2004	577.39	2.04
1975	12.71	1.55	2005	718.41	2.13
“五五”时期	**84.22**	**1.62**	**“十一五”时期**	**4277.35**	**2.37**
1976	16.17	2.01	2006	915.35	2.28
1977	18.53	2.20	2007	1215.49	2.45
1978	13.71	1.25	2008	2146.45	3.40
1979	18.33	1.48	2009	2181.90	2.88
1980	17.48	1.44	2010	2697.51	3.01
1950-2010	**13444.23**	**1.94**	**1978-2010**	**13227.89**	**2.02**
1950-2010平均增长(%)	**13.5**		**1978-2010平均增长(%)**	**17.9**	

E-2 历年各省、自治区、直辖市民政事业费支出情况

单位：万元

地区	1952年	1953年	1954年	1955年	1956年	1957年	1958年	1959年
全国	**28265**	**35484**	**60390**	**49842**	**56906**	**53119**	**32693**	**44786**
中央级	6	443	20619	8736	270	85	82	192
北京	198	237	276	247	584	302	376	751
天津	208	315	131	157	217	240	194	
河北	2849	4558	4764	4526	9681	6640	2494	4148
山西	1253	1398	1531	1373	2096	1953	2279	1656
内蒙古	912	370	306	364	625	417	505	873
辽宁	611	1434	1392	1298	1638	1339	1098	1249
吉林	346	595	880	856	1331	1610	1126	764
黑龙江	640	831	912	952	1442	1336	948	782
上海	550	306	411	729	1121	1073	464	475
江苏	1980	1993	2051	3003	4052	5051	2617	2956
浙江	398	426	505	757	1430	988	672	874
安徽	2051	4061	3382	3453	4748	4306	1642	3169
福建	828	732	789	933	1473	866	823	4141
江西	1519	1040	1368	2253	1889	1802	1717	1691
山东	2624	3993	5082	3975	3664	5261	3795	4494
河南	1440	2745	2307	2494	4360	5539	2990	2672
湖北	2719	1058	2765	2664	1306	1505	1210	2466
湖南	1255	1089	3381	2205	2259	2177	1344	967
广东	1762	1454	1270	1407	2725	2729	1223	2982
广西	516	645	735	700	1414	1589	582	903
海南								
四川	1583	2035	2052	2646	3570	2606	1982	2583
贵州	368	686	633	567	618	494	331	613
云南	630	695	875	740	908	599	514	675
西藏			43	207	91		2	1
陕西	519	1023	984	1135	1794	1250	588	1109
甘肃	390	1074	675	1171	1083	871	539	681
青海	52	134	140	154	281	237	164	447
宁夏							92	239
新疆	58	114	131	140	236	254	300	233

E-2 续表 1

单位：万元

地　区	1960年	1961年	1962年	1963年	1964年	1965年	1966年
全　国	**72444**	**98912**	**74475**	**87533**	**161510**	**107869**	**88112**
中央级	262	39			31	2325	454
北　京	824	658	542	638	816	1047	914
天　津							
河　北	5070	10807	5780	15681	31433	18545	12395
山　西	2659	2896	2556	2640	2361	2899	4447
内蒙古	525	785	1468	1124	1360	1440	2182
辽　宁	4475	4392	3933	3467	3382	2942	2572
吉　林	1055	1271	1660	2138	2235	1798	1704
黑龙江	991	1485	2151	2362	2796	2611	2548
上　海	471	422	539	874	1074	1220	1472
江　苏	4843	4107	4873	7282	11070	5506	7298
浙　江	857	1414	1597	1166	1152	1351	1142
安　徽	3161	4704	3530	5431	10567	3347	4119
福　建	2823	2798	1493	1687	1394	1463	1673
江　西	2179	3224	3168	2273	3081	1989	2145
山　东	8141	11332	6963	7201	11079	15807	9458
河　南	10271	11417	8107	10099	48554	17841	9303
湖　北	4428	4569	3767	3468	3319	2790	2579
湖　南	1690	4299	2697	2834	4522	2482	2141
广　东	4608	3475	2830	3146	3056	2664	2454
广　西	997	2687	1505	2125	4006	1983	1997
海　南							
四　川	6315	9758	5918	4227	4495	5179	4774
贵　州	750	2390	1429	1792	1808	1726	1730
云　南	880	1692	773	1250	1494	1596	1772
西　藏	25	48	117		133	192	374
陕　西	1113	1530	1422	1640	1918	3137	3623
甘　肃	1778	4522	2464	2988	2310	1611	1161
青　海	576	1028	1005		465	695	409
宁　夏	428	303	365		378	284	272
新　疆	249	860	1823		1212	1399	1000

E-2续表2

单位：万元

地区	1967年	1968年	1969年	1970年	1971年	1972年	1973年
全国	**81887**	**56154**	**66683**	**65349**	**68269**	**81549**	**99675**
中央级	534	308	11			8	10
北京	939	868	820	895	974	1192	1506
天津	473	439	572	405	407	546	762
河北	6983	4443	5333	2054	3591	5482	8727
山西	2692	2478	2579	4777	4563	4025	4696
内蒙古	2401	1194	842	891	649	1020	1914
辽宁	2781	2473	3542	2867	3922	4574	5590
吉林	1745	1579	1890	1837	1968	1753	2174
黑龙江	2169	1775	2355	2247	2317	2768	3701
上海	1654	1410	1359	1442	1554	1676	1885
江苏	5400	3756	3839	4191	4969	7368	6988
浙江	1366	1486	1481	1496	1517	2399	2103
安徽	6861	4025	4246	5547	3365	4639	4625
福建	1738	1727	1922	1463	1481	1721	2142
江西	2318	1637	1924	2047	2357	2357	4039
山东	9844	5878	7622	6442	9034	8801	8110
河南	8611	4105	6983	4947	4699	4799	5474
湖北	3177	2651	3509	4197	3116	3462	4747
湖南	2562	1848	2019	1668	1602	2272	3321
广东	2644	2046	2639	2734	2410	2800	4041
广西	2541	1641	1607	1555	1827	1713	1597
海南							
四川	4067	3374	3439	3678	4518	5615	6780
贵州	1926	1224	1314	1646	1535	2116	3574
云南	1412	807	1018	2460	1454	1746	1509
西藏			96	100	104	173	228
陕西	1874	1477	1733	1778	2099	2415	3435
甘肃	1963	671	989	952	968	2206	3421
青海	185	190	246	207	291	366	311
宁夏	287	200	238	242	354	810	1369
新疆	740	444	516	584	651	727	896

E-2续表3

单位：万元

地区	1974年	1975年	1976年	1977年	1978年	1979年	1980年
全国	**90406**	**127082**	**161690**	**185288**	**137135**	**183279**	**174769**
中央级					11	44	103
北京	1284	1461	1742	3068	1990	2238	2802
天津	937	881	933	13670	1061	1482	1474
河北	5925	5960	7041	36568	11605	9140	11165
山西	3587	3420	4111	4813	5437	8154	6749
内蒙古	1575	1559	2502	1873	2040	5922	5714
辽宁	3902	18731	14705	7427	6103	5607	6671
吉林	2500	2448	2834	3677	3869	3477	4482
黑龙江	3884	3701	4176	5463	5545	5149	5370
上海	2088	2263	2469	2581	2777	3290	3375
江苏	7258	8001	7719	8031	9208	10019	11269
浙江	1973	1984	2424	2641	2853	3475	3703
安徽	3981	5828	15690	6300	6756	13263	9385
福建	2150	1991	2432	2826	2730	3272	3625
江西	3220	2964	3606	3981	3953	8610	6289
山东	8601	10417	9746	10599	12292	15169	16327
河南	4190	24152	40056	21437	14140	19495	12007
湖北	3487	4471	5463	5160	6149	9597	9265
湖南	2580	2942	3442	3550	4380	6747	7026
广东	5051	3836	4884	5546	5435	8146	8337
广西	1669	1653	1963	2355	2073	4019	3213
海南							
四川	5936	6061	9037	12602	8511	12722	12063
贵州	1955	2352	2748	3296	2740	4767	4123
云南	2245	2242	3428	3783	2948	3478	4172
西藏	195	206	289	270	379	1366	1704
陕西	2986	2579	3174	4575	4834	5780	5390
甘肃	4183	2603	2240	5485	4030	5204	4801
青海	342	521	407	514	696	853	862
宁夏	1813	600	1150	1780	1090	1040	1385
新疆	909	1255	1279	1417	1500	1754	1918

E-2续表4

单位：万元

地区	1981年	1982年	1983年	1984年	1985年	1986年	1987年
全国	**192267**	**191874**	**216116**	**242371**	**295841**	**344064**	**359278**
中央级	138	78	163	286	443	2526	2742
北京	3167	3416	4063	4904	5719	7287	8906
天津	1670	1669	2194	3101	3583	4113	4531
河北	13597	10179	9692	12427	16654	16581	20578
山西	7893	7854	7015	7924	10683	10193	11833
内蒙古	6218	5135	7379	7909	9030	11684	10867
辽宁	8073	10591	11727	11741	18341	22112	18104
吉林	4970	4951	6300	5952	8391	13570	14016
黑龙江	6562	8005	9546	8782	10119	13791	13686
上海	3381	3215	3170	3540	4467	5503	5603
江苏	12914	11991	14750	16403	16254	20586	21208
浙江	3897	4070	4808	6480	8174	10211	12353
安徽	9550	7521	12093	14059	14340	13524	12942
福建	4268	4773	5506	5601	8298	7657	9238
江西	5309	6183	7093	8360	8364	9768	11546
山东	14126	18998	17811	17413	22757	22496	29017
河南	10921	12862	15216	13710	18456	20939	2260
湖北	12458	7956	10798	10760	11860	14581	14846
湖南	8924	7546	10428	10373	12357	15013	15167
广东	7767	9550	9035	12337	14516	15526	17076
广西	3674	3897	4779	6382	9438	9634	9054
海南							
四川	15429	14542	13943	17823	20667	24973	25524
贵州	4718	4354	5211	5833	9182	8657	9092
云南	4599	4231	5251	7025	10137	13752	12712
西藏	1208	1151	1357	1821	1391	1789	1828
陕西	8198	6271	5820	6313	7545	8586	9299
甘肃	4338	5778	4902	8983	6541	7655	7238
青海	915	1068	1270	1674	1918	2134	1837
宁夏	1118	1819	2329	1497	1826	1990	1780
新疆	2267	2220	2467	2958	4395	4768	4896

E-2续表5

单位：万元

地区	1988年	1989年	1990年	1991年	1992年	1993年	1994年	1995年
全国	**395646**	**466492**	**519383**	**625359**	**637097**	**698708**	**870194**	**1034502**
中央级	1297	1185	1517	1792	3217	3108	4077	3703
北京	11355	12805	14738	16249	19073	26105	36146	44073
天津	5209	5861	6585	7176	8173	9218	11970	15023
河北	24272	26484	32162	30785	33344	38161	48303	58804
山西	13977	15845	15976	17378	19264	19515	22995	31008
内蒙古	11254	10975	13510	13449	14250	15314	18378	20470
辽宁	19595	22233	26318	26380	29561	32903	44239	60067
吉林	10692	11439	14155	14619	16553	18461	24648	30876
黑龙江	14205	15127	15982	18411	19734	19377	26195	28798
上海	3965	4741	5364	6270	7742	10368	15557	19773
江苏	23816	27647	33150	50604	48290	47590	59349	69907
浙江	16113	18710	21111	22094	22124	26924	40044	43610
安徽	14854	16444	19755	80611	39002	26982	26883	37348
福建	10332	11213	13935	15070	18423	20141	25502	31904
江西	13240	15076	15791	16915	21249	21410	23815	30354
山东	31890	39382	44965	46744	52525	62616	71995	76826
河南	21784	26566	24275	27675	31304	34498	44163	52458
湖北	17804	20704	21092	23318	23677	28918	39148	40291
湖南	19110	22384	24981	23436	24712	29096	35093	42680
广东	16675	20206	21863	25022	29602	43983	53653	64806
广西	9757	11955	11313	12728	14317	16760	30480	28730
海南	2338	3659	3366	3843	4270	4630	6163	7210
四川	28123	32186	36228	39004	42563	49037	59629	70257
贵州	9408	11568	12079	11043	11761	15154	15641	20528
云南	14934	31640	33901	38725	41026	30502	31529	36916
西藏	1795	2116	2909	3499	2647	2598	5304	4466
陕西	10602	12277	13688	13412	16805	20107	20404	26336
甘肃	8346	7681	8813	9124	11256	12186	13897	17748
青海	1750	1802	2086	2036	2387	2965	3454	4342
宁夏	2609	1805	2000	2206	2456	2464	3244	3458
新疆	4549	4776	5775	5741	5790	7617	8297	11732

E-2续表6

单位：万元

地区	1996年	1997年	1998年	1999年	2000年	2001年	2002年	2003年
全国	**1211500**	**1335202**	**1618445**	**1946843**	**2296954**	**2847548**	**3922695**	**4989172**
中央级	6371	5954	50783	11856	29338	13965	18467	18027
北京	54012	61184	74406	97748	150746	196540	233429	303795
天津	17254	19738	20952	20611	30547	41580	58202	62682
河北	74364	71151	79064	88202	113381	125698	153525	185641
山西	37882	37150	39519	45466	56815	71776	105897	124003
内蒙古	26012	26773	35484	35659	44674	55328	70606	99368
辽宁	59580	65370	74946	85394	131675	180547	227704	279737
吉林	31416	33928	52337	53311	51153	76026	118392	166702
黑龙江	30459	33020	55977	60566	61753	80658	177852	167487
上海	23984	30860	37336	54151	87021	121538	167719	222540
江苏	80163	93383	108862	121349	159691	170800	205763	256063
浙江	50852	60657	65733	88269	97755	124023	159432	189645
安徽	43979	50559	56473	72895	72568	89476	138918	208606
福建	34498	46134	49421	50996	67797	68897	85353	94061
江西	33883	35962	47177	45334	49521	57966	92013	149217
山东	88009	101613	112960	131746	159315	180470	233918	283989
河南	59353	64155	68311	80338	102698	117574	159157	221713
湖北	50385	58511	85285	75622	113381	122382	167653	229234
湖南	53778	48234	54533	73272	80343	104818	158443	210815
广东	75354	88748	96993	112133	144461	198362	278022	341821
广西	36280	28944	30995	31950	35135	49819	82929	109901
海南	8828	8274	9472	10818	13568	15372	18032	24304
重庆		25048	35054	51123	55934	70571	117114	125112
四川	77059	63016	72283	89492	105249	139493	194774	244374
贵州	26419	27866	27126	30834	36085	51264	67973	82094
云南	46048	52043	53384	63169	78944	98782	115945	150814
西藏	5228	6987	11749	6824	9920	14979	15358	17913
陕西	32108	31702	25791	43230	54365	72136	103474	147039
甘肃	21484	20366	20554	26371	35251	42851	58315	75346
青海	6473	8088	8669	23784	16159	19790	24812	36616
宁夏	4279	4397	5442	8651	13775	21289	28724	30448
新疆	15706	25387	22690	55676	56940	52768	104762	130065

E-2续表7

单位：万元

地　区	2004年	2005年	2006年	2007年	2008年	2009年	2010年
全　国	**5773907**	**7184146**	**9153527**	**121549**	**21464484**	**21819430.2**	**26975149.0**
中央级	39290	37423	27907	328	263213	55240.2	488035.9
北　京	327957	370918	450229	5758	575302	745435.4	982144.3
天　津	71091	92462	121917	1490	196893	244982.6	313824.7
河　北	216770	283480	356510	4884	678036	843485.2	969269.1
山　西	147570	192257	236469	3392	457567	562518.4	634004.6
内蒙古	126237	141727	187147	2831	420111	575897.9	768526.2
辽　宁	304551	368476	437608	5752	724799	887386.5	1066504.6
吉　林	182133	218688	284676	3419	470519	642777.6	750632.3
黑龙江	193823	222865	376619	4789	643011	800947.6	854398.8
上　海	228764	282196	316864	4061	515828	557187.9	572521.7
江　苏	309196	419996	502744	6326	811832	996449.2	1265312.3
浙　江	294720	354320	415110	5089	610800	704117.9	884859.5
安　徽	195412	250782	312519	4910	659432	804010.6	971558.4
福　建	139539	157015	226313	2475	282403	322487.9	422187.8
江　西	176372	225667	340990	4347	596019	693704.1	847650.9
山　东	311522	408419	526836	7151	885720	1122739	1437374.8
河　南	251439	337872	425038	5987	785189	1035342.8	1230796.6
湖　北	270653	345556	440298	5141	748412	897367.7	1082788.8
湖　南	252892	326694	422998	5213	771404	997685.9	1165255.4
广　东	386221	483430	635940	7201	834465	1021108.9	1154286.9
广　西	113723	156841	175928	2472	410162	492763.3	731162.4
海　南	27950	38103	49003	659	96527	142315.6	190264.1
重　庆	145713	174682	216847	3077	435014	514479.6	674873.3
四　川	302566	376043	500440	7349	4848630	2289514.1	2408738.2
贵　州	102697	151257	181266	2643	443051	560108.4	728242.8
云　南	183855	202346	228950	4209	687354	930167.6	1224026.2
西　藏	23200	22574	30224	384	69982	82169.4	85017.8
陕　西	149120	186935	244342	3654	849627	867024.3	1139380.6
甘　肃	91876	111530	149598	2268	1063855	577204.8	740624.8
青　海	39139	47402	51844	815	123508	189659.7	330701.5
宁　夏	34071	35346	57593	797	110375	143479.2	161335.6
新　疆	133844	160847	222762	2679	395446	519670.9	698848.1

E-3 民政事业费按用向性质分类情况

项　目	2009年（万元）	2010年（万元）	占全部（%）	比上年增减额（万元）	比上年增长（%）
总 计	**22953139**	**26975149**	**100.00**	**4022010**	**17.52**
一、优待抚恤支出合计	3102738	3627165	13.45	524427	16.90
（一）死亡抚恤	317271	343079	1.27	25807	8.13
（二）伤残抚恤	666750	781180	2.90	114430	17.16
（三）在乡复员、退伍军人生活补助	1160191	1552346	5.75	392155	33.80
（四）优抚事业单位	3262739	270243	1.00	-2992496	-91.72
（五）义务兵优待	322428	378146	1.40	55719	17.28
（六）其他优抚支出	333259	302171	1.12	-31088	-9.33
二、退役安置	2257026	2689756	9.97	432730	19.17
（一）退伍军人安置	410633	504578	1.87	93946	22.88
（二）军休人员安置	1553940	1861476	6.90	307536	19.79
（三）军休管理机构	250036	284125	1.05	34089	13.63
（四）其他退役安置支出	42419	39577	0.15	-2842	-6.70
三、社会福利	906308	1098755	4.07	192447	21.23
（一）儿童福利	20829	64649	0.24	43820	210.39
（二）老年人福利	111825	165620	0.61	53795	48.11
（三）假肢矫形	4109	4813	0.02	704	17.14
（四）殡葬	143110	202398	0.75	59287	41.43
（五）社会福利事业单位	497238	471551	1.75	-25688	-5.17
（六）其他社会福利	129198	189725	0.70	60528	46.85
四、城市居民最低生活保障	4821142	5247298	19.45	426156	8.84

E-3续表

项　目	2009年（万元）	2010年（万元）	占全部（%）	比上年增减额（万元）	比上年增长（%）
五、其他城镇社会救济	334505	399386	1.48	64882	19.40
(一)流浪乞讨人员救助	131335	148696	0.55	17361	13.22
(二)其他城镇社会救济支出	203169	250690	0.93	47521	23.39
六、自然灾害生活救助	1991908	2371831	8.79	379923	19.07
(一)生活救助	658865	889133	3.30	230269	34.95
(二)紧急抢救安置和转移灾民支出	43896	106243	0.39	62347	142.03
(三)救灾储备	38457	131864	0.49	93407	242.89
(四)灾民倒房重建	107389	1096156	4.06	988767	920.73
(五)其他救助	17389	148435	0.55	131045	753.60
七、农村最低生活保障	3629529	4450223	16.50	820694	22.61
八、其他农村社会救济	1249383	1346237	4.99	96854	7.75
(一)五保供养	880387	981469	3.64	101082	11.48
(二)农村特困生活救济	98642	102111	0.38	3468	3.52
(三)精简退职老弱残职工救济	72315	75498	0.28	3183	4.40
(四)其他农村社会救济支出	198038	187159	0.69	-10879	-5.49
九、民政管理事务	1454711	1951070	7.23	496359	34.12
十、行政事业单位离退休	300489	303739	1.13	3251	1.08
十一、医疗救助支出	1281370	1577623	5.85	296253	23.12
(一)城市医疗救助	412043	495203	1.84	83160	20.18
(二)农村医疗救助	646246	834810	3.09	188564	29.18
(三)优抚对象医疗补助	223082	247610	0.92	24529	11.00
十二、彩票公益金支出	1133709	1123464	4.16	-10245	-0.90
十三、其他款项用于民政支出	490324	788604	2.92	298280	60.83

E-4 民政事业费预算指标地方安排情况

单位：万元

地区	预算指标(万元)			地方预算安排预算指标(万元)		
	2009年	2010年	增长(%)	2009年	2010年	增长(%)
合　计	**22145273**	**26868594.20**	**21.33**	**9820487**	**13289514.50**	**35.32**
中央级	55187	156474.20	183.53			
北　京	744159	1064342.90	43.03	444326	608894.40	37.04
天　津	244785	340728.40	39.19	165049	247239.40	49.80
河　北	863491	981088.50	13.62	325643	372748.60	14.47
山　西	605025	665843.80	10.05	256668	294436.70	14.72
内蒙古	585024	273.00	-99.95	276604	432040.90	56.19
辽　宁	946301	1104924.00	16.76	400831	494421.30	23.35
吉　林	637698	782340.20	22.68	222777	248732.60	11.65
黑龙江	776211	889625.80	14.61	310798	370058.10	19.07
上　海	567970	666279.90	17.31	507183	588836.30	16.10
江　苏	1022839	1287496.20	25.87	785079	1013011.00	29.03
浙　江	710748	916467.00	28.94	603108	790655.70	31.10
安　徽	824844	974666.80	18.16	356841	455389.50	27.62
福　建	330425	425537.90	28.79	221585	284400.10	28.35
江　西	695587	856619.00	23.15	243886	316890.20	29.93
山　东	1122620	1448980.90	29.07	642431	885372.10	37.82
河　南	1037494	1249767.60	20.46	346368	422774.20	22.06
湖　北	895443	1110763.10	24.05	276716	373167.10	34.86
湖　南	965791	1173253.00	21.48	331435	420107.90	26.75
广　东	913597	1187204.90	29.95	719291	942322.80	31.01
广　西	566152	820735.90	44.97	201639	393729.30	95.26
海　南	150391	204190.10	35.77	70412	103146.90	46.49
重　庆	527113	674973.00	28.05	189730	285143.70	50.29
四　川	2365945	1692858.10	-28.45	490116	666711.40	36.03
贵　州	688792	880450.40	27.83	216161	295905.90	36.89
云　南	944329	1230244.10	30.28	359377	565401.30	57.33
西　藏	77587	92205.00	18.84	20574	19915.00	-3.20
陕　西	862139	1172576.50	36.01	362953	525969.40	44.91
甘　肃	559714	811844.40	45.05	157675	336933.20	113.69
青　海	201626	343589.10	70.41	86216	202220.40	134.55
宁　夏	142681	170511.40	19.51	49984	66033.20	32.11
新　疆	513552	699005.10	36.11	179033	266905.90	49.08

E-5 中央专项

地 区	总计	抚恤合计	财社[2009]281号预拨抚恤资金	财社[2009]282号预拨老党员	30号抚恤	31号抚恤
合 计	**13423104.2**	**2155915.7**	**1192373**	**16012**	**500**	**500**
北 京	455448.5	12194.5	7111	119		
天 津	93489	8908	5298	92		
河 北	608339.9	155565.9	82627	4715		
山 西	371407.1	63903.1	36548	1323		
内蒙古	360966.1	30499.1	17063	205		
辽 宁	610502.7	58702.7	33983	305		
吉 林	533607.6	52795.6	30741	160		
黑龙江	519567.7	51728.7	29089	277		
上 海	77443.6	7245.6	4367	1		
江 苏	274485.2	98067.2	54102	1343		
浙 江	125811.3	36350.3	22310	212		
安 徽	519277.3	95947.3	52452	181		
福 建	142850.8	33238.8	19384	18		
江 西	538015.8	81203.8	45303	10		
山 东	563608.8	255891.8	140306	5425		
河 南	826993.4	153970.4	87638	964		
湖 北	737596	126552	69848	64		
湖 南	753145.1	159183.1	83418	42		
广 东	244882.1	57852.1	35678	20		
广 西	427006.6	57869.6	31494	6		500
海 南	101043.2	11317.2	6381	39		
重 庆	389829.3	69708.3	38088	17		
四 川	1026146.7	192685.7	106614	46		
贵 州	584544.5	59394.5	32486	10		
云 南	664842.8	78508.8	41592	39	500	
西 藏	72290	2696	1620			
陕 西	647105.8	87076.8	47025	305		
甘 肃	474911.2	30704.2	16455	56		
青 海	141368.7	5382.7	3239	1		
宁 夏	104478.2	4434.2	2543	5		
新 疆	388743.3	14485.3	7570	12		
兵 团	43355.9	1852.4				

注：未标年份的文号为财社[2010]××号。

拨款对账单

单位：万元

79号 抚恤	80号 老党员	105号 优抚	181号 抚恤	206号 抚恤	207号 老党员	237号 优抚单位
828641	**9459**	**8490**	**36789.9**	**58270**	**528.4**	**2500**
4251	81	30	201.3	317	4.2	80
3101	51	40	93	230	3	
53180	2714	700	7577.4	3842	150.5	60
21055	704	440	2082.3	1648	42.8	60
11538	110	190	445.8	861	6.3	80
21797	152	300	494.4	1603	8.3	60
19682	80	290	279.9	1448	4.7	110
19669	168	240	677.1	1480	8.6	120
2591	1	80	12.6	193		
35143	909	265	3498.3	2678	48.9	80
12406	141	80	68.4	1065	7.9	60
39127	91	420	977.1	2574	5.2	120
12552	12	220	34.2	958	0.6	60
33111	4	450	63.6	2142	0.2	120
90317	3267	810	8824.8	6620	182	140
57364	611	490	2586.6	4153	33.8	130
50068	26	600	2451.3	3423	1.7	70
67567	20	470	3237.9	4367	1.2	60
19647	10	410	439.5	1587	0.6	60
23674	3	300	166.5	1666	0.1	60
3858	24	190	516	308	1.2	
29346	8	220	43.8	1905	0.5	80
79992	23	280	221.4	5428	1.3	80
24727	5	270	61.2	1705	0.3	130
33887	20	130	57.6	2112	1.2	170
884				62		130
36117	183	230	758.1	2388	10.7	60
12871	31	155	205.2	859	2	70
1926	2		0.6	144	0.1	70
1694	1	40	26.1	125	0.1	
5499	7	150	687.9	379	0.4	180

E-5 续表 1

地　区	安置合计	财社[2009]279号预拨安置人员补助	财社[2009]280号预拨安置机构补助	71号安置	74号安置	75安置
合　计	**2054880**	**872633**	**49601**	**194044**	**767524**	**12191**
北　京	403287	141119	8083	115019	136380	2351
天　津	45156	19433	1136	5389	17461	318
河　北	102718	45043	2399	3431	42006	457
山　西	38251	17821	944	896	14395	260
内蒙古	27021	12600	1035	380	9609	173
辽　宁	186116	84726	5066	12770	76393	1157
吉　林	46409	20860	1258	967	17408	345
黑龙江	39507	16590	1229	1171	12990	258
上　海	66494	25471	1598	12387	26179	503
江　苏	113330	47320	2330	7385	43948	595
浙　江	41659	17100	1144	3726	14098	313
安　徽	34353	12351	612	719	10430	165
福　建	38061	16214	996	2486	13913	278
江　西	20497	7734	458	261	6517	118
山　东	166967	74352	4259	8067	66709	923
河　南	67801	28025	1875	1872	24210	419
湖　北	78492	35925	1744	2066	30218	492
湖　南	47181	20616	759	547	16633	217
广　东	85913	42045	1989	4190	34876	556
广　西	21470	9159	657	346	7379	165
海　南	9904	4383	244	257	3365	70
重　庆	36480	15853	816	642	13913	184
四　川	89408	39515	2234	2501	33518	525
贵　州	14334	6192	462	122	4722	84
云　南	60955	30219	1716	1031	23930	294
西　藏	7679	4619	86	126	2651	23
陕　西	82188	37962	2229	2908	34301	552
甘　肃	30292	14345	922	821	10998	167
青　海	9070	4397	198	209	2960	31
宁　夏	6917	2453	204	100	2143	24
新　疆	36164	18191	919	1252	13271	174
兵　团	806					

单位：万元

77号安置	122号安置	304号安置	城市最低生活保障合计	财社[2009]278号预拨城市低保	121号城市低保	260号城市低保
111531	**1307**	**45243**	**3635870**	**2574040**	**1031330**	**11726**
	39	296				
1122	11	286	33510	25080	8430	
6811	94	2477	145150	105290	39860	
2845	17	1073	142660	103940	38720	
2493	39	692	140040	97940	42100	
4463	83	1458	268380	193500	74880	
4444	72	1055	233580	166300	67280	
5698	72	1499	274440	191890	82550	
	22	334				
8774	72	2906				
3337	11	1930				
7495	77	2504	174450	125050	49400	
2826	11	1337	7130	3800	3330	
3885	11	1513	170420	122880	47540	
8900	105	3652	15950	8500	7450	
7627	116	3657	245570	174960	70610	
5652	50	2345	274800	195510	79290	
5933	39	2437	253820	181010	72810	
	72	2185				
2526	11	1227	97770	70130	27640	
1252		333	25840	18740	7100	
3806	44	1222	140470	102620	37850	
7548	105	3462	294960	208460	86500	
1841	17	894	89600	65180	24420	
2548	17	1200	120250	86930	33320	
	6	168	7230	5090	2140	
2901	66	1269	137900	99980	37920	
2137	22	880	125190	89570	35620	
1053		222	41450	30100	11350	
1682	6	305	34290	24710	9580	
1932		425	122246	76880	33640	11726
			18774			

E–5续表2

地区	农村最低生活保障合计	财社[2009]284号预拨农村低保	120号农村低保	医疗救助合计	城市医疗小计	财社16城市医疗救助（第一批）
合计	**2690000**	**1728000**	**962000**	**1299592**	**409272**	**98824**
北京				3809	1363	306
天津				4938	2107	459
河北	114520	73600	40920	56561	14045	3655
山西	64150	43440	20710	32299	13618	4012
内蒙古	77770	51520	26250	38437	15666	3628
辽宁	30840	22080	8760	33016	14921	4142
吉林	50200	34480	15720	53132	30674	6894
黑龙江	67040	44800	22240	54234	30177	6769
上海				2998	1201	278
江苏	25850	18320	7530	21222	3814	444
浙江	18290	13840	4450	10224	1183	145
安徽	126480	83040	43440	50718	12386	3391
福建	17280	12400	4880	13048	2211	487
江西	118080	78880	39200	69109	24791	6254
山东	37160	24960	12200	46108	6712	1336
河南	199670	129840	69830	73498	16840	3683
湖北	114450	75280	39170	58984	24671	6032
湖南	115380	74960	40420	78815	25392	5851
广东	27280	20000	7280	18394	3215	361
广西	140980	91840	49140	40114	8764	2057
海南	16090	11120	4970	16575	7151	2407
重庆	52220	36320	15900	40137	15247	3781
四川	194130	124720	69410	127803	37877	9395
贵州	291420	172640	118780	57081	8940	1960
云南	254210	156320	97890	70150	14632	3099
西藏	23340	13920	9420	16595	6544	2463
陕西	191770	118560	73210	53476	13754	2697
甘肃	176940	106320	70620	59553	14690	3308
青海	34900	23760	11140	25910	10396	2899
宁夏	20080	13920	6160	20468	8619	2836
新疆	89480	57120	32360	43517	17671	3795
兵团				8669		

单位：万元

107号 城市医疗		273号 城市医疗（第三批）	农村医疗小计	财社15号 拨付农村医疗救助（第一批）	108号 农村医疗	
预算内	公益金				预算内	公益金
130273	**58661**	**121514**	**682570**	**221310**	**251260**	**100000**
452	194	411	689	196	280	101
677	291	680	753	262	267	112
4194	2010	4186	30219	10623	10873	4549
4266	2120	3220	13303	4568	4676	1956
5127	2242	4669	19487	6668	6825	2855
4405	2188	4186	12374	3792	4738	1805
10177	4371	9232	16828	4739	6770	2435
9992	4292	9124	19375	6635	6792	2841
393	172	358	465	131	187	67
655	282	2433	7893	1562	2230	803
212	92	734	4502	1005	1436	516
3607	1792	3596	29082	10198	10438	4367
718	308	698	7173	2451	2509	1050
7601	3547	7389	37648	13107	13416	5612
1971	847	2558	17719	4929	7039	2533
5437	2335	5385	43019	11930	17040	6130
7756	3530	7353	23781	8106	8287	3469
8339	3634	7568	38863	12682	14107	5669
532	229	2093	8343	1780	2542	914
2841	1254	2612	26372	9021	9234	3863
2560	1272	912	7882	2981	3051	1276
4740	2182	4544	18271	6178	6417	2665
11773	5420	11289	74093	25723	26330	11015
2893	1242	2845	42614	15002	15357	6424
4576	1965	4992	48240	16342	16911	7037
2619	1301	161	9213	3556	3640	1523
3980	1710	5367	33124	9152	13071	4703
4884	2097	4401	41999	11930	17040	6130
4280	1838	1379	14110	4363	6230	2242
3015	1498	1270	10788	4017	4111	1720
5601	2406	5869	24348	7681	9416	3618

E-5 续表 3

地　区	276号 农村医疗（第三批）	104 优抚医疗	救灾合计	284号 孤儿救助	283号 五保供养	民政管理事务
合　计	**110000**	**199081**	**1036964**	**250600**	**34975**	**38056**
北　京	112	1757	400	550		150
天　津	112	2078	196	256	102	150
河　北	4174	12297	20400	6105	1921	778
山　西	2103	5378	19900	6047	1065	1850
内蒙古	3139	3284	28800	3470	670	2072
辽　宁	2039	5721	28505	1901	1080	695
吉　林	2884	5630	88700	2890	948	1207
黑龙江	3107	4682	22110	3018	1078	1995
上　海	80	1332		540		43
江　苏	3298	9515	5400	5300		1207
浙　江	1545	4539	5500	2000		498
安　徽	4079	9250	20200	10130	3479	350
福　建	1163	3664	27000	2650	1713	1604
江　西	5513	6670	63300	11584		650
山　东	3218	21677	27700	3400		1388
河　南	7919	13639	53385	21806	3581	1300
湖　北	3919	10532	42013	13062	1813	2100
湖　南	6405	14560	59253	12145	3990	2750
广　东	3107	6836	21500	10800		373
广　西	4254	4978	43426	16850	2460	1919
海　南	574	1542	17700	1547	278	184
重　庆	3011	6619	25500	8456	1196	650
四　川	11025	15833	94250	21876	3817	3050
贵　州	5831	5527	34800	31235	1108	3050
云　南	7950	7278	48500	19537	1661	2341
西　藏	494	838	7500	2197	105	901
陕　西	6198	6598	84226	5278	879	1500
甘　肃	6899	2864	41400	5773	944	600
青　海	1275	1404	14300	7206	166	0
宁　夏	940	1061	13000	2603	122	300
新　疆	3633	1498	66000	9825	785	2179
兵　团			12100	563	14	222

单位：万元

103号 地名普查	295号 精神卫生	236号 其他支出 （军休干部住房改革支出）	彩票公益金合计 （不含医疗救助）	257 老年福利	258 社会公益	259 儿童福利
5439	**32395**	**133951.5**	**92300**	**59180**	**1185**	**31585**
	150	34377	681	220		461
	150		273	175		98
128	650		4621	3739	60	822
	1850		1282	652		630
572	1500	10341	1846	911	30	905
345	350		1267	740	45	482
307	900		3746	2951		795
445	1550		4417	3946	30	441
43			123	100		23
132	1075		4109	3010		1099
173	325	10618	672	290		382
	350		3170	2187		983
184	1420		1126	610	75	441
	650		3172	1598	120	1454
188	1200	6063	2981	1845	30	1106
	1300		6412	2318	180	3914
	2100	21170	4160	3330		830
	2750	15342	5286	3768		1518
198	175	18951	3819	2097		1722
419	1500		4148	2296	15	1837
184			1608	1486		122
	650	12179	2833	2269	45	519
	3050		4167	2476	60	1631
	3050	703	1819	689	45	1085
541	1800	4202	4528	2262	210	2056
901			4047	3875	30	142
	1500		2812	1264	45	1503
	600		3515	2403	45	1067
			2984	2304	45	635
	300		2264	1742	30	492
679	1500		4062	1627	45	2390
		5.5	350			

E-6 民政事业费

地　区	本年预算指标合计	上年结转预算指标	本级财政安排预算指标	本年上级下达预算指标
全　国	**28569627.1**	**1838669.8**	**26869092.9**	**42780018.0**
中央级	156474.2		13579578.4	
北　京	1094209.0	30913.3	608894.4	853285.7
天　津	343837.1	3108.7	247239.4	185697.0
河　北	1030005.8	49129.6	372748.6	1914975.8
山　西	710869.9	45026.1	294436.7	1324631.8
内蒙古	810545.2	31496.6	432040.9	1386933.9
辽　宁	1132139.2	48786.2	494421.3	1874453.5
吉　林	761713.9	12541.1	248732.6	1463310.8
黑龙江	869411.3	7932.3	370058.1	1897359.6
上　海	619570.3	17192.0	588836.3	77443.6
江　苏	1338908.2	51411.8	1013011.0	1288409.5
浙　江	977162.4	60695.4	790655.7	385156.6
安　徽	1026196.3	51529.5	455389.5	1167993.3
福　建	482158.9	56621.0	284400.1	591899.8
江　西	860184.6	3565.6	316890.2	1824757.2
山　东	1478992.0	30011.1	885372.1	1974876.5
河　南	1267429.5	17661.9	422774.2	2518899.1
湖　北	1123994.3	12667.7	373167.1	1653887.6
湖　南	1182870.5	9617.5	420107.9	2416670.3
广　东	1206965.6	19760.7	942322.8	1009956.7
广　西	988215.2	167479.3	393729.3	1585385.9
海　南	244476.6	39226.5	103146.9	221552.4
重　庆	715304.5	42852.0	285143.7	843093.7
四　川	2471717.2	778859.1	666711.4	4179471.4
贵　州	932486.3	52035.9	295905.9	1866080.4
云　南	1265153.5	34072.4	565401.3	2452955.1
西　藏	132219.8	30837.0	19915.0	134281.8
陕　西	1283186.5	95360.0	525969.4	2415476.3
甘　肃	819732.6	7888.2	336933.2	1132645.4
青　海	354655.2	11066.1	202220.4	454700.5
宁　夏	181716.5	11205.1	66033.2	226070.3
新　疆	707125.0	8120.1	266905.9	1457706.5

预算执行情况

单位：万元

本年下达所属地方预算指标	本年抚恤预算指标				
		上年结转预算指标	本级财政安排预算指标	本年上级下达预算指标	本年下达所属地方预算指标
42918153.6	**3746373.0**	**146929.3**	**3605815.4**	**6612599.2**	**6618970.9**
13423104.2			2155915.7		2155915.7
398884.4	59815.1	515.4	48057.3	20734.3	9491.9
92208.0	38388.0	652.1	28827.9	17667.6	8759.6
1306848.2	211285.5	4891.2	50852.1	475165.0	319622.8
953224.7	105150.4	8206.3	33041.0	209544.3	145641.2
1039926.2	56213.2	2644.5	23366.0	102869.0	72666.3
1285521.8	124336.6	3774.6	61077.4	208187.1	148702.5
962870.6	79416.8	1855.0	24123.8	143657.4	90219.4
1405938.7	78264.2	2210.3	24912.3	183542.3	132400.7
63901.6	52860.5		52860.5	7245.6	7245.6
1013924.1	240497.7	6154.3	136254.8	347836.5	249747.9
259345.3	173645.1	10440.0	126854.8	87967.1	51616.8
648716.0	169917.0	3849.2	69606.0	212535.5	116073.7
450762.0	78863.2	5354.9	40269.5	130899.6	97660.8
1285028.4	124943.7	662.5	43077.5	264028.7	182825.0
1411267.7	414655.6	4000.9	154762.8	813203.4	557311.5
1691905.7	226202.4	413.6	71818.4	488680.5	334710.1
915728.1	175812.0	1968.6	47291.7	281395.8	154844.1
1663525.2	213262.1	1251.6	54176.1	500809.6	342975.2
765074.6	182650.8	6409.5	118389.2	238420.0	180567.9
1158379.3	111919.4	21216.3	32833.5	203261.6	145392.0
119449.2	23215.4	4143.0	7755.2	23609.3	12292.1
455784.9	100092.3	1627.6	28781.9	143333.6	73650.8
3153324.7	296951.2	39763.1	64502.4	632766.9	440081.2
1281535.9	89606.6	3613.3	26599.0	187653.1	128258.8
1787275.3	107790.9	4298.5	24976.5	257018.7	178502.8
52814.0	3370.5		694.0	5372.5	2696.0
1753619.2	123228.2	3745.8	30245.0	276127.4	186890.0
657734.2	41344.2	84.1	10555.9	64804.5	34100.3
313331.8	9058.6	1812.3	1863.6	16385.2	11002.5
121592.1	6462.5	972.6	1056.0	9002.0	4568.1
1025607.5	27153.3	398.2	10417.6	58875.1	42537.6

E-6续表1

地　区	本年预算				
	本年退役安置预算指标	上年结转预算指标	本级财政安排预算指标	本年上级下达预算指标	本年下达所属地方预算指标
全　国	**2913616.5**	**155406.1**	**2821191.2**	**4537869.1**	**4600849.9**
中央级			2054880.0		2054880.0
北　京	523856.0	8179.5	112389.5	701906.1	298619.1
天　津	52020.6	1805.6	5059.0	89118.1	43962.1
河　北	145900.9	13202.9	29980.0	250056.9	147338.9
山　西	45878.6	5012.6	2615.0	90187.4	51936.4
内蒙古	35040.3	2846.8	7326.4	60827.1	35960.0
辽　宁	222971.6	12322.8	25059.1	420216.5	234626.8
吉　林	52123.8	1431.1	3866.2	97787.0	50960.5
黑龙江	43032.0	1243.3	3538.8	87441.1	49191.2
上　海	114104.3	17117.0	84348.3	66494.0	53855.0
江　苏	218476.6	14440.6	92023.5	344876.9	232864.4
浙　江	77464.6	3138.5	32667.1	84215.7	42556.7
安　徽	89833.4	4678.3	50802.1	79146.9	44793.9
福　建	52147.6	5985.8	8100.8	84727.7	46666.7
江　西	28579.0	73.4	8008.4	45173.7	24676.5
山　东	224795.8	14263.9	43564.8	406746.4	239779.3
河　南	96165.1	8091.8	20272.3	149472.4	81671.4
湖　北	101275.3	1005.8	21777.5	163835.2	85343.2
湖　南	70460.9	1100.9	18745.3	118692.4	68077.7
广　东	154776.9	4248.3	64615.6	251966.4	166053.4
广　西	39743.5	5613.0	12660.5	46016.0	24546.0
海　南	15948.6	3382.2	2662.4	17331.0	7427.0
重　庆	46919.6	1254.0	9230.6	71726.0	35291.0
四　川	141183.1	10814.1	40961.0	244671.1	155263.1
贵　州	23900.3	855.0	8008.3	38848.3	23811.3
云　南	82387.0	2517.3	25367.7	162189.6	107687.6
西　藏	7365.7		2176.2	12868.5	7679.0
陕　西	105156.3	5301.0	16644.8	199349.6	116139.1
甘　肃	33880.8	2124.0	1464.8	54656.0	24364.0
青　海	12090.6	1232.0	1788.9	20459.1	11389.4
宁　夏	9499.2	1984.0	1063.9	13977.3	7526.0
新　疆	46638.5	140.6	9522.4	62888.7	25913.2

单位：万元

指标合计						
本年城市居民最低生活保障预算指标	上年结转预算指标	本级财政安排预算指标	本年上级下达预算指标	本年下达所属地方预算指标	本年农村最低生活保障预算指标	# 上年结转预算指标
5549316.2	**259039.4**	**5305531.0**	**11172723.6**	**11187977.8**	**4711032.0**	**202081.1**
		3635870.0		3635870.0		
64272.8		64272.8			15785.9	
94354.5	-584.2	61428.7	56911.3	23401.3	13658.0	2.7
183771.8	7083.1	31640.4	475510.4	330462.1	159500.2	10615.3
204039.4	10045.1	51334.3	503875.3	361215.3	117083.8	4161.9
273744.7	4067.6	129617.9	556506.5	416447.3	157349.3	4033.6
328986.1	21114.2	53593.1	816338.4	562059.6	85969.0	135.1
289248.4	4636.5	43192.1	652686.7	411266.9	81362.7	188.6
368331.1	714.5	117654.2	969761.4	719799.0	106310.1	90.9
133336.8		133336.8			11202.0	
108616.5	1570.2	103222.1	63868.6	60044.4	209502.5	2496.7
35159.2	1866.9	33292.3	7564.9	7564.9	121897.1	8303.8
227554.3	24185.9	28918.4	369732.6	195282.6	200051.8	8578.1
35236.3	1038.3	27068.0	47890.3	40760.3	61619.8	517.9
210641.8	1159.1	39062.3	539371.2	368950.8	142285.6	979.0
147359.1	144.7	131264.5	101713.8	85763.9	220341.6	428.0
279951.5	6098.6	28282.9	762497.9	516927.9	277843.1	44.4
319859.2	1735.1	43324.1	606828.0	332028.0	167793.1	
304220.0	3066.3	47595.1	785887.2	532328.6	173641.2	66.9
79951.1	1222.8	78728.3	44774.2	44774.2	167051.6	2111.0
168023.7	38285.0	31968.7	321012.4	223242.4	290395.8	47902.6
54039.4	10365.1	16577.3	64049.0	36952.0	34539.1	7465.6
160871.2	9725.1	10676.1	277086.0	136616.0	92537.1	1512.4
413252.2	61525.5	56766.7	937072.9	642112.9	312664.5	37278.9
125698.3	9591.8	26506.5	291816.0	202216.0	404045.4	19206.9
161923.5	6179.0	32879.8	391349.0	268484.3	321529.1	5821.1
12412.3		1367.5	18274.8	7230.0	24499.1	
267898.5	28890.9	96789.7	498950.0	356732.1	302936.9	37075.5
191037.0	610.4	65236.6	295193.9	170003.9	243548.6	1042.2
53045.9	2325.7	9270.4	121743.8	80294.0	49669.6	1130.0
42739.9	1227.8	7222.1	72010.0	37720.0	26102.8	789.4
209739.7	1148.4	67571.3	522447.1	381427.1	118315.6	102.6

E-6 续表 2

地　区	本年预算				
	本级财政安排预算指标	本年上级下达预算指标	本年下达所属地方预算指标	本年其他农村社会救济预算指标	上年结转预算指标
全　国	**4506845.8**	**9055402.7**	**9053297.6**	**1366306.2**	**16941.9**
中央级	2690000.0		2690000.0		
北　京	15785.9			9097.3	
天　津	13655.3			8241.8	112.4
河　北	34408.8	383490.1	269014.0	54247.6	16.7
山　西	48771.9	251468.8	187318.8	31928.8	226.8
内蒙古	77895.8	310036.0	234616.1	31571.7	583.1
辽　宁	59686.6	139558.6	113411.3	46003.1	477.8
吉　林	30287.8	168302.7	117416.4	25476.5	46.0
黑龙江	40013.9	276961.7	210756.4	32197.5	
上　海	11202.0			14069.4	
江　苏	180509.5	294463.4	267967.1	113379.7	459.9
浙　江	95303.3	70427.3	52137.3	75498.8	1237.9
安　徽	64993.7	289987.3	163507.3	80586.0	-74.4
福　建	43821.9	102202.6	84922.6	24281.7	81.3
江　西	23226.6	366103.3	248023.3	56417.7	70.9
山　东	182753.0	271730.2	234569.6	68530.0	-15.0
河　南	78128.7	606712.5	407042.5	85237.6	65.2
湖　北	53343.1	275238.4	160788.4	51235.9	14.3
湖　南	56585.3	395291.3	278302.3	79250.0	321.4
广　东	137660.6	207555.6	180275.6	62969.7	180.4
广　西	101513.2	571112.9	430132.9	45078.3	624.6
海　南	10983.5	38320.0	22230.0	8828.2	727.9
重　庆	38804.7	126242.0	74022.0	48470.3	-31.4
四　川	81255.6	641171.4	447041.4	113352.5	4000.1
贵　州	93418.4	946221.0	654800.9	15820.7	476.7
云　南	57352.9	823496.8	565141.7	82974.5	3313.0
西　藏	1560.1	36982.0	14043.0	3743.4	
陕　西	70751.5	619825.1	424715.2	40697.7	1818.0
甘　肃	65566.4	409662.1	232722.1	35913.9	409.1
青　海	13639.4	79201.8	44301.6	5966.7	872.0
宁　夏	5233.4	44359.0	24279.0	4583.9	927.2
新　疆	28733.0	309278.8	219798.8	10655.3	

单位：万元

指标合计						
本级财政安排预算指标	本年上级下达预算指标	本年下达所属地方预算指标	本年其他城镇社会救济预算指标	上年结转预算指标	本级财政安排预算指标	本年上级下达预算指标
1335466.3	**625592.9**	**611694.9**	**410929.7**	**6671.5**	**402821.4**	**99428.3**
34975.0		34975.0	4000.0		4000.0	
9097.3			13252.7		13252.7	
8027.4	204.0	102.0	4930.2	-5.2	4935.4	
52309.9	9520.6	7599.6	6215.9	-19.0	6234.9	720.0
30637.0	39505.5	38440.5	3810.5	155.9	3654.6	100.0
30242.0	14841.8	14095.2	10265.3	423.5	9896.5	4371.9
42600.1	20421.6	17496.4	29009.7	1601.8	26600.3	8588.2
20623.4	16095.9	11288.8	4926.1	24.0	4065.5	1233.8
30832.3	25326.4	23961.2	8167.2	35.0	8347.2	7604.2
14069.4			99743.1		99743.1	
112896.8	4636.2	4613.2	32553.4	139.8	32162.4	2954.2
74260.9	4490.8	4490.8	20455.5	1541.2	18914.3	1365.4
77181.4	4475.0	996.0	6473.1	-66.1	6539.2	282.7
24200.4	27003.7	27003.7	5570.6	76.3	5494.3	485.9
54634.4	92759.8	91047.4	4151.1		4151.1	230.3
68545.0	8354.5	8354.5	8340.8	7.0	8333.8	746.8
81591.4	23337.4	19756.4	5939.4		5939.4	218.4
49408.5	28733.4	26920.3	11431.8	152.3	11279.4	2452.9
68303.3	61704.0	51078.7	11492.7	418.9	12244.3	1702.9
62789.3	1010.7	1010.7	34542.8	129.5	34413.3	4359.7
41993.7	11429.0	8969.0	5295.1	443.0	4852.1	1200.0
7822.3	556.0	278.0	901.2	27.7	873.5	
47305.7	11987.0	10791.0	5863.9	40.0	5823.9	90.0
105535.4	28400.6	24583.6	13323.8	151.9	13171.9	1369.6
14235.9	5605.8	4497.7	2502.4	35.9	2466.9	790.6
76840.9	105237.2	102416.6	22471.2	786.7	21529.0	32872.1
3743.4	105.0	105.0	714.7		714.7	
37883.3	45436.0	44439.6	11714.4	439.9	11021.2	8494.3
34560.8	24317.2	23373.2	5533.8	102.1	5431.7	2191.7
4928.7	166.0		576.3		566.3	10.0
3534.7	3020.0	2898.0	910.6		910.6	115.0
9856.3	6911.8	6112.8	15850.4	29.4	15257.9	14877.7

E-6续表3

地　区	本年下达所属地方预算指标	本年社会福利预算指标	本年预算			
			上年结转预算指标	本级财政安排预算指标	本年上级下达预算指标	本年下达所属地方预算指标
全　国	**97991.5**	**1268134.5**	**15857.5**	**1255937.5**	**695041.6**	**698702.1**
中央级				250600.0		250600.0
北　京		92197.2		91647.2	550.0	
天　津		23435.9		23179.9	256.0	
河　北	720.0	41696.9		35591.9	24685.4	18580.4
山　西	100.0	30391.4	520.9	23823.5	6882.0	835.0
内蒙古	4426.6	29709.0	306.7	26426.8	17226.2	14250.7
辽　宁	7780.6	48301.7	-111.9	46709.2	15299.5	13595.1
吉　林	397.2	26685.6	849.0	20640.4	9053.0	3856.8
黑龙江	7819.2	28871.1	75.0	25131.3	3861.3	196.5
上　海		51066.7		50526.7	540.0	
江　苏	2703.0	104724.8	1547.5	97775.7	61912.2	56510.6
浙　江	1365.4	65134.5	3647.2	59487.3	5372.1	3372.1
安　徽	282.7	50675.7	943.7	39602.0	40714.5	30584.5
福　建	485.9	24473.7	375.6	21448.1	9156.8	6506.8
江　西	230.3	29367.0		17783.0	12953.0	1369.0
山　东	746.8	41866.9	3.0	38463.9	15472.4	12072.4
河　南	218.4	46942.1	7.2	25128.9	57151.0	35345.0
湖　北	2452.8	33090.9	3.0	20025.9	13617.0	555.0
湖　南	2873.4	37205.5	51.7	26874.5	35790.7	25511.4
广　东	4359.7	106096.8	952.9	94343.9	22260.7	11460.7
广　西	1200.0	46144.3	774.4	28519.9	65025.8	48175.8
海　南		5239.6	635.6	3057.0	3770.2	2223.2
重　庆	90.0	37708.9	238.0	29014.9	22760.0	14304.0
四　川	1369.6	62300.0	895.1	39528.9	64195.0	42319.0
贵　州	791.0	45772.1	7.7	14529.4	31824.7	589.7
云　南	32716.6	51713.3	347.1	32256.6	74959.5	55849.9
西　藏		1845.2		1845.2	2197.0	2197.0
陕　西	8241.0	28937.4	2536.0	21879.0	15481.7	10959.3
甘　肃	2191.7	15566.2	236.7	9556.5	11546.0	5773.0
青　海		8489.3		1283.3	7206.0	
宁　夏	115.0	11927.4	750.1	8789.5	2932.8	545.0
新　疆	14314.6	40557.4	265.3	30467.2	40389.1	30564.2

单位：万元

指标合计						
本年民政管理事务预算指标	上年结转预算指标	本级财政安排预算指标	本年上级下达预算指标	本年下达所属地方预算指标	本年自然灾害生活救助预算指标	#上年结转预算指标
1678469.9	**12018.9**	**1660091.0**	**246856.7**	**240496.7**	**2474735.4**	**668751.6**
30648.9		68704.9		38056.0	97494.0	
106583.9		106433.9	300.0	150.0	4435.8	30.0
48787.7	-68.6	48706.3	150.0		645.1	31.5
48630.7	-13.7	47866.4	1707.8	929.8	28331.4	2121.1
31378.0	7.0	29521.0	6045.9	4195.9	32036.3	7854.4
47210.4	2316.1	43149.3	18821.8	17076.8	49844.6	8615.9
67226.5	-319.0	66087.3	14480.4	13022.2	49256.1	2541.6
30784.9	198.2	26014.3	8011.2	3438.8	82224.3	2101.8
29075.1	102.0	27042.9	6947.8	5017.6	27224.2	625.0
66044.2	75.0	66044.2	43.0	118.0	4800.0	
116079.1	587.8	114166.8	10427.8	9103.3	17535.3	5180.8
125687.8	2174.5	123015.3	3286.0	2788.0	14802.7	4471.9
36276.4	401.8	35524.6	2517.0	2167.0	33215.4	2511.5
42053.2	214.6	40234.6	8445.1	6841.1	51823.0	5902.9
26416.6		25766.5	7005.2	6355.1	85773.1	219.5
86874.9	201.5	85285.4	12064.3	10676.3	39041.4	3009.2
54902.4	35.0	53567.4	3422.6	2122.6	72770.6	721.4
36850.2	477.6	34252.6	2270.0	150.0	52782.2	527.0
54533.7	5.0	51948.9	6789.2	4209.4	74137.3	423.3
124246.7	431.4	123442.3	5790.8	5417.8	47885.0	1064.9
49250.2	2400.1	44931.1	13190.8	11271.8	96628.8	23752.3
18692.6	1145.1	17363.5	785.2	601.2	31367.9	3265.0
47750.2	113.9	46986.3	4280.0	3630.0	33549.1	2061.8
80948.8	509.3	77389.5	9162.9	6112.9	767297.4	578182.3
40560.4	94.4	37416.0	7909.1	4859.1	50477.9	2620.8
63508.9	798.6	58568.0	31817.5	27675.2	129202.7	3573.5
6289.7		5388.7	901.0		13948.9	
58393.1	-162.5	56054.4	50455.1	47953.9	228778.2	4241.5
29406.5	161.0	28645.5	1391.0	791.0	47227.3	691.1
9130.9		9140.6	3828.2	3837.9	105541.0	
12275.2	114.7	11879.5	357.0	76.0	16916.4	1774.7
51972.1	18.1	49553.0	4253.0	1852.0	87742.0	634.9

E-6续表4

地　区						本年预算
	本级财政安排预算指标	本年上级下达预算指标	本年下达所属地方预算指标	本年行政事业单位离退休预算指标	上年结转预算指标	本级财政安排预算指标
全　国	**1819989.3**	**4311103.1**	**4325108.6**	**306189.9**	**350.5**	**306442.3**
中央级	1134458.0		1036964.0	2832.1		2832.1
北　京	4005.8	800.0	400.0	36112.0		36112.0
天　津	417.6	196.0		4991.8	-18.8	5010.6
河　北	5828.3	63923.0	43541.0	16778.9	19.6	16759.3
山　西	4281.9	62464.9	42564.9	6527.6		6527.6
内蒙古	13408.7	104292.7	76472.7	8476.5	46.5	8430.0
辽　宁	15714.5	100963.9	69963.9	15514.8		15514.8
吉　林	18236.8	191987.5	130101.8	3345.3		3345.3
黑龙江	4599.5	71483.0	49483.3	5302.1		5302.1
上　海	4800.0			5130.7		5130.7
江　苏	6969.5	32146.9	26761.9	17160.9	-11.3	17172.2
浙　江	4830.8	15127.0	9627.0	12417.7	25.5	12392.2
安　徽	10503.9	48845.3	28645.3	11682.7		11682.7
福　建	18920.1	82662.2	55662.2	16885.0	87.5	16797.5
江　西	22253.6	202778.7	139478.7	6631.9		6631.9
山　东	8332.2	88557.5	60857.5	9523.6		9523.6
河　南	18664.2	183697.7	130312.7	13936.6	16.8	13919.8
湖　北	10242.1	90467.9	48454.8	11468.1		11468.1
湖　南	13357.0	184934.0	124577.0	8103.0		8102.9
广　东	25320.1	85930.2	64430.2	25315.7	173.8	25141.9
广　西	29450.5	166039.7	122613.7	9962.9	-60.8	10023.7
海　南	10402.9	34861.6	17161.6	1979.9		1979.9
重　庆	5987.3	52138.0	26638.0	8572.1		8572.1
四　川	94865.1	1183853.3	1089603.3	22317.8		22317.8
贵　州	13057.0	110940.3	76140.2	2113.5		2113.5
云　南	76397.7	263149.2	213917.7	9109.7	83.9	9019.5
西　藏	306.9	21142.0	7500.0	445.5		445.5
陕　西	137004.7	498294.7	410762.7	4596.1	-12.6	5218.0
甘　肃	5136.2	84800.0	43400.0	3819.4	0.4	3819.0
青　海	91241.0	19008.0	4708.0	1579.9		1579.9
宁　夏	1988.3	27516.4	14363.0	488.6		488.6
新　疆	9007.1	238101.5	160001.5	3067.5		3067.5

单位：万元

指标合计						
本年上级下达预算指标	本年下达所属地方预算指标	本年医疗救助预算指标	上年结转预算指标	本级财政安排预算指标	本年上级下达预算指标	本年下达所属地方预算指标
263.8	**866.7**	**1775873.1**	**79706.8**	**1706866.3**	**3529393.1**	**3540093.1**
				1140931.0		1140931.0
		13438.9		10019.9	6933.0	3514.0
		9644.0	638.5	4470.5	4535.0	
136.6	136.6	68546.4	2515.6	16042.8	159742.9	109754.9
		55062.6	6336.0	20503.6	107390.2	79167.2
		48791.1	2417.0	13816.3	110573.0	78015.2
		36310.4		15253.7	82395.5	61338.8
		57857.4	945.9	5169.3	132424.4	80682.2
		97212.6	2150.4	50301.5	206386.4	161625.7
		26347.0		25909.0	2759.0	2321.0
		68487.8	4543.3	48869.5	102162.9	87087.9
		64495.3	4668.4	50210.9	32351.1	22735.1
		67233.7	4789.3	17885.4	94535.3	49976.3
		32619.9	7460.4	13469.5	46010.7	34320.7
		115782.8	17.7	55815.0	242121.9	182171.8
		80689.0	3428.0	34533.0	147147.1	104419.1
		74777.5	865.0	8879.5	197521.5	132488.5
		63046.5		11056.5	96239.0	44249.0
89.7	89.6	86072.0		17161.0	214267.0	145356.0
		47977.2	1436.7	28146.5	54138.2	35744.2
		62782.0	12796.5	14988.5	126144.1	91147.1
		19118.6		5091.6	28002.1	13975.1
		54301.5	5220.1	13791.4	79739.0	44449.0
		139417.9	3020.3	25029.6	347282.9	235914.9
		61916.0	6166.1	6334.9	151802.4	102387.4
37.5	31.2	74754.1	1567.8	11883.0	208853.7	147550.4
		17145.6		1321.6	25351.0	9527.0
	609.3	73909.2	3158.7	23978.3	171062.9	124290.7
		55719.2		4393.2	105236.0	53910.0
		24074.6	325.5	1919.1	67679.4	45849.4
		20935.6	69.0	3616.6	34400.0	17150.0
		57406.7	5170.6	6074.1	144205.5	98043.5

E–6续表5

地　区						本年预算
	本年彩票公益金预算指标					本年其他款项用于民政支出预算指标
		上年结转预算指标	本级财政安排预算指标	本年上级下达预算指标	本年下达所属地方预算指标	
全　国	**1440896.5**	**142106.2**	**1352937.8**	**1331883.5**	**1386031.0**	**927754.2**
中央级	13000.0		263961.0		250961.0	8499.2
北　京	91549.6	21755.7	68818.0	52729.4	51753.5	63811.8
天　津	41376.3		40700.3	16659.0	15983.0	3363.2
河　北	48937.1	7661.5	30106.6	63239.1	52070.1	16162.5
山　西	22662.1		17304.1	26189.0	20831.0	24920.4
内蒙古	38601.3		37448.5	64736.8	63584.0	23727.8
辽　宁	47986.3		47480.3	35482.5	34976.5	30267.3
吉　林	25130.8		41772.5	41892.0	58533.7	3131.3
黑龙江	31354.8		25484.6	40935.2	35065.0	14069.3
上　海	35979.2		35979.2	362.0	362.0	4886.4
江　苏	71731.2	12483.0	52935.0	22673.4	16360.2	20162.7
浙　江	95445.3	16771.5	77393.8	30226.4	28946.4	95058.8
安　徽	42227.8	755.2	32143.6	25221.2	15892.2	10469.0
福　建	42340.0	24860.7	14995.3	47639.5	45155.5	14244.9
江　西	26887.7		14556.8	52231.4	39900.5	2306.6
山　东	104782.0		98421.7	91475.6	85115.3	32191.3
河　南	24214.9	90.0	9247.9	45040.9	30163.9	8546.3
湖　北	66239.2	6153.2	48927.0	47906.5	36747.5	33109.9
湖　南	36912.0		28388.0	62292.5	53768.5	33580.1
广　东	124967.0	32.6	121115.4	72344.4	68525.4	48534.3
广　西	47254.7	4479.8	33509.9	60953.6	51688.6	15736.5
海　南	11051.7		7092.7	10268.0	6309.0	19554.4
重　庆	49356.9	18864.9	25262.0	23060.0	17830.0	29311.4
四　川	70519.3	19567.8	30349.5	85217.3	64615.3	38188.7
贵　州	60713.8	7522.5	43706.0	91966.1	82480.8	9358.9
云　南	48603.3		37390.9	72335.0	61122.6	109185.3
西　藏	7380.0		50.0	9167.0	1837.0	33059.2
陕　西	21863.1	75.8	12374.1	29217.5	19804.3	15077.4
甘　肃	25204.7		13462.7	27569.0	15827.0	91531.0
青　海	14488.8	981.0	6443.8	15677.0	8613.0	60943.0
宁　夏	15962.8	51.0	10379.8	11869.0	6337.0	12911.6
新　疆	36172.8		25736.8	55307.2	44871.2	1853.7

单位：万元

指标合计				年末结余预算指标		
上年结转预算指标	本级财政安排预算指标	本年上级下达预算指标	本年下达所属地方预算指标		抚恤	退役安置
132809.0	**789157.6**	**561860.4**	**556072.8**	**1641630.3**	**110323.9**	**295821.4**
	142450.7		133951.5			
432.7	29002.1	69332.9	34955.9	146616.1	3479.5	116129.9
542.7	2820.5			20139.9	1224.0	1130.5
1035.3	15127.2	7078.0	7078.0	44693.1	3339.7	8504.7
2499.2	22421.2	20978.5	20978.5	59478.3	6418.4	4009.7
3195.3	11016.7	21831.1	12315.3	25714.0	1762.9	2064.8
7249.2	19044.9	12521.3	8548.1	52916.5	4255.1	9280.2
265.0	7395.2	179.2	4708.1	12037.7	421.9	2230.9
685.9	6897.5	17108.8	10622.9	12883.9	571.4	1782.7
	4886.4			30734.0		29756.0
1819.2	18053.2	450.5	160.2	63165.0	4946.8	22000.3
2408.1	82032.7	42762.8	32144.8	76573.2	9799.0	5016.6
977.0	10006.5		514.5	51084.8	4059.8	3448.8
4664.8	9580.1	4775.7	4775.7	56903.1	4833.4	7349.0
383.5	1923.1			14001.2	226.9	1513.0
4539.9	21588.4	17664.5	11601.5	40402.0	3185.1	19454.4
1212.9	7333.4	1146.3	1146.3	32435.9	333.7	11156.1
630.8	10770.6	44903.5	23195.0	40268.0	332.8	2345.0
2911.5	16626.2	48419.8	34377.4	22674.4	1838.4	4428.9
1366.9	28216.4	21405.8	2454.8	60775.7	10400.8	4693.2
9252.5	6484.0			222745.5	23265.2	8016.4
8069.3	11485.1			44499.1	6285.4	2425.5
2225.6	14906.8	30652.1	18473.1	40291.6	1796.0	2245.3
23150.7	15038.0	4307.5	4307.5	66073.2	3442.3	6104.6
1844.8	7514.1	703.0	703.0	126114.9	2682.7	1208.4
4785.9	100938.8	29639.3	26178.7	23685.0	2550.3	968.4
30837.0	301.2	1921.0		30837.0		
8252.0	6125.4	2782.0	2082.0	144776.0	7595.2	14463.7
2427.1	89103.9	51278.0	51278.0	25785.0	163.3	2270.5
2387.6	58555.4	103336.0	103336.0	28576.5		547.7
2544.6	9870.2	6511.8	6015.0	9947.5	825.0	824.7
212.0	1641.7	171.0	171.0	14802.2	288.9	451.5

E-6表6

地　区	年末结余				
	城市居民最低生活保障	农村最低生活保障	其他农村社会救济	其他城镇社会救济	社会福利
全　国	**254999.9**	**196854.5**	**14207.7**	**6603.3**	**153818.8**
中央级					
北　京					550.0
天　津	150.8		19.2		256.0
河　北	8994.8	8882.1	-11.8	153.4	3787.8
山　西	14627.6	4786.8	818.7	33.1	6124.6
内蒙古	753.1	304.1	198.0	209.2	1536.2
辽　宁	27107.5	53.9	541.9	2607.8	365.8
吉　林	3130.3	403.6	67.6	18.0	1208.0
黑龙江	996.7	29.4	40.0	35.0	3283.0
上　海					540.0
江　苏	833.9	4399.6	380.4	36.4	4950.3
浙　江	1057.1	7611.0	456.6	536.3	4514.2
安　徽	29881.0	4742.3	-472.3	-5.0	2268.2
福　建	717.9	131.8	533.6	69.3	1192.1
江　西	349.8	136.5	96.0		11584.0
山　东	14.5	954.3	-15.0	-15.0	1671.0
河　南	5910.9	51.4	14.6		9490.5
湖　北	4494.2	28.4	1813.0		13065.0
湖　南	3485.5	310.1	190.0	322.7	309.0
广　东	922.0	1376.9	96.7	122.7	11054.5
广　西	52425.1	50998.7	1661.9	474.5	16128.0
海　南	15002.4	7428.6	472.3	27.7	861.6
重　庆	19116.9	-5228.4	112.7	27.5	2701.3
四　川	6957.5	3893.1	904.2	80.5	8011.6
贵　州	13998.8	41024.3	375.2	30.7	31235.0
云　南	1830.3	4450.9	2000.7	934.6	1627.1
西　藏					
陕　西	34023.8	46527.9	3567.0	698.5	4887.0
甘　肃	1591.6	360.5	119.9	163.5	339.9
青　海	571.9	12736.2	166.0		7206.0
宁　夏	1189.1	460.5	60.6	20.0	2621.0
新　疆	4864.9			21.9	450.1

单位：万元

预算指标

民政管理事务	自然灾害生活救助	行政事业单位离退休	医疗救助	彩票公益金	其他款项用于民政支出
34302.0	**96915.4**	**105.5**	**141051.0**	**211877.5**	**124749.4**
150.0			503.6	24952.6	850.5
406.7	31.5		381.1	16360.0	180.1
541.8	2301.9		2396.3	5216.4	586.0
2183.9	6484.4		8885.8	2600.9	2504.4
1443.4	3391.8		5616.7	6545.8	1888.0
29.8	1770.3		1729.5	497.0	4677.7
	1636.0		958.8	1933.0	29.6
1552.0	673.2		2920.1	500.0	500.4
			438.0		
487.7	2209.9	59.1	7834.3	14984.3	42.0
2011.0	2356.2	4.6	4034.1	28618.3	10558.2
1036.8	1363.2	7.2	3345.2	1326.3	83.3
1522.4	6895.2	105.8	11598.5	19222.0	2732.1
	95.0				
600.0	1490.0		3214.1	3595.6	6253.0
961.0	190.2	5.0	2721.2	1263.0	338.3
2270.4	757.0	8.6	12092.0	3044.8	16.8
2750.0	298.3		555.6	305.0	7880.9
366.1	1818.2	10.0	7417.4	3394.7	19102.5
3679.9	23273.1	-95.0	21784.0	17609.5	3524.2
127.6	3963.0		1596.1	1253.2	5055.7
1008.0	3261.1		7160.9	7612.6	477.7
1440.6	7124.4		7931.0	18129.2	2054.2
3178.5	1468.3		6979.7	23338.2	595.1
700.8	3321.5	0.1	2717.5	1680.8	902.0
					30837.0
4053.6	10633.7	0.1	10795.4	2419.0	5111.1
	1894.0		1103.4	79.7	17698.7
	4000.0		180.7	2984.0	184.0
300.0	506.5		846.6	2207.6	85.9
1500.0	3707.5		3313.4	204.0	

E-6续表7

地　区	本年财政拨款	抚恤	退役安置	城市居民最低生活保障	农村最低生活保障	其他农村社会救济
全　国	**26927996.8**	**3636049.1**	**2617795.1**	**5294316.3**	**4514177.5**	**1352098.5**
中央级	156474.2					
北　京	947592.9	56335.6	407726.1	64272.8	15785.9	9097.3
天　津	323697.2	37164.0	50890.1	94203.7	13658.0	8222.6
河　北	985312.7	207945.8	137396.2	174777.0	150618.1	54259.4
山　西	651391.6	98732.0	41868.9	189411.8	112297.0	31110.1
内蒙古	784831.2	54450.3	32975.5	272991.6	157045.2	31373.7
辽　宁	1079222.7	120081.5	213691.4	301878.6	85915.1	45461.2
吉　林	749676.2	78994.9	49892.9	286118.1	80959.1	25408.9
黑龙江	856527.4	77692.8	41249.3	367334.4	106280.7	32157.5
上　海	588836.3	52860.5	84348.3	133336.8	11202.0	14069.4
江　苏	1275743.2	235550.9	196476.3	107782.6	205102.9	112999.3
浙　江	900589.2	163846.1	72448.0	34102.1	114286.1	75042.2
安　徽	975111.5	165857.2	86384.6	197673.3	195309.5	81058.3
福　建	425255.8	74029.8	44798.6	34518.4	61488.0	23748.1
江　西	846183.4	124716.8	27066.0	210292.0	142149.1	56321.7
山　东	1438590.0	411470.5	205341.4	147344.6	219387.3	68545.0
河　南	1234993.6	225868.7	85009.0	274040.6	277791.7	85223.0
湖　北	1083726.3	175479.2	98930.3	315365.0	167764.7	49422.9
湖　南	1160196.1	211423.7	66032.0	300734.5	173331.1	79060.0
广　东	1146189.9	172250.0	150083.7	79029.1	165674.7	62873.0
广　西	765469.7	88654.2	31727.1	115598.6	239397.1	43416.4
海　南	199977.5	16930.0	13523.1	39037.0	27110.5	8355.9
重　庆	675012.9	98296.3	44674.3	141754.3	97765.5	48357.6
四　川	2405644.0	293508.9	135078.5	406294.7	308771.4	112448.3
贵　州	806371.4	86923.9	22691.9	111699.5	363021.1	15445.5
云　南	1241468.5	105240.6	81418.6	160093.2	317078.2	80973.8
西　藏	101382.8	3370.5	7365.7	12412.3	24499.1	3743.4
陕　西	1138410.5	115633.0	90692.6	233874.7	256409.0	37130.7
甘　肃	793947.6	41180.9	31610.3	189445.4	243188.1	35794.0
青　海	326078.7	9058.6	11542.9	52474.0	36933.4	5800.7
宁　夏	171769.0	5637.5	8674.5	41550.8	25642.3	4523.3
新　疆	692322.8	26864.4	46187.0	204874.8	118315.6	10655.3

单位：万元

其他城镇社会救济	社会福利	民政管理事务	自然灾害生活救助	行政事业单位离退休	医疗救助	彩票公益金	其他款项用于民政支出
404326.4	**1114315.7**	**1644167.9**	**2377820.0**	**306084.4**	**1634822.1**	**1229019.0**	**803004.8**
4000.0		30648.9	97494.0	2832.1		13000.0	8499.2
13252.7	91647.2	106433.9	4435.8	36112.0	12935.3	66597.0	62961.3
4930.2	23179.9	48381.0	613.6	4991.8	9262.9	25016.3	3183.1
6062.5	37909.1	48088.9	26029.5	16778.9	66150.1	43720.7	15576.5
3777.4	24266.8	29194.1	25551.9	6527.6	46176.8	20061.2	22416.0
10056.1	28172.8	45767.0	46452.8	8476.5	43174.4	32055.5	21839.8
26401.9	47935.9	67196.7	47485.8	15514.8	34580.9	47489.3	25589.6
4908.1	25477.6	30784.9	80588.3	3345.3	56898.6	23197.8	3101.7
8132.2	25588.1	27523.1	26551.0	5302.1	94292.5	30854.8	13568.9
99743.1	50526.7	66044.2	4800.0	5130.7	25909.0	35979.2	4886.4
32517.0	99774.5	115591.4	15325.4	17101.8	60653.5	56746.9	20120.7
19919.2	60620.3	123676.8	12446.5	12413.1	60461.2	66827.0	84500.6
6478.1	48407.5	35239.6	31852.2	11675.5	63888.5	40901.5	10385.7
5501.3	23281.6	40530.8	44927.8	16779.2	21021.4	23118.0	11512.8
4151.1	17783.0	26416.6	85678.1	6631.9	115782.8	26887.7	2306.6
8355.8	40195.9	86274.9	37551.4	9523.6	77474.9	101186.4	25938.3
5939.4	37451.6	53941.4	72580.4	13931.6	72056.3	22951.9	8208.0
11431.8	20025.9	34579.8	52025.2	11459.5	50954.5	63194.4	33093.1
11170.0	36896.5	51783.7	73839.0	8103.0	85516.4	36607.0	25699.2
34420.1	95042.3	123880.6	46066.8	25305.7	40559.8	121572.3	29431.8
4820.6	30016.3	45570.3	73355.7	10057.9	40998.0	29645.2	12212.3
873.5	4378.0	18565.0	27404.9	1979.9	17522.5	9798.5	14498.7
5836.4	35007.6	46742.2	30288.0	8572.1	47140.6	41744.3	28833.7
13243.3	54288.4	79508.2	760173.0	22317.8	131486.9	52390.1	36134.5
2471.7	14537.1	37381.9	49009.6	2113.5	54936.3	37375.6	8763.8
21536.6	50086.2	62808.1	125881.2	9109.6	72036.6	46922.5	108283.3
714.7	1845.2	6289.7	13948.9	445.5	17145.6	7380.0	2222.2
11015.9	24050.4	54339.5	218144.5	4596.0	63113.8	19444.1	9966.3
5370.3	15226.3	29406.5	45333.3	3819.4	54615.8	25125.0	73832.3
576.3	1283.3	9130.9	101541.0	1579.9	23893.9	11504.8	60759.0
890.6	9306.4	11975.2	16409.9	488.6	20089.0	13755.2	12825.7
15828.5	40107.3	50472.1	84034.5	3067.5	54093.3	35968.8	1853.7

E-7 民政事业费当

地　区	全国预算安排合计	中央安排合计	全省安排合计	省　级	市　级	县级及以下	抚　恤	中央安排
全　国	**26868594.2**	**13579079.7**	**13289514.5**	**4337771.5**	**2221033.4**	**6730709.6**	**3605316.7**	**2155417.0**
中央级	156474.2	156474.2						
北　京	1064342.9	455448.5	608894.4	265040.7		343853.7	60251.8	12194.5
天　津	340728.4	93489.0	247239.4	90456.4		156783.0	37735.9	8908.0
河　北	981088.5	608339.9	372748.6	98031.5	74598.3	200118.8	206418.0	155565.9
山　西	665843.8	371407.1	294436.7	113802.4	90267.4	90366.9	96944.1	63903.1
内蒙古	793007.0	360966.1	432040.9	169232.0	95241.5	167567.4	53865.1	30499.1
辽　宁	1104924.0	610502.7	494421.3	116074.2	163180.2	215166.9	119780.1	58702.7
吉　林	782340.2	533607.6	248732.6	124536.3	24990.3	99206.0	76919.4	52795.6
黑龙江	889625.8	519567.7	370058.1	172226.8	54316.2	143515.1	76641.0	51728.7
上　海	666279.9	77443.6	588836.3	87343.3		501493.0	60106.1	7245.6
江　苏	1287496.2	274485.2	1013011.0	286428.9	136261.8	590320.3	234322.0	98067.2
浙　江	916467.0	125811.3	790655.7	130865.7	105374.7	554415.3	163205.1	36350.3
安　徽	974666.8	519277.3	455389.5	117419.4	68850.7	269119.4	165553.3	95947.3
福　建	425537.9	141137.8	284400.1	108107.8	42078.8	134213.5	73508.3	33238.8
江　西	856619.0	539728.8	316890.2	134652.0	36597.5	145640.7	124281.3	81203.8
山　东	1448980.9	563608.8	885372.1	171099.8	243613.6	470658.7	410654.6	255891.8
河　南	1249767.6	826993.4	422774.2	67133.2	79470.7	276170.3	225788.8	153970.4
湖　北	1110763.1	737596.0	373167.1	129462.5	81831.8	161872.8	173843.7	126552.0
湖　南	1173253.0	753145.1	420107.9	106842.9	77379.5	235885.5	213359.2	159183.1
广　东	1187204.9	244882.1	942322.8	204163.3	284416.0	453743.5	176241.3	57852.1
广　西	820735.9	427006.6	393729.3	180570.6	63937.4	149221.3	90703.1	57869.6
海　南	204190.1	101043.2	103146.9	31230.2	14918.7	56998.0	19072.4	11317.2
重　庆	674973.0	389829.3	285143.7	92204.2		192939.5	98490.2	69708.3
四　川	1692858.1	1026146.7	666711.4	191842.2	88350.1	386519.1	257188.1	192685.7
贵　州	880450.4	584544.5	295905.9	116702.6	53303.8	125899.5	85993.5	59394.5
云　南	1230244.1	664842.8	565401.3	313356.4	82398.7	169646.2	103485.3	78508.8
西　藏	92205.0	72290.0	19915.0	5440.6	5463.3	9011.1	3390.0	2696.0
陕　西	1172576.5	646607.1	525969.4	237461.0	145039.7	143468.7	116823.1	86578.1
甘　肃	811844.4	474911.2	336933.2	249239.7	31374.8	56318.7	41260.1	30704.2
青　海	343589.1	141368.7	202220.4	81640.1	2836.7	117743.6	7246.3	5382.7
宁　夏	170511.4	104478.2	66033.2	40202.6	8486.0	17344.6	5490.2	4434.2
新　疆	699005.1	432099.2	266905.9	104962.2	66455.2	95488.5	26755.3	16337.7

年预算安排情况

单位：万元

全省安排	省　级	市　级	县级及以下	退役安置	中央安排	全省安排	省　级
1449899.7	**391228.3**	**134024.0**	**924647.4**	**2821191.2**	**2054880.0**	**766311.2**	**178529.2**
48057.3	349.9		47707.4	515676.5	403287.0	112389.5	73406.8
28827.9	3475.1		25352.8	50215.0	45156.0	5059.0	568.9
50852.1	14446.6	7223.0	29182.5	132698.0	102718.0	29980.0	4494.2
33041.0	8649.8	10237.3	14153.9	40866.0	38251.0	2615.0	344.0
23366.0	6826.1	3063.9	13476.0	34347.4	27021.0	7326.4	3558.8
61077.4	17753.5	10871.5	32452.4	211175.1	186116.0	25059.1	2423.9
24123.8	11090.7	523.1	12510.0	50275.2	46409.0	3866.2	1350.0
24912.3	10445.2	1236.0	13231.1	43045.8	39507.0	3538.8	2277.9
52860.5	5069.0		47791.5	150842.3	66494.0	84348.3	3625.6
136254.8	29960.0	6413.7	99881.1	205353.5	113330.0	92023.5	32302.3
126854.8	11830.1	4748.5	110276.2	74326.1	41659.0	32667.1	
69606.0	22955.7	3791.2	42859.1	85155.1	34353.0	50802.1	7100.4
40269.5	14761.0	4552.9	20955.6	46161.8	38061.0	8100.8	459.7
43077.5	18407.3	1200.5	23469.7	28505.4	20497.0	8008.4	1249.6
154762.8	30830.5	25416.7	98515.6	210531.8	166967.0	43564.8	907.0
71818.4	23979.3	6015.5	41823.6	88073.3	67801.0	20272.3	473.8
47291.7	19659.8	4241.9	23390.0	100269.5	78492.0	21777.5	2194.6
54176.1	16789.3	4158.5	33228.3	65926.3	47181.0	18745.3	3483.7
118389.2	35358.0	19848.2	63183.0	150528.6	85913.0	64615.6	12669.6
32833.5	17895.3	1469.7	13468.5	34130.5	21470.0	12660.5	762.7
7755.2	1074.4	365.1	6315.7	12566.4	9904.0	2662.4	271.9
28781.9	4763.5		24018.4	45710.6	36480.0	9230.6	830.0
64502.4	27401.4	3748.6	33352.4	130369.0	89408.0	40961.0	2919.0
26599.0	5549.7	3722.0	17327.3	22342.3	14334.0	8008.3	1295.0
24976.5	11556.4	1060.0	12360.1	86322.7	60955.0	25367.7	2279.8
694.0	221.9	390.5	81.6	9855.2	7679.0	2176.2	245.0
30245.0	11630.2	4654.0	13960.8	98832.8	82188.0	16644.8	11810.6
10555.9	3933.1	1162.8	5460.0	31756.8	30292.0	1464.8	841.0
1863.6		252.1	1611.5	10858.9	9070.0	1788.9	1702.3
1056.0		455.8	600.2	7980.9	6917.0	1063.9	
10417.6	4565.5	3201.0	2651.1	46492.4	36970.0	9522.4	2681.1

E-7 续表 1

地 区	市级	县级及以下	城市居民最低生活保障	中央安排	全省安排	省级	市级	县级及以下
全 国	**146336.2**	**441445.8**	**5305531.0**	**3635870.0**	**1669661.0**	**511513.6**	**248107.5**	**910039.9**
中央级								
北 京		38982.7	64272.8		64272.8			64272.8
天 津		4490.1	94938.7	33510.0	61428.7	20455.1		40973.6
河 北	12389.5	13096.3	176790.4	145150.0	31640.4	15469.0	6974.3	9197.1
山 西	565.2	1705.8	193994.3	142660.0	51334.3	34040.0	8087.4	9206.9
内蒙古	1713.4	2054.2	269657.9	140040.0	129617.9	54374.0	26733.3	48510.6
辽 宁	13768.7	8866.5	321973.1	268380.0	53593.1	18542.0	6039.0	29012.1
吉 林	1183.6	1332.6	276772.1	233580.0	43192.1	20015.0		23177.1
黑龙江	514.1	746.8	392094.2	274440.0	117654.2	58548.6	10015.9	49089.7
上 海		80722.7	133336.8		133336.8			133336.8
江 苏	12293.5	47427.7	103222.1		103222.1	24344.0	4771.6	74106.5
浙 江	4732.3	27934.8	33292.3		33292.3	6469.7	2596.9	24225.7
安 徽	11724.1	31977.6	203368.4	174450.0	28918.4	5000.0	4371.9	19546.5
福 建	2367.2	5273.9	34198.0	7130.0	27068.0	11913.0	2948.3	12206.7
江 西	1208.9	5549.9	209482.3	170420.0	39062.3	12121.0	4635.1	22306.2
山 东	15821.2	26836.6	147214.5	15950.0	131264.5	15500.0	28863.0	86901.5
河 南	10522.9	9275.6	273852.9	245570.0	28282.9	12300.0	5225.2	10757.7
湖 北	6000.7	13582.2	318124.1	274800.0	43324.1	9480.0	12037.0	21807.1
湖 南	6020.3	9241.3	301415.1	253820.0	47595.1	10980.0	6574.9	30040.2
广 东	15778.8	36167.2	78728.3		78728.3	20055.0	12943.1	45730.2
广 西	7304.2	4593.6	129738.7	97770.0	31968.7	13140.0	2847.3	15981.4
海 南	220.8	2169.7	42417.3	25840.0	16577.3	11112.0	428.3	5037.0
重 庆		8400.6	151146.1	140470.0	10676.1			10676.1
四 川	3925.3	34116.7	351726.7	294960.0	56766.7	22899.0	7351.8	26515.9
贵 州	1501.4	5211.9	116106.5	89600.0	26506.5	8000.0	7047.1	11459.4
云 南	10118.5	12969.4	153129.8	120250.0	32879.8	9522.0	6323.4	17034.4
西 藏	1704.2	227.0	8597.5	7230.0	1367.5	10.0	435.8	921.7
陕 西	1536.6	3297.6	234689.7	137900.0	96789.7	14134.3	54377.7	28277.7
甘 肃	233.7	390.1	190426.6	125190.0	65236.6	44813.9	6016.7	14406.0
青 海	9.5	77.1	50720.4	41450.0	9270.4		405.0	8865.4
宁 夏	748.6	315.3	41512.1	34290.0	7222.1	3480.0		3742.1
新 疆	2429.0	4412.3	208591.3	141020.0	67571.3	34796.0	20057.5	12717.8

单位：万元

农村最低生活保障	中央安排	全省安排				其它农村社会救济	中央安排	全省安排
			省级	市级	县级及以下			
4506845.8	**2690000.0**	**1816845.8**	**792951.2**	**191031.1**	**832863.5**	**1335466.3**	**34975.0**	**1300491.3**
15785.9		15785.9			15785.9	9097.3		9097.3
13655.3		13655.3			13655.3	8129.4	102.0	8027.4
148928.8	114520.0	34408.8	16171.0	5561.0	12676.8	54230.9	1921.0	52309.9
112921.9	64150.0	48771.9	22646.0	13743.8	12382.1	31702.0	1065.0	30637.0
155665.8	77770.0	77895.8	27476.6	22050.0	28369.2	30912.0	670.0	30242.0
90526.6	30840.0	59686.6	21237.0	9437.4	29012.2	43680.1	1080.0	42600.1
80487.8	50200.0	30287.8	23352.0		6935.8	21571.4	948.0	20623.4
107053.9	67040.0	40013.9	21202.3	892.7	17918.9	31910.3	1078.0	30832.3
11202.0		11202.0			11202.0	14069.4		14069.4
206359.5	25850.0	180509.5	105014.0	2031.6	73463.9	112896.8		112896.8
113593.3	18290.0	95303.3	32022.3	340.2	62940.8	74260.9		74260.9
191473.7	126480.0	64993.7	34997.0	1758.4	28238.3	80660.4	3479.0	77181.4
61101.9	17280.0	43821.9	24255.0	1852.6	17714.3	24200.4		24200.4
141306.6	118080.0	23226.6	5086.0	2269.3	15871.3	56347.4	1713.0	54634.4
219913.0	37160.0	182753.0	67554.0	25667.9	89531.1	68545.0		68545.0
277798.7	199670.0	78128.7		9224.3	68904.4	85172.4	3581.0	81591.4
167793.1	114450.0	53343.1	37000.0	5089.4	11253.7	51221.5	1813.0	49408.5
171965.3	115380.0	56585.3	18302.0	8627.3	29656.0	72293.3	3990.0	68303.3
164940.6	27280.0	137660.6	60020.0	12785.3	64855.3	62789.3		62789.3
242493.2	140980.0	101513.2	71492.0	5188.9	24832.3	44453.7	2460.0	41993.7
27073.5	16090.0	10983.5	6140.0	679.2	4164.3	8100.3	278.0	7822.3
91024.7	52220.0	38804.7	17948.0		20856.7	48501.7	1196.0	47305.7
275385.6	194130.0	81255.6	25323.8	8154.6	47777.2	109352.4	3817.0	105535.4
384838.4	291420.0	93418.4	46400.0	12692.3	34326.1	15343.9	1108.0	14235.9
311562.9	254210.0	57352.9	20195.0	11747.8	25410.1	78501.9	1661.0	76840.9
24900.1	23340.0	1560.1			1560.1	3848.4	105.0	3743.4
262521.5	191770.0	70751.5	8865.1	29849.5	32036.9	38762.3	879.0	37883.3
242506.4	176940.0	65566.4	55782.1	1025.2	8759.1	35504.8	944.0	34560.8
48539.4	34900.0	13639.4		0.6	13638.8	5094.7	166.0	4928.7
25313.4	20080.0	5233.4	4199.0		1034.4	3656.7	122.0	3534.7
118213.0	89480.0	28733.0	20271.0	361.8	8100.2	10655.3	799.0	9856.3

E-7 续表 2

地　区				其他城镇社会救济	中央安排	全省安排		
	省级	市级	县级及以下				省级	市级
全　国	**262338.7**	**54402.8**	**983749.8**	**402821.4**	**4000.0**	**398821.4**	**73687.6**	**107144.7**
中央级				4000.0	4000.0			
北　京			9097.3	13252.7		13252.7	5592.1	
天　津			8027.4	4935.4		4935.4	1899.4	
河　北	780.0	2329.7	49200.2	6234.9		6234.9		4437.6
山　西	16846.2	2817.3	10973.5	3654.6		3654.6	100.0	2516.7
内蒙古	5013.0	2401.4	22827.6	9896.5		9896.5	1708.4	4024.8
辽　宁	6171.7	3628.7	32799.7	26600.3		26600.3	3731.0	8433.4
吉　林	6165.2		14458.2	4065.5		4065.5	40.0	1397.0
黑龙江	6032.3	989.9	23810.1	8347.2		8347.2	5029.2	1960.0
上　海	1690.2		12379.2	99743.1		99743.1	10203.3	
江　苏	500.0	2918.9	109477.9	32162.4		32162.4	500.0	10703.4
浙　江	4435.4	513.0	69312.5	18914.3		18914.3	1000.0	4467.5
安　徽	-3419.0	1002.9	79597.5	6539.2		6539.2	230.0	3115.3
福　建	13157.4	809.8	10233.2	5494.3		5494.3	150.0	3178.2
江　西	43745.4	388.8	10500.2	4151.1		4151.1	725.0	1489.8
山　东		8421.7	60123.3	8333.8		8333.8	500.0	5863.7
河　南	5490.0	1694.3	74407.1	5939.4		5939.4	149.2	3977.9
湖　北	25136.0	710.8	23561.7	11279.4		11279.4	321.0	5061.2
湖　南	16593.2	3931.5	47778.6	12244.3		12244.3	2231.0	4188.0
广　东		4954.1	57835.2	34413.3		34413.3	4878.0	19124.9
广　西	1328.4	1777.6	38887.7	4852.1		4852.1	1014.5	2952.8
海　南	507.9	370.6	6943.8	873.5		873.5	209.3	111.8
重　庆	9616.0		37689.7	5823.9		5823.9	950.5	
四　川	8568.2	1636.7	95330.5	13171.9		13171.9	860.0	6426.5
贵　州	1028.0	226.3	12981.6	2466.9		2466.9	313.0	1316.5
云　南	47040.9	3311.5	26488.5	21529.0		21529.0	16397.9	2858.6
西　藏		4.0	3739.4	714.7		714.7	222.7	321.9
陕　西	18466.1	7021.9	12395.3	11021.2		11021.2	3427.0	4102.9
甘　肃	22429.2	2393.0	9738.6	5431.7		5431.7	2194.1	2599.8
青　海	32.0	32.4	4864.3	566.3		566.3		371.8
宁　夏	2776.0	69.0	689.7	910.6		910.6	150.0	591.7
新　疆	2209.0	47.0	7600.3	15257.9		15257.9	8961.0	1551.0

单位：万元

县级及以下	社会福利	中央安排	全省安排	省级	市级	县级及以下	民政管理事务	中央安排
217989.1	**1255937.5**	**250600.0**	**1005337.5**	**232234.3**	**367399.4**	**405703.8**	**1660091.0**	**68704.9**
							30648.9	30648.9
7660.6	92197.2	550.0	91647.2	57705.2		33942.0	106583.9	150.0
3036.0	23435.9	256.0	23179.9	14083.3		9096.6	48856.3	150.0
1797.3	41696.9	6105.0	35591.9	5533.7	8240.2	21818.0	48644.4	778.0
1037.9	29870.5	6047.0	23823.5		17505.6	6317.9	31371.0	1850.0
4163.3	29896.8	3470.0	26426.8	4701.9	10276.1	11448.8	45221.3	2072.0
14435.9	48610.2	1901.0	46709.2	5558.2	29877.0	11274.0	66782.3	695.0
2628.5	23530.4	2890.0	20640.4	3390.7	13096.2	4153.5	27221.3	1207.0
1358.0	28149.3	3018.0	25131.3	9462.4	12371.4	3297.5	29037.9	1995.0
89539.8	51066.7	540.0	50526.7	22823.6		27703.1	66087.2	43.0
20959.0	103075.7	5300.0	97775.7	25508.0	41337.0	30930.7	115373.8	1207.0
13446.8	61487.3	2000.0	59487.3	4588.7	13671.4	41227.2	123513.3	498.0
3193.9	49732.0	10130.0	39602.0	19713.2	8484.4	11404.4	35874.6	350.0
2166.1	24098.1	2650.0	21448.1	1107.4	8662.2	11678.5	41838.6	1604.0
1936.3	29367.0	11584.0	17783.0	485.0	6172.6	11125.4	26416.5	650.0
1970.1	41863.9	3400.0	38463.9	1855.0	20995.4	15613.5	86673.4	1388.0
1812.3	46934.9	21806.0	25128.9	1339.8	10709.1	13080.0	54867.4	1300.0
5897.2	33087.9	13062.0	20025.9	977.2	10976.0	8072.7	36352.6	2100.0
5825.3	39019.5	12145.0	26874.5	1289.6	15276.5	10308.4	54698.9	2750.0
10410.4	105143.9	10800.0	94343.9	3881.0	48720.1	41742.8	123815.3	373.0
884.8	45369.9	16850.0	28519.9	9010.0	12876.6	6633.3	46850.1	1919.0
552.4	4604.0	1547.0	3057.0	678.8	984.6	1393.6	17547.5	184.0
4873.4	37470.9	8456.0	29014.9	12453.3		16561.6	47636.3	650.0
5885.4	61404.9	21876.0	39528.9	2850.0	13938.7	22740.2	80439.5	3050.0
837.4	45764.4	31235.0	14529.4	476.5	7514.1	6538.8	40466.0	3050.0
2272.5	51793.6	19537.0	32256.6	9678.7	12147.7	10430.2	60909.0	2341.0
170.1	4042.2	2197.0	1845.2	958.6	366.8	519.8	6289.7	901.0
3491.3	27157.0	5278.0	21879.0	106.6	13128.3	8644.1	57554.4	1500.0
637.8	15329.5	5773.0	9556.5	151.4	8081.1	1324.0	29245.5	600.0
194.5	8489.3	7206.0	1283.3	141.4	422.9	719.0	9140.6	
168.9	11392.5	2603.0	8789.5	5526.0	2875.1	388.4	12179.5	300.0
4745.9	40855.2	10388.0	30467.2	6199.1	18692.3	5575.8	51954.0	2401.0

E-7续表3

地区	全省安排	省级	市级	县级及以下	自然灾害生活救助	中央安排	全省安排	省级
全国	**1591386.1**	**272353.7**	**339303.2**	**979729.2**	**1819989.3**	**1134458.0**	**685531.3**	**393492.2**
中央级					97494.0	97494.0		
北京	106433.9	41380.1		65053.8	4405.8	400.0	4005.8	3100.0
天津	48706.3	11426.1		37280.2	613.6	196.0	417.6	245.0
河北	47866.4	4256.6	9770.7	33839.1	26228.3	20400.0	5828.3	2699.9
山西	29521.0	1732.5	11218.1	16570.4	24181.9	19900.0	4281.9	200.0
内蒙古	43149.3	13670.1	9791.6	19687.6	42208.7	28800.0	13408.7	7838.0
辽宁	66087.3	6149.0	26097.7	33840.6	44219.5	28505.0	15714.5	14806.0
吉林	26014.3	8182.6	4850.3	12981.4	106936.8	88700.0	18236.8	1839.3
黑龙江	27042.9	5627.2	10850.1	10565.6	26709.5	22110.0	4599.5	2585.9
上海	66044.2	14682.4		51361.8	4800.0		4800.0	4800.0
江苏	114166.8	11460.0	28392.8	74314.0	12369.5	5400.0	6969.5	4592.0
浙江	123015.3	8968.8	21346.4	92700.1	10330.8	5500.0	4830.8	1527.0
安徽	35524.6	4930.5	9933.9	20660.2	30703.9	20200.0	10503.9	7836.0
福建	40234.6	14149.9	7773.7	18311.0	45920.1	27000.0	18920.1	1230.0
江西	25766.5	6027.8	4943.4	14795.3	85553.6	63300.0	22253.6	5775.2
山东	85285.4	6157.3	29604.8	49523.3	36032.2	27700.0	8332.2	1500.0
河南	53567.4	3314.3	15307.6	34945.5	72049.2	53385.0	18664.2	11717.0
湖北	34252.6	4136.0	6851.0	23265.6	52255.1	42013.0	10242.1	3700.0
湖南	51948.9	3582.2	13592.9	34773.8	72610.0	59253.0	13357.0	3390.8
广东	123442.3	7269.9	49139.7	67032.7	46820.1	21500.0	25320.1	10935.8
广西	44931.1	9061.7	12780.1	23089.3	72876.5	43426.0	29450.5	15477.2
海南	17363.5	3478.7	2054.3	11830.5	28102.9	17700.0	10402.9	861.6
重庆	46986.3	8133.9		38852.4	31487.3	25500.0	5987.3	1646.6
四川	77389.5	3013.3	12395.5	61980.7	189115.1	94250.0	94865.1	74408.1
贵州	37416.0	5115.4	10111.9	22188.7	47857.0	34800.0	13057.0	2209.0
云南	58568.0	15167.1	9808.8	33592.1	124897.7	48500.0	76397.7	60235.2
西藏	5388.7	2999.1	1463.0	926.6	7806.9	7500.0	306.9	104.0
陕西	56054.4	21059.9	16014.0	18980.5	221230.7	84226.0	137004.7	121416.1
甘肃	28645.5	15286.1	5322.1	8037.3	46536.2	41400.0	5136.2	2080.0
青海	9140.6	3288.4	735.7	5116.5	105541.0	14300.0	91241.0	18893.3
宁夏	11879.5	4766.5	2087.8	5025.2	14988.3	13000.0	1988.3	1429.0
新疆	49553.0	3880.3	7065.3	38607.4	87107.1	78100.0	9007.1	4414.2

单位：万元

市级	县级及以下	行政事业单位离退休	中央安排	全省安排	省级	市级	县级及以下	医疗救助
58964.3	**233074.8**	**306442.3**	**2832.1**	**303610.2**	**34615.5**	**51507.2**	**217487.5**	**1719835.3**
		2832.1	2832.1					
	905.8	36112.0		36112.0	1508.5		34603.5	13533.9
	172.6	5010.6		5010.6			5010.6	9005.5
1354.0	1774.4	16759.3		16759.3	2226.9	4004.3	10528.1	66044.8
2362.3	1719.6	6527.6		6527.6	1537.1	1035.9	3954.6	48726.6
1783.9	3786.8	8430.0		8430.0	593.3	2293.3	5543.4	47156.3
408.2	500.3	15514.8		15514.8	2045.5	3917.7	9551.6	44276.7
600.0	15797.5	3345.3		3345.3		906.8	2438.5	51495.3
297.4	1716.2	5302.1		5302.1	3895.5	691.4	715.2	97402.5
		5130.7		5130.7	1395.7		3735.0	28668.0
330.0	2047.5	17172.2		17172.2		1097.2	16075.0	69006.5
225.9	3077.9	12392.2		12392.2		3352.9	9039.3	59826.9
376.1	2291.8	11682.7		11682.7	1282.3	3028.5	7371.9	62444.4
2527.2	15162.9	16797.5		16797.5	1224.1	1867.4	13706.0	25159.5
6414.5	10063.9	6631.9		6631.9	1043.1	720.8	4868.0	115765.0
2570.8	4261.4	9523.6		9523.6	2892.0	1774.9	4856.7	77261.0
3052.3	3894.9	13919.8		13919.8	1847.0	4018.8	8054.0	73912.5
2657.5	3884.6	11468.1		11468.1	1683.7	1557.2	8227.2	63041.5
1416.1	8550.1	8102.9		8102.9	1053.0	1978.2	5071.7	86673.0
2475.2	11909.1	25141.9		25141.9	2890.0	9581.2	12670.7	46540.5
5827.0	8146.3	10023.7		10023.7	654.5	2237.0	7132.2	49985.5
478.0	9063.3	1979.9		1979.9	631.1	348.4	1000.4	19118.6
	4340.7	8572.1		8572.1	1793.6		6778.5	49081.4
8233.8	12223.2	22317.8		22317.8	691.7	2389.0	19237.1	136397.6
3481.4	7366.6	2113.5		2113.5		68.8	2044.7	55749.9
5614.7	10547.8	9019.5		9019.5	1167.8	1386.1	6465.6	82033.0
86.3	116.6	445.5		445.5	364.1		81.4	17916.6
5820.6	9768.0	5218.0		5218.0	1068.6	1207.0	2942.4	71041.3
285.0	2771.2	3819.0		3819.0	528.2	1145.1	2145.7	55719.2
145.8	72201.9	1579.9		1579.9	598.2	243.8	737.9	23749.1
125.9	433.4	488.6		488.6		42.9	445.7	20866.6
14.4	4578.5	3067.5		3067.5		612.6	2454.9	52236.1

E-7 续表 4

地　区	中央安排	全省安排	省级	市级	县级及以下	彩票公益金	中央安排合计	全省安排合计
全　国	**1153900.0**	**565935.3**	**229659.7**	**56822.9**	**279452.7**	**1339968.8**	**250992.0**	**1088976.8**
中央级						13000.0	13000.0	
北　京	3514.0	10019.9			10019.9	69794.0	976.0	68818.0
天　津	4535.0	4470.5			4470.5	41376.3	676.0	40700.3
河　北	50002.0	16042.8	4398.0	1675.3	9969.5	41286.6	11180.0	30106.6
山　西	28223.0	20503.6	9632.1	4237.4	6634.1	22662.1	5358.0	17304.1
内蒙古	33340.0	13816.3	4926.0	4621.8	4268.5	44391.5	6943.0	37448.5
辽　宁	29023.0	15253.7	9244.0	1456.5	4553.2	52740.3	5260.0	47480.3
吉　林	46326.0	5169.3	3933.0		1236.3	52324.5	10552.0	41772.5
黑龙江	47101.0	50301.5	30188.0	2393.0	17720.5	37034.6	11550.0	25484.6
上　海	2759.0	25909.0	1698.0		24211.0	36341.2	362.0	35979.2
江　苏	20137.0	48869.5	28829.0	378.8	19661.7	58129.0	5194.0	52935.0
浙　江	9616.0	50210.9	9679.3	5141.7	35389.9	78673.8	1280.0	77393.8
安　徽	44559.0	17885.4	4500.0	630.5	12754.9	41472.6	9329.0	32143.6
福　建	11690.0	13469.5	8705.0	1460.7	3303.8	17479.3	2484.0	14995.3
江　西	59950.0	55815.0	29509.0	3497.3	22808.7	26887.8	12331.0	14556.8
山　东	42728.0	34533.0	6884.0	9120.2	18528.8	104782.7	6361.0	98421.7
河　南	65033.0	8879.5	1794.2	807.7	6277.6	24124.9	14877.0	9247.9
湖　北	51985.0	11056.5	583.0	555.0	9918.5	60086.0	11159.0	48927.0
湖　南	69512.0	17161.0	5818.0	798.4	10544.6	42977.0	14589.0	28388.0
广　东	18394.0	28146.5	4781.0	7112.0	16253.5	124934.4	3819.0	121115.4
广　西	34997.0	14988.5	10700.0	1507.1	2781.4	42774.9	9265.0	33509.9
海　南	14027.0	5091.6	4.9	2605.5	2481.2	11248.7	4156.0	7092.7
重　庆	35290.0	13791.4	9302.8		4488.6	32942.0	7680.0	25262.0
四　川	111368.0	25029.6	7248.5	3140.6	14640.5	50951.5	20602.0	30349.5
贵　州	49415.0	6334.9	2600.0	1032.4	2702.5	53191.0	9485.0	43706.0
云　南	70150.0	11883.0	8133.0	634.6	3115.4	41918.9	4528.0	37390.9
西　藏	16595.0	1321.6		690.8	630.8	4097.0	4047.0	50.0
陕　西	47063.0	23978.3	19248.5	2004.6	2725.2	21599.1	9225.0	12374.1
甘　肃	51326.0	4393.2	2698.0	564.0	1131.2	25204.7	11742.0	13462.7
青　海	21830.0	1919.1	1260.3	7.1	651.7	13507.8	7064.0	6443.8
宁　夏	17250.0	3616.6	257.1	743.9	2615.6	15861.8	5482.0	10379.8
新　疆	46162.0	6074.1	3105.0	6.0	2963.1	36172.8	10436.0	25736.8

单位：万元

省级	市级	县级及以下	其他款项用于民政支出	中央安排	全省安排	省级	市级	县级及以下
631107.0	**337978.1**	**119891.7**	**789157.6**	**142450.7**	**646706.9**	**334060.5**	**128012.0**	**184634.4**
			8499.2	8499.2				
68818.0			63379.1	34377.0	29002.1	13180.1		15822.0
37331.3		3369.0	2820.5		2820.5	972.2		1848.3
17932.7	8232.4	3941.5	15127.2		15127.2	9622.9	2406.3	3098.0
7541.0	9307.3	455.8	22421.2		22421.2	10533.7	6633.1	5254.4
37058.8	368.7	21.0	21357.7	10341.0	11016.7	1487.0	6119.3	3410.4
6466.0	39190.0	1824.3	19044.9		19044.9	1946.4	10054.4	7044.1
39063.0	2031.0	678.5	7395.2		7395.2	6114.8	402.3	878.1
12829.7	11558.4	1096.5	6897.5		6897.5	4102.6	545.9	2249.0
21175.0		14804.2	4886.4		4886.4	180.5		4705.9
22470.0	16573.2	13891.8	18053.2		18053.2	949.6	9020.1	8083.5
33000.0	22439.8	21954.0	92650.7	10618.0	82032.7	17344.4	21798.2	42890.1
9134.0	17941.8	5067.8	10006.5		10006.5	3159.3	2691.7	4155.5
14995.3			9580.1		9580.1	2000.0	4078.6	3501.5
9740.0	3604.5	1212.3	1923.1		1923.1	737.6	52.0	1133.5
35684.4	57724.2	5013.1	27651.4	6063.0	21588.4	835.6	11769.1	8983.7
1816.8	6955.8	475.3	7333.4		7333.4	2911.8	1959.3	2462.3
20940.0	21285.1	6701.9	31940.6	21170.0	10770.6	3651.2	4809.0	2310.4
18329.3	7001.5	3057.2	31968.2	15342.0	16626.2	5000.8	3815.4	7810.0
35182.0	67194.1	18739.3	47167.4	18951.0	28216.4	6243.0	14759.3	7214.1
28874.9	3758.0	877.0	6484.0		6484.0	1159.4	3411.1	1913.5
6259.6	800.0	33.1	11485.1		11485.1		5472.1	6013.0
16961.0		8301.0	27085.8	12179.0	14906.8	7805.0		7101.8
15154.0	13760.2	1435.3	15038.0		15038.0	505.2	3248.8	11284.0
43706.0			8217.1	703.0	7514.1	10.0	4589.6	2914.5
23549.9	11953.7	1887.3	105140.8	4202.0	100938.8	88432.7	5433.3	7072.8
50.0			301.2		301.2	265.2		36.0
6228.0	3024.3	3121.8	6125.4		6125.4		2298.3	3827.1
10968.6	1499.5	994.6	89103.9		89103.9	87534.0	1046.8	523.1
6443.8			58555.4		58555.4	49280.4	210.0	9065.0
9523.9	26.8	829.1	9870.2		9870.2	8095.1	718.5	1056.6
13880.0	11747.8	109.0	1647.2	5.5	1641.7		669.5	972.2

E-8 民政事业资

地　区	收入合计	上年结余	经营亏损	专项资金结余	抚恤	退役安置
全　国	**30066886.4**	**1415139.1**	**7280.9**	**1367691.2**	**128829.0**	**194996.4**
中央级	531944.6	51403.0		51403.0		
北　京	1365858.2	192068.8	3209.3	195213.4	3403.8	86464.3
天　津	381136.8	34582.0		34582.0	3659.6	9168.6
河　北	1025890.0	30640.5	47.5	30632.0	4223.1	7219.1
山　西	705652.7	45897.2		45867.2	5375.9	2615.3
内蒙古	819809.3	26118.9		25024.9	2365.1	4371.6
辽　宁	1157791.2	17273.2		16261.1	236.4	50.0
吉　林	770688.7	19247.0		19247.0	732.0	308.6
黑龙江	862306.1	5588.7		5588.7	664.2	2646.7
上　海	711376.8	80958.9	2538.9	52591.0	4187.0	2743.9
江　苏	1379940.8	31029.5		28418.2	4657.0	1568.1
浙　江	1057358.1	55224.8	849.5	55078.5	10864.0	3699.2
安　徽	997161.9	8152.7	-170.0	5876.7	2891.0	
福　建	474932.9	29554.3		29187.9	5813.7	7339.8
江　西	854657.2	7652.3	182.0	7834.3	2960.2	1864.0
山　东	1534256.0	15619.7		15606.6	6420.0	253.7
河　南	1263317.1	11457.5		11457.5	754.4	1057.5
湖　北	1127988.6	6871.8		6871.8	113.2	2860.0
湖　南	1236856.6	27960.7	410.0	24249.3	809.0	820.2
广　东	1313922.0	58447.3	6.3	51867.4	7833.9	11340.1
广　西	934951.7	97740.7	136.3	96741.5	15804.3	3671.1
海　南	254800.4	44975.7		44938.3	6814.0	5388.5
重　庆	710022.4	14585.4		14585.4	1046.2	485.6
四　川	2569494.4	114719.1		114236.7	4908.2	4682.4
贵　州	1007191.5	169419.2		166649.5	16819.7	4879.3
云　南	1351390.9	97817.9		97627.0	11251.4	19210.6
西　藏	132219.8	30837.0		30837.0		
陕　西	1186464.6	11585.4		11585.4	816.8	242.4
甘　肃	803767.1	9193.7	30.1	9223.8	865.0	2545.4
青　海	635436.4	29346.8	41.0	29387.8	885.2	761.5
宁　夏	187702.1	15513.3		15513.3	444.7	2223.2
新　疆	720599.5	23656.1		23507.0	1210.0	4515.7

金支出情况

单位：万元

				收入合计	
				上年结余	
				专项资金结余	
城市居民 最低生活保障	农村最低生活保障	其它农村社会救济	其他城镇社会救济	社会福利	民政管理事务
125502.4	**128159.1**	**24842.1**	**16249.4**	**60885.1**	**144352.2**
					42195.7
693.8	162.0	211.8	1627.7	5020.3	14069.4
5889.2		148.3	22.0	10732.3	4310.7
1399.7	2796.5	292.2	1214.2	519.7	636.2
19479.8	5181.6	367.7	158.9	1001.3	1239.1
2061.7	1429.5	473.0	229.6	2151.8	3319.6
6482.5	632.5				
417.9	169.2			1016.1	7755.3
662.6	138.0	6.1		62.9	386.2
3770.7	168.1	1970.5	3833.2	5978.1	8935.3
197.2	50.1	31.5	12.0	2396.8	3659.5
1982.0	5247.6	2271.1	1576.6	3465.2	9146.7
559.9	128.8				841.2
945.1	1425.1	846.5	179.8	544.6	3446.6
74.6	217.5	39.8	99.0	1.4	2102.1
19.6					3059.2
3730.7	1219.9	53.1	27.9		679.3
2187.9	7.0		35.7	48.7	1014.4
8405.4	1140.1	129.9	131.2	2027.7	20.3
2812.8	1044.3	796.4	1461.2	9260.9	9945.7
15155.4	14644.8	3595.4	552.2	3445.4	1923.8
2986.6	2439.0	2089.7	715.2	886.6	4050.8
3892.1	-117.8	107.4	137.2	64.7	700.6
5379.7	4660.8	660.3	690.8	2930.4	3243.1
15151.4	67585.3	1861.1	680.8	1144.8	5515.2
13406.4	7759.1	6225.1	1713.8	2234.9	4617.5
2161.8	2098.5	624.4	326.0	3.1	2425.4
667.1	49.4	534.0	137.6	55.0	1398.6
3210.9	6427.1	1201.2	43.2	147.8	1233.5
744.7	1392.2	260.4	112.0	474.9	1454.5
973.2	62.9	45.2	531.6	5269.7	1026.7

E-8 续表 1

地　区	收入						
	上年结余						本年收入合计
	专项资金结余					其他	
	自然灾害生活救助	行政事业单位离退休	医疗救助支出	彩票公益金	其他款项用于民政支出		
全　国	**109596.3**	**2843.9**	**38230.2**	**100320.5**	**152701.9**	**54728.8**	**28651747.3**
中央级	616.5	294.4		1068.8	7227.6		480541.6
北　京	134.8	597.0	755.6	21532.9	5553.4	64.7	1173789.4
天　津	121.6	18.8	95.5		415.4		346554.8
河　北	325.2	10.3	517.8	8418.2	1462.6	56.0	995249.5
山　西	1955.3	23.0	3975.9	357.5	3858.4	30.0	659755.5
内蒙古	3856.9	51.1	1054.3	741.1	2255.3	1094.0	793690.4
辽　宁	350.0				1290.0	1012.1	1140518.0
吉　林	1958.5		47.4	6379.2	0.1		751441.7
黑龙江	97.3		189.6		735.1		856717.4
上　海	400.0	130.4	179.8	14098.7	6195.3	30906.8	630417.9
江　苏	285.8			11322.3	1389.4	2611.3	1348911.3
浙　江	1997.8	578.0	1135.6	5288.9	3516.5	995.8	1002133.3
安　徽	149.7			373.5	932.5	2106.0	989009.2
福　建	1433.7	334.5	2812.5		3402.5	366.4	445378.6
江　西	411.4				64.3		847004.9
山　东					269.3	13.1	1518636.3
河　南	733.2	9.8	1002.1	30.1	1878.2		1251859.6
湖　北	246.6				358.3		1121116.8
湖　南	218.2				1741.7	4121.4	1208895.9
广　东	773.6	525.7	849.7	1313.2	2482.8	6586.2	1255474.7
广　西	13378.3	32.2	5165.3	2929.1	10372.4	1135.5	837211.0
海　南	3855.5	11.8			9719.0	37.4	209824.7
重　庆	237.6		1673.7	5236.9	770.4		695437.0
四　川	39053.1	54.2	3195.6	6472.8	7511.5	482.4	2454775.3
贵　州	12043.5	2.1	12138.8	7916.2	15741.6	2769.7	837772.3
云　南	14271.7	158.5	1765.4	986.8	12892.1	190.9	1253573.0
西　藏					30837.0		101382.8
陕　西	348.9	2.4	72.5		961.4		1174879.2
甘　肃	1527.8	0.4			1443.5		794573.4
青　海	6338.2				9088.3		606089.6
宁　夏	1926.9	4.5	1603.1		4872.2		172188.8
新　疆	548.7	4.8		5854.3	3463.8	149.1	696943.4

单位：万元

合计						
财政拨款	上级补助收入	事业收入	预算外资金收入	附属单位缴款	经营收入	其他收入
26927996.8	**76332.7**	**887142.6**	**600523.9**	**1011.9**	**175478.0**	**583785.3**
156474.2		309794.3	306380.6	49.0	790.8	13433.3
947592.9	3517.0	60164.8	29761.2		66224.0	96290.7
323697.2	3.0	4391.6	318.1		16710.3	1752.7
985312.7	1463.3	7499.8	3729.8		138.5	835.2
651391.6	2216.8	3678.0	2639.3		612.5	1856.6
784831.2	1024.1	4924.2	1801.7		926.4	1984.5
1079222.7		42833.8	30066.2		14233.9	4227.6
749676.2	133.5	781.2	129.7		589.0	261.8
856527.4		190.0	190.0			
588836.3	1142.2	8492.1	480.0	493.2	3211.0	28243.1
1275743.2	1972.4	53426.4	22717.0	7.5	5407.3	12354.5
900589.2	4635.5	43302.8	21626.7	159.5	17584.2	35862.1
975111.5	1491.9	11008.2	8166.2			1397.6
425255.8	14469.5	2484.5	1571.3			3168.8
846183.4		280.8	275.8		540.7	
1438590.0	301.5	68052.2	38939.9		2294.4	9398.2
1234993.6	2380.8	11572.7	9975.5		448.5	2464.0
1083726.3	330.1	31145.3	15177.4	240.0	3684.0	1991.1
1160196.1	3236.3	26347.0	1880.7		10148.0	8968.5
1146189.9	7263.1	63786.7	29563.8		15970.0	22265.0
765469.7	9751.1	45406.3	36814.5		2251.0	14332.9
199977.5	210.0	2046.9	1810.8		196.6	7393.7
675012.9	480.7	16036.5	2687.1		3177.4	729.5
2405644.0	1840.5	27183.2	10578.4		1978.1	18129.5
806371.4	335.4	12641.0	10755.7		5042.8	13381.7
1241468.5	1266.8	1835.9	1070.4		2088.9	6912.9
101382.8						
1138410.5	13942.0	9051.1	2132.5	62.7	390.0	13022.9
793947.6	137.1	399.2	399.2		30.1	59.4
326078.7	2438.9	14504.8	7470.0			263067.2
171769.0		419.5				0.3
692322.8	349.2	3461.8	1414.4		809.6	

E-8 续表 2

地　区	本年实际支出								
		事业支出							
			抚恤	退役安置	城市居民最低生活保障	农村最低生活保障	其它农村社会救济	其他城镇社会救济	社会福利
全　国	**28014243.2**	**27666278.6**	**3627165.4**	**2689756.0**	**5247297.8**	**4450222.5**	**1346236.8**	**399386.0**	**1098754.9**
中央级	488814.7	488035.9						2340.0	
北　京	1197363.5	1131541.4	55755.1	476316.0	62192.9	14605.8	8109.1	13647.6	71588.1
天　津	335601.7	319518.5	38994.0	58058.3	93060.9	13587.3	8293.9	4868.0	25458.9
河　北	979679.5	979276.8	207857.7	135353.9	173948.5	149613.0	54293.1	6291.3	37723.8
山　西	640666.4	637083.0	98270.3	41876.9	182709.7	108929.6	30640.3	3745.9	24123.5
内蒙古	775876.7	773465.2	54190.3	32268.7	270772.7	156428.0	31098.5	9694.6	26105.0
辽　宁	1122032.9	1098382.4	120346.3	213650.6	292154.1	85627.0	45461.2	26330.2	47908.2
吉　林	752245.0	751656.0	79129.3	50201.5	285732.5	80796.5	25408.9	4908.1	26209.6
黑龙江	854588.8	854588.8	77662.8	42507.6	363748.8	106228.0	31987.9	8132.2	25501.0
上　海	613305.0	572521.7	52496.0	83076.9	131201.7	11258.3	12686.7	97462.4	49234.7
江　苏	1334800.7	1320409.1	238040.4	197042.4	107929.8	205153.0	113407.6	32646.0	100697.1
浙　江	974941.5	956392.1	161952.4	71243.1	34360.4	112700.9	74620.5	20248.1	60949.3
安　徽	984505.7	982125.2	166650.7	85706.3	197149.3	195417.7	81117.3	6414.5	48429.4
福　建	440849.3	423624.3	74875.1	42022.4	34265.6	61626.7	23743.2	5373.7	23338.7
江　西	848409.6	847926.7	124049.1	28330.4	210283.5	142357.6	56328.1	4212.2	17784.4
山　东	1511167.4	1484248.9	412951.3	205391.6	147344.6	219387.3	68545.0	8318.0	40182.4
河　南	1247281.0	1239854.9	225360.6	85074.2	272274.2	277685.4	85189.5	5945.6	35710.5
湖　北	1119669.8	1105451.3	175382.3	100930.8	312486.7	167428.1	49422.9	11467.5	20037.3
湖　南	1209989.0	1198599.6	211881.1	66650.1	302784.7	173126.2	79222.0	11065.1	38347.1
广　东	1254033.2	1226586.9	174723.8	150832.5	79665.2	164825.0	63053.8	35278.7	101786.7
广　西	788225.9	777236.0	83424.7	30461.3	113688.6	231731.9	44343.0	4417.2	28914.4
海　南	199196.4	195856.9	17237.4	13425.3	39366.0	27334.5	9423.2	1246.6	3524.9
重　庆	694228.5	690864.8	97410.0	44612.0	138622.1	102598.7	48465.9	5840.3	34805.8
四　川	2456649.4	2447242.7	291287.5	133274.1	403600.7	310207.3	110701.7	13216.5	54780.4
贵　州	756382.4	734803.6	81660.2	22259.5	101685.0	317457.7	14677.5	2241.1	14481.4
云　南	1230933.8	1227992.5	104736.7	84367.8	164445.4	312112.1	77787.3	19475.8	45192.2
西　藏	85017.8	85017.8	3370.5	7365.7	12412.3	15202.1	3743.4	714.7	1845.2
陕　西	1163031.4	1162488.8	115402.7	90065.0	234453.7	256993.9	37529.8	11032.0	23855.4
甘　肃	741024.0	740624.8	41017.1	32198.4	189510.1	242679.5	35797.5	5355.2	15232.1
青　海	352258.8	352258.8	8853.0	9439.8	55399.0	42884.2	5955.0	592.4	1176.0
宁　夏	161755.1	161755.1	5491.7	7813.6	38550.9	25941.2	4533.6	842.1	8898.6
新　疆	699718.3	698848.1	26705.3	47939.3	201498.2	118298.0	10649.4	16022.4	44932.8

单位：万元

民政管理事务	自然灾害生活救助	行政事业单位离退休	医疗救助支出	彩票公益金	其他款项用于民政支出	上缴上级支出	对附属单位补助支出	经营支出	结转自筹基建	其他
1951069.7	**2371830.5**	**303739.1**	**1577623.0**	**1123463.5**	**788603.8**	**653.4**	**5726.8**	**161474.5**	**6189.0**	**173920.9**
360292.5	97629.9	2877.0		13683.5	11213.0			778.8		
106209.2	4335.5	35539.5	11834.9	64968.7	57041.9		322.8	62716.2		2783.1
44415.2	605.2	4411.3	9039.1	9623.3	3409.3			16083.2		
46279.8	24261.4	16755.4	64692.9	41058.2	11140.1		81.0	155.1		166.6
29452.4	25503.0	6528.3	43681.4	16460.9	22082.4	55.5		611.4	170.0	2746.5
42288.9	45650.5	8489.6	42054.6	26588.0	22896.8		140.0	851.4		1420.1
66722.0	47508.2	15386.4	32398.8	46302.1	26709.5			12235.8		11414.7
30784.9	80791.6	3345.3	56946.0	23197.8	3180.3			589.0		
27801.5	26640.5	5302.1	93822.6	30854.8	14209.0					
66985.0	4200.0	5160.9	25606.6	26341.4	6811.1	154.5	571.6	3113.6		36943.6
115704.4	15339.2	17101.8	60718.8	41609.2	19922.6	90.0	128.2	4994.0		9179.4
122236.5	11201.9	11882.3	57877.3	63291.2	82295.6	38.3		14484.2	202.5	3824.4
35841.8	31915.6	11669.6	63654.6	39295.9	8295.7	122.0		170.0		2088.5
41109.6	44655.0	16679.3	19703.5	21670.2	13124.8					17225.0
26867.9	85796.9	6631.9	115782.8	26887.7	2338.4			477.9		5.0
86998.9	37551.4	9425.6	77354.9	97861.5	26062.3		3680.6	2294.4	4080.0	16863.5
54429.8	72884.5	13926.5	70659.2	21975.5	9681.1			448.5		6977.6
34920.7	52254.2	11201.1	50954.5	63185.3	33117.4		8.0	3684.0	909.0	9617.5
51772.6	73848.1	8100.3	84761.9	36503.3	27192.9			9609.4	145.2	1634.8
125248.7	45994.6	25339.4	39976.5	116741.2	30820.8		323.0	15332.6		11790.7
45030.1	65521.4	9920.6	33316.5	25972.2	14420.5	123.7	281.1	2270.0	7.0	8308.1
17851.5	25569.3	1988.3	12821.3	6005.4	14470.4			186.6		3152.9
46964.7	30491.4	8572.1	46962.0	41725.1	27803.2	53.5		3177.4		132.8
78166.6	771546.0	22274.8	129495.1	50350.3	39837.2			1978.1		7428.6
36094.7	48397.3	2113.3	45648.7	23581.5	17944.9	8.3		2563.5		19007.0
59827.2	125899.9	9139.3	67306.4	42420.3	111315.8			1541.8	675.3	724.2
6289.7	13948.9	445.5	10077.6	7380.0	2222.2					
56235.0	218291.7	4572.8	62105.6	18787.3	10055.7	7.6	190.5	318.0		26.5
19522.3	44838.8	3819.8	54217.8	19407.7	37028.5					399.2
9015.8	98201.8	1579.9	23280.8	11424.8	62899.0					
9336.8	16830.3	491.6	17038.8	9987.0	15579.4					
50373.0	83726.5	3067.5	53831.5	38322.2	3482.0			809.6		60.6

E-8续表3

地区	收支结余						
		事业结余	抚恤	退役安置	城市居民最低生活保障	农村最低生活保障	其它农村社会救济
全国	**2052643.2**	**2045920.6**	**137712.7**	**123035.5**	**172520.9**	**192114.1**	**30703.8**
中央级	43129.9	43117.9					
北京	168494.7	168196.2	3984.3	17874.4	2773.7	1342.1	1200.0
天津	45535.1	44908.0	1829.6	2000.4	7032.0	70.7	77.0
河北	46210.5	46274.6	4311.2	9261.4	2228.2	3801.6	258.5
山西	64986.3	64985.2	5837.6	2607.3	26181.9	8549.0	837.5
内蒙古	43932.6	43857.6	2625.1	5078.4	4280.6	2046.7	748.2
辽宁	35758.3	33760.2	-28.4	90.8	16207.0	920.6	
吉林	18443.7	18443.7	597.6		803.5	331.8	
黑龙江	7717.3	7717.3	694.2	1388.4	4248.2	190.7	175.7
上海	98071.8	100513.3	4551.5	4015.3	5905.8	111.8	3353.2
江苏	45140.1	44726.8	2167.5	1002.0	50.0		-376.8
浙江	82416.6	80166.1	12757.7	4904.1	1723.7	6832.8	2692.8
安徽	12656.2	12656.2	2097.5	678.3	1083.9	20.6	-59.0
福建	34083.6	34083.6	4968.4	10116.0	1197.9	1286.4	851.4
江西	6247.6	6366.8	3627.9	599.6	83.1	9.0	33.4
山东	23088.6	23088.6	4939.2	203.5	19.6		
河南	16036.1	16036.1	1262.5	992.3	5497.1	1326.2	86.6
湖北	8318.8	8318.8	210.1	859.5	5066.2	343.6	
湖南	26867.6	26739.0	351.6	202.1	6355.2	1345.0	-32.1
广东	59888.8	59257.7	5360.1	10591.3	2176.7	1894.0	615.6
广西	146725.8	146881.1	21033.8	4936.9	17065.4	22310.0	2668.8
海南	55604.0	55594.0	6506.6	5486.3	2657.6	2215.0	1022.4
重庆	15793.9	15793.9	1932.5	547.9	7024.3	-4951.0	-0.9
四川	112845.0	112845.0	7129.6	6486.8	8073.7	3224.9	2406.9
贵州	250809.1	248329.8	22083.4	5311.7	25165.9	113148.7	2629.1
云南	120457.1	119910.0	11755.3	16261.4	9054.2	12725.2	9411.6
西藏	47202.0	47202.0				9297.0	
陕西	23433.2	23361.2	1047.1	870.0	1582.8	1513.6	225.3
甘肃	62743.1	62743.1	1028.8	1957.3	602.4	558.0	530.5
青海	283177.6	283218.6	1090.8	2864.6	285.9	476.3	1046.9
宁夏	25947.0	25947.0	590.5	3084.1	3744.6	1093.3	250.1
新疆	20881.2	20881.2	1369.1	2763.4	4349.8	80.5	51.1

单位：万元

其他城镇社会救济	社会福利	民政管理事务	自然灾害生活救助	行政事业单位离退休	医疗救助支出	彩票公益金	其他款项用于民政支出	经营结余
21189.8	**76445.9**	**157954.5**	**115585.8**	**5289.7**	**95429.3**	**205876.0**	**169774.9**	**6722.6**
1660.0		33056.2	480.6	350.0		385.3	7185.8	12.0
1232.8	25079.4	14294.1	235.1	1169.5	1856.0	23161.2	11472.8	298.5
84.2	8453.3	8276.5	130.0	599.3	319.3	15393.0	189.2	627.1
985.4	705.0	2445.3	2093.3	33.8	1975.0	11080.7	5899.0	-64.1
190.4	1144.6	980.8	2004.2	22.3	6471.3	3957.8	4192.0	1.1
591.1	4219.6	6797.7	4659.2	38.0	2174.1	6208.6	1198.3	75.0
71.7	27.7	474.7	327.6	128.4	2182.1	1187.2	170.1	1998.1
	284.1	7755.3	1755.2			6379.2	-78.5	
	150.0	107.8	7.8		659.5		95.0	
6113.9	7270.1	7994.5	1000.0	100.2	482.2	23736.5	4270.6	-2441.5
-117.0	1474.2	3546.5	272.0		-65.3	26460.0	1587.5	413.3
1247.7	3136.2	10587.0	3242.4	1108.8	3719.5	8824.7	5721.5	2250.5
63.6	-21.9	239.0	86.3	5.9	233.9	1979.1	3022.5	
307.4	487.5	2867.8	1706.5	434.4	4130.4	1447.8	1790.5	
37.9		1650.8	292.6				32.5	-119.2
37.8	13.5	2335.2		98.0	120.0	3324.9	145.3	
21.7	1741.1	190.9	429.1	14.9	2399.2	1006.5	405.1	
	37.3	673.5	17.6	258.4		9.1	334.0	
236.1	577.1	31.4	209.1	2.7	754.5	103.7	248.0	128.6
602.6	2516.5	8577.6	845.8	492.0	1433.0	6144.3	1093.8	631.1
955.6	4547.3	2464.0	21212.6	169.5	12846.8	6602.1	8164.2	-155.3
342.1	1739.7	4764.3	5691.1	3.4	4701.2	3793.1	9747.3	10.0
133.3	266.5	478.1	34.2		1852.3	5256.1	1800.9	
717.6	2438.4	4584.7	27680.1	97.2	5187.4	8512.6	3808.8	
911.4	1200.5	6802.4	12655.8	2.3	21426.4	21710.3	6560.5	2479.3
3774.6	7128.9	7598.4	14253.0	128.8	6495.6	5489.0	9859.6	547.1
					7068.0		30837.0	
309.9	198.1	529.9	201.7	25.6	1080.7	656.8	872.0	72.0
152.7	49.2	11282.8	2022.3		398.0	5717.3	38247.3	
27.1	255.1	1348.6	9677.4		613.1	80.0	6948.3	-41.0
160.5	882.7	4092.9	1506.5	1.5	4653.3	3768.2	2118.5	
337.7	444.2	1125.8	856.7	4.8	261.8	3500.9	1835.5	

E-8续表4

地　区	用事业基金弥补收支差额	结余分配	转入事业基金	抚恤	退役安置	其它农村社会救济	其他城镇社会救济
全　国	**12742.4**	**83227.1**	**74044.7**	**2297.1**	**4575.8**	**-818.7**	**266.9**
中央级	127.6	469.4	342.7				
北　京	6550.6	9679.1	8377.9	92.0	81.5		-13.9
天　津		1496.7	1496.7	113.9	269.4		
河　北	303.2	2116.1	2116.1	253.0	1573.4		
山　西	17.6	218.6	155.0				
内蒙古	684.1	1267.6	1159.0	142.3	309.5		-16.8
辽　宁	859.8	2847.9	2001.1	-28.4	79.8		-7.5
吉　林	-78.6	858.4	858.4	340.4			
黑龙江	15.5	295.5	295.5				
上　海	434.6	1089.7	712.0	1.9	11.7		
江　苏	178.6	3923.9	3522.7	108.0	-81.8	-377.3	-195.5
浙　江	444.4	13999.6	9384.4	302.8	400.8	-381.0	-80.5
安　徽	657.0	2153.0	2153.0	-153.3	505.4	-59.0	63.6
福　建	182.7	864.3	827.9	-131.9	301.7		9.7
江　西							
山　东	74.7	7184.1	7184.1	54.7			
河　南		2625.2	2625.2	4.0	518.3	7.0	
湖　北		531.8	440.1	3.0			
湖　南	186.3	1246.3	887.3	27.5	42.9	8.7	236.1
广　东	324.6	2740.0	2727.8				165.6
广　西		5649.4	5649.4	15.0			9.1
海　南							
重　庆	95.6	2787.2	2354.1	986.8	-46.3	-108.3	12.5
四　川	242.8	1850.6	1689.8				
贵　州	314.2	237.5	237.5				4.8
云　南	208.2	2753.5	2510.3	124.5	274.3	91.2	38.1
西　藏							
陕　西		13226.3	13221.3	40.9	335.2		41.6
甘　肃		196.5	196.5				
青　海							
宁　夏	918.9	918.9	918.9				
新　疆							

单位：万元

社会福利	民政管理事务	自然灾害生活救助	行政事业单位离退休	医疗救助支出	彩票公益金	其他款项用于民政支出	其他
1761.2	**682.6**		**183.7**	**2442.3**	**1559.6**	**3210.2**	**9182.4**
	48.7					293.1	126.7
65.3	-269.2				250.3	284.7	1301.2
-4.1	-62.3			106.4			
85.7	20.5		0.5	24.5		-209.3	
							63.6
9.1	0.2			40.0			108.6
27.7	474.7		128.4			170.1	846.8
	59.6					-78.5	
				280.0			
160.1	15.2						377.7
345.8	-481.7			-102.0	125.0	488.3	401.2
167.5	647.6		5.5	360.6	92.9	721.2	4615.2
-21.9	-183.5		5.9	233.9	20.0	168.8	
21.8	46.6		43.4	145.1			36.4
96.1				771.8	840.0		
37.3						49.9	91.7
	-43.3					-12.4	359.0
	82.6						12.2
159.3							
-1.8	-131.5			234.0		661.6	433.1
5.6							160.8
200.9							
270.3	380.1			348.0	231.4	372.7	243.2
136.5	78.3					300.0	5.0

E-8 续表 5

地　区	年末净结余	经营亏损	专项资金结余	抚恤	退役安置	城市居民最低生活保障	农村最低生活保障
全　国	**1982158.5**	**7900.6**	**1941865.3**	**135415.6**	**118459.7**	**172520.9**	**192114.1**
中央级	42788.1	-12.0	42776.1				
北　京	165366.2	4761.9	170101.3	3892.3	17792.9	2773.7	1342.1
天　津	44038.4		44038.4	1715.7	1731.0	7032.0	70.7
河　北	44397.6	64.1	44461.7	4058.2	7688.0	2228.2	3801.6
山　西	64785.3		64386.9	5837.6	2607.3	26181.9	8549.0
内蒙古	43349.1		42324.7	2482.8	4768.9	4280.6	2046.7
辽　宁	33770.2		32748.1		11.0	16207.0	920.6
吉　林	17506.7		17506.7	257.2		803.5	331.8
黑龙江	7437.3		7437.3	694.2	1388.4	4248.2	190.7
上　海	97416.7	2155.6	68716.7	4549.6	4003.6	5905.8	111.8
江　苏	41394.8		39848.1	2059.5	1083.8	50.0	
浙　江	68861.4	882.0	69249.8	12454.9	4503.3	1723.7	6832.8
安　徽	11160.2		9294.7	2250.8	172.9	1083.9	20.6
福　建	33402.0		32431.5	5100.3	9814.3	1197.9	1286.4
江　西	6247.6	119.2	6366.8	3627.9	599.6	83.1	9.0
山　东	15979.2		15979.2	4884.5	203.5	19.6	
河　南	13410.9		13410.9	1258.5	474.0	5497.1	1326.2
湖　北	7787.0		7787.0	207.1	859.5	5066.2	343.6
湖　南	25807.6	388.0	23610.6	324.1	159.2	6355.2	1345.0
广　东	57473.4	-687.4	56105.9	5360.1	10591.3	2176.7	1894.0
广　西	141076.4	155.3	140391.7	21018.8	4936.9	17065.4	22310.0
海　南	55604.0		54734.0	6506.6	5486.3	2657.6	2215.0
重　庆	13102.3		13102.3	945.7	594.2	7024.3	-4951.0
四　川	111237.2		109746.0	7129.6	6486.8	8073.7	3224.9
贵　州	250885.8		247997.8	22083.4	5311.7	25165.9	113148.7
云　南	117911.8	32.9	117319.7	11630.8	15987.1	9054.2	12725.2
西　藏	47202.0		47202.0				9297.0
陕　西	10206.9		10206.9	1006.2	534.8	1582.8	1513.6
甘　肃	62546.6		62546.6	1028.8	1957.3	602.4	558.0
青　海	283177.6	41.0	283218.6	1090.8	2864.6	285.9	476.3
宁　夏	25947.0		25947.0	590.5	3084.1	3744.6	1093.3
新　疆	20881.2		20870.3	1369.1	2763.4	4349.8	80.5

单位：万元

其它农村社会救济	其他城镇社会救济	社会福利	民政管理事务	自然灾害生活救助	行政事业单位离退休	医疗救助支出	彩票公益金	其他款项用于民政支出	其他
31522.5	**20922.9**	**74684.7**	**157271.9**	**115585.8**	**5106.0**	**92987.0**	**204316.4**	**166564.7**	**48193.8**
	1660.0		33007.5	480.6	350.0		385.3	6892.7	
1200.0	1246.7	25014.1	14563.3	235.1	1169.5	1856.0	22910.9	11188.1	26.8
77.0	84.2	8457.4	8338.8	130.0	599.3	212.9	15393.0	189.2	
258.5	985.4	619.3	2424.8	2093.3	33.3	1950.5	11080.7	6108.3	
837.5	190.4	1144.6	980.8	2004.2	22.3	6471.3	3957.8	4192.0	398.4
748.2	607.9	4210.5	6797.5	4659.2	38.0	2134.1	6208.6	1198.3	1024.4
	79.2			327.6		2182.1	1187.2		1022.1
		284.1	7695.7	1755.2			6379.2		
175.7		150.0	107.8	7.8		379.5		95.0	
3353.2	6113.9	7110.0	7979.3	1000.0	100.2	482.2	23736.5	4270.6	30855.6
0.5	78.5	1128.4	4028.2	272.0		36.7	26335.0	1099.2	1546.7
3073.8	1328.2	2968.7	9939.4	3242.4	1103.3	3358.9	8731.8	5000.3	493.6
			422.5	86.3			1959.1	2853.7	1865.5
851.4	297.7	465.7	2821.2	1706.5	391.0	3985.3	1447.8	1790.5	970.5
33.4	37.9		1650.8	292.6				32.5	
	37.8	13.5	2335.2		98.0	120.0	3324.9	145.3	
79.6	21.7	1645.0	190.9	429.1	14.9	1627.4	166.5	405.1	
			673.5	17.6	258.4		9.1	284.1	
-40.8		577.1	74.7	209.1	2.7	754.5	103.7	260.4	2585.0
615.6	437.0	2516.5	8495.0	845.8	492.0	1433.0	6144.3	1093.8	680.1
2668.8	946.5	4388.0	2464.0	21212.6	169.5	12846.8	6602.1	8164.2	840.0
1022.4	342.1	1739.7	4764.3	5691.1	3.4	4701.2	3793.1	9747.3	870.0
107.4	120.8	268.3	609.6	34.2		1618.3	5256.1	1139.3	
2406.9	717.6	2432.8	4584.7	27680.1	97.2	5187.4	8512.6	3808.8	1491.2
2629.1	906.6	999.6	6802.4	12655.8	2.3	21426.4	21710.3	6560.5	2888.0
9320.4	3736.5	6858.6	7218.3	14253.0	128.8	6147.6	5257.6	9486.9	625.0
						7068.0		30837.0	
225.3	268.3	61.6	451.6	201.7	25.6	1080.7	656.8	572.0	
530.5	152.7	49.2	11282.8	2022.3		398.0	5717.3	38247.3	
1046.9	27.1	255.1	1348.6	9677.4		613.1	80.0	6948.3	
250.1	160.5	882.7	4092.9	1506.5	1.5	4653.3	3768.2	2118.5	
51.1	337.7	444.2	1125.8	856.7	4.8	261.8	3500.9	1835.5	10.9

E–9 民政事业费

地　区	民政预算内经费实际支出	抚恤	死亡抚恤	一次性抚恤金	定期抚恤费	其他	伤残抚恤
全　国	**26975149.0**	**3627165.4**	**343078.6**	**67868.5**	**254853.0**	**20357.1**	**781180.0**
中央级	488035.9						
北　京	982144.3	55755.1	13622.4	10689.8	2906.1	26.5	9251.9
天　津	313824.7	38994.0	2344.2	1020.0	1320.6	3.6	7172.8
河　北	969269.1	207857.7	21546.3	3602.5	17764.3	179.5	57356.8
山　西	634004.6	98270.3	8168.7	1571.2	6574.3	23.2	25466.0
内蒙古	768526.2	54190.3	4140.5	1019.3	2351.4	769.8	13370.3
辽　宁	1066504.6	120346.3	9921.5	4117.7	5079.5	724.3	28829.2
吉　林	750632.3	79129.3	7241.7	871.5	6123.8	246.4	25158.5
黑龙江	854398.8	77662.8	7073.2	1001.7	5503.1	568.4	19084.8
上　海	572521.7	52496.0	6796.1	2266.6	3668.3	861.2	10966.8
江　苏	1265312.3	238040.4	29042.9	4506.0	22425.6	2111.3	54035.8
浙　江	884859.5	161952.4	8965.7	1815.7	6910.2	239.8	25030.0
安　徽	971558.4	166650.7	10466.3	1828.1	8213.8	424.4	31240.5
福　建	422187.8	74875.1	10373.6	991.9	9165.8	215.9	10012.1
江　西	847650.9	124049.1	16594.8	2411.4	12661.2	1522.2	19766.5
山　东	1437374.8	412951.3	38680.5	4221.3	33767.2	692.0	123955.5
河　南	1230796.6	225360.6	18465.2	3129.0	14908.2	428.0	56721.4
湖　北	1082788.8	175382.3	24975.5	2192.7	22493.5	289.3	30341.3
湖　南	1165255.4	211881.1	18935.8	2606.3	15120.0	1209.5	43881.9
广　东	1154286.9	174723.8	12941.9	3688.0	8260.6	993.3	24136.6
广　西	731162.4	83424.7	3535.4	627.0	2904.6	3.8	8584.1
海　南	190264.1	17237.4	3065.0	319.4	1748.5	997.1	2584.3
重　庆	674873.3	97410.0	4835.7	990.3	3723.9	121.5	20906.9
四　川	2408738.2	291287.5	29076.3	3401.7	19381.6	6293.0	58761.3
贵　州	728242.8	81660.2	4299.1	1406.8	2585.5	306.8	13534.4
云　南	1224026.2	104736.7	7600.3	2802.9	4506.7	290.7	16781.9
西　藏	85017.8	3370.5	1131.1	207.5	743.6	180.0	861.0
陕　西	1139380.6	115402.7	11715.3	1770.0	9720.2	225.1	21182.5
甘　肃	740624.8	41017.1	3574.9	1133.6	2369.0	72.3	11546.7
青　海	330701.5	8853.0	1526.9	794.6	701.8	30.5	2054.1
宁　夏	161335.6	5491.7	612.1	344.9	118.8	148.4	2179.8
新　疆	698848.1	26705.3	1809.7	519.1	1131.3	159.3	6424.3

支出明细

单位：万元

伤残抚恤金	在乡伤残抚恤金	在职保健金	伤残补助费	分散安置残疾军人护理费	在乡复员、退伍军人生活补助	在乡复退军人定期定量补助费	在乡红军老战士定期定量补助费
739015.3	**382574**	**160930**	**42164.7**	**13481.5**	**1552346.0**	**1112661.4**	**3455.7**
8217.5	1733	4038	1034.4	174.6	11378.4	8842.6	6.9
6687.4	2500	3297	485.4	267.1	14282.1	10941.9	
55645.1	46781		1711.7	565.8	77713.5	59213.8	16.5
24236.5	12805	8333	1229.5	466.8	32775.3	27044.1	50.2
12599.3	4159	5267	771.0	103.7	20929.1	18691.5	44.6
27174.1	6954	7493	1655.1	247.8	41200.1	30586.7	
24231.9	9021	4493	926.6	260.0	26117.0	20679.1	1.0
18546.2	7026	3244	538.6	90.9	34458.7	31659.6	27.6
10233.1		10130	733.7	187.2	9390.6	4534.9	
50174.8	23866	11226	3861.0	1820.3	79384.9	68477.8	
22840.9	11582	6647	2189.1	317.9	54287.6	38884.4	
29907.2	10522	5934	1333.3	644.1	73965.2	59862.0	9.8
9684.3	7476	2208	327.8	123.1	26575.0	17015.3	8.6
18244.7	8503	2339	1521.8	322.5	52765.4	33112.2	239.4
118338.2	84912	33426	5617.3	3134.1	157873.7	129829.4	30.3
54508.0	30475	15520	2213.4	1186.7	102510.5	67156.9	51.3
29156.6	9916	799	1184.7	376.8	92348.1	65019.3	26.7
41476.8	16569	4804	2405.1	601.0	110775.6	76364.8	37.8
21889.5	9982	4463	2247.1	224.7	81958.3	41578.6	
8151.8	4203	2091	432.3	102.3	47927.9	23955.8	
2470.1	1214	216	114.2	1.6	6597.2	5525.5	
19692.7	9999	3478	1214.2	622.4	53585.3	39458.2	29.8
53936.5	31541	7370	4824.8	909.8	167203.4	125423.8	718.9
13001.8	8709	1536	532.6	189.0	41714.4	25953.0	4.7
15765.4	6984	4350	1016.5	133.3	39035.9	21643.8	
837.2	187	105	23.8		208.0	148.7	
20136.2	8495	3061	1046.3	233.2	62174.7	37614.4	1887.9
11222.9	4625	2844	323.8	108.2	18295.5	11980.7	227.6
1795.2	364	899	258.9	10.9	3187.0	2426.0	6.0
2147.8	557	224	32.0	12.1	1866.7	1115.6	4.0
6065.6	916	1094	358.7	43.6	9860.9	7921.0	26.1

E-9续表1

地　区	红军失散人员定期定量补助费	“参战”退伍军人生活补助	“涉核”退伍军人生活补助	优抚事业单位	烈士纪念建筑物管理维修经费	烈士纪念建筑物管理单位经费	伤残军人休养院经费	复员退伍军人慢性病疗养院经费
全　国	**27950.5**	**283443.5**	**41964.4**	**270243.4**	**90387.2**	**43892.2**	**24806.0**	**19127.3**
中央级								
北　京		951.8	160.4	3081.0	773.6	465.2		
天　津		2809.2	63.3	8710.8	1798.3	1219.7		
河　北		10533.1	4866.4	28390.3	4821.4	3878.0	1492.0	5532.3
山　西	1.9	1751.4	1058.6	17005.7	4277.8	1470.0	1979.2	
内蒙古	13.9	281.4	12.0	5252.0	1103.6	192.1	651.1	99.7
辽　宁		1253.4	275.4	13269.4	3993.7	1350.8	1450.0	
吉　林	12.1	760.1	515.9	7797.1	2935.1	1260.7	1722.6	127.0
黑龙江	21.5	825.4	86.7	3838.1	1734.7	464.7	371.9	
上　海		798.5	16.4	6190.9	4756.3	4531.4	630.1	
江　苏	3.6	6475.7	863.1	16754.2	9978.7	6021.9	1018.2	617.8
浙　江	172.8	8548.9	568.5	15563.4	12517.0	2326.3	1349.7	
安　徽	3590.9	7337.0	1738.7	9848.6	3995.5	2467.1	724.5	
福　建	1300.1	8248.5	2.5	3705.6	1539.4	647.9	223.7	
江　西	7466.3	9932.2	450.4	9775.4	2675.4	1296.9	2508.0	91.9
山　东	38.0	20231.2	4163.8	30615.9	6662.3	3814.1	5490.1	6607.7
河　南	2077.0	24204.5	6985.9	17519.0	4856.3	2915.4	666.8	3815.2
湖　北	4248.8	18674.2	2101.3	11939.4	2511.1	1252.5		
湖　南	2844.8	25470.6	2220.1	16569.3	2358.1	952.1	787.0	430.0
广　东	1174.6	31419.2	1085.7	10784.9	3634.6	2120.9	85.0	726.6
广　西	696.1	18727.1	307.9	4977.0	2034.2	594.8	416.3	
海　南	74.3	292.3	15.9	1016.3	111.8			
重　庆	7.7	12256.1	1279.1	2231.4	469.1	180.3	350.0	
四　川	1955.3	25372.8	4709.3	4679.9	1852.5	756.1	10.0	59.0
贵　州	135.0	14337.7	91.3	3303.7	1464.2	255.7	858.5	
云　南	22.8	15247.9	410.1	3913.8	1507.8	259.3	489.5	
西　藏		0.2		208.5	208.5			
陕　西	1949.1	12627.6	5797.4	7209.2	3214.1	1061.6	1138.5	1020.1
甘　肃	131.4	3382.1	1325.4	1674.9	951.6	696.8		
青　海		183.0	210.4	530.8	298.8	248.8		
宁　夏	10.0	164.0	42.5	208.0	141.5	65.0		
新　疆	2.5	346.4	540.0	3678.9	1210.2	1126.1	393.3	

单位：万元

复员退伍军人精神病院经费	光荣院经费	其他优抚事业单位经费	集体办优抚事业单位补助费	义务兵优待金	城市义务兵优待金	农村义务兵优待金	其他优抚支出	退役安置	#退伍军人安置
48109.8	**63895.0**	**23172.6**	**745.5**	**378146.3**	**155612.7**	**222533.6**	**302171.1**	**2689756.0**	**504578.2**
	2017.8	289.6		10029.4	6886.8	3142.6	8392.0	476316.0	9066.8
1174.8	2494.5	3243.2		5102.8	2902.2	2200.6	1381.3	58058.3	3370.0
4001.0	11320.5	1223.1		13474.7	2808.9	10665.8	9376.1	135353.9	25327.0
3840.0	6417.9	490.8		6633.8	1966.5	4667.3	8220.8	41876.9	5326.3
562.9	2349.8	484.9		5958.2	3006.8	2951.4	4540.2	32268.7	5913.5
3034.1	4791.6			18415.2	8433.2	9982.0	8710.9	213650.6	20517.6
1285.2	994.5	692.7	40.0	6272.4	3126.8	3145.6	6542.6	50201.5	6302.0
338.5	966.3	426.7		5418.2	3585.5	1832.7	7789.8	42507.6	7778.3
76.7		727.8		17322.6	14688.9	2633.7	1829.0	83076.9	13638.3
2725.6	1072.3	1240.4	101.2	31635.4	17528.4	14107.0	27187.2	197042.4	57739.0
441.4	844.2	411.1		47524.2	17259.5	30264.7	10581.5	71243.1	28189.7
1470.6	3265.2	392.8		24782.3	9944.0	14838.3	16347.8	85706.3	52903.0
454.4	1465.9	22.2		17235.9	6744.4	10491.5	6972.9	42022.4	7522.7
	1797.3	2268.6	434.2	15098.4	7963.7	7134.7	10048.6	28330.4	10803.6
9622.3	2233.5			32416.1	8688.1	23728.0	29409.6	205391.6	33771.9
5944.0	1550.9	680.8	5.0	19838.7	1297.6	18541.1	10305.8	85074.2	23852.7
3999.4	4003.1	1419.8	6.0	9981.4	4375.7	5605.7	5796.6	100930.8	22567.8
2450.2	7969.1	2523.9	51.0	7462.4	3657.0	3805.4	14256.1	66650.1	13528.2
2364.6	2511.0	1460.1	3.0	27989.2	12585.0	15404.2	16912.9	150832.5	43135.5
1617.5	684.3	224.7		7975.6	1806.5	6169.1	10424.7	30461.3	8630.1
	217.4	687.1		1162.1	804.0	358.1	2812.5	13425.3	3625.8
369.0	696.7	331.6	15.0	6215.6	848.7	5366.9	9635.1	44612.0	9834.9
493.6	1245.0	1019.8		11733.7	3704.2	8029.5	19832.9	133274.1	48152.7
426.3	260.4	294.3		10491.6	6065.3	4426.3	8317.0	22259.5	8313.3
	625.0	1201.4	90.1	4849.0	1760.6	3088.4	32555.8	84367.8	15910.9
				82.4	63.8	18.6	879.5	7365.7	70.3
1066.3	517.0	253.2		5819.7	781.9	5037.8	7301.3	90065.0	6539.6
171.4	311.3	240.6		4072.9	282.4	3790.5	1852.2	32198.4	3557.6
	30.0	202.0		286.6	8.0	278.6	1267.6	9439.8	1194.0
		66.5		404.8	24.0	380.8	220.3	7813.6	2653.7
180.0	1242.5	652.9		2461.0	2014.3	446.7	2470.5	47939.3	4841.4

E-9续表2

地区	一次性建房补助费	退役士兵自谋职业金	城镇退役士兵生活补助	军队移交政府的离退休人员安置	军队离休干部离休金	军队退休干部退休金	军队无军籍职工退休金
全国	**7170.0**	**421432.9**	**87240.9**	**1861475.8**	**266019.2**	**1100277.5**	**203089.9**
中央级							
北京	4.0	7263.1	288.4	375755.4	18234.9	215449.9	33316.2
天津		2976.5	122.4	40465.2	4943.1	24071.0	2904.9
河北	121.9	21324.4	1727.1	95806.8	22261.9	56437.2	10202.5
山西	66.3	4441.7	569.5	32472.2	6566.7	17395.1	5266.1
内蒙古	219.3	4543.1	725.1	23700.8	3410.8	13325.2	2450.4
辽宁	149.9	8171.3	7757.0	167207.7	29954.2	106303.7	19988.3
吉林	61.9	5681.4	238.5	40426.9	11523.7	22289.6	5172.2
黑龙江	141.4	6613.8	227.4	29294.2	3876.0	19501.9	2286.4
上海	48.6	12184.7	860.3	61958.3	4134.3	35022.8	5995.0
江苏	542.9	45201.3	5093.9	117261.5	15282.4	70050.1	11295.9
浙江	81.8	24926.6	1452.2	36924.3	6266.0	18067.2	4317.4
安徽	467.7	50124.4	2107.3	28063.9	6064.5	14409.8	4196.9
福建	69.3	7194.8	258.6	30034.4	5273.9	19484.1	1771.4
江西	386.0	8984.0	896.4	15979.3	3414.8	7382.0	2481.3
山东	397.8	27510.5	3195.6	157979.8	47018.4	86380.7	12795.1
河南	175.0	20777.3	2162.0	54293.1	8597.0	35164.3	5538.5
湖北	231.8	20611.7	487.3	66093.8	10340.3	43977.4	7374.6
湖南	888.4	10310.3	1278.2	43830.8	5784.6	26245.9	6315.5
广东	1276.6	36620.5	658.0	89037.8	14219.3	56223.2	10910.3
广西	30.3	7800.0	433.2	18863.4	1797.8	11918.8	1767.1
海南	401.0	2496.6	641.5	5560.8	450.5	2737.9	1414.1
重庆	282.8	8271.3	723.3	30443.1	1977.1	21546.7	2638.6
四川	550.9	42248.9	1485.3	75128.2	8080.4	51700.8	6300.1
贵州	132.4	7179.6	824.8	12072.6	1968.7	6586.6	1510.3
云南	79.0	13347.4	1490.1	58371.8	7253.8	35362.9	6251.9
西藏	13.8		32.5	7139.4	452.8	2773.5	3205.9
陕西	170.9	5069.5	783.8	68561.3	7820.9	38739.3	6027.6
甘肃	46.3	2987.4	50353.9	27181.3	5000.7	13562.8	5937.9
青海	100.1	1004.7	48.9	7863.0	787.3	3833.7	2921.7
宁夏	10.5	2231.3	285.9	4759.4	903.3	3355.1	447.9
新疆	21.4	3334.8	32.5	38945.3	2359.1	20978.3	10087.9

单位：万元

军队离退休人员其他费用	死亡丧葬费	护理费	遗属生活困难补助费		其他费用	军队移交政府离退休干部管理机构	其他退役安置支出
				# 定期定量补助费			
292089.2	**12668.7**	**21939.7**	**10427.6**	**5311.0**	**247053.2**	**284125.1**	**39576.9**
108754.4	1606.6	2279.2	278.3	123.6	104590.3	90615.8	878.0
8546.2	206.5	639.4	167.3	94.5	7533.0	13291.5	931.6
6905.2	997.1	1724.1	1145.7	422.0	3038.3	12535.1	1685.0
3244.3	348.2	652.6	492.0	289.0	1751.5	3439.9	638.5
4514.4	136.3	266.4	279.5	104.0	3832.2	2279.1	375.3
10961.5	1364.6	1853.0	763.3	453.8	6980.6	25377.9	547.4
1441.4	187.0	16.2	81.7	14.2	1156.5	2972.5	500.1
3629.9	201.1	330.5	175.6	62.2	2922.7	5166.3	268.8
16806.2	519.2	597.0	103.5	94.6	15586.5	6560.9	919.4
20633.1	1195.0	1310.6	694.3	411.2	17433.2	12594.4	9447.5
8273.7	218.7	719.6	179.0	122.3	7156.4	5458.1	671.0
3392.7	296.3	469.8	381.2	281.6	2245.4	4281.2	458.2
3505.0	264.7	193.7	182.0	135.4	2864.6	3640.5	824.8
2701.2	37.4	162.1	93.4	23.4	2408.3	1013.0	534.5
11785.6	620.1	4444.7	831.6	690.4	5889.2	12237.7	1402.2
4993.3	520.1	1111.5	562.1	349.4	2799.6	6004.7	923.7
4401.5	711.5	968.1	322.8	246.3	2399.1	11633.5	635.7
5484.8	426.2	643.3	1276.2	154.7	3139.1	8379.3	911.8
7685.0	456.4	337.9	269.7	124.3	6621.0	9443.7	9215.5
3379.7	255.9	239.9	119.0	96.3	2764.9	2353.7	614.1
958.3	19.5	45.3	106.7	29.4	786.8	3743.6	495.1
4280.7	127.9	189.8	87.3	65.0	3875.7	3458.7	875.3
9046.9	551.4	631.4	618.8	347.1	7245.3	8417.4	1575.8
2007.0	149.7	76.6	132.8	57.1	1647.9	1453.7	419.9
9503.2	211.5	374.1	288.0	132.1	8629.6	8410.3	1674.8
707.2	97.0				610.2	12.0	144.0
15973.5	642.9	1006.1	422.7	154.8	13901.8	13298.3	1665.8
2679.9	26.2	413.3	149.3	66.0	2091.1	1243.1	216.4
320.3	65.9		15.7	1.5	238.7	262.7	120.1
53.1	11.0	15.0	13.1	7.1	14.0	393.9	6.6
5520.0	196.8	228.5	195.0	157.7	4899.7	4152.6	

E-9 续表 3

地 区	社会福利	儿童福利	老年人福利	假肢矫形	假肢厂(站)专项拨款	其他经费	殡葬
全 国	**1098754.9**	**64648.9**	**165619.7**	**4813.1**	**3143.6**	**1669.5**	**202397.5**
中央级							
北 京	71588.1	6988.1	12498.4				12244.5
天 津	25458.9		7019.4	1026.8		1026.8	2741.4
河 北	37723.8	5910.9	5730.4	260.0	260.0		10711.6
山 西	24123.5	81.0	3129.9				10013.8
内蒙古	26105.0	643.5	2096.8	26.0		26.0	4444.8
辽 宁	47908.2	2651.2	10285.1	39.9	4.9	35.0	9250.1
吉 林	26209.6	118.0	1000.8	568.0	365.0	203.0	5373.2
黑龙江	25501.0	293.4	3280.2	103.4	103.4		2050.1
上 海	49234.7		10642.1				120.6
江 苏	100697.1	1971.5	13641.0	4.0		4.0	9195.5
浙 江	60949.3	1152.5	6749.1	302.0	302.0		23650.8
安 徽	48429.4	1423.1	14611.3	120.8	90.0	30.8	3805.6
福 建	23338.7	111.0	1952.1	64.4		64.4	5196.4
江 西	17784.4	4.0	5557.0	80.0	80.0		3446.4
山 东	40182.4	7844.8	4495.9				5686.4
河 南	35710.5	4173.9	2512.7	562.5	553.0	9.5	9266.2
湖 北	20037.3	123.0	1087.5	28.9	28.9		4532.6
湖 南	38347.1	2971.5	3890.1	276.0	276.0		8182.4
广 东	101786.7	4722.4	16520.2				24420.0
广 西	28914.4	368.6	7128.7	154.3	87.3	67.0	1827.4
海 南	3524.9	447.0	952.9				754.3
重 庆	34805.8	1301.6	5501.7	175.5	151.5	24.0	3913.8
四 川	54780.4	2431.2	7307.8	22.0	22.0		12540.3
贵 州	14481.4	26.8	641.3	522.9	456.5	66.4	1810.0
云 南	45192.2	10636.5	8655.3				4580.8
西 藏	1845.2	105.3	260.2				315.9
陕 西	23855.4	541.7	1205.3	95.6	95.6		2120.5
甘 肃	15232.1	2265.1	837.3	150.5	150.5		4359.5
青 海	1176.0	14.5	185.3	159.6	62.0	97.6	69.7
宁 夏	8898.6	415.0	2689.9				2719.0
新 疆	44932.8	4911.8	3554.0	70.0	55.0	15.0	13053.9

单位：万元

补贴火化场经费	补贴殡葬类单位经费	社会福利事业单位	社会福利院经费	儿童福利院经费	精神病人福利院经费	补贴安置农场经费	其他	其他社会福利支出
85862.3	**116535.2**	**471550.6**	**220717.0**	**60523.2**	**84862.5**	**7088.8**	**98359.1**	**189725.1**
974.2	11270.3	9202.6	2495.3	101.3	2088.5		4517.5	30654.5
572.2	2169.2	13994.2	2404.4	1983.3	2432.9		7173.6	677.1
8862.6	1849.0	12052.4	5628.8	225.0		90.8	6107.8	3058.5
9093.8	920.0	8556.8	6197.4	162.4	553.0		1644.0	2342.0
3193.9	1250.9	12308.5	8765.3	1252.2	1261.9		1029.1	6585.4
4036.3	5213.8	22329.5	12683.0	2454.0	230.7		6961.8	3352.4
1446.8	3926.4	16619.1	5582.7	734.7	6396.1	192.9	3712.7	2530.5
472.0	1578.1	19216.0	5660.8	3365.1	8209.5	968.6	1012.0	557.9
	120.6	30815.6	16201.1	5489.9	5074.7		4049.9	7656.4
3797.8	5397.7	57255.5	21069.1	4224.7	12937.6	1091.0	17933.1	18629.6
12425.4	11225.4	21790.1	12627.1	3013.6	876.5		5272.9	7304.8
1864.4	1941.2	12219.4	3745.1	4226.2	15.0	171.2	4061.9	16249.2
1789.0	3407.4	11810.3	5149.0	1126.9	4699.1	225.0	610.3	4204.5
2090.4	1356.0	7195.7	4948.8	244.6	1155.1		847.2	1501.3
3684.1	2002.3	17635.1	8370.2	1992.9	3670.6		3601.4	4520.2
4827.3	4438.9	11738.4	5793.7	1603.3	1273.0	128.0	2940.4	7456.8
889.4	3643.2	13352.3	8189.7	3725.9	256.0		1180.7	913.0
3666.1	4516.3	16108.2	9404.8	1667.6	3345.7	63.5	1626.6	6918.9
11396.8	13023.2	45338.5	28722.9	4706.0	5883.9	31.4	5994.3	10785.6
618.3	1209.1	13315.3	5650.7	1618.9	3105.8	128.0	2811.9	6120.1
516.0	238.3	1101.7	814.7	264.9			22.1	269.0
1220.6	2693.2	13273.5	5177.8	1331.6	3272.8		3491.3	10639.7
4206.2	8334.1	23939.1	11073.0	2088.8	6049.3	638.2	4089.8	8540.0
564.2	1245.8	9734.3	1841.4	942.6	1606.5	2344.3	2999.5	1746.1
1413.7	3167.1	11058.2	3823.9	1999.8	2980.8	732.8	1520.9	10261.4
	315.9	1049.1	337.3	696.8			15.0	114.7
504.8	1615.7	11599.2	6659.4	2070.6	1643.3		1225.9	8293.1
575.7	3783.8	4837.4	2313.7	1178.5	649.9	283.1	412.2	2782.3
10.1	59.6	656.6	411.4	215.2			30.0	90.3
937.8	1781.2	2628.4	2591.8				36.6	446.3
212.4	12841.5	18819.6	6382.7	5815.9	5194.3		1426.7	4523.5

E–9续表4

地　区	城市居民最低生活保障	其他城镇社会救济	流浪乞讨人员救助	流浪乞讨人员救助单位经费	流浪乞讨人员救助经费	其他城镇社会救济支出	城镇定期定量救济费
全　国	**5247297.8**	**399386.0**	**148695.6**	**81605.1**	**56780.3**	**250690.4**	**17821.8**
中央级		2340.0	2340.0	2340.0			
北　京	62192.9	13647.6	8302.6	1866.4	6436.3	5345.0	220.4
天　津	93060.9	4868.0	2775.3	2560.9	214.4	2092.7	676.5
河　北	173948.5	6291.3	3005.6	1403.0	1571.5	3285.7	106.0
山　西	182709.7	3745.9	3039.5	1878.0	1122.9	706.4	78.4
内蒙古	270772.7	9694.6	3269.1	2494.0	661.0	6425.5	543.2
辽　宁	292154.1	26330.2	5959.9	3518.9	2145.3	20370.3	209.9
吉　林	285732.5	4908.1	2905.3	1853.9	1042.3	2002.8	137.2
黑龙江	363748.8	8132.2	3850.0	2828.9	970.6	4282.2	169.9
上　海	131201.7	97462.4	9947.2	6732.1	3215.1	87515.2	
江　苏	107929.8	32646.0	10223.7	4205.8	4080.9	22422.3	2383.2
浙　江	34360.4	20248.1	8807.5	4892.9	3874.7	11440.6	895.1
安　徽	197149.3	6414.5	2730.0	1553.3	1128.1	3684.5	1400.4
福　建	34265.6	5373.7	3174.1	1957.4	1216.7	2199.6	421.8
江　西	210283.5	4212.2	2533.2	1499.3	829.7	1679.0	102.7
山　东	147344.6	8318.0	5118.5	3669.2	1372.8	3199.5	
河　南	272274.2	5945.6	4362.6	2610.0	1666.6	1583.0	48.3
湖　北	312486.7	11467.5	3863.3	1932.3	1827.3	7604.2	1264.7
湖　南	302784.7	11065.1	6624.6	3271.2	3016.4	4440.5	697.1
广　东	79665.2	35278.7	20281.4	11296.9	7907.7	14997.3	225.4
广　西	113688.6	4417.2	3483.7	2391.8	687.4	933.5	65.7
海　南	39366.0	1246.6	449.9	156.7	288.0	796.7	55.2
重　庆	138622.1	5840.3	3335.1	1464.0	1871.1	2505.2	333.7
四　川	403600.7	13216.5	7777.4	3180.8	3082.0	5439.1	883.3
贵　州	101685.0	2241.1	1614.7	668.1	790.9	626.4	61.6
云　南	164445.4	19475.8	4397.3	1046.3	712.6	15078.5	521.1
西　藏	12412.3	714.7	358.6	206.4	150.2	356.1	
陕　西	234453.7	11032.0	8016.4	4862.1	2311.5	3015.6	1.5
甘　肃	189510.1	5355.2	1968.9	1124.4	803.0	3386.3	72.1
青　海	55399.0	592.4	477.0	397.2	70.8	115.4	8.2
宁　夏	38550.9	842.1	615.1	467.6	147.5	227.0	
新　疆	201498.2	16022.4	3088.1	1275.3	1565.0	12934.3	6239.2

单位：万元

孤老残幼	城镇临时救济费	城镇其他救济费	宽释人员	自然灾害生活救助	生活救济费	紧急抢救、安置、转移灾民支出	救灾储备	灾民倒房重建	其他救助
4806.3	**105339.7**	**127528.9**	**785.3**	**2371830.5**	**889133.1**	**106242.9**	**131863.5**	**1096156.4**	**148434.6**
				97629.9			97629.9		
19.0	2972.6	2152.0	8.3	4335.5	942.1		215.8		3177.6
15.5	1329.8	86.4	2.2	605.2	45.4		253.7		306.1
25.0	2517.3	662.4	2.7	24261.4	22750.1	10.0	590.3	457.2	453.8
65.5	486.0	142.0	15.5	25503.0	20804.1	258.0	1310.7	575.1	2555.1
	2603.3	3279.0		45650.5	38235.8	1819.6	55.0	2080.2	3459.9
36.6	14217.0	5943.4	1.3	47508.2	27674.7	1106.0	1644.2	14107.9	2975.4
60.0	1760.1	105.5		80791.6	31206.2	5877.8		39871.1	3836.5
87.5	2023.7	2088.6	0.2	26640.5	21246.7	465.0	553.6	2837.0	1538.2
	16955.6	70559.6	55.1	4200.0					4200.0
257.2	12910.8	7128.3	125.1	15339.2	11298.6	120.0	77.7	2137.4	1705.5
112.6	5711.7	4833.8	29.7	11201.9	8065.6	654.2	300.5	1284.1	897.5
485.8	1529.9	754.2	78.4	31915.6	20565.8	1104.2	136.4	9188.8	920.4
70.9	1363.4	414.4	7.0	44655.0	10725.4	4381.3	1675.5	26474.9	1397.9
19.3	1275.0	301.3	4.8	85796.9	41266.1	11185.8	1085.0	29649.5	2610.5
	1731.6	1467.9		37551.4	22593.9	453.0	36.9	13928.8	538.8
13.8	1196.2	338.5	23.3	72884.5	30876.7	2207.4	1339.1	38053.8	407.5
774.9	2032.7	4306.8	77.1	52254.2	30508.5	3327.2	1435.0	16324.4	659.1
183.5	2184.4	1559.0	102.3	73848.1	39331.4	4827.8	564.0	24642.7	4482.2
137.4	5395.7	9376.2	2.9	45994.6	15660.5	4160.7	1537.2	22696.2	1940.0
49.9	452.3	415.5		65521.4	31033.6	3007.3	1586.3	24614.6	5279.6
	490.3	251.2		25569.3	10188.0	6535.1	524.6	5995.4	2326.2
143.7	1623.7	547.8	69.5	30491.4	18788.8	1725.2	333.7	8250.4	1393.3
842.7	3773.0	782.8	103.0	771546.0	105136.5	14808.8	1055.5	588342.4	62202.8
32.1	439.8	125.0	22.6	48397.3	33454.6	2849.9	1886.8	7188.6	3017.4
313.4	11065.8	3491.6	50.4	125899.9	77257.7	5920.7	2627.1	22853.5	17240.9
	119.6	236.5		13948.9	4227.0	148.4	388.0	657.7	8527.8
1.5	2073.0	941.1	3.4	218291.7	37107.0	22189.6	1028.0	151488.0	6479.1
32.0	2261.0	1053.2		44838.8	37911.7	1338.1	2189.5	5651.3	-2251.8
0.7	104.7	2.5	0.5	98201.8	87716.2	14.0	8191.3	634.3	1646.0
	152.4	74.6		16830.3	9459.8	524.4	15.0	3805.0	3026.1
1025.8	2587.3	4107.8		83726.5	43054.6	5223.4	1597.2	32366.1	1485.2

E-9 续表 5

地区	农村最低生活保障	其他农村社会救济	五保供养	五保集中供养	五保分散供养	其他农村社会救济支出	特困生活救济
全国	**4450222.5**	**1346236.8**	**981469.2**	**427294.7**	**536639.2**	**187159.0**	**102110.6**
中央级							
北京	14605.8	8109.1	2312.4	1467.9	850.5	4433.3	466.9
天津	13587.3	8293.9	6036.5	862.8	5098.8	804.1	951.3
河北	149613.0	54293.1	49064.5	23031.3	25390.2	2188.6	1784.8
山西	108929.6	30640.3	25034.9	5975.4	18910.0	2835.5	1367.2
内蒙古	156428.0	31098.5	20801.2	7602.5	13504.0	3762.3	4162.9
辽宁	85627.0	45461.2	31477.7	12665.8	18739.5	6941.4	2620.6
吉林	80796.5	25408.9	22151.1	9268.4	12822.5	1369.9	526.7
黑龙江	106228.0	31987.9	24740.9	8499.0	15863.5	5625.5	777.1
上海	11258.3	12686.7	2349.2	1083.8	1187.0	6615.2	3722.3
江苏	205153.0	113407.6	63917.9	46203.8	20110.9	19520.2	16380.5
浙江	112700.9	74620.5	19772.2	18568.4	546.8	33568.0	12332.8
安徽	195417.7	81117.3	72898.0	28734.3	42333.5	1307.0	1717.8
福建	61626.7	23743.2	17830.5	1535.9	16294.6	2356.1	1623.5
江西	142357.6	56328.1	39684.1	29906.9	9723.6	6250.8	4175.8
山东	219387.3	68545.0	59340.1	50080.3	9250.2	6221.5	909.1
河南	277685.4	85189.5	78599.5	44071.4	33906.7	3224.4	1230.6
湖北	167428.1	49422.9	40520.1	25708.6	14495.1	5521.9	1272.8
湖南	173126.2	79222.0	62958.9	17081.6	45728.9	5747.8	4407.4
广东	164825.0	63053.8	53976.7	13721.9	37458.4	5206.1	3148.9
广西	231731.9	44343.0	39606.4	4241.5	30193.0	2670.5	1311.1
海南	27334.5	9423.2	8182.3	1736.1	6448.8	894.8	273.5
重庆	102598.7	48465.9	41711.7	11997.2	29284.5	2473.8	1716.9
四川	310207.3	110701.7	92222.4	39925.9	51064.8	9826.2	4971.5
贵州	317457.7	14677.5	10149.5	1560.8	8224.4	3224.2	557.5
云南	312112.1	77787.3	24919.6	3990.3	19266.3	27345.5	22146.5
西藏	15202.1	3743.4	2897.7	465.1	2436.2	673.6	172.1
陕西	256993.9	37529.8	28122.6	8325.5	18868.2	5602.7	2899.6
甘肃	242679.5	35797.5	24015.0	4527.8	17122.2	7015.3	3996.7
青海	42884.2	5955.0	4153.4	443.5	3709.9	1335.9	219.2
宁夏	25941.2	4533.6	3409.4	1452.8	1728.3	1018.7	67.2
新疆	118298.0	10649.4	8612.8	2558.2	6077.9	1578.2	199.8

单位：万元

农村定期定量救济费	临时救济费	麻风病人救济费	精简退职老弱残职工救济	享受原工资40%救济费	其他精简退职老职工救济费	
						定期定量救济费
23725.0	**74903.9**	**3481.7**	**75498.0**	**31404.8**	**44093.2**	**31720.8**
	466.9		896.5	368.6	527.9	399.1
46.1	905.2		502.0	340.4	161.6	103.2
126.2	1658.6		1255.2	1195.5	59.7	23.1
391.2	975.6	0.4	1402.7	1311.6	91.1	34.3
2872.7	1290.2		2372.1	1299.5	1072.6	461.7
110.0	2457.3	53.3	4421.5	1825.6	2595.9	1051.7
27.0	477.1	22.6	1361.2	932.4	428.8	245.7
110.0	661.1	6.0	844.4	623.2	221.2	105.8
	3722.3					
5941.8	10040.9	397.8	13589.0	4528.3	9060.7	8198.5
3224.0	8876.6	232.2	8947.5	1798.1	7149.4	5669.3
583.1	913.1	221.6	5194.5	1827.3	3367.2	2612.6
1017.7	546.1	59.7	1933.1	1782.4	150.7	87.5
753.7	2974.0	448.1	6217.4	1372.2	4845.2	3033.2
	904.1	5.0	2074.3	2074.3		
547.4	683.2		2135.0	1349.7	785.3	559.9
255.4	825.3	192.1	2108.1	1448.8	659.3	403.8
1248.4	3014.6	144.4	6107.9	1454.0	4653.9	3162.9
499.6	2015.4	633.9	722.1	356.4	365.7	151.1
612.9	645.8	52.4	755.0	526.8	228.2	121.0
133.7	78.2	61.6	72.6	34.8	37.8	37.1
244.3	1353.2	119.4	2563.5	997.0	1566.5	1088.6
1826.1	2738.5	406.9	3681.6	1341.9	2339.7	1780.7
40.6	385.4	131.5	746.3	327.3	419.0	252.6
2054.3	19840.1	252.1	3375.7	993.6	2382.1	1662.8
42.6	129.5					
277.1	2589.4	33.1	904.9	613.1	291.8	235.1
688.0	3301.1	7.6	770.5	387.8	382.7	79.7
11.5	207.7		246.5	120.9	125.6	81.7
4.6	62.6		38.3		38.3	26.4
35.0	164.8		258.6	173.3	85.3	51.7

E-9续表6

地　区	民政管理事务	行政运行	一般行政管理事务	机关服务	拥军优属	老龄事务	民间组织管理
全　国	**1951069.7**	**516693.8**	**99368.6**	**19809.1**	**153380.4**	**94810.7**	**13521.9**
中央级	360292.5	5006.9	20731.2	1185.9	326.1	1582.4	987.3
北　京	106209.2	16467.3	4133.8	1662.1	7727.2	6953.6	998.4
天　津	44415.2	9196.1	547.4	82.1	2162.9	911.7	87.7
河　北	46279.8	24923.6	2404.7	513.3	2603.9	1311.3	292.1
山　西	29452.4	10918.9	2144.2	324.4	2159.9	1117.9	85.8
内蒙古	42288.9	14525.7	2117.8	980.7	2431.5	1043.5	53.0
辽　宁	66722.0	17326.7	3191.9	805.1	6214.5	1727.0	221.2
吉　林	30784.9	7835.6	785.1	381.8	1473.1	660.0	107.6
黑龙江	27801.5	12785.0	1135.7	447.2	1576.4	753.7	109.8
上　海	66985.0	15259.4	847.2		15756.6	8517.2	1636.7
江　苏	115704.4	39666.7	4597.0	659.0	12524.9	10256.3	775.0
浙　江	122236.5	39825.2	4993.5	529.6	9971.9	10428.0	982.1
安　徽	35841.8	12497.2	2928.8	764.6	3358.2	1238.3	229.5
福　建	41109.6	11361.5	1143.0	350.0	4404.0	1360.8	181.2
江　西	26867.9	10700.8	2041.9	554.5	1993.7	1808.3	166.0
山　东	86998.9	27260.5	5311.2	1233.0	10214.1	2624.5	915.6
河　南	54429.8	21052.1	4071.1	1847.0	5123.7	908.9	614.7
湖　北	34920.7	15566.7	2518.1	1242.1	2382.6	833.2	380.6
湖　南	51772.6	22552.8	5306.7	1538.6	2352.0	2049.7	563.0
广　东	125248.7	37906.9	3500.3	1485.3	26466.1	8544.2	2288.6
广　西	45030.1	11917.7	1766.3	247.9	6053.6	1175.9	152.6
海　南	17851.5	3428.2	2349.0		2649.3	1436.2	152.4
重　庆	46964.7	10478.0	1867.4	187.8	2674.3	2010.1	203.1
四　川	78166.6	30213.2	5118.4	782.2	4881.0	5025.4	337.0
贵　州	36094.7	14978.9	1831.8	377.2	2873.6	1890.6	38.1
云　南	59827.2	19227.2	2179.2	373.5	3412.0	8395.8	125.6
西　藏	6289.7	2441.8	530.4		590.1	69.3	10.0
陕　西	56235.0	14577.1	2304.1	293.8	1632.7	2875.2	305.4
甘　肃	19522.3	8102.7	1056.2	298.5	1202.0	1287.2	98.6
青　海	9015.8	2429.9	250.4	34.4	356.7	688.7	94.6
宁　夏	9336.8	4723.8	883.4	102.2	321.6	268.4	131.5
新　疆	50373.0	21539.7	4781.4	525.3	5510.2	5057.4	197.1

单位：万元

行政区划和地名管理	基层政权和社区建设	部队供应	其他民政管理事务支出	行政事业单位离退休	地方离退休人员经费	离休人员离休金	退休人员退休金	退职人员退职金
37886.3	**290727.4**	**34328.6**	**690542.9**	**303739.1**	**125949.3**	**13743.8**	**91374.7**	**2281.0**
1119.8	417.7		328935.2	2877.0				
418.4	31022.5	6213.2	30612.7	35539.5	25640.2	455.0	19703.8	192.3
118.0	17570.0	381.7	13357.6	4411.3	4185.9	194.8	2883.6	54.0
2360.6	3590.7	1109.1	7170.5	16755.4	6162.7	961.6	4856.4	83.3
393.4	3972.3	602.7	7732.9	6528.3	2184.8	621.7	1392.7	28.6
994.3	4567.7	667.0	14907.7	8489.6	2271.0	687.3	1450.5	79.2
1717.1	21529.7	2095.7	11893.1	15386.4	6195.7	954.1	3840.6	697.7
553.0	6075.1	567.3	12346.3	3345.3	1555.3	311.1	1038.4	66.0
1055.7	4516.2	1084.5	4337.3	5302.1	526.2	55.9	451.4	9.0
464.2	3113.0	893.0	20497.7	5160.9	973.3		819.1	1.7
2034.4	18528.9	843.9	25818.3	17101.8	12754.8	2803.0	7929.4	194.9
4185.9	26287.3	1615.5	23417.5	11882.3	8021.7	374.0	5795.9	132.8
734.5	4210.0	629.9	9250.8	11669.6	3439.6	935.6	2043.6	19.5
1263.5	5643.8	975.3	14426.5	16679.3	8844.1	540.2	6438.3	216.3
350.5	3190.5	1164.5	4897.2	6631.9	3838.5	443.5	3033.3	46.2
2148.5	20463.4	1536.0	15292.1	9425.6	3977.1	256.8	2191.7	
1569.2	5213.6	2307.5	11722.0	13926.5	3789.8	759.2	2696.8	17.5
631.2	2386.7	1270.7	7708.8	11201.1	6002.7	623.9	4921.6	1.0
1103.3	6767.5	998.2	8540.8	8100.3	4173.5	450.6	3447.3	39.0
2963.4	13417.5	2299.5	26376.9	25339.4	5752.1	436.2	4577.3	80.7
840.1	5313.2	1761.3	15801.5	9920.6	648.7	55.4	550.0	6.6
729.1	1433.7	932.8	4740.8	1988.3	269.7	58.1	211.6	
610.6	18138.0	330.5	10464.9	8572.1	830.9	16.5	644.0	4.1
1420.9	14041.3	995.3	15351.9	22274.8	4643.9	354.7	3711.8	77.5
624.0	4060.2	556.6	8863.7	2113.3	1680.3	201.6	1337.9	14.2
1140.6	9938.6	1123.4	13911.3	9139.3	2829.3	488.7	1845.3	21.3
1288.3	459.2	10.0	890.6	445.5				
1632.1	26632.6	510.6	5471.4	4572.8	1668.3	366.4	1091.5	147.7
608.4	671.2	162.0	6035.5	3819.8	1302.6	123.6	1010.1	25.2
149.6	3115.5	105.8	1790.2	1579.9	220.7	7.9	166.3	
143.8	380.4	159.1	2222.6	491.6	264.9	23.5	230.5	3.9
2519.9	4059.4	426.0	5756.6	3067.5	1301.0	182.9	1064.0	20.8

E−9 续表 7

地　区	离退休人员其他费用	一次性抚恤金	行政单位离退休	事业单位离退休	离退休人员管理机构	其他行政事业单位离退休支出	医疗救助支出
全　国	**18549.8**	**5074.3**	**96179.1**	**69974.4**	**1164.2**	**10472.1**	**1577623.0**
中央级			2094.4	436.4	346.2		
北　京	5289.1	1011.0	7049.4	2260.4	10.7	578.8	11834.9
天　津	1053.5	276.0	193.1	32.3			9039.1
河　北	261.4	159.1	5412.1	5068.3		112.3	64692.9
山　西	141.8	46.4	1746.5	2417.5		179.5	43681.4
内蒙古	54.0	22.5	3994.4	2224.2			42054.6
辽　宁	703.3	476.4	4397.6	4047.5		745.6	32398.8
吉　林	139.8	109.6	970.7	816.4		2.9	56946.0
黑龙江	9.9	9.3	1034.7	3731.3		9.9	93822.6
上　海	152.5	58.2	1982.8	1619.2		585.6	25606.6
江　苏	1827.5	533.3	2354.8	1502.0		490.2	60718.8
浙　江	1719.0	172.5	2156.3	1478.2		226.1	57877.3
安　徽	440.9	118.0	5092.5	2781.6	217.1	138.8	63654.6
福　建	1649.3	549.2	2966.1	2965.9	11.0	1892.2	19703.5
江　西	315.5	107.1	1402.9	1337.2	10.7	42.6	115782.8
山　东	1528.6	74.4	2720.8	2633.0		94.7	77354.9
河　南	316.3	136.0	5667.0	4176.7	112.1	180.9	70659.2
湖　北	456.2	219.1	2672.2	1245.3	116.8	1164.1	50954.5
湖　南	236.6	97.1	2321.5	899.7	70.0	635.6	84761.9
广　东	657.9	312.7	9862.3	9340.9	141.8	242.3	39976.5
广　西	36.7	25.7	4624.4	3988.6		658.9	33316.5
海　南			1361.5	357.1			12821.3
重　庆	166.3	140.0	4013.3	2381.8		1346.1	46962.0
四　川	499.9	206.5	9477.1	7513.0	24.9	615.9	129495.1
贵　州	126.6	11.0	308.0	125.0			45648.7
云　南	474.0	43.6	4602.0	1435.7	97.8	174.5	67306.4
西　藏			364.1			81.4	10077.6
陕　西	62.7	29.7	1346.3	1456.8		101.4	62105.6
甘　肃	143.7	92.3	1529.3	950.8		37.1	54217.8
青　海	46.5		1074.7	279.4	5.1		23280.8
宁　夏	7.0	7.0	131.8	33.8		61.1	17038.8
新　疆	33.3	30.6	1254.5	438.4		73.6	53831.5

单位：万元

农村医疗救助	资助参加医疗保险	医疗救助	城市医疗救助	资助参加医疗保险	医疗救助	优抚对象医疗补助	彩票公益金支出	其他款项用于民政支出
834810.0	**139619.5**	**669694.7**	**495203.0**	**76050.0**	**372633.4**	**247610.0**	**1123463.5**	**788603.8**
							13683.5	11213.0
1795.9	185.6	1524.1	5001.0	90.8	2939.9	5038.0	64968.7	57041.9
1760.5	1060.0	591.8	4447.8	1952.6	1220.7	2830.8	9623.3	3409.3
31139.1	4744.8	25867.4	15026.8	1797.4	13036.1	18527.0	41058.2	11140.1
18835.5	2361.5	16455.6	18398.5	3312.5	13312.5	6447.4	16460.9	22082.4
20597.3	2437.8	17700.2	15519.4	1500.5	12416.7	5937.9	26588.0	22896.8
12519.7	4187.2	6248.2	14034.0	3753.2	6912.7	5845.1	46302.1	26709.5
22270.7	2385.8	19666.6	30019.1	3436.5	24656.4	4656.2	23197.8	3180.3
38083.6	3548.9	33744.8	50080.2	7167.2	38045.3	5658.8	30854.8	14209.0
11696.6		11436.2	12307.9	428.2	10042.5	1602.1	26341.4	6811.1
35475.2	5476.3	26582.0	11247.9	3013.8	7308.5	13995.7	41609.2	19922.6
38495.6	2732.1	34497.3	9682.6	236.4	7754.9	9699.1	63291.2	82295.6
39988.3	6885.8	32238.7	14761.1	1187.8	12817.9	8905.2	39295.9	8295.7
10366.0	2409.9	7956.1	3062.4	562.8	2499.6	6275.1	21670.2	13124.8
62747.5	5712.4	56793.1	46365.3	8958.8	34880.2	6670.0	26887.7	2338.4
27258.7	5210.5	21792.5	13446.4	2201.1	11168.3	36649.8	97861.5	26062.3
41149.3	12000.7	28569.2	16789.2	3587.0	11285.0	12720.7	21975.5	9681.1
22273.1	6054.9	16027.7	17790.8	3997.2	13040.3	10890.6	63185.3	33117.4
42677.0	5398.9	35838.8	27285.4	4095.1	20823.9	14799.5	36503.3	27192.9
17850.1	8003.1	9070.0	15751.7	3906.6	6979.5	6374.7	116741.2	30820.8
24598.7	7446.9	16621.2	5372.8	818.4	3952.2	3345.0	25972.2	14420.5
7255.4	487.9	4037.6	3932.4	722.1	3451.1	1633.5	6005.4	14470.4
20510.5	2578.2	16879.2	13354.4	2980.7	9718.8	13097.1	41725.1	27803.2
75184.2	10855.3	62253.7	38556.0	2992.9	31650.6	15754.9	50350.3	39837.2
34258.9	9975.6	23714.4	6498.9	730.2	5397.3	4890.9	23581.5	17944.9
45656.6	13821.4	30693.0	15162.7	3557.3	10694.2	6487.1	42420.3	111315.8
6175.2	323.8	5850.5	3062.9	0.6	3062.3	839.5	7380.0	2222.2
37098.3	2977.8	31868.3	16735.2	609.6	12381.8	8272.1	18787.3	10055.7
38359.7	2832.9	35385.0	13364.1	860.8	12340.7	2494.0	19407.7	37028.5
13772.6	1432.6	12164.2	7178.7	2014.0	4752.7	2329.5	11424.8	62899.0
10165.2	1258.7	8808.4	5199.4	499.1	4143.2	1674.2	9987.0	15579.4
24795.0	4832.2	18818.9	25768.0	5078.8	19947.6	3268.5	38322.2	3482.0

E-10 民政部门其他

地　区	公益金			
	上年结余	本年本级提取公益金	财政批准使用公益金	上级下拨公益金
全　国	**1023390.4**	**1503507.1**	**1157656.5**	**1119434.1**
中央级	1068.8	118750.0	276961.0	
北　京	43288.6	63881.5	68817.9	976.0
天　津	22045.2	19359.8	24405.8	1751.5
河　北	16402.7	35739.8	27843.3	61725.8
山　西	56509.5	14913.9	15245.6	24068.5
内蒙古	85745.9	32351.6	49172.3	42574.9
辽　宁	60766.8	81601.5	17895.5	34400.5
吉　林	8201.1	14716.0	19281.5	21886.4
黑龙江	9793.4	32526.3	2370.4	21803.6
上　海	49754.4	49375.5	58353.1	239.0
江　苏	78601.2	61359.4	38791.5	24463.9
浙　江	36599.3	110498.4	68086.2	35132.4
安　徽	21030.9	39606.2	18680.3	25221.2
福　建	24860.7	35853.7	14995.3	47639.5
江　西	14691.9	22862.3	13302.7	51165.4
山　东	4876.1	130818.4	97014.7	92882.6
河　南	10581.1	31139.7	26552.9	32144.6
湖　北	11241.4	55620.7	44663.9	47956.5
湖　南	31313.4	48633.8	1210.4	50785.1
广　东	140270.1	186387.3	83931.4	81149.6
广　西	36098.3	31558.6	30827.1	60817.7
海　南	6331.1	10170.4	3081.6	5882.4
重　庆	24101.8	31412.0	25976.3	23059.0
四　川	42235.0	29809.5	28920.0	64759.0
贵　州	51692.6	24963.3	10227.7	85463.5
云　南	4774.6	37426.3	26623.8	59450.8
西　藏	3683.6	4125.0		7380.0
陕　西	80361.4	96295.4	11184.0	20818.3
甘　肃	31713.6	24004.6	21049.7	18555.2
青　海	981.0			8998.0
宁　夏	4038.6		6451.8	11264.0
新　疆	9736.3	27746.2	25738.8	55019.2

资金收支情况

单位：万元

情况				发行费情况	
本年本级支出公益金	本年下拨公益金	# 下拨上级公益金	年末结余	上年结余	本年本级提取
1212213.4	**1246671.1**	**454688.3**	**1103612.4**	**245792.9**	**739950.5**
13683.5	263961.0		385.3		
63497.7	1471.0	1471.0	48113.8	26732.7	52275.6
10559.7	15983.0	160.0	21621.6	2520.9	6493.9
41058.2	50888.9	32192.4	14024.7	13982.6	42825.5
18805.9	19651.4	12413.5	57508.3	13101.6	8749.3
26711.5	56222.2	20829.6	69334.2	3292.7	6222.9
42065.8	24262.1	6495.5	34858.6	50605.8	17576.9
17918.9	28810.0	11127.0	5833.1	283.1	9162.2
33135.6	20007.9	13426.0	12041.8	1851.5	2468.8
42515.8	239.0		65591.7	557.5	23164.5
51554.4	18208.9	9123.6	291867.7	10564.9	40875.8
62802.3	34966.8	3918.4	42048.8	5158.1	42299.5
45648.5	15892.2	9406.3	26780.8	2654.0	30402.2
21670.2	45155.5	20378.7	20669.8	8477.9	11276.2
26887.7	38834.5	27774.1	13213.4	2815.3	8079.4
97861.5	87710.5	33792.1	6577.6	3341.5	110705.4
46222.2	14063.8	8565.3	13337.8	1523.5	17425.1
63185.3	37353.6	15990.0	3322.9	29588.9	20315.8
36197.4	59796.1	27083.0	524.4	4483.5	18785.4
127212.5	77330.6	21364.4	100808.0	20132.5	68752.3
31806.3	44544.2	33189.4	51392.6	4794.4	16342.9
12842.5	1730.7		7199.4	372.0	7964.3
40590.1	19252.6	7705.0	13188.7	4786.2	13379.9
60557.3	50052.8	32657.9	29658.8	16919.9	49370.9
27159.3	77001.9	31187.8	43871.5		19678.8
48112.1	44722.6	20265.6	6012.4	2077.1	39719.1
10733.0			4455.6		3771.0
20047.0	20937.5	12151.2	80806.1	13604.6	15369.9
17512.2	22504.2	13138.5	6539.2	90.0	8347.3
5204.0	3033.0	3033.0		768.7	
10067.5	7346.4	3871.0	3976.9	274.8	3646.0
38387.5	44736.2	21978.0	8046.9	436.7	24503.7

E-10续表

地　区	发行费情况			本年销售奖券数
	本年财政拨付发行费	本年本级支出发行费	年末结余	
全　国	**639089.5**	**595967.0**	**288915.4**	**10700882.4**
中央级				
北　京	53019.8	46019.4	33733.1	382292.5
天　津	5536.4	4550.7	3506.6	135056.0
河　北	40078.4	36692.6	17368.4	347006.6
山　西	10533.3	10510.7	13124.2	159719.4
内蒙古	6750.1	8612.1	1430.7	200553.7
辽　宁	29842.4	18847.3	61600.9	543791.7
吉　林	7136.2	6830.5	588.8	175725.7
黑龙江	1720.3	2466.0	1105.8	243383.5
上　海	19290.2	18850.2	997.5	295040.8
江　苏	30336.2	25217.0	15684.1	723258.1
浙　江	22917.8	22642.9	5433.0	733941.7
安　徽	27035.7	27256.6	2433.1	510416.8
福　建	1054.5	8706.5	825.9	241186.1
江　西	6932.5	6932.5	2815.3	144329.6
山　东	75404.9	74339.0	4407.4	898454.9
河　南	13450.1	12557.7	2415.9	538788.4
湖　北	21805.2	20618.5	30775.6	407075.0
湖　南	19765.5	16193.2	8055.8	275940.1
广　东	66956.5	62739.0	24350.0	1135537.1
广　西	25432.6	22471.8	7755.2	219844.7
海　南	7929.8	7765.4	536.4	167947.0
重　庆	13776.6	10436.3	8126.5	218964.7
四　川	46738.9	42823.1	20835.7	426883.7
贵　州	19678.8	17893.5	1785.3	146842.7
云　南	15892.5	14843.8	3125.8	330261.2
西　藏	2791.0	3771.0	-980.0	25139.0
陕　西	12131.0	10551.9	15183.7	663517.8
甘　肃	8042.5	8132.5		147863.7
青　海			768.7	
宁　夏	2616.5	1839.4	1051.9	64555.9
新　疆	24493.3	24855.9	74.1	197564.3

单位：万元

#电脑彩票	民政系统行政事业性收费情况	婚姻登记收费	收养登记费	殡葬收费
8095331.9	**390721.8**	**20940.5**	**872.6**	**368908.7**
327061.8	14356.2	186.8	18.2	14151.2
91311.9	11684.8	105.1		11579.7
255945.6	14076.1	747.2	13.7	13315.2
131678.3	2626.0	549.2	13.9	2062.9
155391.8	10074.1	176.0	2.8	9895.3
401484.9	25590.8	374.0	2.0	25214.8
134910.5	8108.6	351.5	2.2	7754.9
217940.0	26633.1	4903.3	4.2	21725.6
252994.2	129.5	120.1	9.4	
465730.2	47487.2	1035.9	64.4	46386.9
468926.8	25441.0	618.8	120.3	24701.9
384644.0	23853.7	661.5	67.2	23125.0
159700.6	9614.2	430.1	30.2	9153.9
127051.9	4156.7	570.7	64.4	3521.6
630349.0	27327.7	866.5	67.2	26394.0
398389.8	7278.8	1192.1	34.1	6052.6
295330.9	26465.4	634.9	29.9	25800.6
211314.4	7640.5	1404.6	36.7	6199.2
872808.0	36283.3	850.2	102.5	35330.6
157286.3	13961.2	577.0	42.8	13341.4
160223.1	590.8	86.4	5.9	498.5
166585.5	2786.0	393.5	19.7	2372.8
337438.1	16519.6	1483.8	29.5	15006.3
131007.5	1534.9	431.4	29.0	1074.5
285049.9	3008.9	682.8	30.4	2295.7
20940.0	97.3	18.0		79.3
545073.8	2167.9	400.4	3.9	1763.6
108486.1	448.2	275.6	4.9	167.7
	320.0	41.5	0.5	278.0
46127.0	2837.1	65.3	3.5	2768.3
154150.0	17622.2	706.3	19.2	16896.7

E-11 彩票公益金

地　区	彩票公益金支出合计数	中　央	省　级	地　级	县　级	福利类收养性单位	中　央
全　国	**1225258.6**	**13683.5**	**186210.0**	**363514.6**	**661850.5**	**510914.1**	
中央级	13683.5	13683.5					
北　京	63497.7		19063.4		44434.3	17655.7	
天　津	10559.7		6631.3		3928.4	8442.4	
河　北	41058.2		3145.8	6529.4	31383.0	11260.4	
山　西	18805.9		3239.0	5901.3	9665.6	7043.1	
内蒙古	29539.1			10911.5	18627.6	18249.2	
辽　宁	52060.2		9813.7	32279.2	9967.3	17582.1	
吉　林	21688.1		1263.0	6614.0	13811.1	9777.1	
黑龙江	27548.3		5123.0	8928.1	13497.2	15564.1	
上　海	42171.8		28921.0		13250.8	13100.1	
江　苏	60534.1		8400.0	25924.4	26209.7	25808.0	
浙　江	62802.3		5505.3	12621.5	44675.5	22059.9	
安　徽	43148.7		3673.5	21429.1	18046.1	23047.6	
福　建	21670.2		2182.0	3236.2	16252.0	12657.4	
江　西	26887.7		1451.0	4944.0	20492.7	13632.9	
山　东	97861.5		2036.0	42910.7	52914.8	48861.1	
河　南	46222.2		17907.4	10383.9	17930.9	19543.0	
湖　北	63185.3		3998.4	22117.8	37069.1	24644.3	
湖　南	36197.4		2186.4	8771.7	25239.3	17390.3	
广　东	127212.5		4109.0	69277.6	53825.9	40320.5	
广　西	31806.3		3749.8	6327.8	21728.7	14742.0	
海　南	13764.4		4887.0	4029.5	4847.9	3887.8	
重　庆	41833.8		17841.0		23992.8	21068.1	
四　川	60557.3		12906.8	15459.3	32191.2	16993.1	
贵　州	27159.3		670.4	4669.0	21819.9	14092.8	
云　南	41219.3		1449.0	10509.7	29260.6	17174.6	
西　藏	7380.0		2260.0	310.0	4810.0	7193.0	
陕　西	20518.3		3600.0	7021.4	9896.9	8922.5	
甘　肃	19203.6		1986.7	8708.9	8508.0	9690.9	
青　海	5965.0			87.0	5878.0	2070.0	
宁　夏	11129.4		6282.1	233.8	4613.5	6444.7	
新　疆	38387.5		1928.0	13377.8	23081.7	21995.4	

资助项目情况

单位：万元

省级	地级	县级	优抚类收养性单位	中央	省级	地级
67596.7	**185553.4**	**257764.0**	**48767.3**		**19851.6**	**18887.9**
4971.6		12684.1	136.3		60.0	
5580.4		2862.0	150.0			
	1751.4	9509.0	4612.2		3145.8	1077.0
	2268.6	4774.5	608.1			298.8
	8159.4	10089.8	970.9			680.0
6477.3	6332.9	4771.9	9512.6		1534.2	7978.4
143.0	3692.0	5942.1	2258.0			2228.0
4218.0	6987.0	4359.1	50.0			
9380.7		3719.4				
	15055.3	10752.7	6458.9		5000.0	35.0
41.7	7426.0	14592.2	1430.1		1100.0	
1000.0	11443.7	10603.9	2164.7			1780.9
422.0	2735.3	9500.1	497.5			25.0
417.0	3982.3	9233.6	299.3			174.8
	24711.2	24149.9	4212.8		1200.0	2139.3
7728.0	5403.2	6411.8	4490.3		3800.0	135.0
225.8	8755.6	15662.9	2541.7		1898.2	476.5
435.0	5182.9	11772.4	1631.9		627.4	98.5
106.0	27586.7	12627.8	2860.0		556.0	1047.9
123.4	3284.8	11333.8	479.8			
2799.0	676.0	412.8				
14073.0		6995.1	1296.4			
	11299.7	5693.4	20.0			
670.4	2883.2	10539.2	117.4			
	5733.3	11441.3	154.0			59.0
2153.0	230.0	4810.0				
	4392.1	4530.4	867.0		800.0	
119.3	7140.0	2431.6	232.8		30.0	192.8
	70.0	2000.0				
6282.1		162.6				
230.0	8370.8	13394.6	714.6		100.0	461.0

E-11 续表 1

地　区	县　级	优抚安置单位	中　央	省　级	地　级	县　级	救助类单位
全　国	**10027.8**	**16305.4**		**4312.5**	**4741.4**	**7251.5**	**55147.6**
中央级							
北　京	76.3	564.6		100.0		464.6	3754.0
天　津	150.0						28.4
河　北	389.4	332.9			149.0	183.9	3752.6
山　西	309.3	250.7				250.7	613.5
内蒙古	290.9	43.6				43.6	1008.1
辽　宁		1395.0			965.0	430.0	2153.8
吉　林	30.0	382.0				382.0	591.0
黑龙江	50.0						39.7
上　海							1407.3
江　苏	1423.9	796.3			197.0	599.3	2620.0
浙　江	330.1	540.9			17.0	523.9	4533.6
安　徽	383.8	255.3			245.3	10.0	2593.0
福　建	472.5	742.0		260.0	25.0	457.0	996.4
江　西	124.5	117.2			10.0	107.2	1310.0
山　东	873.5	2094.7			841.2	1253.5	4679.4
河　南	555.3	3044.5		2347.0	517.5	180.0	2989.5
湖　北	167.0	187.0				187.0	1603.6
湖　南	906.0	475.9			207.0	268.9	2868.3
广　东	1256.1	2220.5		103.0	1006.3	1111.2	4307.1
广　西	479.8	702.5		594.5		108.0	1112.4
海　南							771.9
重　庆	1296.4	960.7		600.0		360.7	2564.6
四　川	20.0	64.0			15.0	49.0	1727.8
贵　州	117.4	106.0			11.0	95.0	1215.8
云　南	95.0	413.0		248.0	25.0	140.0	1111.2
西　藏							80.0
陕　西	67.0	7.4			7.4		796.1
甘　肃	10.0	91.0		60.0		31.0	1501.9
青　海							
宁　夏							50.0
新　疆	153.6	517.7			502.7	15.0	2366.6

单位：万元

中央	省级	地级	县级	社区服务单位	中央	省级
	3161.8	**24194.1**	**27791.7**	**83758.6**		**5778.2**
	1479.4		2274.6	9392.7		4108.7
	28.4			1535.9		619.5
		579.5	3173.1	1171.9		
		252.2	361.3	353.2		
		667.1	341.0	2083.1		
		1451.8	702.0	2229.9		
		276.0	315.0	164.0		
		39.7		1392.0		
			1407.3	2172.7		
		1757.4	862.6	6382.7		
		823.4	3710.2	11127.3		
		1503.4	1089.6	2513.5		150.0
		145.6	850.8	3124.6		
	500.0	419.0	391.0	564.0		
		3876.9	802.5	8187.1		
	330.0	1609.1	1050.4	1403.9		900.0
		981.0	622.6	4685.1		
		1463.6	1404.7	2706.6		
	452.0	1959.6	1895.5	9611.6		
		478.5	633.9	516.1		
	32.0	378.7	361.2	838.0		
	200.0		2364.6	1974.8		
		1054.4	673.4	1643.8		
		139.5	1076.3	392.4		
		760.6	350.6	3438.6		
		80.0				
		492.4	303.7	2238.3		
		1021.1	480.8	284.5		
		50.0		378.6		
	140.0	1933.6	293.0	1251.7		

E-11 续表 2

地 区			殡葬类单位				
	地 级	县 级		中 央	省 级	地 级	县 级
全 国	**18298.9**	**59681.5**	**39732.0**		**1638.8**	**19533.2**	**18560.0**
中央级							
北 京		5284.0	553.7		183.8		369.9
天 津		916.4					
河 北	517.0	654.9	1449.8			651.4	798.4
山 西	249.3	103.9	483.1			463.1	20.0
内蒙古	95.0	1988.1	252.0			105.0	147.0
辽 宁	1010.2	1219.7	4090.0		25.0	2983.0	1082.0
吉 林	15.0	149.0	985.0			46.0	939.0
黑龙江	60.0	1332.0	222.3			80.0	142.3
上 海		2172.7					
江 苏	2797.1	3585.6	3981.4			2435.0	1546.4
浙 江	128.0	10999.3	2506.6			1865.0	641.6
安 徽	2065.8	297.7	599.4			247.0	352.4
福 建	230.2	2894.4	112.9			6.0	106.9
江 西	110.0	454.0	451.0			84.0	367.0
山 东	242.0	7945.1	2098.2			1015.0	1083.2
河 南	175.0	328.9	820.5			589.5	231.0
湖 北	1686.0	2999.1	6443.0			5647.0	796.0
湖 南	1106.9	1599.7	404.3			72.0	332.3
广 东	5123.4	4488.2	5485.0			1730.8	3754.2
广 西	19.9	496.2	293.3			114.5	178.8
海 南	693.0	145.0					
重 庆		1974.8	1683.0		1400.0		283.0
四 川	715.0	928.8	368.1			165.0	203.1
贵 州	31.0	361.4	841.0			200.0	641.0
云 南	286.0	3152.6	1920.2			548.9	1371.3
西 藏			30.0		30.0		
陕 西	555.4	1682.9	593.0			130.0	463.0
甘 肃	115.0	169.5	131.0			80.0	51.0
青 海							
宁 夏	5.0	373.6	35.0			20.0	15.0
新 疆	267.7	984.0	2899.2			255.0	2644.2

单位：万元

专项资助	中央	省级	地级	县级	城市医疗救助	中央
65754.3		**18782.4**	**14406.9**	**32565.0**	**71234.1**	
5405.8		3337.7		2068.1	1144.3	
					291.0	
4560.5			1190.3	3370.2	3687.5	
2221.2		559.0	1275.2	387.0	1634.3	
344.0			272.4	71.6	2242.4	
1812.4		130.0	657.4	1025.0	272.7	
1387.0		1120.0		267.0	2366.0	
805.5			805.0	0.5	3856.2	
1442.1				1442.1	10702.1	
4628.5		3400.0	415.0	813.5	1452.6	
4874.0		322.5	930.6	3620.9	351.4	
1786.1		523.5	906.7	355.9	1971.9	
1927.4		1000.0	13.0	914.4	50.0	
300.7		204.0		96.7	3555.0	
3797.2		767.0	657.9	2372.3	2093.2	
3937.2		1860.0	520.0	1557.2	1860.2	
449.1		25.0	28.0	396.1	6515.1	
2713.7		874.0	151.0	1688.7	2163.2	
9092.1			4674.2	4417.9	4522.8	
3086.0			1563.4	1522.6	867.4	
561.9				561.9	997.5	
819.0		308.0		511.0	2559.3	
1198.9			80.0	1118.9	6438.1	
813.0			200.0	613.0	1181.4	
2911.2		670.0	21.8	2219.4	1708.8	
3110.7		2300.0		810.7	49.5	
413.7		403.7		10.0	1019.0	
					1762.4	
264.4			45.0	219.4	1082.5	
1091.0		978.0		113.0	2836.3	

E-11 续表 3

地　区	省　级	地　级	县　级	农村医疗救助	中　央	省　级
全　国	**10726.0**	**5236.2**	**55271.9**	**86572.2**		**261.5**
中央级						
北　京			1144.3	448.7		
天　津	291.0			112.0		112.0
河　北		90.0	3597.5	6366.0		
山　西			1634.3	1508.8		
内蒙古		60.0	2182.4	2349.5		
辽　宁		100.0	172.7	84.0		
吉　林		118.0	2248.0	1538.0		
黑龙江			3856.2	3587.1		
上　海	10030.0		672.1			
江　苏		547.8	904.8	1328.0		
浙　江		150.0	201.4	398.1		
安　徽		605.2	1366.7	2744.6		
福　建			50.0	246.0		
江　西		52.9	3502.1	6112.0		
山　东	25.0	251.0	1817.2	3620.4		44.0
河　南		65.4	1794.8	4366.7		
湖　北	300.0	504.0	5711.1	3243.5		
湖　南			2163.2	2896.2		
广　东		2223.0	2299.8	5389.0		
广　西		4.0	863.4	2570.7		
海　南	80.0		917.5	1160.3		100.0
重　庆			2559.3	3689.7		
四　川		7.1	6431.0	14228.8		
贵　州		193.0	988.4	4445.2		
云　南		4.8	1704.0	5157.0		5.5
西　藏						
陕　西			49.5			
甘　肃			1019.0	3325.8		
青　海		13.0	1749.4	2132.6		
宁　夏		87.0	995.5	1543.5		
新　疆		160.0	2676.3	1980.0		

单位：万元

地级	县级	其他	中央	省级	地级	县级
1128.2	**85182.5**	**247073.0**	**13683.5**	**54100.5**	**71534.4**	**107754.6**
			13683.5			
	448.7	24441.9		4822.2		19619.7
60.0	6306.0	3864.4			463.8	3400.6
	1508.8	4089.9		2680.0	1094.1	315.8
	2349.5	1996.3			872.6	1123.7
20.0	64.0	12927.7		1647.2	10780.5	500.0
20.0	1518.0	2240.0			219.0	2021.0
	3587.1	2031.4		905.0	956.4	170.0
		13347.5		9510.3		3837.2
60.0	1268.0	7077.7			2624.8	4452.9
20.1	378.0	14980.4		4041.1	1261.4	9677.9
55.6	2689.0	5472.6		2000.0	2575.5	897.1
	246.0	1316.0		500.0	56.1	759.9
81.0	6031.0	545.6		330.0	30.0	185.6
	3576.4	18217.4			9176.2	9041.2
10.0	4356.7	3766.4		942.4	1359.2	1464.8
206.0	3037.5	12872.9		1549.4	3833.7	7489.8
	2896.2	2947.0		250.0	489.8	2207.2
586.2	4802.8	43403.9		2892.0	23339.5	17172.4
	2570.7	7436.1		3031.9	862.7	3541.5
	1060.3	5547.0		1876.0	2281.8	1389.2
	3689.7	5218.2		1260.0		3958.2
	14228.8	17874.7		12906.8	2123.1	2844.8
	4445.2	3954.3			1011.3	2943.0
5.3	5146.2	7230.7		525.5	3065.0	3640.2
		77.0		77.0		
		3933.8		500.0	1444.1	1989.7
	3325.8	2513.0		1373.7	160.0	979.3
4.0	2128.6					
	1543.5	1330.7			26.8	1303.9
	1980.0	2735.0		480.0	1427.0	828.0

预算单位财务统计资料简要说明及主要指标解释

简要说明

预算单位财务统计报表系根据各级民政部门报送同级民政事业费决算逐级汇总而成，是2010年民政部门使用的民政事业预算执行情况，不包括其他部门使用的与民政有关的各项事业费，故与财政部门汇总的同类预算科目的数字有差异。其中民政事业费支出明细系根据《民政事业费使用管理办法》的使用范围分类设计的，以区分属于社会保障和其他性质的支出。

2010年预算指标合计2686.86亿元，比上年增长21.33%，实际支出数2697.5亿元，比上年增长23.6%。

指标解释

地方安排 根据现行财政体制，属于地方包干支出范围的列入地方预算的支出专项控制数。

中央下达 指中央预算拨款的民政事业费。包括1985年至2009年的拨款在2010年重拨的中央专项拨款。

定补 指定期定量补助费。

定救 指定期定量救济费。

生活救济费 指发给灾民的吃、穿、住、治救济费。

事业编制 指各级民政机关中由民政事业费列支的工作人员经费和车辆（包括购置油料、维修等）费用。

民政事业费支出基本数字表 住院平均人数仅指由国家集中供养的优抚、救济对象。

离退休管理机构经费 其他民政事业费中离退休管理机构经费系指军队离退休干部管理机构的开办费、车辆购置和工作人员经费等。

平均支出水平 指按人或单位平均的民政事业费各项经费支出数。